THE LOEB CLASSICAL LIBRARY

FOUNDED BY JAMES LOEB, LL.D.

EDITED BY

†T. E. PAGE, C.H., LITT.D.

E. CAPPS, PH.D., LL.D.   W. H. D. ROUSE, LITT.D.

THE ROMAN ANTIQUITIES

OF

DIONYSIUS OF HALICARNASSUS

II

THE ROMAN ANTIQUITIES

OF

DIONYSIUS OF HALICARNASSUS

WITH AN ENGLISH TRANSLATION BY
EARNEST CARY, Ph.D.

ON THE BASIS OF THE VERSION OF
EDWARD SPELMAN

IN SEVEN VOLUMES
II

LONDON
WILLIAM HEINEMANN LTD
CAMBRIDGE, MASSACHUSETTS
HARVARD UNIVERSITY PRESS
MCMXXXIX

Printed in Great Britain

CONTENTS

v

CONTENTS

THE ROMAN ANTIQUITIES

OF

DIONYSIUS OF HALICARNASSUS

ΔΙΟΝΥΣΙΟΥ

ΑΛΙΚΑΡΝΑΣΕΩΣ

ΡΩΜΑΙΚΗΣ ΑΡΧΑΙΟΛΟΓΙΑΣ

ΛΟΓΟΣ ΤΡΙΤΟΣ

I. Τελευτήσαντος δὲ Πομπιλίου γενομένη πάλιν
ἡ βουλὴ τῶν κοινῶν κυρία μένειν ἔγνω ἐπὶ τῆς
αὐτῆς πολιτείας, οὐδὲ τοῦ δήμου γνώμην λαβόντος
ἑτέραν, καὶ καθίστησιν ἐκ τῶν πρεσβυτέρων τοὺς
ἄρξοντας τὴν μεσοβασίλειον ἀρχὴν εἰς ὡρισμένον
τινὰ ἡμερῶν ἀριθμόν, ὑφ' ὧν ἀποδείκνυται βασιλεύς,
ὃν ἅπας ὁ δῆμος ἠξίου, Τύλλος Ὁστίλιος γένους
2 ὢν τοιοῦδε· ἐκ πόλεως Μεδυλλίας, ἣν Ἀλβανοὶ
μὲν ἔκτισαν, Ῥωμύλος δὲ κατὰ συνθήκας παρα-
λαβὼν Ῥωμαίων ἐποίησεν ἀποικίαν, ἀνὴρ εὐγενὴς
καὶ χρήμασι δυνατὸς Ὁστίλιος ὄνομα μετενεγ-
κάμενος εἰς Ῥώμην τὸν βίον ἄγεται γυναῖκα ἐκ
τοῦ Σαβίνων γένους Ἑρσιλίου [1] θυγατέρα, τὴν
ὑφηγησαμένην ταῖς ὁμοεθνέσι πρεσβεῦσαι πρὸς
τοὺς πατέρας ὑπὲρ τῶν ἀνδρῶν, ὅτε Σαβῖνοι
Ῥωμαίοις ἐπολέμουν, καὶ τοῦ συνελθεῖν εἰς φιλίαν
τοὺς ἡγεμόνας αἰτιωτάτην γενέσθαι δοκοῦσαν.

---

[1] Steph. : ἐρουιλίου A, σερουιλίου B.

[1] *Cf.* Livy i. 22, 1 f.   [2] *Cf.* ii. 57.

THE ROMAN ANTIQUITIES

OF

DIONYSIUS OF HALICARNASSUS

BOOK III

I. After [1] the death of Numa Pompilius the
senate, being once more in full control of the
commonwealth, resolved to abide by the same
form of government, and as the people did not
adopt any contrary opinion, they appointed some
of the older senators to govern as *interreges* for
a definite number of days.[2] These men, pur-
suant to the unanimous desire of the people, chose
as king Tullus Hostilius, whose descent was as
follows. From Medullia, a city which had been
built by the Albans and made a Roman colony
by Romulus after he had taken it by capitulation,
a man of distinguished birth and great fortune,
named Hostilius, had removed to Rome and
married a woman of the Sabine race, the daughter
of Hersilius, the same woman who had advised
her country-women to go as envoys to their fathers
on behalf of their husbands at the time when the
Sabines were making war against the Romans,
and was regarded as the person chiefly responsible
for the alliance then concluded by the leaders of

οὗτος ὁ ἀνὴρ πολλοὺς συνδιενέγκας Ῥωμύλῳ
πολέμους καὶ μεγάλα ἔργα ἀποδειξάμενος ἐν ταῖς
πρὸς Σαβίνους μάχαις, ἀποθνήσκει καταλιπὼν
παιδίον μονογενὲς καὶ θάπτεται πρὸς τῶν βασιλέων
ἐν τῷ κρατίστῳ τῆς ἀγορᾶς τόπῳ, στήλης ἐπι-
3 γραφῇ τὴν ἀρετὴν μαρτυρούσης ἀξιωθείς. ἐκ
δὲ τοῦ μονογενοῦς παιδὸς εἰς ἄνδρας ἀφικομένου
καὶ γάμον ἐπιφανῆ λαβόντος υἱὸς γίνεται Τύλλος
Ὁστίλιος, ἀνὴρ δραστήριος, ὃς ἀπεδείχθη βασιλεὺς
ψήφῳ τε πολιτικῇ διενεχθείσῃ περὶ αὐτοῦ κατὰ
νόμους καὶ τοῦ δαιμονίου δι᾽ οἰωνῶν αἰσίων
ἐπικυρώσαντος τὰ δόξαντα τῷ δήμῳ. ἔτος δὲ
ἦν ἐν ᾧ τὴν ἡγεμονίαν παρέλαβεν ὁ δεύτερος
ἐνιαυτὸς τῆς ἑβδόμης καὶ εἰκοστῆς ὀλυμπιάδος,
ἣν ἐνίκα στάδιον Εὐρυβάτης Ἀθηναῖος, ἄρχοντος
4 Ἀθήνησι [1] Λεωστράτου. οὗτος ἔργον ἁπάντων
μεγαλοπρεπέστατον ἀποδειξάμενος αὐτὸς εὐθὺς
ἅμα τῷ παραλαβεῖν τὴν ἀρχὴν ἅπαν τὸ θητικὸν
τοῦ δήμου καὶ ἄπορον οἰκεῖον ἔσχεν. ἦν δὲ
τοιόνδε· χώραν εἶχον ἐξαίρετον οἱ πρὸ αὐτοῦ
βασιλεῖς πολλὴν καὶ ἀγαθήν, ἐξ ἧς ἀναιρούμενοι
τὰς προσόδους ἱερά τε θεοῖς ἐπετέλουν καὶ τὰς
εἰς τὸν ἴδιον βίον ἀφθόνους εἶχον εὐπορίας, ἣν
ἐκτήσατο μὲν Ῥωμύλος πολέμῳ τοὺς τότε κατα-
σχόντας ἀφελόμενος, ἐκείνου δὲ ἄπαιδος ἀποθανόν-
τος Πομπίλιος Νόμας ὁ μετ᾽ ἐκεῖνον βασιλεύσας
ἐκαρποῦτο· ἦν δὲ οὐκέτι δημοσία κτῆσις, ἀλλὰ
5 τῶν ἀεὶ βασιλέων κλῆρος. ταύτην ὁ Τύλλος
ἐπέτρεψε τοῖς μηδένα κλῆρον ἔχουσι Ῥωμαίων

---

[1] Ἀθήνησι added by Kiessling.

[1] Cf. ii. 45 f.

the two nations.[1] This man, after taking part
with Romulus in many wars and performing
mighty deeds in the battles with the Sabines,
died, leaving an only son, a young child at the
time, and was buried by the kings in the prin-
cipal part of the Forum and honoured with a
monument and an inscription testifying to his
valour. His only son, having come to manhood
and married a woman of distinction, had by her
Tullus Hostilius, a man of action, the same who
was now chosen king by a vote passed by the
citizens concerning him according to the laws;
and the decision of the people was confirmed by
favourable omens from Heaven. The year in
which he assumed the sovereignty was the second
of the twenty-seventh Olympiad, [2] the one in
which Eurybates, an Athenian, won the prize in
the foot-race, Leostratus being archon at Athens.
Tullus, immediately upon his accession, gained
the hearts of all the labouring class and of the
needy among the populace by performing an act
of the most splendid kind. It was this: The
kings before him had possessed much fertile land,
especially reserved for them, from the revenues
of which they not only offered sacrifices to the
gods, but also had abundant provision for their
private needs. This land Romulus had acquired
in war by dispossessing the former owners, and
when he died childless, Numa Pompilius, his
successor, had enjoyed its use; it was no longer
the property of the state, but the inherited
possession of the successive kings. Tullus now
permitted this land to be divided equally among

[2] 670 B.C. For the chronology see Vol. I., pp. xxix ff.

κατ' ἄνδρα διανείμασθαι, τὴν πατρῴαν αὐτῷ
κτῆσιν ἀρκοῦσαν ἀποφαίνων εἴς τε τὰ ἱερὰ καὶ
τὰς τοῦ βίου δαπάνας. ταύτῃ δὲ τῇ φιλανθρωπίᾳ
τοὺς ἀπόρους τῶν πολιτῶν ἀνέλαβε παύσας λατρεύ-
οντας ἐν τοῖς ἀλλοτρίοις· ἵνα δὲ μηδὲ οἰκίας
ἄμοιρος εἴη τις προσετείχισε τῇ πόλει τὸν καλού-
μενον Καίλιον λόφον, ἔνθα ὅσοι Ῥωμαίων ἦσαν
ἀνέστιοι λαχόντες τοῦ χωρίου τὸ ἀρκοῦν κατ-
εσκευάσαντ' [1] οἰκίας, καὶ αὐτὸς ἐν τούτῳ τῷ τόπῳ
τὴν οἴκησιν εἶχεν. πολιτικὰ μὲν δὴ ταῦτα τοῦ
ἀνδρὸς ἔργα παραδίδοται λόγου ἄξια·

II. Πολεμικαὶ δὲ πράξεις πολλαὶ μὲν καὶ
ἄλλαι [2] μνημονεύονται, μέγισται δὲ [3] περὶ ὧν
ἔρχομαι λέξων, τὴν ἀρχὴν ποιησάμενος ἀπὸ τοῦ
πρὸς Ἀλβανοὺς πολέμου. αἴτιος δὲ τοῦ διαστῆναι
τὰς πόλεις καὶ λῦσαι τὸ συγγενὲς ἀνὴρ Ἀλβανὸς
ἐγένετο Κλοίλιος [4] ὄνομα τῆς μεγίστης ἀρχῆς
ἀξιωθείς, ὃς ἀχθόμενος ἐπὶ τοῖς Ῥωμαίων ἀγα-
θοῖς καὶ κατέχειν τὸν φθόνον οὐ δυνάμενος φύσει
τε αὐθάδης καὶ ὑπομαργότερος ὢν ἐκπολεμῶσαι
τὰς πόλεις ἔγνω πρὸς ἀλλήλας. οὐχ ὁρῶν δὲ
ὅπως ἂν πείσειε τοὺς Ἀλβανοὺς στρατὸν αὐτῷ κατὰ
Ῥωμαίων ἄγειν ἐπιτρέψαι μήτε δικαίας ἔχοντι
προφάσεις μήτε ἀναγκαίας, μηχανᾶται δή τι

---

[1] Smit : κατεσκεύασαν O.

[2] μὲν καὶ ἄλλαι B : τε καὶ ἄλλαι R, τε καὶ καλαὶ Steph.,
τε καὶ μεγάλαι Sylburg.

[3] μέγισται δὲ added by Sintenis.

[4] κλοίλιος A : καίκιος ἢ ^{ουιλ}ιός B. Elsewhere the MSS.
regularly give κοίλιος (except in ch. 3, § 4, where Ba had
κλοίλιος). If Dionysius wrote ΚΛΟΙΛΙΟΣ it could have been
interpreted either as Κλοίλιος (Cluilius; cf. Κόιντος, Κοίντιος
for Quintus, Quintius) or Κλοίλιος (Cloelius).

6

such of the Romans as had no allotment, declaring
that his own patrimony was sufficient both for
the sacrifices and for his personal expenditures. By
this act of humanity he relieved the poor among
the citizens by freeing them from the necessity
of labouring as serfs on the estates of others.
And, to the end that none might lack a habita-
tion either, he included within the city wall the
hill called the Caelian, where those Romans who
were unprovided with dwellings were allotted a
sufficient amount of ground and built houses;
and he himself had his residence in this quarter.
These, then, are the memorable actions reported
of this king so far as regards his civil adminis-
tration.

II. Many [1] military exploits are related of him,
but the greatest are those which I shall now
narrate, beginning with the war against the
Albans. The man responsible for the quarrel
between the two cities and the severing of their
bond of kinship was an Alban named Cluilius,[2]
who had been honoured with the chief magis-
tracy; this man, vexed at the prosperity of the
Romans and unable to contain his envy, and
being by nature headstrong and somewhat inclined
to madness, resolved to involve the cities in war
with each other. But not seeing how he could
persuade the Albans to permit him to lead an
army against the Romans without just and urgent
reasons, he contrived a plan of the following sort:

---

[1] For chaps. 2 f. *cf.* Livy i. 22, 3–7.
[2] The traditional spelling of this name is followed in the
translation, though it is uncertain whether Dionysius thought
of it as Cluilius or Cloelius. See critical note.

τοιόνδε· τοῖς ἀπορωτάτοις 'Αλβανῶν καὶ θρασυτά-
τοις ἐφῆκε λῃστεύειν τοὺς 'Ρωμαίων ἀγροὺς
ἄδειαν ὑπισχνούμενος καὶ παρεσκεύασε πολλοὺς
ἀκίνδυνα κέρδη διώκοντας, ὧν οὐδὲ κωλυόμενοι
ὑπὸ τοῦ δέους ἀποστήσεσθαι [1] ἔμελλον, ἐμπλῆσαι
3 πολέμου λῃστρικοῦ τὴν ὅμορον. τοῦτο δ' ἔπραττε
κατὰ λογισμὸν οὐκ ἀπεικότα, ὡς τὸ ἔργον ἐμαρτύ-
ρησε. 'Ρωμαίους μὲν γὰρ οὐκ ἀνέξεσθαι τὰς
ἁρπαγὰς ὑπελάμβανεν, ἀλλ' ἐπὶ τὰ ὅπλα χωρή-
σειν, αὐτῷ δ' ἐξουσίαν ἔσεσθαι κατηγορεῖν αὐτῶν
πρὸς τὸν δῆμον ὡς ἀρχόντων πολέμου, 'Αλβανῶν [2]
δὲ τοὺς πλείστους φθονοῦντας τοῖς ἀποίκοις τῆς
εὐτυχίας δέξεσθαι τὰς διαβολὰς ἀσμένους καὶ τὸν
κατ' αὐτῶν πόλεμον ἐξοίσειν, ὅπερ καὶ συνέβη.
4 ἀγόντων γὰρ καὶ φερόντων ἀλλήλους τῶν κακουρ-
γοτάτων ἐξ ἑκατέρας [3] πόλεως καὶ στρατιᾶς ποτε
'Ρωμαϊκῆς ἐμβαλούσης εἰς τὴν 'Αλβανῶν,[4] ὑφ'
ἧς πολλοὶ τῶν λῃστῶν οἱ μὲν ἀνῃρέθησαν, οἱ δὲ
συνελήφθησαν, συγκαλέσας τὸ πλῆθος εἰς ἐκκλη-
σίαν ὁ Κλοίλιος, ἐν ᾗ πολλὴν ἐποιήσατο τῶν
'Ρωμαίων κατηγορίαν, τραυματίας τε συχνοὺς
ἐπιδεικνύμενος καὶ τοὺς προσήκοντας τοῖς ἡρπασ-
μένοις ἢ τεθνηκόσι παράγων καὶ πλείω τῶν
γεγονότων ἐπικαταψευδόμενος, πρεσβείαν πέμπειν
πρῶτον ἐψηφίσατο δίκας αἰτήσουσαν τῶν γεγονό-
των· ἐὰν δὲ ἀγνωμονῶσι 'Ρωμαῖοι τότε τὸν πόλε-
μον ἐπ' αὐτοὺς ἐκφέρειν.
III. 'Αφικομένων δὲ τῶν πρεσβευτῶν εἰς

---

[1] ἀποστήσεσθαι Bb : ἀποτήσεσθαι Ba, ἀποτίσεσθαι A.
[2] 'Αλβανῶν Reiske : λαβὼν AB.
[3] Kiessling : ἑκάστης O.

he permitted the poorest and boldest of the Albans to pillage the fields of the Romans, promising them immunity, and so caused many to overrun the neighbouring territory in a series of plundering raids, as they would now be pursuing without danger gains from which they would never desist even under the constraint of fear. In doing this he was following a very natural line of reasoning, as the event bore witness. For he assumed that the Romans would not submit to being plundered but would rush to arms, and he would thus have an opportunity of accusing them to his people as the aggressors in the war; and he also believed that the majority of the Albans, envying the prosperity of their colony, would gladly listen to these false accusations and would begin war against the Romans. And that is just what happened. For when the worst elements of each city fell to robbing and plundering each other and at last a Roman army made an incursion into the territory of the Albans and killed or took prisoner many of the bandits, Cluilius assembled the people and inveighed against the Romans at great length, showed them many who were wounded, produced the relations of those who had been seized or slain, and at the same time added other circumstances of his own invention; whereupon it was voted on his motion to send an embassy first of all to demand satisfaction for what had happened, and then, if the Romans refused it, to begin war against them.

III. Upon the arrival of the ambassadors at

---

4 Grasberger : 'Αλβανὴν O.

Ῥώμην, ὑποπτεύσας ὁ Τύλλος ὅτι δίκας αἰτήσοντες
ἥκοιεν, αὐτὸς τοῦτο ποιῆσαι πρότερος ἔγνω
περιστῆσαι βουλόμενος εἰς ἐκείνους τὴν αἰτίαν
τοῦ λύειν τὰ πρὸς τὴν ἀποικίαν συγκείμενα.
συνθῆκαι γὰρ ἦσαν ταῖς πόλεσιν ἐπὶ Ῥωμύλου
γενόμεναι τά τε ἄλλα ἔχουσαι δίκαια καὶ ἵνα
μηδετέρα πολέμου ἄρχῃ· ἡ δ' ἐγκαλοῦσα ὅ τι
δήποτε ἀδίκημα δίκας αἰτοῖ [1] παρὰ τῆς ἀδικούσης,
εἰ δὲ μὴ τυγχάνοι, τότε τὸν ἐξ ἀνάγκης ἐπιφέροι
2 πόλεμον, ὡς λελυμένων ἤδη τῶν σπονδῶν. φυλατ-
τόμενος δὲ τὸ μὴ προτέρους αἰτηθέντας δίκας
Ῥωμαίους ἀντειπεῖν, ἔπειτα ὑπαιτίους Ἀλβανοῖς
γενέσθαι, προσέταξε τοῖς ἐπιφανεστάτοις τῶν
ἑαυτοῦ φίλων τοὺς Ἀλβανῶν πρέσβεις ξενίζειν
ἁπάσῃ φιλοφροσύνῃ καὶ κατέχειν ἔνδον παρ'
ἑαυτοῖς· αὐτὸς δ' ἐν ἀσχολίαις εἶναί τισιν ἀναγ-
καίοις σκηψάμενος διεκρούσατο τὴν πρόσοδον
3 αὐτῶν. τῇ δ' ἔγγιστα νυκτὶ Ῥωμαίων ἄνδρας
ἐπιφανεῖς ἐντειλάμενος αὐτοῖς ἃ χρὴ πράττειν
ἀπέστειλεν εἰς Ἄλβαν ἅμα τοῖς εἰρηνοδίκαις
αἰτήσοντας ὑπὲρ ὧν ἠδίκηντο Ῥωμαῖοι δίκας
παρ' Ἀλβανῶν,[2] οἳ πρὶν ἥλιον ἀνίσχειν διανύσαν-
τες τὴν ὁδὸν πληθυούσης τῆς ἑωθινῆς ἀγορᾶς
ἐντυγχάνουσι τῷ Κλοιλίῳ κατ' ἀγορὰν ὄντι καὶ
διεξιόντες ὅσα ἠδίκηντο Ῥωμαῖοι πρὸς Ἀλβανῶν
ἠξίουν πράττειν τὰ συγκείμενα ταῖς πόλεσιν.

---

[1] δίκας αἰτοῖ Bücheler : δικάσαιτο B. δικάσεται R.
[2] παρ' Ἀλβανῶν Schwartz : παρ' Ἀλβανῶν λαβεῖν O,
Jacoby.

---

[1] Cf. ii. 72.

Rome, Tullus, suspecting that they had come to demand satisfaction, resolved to anticipate them in doing this, since he wished to turn upon the Albans the blame for breaking the compact between them and their colony. For there existed a treaty between the two cities which had been made in the reign of Romulus, wherein, among other articles, it was stipulated that neither of them should begin a war, but if either complained of any injury whatsoever, that city should demand satisfaction from the city which had done the injury, and failing to obtain it, should then make war as a matter of necessity, the treaty being looked upon as already broken. Tullus, therefore, taking care that the Romans should not be the first called upon to give satisfaction and, by refusing it, become guilty in the eyes of the Albans, ordered the most distinguished of his friends to entertain the ambassadors of the Albans with every courtesy and to detain them inside their homes while he himself, pretending to be occupied with some necessary business, put off their audience. The following night he sent to Alba some Romans of distinction, duly instructed as to the course they should pursue, together with the *fetiales*,[1] to demand satisfaction from the Albans for the injuries the Romans had received. These, having performed their journey before sunrise, found Cluilius in the market-place at the time when the early morning crowd was gathered there. And having set forth the injuries which the Romans had received at the hands of the Albans, they demanded that he should act in conformity with the compact between

4 ὁ δὲ Κλοίλιος, ὡς Ἀλβανῶν προτέρων[1] ἀπεσταλ-
κότων εἰς Ῥώμην τοὺς αἰτήσοντας δίκας καὶ
μηδὲ ἀποκρίσεως ἠξιωμένων, ἀπιέναι τοὺς Ῥω-
μαίους[2] ἐκέλευσεν ὡς παραβεβηκότας τὰς ὁμο-
λογίας καὶ προεῖπεν αὐτοῖς τὸν πόλεμον. ἀπαλ-
λαττόμενος δὲ ὁ τῆς πρεσβείας ἡγεμὼν τοῦτ'
ἠξίωσεν ἀκοῦσαι παρ' αὐτοῦ μόνον, εἰ παρα-
βαίνειν τὰς σπονδὰς ὁμολογεῖ τοὺς προτέρους αἰτη-
θέντας δίκας καὶ μηδὲν ὑπομείναντας ποιεῖν τῶν
5 ὁσίων. ὁμολογήσαντος δὲ τοῦ Κλοιλίου, " Μαρτύ-
ρομαι τοίνυν," ἔφη, " τοὺς θεούς, οὓς ἐποιη-
σάμεθα τῶν σπονδῶν μάρτυρας, ὅτι Ῥωμαίοις
οὐ τυχοῦσι τῶν δικαίων προτέροις ὅσιος ὁ κατὰ
τῶν παραβάντων τὰς σπονδὰς πόλεμος ἔσται, οἱ
δὲ πεφευγότες τοῦτο τὸ δίκαιον ὑμεῖς ἐστε, ὡς
αὐτὰ τὰ ἔργα δηλοῖ. πρότεροί τε γὰρ αἰτηθέντες
τὸ δίκαιον οὐχ ὑπέσχετε καὶ πρότεροι τὸν πόλε-
μον ἡμῖν προειρήκατε. τοιγάρτοι τοὺς ἀμυνου-
μένους ὑμᾶς προσδέχεσθε μετὰ τῶν ὅπλων οὐκ εἰς
6 μακράν." ταῦτα παρὰ τῶν πρεσβευτῶν ἀφικο-
μένων εἰς Ῥώμην ἀκούσας ὁ Τύλλος, τότε τοὺς
Ἀλβανοὺς προσάγειν ἐκέλευσε καὶ περὶ ὧν
ἥκουσι λέγειν. ἀπαγγειλάντων δ' αὐτῶν ὅσα
προσέταξεν ὁ Κλοίλιος καὶ τὸν πόλεμον ἀπειλούν-
των εἰ μὴ τεύξονται τῆς δίκης, " Ἐγὼ πρότερος
ὑμῶν," ἔφη, " τοῦτο πεποίηκα καὶ μηδὲν εὑρό-

---

[1] Kiessling : πρότερον O.

the cities. But Cluilius, alleging that the Albans
had been first in sending envoys to Rome to
demand satisfaction and had not even been
vouchsafed an answer, ordered the Romans to
depart, on the ground that they had violated
the terms of the treaty, and declared war against
them. The chief of the embassy, however, as
he was departing, demanded from Cluilius an
answer to just this one question, namely, whether
he admitted that those were violating the treaty
who, being the first called upon to give satisfaction,
had refused to comply with any part of their
obligation. And when Cluilius said he did, he
exclaimed : " Well, then, I call the gods, whom we
made witnesses of our treaty, to witness that the
Romans, having been the first to be refused
satisfaction, will be undertaking a just war
against the violators of that treaty, and that it
is you Albans who have avoided giving satis-
faction, as the events themselves show. For
you, being the first called upon for satisfaction,
have refused it and you have been the first to
declare war against us. Look, therefore, for
vengeance to come upon you ere long with the
sword." Tullus, having learned of all this from
the ambassadors upon their return to Rome,
then ordered the Albans to be brought before him
and to state the reasons for their coming ; and
when they had delivered the message entrusted
to them by Cluilius and were threatening war in
case they did not obtain satisfaction, he replied :
" I have anticipated you in doing this, and having

---

² τοὺς Ῥωμαίους Sylburg : τοὺς ῥωμαίων O.

DIONYSIUS OF HALICARNASSUS

μένος ὧν ἐκέλευον αἱ συνθῆκαι,[1] τὸν ἀναγκαῖόν
τε καὶ δίκαιον Ἀλβανοῖς παραγγέλλω πόλεμον.''

IV. Μετὰ δὲ τὰς προφάσεις ταύτας παρεσκευά-
ζοντο ἀμφότεροι τὰ πρὸς τὸν πόλεμον, οὐ μόνον
τὰς οἰκείας καθοπλίζοντες δυνάμεις, ἀλλὰ καὶ τὰς
παρὰ τῶν ὑπηκόων ἐπικαλούμενοι· ὡς δὲ πάντα
ἦν αὐτοῖς εὐτρεπῆ συνῄεσαν ὁμόσε καὶ καταστρατο-
πεδεύονται τετταράκοντα τῆς Ῥώμης σταδίους
ἀποσχόντες, οἱ μὲν Ἀλβανοὶ περὶ τὰς καλουμένας
Κλοιλίας τάφρους (φυλάττουσι γὰρ ἔτι τὴν τοῦ
κατασκευάσαντος αὐτὰς ἐπίκλησιν), Ῥωμαῖοι δὲ
ὀλίγον ἐνδοτέρω τὸν ἐπιτηδειότατον εἰς στρατο-
2 πεδείαν τόπον ἐκλεξάμενοι. ἐπεὶ δὲ συνεῖδον ἀλλήλων
ἀμφότεροι τὰς δυνάμεις οὔτε πλήθει λειπομένας οὔτε
ὁπλισμοῖς εὐτελεῖς οὔτε ταῖς ἄλλαις παρασκευαῖς
οὔσας εὐκαταφρονήτους, τῆς μὲν ταχείας ἐπὶ
τὸν ἀγῶνα ὁρμῆς, ἣν κατ' ἀρχὰς εἶχον ὡς αὐτῇ
ἐφόδῳ τρεψόμενοι τοὺς πολεμίους, ἀπέστησαν·
φυλακῆς δὲ μᾶλλον ἢ προεπιχειρήσεως πρόνοιαν
ἐλάμβανον ὑψηλοτέρους ἐγείροντες τοὺς χάρα-
κας, εἰσῄει τε αὐτῶν τοῖς χαριεστάτοις λογισμὸς
ὡς οὐ[2] τὰ κράτιστα βουλευομένοις καὶ κατά-
3 μεμψις τῶν ἐν τέλει. ἑλκομένου δὲ τοῦ χρόνου

[1] After συνθῆκαι half a line is left blank in AB; in the late
MSS. we find a crude attempt to fill the supposed lacuna, and
this reading was adopted by the editors down through Reiske.
Kiessling and Jacoby merely indicated a lacuna; Cobet de-
clared there was none.

14

obtained nothing that the treaty directs, I declare against the Albans the war that is both necessary and just."

IV. After [1] these pretences they both prepared themselves for war, not only arming their own forces but also calling to their assistance those of their subjects. And when they had everything ready the two armies drew near to each other and encamped at the distance of forty stades from Rome, the Albans at the Cluilian Ditches,[2] as they are called (for they still preserve the name of the man who constructed them) and the Romans a little farther inside,[3] having chosen the most convenient place for their camp. When the two armies saw each other's forces neither inferior in numbers nor poorly armed nor to be despised in respect of their other preparations, they lost their impetuous ardour for the combat, which they had felt at first because of their expectation of defeating the enemy by their very onset, and they took thought rather of defending themselves by building their ramparts to a greater height than of being the first to attack. At the same time the most intelligent among them began to reflect, feeling that they were not being governed by the best counsels, and there was a spirit of faultfinding against those in authority. And as

---

[1] For chaps. 4–12 cf. Livy i. 23.

[2] *Fossae Cluiliae.* Livy also places this landmark at the same distance (five miles) from Rome ; nothing more is known about it.

[3] *i.e.,* nearer to Rome.

---

[2] χαριεστάτοις λογισμὸς ὡς οὐ Sintenis : χαριεστάτοις εἰς τοὺς λογισμούς ὡς O.

διὰ κενῆς (οὐδὲν γὰρ ὅ τι καὶ λόγου ἄξιον ἦν [1]
καταδρομαῖς ψιλῶν ἢ συμπλοκαῖς ἱππέων ἔβλαπ-
τον ἀλλήλους) ὁ τοῦ πολέμου δόξας αἴτιος γενονέ-
ναι Κλοίλιος ἀχθόμενος ἐπὶ τῇ ἀπράκτῳ καθέδρᾳ
γνώμην ἔσχεν ἐξάγειν τὴν στρατιὰν καὶ προκαλεῖ-
σθαι τοὺς πολεμίους εἰς μάχην, ἐὰν δὲ μὴ ὑπακού-
4 σωσι προσβάλλειν αὐτῶν πρὸς τὰ ἐρύματα. παρα-
σκευασάμενος δὲ τὰ πρὸς τὸν ἀγῶνα καί, εἰ δεήσει
τειχομαχίας, ὅσα τῷ τοιούτῳ πρόσφορα ἔργῳ
μηχανησάμενος, ἐπεὶ νὺξ ἐγένετο καθεύδων ἐν
τῇ στρατηγικῇ σκηνῇ παρούσης αὐτῷ τῆς εἰω-
θυίας φυλακῆς περὶ τὸν ὄρθρον εὑρίσκεται νεκρός,
οὔτε σφαγῆς οὔτε ἀγχόνης οὔτε φαρμάκων οὔτε
ἄλλης βιαίου συμφορᾶς σημεῖον ἐπὶ τοῦ σώματος
οὐδὲν ἔχων.

V. Παραδόξου δὲ τοῦ πάθους ὥσπερ εἰκὸς
ἅπασι φαινομένου καὶ ζητουμένης τῆς αἰτίας
(οὐδὲ [2] γὰρ νόσον προηγησαμένην εἶχέ τις αἰτιά-
σασθαι) οἱ μὲν ἐπὶ τὴν θείαν πρόνοιαν ἁπάσας
τὰς ἀνθρωπίνας ἀναφέροντες τύχας κατὰ χόλον
δαιμόνιον ἔλεγον αὐτὸν ἀποθανεῖν, ὅτι πόλεμον
ἐξέκαυσε τῇ μητροπόλει πρὸς τὴν ἀπόκτισιν
οὔτε δίκαιον οὔτε ἀναγκαῖον· οἱ δὲ χρηματισμὸν
ἡγούμενοι τὸν πόλεμον καὶ μεγάλων ἀπεστερῆ-
σθαι νομίζοντες ὠφελειῶν εἰς ἐπιβουλὴν καὶ φθόνον
ἀνθρώπινον τὸ ἔργον μετέφερον αἰτιώμενοι τῶν
ἀντιπολιτευομένων τινὰς ἀφανῆ καὶ δυσεξέλεγκτα
ἐξευρόντας φάρμακα διὰ τούτων τὸν ἄνδρα ἀνῃρη-

---

[1] ἦν Reiske : ἦγε O, εἴτε Jacoby. Neither Reiske's nor
Jacoby's emendation is really satisfactory, since ἦν is normally
omitted by Dionysius in such phrases, while the combination
εἴτε . . . ἢ is altogether foreign to his style. Perhaps ἦγε
of the MSS. is an outright interpolation.

the time dragged on in vain (for they were not injuring one another to any notable extent by sudden dashes of the light-armed troops or by skirmishes of the horse), the man who was looked upon as responsible for the war, Cluilius, being irked at lying idle, resolved to march out with his army and challenge the enemy to battle, and if they declined it, to attack their entrenchments. And having made his preparations for an engagement and all the plans necessary for an attack upon the enemy's ramparts, in case that should prove necessary, when night came on he went to sleep in the general's tent, attended by his usual guard; but about daybreak he was found dead, no signs appearing on his body either of wounds, strangling, poison, or any other violent death.

V. This unfortunate event appearing extraordinary to everybody, as one would naturally expect, and the cause of it being enquired into—for no preceding illness could be alleged—those who ascribed all human fortunes to divine providence said that this death had been due to the anger of the gods, because he had kindled an unjust and unnecessary war between the mother-city and her colony. But others, who looked upon war as a profitable business and thought they had been deprived of great gains, attributed the event to human treachery and envy, accusing some of his fellow citizens of the opposing faction of having made away with him by secret and untraceable poisons that they had discovered.

---

[2] Reiske : οὔτε O.

2 κέναι· οἱ δὲ ὑπὸ λύπης τε καὶ ἀμηχανίας κρατού-
μενον ἑκουσίῳ χρήσασθαι τελευτῇ αὐτὸν ἔφασαν,
ἐπειδὴ πάντα χαλεπὰ καὶ ἄπορα συνέβαινεν αὐτῷ
καὶ οὐδὲν ἐχώρει κατὰ νοῦν τῶν ἐν ἀρχαῖς, ὅτε εἰς
τὰ πράγματα εἰσῄει, προσδοκηθέντων· τοῖς δ᾽
ἐκτὸς οὖσι φιλίας τε καὶ ἔχθρας τῆς πρὸς τὸν
στρατηγὸν καὶ ἀπὸ παντὸς τοῦ βελτίστου κρίνουσι
τὸ συμβεβηκὸς οὔτε ἡ θεία νέμεσις οὔτε ὁ τῶν
ἀντιπολιτευομένων φθόνος οὔθ᾽ ἡ τῶν πραγμάτων
ἀπόγνωσις ἀνῃρηκέναι τὸν ἄνδρα ἐδόκει, ἀλλ᾽
ἡ τῆς φύσεως ἀνάγκη καὶ τὸ χρεὼν ὡς ἐκπεπληρω-
κότα τὴν ὀφειλομένην μοῖραν, ἧς ἅπασι τοῖς γινο-
3 μένοις πέπρωται τυχεῖν. Κλοίλιος μὲν δὴ πρὶν
ἢ γενναῖον ἀποδείξασθαί τι τοιαύτης τελευτῆς
ἔτυχεν, εἰς δὲ τὸν ἐκείνου τόπον ἀποδείκνυται
στρατηγὸς αὐτοκράτωρ ὑπὸ τῶν ἐπὶ στρατοπέδου
Μέττιος Φουφέττιος, ἀνὴρ οὔτε πολέμου ἡγεμὼν
ἱκανὸς οὔτε εἰρήνης βέβαιος φύλαξ, ὃς οὐδενὸς
ἧττον Ἀλβανῶν πρόθυμος ὢν κατ᾽ ἀρχὰς διαστῆ-
σαι τὰς πόλεις καὶ διὰ τοῦτο τῆς ἀρχῆς μετὰ
τὸν Κλοιλίου θάνατον ἀξιωθείς, ἐπειδὴ τῆς ἡγεμο-
νίας ἔτυχε καὶ ὅσα ἦν ἐν τοῖς πράγμασι δυσχερῆ
καὶ ἄπορα συνεῖδεν, οὐκέτι διέμεινεν ἐπὶ τοῖς
αὐτοῖς βουλεύμασιν, ἀλλ᾽ εἰς ἀναβολὰς καὶ διατρι-
βὰς ἄγειν ἠξίου τὰ πράγματα ὁρῶν οὔτε τοὺς
Ἀλβανοὺς ἅπαντας ὁμοίαν ἔχοντας ἔτι προθυ-
μίαν πρὸς πόλεμον οὔτε τὰ σφάγια ὁπότε θύοιτο
4 περὶ μάχης καλὰ γινόμενα· τελευτῶν δὲ καὶ εἰς

---

[1] Livy styles him *dictator* (i. 23, 4; 27, 1) but calls Cluilius
rex (i. 23, 4).

Still others alleged that, being overcome with grief and despair, he had taken his own life, since all his plans were becoming difficult and impracticable and none of the things that he had looked forward to in the beginning when he first took hold of affairs was succeeding according to his desire. But those who were not influenced by either friendship or enmity for the general and based their judgment of what had happened on the soundest grounds were of the opinion that neither the anger of the gods nor the envy of the opposing faction nor despair of his plans had put an end to his life, but rather Nature's stern law and fate, when once he had finished the destined course which is marked out for everyone that is born. Such, then, was the end that Cluilius met, before he had performed any noble deed. In his place Mettius Fufetius was chosen general by those in the camp and invested with absolute power [1]; he was a man without either ability to conduct a war or constancy to preserve a peace, one who, though he had been at first as zealous as any of the Albans in creating strife between the two cities and for that reason had been honoured with the command after the death of Cluilius, yet after he had obtained it and perceived the many difficulties and embarrassments with which the business was attended, no longer adhered to the same plans, but resolved to delay and put off matters, since he observed that not all the Albans now had the same ardour for war and also that the victims, whenever he offered sacrifice concerning battle, were unfavourable. And at last he even determined to invite the

19

DIONYSIUS OF HALICARNASSUS

καταλλαγὰς ἔγνω προκαλεῖσθαι τοὺς πολεμίους
πρότερος ἐπικηρυκευσάμενος, μαθὼν τὸν ἐπικρεμά-
μενον ἔξωθεν Ἀλβανοῖς τε καὶ Ῥωμαίοις κίνδυνον,
εἰ μὴ σπείσονται τὸν πρὸς ἀλλήλους πόλεμον,
ἀφύλακτον [1] ὄντα, ὃς ἔμελλεν ἀμφοτέρας ἀναρπά-
σεσθαι [2] τὰς δυνάμεις. ἦν δὲ τοιόσδε·

VI. Οὐιεντανοὶ καὶ Φιδηναῖοι μεγάλας καὶ
πολυανθρώπους ἔχοντες πόλεις ἐπὶ μὲν τῆς Ῥω-
μύλου βασιλείας εἰς πόλεμον ὑπὲρ ἀρχῆς καὶ δυνα-
στείας Ῥωμαίοις κατέστησαν, ἐν ᾧ πολλὰς
ἀπολέσαντες δυνάμεις ἀμφότεροι καὶ χώρας ἀπο-
δασμῷ ζημιωθέντες ὑπήκοοι τοῖς κεκρατηκόσιν
ἠναγκάσθησαν γενέσθαι, περὶ ὧν ἐν τῇ πρὸ ταύτης
δεδήλωκα γραφῇ τὸ ἀκριβές· ἐπὶ δὲ τῆς Νόμα
Πομπιλίου δυναστείας εἰρήνης ἀπολαύσαντες
βεβαίου πολλὴν ἔσχον ἐπίδοσιν εἰς εὐανδρίαν τε καὶ
πλοῦτον καὶ τὴν ἄλλην εὐδαιμονίαν. τούτοις δὴ
τοῖς ἀγαθοῖς ἐπαρθέντες ἐλευθερίας τε αὖθις
ὠρέγοντο καὶ φρόνημα ἐλάμβανον ὑψηλότερον
παρασκευάζοντό τε ὡς οὐκέτι Ῥωμαίων ἀκροασό-
2 μενοι.[3] τέως μὲν οὖν ἄδηλος αὐτῶν ἡ διάνοια τῆς
ἀποστάσεως ἦν, ἐν δὲ τῷ πρὸς Ἀλβανοὺς ἐφανε-
ρώθη πολέμῳ. ὡς γὰρ ἐπύθοντο πανστρατιᾷ
Ῥωμαίους ἐξεληλυθότας [4] ἐπὶ τὸν πρὸς Ἀλβανοὺς
ἀγῶνα, κράτιστον ὑπολαβόντες εἰληφέναι καιρὸν
ἐπιθέσεως ἀπορρήτους ἐποιήσαντο διὰ τῶν δυνατω-
τάτων ἀνδρῶν συνωμοσίας ἅπαντας τοὺς ὁπλο-
φορεῖν δυναμένους εἰς Φιδήνην συνελθεῖν κρύφα

---

[1] ἄφυκτον Reiske.
[2] Hertlein, Cobet : ἀναρπάσασθαι O, Jacoby.
[3] Hertlein, Cobet : ἀκροώμενοι O, Jacoby.
[4] Reiske : ἐπεληλυθότας O.

20

enemy to an accommodation, taking the initiative himself in sending heralds, after he had been informed of a danger from the outside which threatened both the Albans and Romans, a danger which, if they did not terminate their war with each other by a treaty, was unavoidable and bound to destroy both armies. The danger was this:

VI. The Veientes and Fidenates, who inhabited large and populous cities, had in the reign of Romulus engaged in a war with the Romans for command and sovereignty, and after losing many armies in the course of the war and being punished by the loss of part of their territory, they had been forced to become subjects of the conquerors; concerning which I have given a precise account in the preceding Book.[1] But having enjoyed an uninterrupted peace during the reign of Numa Pompilius, they had greatly increased in population, wealth and every other form of prosperity. Elated, therefore, by these advantages, they again aspired to freedom, assumed a bolder spirit and prepared to yield obedience to the Romans no longer. For a time, indeed, their intention of revolting remained undiscovered, but during the Alban war it became manifest. For when they learned that the Romans had marched out with all their forces to engage the Albans, they thought they had now got the most favourable opportunity for their attack, and through their most influential men they entered into a secret conspiracy. It was arranged that all who were capable of bearing arms should assemble in Fidenae,

---

[1] ii. 53–55.

καὶ κατ᾽ ὀλίγους ἰόντας, ὡς ἂν ἥκιστα γένοιντο
3 τοῖς ἐπιβουλευομένοις καταφανεῖς· ἐκεῖ δ᾽ ὑπο-
μένοντας ἐκδέχεσθαι τὸν καιρόν, ὅτε αἱ Ῥωμαίων
τε καὶ Ἀλβανῶν δυνάμεις ἐκλιποῦσαι τοὺς χάρακας
ἐπὶ τὸν ἀγῶνα προελεύσονται (τοῦτον δὲ φανερὸν
ποιεῖν αὐτοῖς ἔμελλον διὰ συμβόλων σκοποί τινες
ἐν τοῖς ὄρεσι λοχῶντες), ὅταν δὲ ἀρθῇ τὰ σημεῖα
λαβόντας τὰ ¹ ὅπλα χωρεῖν ἐπ᾽ αὐτοὺς ἔδει πάντας
κατὰ τάχος (ἦν δὲ οὐ πολλὴ ἡ ² ἐπὶ τοὺς χάρακας
ἀπὸ Φιδήνης φέρουσα ὁδός, ἀλλ᾽ ὅσον ἢ δυσὶν
ὥραις ἢ τρισὶν ἀνυσθῆναι τὸ μακρότατον), ἐπι-
φανέντας δὲ τῷ ἀγῶνι τέλος ἤδη ἔχοντι, ὥσπερ
εἰκός, μηδὲν ἡγεῖσθαι φίλιον, ἀλλ᾽ ἐάν τε Ἀλβανοὶ
νικῶσιν ἐάν τε Ῥωμαῖοι κτείνειν τοὺς κεκρατηκότας
αὐτῶν.   ταῦτα ἦν ἃ διέγνωστο πράττειν τοῖς προ-
4 εστηκόσι τῶν πόλεων.   εἰ μὲν οὖν θρασύτερον
ἐπὶ τὸν ἀγῶνα ὥρμησαν Ἀλβανοὶ Ῥωμαίων
καταφρονήσαντες καὶ μιᾷ κρῖναι μάχῃ τὰ ὅλα
διέγνωσαν, οὐθὲν ἂν τὸ κωλῦσον ³ ἦν τόν τε
κατασκευασθέντα δόλον ἐπ᾽ αὐτοῖς λεληθέναι καὶ
διεφθάρθαι τὰ στρατεύματα αὐτῶν ἀμφότερα·
νῦν δὲ ἡ διατριβὴ τοῦ πολέμου παράδοξος ἅπασι
γενομένη καὶ ὁ χρόνος ἐν ᾧ παρεσκευάζοντο
πολὺς παρελκυσθεὶς ⁴ διέχεεν αὐτῶν τὰ βουλεύματα.
τῶν γὰρ ἐκ τῆς συνωμοσίας τινές, εἴτε οἰκεῖα κέρδη
περιβαλέσθαι ζητοῦντες εἴτε τοῖς κορυφαιοτάτοις
τῶν σφετέρων καὶ τὸ ἔργον εἰσηγησαμένοις
φθονοῦντες εἴτε μήνυσιν ἑτέρων δεδιότες, ὅ τι
πολλοῖς συνέβη παθεῖν ἐν ταῖς πολυανθρώποις

---

¹ τὰ added by Cobet.   ² ἡ added by Kiessling.
³ Reudler : κωλῦον AB, Jacoby.
⁴ Cobet : ἀφελκυσθεὶς O, ἐφελκυσθεὶς Reiske, Jacoby.

going secretly, a few at a time, so as to escape as far as possible the notice of those against whom the plot was aimed, and should remain there awaiting the moment when the armies of the Romans and Albans should quit their camps and march out to battle, the actual time to be indicated to them by means of signals given by some scouts posted on the mountains; and as soon as the signals were raised they were all to take arms and advance in haste against the combatants (the road leading from Fidenae to the camps was not a long one, but only a march of two or three hours at most), and appearing on the battlefield at the time when presumably the conflict would be over, they were to regard neither side as friends, but whether the Romans or the Albans had won, were to slay the victors. This was the plan of action on which the chiefs of those cities had determined. If, therefore, the Albans, in their contempt for the Romans, had rushed more boldly into an engagement and had resolved to stake everything upon the issue of a single battle, nothing could have hindered the treachery contrived against them from remaining secret and both their armies from being destroyed. But as it was, their delay in beginning war, contrary to all expectations, and the length of time they employed in making their preparations were bringing their foes' plans to nought. For some of the conspirators, either seeking to compass their private advantage or envying their leaders and those who had been the authors of the undertaking or fearing that others might lay information—a thing which has often happened in conspiracies where there are many accomplices

καὶ χρονιζομέναις συνωμοσίαις, εἴτε ὑπὸ θείας [1]
ἀναγκαζόμενοι γνώμης οὐκ ἀξιούσης ἔργον ἀνό-
σιον εἰς εὐτυχὲς κατασκῆψαι τέλος, μηνυταὶ
γίνονται τοῖς πολεμίοις τοῦ δόλου.

VII. Ταῦτα δὴ μαθὼν ὁ Φουφέττιος ἔτι μᾶλλον
ἔσπευσε ποιήσασθαι τὰς διαλύσεις, ὡς οὐδὲ
αἱρέσεως ἔτι [2] τοῦ μὴ ταῦτα πράττειν σφίσι
καταλειπομένης. ἐγεγόνει δὲ καὶ τῷ βασιλεῖ
τῶν Ῥωμαίων ὑπὲρ τῆς συνωμοσίας ταύτης
μήνυσις [3] παρὰ τῶν ἐκ Φιδήνης φίλων, ὥστ'
οὐδ' αὐτὸς ἔτι διαμελλήσας δέχεται τὰς τοῦ
Φουφεττίου προκλήσεις. ἐπεὶ δὲ συνῆλθον εἰς
τὸ μεταξὺ τῶν στρατοπέδων χωρίον ἐπαγόμενοι
συμβούλους ἑκάτεροι τοὺς φρονῆσαι τὰ δέοντα
ἱκανούς, ἀσπασάμενοι πρῶτον ἀλλήλους ὡς πρό-
τερον εἰώθεσαν καὶ φιλοφρονηθέντες τὰς ἑταιρικάς
τε καὶ συγγενικὰς φιλοφροσύνας διελέγοντο περὶ
2 τῶν διαλύσεων. ἤρχετο [4] δ' ὁ Ἀλβανὸς πρότερος [5]
τοιάδε λέγων·

" Ἀναγκαῖον εἶναί μοι δοκεῖ τὰς αἰτίας
πρῶτον ἐπιδεῖξαι, δι' ἃς ἐγὼ πρῶτος ἠξίωσα
περὶ καταλύσεως τοῦ πολέμου διαλέγεσθαι, οὔτε
μάχῃ κρατηθεὶς ὑφ' ὑμῶν οὔτ' ἐπισιτισμοὺς
εἰσάγεσθαι κωλυόμενος οὔτε εἰς ἄλλην κατα-
κεκλεισμένος ἀνάγκην οὐδεμίαν, ἵνα μή με
ὑπολάβητε τῆς μὲν οἰκείας δυνάμεως ἀσθένειαν
κατεγνωκότα, τὴν δὲ ὑμετέραν ἰσχὺν δυσ-
καταγώνιστον εἶναι νομίζοντα εὐπρεπῆ ζητεῖν
ἀπαλλαγὴν τοῦ πολέμου. ἀφόρητοι γὰρ ἂν γένοι-
σθε ὑπὸ βαρύτητος, εἴ τι πεισθείητε περὶ ἡμῶν

[1] ὑπὸ θείας Cobet, Sintenis : ὑπὸ θέσει or ὑποθέσει O.

and the execution is long delayed—or being compelled by the will of Heaven, which could not consent that a wicked design should meet with success, informed their enemies of the treachery.

VII. Fufetius, upon learning of this, grew still more desirous of making an accommodation, feeling that they now had no choice left of any other course. The king of the Romans also had received information of this conspiracy from his friends in Fidenae, so that he, too, made no delay but hearkened to the overtures made by Fufetius. When the two met in the space between the camps, each being attended by his council consisting of persons of competent judgment, they first embraced, according to their former custom, and exchanged the greetings usual among friends and relations, and then proceeded to discuss an accommodation. And first the Alban leader began as follows:

"It seems to me necessary to begin my speech by setting forth the reasons why I have determined to take the initiative in proposing a termination of the war, though neither defeated by you Romans in battle nor hindered from supplying my army with provisions nor reduced to any other necessity, to the end that you may not imagine that a recognition of the weakness of my own force or a belief that yours is difficult to overcome makes me seek a plausible excuse for ending the war. For, should you entertain such an opinion of us, you would be intolerably severe,

---

τοιοῦτον, καὶ οὐθὲν ἂν τῶν μετρίων ὑπομείναιτε
3 ποιεῖν, ὡς κρατοῦντες ἤδη τῷ πολέμῳ. ἵνα
δὴ μὴ τὰς ψευδεῖς αἰτίας εἰκάζητε περὶ τῆς ἐμῆς
προαιρέσεως, δι᾽ ἃς ἀξιῶ καταλύσασθαι τὸν
πόλεμον, ἀκούσατε τὰς ἀληθεῖς· ἐγὼ στρατηγὸς
ἀποδειχθεὶς ὑπὸ τῆς πατρίδος αὐτοκράτωρ ἅμα τῷ
παραλαβεῖν τὴν ἀρχὴν ἐσκόπουν τίνες ἦσαν αἱ
συνταράξασαι τὰς πόλεις ἡμῶν προφάσεις. ὁρῶν
δὲ μικρὰς καὶ φαύλας καὶ οὐχ ἱκανὰς διελεῖν
τοσαύτην φιλίαν καὶ συγγένειαν οὐ τὰ κράτιστα
ἡγούμην οὔτε ᾿Αλβανοὺς οὔτε ὑμᾶς βουλεύσασθαι.
4 ἔτι δὲ μᾶλλον ἔγνων τοῦτο καὶ πολλὴν κατέγνων
ἀμφοτέρων ἡμῶν μανίαν, ἐπειδὴ παρῆλθον ἐπὶ
τὰ πράγματα καὶ πεῖραν ἐλάμβανον τῆς ἑκάστου
προαιρέσεως. οὔτε γὰρ ἐν τοῖς ἰδίοις οὔτ᾽
ἐν τοῖς κοινοῖς συλλόγοις ὁμονοοῦντας ὑπὲρ τοῦ
πολέμου πάντας ᾿Αλβανοὺς ἑώρων, μακρῷ δέ
τινι τῶν ἐξ ἀνθρωπίνου λογισμοῦ καταλαμβανο-
μένων χαλεπῶν τὰ δαιμόνια σημεῖα, ὁπότε χρησαί-
μην σφαγίοις περὶ μάχης, χαλεπώτερα γινόμενα
πολλὴν δυσθυμίαν παρεῖχέ μοι καὶ ἀμηχανίαν.
5 ἐνθυμούμενος δὴ ταῦτα τῆς μὲν ἐπὶ τοὺς ἀγῶνας
ὁρμῆς ἐπέσχον, ἀναβολὰς δὲ καὶ διατριβὰς ἐποιού-
μην τοῦ πολέμου προτέρους ὑμᾶς οἰόμενος ἄρξειν
τῶν περὶ φιλίας λόγων· καὶ ἔδει γε, ὦ Τύλλε,
τοῦτο ποιεῖν ὑμᾶς ἀποίκους ὄντας ἡμῶν καὶ μὴ περι-
μένειν ἕως ἡ μητρόπολις ἄρξῃ. ὅσης γὰρ ἀξιοῦσι
τιμῆς τυγχάνειν οἱ πατέρες παρὰ τῶν ἐκγόνων,
τοσαύτης οἱ κτίσαντες τὰς πόλεις παρὰ τῶν
6 ἀποίκων. ἐν ᾧ δὲ ἡμεῖς ἐμέλλομεν καὶ παρετη-

and, as if you were already victorious in the war, you could not bring yourselves to do anything reasonable. In order, therefore, that you may not impute to me false reasons for my purpose to end the war, listen to the true reasons. My country having appointed me general with absolute power, as soon as I took over the command I considered what were the causes which had disturbed the peace of our cities. And finding them trivial and petty and of too little consequence to dissolve so great a friendship and kinship, I concluded that neither we Albans nor you Romans had been governed by the best counsels. And I was further convinced of this and led to condemn the great madness that we both have shown, when once I had taken hold of affairs and began to sound out each man's private opinion. For I found that the Albans neither in their private meetings nor in their public assemblies were all of one mind regarding the war; and the signs from Heaven, whenever I consulted the victims concerning battle, presenting, as they did, far greater difficulties than those based on human reasoning, caused me great dismay and anxiety. In view, therefore, of these considerations, I restrained my eagerness for armed conflicts and devised delays and postponements of the war, in the belief that you Romans would make the first overtures towards peace. And indeed you should have done this, Tullus, since you are our colony, and not have waited till your mother-city set the example. For the founders of cities have a right to receive as great respect from their colonies as parents from their children. But while we have been

ροῦμεν ἀλλήλους, πότεροι τῶν εὐγνωμόνων ἄρξουσι
λόγων, ἑτέρα τις ἡμᾶς ἀνάγκη κρείττων ἅπαντος
ἀνθρωπίνου λογισμοῦ περιλαβοῦσα συνάγει· ἢν
ἐγὼ πυθόμενος ἔτι λανθάνουσαν ὑμᾶς οὐκέτ᾽
ᾠόμην δεῖν τῆς εὐπρεπείας τῶν διαλλαγῶν στοχά-
ζεσθαι. δειναὶ γάρ, ὦ Τύλλε, μηχαναὶ πλέκον-
ται καθ᾽ ἡμῶν καὶ δόλος ἄφυκτος ἔρραπται
κατ᾽ ἀμφοτέρων, ὃς ἔμελλεν ἀκονιτὶ καὶ δίχα
πόνου πάντα συντρίψειν καὶ διαφθερεῖν ἡμῶν τὰ
πράγματα πυρὸς ἢ ποταμοῦ δίκην ἐμπεσών.
7 δημιουργοὶ δὲ τῶν ἀνοσίων βουλευμάτων εἰσὶν
οἱ δυνατώτατοι Φιδηναίων τε καὶ Οὐιεντανῶν
συνελθόντες. ὅστις δὲ ὁ τῆς ἐπιβουλῆς αὐτῶν
τρόπος ἦν καὶ πόθεν εἰς ἐμὲ ἡ τῶν ἀπορρήτων
βουλευμάτων γνῶσις ἐλήλυθεν ἀκούσατε."

VIII. Ταῦτ᾽ εἰπὼν δίδωσι τῶν παρόντων τινὶ
ἀναγνῶναι τὰς ἐπιστολὰς ἃς αὐτῷ κεκομικώς τις
ἐτύγχανε παρὰ τῶν ἐν Φιδήνῃ ξένων καὶ τὸν κομί-
σαντα αὐτὰς παρήγαγεν. ἀναγνωσθεισῶν δὲ τῶν
ἐπιστολῶν καὶ τοῦ ἀνδρὸς ἐξηγησαμένου πάντα
ὅσα παρὰ τῶν ἐπιθέντων [1] αὐτὰς ἀπὸ στόματος
ἤκουσεν ἐκπλήξεώς τε μεγάλης κατασχούσης τοὺς
ἀκούοντας, οἷα εἰκὸς ἐπὶ τηλικούτῳ κακῷ παρ᾽
ἐλπίδας ἀκουσθέντι, μικρὸν ἐπισχὼν ὁ Φουφέττιος
πάλιν ἔλεξεν·

2 " Ἀκηκόατε τὰς αἰτίας, ἄνδρες Ῥωμαῖοι,
δι᾽ ἃς ἐγὼ τέως μὲν [2] ἀνεβαλλόμην τοὺς πρὸς
ὑμᾶς ἀγῶνας, νῦν δὲ καὶ τῶν περὶ φιλίας
ἠξίωσα πρότερος ἄρχειν λόγων. ὑμεῖς δὲ τὸ

[1] ἐπιθέντων Cobet : ἐπιτιθεμένων O, Jacoby, ἐπιθεμένων
Bücheler.
[2] ἐγὼ τέως μὲν Reiske : ἐγώ τε O, ἔγωγε Sylburg.

delaying and watching one another, to see which side should first make friendly overtures, another motive, more compelling than any arguments drawn from human reason, has arisen to draw us together. And since I learned of this while it was yet a secret to you, I felt that I ought no longer to aim at appearances in concluding peace. For dreadful designs are being formed against us, Tullus, and a deadly plot has been woven against both of us, a plot which was bound to overwhelm and destroy us easily and without effort, bursting upon us like a conflagration or a flood. The authors of these wicked designs are the chiefs of the Fidenates and Veientes, who have conspired together. Hear now the nature of their plot and how the knowledge of their secret design came to me."

VIII. With these words he gave to one of those present the letters which a certain man had brought to him from his friends at Fidenae, and desired him to read them out; and at the same time he produced the man who had brought the letters. After they were read and the man had informed them of everything he had learned by word of mouth from the persons who had despatched the letters, all present were seized with great astonishment, as one would naturally expect upon their hearing of so great and so unexpected a danger. Then Fufetius, after a short pause, continued:

"You have now heard, Romans, the reasons why I have thus far been postponing armed conflicts with you and have now thought fit to make the first overtures concerning peace. After

μετὰ τοῦτο ἤδη σκοπεῖσθε, πότερον οἴεσθε δεῖν
περὶ βοιδίων καὶ προβατίων [1] ἁρπαγῆς ἄσπειστον
πόλεμον φυλάττειν πρὸς τοὺς κτίσαντας καὶ
πατέρας, ἐν ᾧ καὶ κρατηθέντες ἀπολεῖσθε καὶ
κρατήσαντες, ἢ διαλυσάμενοι τὴν πρὸς τοὺς
συγγενεῖς ἔχθραν μεθ᾽ ἡμῶν ἐπὶ τοὺς κοινοὺς
ἐχθροὺς χωρεῖν, οἵ γε οὐ μόνον ἀπόστασιν ἐβού-
λευσαν ἀφ᾽ ὑμῶν, ἀλλὰ καὶ ἐπανάστασιν, οὔτε
πεπονθότες οὐδὲν δεινὸν οὔτε μὴ πάθωσι δεδιότες,
καὶ οὐδ᾽ ἐκ τοῦ φανεροῦ ἐπέθεντο ἡμῖν, ὡς ὁ
κοινὸς ἀξιοῖ τοῦ πολέμου νόμος, ἀλλ᾽ ὑπὸ σκότους,
ὡς ἂν ἥκιστα ὑπίδοιτό τις αὐτῶν τὴν ἐπιβουλὴν
3 καὶ φυλάξαιτο. ἀλλὰ γὰρ ὅτι μὲν ἐπὶ τοὺς
ἀνοσίους ἀνθρώπους ἰτέον ἡμῖν ἁπάσῃ σπουδῇ
καταλυσαμένοις τὰ ἔχθη (μανίας γὰρ θάτερα
ἀξιοῦν), ὡς ἐγνωκόσιν ὑμῖν καὶ ποιήσουσιν οὐδὲν
δέομαι πλείω λέγειν καὶ παρακελεύεσθαι. ὃν δὲ
τρόπον αἱ διαλύσεις καλαὶ καὶ συμφέρουσαι
γένοιντ᾽ ἂν ἀμφοτέραις ταῖς πόλεσι (τοῦτο γὰρ
ἴσως ποθεῖτε ἀκοῦσαι πάλαι) νῦν ἤδη πειρά-
4 σομαι λέγειν. ἐγὼ νομίζω κρατίστας μὲν εἶναι
διαλλαγὰς καὶ πρεπωδεστάτας συγγενέσι καὶ
φίλοις πρὸς ἀλλήλους, ἐν αἷς οὐδέν ἐστιν ἔγκοτον
οὐδὲ [2] μνησίκακον, ἀφέσεως ἅπασι πρὸς ἅπαντας
ὑπὲρ ὧν ἔδρασαν ἢ ἔπαθον ἀδόλου γινομένης,
ἧττον δὲ τούτων εὐπρεπεῖς, ἐν αἷς τὸ μὲν πλῆθος
ἀπολύεται τῶν ἐγκλημάτων, οἱ δὲ ἀδικήσαντες

---

[1] Cobet: προβάτων O.
[2] οὐδὲ R : οὔτε AB.

this it is for you now to consider whether, in order
to avenge the seizure of some miserable oxen and
sheep, you ought to continue to carry on an
implacable war against your founders and fathers,
in the course of which, whether conquered or
conquerors, you are sure to be destroyed, or,
laying aside your enmity toward your kinsmen,
to march with us against our common foes, who
have plotted not only to revolt from you but also
to attack you—although they have neither
suffered any harm nor had any reason to fear
that they should suffer any—and, what is more,
have not attacked us openly, according to the
universally recognized laws of war, but under
cover of darkness, so that their treachery could
least be suspected and guarded against. But I
need say no more to convince you that we ought
to lay aside our enmity and march with all speed
against these impious men (for it would be madness
to think otherwise), since you are already resolved
and will pursue that resolution. But in what
manner the terms of reconciliation may prove
honourable and advantageous to both cities (for
probably you have long been eager to hear this)
I shall now endeavour to explain. For my part,
I hold that that mutual reconciliation is the best
and the most becoming to kinsmen and friends,
in which there is no rancour nor remembrance
of past injuries, but a general and sincere remission
of everything that has been done or suffered on
both sides; less honourable than this form of
reconciliation is one by which, indeed, the mass
of the people are absolved of blame, but those
who have injured one another are compelled to

ἀλλήλους ἀναγκάζονται δίκας ὑπέχειν λόγῳ κρινό-
5 μενοι καὶ νόμῳ. τούτων δὴ τῶν διαλλαγῶν ἐμοὶ
μὲν δοκεῖ χρῆναι τὰς εὐπρεπεστέρας καὶ μεγαλο-
ψυχοτέρας ἡμᾶς ἑλέσθαι καὶ γνώμην θέσθαι περὶ
μηδενὸς ἡμᾶς ἀλλήλοις μνησικακεῖν· σὺ δ᾽ εἰ
μὴ βούλει διαλλάττεσθαι τοῦτον τὸν τρόπον,
ὦ Τύλλε, ἀλλὰ καὶ διδόναι δίκας καὶ λαμβάνειν
ἀξιοῖς τοὺς ἐν ταῖς αἰτίαις παρ᾽ ἀλλήλων, ἕτοιμοι
καὶ ταῦτα ποιεῖν εἰσιν Ἀλβανοὶ τὰ κοινὰ ἔχθη
προκαταλυσάμενοι. εἰ δέ τινας ἔχεις παρὰ ταύτας
λέγειν ἑτέρας εἴτε καλλίους διαλλαγὰς εἴτε
δικαιοτέρας, οὐκ ἂν φθάνοις φέρων εἰς μέσον καὶ
πολλήν σοι χάριν εἴσομαι."

IX. Ταῦτ᾽ εἰπόντος τοῦ Φουφεττίου παραλαβὼν
τὸν λόγον ὁ τῶν Ῥωμαίων βασιλεὺς ἔλεξε·
"Καὶ ἡμεῖς, ὦ Φουφέττιε, βαρεῖαν ὑπελαμβάνομεν
ἡμᾶς καταλήψεσθαι συμφοράν, εἰ δι᾽ αἵματος καὶ
φόνων ἀναγκασθείημεν κρῖναι τὸν συγγενῆ πόλεμον,
καὶ ὑπὸ τῶν ἱερῶν ὁπότε τὰ προπολέμια θύοιμεν
ἐκωλυόμεθα ἄρχειν μάχης· τάς τε ἀπορρήτους
Φιδηναίων καὶ Οὐιεντανῶν συνωμοσίας, ἃς ἐπ᾽
ἀμφοτέροις ἡμῖν συνώμοσαν, ὀλίγῳ πρότερον
σοῦ πεπύσμεθα παρὰ τῶν ἐκεῖθεν ξένων καὶ οὐκ
ἀφύλακτοι πρὸς αὐτάς ἐσμεν, ἀλλ᾽ ὡς παθεῖν τε
μηδὲν αὐτοὶ κακὸν κἀκείνους τιμωρήσασθαι τῆς
ἐπιβουλῆς ἀξίως παρεσκευάσμεθα, οὐχ ἧττόν τε
σοῦ καταλύσασθαι τὸν πόλεμον ἀμαχητὶ μᾶλλον
2 ἢ διὰ τῶν ὅπλων ἐβουλόμεθα. πρότεροι δὲ
πρεσβεύεσθαι περὶ διαλλαγῶν οὐκ ἠξιοῦμεν, ἐπείπερ

32

undergo such a trial as reason and law direct. Of these two methods of reconciliation, now, it is my opinion that we ought to choose the one which is the more honourable and magnanimous, and we ought to pass a decree of general amnesty. However, if you, Tullus, do not wish a reconciliation of this kind, but prefer that the accusers and the accused should mutually give and receive satisfaction, the Albans are also ready to do this, after first settling our mutual hatreds. And if, besides this, you have any other method to suggest which is either more honourable or more just, you cannot lay it before us too soon, and for doing so I shall be greatly obliged to you."

IX. After Fufetius had thus spoken, the king of the Romans answered him and said:

" We also, Fufetius, felt that it would be a grave calamity for us if we were forced to decide this war between kinsmen by blood and slaughter, and whenever we performed the sacrifices preparatory to war we were forbidden by them to begin an engagement. As regards the secret conspiracy entered into by the Fidenates and Veientes against us both, we have learned of it, a little ahead of you, through our friends in their midst, and we are not unprepared against their plot, but have taken measures not only to suffer no mischief ourselves but also to punish those foes in such a manner as their treachery deserves. Nor were we less disposed than you to put an end to the war without a battle rather than by the sword; yet we did not consider it fitting that we should be the first to send ambassadors to propose an accommodation, since we had not been

οὐδ' ἤρξαμεν αὐτοὶ πρότεροι τοῦ πολέμου, ἄρξαντας
δὲ ἠμυνάμεθα. ἀποτιθεμένων δὲ ὑμῶν τὰ ὅπλα
δεχόμεθα τὰς προκλήσεις ἄσμενοι καὶ περὶ διαλλα-
γῶν οὐδὲν ἀκριβολογούμεθα, ἀλλὰ τὰς κρατίστας
τε καὶ μεγαλοψυχοτάτας δεχόμεθα πᾶν ἀδίκημα
καὶ πᾶν ἁμάρτημα τῆς Ἀλβανῶν πόλεως ἀφιέντες,
εἰ δὴ καὶ κοινὰ χρὴ καλεῖν πόλεως ἁμαρτήματα,
ὧν ὁ στρατηγὸς ὑμῶν Κλοίλιος αἴτιος ἦν, ὃς
ὑπὲρ ἀμφοτέρων ἡμῶν οὐ μεμπτὰς τέτικε δίκας
3 τοῖς θεοῖς. ἀφείσθω δὴ πᾶσα ἐγκλήματος ἰδίου
τε καὶ κοινοῦ πρόφασις καὶ μηδενὸς ἔτι μνήμη
τῶν παρεληλυθότων ἔστω κακῶν, ὡς καὶ σοί,
Φουφέττιε,[1] δοκεῖ· ἀλλ' οὐκ ἀπόχρη τοῦτο
μόνον ἡμᾶς σκοπεῖν, ὅπως ἂν τὴν παροῦσαν
ἔχθραν διαλυσαίμεθα πρὸς ἀλλήλους, ἀλλ' ὅπως
μηδ' αὖθίς ποτε πολεμήσομεν[2] ἔτι δεῖ παρα-
σκευάσασθαι· οὐ γὰρ ἀναβολὰς ποιησόμενοι τῶν
κακῶν συνεληλύθαμεν, ἀλλ' ἀπαλλαγάς. τίς οὖν
ἡ βεβαία τοῦ πολέμου κατάλυσις ἔσται καὶ τί
παρασχόντες εἰς τὰ πράγματα ἑκάτεροι νῦν τε
καὶ εἰς τὸν ἀεὶ χρόνον ἐσόμεθα φίλοι, σὺ μὲν παρ-
έλιπες, ὦ Φουφέττιε, ἐγὼ δ' ἔτι καὶ τοῦτο προσ-
4 θεῖναι πειράσομαι. εἰ παύσαιντο μὲν Ἀλβανοὶ
φθονοῦντες Ῥωμαίοις ἐφ' οἷς ἔχουσιν ἀγαθοῖς,
οὐκ ἄνευ μεγάλων κινδύνων καὶ πόνων πολλῶν
αὐτὰ κτησάμενοι (οὐθὲν γοῦν πεπονθότες ὑφ'
ἡμῶν οὔτε μεῖζον οὔτε ἔλαττον κακὸν διὰ τοῦτο
μισεῖτε ἡμᾶς, ὅτι δοκοῦμεν ἄμεινον ὑμῶν πράτ-

---

[1] φουφέττιε O: ὦ Φουφέττιε Kiessling, Jacoby.
[2] ὅπως . . . πολεμήσομεν Hertlein, Cobet: ὥστε . . . πολε-
μήσωμεν O.

the first to begin the war, but had merely defended
ourselves against those who had begun it. But
once you are ready to lay down your arms, we will
gladly receive your proposal, and will not scrutinize
too closely the terms of the reconciliation, but
will accept those that are the best and the most
magnanimous, forgiving every injury and offence
we have received from the city of Alba—if, indeed,
those deserve to be called public offences of the
city for which your general Cluilius was responsible,
and he has paid no mean penalty to the gods for
the wrongs he did us both. Let every occasion,
therefore, for complaint, whether private or
public, be removed and let no memory of past
injuries any longer remain—even as you also,
Fufetius, think fitting. Yet it is not enough for
us to consider merely how we may compose our
present enmity toward one another, but we must
further take measures to prevent our ever going to
war again; for the purpose of our present meeting
is not to obtain a postponement but rather an end
of our evils. What settlement of the war, there-
fore, will be enduring and what contribution must
each of us make toward the situation, in order
that we may be friends both now and for all
time? This, Fufetius, you have omitted to tell
us; but I shall endeavour to go on and supply
this omission also. If, on the one hand, the
Albans would cease to envy the Romans the
advantages they possess, advantages which were
acquired not without great perils and many
hardships (in any case you have suffered no injury
at our hands, great or slight, but you hate us for
this reason alone, that we seem to be better off

35

τειν), παύσαιντο δὲ Ῥωμαῖοι δι' ὑποψίας ἔχοντες
Ἀλβανοὺς ὡς ἐπιβουλεύοντας ἀεί σφισι καὶ
φυλαττόμενοι καθάπερ ἐχθρούς· οὐ γὰρ ἂν γένοιτο
5 βέβαιος[1] φίλος τῷ ἀπιστοῦντι[2] οὐδείς. πῶς
οὖν γενήσεται τούτων ἑκάτερον; οὐκ ἐὰν γρά-
ψωμεν αὐτὰ ἐν ταῖς ὁμολογίαις οὐδ' ἐὰν ὀμόσωμεν
ἀμφότεροι καθ' ἱερῶν (μικραὶ γὰρ αὐταί γε αἱ
φυλακαὶ καὶ ἀσθενεῖς), ἀλλ' ἐὰν κοινὰς ἡγησώ-
μεθα τὰς ἀλλήλων τύχας. ἐν γάρ ἐστι μόνον,
ὦ Φουφέττιε, λύπης ἀνθρωπίνης ἐπ' ἀλλοτρίοις
ἀγαθοῖς γινομένης ἄκος, τὸ μηκέτι τοὺς φθονοῦντας
ἀλλότρια τὰ τῶν φθονουμένων ἀγαθὰ ἡγεῖσθαι.
6 ἵνα δὴ τοῦτο γένηται, Ῥωμαίους μὲν οἶμαι δεῖν
εἰς τὸ κοινὸν Ἀλβανοῖς θεῖναι πάντα ὅσα τε νῦν
ἔχουσι καὶ αὖθις ἕξουσιν ἀγαθά, Ἀλβανοὺς δὲ
ἀγαπητῶς τὰ διδόμενα δέχεσθαι, καὶ γενέσθαι
μάλιστα μὲν[3] ἅπαντας ὑμᾶς, εἰ δὲ μή γε, τοὺς
πλείστους τε καὶ ἀρίστους ὑμῶν τῆς Ῥωμαίων
πόλεως οἰκήτορας. οὐ γὰρ δὴ Σαβίνοις μὲν
καὶ Τυρρηνοῖς καλῶς εἶχεν ἐκλιποῦσι τὰς ἑαυτῶν
πόλεις μεταθέσθαι τοὺς βίους ὡς ἡμᾶς, ὑμῖν δὲ
ἄρα τοῖς συγγενεστάτοις τὸ αὐτὸ τοῦτο γενό-
7 μενον οὐχ ἕξει καλῶς;[4] εἰ δ' οὐκ ἀξιώσετε μίαν
οἰκεῖν πόλιν τὴν ἡμετέραν μεγάλην τε οὖσαν
ἤδη καὶ ἔτι μᾶλλον ἐσομένην, ἀλλὰ φιλοχωρήσετε
τοῖς πατρῴοις ἐφεστίοις, ἐκεῖνό γέ τοι ποιήσατε·
βουλευτήριον ἐν ἀποδείξατε, ὃ τὰ συμφέροντα
ὑπὲρ ἑκατέρας βουλεύσει πόλεως, καὶ τὴν ἡγεμονίαν
ἀπόδοτε μιᾷ τῇ κρείττονι πόλει καὶ πλείονα δυναμένῃ

---

[1] βέβαιος R : βεβαίως B, Jacoby.
[2] ἀπιστοῦντι Bücheler : μισοῦντι O, Jacoby.
[3] μὲν added by Meineke.
[4] The mark of interrogation is due to Smit.

than you); and if, on the other hand, the Romans would cease to suspect the Albans of always plotting against them and would cease to be on their guard against them as against enemies (for no one can be a firm friend to one who distrusts him). How, then, shall each of these results be brought about? Not by inserting them in the treaty, nor by our both swearing to them over the sacrificial victims—for these are small and weak assurances—but by looking upon each other's fortunes as common to us both. For there is only one cure, Fufetius, for the bitterness which men feel over the advantages of others, and that is for the envious no longer to regard the advantages of the envied as other than their own. In order to accomplish this, I think the Romans ought to place equally at the disposal of the Albans all the advantages they either now or shall hereafter possess; and that the Albans ought cheerfully to accept this offer and all of you, if possible, or at least the most and the best of you, become residents of Rome. Was it not, indeed, a fine thing for the Sabines and Tyrrhenians to leave their own cities and transfer their habitation to Rome? And for you, who are our nearest kinsmen, will it not accordingly be a fine thing if this same step is taken? If, however, you refuse to inhabit the same city with us, which is already large and will be larger, but are going to cling to your ancestral hearths, do this at least: appoint a single council to consider what shall be of advantage to each city, and give the supremacy to that one of the two cities which is the more powerful and is in a position to render the greater services

ποιεῖν ἀγαθὰ τὴν ἥττονα. ἐγὼ μὲν δὴ ταῦτ᾿ ἀξιῶ καὶ τούτων γενομένων τόθ᾿ ἡγοῦμαι βεβαίους [1] ἡμᾶς ἔσεσθαι φίλους, δύο δὲ πόλεις οἰκοῦντας ἰσοκορύφους, ὥσπερ νῦν, οὐδέποτε ὁμονοήσειν.''

X. Ταῦτ᾿ ἀκούσας ὁ Φουφέττιος χρόνον εἰς βουλὴν ᾐτήσατο, καὶ μεταστὰς ἐκ τοῦ συλλόγου μετὰ τῶν παρόντων Ἀλβανῶν, εἰ χρὴ δέχεσθαι τὰς αἱρέσεις ἐσκόπει. ὡς δὲ τὰς ἁπάντων γνώμας ἔλαβεν, ἐπιστρέψας αὖθις εἰς τὸν σύλλογον ἔλεξεν· '' Ἡμῖν μέν, ὦ Τύλλε, τὴν μὲν πατρίδα καταλιπεῖν οὐ δοκεῖ οὐδ᾿ ἐξερημοῦν ἱερὰ πατρῷα καὶ προγονικὰς ἑστίας καὶ τόπον ὃν ἐγγὺς ἐτῶν πεντακοσίων οἱ πατέρες ἡμῶν κατέσχον, καὶ ταῦτα μὴ πολέμου κατειληφότος ἡμᾶς μηδ᾿ ἄλλης θεοπέμπτου συμφορᾶς μηδεμιᾶς· ἐν δὲ καταστήσασθαι βουλευτήριον καὶ μίαν εἶναι τὴν ἄρξουσαν
2 τῆς ἑτέρας πόλιν οὐκ ἀπαρέσκει. γραφέσθω δὴ καὶ τοῦτο τὸ μέρος ἐν ταῖς συνθήκαις, εἰ δοκεῖ, καὶ πᾶσα ἀναιρείσθω πολέμου πρόφασις.''

Ὡς δὲ συνέβησαν ἐπὶ τούτοις, περὶ τῆς μελλούσης τὴν ἡγεμονίαν παραλήψεσθαι πόλεως διεφέροντο, καὶ πολλοὶ ἐλέχθησαν εἰς τοῦτο λόγοι παρ᾿ ἀμφοτέρων, δικαιοῦντος ἑκατέρου τὴν αὑτοῦ πόλιν ἄρχειν
3 τῆς ἑτέρας. ὁ μὲν οὖν Ἀλβανὸς τοιαῦτα προΐσχετο δίκαια·

'' Ἡμεῖς, ὦ Τύλλε, καὶ τῆς μὲν ἄλλης ἄρχειν ἄξιοί ἐσμεν Ἰταλίας, ὅτι ἔθνος Ἑλληνικὸν καὶ μέγιστον τῶν κατοικούντων τήνδε τὴν

---

[1] Steph. : βεβαίως O, Jacoby.

to the weaker. This is what I recommend, and
if these proposals are carried out I believe that
we shall then be lasting friends; whereas, so
long as we inhabit two cities of equal eminence,
as at present, there never will be harmony be-
tween us."

X. Fufetius, hearing this, desired time for
taking counsel; and withdrawing from the
assembly along with the Albans who were present,
he consulted with them whether they should
accept the proposals. Then, having taken the
opinions of all, he returned to the assembly and
spoke as follows: "We do not think it best,
Tullus, to abandon our country or to desert the
sanctuaries of our fathers, the hearths of our
ancestors, and the place which our forbears have
possessed for nearly five hundred years, particu-
larly when we are not compelled to such a course
either by war or by any other calamity inflicted
by the hand of Heaven. But we are not opposed
to establishing a single council and letting one of
the two cities rule over the other. Let this article,
then, also be inserted in the treaty, if agreeable,
and let every excuse for war be removed."

These conditions having been agreed upon,
they fell to disputing which of the two cities
should be given the supremacy and many words
were spoken by both of them upon this subject,
each contending that his own city should rule over
the other. The claims advanced by the Alban
leader were as follows:

"As for us, Tullus, we deserve to rule over
even all the rest of Italy, inasmuch as we repre-
sent a Greek nation and the greatest nation

39

γῆν ἐθνῶν παρεχόμεθα,[1] τοῦ δὲ Λατίνων ἔθνους,
εἰ καὶ μηδενὸς τῶν ἄλλων,[2] ἡγεῖσθαι δικαιοῦμεν
οὐκ ἄτερ αἰτίας, ἀλλὰ κατὰ τὸν κοινὸν ἀνθρώπων
νόμον, ὃν ἡ φύσις ἔδωκεν ἅπασι, τῶν ἐκγόνων
ἄρχειν τοὺς προγόνους. ὑπὲρ ἁπάσας δὲ τὰς ἄλλας
ἀποικίας, αἷς μέχρι τοῦ παρόντος οὐδὲν ἐγκαλοῦ-
μεν, τῆς ὑμετέρας οἰόμεθα δεῖν πόλεως ἄρχειν οὐ
πρὸ πολλοῦ τὴν ἀποικίαν εἰς αὐτὴν ἀπεσταλκότες,
ὥστε ἐξίτηλον εἶναι ἤδη τὸ ἀφ' ἡμῶν γένος ὑπὸ
χρόνου παλαιωθέν, ἀλλὰ τῇ τρίτῃ πρὸ ταύτης
γενεᾷ. ἐὰν δὲ ἀναστρέψασα τὰς ἀνθρωπίνας
δικαιώσεις ἡ φύσις τὰ νέα τάξῃ τῶν πρεσβυτέρων
ἄρχειν καὶ τὰ ἔκγονα τῶν προγόνων, τότε καὶ
ἡμεῖς ἀνεξόμεθα τὴν μητρόπολιν ὑπὸ τῆς ἀποικίας
4 ἀρχομένην, πρότερον δὲ οὔ. ἓν μὲν δὴ τοῦτο
τὸ δικαίωμα παρεχόμενοι τῆς ἀρχῆς οὐκ ἂν
ἀποσταίημεν ὑμῖν ἑκόντες, ἕτερον δὲ τοιόνδε—
δέξασθε δὲ αὐτὸ μὴ ὡς ἐπὶ διαβολῇ καὶ ὀνειδισμῷ
τῷ ὑμετέρῳ λεγόμενον, ἀλλὰ τοῦ ἀναγκαίου
ἕνεκα—ὅτι τὸ μὲν Ἀλβανῶν γένος οἷον ἦν ἐπὶ
τῶν κτισάντων τὴν πόλιν, τοιοῦτον ἕως τῶν καθ'
ἡμᾶς χρόνων διαμένει, καὶ οὐκ ἂν ἔχοι τις ἐπιδεῖξαι
φῦλον ἀνθρώπων οὐδὲν ἔξω τοῦ Ἑλληνικοῦ τε
καὶ τοῦ Λατίνων, ᾧ τῆς πολιτείας μεταδεδώκαμεν·
ὑμεῖς δὲ τὴν ἀκρίβειαν τοῦ παρ' ἑαυτοῖς πολιτεύ-
ματος διεφθάρκατε Τυρρηνούς τε ὑποδεξάμενοι
καὶ Σαβίνους καὶ ἄλλους τινὰς ἀνεστίους καὶ
πλάνητας καὶ[3] βαρβάρους πάνυ πολλούς, ὥστε
ὀλίγον τὸ γνήσιον ὑμῶν ἐστιν ὅσον ἀφ' ἡμῶν

---

[1] Sintenis : παρεχόμενοι O.
[2] ἐθνῶν after ἄλλων deleted by Reudler.

of all that inhabit this country. But to the sovereignty of the Latin nation, even if of no other, we think ourselves entitled, not without reason, but in accordance with the universal law which Nature bestowed upon all men, that ancestors should rule their posterity. And above all our other colonies, against whom we have thus far no reason to complain, we think we ought to rule your city, having sent our colony thither not so long ago that the stock sprung from us is already extinct, exhausted by the lapse of time, but only the third generation before the present. If, indeed, Nature, inverting human rights, shall ever command the young to rule over the old and posterity over their progenitors, then we shall submit to seeing the mother-city ruled by its colony, but not before. This, then, is one argument we offer in support of our claim, in virtue of which we will never willingly yield the command to you. Another argument—and do not take this as said by way of censure or reproach of you Romans, but only from necessity—is the fact that the Alban race has to this day continued the same that it was under the founders of the city, and one cannot point to any race of mankind, except the Greeks and Latins, to whom we have granted citizenship; whereas you have corrupted the purity of your body politic by admitting Tyrrhenians, Sabines, and some others who were homeless, vagabonds and barbarians, and that in great numbers too, so that the true-born element among you that went out from our midst

---

[3] καὶ added by Kiessling.

DIONYSIUS OF HALICARNASSUS

ὡρμήθη, μᾶλλον δὲ πολλοστὸν τοῦ ἐπεισάκτου τε
5 καὶ ἀλλοφύλου. εἰ δὲ ἡμεῖς παραχωρήσαιμεν
ὑμῖν τῆς ἀρχῆς, τὸ νόθον ἄρξει τοῦ γνησίου καὶ
τὸ βάρβαρον τοῦ Ἑλληνικοῦ καὶ τὸ ἐπείσακτον
τοῦ αὐθιγενοῦς. οὐδὲ γὰρ ἂν τοῦτο ἔχοιτε
εἰπεῖν, ὅτι τὸν μὲν ἔπηλυν ὄχλον οὐδενὸς εἰάκατε
εἶναι τῶν κοινῶν κύριον, ἄρχετε δ' αὐτοὶ τῆς
πόλεως καὶ βουλεύετε οἱ αὐθιγενεῖς· ἀλλὰ καὶ
βασιλεῖς ἀποδείκνυτε ξένους, καὶ τῆς βουλῆς
τὸ πλεῖστον ὑμῖν ἐστιν ἐκ τῶν ἐπηλύδων, ὧν
οὐδὲν ἂν φήσαιτε ἑκόντες ὑπομένειν. τίς γὰρ
ἑκουσίως ἄρχεται κρείττων ὢν [1] ὑπὸ τοῦ χείρονος;
πολλὴ δὴ μωρία καὶ κακότης, ἃ δι' ἀνάγκην
φαίητ' ἂν ὑμεῖς ὑπομένειν, ταῦτα ἡμᾶς ἑκόντας
6 δέχεσθαι. τελευταῖός μοι λόγος ἐστίν, ὅτι τῆς
Ἀλβανῶν πόλεως οὐθὲν ἔτι παρακινεῖ μέρος τοῦ
πολιτεύματος ὀκτωκαιδεκάτην ἤδη γενεὰν οἰκου-
μένης καὶ πάντα ἐν κόσμῳ τὰ συνήθη καὶ πάτρια
ἐπιτελούσης, ἡ δ' ὑμετέρα πόλις ἀδιακόσμητός
ἐστιν ἔτι καὶ ἀδιάτακτος, ἅτε νεόκτιστος οὖσα καὶ
ἐκ πολλῶν συμφορητὸς ἐθνῶν, ᾗ μακρῶν δεῖ
χρόνων καὶ παθημάτων παντοδαπῶν ἵνα κατ-
αρτυθῇ [2] καὶ παύσηται ταραττομένη καὶ στασιά-
ζουσα ὥσπερ νῦν. ἅπαντες δ' ἂν εἴποιεν ὅτι
δεῖ τὰ καθεστηκότα τῶν ταραττομένων καὶ τὰ
πεπειραμένα τῶν ἀδοκιμάστων καὶ τὰ ὑγιαί-
νοντα τῶν νοσούντων ἄρχειν· οἷς ὑμεῖς τἀναντία
ἀξιοῦντες οὐκ ὀρθῶς ποιεῖτε."

---

[1] κρείττων ὢν Cobet : τῶν κρειττόνων O, Jacoby.
[2] καταρτυθῇ A : καταρτισθῇ B, Jacoby.

is become small, or rather a tiny fraction, in comparison with those who have been brought in and are of alien race. And if we should yield the command to you, the base-born will rule over the true-born, barbarians over Greeks, and immigrants over the native-born. For you cannot even say this much for yourselves, that you have not permitted this immigrant mob to gain any control of public affairs but that you native-born citizens are yourselves the rulers and councillors of the commonwealth. Why, even for your kings you choose outsiders, and the greatest part of your senate consists of the newcomers; and to none of these conditions can you assert that you submit willingly. For what man of superior rank willingly allows himself to be ruled by an inferior? It would be great folly and baseness, therefore, on our part to accept willingly those evils which you must own you submit to through necessity. My last argument is this: The city of Alba has so far made no alteration in any part of its constitution, though it is already the eighteenth generation that it has been inhabited, but continues to observe in due form all its customs and traditions; whereas your city is still without order and discipline, due to its being newly founded and a conglomeration of many races, and it will require long ages and manifold turns of fortune in order to be regulated and freed from those troubles and dissensions with which it is now agitated. But all will agree that order ought to rule over confusion, experience over inexperience, and health over sickness; and you do wrong in demanding the reverse."

43

XI. Τοιαῦτα τοῦ Φουφεττίου λέξαντος παραλαβὼν ὁ Τύλλος τὸν λόγον εἶπε·

" Τὸ μὲν ἐκ φύσεως καὶ προγόνων ἀρετῆς δίκαιον, ὦ Φουφέττιε καὶ ὑμεῖς ἄνδρες Ἀλβανοί, κοινὸν ἀμφοτέροις ἡμῖν· τοὺς αὐτοὺς γὰρ εὐχόμεθα [1] προγόνους ἑκάτεροι, ὥστε οὐδὲν δεῖ τούτου χάριν οὔτε πλέον ἡμῶν ἔχειν τοὺς ἑτέρους οὔτ’ ἔλαττον. τὸ δὲ ἄρχειν ἐκ παντὸς τῶν ἀποικιῶν τὰς μητροπόλεις ὡς ἀναγκαῖόν τι φύσεως νόμιμον οὔτε ἀληθὲς 2 οὔτε δίκαιον ἠξιοῦτο ὑφ’ ὑμῶν· πολλά γέ τοι φῦλά ἐστιν ἀνθρώπων, παρ’ οἷς αἱ μητροπόλεις οὐκ ἄρχουσιν ἀλλ’ ὑποτάττονται ταῖς ἀποικίαις. μέγιστον δὲ καὶ φανερώτατον τοῦ λόγου τοῦδε παράδειγμα ἡ Σπαρτιατῶν πόλις, οὐ τῶν ἄλλων μόνον ἄρχειν ἀξιοῦσα Ἑλλήνων, ἀλλὰ καὶ τοῦ Δωρικοῦ γένους ὅθεν ἀπῳκίσθη. καὶ τί δεῖ περὶ τῶν ἄλλων λέγειν; αὐτοὶ γὰρ ὑμεῖς οἱ τὴν ἡμετέραν πόλιν ἀποικίσαντες Λαουϊνιατῶν ἐστε ἄποικοι. 3 εἰ δὴ φύσεώς ἐστι νόμος ἄρχειν τῆς ἀποικίας τὴν μητρόπολιν, οὐκ ἂν φθάνοιεν ἀμφοτέροις ἡμῖν Λαουϊνιᾶται τὰ δίκαια τάττοντες; πρὸς μὲν δὴ τὸ πρῶτον ὑμῶν δικαίωμα καὶ πλείστην ἔχον εὐπροσωπίαν ταῦθ’ ἱκανά· ἐπειδὴ δὲ καὶ τοὺς βίους τῶν πόλεων ἀντιπαρεξετάζειν ἀλλήλοις ἐπεχείρεις,[2] ὦ Φουφέττιε, λέγων ὅτι τὸ μὲν Ἀλβανῶν εὐγενὲς ὅμοιον ἀεὶ διαμένει, τὸ δ’ ἡμέτερον διέφθαρται [3] ταῖς ἐπιμιξίαις τοῦ ἀλλοφύλου, καὶ οὐκ ἠξίους ἄρχειν τῶν γνησίων τοὺς

---

[1] εὐχόμεθα O : παρεχόμεθα Kiessling, εὑρόμεθα Sintenis.

XI. After Fufetius had thus spoken, Tullus answered and said:

"The right which is derived from Nature and the virtue of one's ancestors, Fufetius and ye men of Alba, is common to us both; for we both boast the same ancestors, so that on this score neither of us ought to have any advantage or suffer any disadvantage. But as to your claim that by a kind of necessary law of Nature mother-cities should invariably rule over their colonies, it is neither true nor just. Indeed, there are many races of mankind among which the mother-cities do not rule over their colonies but are subject to them. The greatest and the most conspicuous instance of this is the Spartan state, which claims the right not only to rule over the other Greeks but even over the Doric nation, of which she is a colony. But why should I mention the others? For you who colonized our city are yourselves a colony of the Lavinians. If, therefore, it is a law of Nature that the mother-city should rule over its colony, would not the Lavinians be the first to issue their just orders to both of us? To your first claim, then, and the one which carries with it the most specious appearance, this is a sufficient answer. But since you also undertook to compare the ways of life of the two cities, Fufetius, asserting that the nobility of the Albans has always remained the same while ours has been ' corrupted ' by the various admixtures of foreigners, and demanded that the base-born should not rule over the well-born nor

---

[2] ἐπεχείρεις B : ἐπιχειρεῖς R.
[3] Cobet : ἐξέφθαρται O, Jacoby.

νόθους οὐδὲ τῶν αὐθιγενῶν τοὺς ἐπήλυδας, μάθε
καὶ κατὰ τοῦτο ἁμαρτάνων μάλιστα τὸ δικαίωμα.
4 ἡμεῖς γὰρ τοσούτου δέομεν αἰσχύνεσθαι κοινὴν
ἀναδείξαντες τὴν πόλιν τοῖς βουλομένοις, ὥστε καὶ
σεμνυνόμεθα ἐπὶ τούτῳ μάλιστα τῷ ἔργῳ, οὐκ
αὐτοὶ τοῦ ζήλου τοῦδε ἄρξαντες, παρὰ δὲ τῆς
Ἀθηναίων πόλεως τὸ παράδειγμα λαβόντες, ἧς
μέγιστον κλέος ἐν Ἕλλησίν ἐστι, καὶ διὰ τοῦτο
οὐχ ἥκιστα εἰ μὴ καὶ μάλιστα τὸ πολίτευμα.
5 καὶ τὸ πρᾶγμα ἡμῖν πολλῶν γενόμενον ἀγαθῶν
αἴτιον οὔτ᾽ ἐπίμεμψιν οὔτε μεταμέλειαν ὡς ἡμαρτη-
κόσι φέρει, ἄρχει τε καὶ βουλεύει καὶ τὰς ἄλλας
τιμὰς καρποῦται παρ᾽ ἡμῖν οὐχ ὁ πολλὰ χρήματα
κεκτημένος οὐδὲ ὁ πολλοὺς πατέρας ἐπιχωρίους
ἐπιδεῖξαι δυνάμενος, ἀλλ᾽ ὅστις ἂν ᾖ τούτων τῶν
τιμῶν ἄξιος. οὐ γὰρ ἐν ἄλλῳ τινὶ τὴν ἀνθρω-
πίνην εὐγένειαν ὑπάρχειν νομίζομεν, ἀλλ᾽ ἐν ἀρετῇ.
ὁ δὲ ἄλλος ὄχλος σῶμα τῆς πόλεώς ἐστιν ἰσχὺν
καὶ δύναμιν τοῖς βουλευθεῖσιν ὑπὸ τῶν κρατίστων
παρεχόμενος. μεγάλη τε ἡμῶν ἡ πόλις ἐκ μικρᾶς
καὶ φοβερὰ τοῖς περιοίκοις ἐξ εὐκαταφρονήτου διὰ
ταύτην τὴν φιλανθρωπίαν γέγονε, τῆς τε ἡγεμονίας,
ἧς [1] τῶν ἄλλων Λατίνων οὐδεὶς ἀντιποιεῖται πρὸς
ἡμᾶς, τοῦτο Ῥωμαίοις τὸ πολίτευμα ἦρξεν οὗ
6 σὺ κατηγόρεις,[2] ὦ Φουφέττιε. ἐν ἰσχύι γὰρ
ὅπλων κεῖται τὸ τῶν πόλεων κράτος, αὕτη δ᾽
ἐκ πολλῶν σωμάτων γίνεται· ταῖς δὲ μικραῖς καὶ
ὀλιγανθρώποις καὶ διὰ τοῦτο ἀσθενέσιν οὐκ ἔστιν

---

[1] ἧς Cobet : ὑπὲρ ἧς O, Jacoby.
[2] Bücheler : κατηγορεῖς O.

newcomers over the native-born, know, then, that
in making this claim, too, you are greatly mistaken.
For we are so far from being ashamed of having
made the privileges of our city free to all who
desired them that we even take the greatest
pride in this course; moreover, we are not the
originators of this admirable practice, but took
the example from the city of Athens, which enjoys
the greatest reputation among the Greeks, due
in no small measure, if indeed not chiefly, to this
very policy. And this principle, which has been
to us the source of many advantages, affords us
no ground either for complaint or regret, as if
we had committed some error. Our chief magis-
tracies and membership in the senate are held and
the other honours among us are enjoyed, not by
men possessed of great fortunes, nor by those who
can show a long line of ancestors all natives of
the country, but by such as are worthy of these
honours; for we look upon the nobility of men as
consisting in nothing else than in virtue. The
rest of the populace are the body of the common-
wealth, contributing strength and power to the
decisions of the best men. It is owing to this
humane policy that our city, from a small and
contemptible beginning, is become large and for-
midable to its neighbours, and it is this policy
which you condemn, Fufetius, that has laid for
the Romans the foundation of that supremacy
which none of the other Latins disputes with us.
For the power of states consists in the force of
arms, and this in turn depends upon a multitude
of citizens; whereas, for small states that are
sparsely populated and for that reason weak it

7 ἄρχειν ἑτέρων, ἀλλ' οὐδ' ἑαυτῶν ἄρχειν. καθόλου δ' ἔγωγε τόθ' ὑπολαμβάνω δεῖν τὰς ἑτέρων διασύρειν πολιτείας καὶ τὴν ἰδίαν ἐπαινεῖν, ὅταν τις ἔχῃ δεῖξαι τὴν μὲν ἑαυτοῦ πόλιν ἐκ τοῦ ταῦτα ἐπιτηδεύειν ἅ φησιν εὐδαίμονα καὶ μεγάλην οὖσαν, τὰς δὲ διαβαλλομένας διὰ τὸ μὴ ταῦτα προαιρεῖσθαι κακοδαιμονούσας. τὰ δ' ἡμέτερα πράγματα οὐχ οὕτως ἔχει, ἀλλ' ἡ μὲν ὑμετέρα πόλις ἀπὸ μείζονος αὐχήματος ἀρχομένη καὶ πλειόνων ἀφορμῶν τυχοῦσα εἰς ἐλάττονα ὄγκον[1] συνῆκται, ἡμεῖς δὲ μικρὰς τὰς πρώτας ἀρχὰς λαβόντες ἐν οὐ πολλῷ χρόνῳ μεγίστην τῶν πλησιοχώρων πόλεων τὴν Ῥώμην πεποιήκαμεν τούτοις τοῖς πολιτεύμασιν ὧν σὺ

8 κατηγόρεις[2] χρώμενοι. τὸ δὲ στασιάζον ἡμῶν, ἐπεὶ καὶ τοῦτο δι' αἰτίας εἶχες, ὦ Φουφέττιε, οὐκ ἐπὶ διαφθορᾷ καὶ ἐλαττώσει τῶν κοινῶν, ἀλλ' ἐπὶ σωτηρίᾳ καὶ αὐξήσει γίνεται. φιλοτιμούμεθα γὰρ οἱ νεώτεροι πρὸς τοὺς πρεσβυτέρους καὶ οἱ ἔποικοι πρὸς τοὺς ἐπικαλεσαμένους, πότεροι πλείονα

9 ποιήσομεν τὸ κοινὸν ἀγαθά. ἵνα δὲ συντεμὼν εἴπω, τοῖς μέλλουσιν ἑτέρων ἄρξειν δύο προσεῖναι δεῖ ταῦτα, τὴν ἐν τῷ πολεμεῖν ἰσχὺν καὶ τὴν ἐν τῷ βουλεύεσθαι φρόνησιν, ἃ περὶ ἡμᾶς ἐστιν ἀμφότερα· καὶ ὅτι οὐ κενὸς ὁ κόμπος ἡ παντὸς λόγου κρείττων πεῖρα ἡμῖν μαρτυρεῖ. τοσαύτην γοῦν μεγέθει καὶ δυνάμει πόλιν οὐχ οἷόν τε ἦν γενέσθαι τρίτῃ γενεᾷ μετὰ τὸν οἰκισμόν, εἰ μὴ τό τε ἀνδρεῖον ἐπερίττευεν αὐτῇ καὶ τὸ φρόνιμον. ἱκαναὶ δὲ τεκμηριῶσαι τὸ κράτος αὐτῆς πολλαὶ πόλεις ἐκ τοῦ Λατίνων οὖσαι γένους καὶ τὴν κτίσιν ἀφ' ὑμῶν ἔχουσαι, αἳ τὴν ὑμετέραν

---

[1] ὄγκον Reiske : οἶκον O. [2] Bücheler : κατηγορεῖς O.

is not possible to rule others, nay, even to rule themselves. On the whole, I am of the opinion that a man should only then disparage the government of other states and extol his own when he can show that his own, by following the principles he lays down, is grown flourishing and great, and that the states he censures, by not adopting them, are in an unhappy plight. But this is not our situation. On the contrary, your city, beginning with greater brilliance and enjoying greater resources than ours, has shrunk to lesser importance, while we, from small beginnings at first, have in a short time made Rome greater than all the neighbouring cities by following the very policies you condemned. And as for our factional strife—since this also, Fufetius, met with your censure—it tends, not to destroy and diminish the commonwealth, but to preserve and enhance it. For there is emulation between our youths and our older men and between the newcomers and those who invited them in, to see which of us shall do more for the common welfare. In short, those who are going to rule others ought to be endowed with these two qualities, strength in war and prudence in counsel, both of which are present in our case. And that this is no empty boast, experience, more powerful than any argument, bears us witness. It is certain in any case that the city could not have attained to such greatness and power in the third generation after its founding, had not both valour and prudence abounded in it. Sufficient proof of its strength is afforded by the behaviour of many cities of the Latin race which owe their founding to you, but

ὑπεριδοῦσαι πόλιν ἡμῖν προσκεχωρήκασι καὶ ὑπὸ
Ῥωμαίων ἄρχεσθαι μᾶλλον ἀξιοῦσιν ἢ ὑπ' Ἀλβα-
νῶν, ὡς ἡμῶν μὲν ἀμφότερα ἱκανῶν ὄντων τούς
τε φίλους εὖ ποιεῖν καὶ τοὺς ἐχθροὺς κακῶς,
10 ὑμῶν δ' οὐδέτερα. πολλὰ εἶχον ἔτι καὶ ἰσχυρά,
ὦ Φουφέττιε, πρὸς τὰς δικαιώσεις, ἃς σὺ παρ-
έσχου, λέγειν· μάταιον δὲ ὁρῶν τὸν λόγον καὶ
ἐν ἴσῳ τὰ πολλὰ τοῖς ὀλίγοις [1] λεχθησόμενα [2]
πρὸς ἀντιπάλους ὄντας ὑμᾶς τοῦ δικαίου [3] κριτὰς
παύομαι λέγων. ἕνα δὲ ὑπολαμβάνων [4] κράτι-
στον εἶναι καὶ μόνον ἡμῶν τὰ νείκη δύνασθαι
διακρῖναι τρόπον, ᾧ πολλοὶ βάρβαροί τε καὶ
Ἕλληνες εἰς ἔχθη καταστάντες οἱ μὲν ὑπὲρ ἡγεμο-
νίας, οἱ δὲ ὑπὲρ ἀμφισβητησίμου γῆς ἐχρήσαντο,
11 τοῦτον εἰπὼν ἔτι παύσομαι· εἰ ποιησαίμεθα μέρει
τινὶ τῆς ἑαυτῶν στρατιᾶς ἑκάτεροι τὸν ἀγῶνα εἰς
ὀλιγοστόν [5] τι πλῆθος ἀνδρῶν συναγαγόντες τὴν
τοῦ πολέμου τύχην· ἐξ ὁποτέρας δ' ἂν πόλεως οἱ
κρατήσαντες τῶν ἀντιπάλων γένωνται, ταύτῃ
συγχωρήσαιμεν ἄρχειν τῆς ἑτέρας. ὁπόσα γὰρ
μὴ διαιρεῖται ὑπὸ λόγου, ταῦτα ὑπὸ τῶν ὅπλων
κρίνεται."

XII. Τὰ μὲν δὴ λεχθέντα περὶ τῆς ἡγεμονίας
τῶν πόλεων δικαιώματα ὑπ' ἀμφοτέρων τῶν
στρατηγῶν τοιάδε ἦν· τέλος δὲ τοῖς λόγοις αὐτῶν
ἠκολούθησεν οἷον ὁ Ῥωμαῖος ὑπετίθετο. οἱ
γὰρ ἐν τῷ συλλόγῳ παρόντες Ἀλβανῶν τε καὶ

[1] τοῖς ὀλίγοις Steph.[2] : τοῖς σοῖς λόγοις O.
[2] λεχθησόμενα Reiske : ἐλεγχθησόμενα AB.
[3] τοῦ δικαίου B : τοὺς δικαίους R ; καὶ οὐ δικαίους Sylburg,
οὐ τοῦ δικαίου Kiessling.

which, nevertheless, scorning your city, have come over to us, choosing rather to be ruled by the Romans than by the Albans, because they look upon us as capable of doing both good to our friends and harm to our enemies, and upon you as capable of neither. I had many other arguments, and valid ones, Fufetius, to advance against the claims which you have presented; but as I see that argument is futile and that the result will be the same whether I say much or little to you, who, though our adversaries, are at the same time the arbiters of justice, I will make an end of speaking. However, since I conceive that there is but one way of deciding our differences which is the best and has been made use of by many, both barbarians and Greeks, when hatred has arisen between them either over the supremacy or over some territory in dispute, I shall propose this and then conclude. Let each of us fight the battle with some part of our forces and limit the fortune of war to a very small number of combatants; and let us give to that city whose champions shall overcome their adversaries the supremacy over the other. For such contests as cannot be determined by arguments are decided by arms."

XII. These were the reasons urged by the two generals to support the pretensions of their respective cities to the supremacy; and the outcome of the discussion was the adoption of the plan Tullus proposed. For both the Albans and

---

[4] ἕνα δὲ ὑπολαμβάνων Cobet : ἕνα δὲ ὑπολαμβάνω O, ὃν δὲ ὑπολαμβάνω Bücheler.

[5] ὀλιγοστόν B : ὀλίγιστόν R.

DIONYSIUS OF HALICARNASSUS

Ῥωμαίων ταχεῖαν ἀπαλλαγὴν τοῦ πολέμου ποιήσασθαι ζητοῦντες ὅπλοις τὸ νεῖκος ἔγνωσαν διελεῖν. συγχωρηθέντος δὲ καὶ τούτου περὶ τοῦ πλήθους τῶν ἀγωνιουμένων ζήτησις ἐγίνετο, οὐ τὴν αὐτὴν ἑκατέρου τῶν στρατηγῶν διάνοιαν 2 ἀποδεικνυμένου. Τύλλος μὲν γὰρ ἐβούλετο ἐν [1] ἐλαχίστοις σώμασι γενέσθαι τὴν τοῦ πολέμου κρίσιν, ἑνὸς Ἀλβανοῦ τοῦ λαμπροτάτου πρὸς ἕνα Ῥωμαῖον τὸν ἄριστον μονομαχήσοντος, καὶ πρόθυμος ἦν αὐτὸς ὑπὲρ τῆς ἑαυτοῦ πατρίδος ἀγωνίσασθαι προκαλούμενος εἰς τὴν ὁμοίαν φιλοτιμίαν τὸν Ἀλβανόν, καλοὺς ἀποφαίνων τοῖς ἀνειληφόσι τὰς τῶν στρατοπέδων ἡγεμονίας τοὺς ὑπὲρ ἀρχῆς καὶ δυναστείας ἀγῶνας, οὐ μόνον ἐὰν νικήσωσιν ἀγαθοὺς ἄνδρας, ἀλλὰ κἂν αὐτοὶ κρατηθῶσιν ὑπ᾽ ἀγαθῶν, καὶ διεξιὼν ὅσοι στρατηγοὶ καὶ βασιλεῖς τὰς ἑαυτῶν ψυχὰς προκινδυνεῦσαι τῶν κοινῶν παρέσχον δεινὸν ἡγούμενοι τῶν μὲν τιμῶν πλέον 3 αὐτοὶ φέρεσθαι, τῶν δὲ πόνων [2] ἔλαττον. ὁ δὲ Ἀλβανὸς τὸ μὲν ὀλίγοις σώμασι κινδυνεύειν τὰς πόλεις ὀρθῶς ἐνόμιζεν εἰρῆσθαι, περὶ δὲ τῆς ἑνὶ πρὸς ἕνα μάχης διεφέρετο, λέγων ὅτι τοῖς μὲν ἡγουμένοις τῶν στρατοπέδων ὅταν ἰδίαν κατασκευάζωνται δυναστείαν καλὸς καὶ ἀναγκαῖός ἐστιν [3] ὁ περὶ τῆς ἀρχῆς πρὸς ἀλλήλους ἀγών, ταῖς δὲ πόλεσιν αὐταῖς ἐπειδὰν ὑπὲρ τῶν πρωτείων διαφέρωνται πρὸς ἀλλήλας οὐ μόνον σφαλερὸς ἀλλὰ καὶ αἰσχρὸς ὁ διὰ μονομαχίας κίνδυνος, ἐάν τε τῆς κρείττονος λάβωνται τύχης ἐάν τε τῆς 4 χείρονος. τρεῖς δὲ ἄνδρας ἐπιλέκτους ἀφ᾽ ἑκατέ-

---

[1] ἐν B : om. R.
[2] πόνων Reiske : πολέμων O.

52

Romans who were present at the conference, in their desire to put a speedy end to the war, resolved to decide the controversy by arms. This also being agreed to, the question arose concerning the number of the combatants, since the two generals were not of the same mind. For Tullus desired that the fate of the war might be decided by the smallest possible number of combatants, the most distinguished man among the Albans fighting the bravest of the Romans in single combat, and he cheerfully offered himself to fight for his own country, inviting the Alban leader to emulate him. He pointed out that for those who have assumed the command of armies combats for sovereignty and power are glorious, not only when they conquer brave men, but also when they are conquered by the brave; and he enumerated all the generals and kings who had risked their lives for their country, regarding it as a reproach to them to have a greater share of the honours than others but a smaller share of the dangers. The Alban, however, while approving of the proposal to commit the fate of the cities to a few champions, would not agree to decide it by single combat. He owned that when commanders of armies were seeking to establish their own power a combat between them for the supremacy was noble and necessary, but when states themselves were contending for the first place he thought the risk of single combat not only hazardous but even dishonourable, whether they met with good or ill fortune. And he proposed that three chosen men

---

[3] ἐστιν B : ἔσται R.

ρας πόλεως συνεβούλευεν ὑπὸ τὴν ἁπάντων ὄψιν
Ἀλβανῶν τε καὶ Ῥωμαίων διαγωνίσασθαι. ἐπιτη-
δειότατον γὰρ εἶναι τόνδε τὸν ἀριθμὸν εἰς ἅπασαν
ἀμφισβητουμένου πράγματος διαίρεσιν ἀρχήν τε
καὶ μέσα καὶ τελευτὴν ἔχοντα ἐν ἑαυτῷ. ταύτῃ
προσθεμένων τῇ γνώμῃ Ῥωμαίων τε καὶ Ἀλβανῶν
ὅ τε σύλλογος διελύθη καὶ ἐπὶ τοὺς ἰδίους ἀπήεσαν
ἑκάτεροι χάρακας.

XIII. Ἔπειτα καλέσαντες εἰς ἐκκλησίαν τὰς
δυνάμεις ἀμφοτέρας οἱ στρατηγοὶ διεξῆλθον ἅ
τε διελέχθησαν αὐτοὶ πρὸς ἀλλήλους καὶ ἐφ' οἷς
συνέθεντο καταλύσασθαι τὸν πόλεμον. ἐπικυρω-
σάντων δὲ τῶν στρατευμάτων ἀμφοτέρων κατὰ
πολλὴν εὐδόκησιν τὰς τῶν στρατηγῶν ὁμολογίας,
θαυμαστὴ μετὰ τοῦτο κατεῖχε φιλοτιμία καὶ
λοχαγοὺς καὶ στρατιώτας πολλῶν πάνυ προθυμου-
μένων ἐξενέγκασθαι τὰ τῆς μάχης ἀριστεῖα καὶ
οὐ λόγῳ σπουδαζόντων μόνον, ἀλλὰ καὶ ἔργῳ
φιλοτιμίας ἀποδεικνυμένων, ὥστε χαλεπὴν γενέσθαι
τοῖς ἡγεμόσιν αὐτῶν τὴν τῶν ἐπιτηδειοτάτων διά-
2 γνωσιν. εἰ γάρ τις ἦν ἢ πατέρων ἐπιφανείᾳ λαμ-
πρὸς ἢ σώματος ῥώμῃ διαπρεπὴς ἢ πράξει τῇ κατὰ
χεῖρα γενναῖος ἢ κατ' ἄλλην τινὰ τύχην ἢ τόλμαν
ἐπίσημος, ἑαυτὸν ἠξίου τάττειν πρῶτον ἐν τοῖς
3 τρισί. ταύτην ἐπὶ πολὺ χωροῦσαν ἐν ἀμφοτέροις
τοῖς στρατεύμασι τὴν φιλοτιμίαν ὁ τῶν Ἀλβα-
νῶν ἔπαυσε στρατηγός, ἐνθυμηθεὶς ὅτι θεία τις
πρόνοια ἐκ πολλοῦ προορωμένη τὸν μέλλοντα
συμβήσεσθαι ταῖς πόλεσιν ἀγῶνα τοὺς προκινδυ-
νεύσοντας ὑπὲρ αὐτῶν κατεσκεύασε γενέσθαι
οἴκων τε οὐκ ἀφανῶν καὶ τὰ πολέμια ἀγαθοὺς

from each city should fight in the presence of all
the Albans and Romans, declaring that this was
the most suitable number for deciding any matter
in controversy, as containing in itself a beginning,
a middle and an end. This proposal meeting
with the approval of both Romans and Albans, the
conference broke up and each side returned to its
own camp.

XIII. After [1] this the generals assembled their
respective armies and gave them an account both
of what they had said to each other and of the
terms upon which they had agreed to put an end
to the war. And both armies having with great
approbation ratified the agreement entered into
by their generals, there arose a wonderful emula-
tion among the officers and soldiers alike,
since a great many were eager to carry off the
prize of valour in the combat and expressed their
emulation not only by their words but also by their
actions, so that their leaders found great difficulty
in selecting the most suitable champions. For
if anyone was renowned for his illustrious
ancestry or remarkable for his strength of body,
famous for some brave deed in action, or distin-
guished by some other good fortune or bold achieve-
ment, he insisted upon being chosen first among
the three champions. This emulation, which was
running to great lengths in both armies, was
checked by the Alban general, who called to
mind that some divine providence, long since fore-
seeing this conflict between the two cities, had
arranged that their future champions should be
sprung of no obscure families and should be brave

[1] For chaps. 13–20 cf. Livy i. 24 f.

ὀφθῆναί τε καλλίστους καὶ οὐ[1] γενέσεως ὁμοίας
τοῖς πολλοῖς μετειληφότας, ἀλλὰ σπανίου καὶ
4 θαυμαστῆς διὰ τὸ παράδοξον. Ὁρατίῳ γάρ τινι
Ῥωμαίῳ καὶ Κοριατίῳ[2] τὸ γένος Ἀλβανῷ
κατὰ τὸν αὐτὸν χρόνον ἐνεγύησε θυγατέρας
διδύμους Σικίνιος Ἀλβανός. τούτοις ἀμφοτέροις
αἱ γυναῖκες ἐγκύμονες ἅμα γενόμεναι, τὰς πρωτο-
τόκους ἐκφέρουσι γονὰς ἄρρενα βρέφη τρίδυμα,
καὶ αὐτὰ οἱ γεινάμενοι πρὸς οἰωνοῦ λαβόντες
ἀγαθοῦ καὶ πόλει καὶ οἴκῳ τῷ σφετέρῳ τρέ-
φουσιν ἅπαντα καὶ τελειοῦσιν· θεὸς δ' αὐτοῖς,
ὥσπερ κατ' ἀρχὰς ἔφην, δίδωσι κάλλος τε καὶ
ῥώμην καὶ δὴ καὶ ψυχῆς γενναιότητα μηδενὸς
τῶν ἄριστα πεφυκότων χείροσι γενέσθαι. τούτοις
ἔγνω τοῖς ἀνδράσιν ὁ Φουφέττιος ἐπιτρέπειν
τὸν ὑπὲρ τῆς ἡγεμονίας ἀγῶνα καὶ προκαλεσά-
μενος εἰς λόγους τὸν βασιλέα τῶν Ῥωμαίων λέγει
πρὸς αὐτόν·

XIV. "Θεός τις ἔοικεν, ὦ Τύλλε, προνοού-
μενος τῶν πόλεων ἑκατέρας ἐν ἄλλοις τε πολλοῖς
καὶ δὴ καὶ κατὰ τόνδε τὸν ἀγῶνα φανερὰν τὴν
εὔνοιαν πεποιῆσθαι.[3] τὸ γὰρ εὑρεθῆναι τοὺς
ἀγωνιουμένους ὑπὲρ πάντων γένει τε μηδενὸς
χείρονας καὶ τὰ πολέμια ἀγαθοὺς ὀφθῆναί τε
καλλίστους, πρὸς δὲ τούτοις ἐξ ἑνὸς πεφυκότας
πατρὸς καὶ ὑπὸ μιᾶς γεγεννημένους μητρός,
καὶ τὸ θαυμασιώτατον ἐν μιᾷ προελθόντας εἰς

---

[1] οὐ Bücheler : οὔτε O.

[2] κορ.ατίῳ B (and so regularly): κορατίῳ R (regularly).
Evidently B originally had κοριατίῳ. The spelling Κοράτιος,
on the analogy of Ὁράτιος, is much more apt to go back to a
scribe than to Dionysius himself.

in arms, most comely in appearance, and distinguished from the generality of mankind by their birth, which should be unusual and wonderful because of its extraordinary nature. It seems that Sicinius, an Alban, had at one and the same time married his twin daughters to Horatius, a Roman, and to Curiatius,[1] an Alban; and the two wives came with child at the same time and each was brought to bed, at her first lying-in, of three male children. The parents, looking upon the event as a happy omen both to their cities and families, brought up all these children till they arrived at manhood. And Heaven, as I said in the beginning, gave them beauty and strength and nobility of mind, so that they were not inferior to any of those most highly endowed by Nature. It was to these men that Fufetius resolved to commit the combat for the supremacy; and having invited the Roman king to a conference, he addressed him as follows:

XIV. "Tullus, some god who keeps watch over both our cities would seem, just as upon many other occasions, so especially in what relates to this combat to have made his goodwill manifest. For that the champions who are to fight on behalf of all their people should be found inferior to none in birth, brave in arms, most comely in appearance, and that they should furthermore have been born of one father and mother, and, most wonderful of all, that they should have come

[1] On the spelling Curiatius see the critical note.

---

[3] πεποιῆσθαι O : ποιῆσαι Schwartz.

φῶς ἡμέρᾳ,[1] παρ' ὑμῖν μὲν 'Ορατίους, παρ' ἡμῖν
δὲ Κοριατίους, θαυμαστῇ τινι καὶ θείᾳ παντά-
2 πασιν ἔοικεν εὐεργεσίᾳ. τί οὖν οὐ δεχόμεθα
τὴν τοσαύτην τοῦ δαιμονίου πρόνοιαν καὶ παρα-
καλοῦμεν ἐπὶ τὸν ὑπὲρ τῆς ἡγεμονίας ἀγῶνα τοὺς
τριδύμους ἀδελφοὺς ἑκάτεροι; τά τε γὰρ ἄλλ',
ὅσα ἐν τοῖς ἄριστα μαχησομένοις βουλοίμεθ'
ἂν[2] εἶναι, κἂν τούτοις ἔνεστι τοῖς ἀνδράσι, καὶ
τὸ μὴ προλιπεῖν τοὺς παρασπιστὰς[3] κάμνοντας
τούτοις μᾶλλον ὑπάρξει ἀδελφοῖς οὖσι παρ'
οὕστινας ἄλλους 'Ρωμαίων τε καὶ 'Αλβανῶν, ἥ
τε φιλοτιμία τῶν ἄλλων νέων χαλεπὴ λυθῆναι
δι' ἑτέρου τινὸς οὖσα τρόπου ταχεῖαν ἕξει κρίσιν.[4]
3 τεκμαίρομαι γάρ τινα καὶ παρ' ὑμῖν ἔριν[5] πολ-
λοῖς εἶναι τῶν ἀντιποιουμένων ἀρετῆς, ὥσπερ
καὶ παρ' 'Αλβανοῖς· οὓς εἰ διδάσκοιμεν ὅτι
θεία τις ἔφθακε τύχη τὰς ἀνθρωπίνας σπουδὰς
αὐτῆς παρασχούσης τοὺς ἐξ ἴσου τὸν ὑπὲρ τῶν
πόλεων ἀγῶνα ποιησομένους, οὐ χαλεπῶς πεί-
σομεν. οὐ γὰρ ἀρετῇ λείπεσθαι δόξουσι τῶν
τριδύμων ἀδελφῶν, ἀλλὰ φύσεως εὐκληρίᾳ καὶ
τύχης ἰσορρόπου πρὸς τὸ ἀντίπαλον ἐπιτηδειότητι."

XV. Τοσαῦτα τοῦ Φουφεττίου λέξαντος καὶ
πάντων τὴν γνώμην ἐπαινεσάντων (ἔτυχον δὲ

---

[1] ἡμέρᾳ R : γενέσει B, Jacoby.
[2] ἂν added by Meineke.
[3] Kiessling : προασπιστὰς O.
[4] κρίσιν O : τὴν κρίσιν Grasberger, Jacoby.
[5] ἔριν Capps, ἔριν ἐν Sintenis, χάριν ἐν Jacoby : ἐχρῆν μὲν
AB.

---

[1] Literally, "equally inclined toward the adversary."
Nature and Chance have specially favoured these six men

into the world on the same day, the Horatii
with you and the Curiatii with us, all this, I
say, has every appearance of a remarkable
instance of divine favour. Why, therefore, do
we not accept this great providence of the god
and each of us invite the triplets on his side to
engage in the combat for the supremacy? For
not only all the other advantages which we could
desire in the best-qualified champions are to be
found in these men, but, as they are brothers,
they will be more unwilling than any others
among either the Romans or the Albans to for-
sake their companions when in distress; and
furthermore, the emulation of the other youths,
which cannot easily be appeased in any other
way, will be promptly settled. For I surmise
that among you also, as well as among the Albans,
there is a kind of strife among many of those
who lay claim to bravery; but if we inform them
that some providential fortune has anticipated
all human efforts and has itself furnished us with
champions qualified to engage upon equal terms
in the cause of the cities, we shall easily persuade
them to desist. For they will then look upon
themselves as inferior to the triplets, not in point
of bravery, but only in respect of a special boon of
Nature and of the favour of a Chance that is
equally inclined toward both sides." [1]

XV. After Fufetius had thus spoken and his
proposal had been received with general appro-
bation (for the most important both of the Romans

above all their fellows, but as between the Alban triplets and
the Roman triplets the scales are evenly balanced.

DIONYSIUS OF HALICARNASSUS

Ῥωμαίων τε καὶ ᾿Αλβανῶν οἱ κράτιστοι παρόντες
ἀμφοτέροις) μικρὸν ἐπισχὼν ὁ Τύλλος λέγει·

" Τὰ μὲν ἄλλα ὀρθῶς ἐπιλελογίσθαι μοι δοκεῖς,
ὦ Φουφέττιε· θαυμαστὴ γάρ τις ἡ τὴν οὐδέποτε
συμβᾶσαν ὁμοιογένειαν ἐν ἀμφοτέραις ταῖς πόλε-
σιν ἐπὶ τῆς ἡμετέρας γενεᾶς ἐξενέγκασα τύχη·
ἐν δ' ἀγνοεῖν ἔοικας, ὃ πολὺν παρέξει τοῖς νεανί-
σκοις ὄκνον, ἐὰν ἀξιῶμεν αὐτοὺς ἀλλήλοις χωρεῖν
2 διὰ μάχης. ἡ γὰρ ῾Ορατίων μήτηρ τῶν ἡμετέ-
ρων ἀδελφὴ τῆς Κοριατίων μητρός ἐστι τῶν
᾿Αλβανῶν, καὶ τέθραπται τὰ μειράκια ἐν τοῖς
ἀμφοτέρων τῶν γυναικῶν κόλποις ἀσπάζονταί
τ' ἀλλήλους καὶ φιλοῦσιν οὐχ ἧττον ἢ τοὺς
ἑαυτῶν [1] ἀδελφούς.[2] ὅρα δὴ μή ποτε οὐδ'
ὅσιον ᾖ τούτοις ἀναδιδόναι τὰ ὅπλα καὶ καλεῖν
αὐτοὺς ἐπὶ τὸν κατ' ἀλλήλων φόνον ἀνεψιοὺς καὶ
συντρόφους ὄντας. τὸ γὰρ ἐμφύλιον ἄγος, ἐὰν
ἀναγκασθῶσιν ἀλλήλους μιαιφονεῖν, εἰς ἡμᾶς
ἐλεύσεται τοὺς ἀναγκάζοντας."

3 Λέγει πρὸς αὐτὸν ὁ Φουφέττιος· " Οὐδ' ἐμὲ
λέληθεν, ὦ Τύλλε, τὸ συγγενὲς τῶν μειρακίων, οὐδ'
ὡς ἀναγκάσων [3] αὐτοὺς τοῖς ἀνεψιοῖς διὰ μάχης
χωρεῖν εἰ μὴ βουληθεῖεν αὐτοὶ τὸν ἀγῶνα ὑπομεῖναι
παρεσκευασάμην, ἀλλ' ἐπειδὴ τάχιστα ἐπὶ νοῦν ἦλθέ
μοι τόδε τὸ βούλευμα, τοὺς ᾿Αλβανοὺς Κοριατίους
μεταπεμψάμενος αὐτὸς ἐπ' ἐμαυτοῦ διάπειραν
ἔλαβον εἰ βουλομένοις αὐτοῖς ἐστιν ὁ ἀγών·
δεξαμένων δ' αὐτῶν τὸν λόγον ἀπίστῳ τινὶ
καὶ θαυμαστῇ προθυμίᾳ, τότε ἀνακαλύπτειν ἔγνων
τὸ βούλευμα καὶ φέρειν εἰς μέσον· σοί τε τὸ

---

[1] τοὺς ἑαυτῶν R : πότε αὐτῶν B; ἄλλοι τοὺς ἑαυτῶν Reiske,
πολλοὶ τοὺς ἑαυτῶν Jacoby.

and Albans were present with the two leaders),
Tullus, after a short pause, spoke as follows:

"In other respects, Fufetius, you seem to me to
have reasoned well; for it must be some wonder-
ful fortune that has produced in both our cities in
our generation a similarity of birth never known
before. But of one consideration you seem to be
unaware—a matter which will cause great re-
luctance in the youths if we ask them to fight with
one another. For the mother of our Horatii is
sister to the mother of the Alban Curiatii, and the
young men have been brought up in the arms of
both the women and cherish and love one another
no less than their own brothers. Consider, there-
fore, whether, as they are cousins and have been
brought up together, it would not be impious in us
to put arms in their hands and invite them to
mutual slaughter. For the pollution of kindred
blood, if they are compelled to stain their hands
with one another's blood, will deservedly fall upon
us who compel them."

To this Fufetius answered: "Neither have
I failed, Tullus, to note the kinship of the
youths, nor did I propose to compel them to
fight with their cousins unless they themselves
were inclined to undertake the combat. But
as soon as this plan came into my mind I sent for
the Alban Curiatii and sounded them in private
to learn whether they were willing to engage in
the combat; and it was only after they had
accepted the proposal with incredible and wonder-
ful alacrity that I decided to disclose my plan and
bring it forward for consideration. And I advise

---

² ἀδελφούς R : ἀνεψιούς B.　　³ Steph. : ἀναγκάζων AB.

αὐτὸ τοῦτο ὑποτίθεμαι ποιεῖν καλέσαντι τοὺς
παρ' ὑμῖν τριδύμους πεῖραν αὐτῶν τῆς γνώμης
4 ποιήσασθαι. ἐὰν μὲν οὖν ἑκόντες συνεπιδιδῶσι
κἀκεῖνοι τὰ σώματα προκινδυνεῦσαι τῆς ἑαυτῶν
πατρίδος, δέχου τὴν χάριν, ἐὰν δὲ ἀναδύωνται,
μηδεμίαν αὐτοῖς [1] πρόσφερε ἀνάγκην. μαντεύο-
μαι δὲ καὶ περὶ ἐκείνων οἷα καὶ περὶ τῶν ἡμετέ-
ρων, εἴπερ οὖν [2] εἰσιν οἵους ἀκούομεν, ὀλίγοις [3]
τοῖς ἄριστα πεφυκόσιν ὅμοιοι καὶ τὰ πολέμια
ἀγαθοί· κλέος γὰρ αὐτῶν καὶ πρὸς ἡμᾶς ἐλήλυθε
τῆς ἀρετῆς."

XVI. Δέχεται δὴ [4] τὴν παραίνεσιν ὁ Τύλλος
καὶ δεχημέρους ποιησάμενος ἀνοχάς, ἐν αἷς
βουλεύσεταί τε καὶ μαθὼν τὴν διάνοιαν τῶν
Ὁρατίων ἀποκρινεῖται, παρῆν εἰς τὴν πόλιν.
ταῖς δ' ἑξῆς ἡμέραις βουλευσάμενος ἅμα τοῖς
ἀρίστοις, ἐπειδὴ τοῖς πλείστοις ἔδοξε δέχεσθαι
τὰς τοῦ Φουφεττίου προκλήσεις, μεταπέμπεται
τοὺς τριδύμους ἀδελφοὺς καὶ λέγει πρὸς αὐτούς·
2 "Ἄνδρες Ὁράτιοι, Φουφέττιος ὁ Ἀλβανὸς
εἰς λόγους συνελθὼν [5] ἐμοὶ τὴν τελευταίαν ἐπὶ
στρατοπέδου σύνοδον ἔφη τοὺς προκινδυνεύσοντας
ὑπὲρ ἑκατέρας πόλεως τρεῖς ἄνδρας ἀγαθοὺς κατὰ
θείαν γεγενῆσθαι πρόνοιαν, ὧν οὐκ ἂν εὕροιμεν
ἑτέρους οὔτε γενναιοτέρους οὔτε ἐπιτηδειοτέρους,
Ἀλβανῶν μὲν Κοριατίους, Ῥωμαίων δὲ ὑμᾶς·
τοῦτό τε καταμαθὼν αὐτὸς ἐξητακέναι πρῶτον
εἰ βουλομένοις εἴη τοῖς ἀνεψιοῖς ὑμῶν ἐπιδοῦναι
τὰ σώματα τῇ πατρίδι, μαθὼν δὲ αὐτοὺς ἀνα-
δεχομένους τὸν ὑπὲρ ἁπάντων ἀγῶνα κατὰ

[1] αὐτοῖς Sylburg : αὐτὸς O.
[2] εἴπερ οὖν Jacoby : εἴπερ B, εἰ οὖν R.

you to take the same course yourself—to send
for the triplets on your side and sound out their
disposition. And if they, too, agree of their own
accord to risk their lives for their country, accept
the favour; but if they hesitate, bring no com-
pulsion to bear upon them. I predict, however,
the same result with them as with our own youths
—that is, if they are such men as we have been
informed, like the few most highly endowed by
Nature, and are brave in arms; for the reputation
of their valour has reached us also."

XVI. Tullus, accordingly, approved of this ad-
vice and made a truce for ten days, in order to
have time to deliberate and give his answer after
learning the disposition of the Horatii; and there-
upon he returned to the city. During the following
days he consulted with the most important men,
and when the greater part of them favoured ac-
cepting the proposals of Fufetius, he sent for the
three brothers and said to them:

" Horatii, Fufetius the Alban informed me at a
conference the last time we met at the camp that
by divine providence three brave champions are
at hand for each city, the noblest and most suit-
able of any we could hope to find—the Curiatii
among the Albans and you among the Romans.
He added that upon learning of this he had him-
self first inquired whether your cousins were willing
to give their lives to their country, and that,
finding them very eager to undertake the combat

---

³ ὀλίγοις O : ἐν ὀλίγοις Reiske, Jacoby.
⁴ δὴ Kiessling : τε δὴ B, δὲ A.
⁵ συνελθὼν B : ἐλθὼν R.

DIONYSIUS OF HALICARNASSUS

πολλὴν προθυμίαν θαρρῶν εἰς μέσον ἐκφέρειν
ἤδη τὸν λόγον, ἠξίου τε καὶ ἐμὲ πεῖραν ὑμῶν
λαβεῖν, πότερον βουλήσεσθε [1] προκινδυνεῦσαι τῆς
πατρίδος ὁμόσε χωρήσαντες Κοριατίοις ἢ παρα-
3 χωρεῖτε τῆς φιλοτιμίας ταύτης ἑτέροις. ἐγὼ δὲ
ἀρετῆς μὲν ἕνεκα καὶ τῆς κατὰ χεῖρα γενναιότη-
τος, ἣν οὐ λανθάνουσαν ἔχετε, πάντων μάλιστα
δεξομένους [2] ὑμᾶς τὸν ὑπὲρ τῶν ἀριστείων κίν-
δυνον ἄρασθαι . . . . [3], δεδοικὼς δὲ [4] μὴ τὸ
πρὸς τοὺς Ἀλβανοὺς τριδύμους συγγενὲς ἐμπόδιον
ὑμῖν γένηται τῆς προθυμίας, χρόνον ἠτησάμην
εἰς βουλὴν ἀνοχὰς [5] δεχημέρους ποιησάμενος·
ὡς δὲ ἀφικόμην δεῦρο τὴν βουλὴν συνεκάλεσα
καὶ προὔθηκα περὶ τοῦ πράγματος ἐν κοινῷ
σκοπεῖν· δόξαν δὲ ταῖς πλείοσι γνώμαις, εἰ μὲν
ἑκόντες ἀναδέχοισθε τὸν ἀγῶνα καλὸν ὄντα καὶ
προσήκοντα ὑμῖν, ὃν ἐγὼ πρόθυμος ἤμην μόνος
ὑπὲρ ἁπάντων διαγωνίσασθαι, ἐπαινεῖν τε καὶ
δέχεσθαι τὴν χάριν ὑμῶν, εἰ δὲ τὸ συγγενὲς ἐντρε-
πόμενοι μίασμα, οὐ γὰρ δὴ κακοὶ ψυχὴν ὁμο-
λογοῦντες εἶναι, τοὺς ἔξω τοῦ γένους ἀξιώσαιτε [6]
καλεῖν, μηδεμίαν ὑμῖν ἀνάγκην προσφέρειν,—
ταῦτα τῆς βουλῆς ψηφισαμένης καὶ οὔτε πρὸς
ὀργὴν δεξομένης εἰ δι᾽ ὄκνου τὸ ἔργον λάβοιτε
οὔτε μικρὰν χάριν εἰσομένης ὑμῖν εἰ τιμιωτέραν

---

[1] βουλήσεσθε B : βουλεύεσθε A.
[2] δεξομένους R (?) : δεξαμένους B; μάλιστ᾽ ἂν δεξάμενος
Kiessling.
[3] After ἄρασθαι CD supply ἐπιεικῶς ὑπέλαβον, but Jacoby
suggested a participle, e.g. ἐγνωκώς. Cobet added ᾔδειν after
μάλιστα.
[4] δὲ CD : om. AB, Jacoby.
[5] ἀνοχὰς B : ἀνακωχὰς R, Jacoby.

on behalf of all their people, he could now bring
forward this proposal with confidence; and he
asked me also to sound you out, to learn whether
you would be willing to risk your lives for your
country by engaging with the Curiatii, or whether
you choose to yield this honour to others. I, in
view of your valour and your gallantry in action,
which are not concealed from public notice,
assumed [1] that you of all others would embrace
this danger for the sake of winning the prize of
valour; but fearing lest your kinship with the
three Alban brothers might prove an obstacle to
your zeal, I requested time for deliberation and
made a truce for ten days. And when I came
here I assembled the senate and laid the matter
before them for their consideration. It was the
opinion of the majority that if you of your own
free will accepted the combat, which is a noble
one and worthy of you and which I myself was
eager to wage alone on behalf of all our people,
they should praise your resolution and accept the
favour from you; but if, to avoid the pollution of
kindred blood—for surely it would be no admission
of cowardice on your part—you felt that those
who are not related to them ought to be called
upon to undertake the combat, they should bring
no compulsion to bear upon you. This, then,
being the vote of the senate, which will neither be
offended with you if you show a reluctance to
undertake the task nor feel itself under any
slight obligation to you if you rate your country

---

[1] This verb is missing from the Greek text; see critical note.

⁶ Meineke : ἀξιώσετε O.

65

ἡγήσαισθε [1] τῆς συγγενείας τὴν πατρίδα, τυγ-
χάνετε εὖ βουλευσάμενοι."

XVII. Ὡς δὴ ταῦτ' ἤκουσαν οἱ νεανίαι,
μεταστάντες ἑτέρωσε καὶ διαλεχθέντες ὀλίγα
πρὸς ἀλλήλους προσέρχονται πάλιν ἀποκρινού-
μενοι καὶ λέγει ὑπὲρ ἁπάντων ὁ πρεσβύτατος
τοιάδε· " Εἰ μὲν ἐλευθέροις ἡμῖν οὖσι καὶ
κυρίοις τῆς ἰδίας γνώμης ἐξουσίαν παρεῖχες,
ὦ Τύλλε, βουλεύσασθαι περὶ τοῦ πρὸς τοὺς
ἀνεψιοὺς ἀγῶνος, οὐθὲν ἔτι διαμελλήσαντες
ἀπεκρινάμεθα ἄν σοι τοὺς ἑαυτῶν διαλογισμούς·
ἐπειδὴ δὲ περίεστιν ἡμῖν ὁ πατήρ, οὗ χωρὶς οὐδὲ
τἀλάχιστα λέγειν ἢ πράττειν ἀξιοῦμεν, αἰτούμεθά
σε ὀλίγον ἀναδέξασθαι χρόνον τὴν ἀπόκρισιν
2 ἡμῶν, ἕως τῷ πατρὶ διαλεχθῶμεν." ἐπαινέ-
σαντος δὲ τοῦ Τύλλου τὴν εὐσέβειαν αὐτῶν καὶ
κελεύσαντος οὕτω ποιεῖν ἀπῄεσαν ὡς τὸν πατέρα.
δηλώσαντες δὲ αὐτῷ τὰς προκλήσεις τοῦ Φουφετ-
τίου καὶ οὓς ὁ Τύλλος διελέχθη λόγους καὶ
τελευταίαν τὴν ἑαυτῶν ἀπόκρισιν ἠξίουν εἰπεῖν
3 ἥντινα γνώμην αὐτὸς ἔχει. ὁ δὲ ὑπολαβών,
" Ἀλλ' εὐσεβὲς μέν," ἔφη, " πρᾶγμα ποιεῖτε,
ὦ παῖδες, τῷ πατρὶ ζῶντες καὶ οὐδὲν ἄνευ τῆς
ἐμῆς γνώμης διαπραττόμενοι, καιρὸς δὲ καὶ
ὑμᾶς αὐτοὺς ἤδη περὶ ὑμῶν τά γε τηλικαῦτα
φαίνεσθαι φρονοῦντας. ὑπολαβόντες οὖν τὸν ἐμὸν
βίον ἤδη τέλος ἔχειν φανερὸν ποιήσατέ μοι, τί
δήποτ' ἂν αὐτοὶ προείλεσθε πράττειν ἄνευ τοῦ
4 πατρὸς περὶ τῶν ἰδίων βουλευσάμενοι." ἀποκρίνε-
ται πρὸς αὐτὸν ὁ πρεσβύτατος τοιάδε· " Ἐδεξά-

<hr />

[1] Sylburg : ἡγήσεσθε B, ἡγήσεσθαι A.

more highly than your kinship, deliberate care-
fully and well."

XVII. The youths upon hearing these words
withdrew to one side, and after a short conference
together returned to give their answer; and the
eldest [1] on behalf of them all spoke as follows : " If
we were free and sole masters of our own decisions,
Tullus, and you had given us the opportunity to
deliberate concerning the combat with our cousins,
we should without further delay have given you
our thoughts upon it. But since our father is
still living, without whose advice we do not think
it proper to say or do the least thing, we ask
you to wait a short time for our answer till we
have talked with him." Tullus having commended
their filial devotion and told them to do as they
proposed, they went home to their father. And
acquainting him with the proposals of Fufetius
and with what Tullus had said to them and,
last of all, with their own answer, they desired his
advice. And he answered and said : " But indeed
this is dutiful conduct on your part, my sons,
when you live for your father and do nothing
without my advice. But it is time for you to
show that you yourselves now have discretion
in such matters at least. Assume, therefore,
that my life is now over, and let me know what
you yourselves would have chosen to do if you
had deliberated without your father upon your
own affairs." And the eldest answered him thus :

[1] The first-born of the triplets is spoken of as the eldest,
just as in the biblical story of Esau and Jacob we read, " and
the elder shall serve the younger " (*Gen.* 25 : 23). And just
below (chap. 18, end), the triplets take their places " according
to age."

μεθ' ἄν, ὦ πάτερ, τὸν ὑπὲρ τῆς ἡγεμονίας
ἀγῶνα καὶ πάσχειν ὑπεμείναμεν ὅ τι ἂν δοκῇ
τῷ δαιμονίῳ· τεθνάναι γὰρ ἂν βουλοίμεθα
μᾶλλον ἢ ζῆν ἀνάξιοι γενόμενοι σοῦ τε καὶ τῶν
προγόνων. τὸ δὲ πρὸς τοὺς ἀνεψιοὺς συγγενὲς
οὐχ ἡμεῖς πρότεροι λύσομεν, ἀλλ' ὡς ὑπὸ τῆς
5 τύχης διαλέλυται στέρξομεν. εἰ γὰρ Κοριατίοις
ἔλαττον κρίνεται τοῦ καλοῦ τὸ συγγενές, οὐδὲ
Ὁρατίοις τιμιώτερον φανήσεται τὸ γένος τῆς
ἀρετῆς." ὁ δὲ πατὴρ ὡς ἔμαθε τὴν διάνοιαν
αὐτῶν περιχαρὴς γενόμενος καὶ τὰς χεῖρας
ἀνασχὼν εἰς τὸν οὐρανὸν πολλὰς ἔφη χάριτας
εἰδέναι τοῖς θεοῖς, ὅτι παῖδας ἔδωκαν αὐτῷ γενέ-
σθαι καλοὺς καὶ ἀγαθούς· ἔπειτα περιλαβὼν
ἕκαστον αὐτῶν καὶ τὰς ἡδίστας ἀποδοὺς ἀσπασμῶν
τε καὶ φιλημάτων φιλοφροσύνας, "Ἔχετ',"
ἔφη, "καὶ τὴν ἐμὴν γνώμην, ὦ παῖδες ἀγαθοί,
καὶ πορευθέντες ἀποκρίνασθε Τύλλῳ τήν τ'
6 εὐσεβῆ καὶ καλὴν ἀπόκρισιν." οἱ μὲν δὴ χαί-
ροντες ἐπὶ τῇ παρακελεύσει τοῦ πατρὸς ἀπῄεσαν
καὶ προσελθόντες τῷ βασιλεῖ ἀναδέχονται τὸν ἀγῶνα,
κἀκεῖνος συγκαλέσας τὴν βουλὴν καὶ πολλοὺς
ἐπαίνους τῶν νεανίσκων διαθέμενος ἀποστέλλει
πρέσβεις πρὸς τὸν Ἀλβανὸν τοὺς δηλώσοντας ὅτι
δέχονται Ῥωμαῖοι τὴν αἵρεσιν καὶ παρέξονται [1]
τοὺς Ὁρατίους διαγωνιουμένους ὑπὲρ τῆς ἀρχῆς.

XVIII. Ἀπαιτούσης δὲ τῆς ὑποθέσεως καὶ
τὸν τρόπον διεξελθεῖν τῆς μάχης ἀκριβῶς καὶ
τὰ μετὰ ταύτην γενόμενα πάθη θεατρικαῖς
ἐοικότα περιπετείαις μὴ ῥαθύμως διελθεῖν, πειρά-
σομαι καὶ περὶ τούτων ἐπ' ἀκριβείας ἕκαστον,

[1] παρέξονται B : παρέχονται A.

" Father, we would have accepted this combat for the supremacy and would have been ready to suffer whatever should be the will of Heaven; for we had rather be dead than to live unworthy both of you and of our ancestors. As for the bond of kinship with our cousins, we shall not be the first to break it, but since it has already been broken by fate, we shall acquiesce therein. For if the Curiatii esteem kinship less than honour, the Horatii also will not value the ties of blood more highly than valour." Their father, upon learning their disposition, rejoiced exceedingly, and lifting up his hands to Heaven, said he rendered thanks to the gods for having given him noble sons. Then, throwing his arms about each in turn and giving them the tenderest of embraces and kisses, he said: " You have my opinion also, my brave sons. Go, then, to Tullus and give him the answer that is both dutiful and honourable." The youths went away pleased with the exhortation of their father, and going to the king, they accepted the combat; and he, after assembling the senate and sounding the praises of the youths, sent ambassadors to the Alban to inform him that the Romans accepted his proposal and would offer the Horatii to fight for the sovereignty.

XVIII. As my subject requires not only that a full account of the way the battle was fought should be given, but also that the subsequent tragic events, which resemble the sudden reversals of fortune seen upon the stage, should be related in no perfunctory manner, I shall endeavour, as far as I am able, to give an accurate account of every

ὡς ἐμὴ δύναμις, εἰπεῖν. ἐπειδὴ γὰρ ὁ χρόνος
ἧκεν ἐν ᾧ τέλος ἔδει λαβεῖν τὰς ὁμολογίας,
ἐξῄεσαν μὲν αἱ τῶν Ῥωμαίων δυνάμεις παν-
στρατιᾷ, ἐξῄεσαν δὲ μετὰ ταῦθ᾽ οἱ νεανίσκοι τοῖς
πατρῴοις θεοῖς εὐξάμενοι καὶ προῆγον ἅμα τῷ
βασιλεῖ κατευφημούμενοί τε ὑπὸ παντὸς τοῦ
κατὰ τὴν πόλιν ὄχλου καὶ παττόμενοι τὰς κεφαλὰς
ἄνθεσιν· ἤδη δὲ καὶ ἡ τῶν Ἀλβανῶν ἐξεληλύθει
2 στρατιά. ἐπεὶ δὲ κατεστρατοπεδεύσαντο πλησίον
ἀλλήλων μεταίχμιον ποιησάμενοι τὸν διείργοντα
τὴν Ῥωμαίων ἀπὸ τῆς Ἀλβανῶν ὅρον, ἔνθα καὶ
πρότερον εἶχον ἑκάτεροι τοὺς χάρακας, πρῶτον
μὲν ἱερὰ θύσαντες ὤμοσαν ἐπὶ τῶν ἐμπύρων
στέρξειν τὴν τύχην, ἣν ἂν ἐκ τῆς μάχης τῶν
ἀνεψιῶν ἑκατέρα πόλις ἐξενέγκηται, καὶ φυλάξειν
τὰς ὁμολογίας βεβαίους μηδένα προσάγοντες
αὐταῖς δόλον αὐτοί τε καὶ γένος τὸ ἐξ αὐτῶν·
ἐπεὶ δὲ τὰ πρὸς θεοὺς ὅσια διεπράξαντο, θέμενοι
τὰ ὅπλα προῆγον ἐκ τοῦ χάρακος ἀμφότεροι
θεαταὶ τῆς μάχης ἐσόμενοι τριῶν ἢ τεττάρων
σταδίων τὸ μεταξὺ χωρίον τοῖς ἀγωνιζομένοις
καταλιπόντες· καὶ μετ᾽ οὐ πολὺ παρῆν τούς τε
Κοριατίους ὁ τῶν Ἀλβανῶν στρατηγὸς ἄγων καὶ
τοὺς Ὁρατίους ὁ τῶν Ῥωμαίων βασιλεὺς ὡπλισ-
μένους τε κάλλιστα καὶ τὸν ἄλλον ἔχοντας
κόσμον οἷον ἄνθρωποι λαμβάνουσιν ἐπὶ θανάτῳ.
3 γενόμενοι δὲ σύνεγγυς ἀλλήλων τὰ μὲν ξίφη τοῖς
ὑπασπισταῖς παρέδωκαν, προσδραμόντες δὲ περι-
έβαλλον ἀλλήλοις [1] κλαίοντες καὶ τοῖς ἡδίστοις
ὀνόμασιν ἀνακαλοῦντες, ὥστε εἰς δάκρυα προ-
πεσεῖν ἅπαντας καὶ πολλὴν ἀστοργίαν κατηγορεῖν

---

[1] ἀλλήλοις B : ἀλλήλους R.

incident. When the time came, then, for giving effect to the terms of the agreement, the Roman forces marched out in full strength, and afterwards the youths, when they had offered up their prayers to the gods of their fathers; they advanced accompanied by the king, while the entire throng that filled the city acclaimed them and strewed flowers upon their heads. By this time the Albans' army also had marched out. And when the armies had encamped near one another, leaving as an interval between their camps the boundary that separated the Roman territory from that of the Albans, each side occupying the site of its previous camp, they first offered sacrifice and swore over the burnt offerings that they would acquiesce in whatever fate the event of the combat between the cousins should allot to each city and that they would keep inviolate their agreement, neither they nor their posterity making use of any deceit. Then, after performing the rites which religion required, both the Romans and Albans laid aside their arms and came out in front of their camps to be spectators of the combat, leaving an interval of three or four stades for the champions. And presently appeared the Alban general conducting the Curiatii and the Roman king escorting the Horatii, all of them armed in the most splendid fashion and withal dressed like men about to die. When they came near to one another they gave their swords to their armour-bearers, and running to one another, embraced, weeping and calling each other by the tenderest names, so that all the spectators were moved to tears and accused both themselves and their leaders of great heartless-

σφῶν τε αὐτῶν καὶ τῶν ἡγεμόνων, ὅτι παρὸν
ἄλλοις τισὶ σώμασι κρῖναι τὴν μάχην εἰς ἐμφύλιον
αἷμα καὶ συγγενικὸν ἄγος τὸν ὑπὲρ τῶν πόλεων
ἀγῶνα κατέκλεισαν. παυσάμενοι δὲ τῶν ἀσπασ-
μῶν οἱ νεανίσκοι καὶ τὰ ξίφη παρὰ τῶν ὑπασπιστῶν
λαβόντες ἀναχωρησάντων τῶν πέλας ἐτάξαντό
τε καθ' ἡλικίαν καὶ συνῄεσαν ὁμόσε.

XIX. Τέως μὲν οὖν ἡσυχία τε καὶ σιγὴ
κατεῖχεν ἀμφοτέρας τὰς δυνάμεις· ἔπειτα
ἀναβοήσεις τε ἀθρόαι παρ' ἀμφοτέρων αὐτῶν
ἐγίνοντο καὶ παρακελεύσεις τοῖς μαχομένοις
ἐναλλὰξ εὐχαί τε καὶ οἰμωγαὶ καὶ παντὸς ἄλλου
πάθους ἐναγωνίου φωναὶ συνεχεῖς, αἱ μὲν πρὸς
τὰ δρώμενά τε καὶ ὁρώμενα ὑφ' ἑκατέρων,
αἱ δὲ πρὸς τὰ μέλλοντά τε καὶ ὑποπτευόμενα·
καὶ ἦν πλείω τὰ εἰκαζόμενα[1] τῶν γινομένων.
2 ἥ τε γὰρ ὄψις ἐκ πολλοῦ διαστήματος γινομένη
πολὺ τὸ ἀσαφὲς εἶχε, καὶ τὸ πρὸς τοὺς οἰκείους
ἀγωνιστὰς ἑκάστοις συμπαθὲς ἐπὶ τὸ βεβουλη-
μένον[2] ἐλάμβανε τὰ πρασσόμενα, αἵ τε συνεχεῖς
τῶν μαχομένων ἐπεμβάσεις καὶ ὑπαναχωρήσεις
καὶ εἰς τὸ ἀντίπαλον αὖθις ἀντιμεταστάσεις πολλαὶ
καὶ ἀγχίστροφοι[3] γινόμεναι τὸ ἀκριβὲς τῆς γνώ-
μης ἀφῃροῦντο· καὶ ταῦτα ἐπὶ πολὺν ἐγίνετο
3 χρόνον. ῥώμην τε γὰρ σώματος ἔτυχον ὁμοίαν
ἔχοντες ἑκάτεροι καὶ τὸ γενναῖον τῆς ψυχῆς

---

[1] εἰκαζόμενα B : εἰκαζόμενά τε καὶ δρώμενα R.
[2] Kiessling : βεβουλευμένον O.
[3] ἀγχίστροφοι B : ἀντίστροφοι R.

ness, in that, when it was possible to decide the battle by other champions, they had limited the combat on behalf of the cities to men of kindred blood and compelled the pollution of fratricide. The youths, after their embraces were over, received their swords from their armour-bearers, and the bystanders having retired, they took their places according to age and began the combat.

XIX. For a time [1] quiet and silence prevailed in both armies, and then there was shouting by both sides together and alternate exhortations to the combatants; and there were vows and lamentations and continual expressions of every other emotion experienced in battle, some of them caused by what was either being enacted or witnessed by each side, and others by their apprehensions of the outcome; and the things they imagined outnumbered those which actually were happening. For it was impossible to see very clearly, owing to the great distance, and the partiality of each side for their own champions interpreted everything that passed to match their desire; then, too, the frequent advances and retreats of the combatants and their many sudden countercharges rendered any accurate judgment out of the question; and this situation lasted a considerable time. For the champions on both sides not only were alike in strength of body but were well matched also in nobility of

[1] The following description of the varied feelings that swayed the spectators of the combat is obviously inspired by the dramatic account in Thucydides (vii. 71) of the naval battle in the harbour of Syracuse, notwithstanding the total difference in details.

ἰσόρροπον ὅπλοις τε καλλίστοις ἐσκεπασμένοι τὰ
σώματα ὅλα καὶ γυμνὸν οὐδὲν ἀπολιπόντες μέρος
ὅ τι καὶ τρωθὲν ὀξεῖαν ἔμελλεν οἴσειν τὴν τελευτήν,
ὥστε πολλοὶ Ῥωμαίων τε καὶ Ἀλβανῶν ἐκ τοῦ
φιλονεικεῖν τε καὶ συμπαθεῖν τοῖς σφετέροις
ἔλαθον αὑτοὺς τὸ τῶν κινδυνευόντων μετα-
λαβόντες πάθος ἀγωνισταί τε μᾶλλον ἐβούλοντο ἢ
4 θεαταὶ τῶν δρωμένων γεγονέναι. ὀψὲ δ᾽ οὖν
ποτε ὁ πρεσβύτατος τῶν Ἀλβανῶν τῷ πρὸς αὐτὸν
ἀντιτεταγμένῳ συμπλέκεται παίων τε καὶ παιό-
μενος ἄλλας ἐπ᾽ ἄλλαις [1] πληγὰς καί πως τυγχάνει
τοῦ Ῥωμαίου διὰ βουβῶνος ἐνέγκας τὸ ξίφος.
ὁ δὲ τοῖς τε ἄλλοις τραύμασι κεκαρωμένος ἤδη
καὶ τὴν τελευταίαν πληγὴν θανατηφόρον ἔχων
ὑπολυθέντων τῶν μελῶν καταρρυεὶς ἀποθνήσκει.
5 ὡς δὲ τοῦτ᾽ εἶδον οἱ θεαταὶ τῆς μάχης ἅμα πάντες
ἀνεβόησαν, Ἀλβανοὶ μὲν ὡς νικῶντες ἤδη,
Ῥωμαῖοι δ᾽ ὡς κρατούμενοι· τοὺς γὰρ δὴ
σφετέρους δύο τοῖς τρισὶν Ἀλβανοῖς εὐκατεργά-
στους ὑπελάμβανον γενήσεσθαι. ἐν ᾧ δ᾽ ἐγίνετο
ταῦτα, ὁ παρασπίζων τῷ πεσόντι Ῥωμαῖος ὁρῶν
ἐπὶ τῷ κατορθώματι περιχαρῆ τὸν Ἀλβανὸν
ὠθεῖται ταχὺς ἐπ᾽ αὐτὸν καὶ πολλὰ μὲν τραύματα
δούς, πολλὰ δὲ αὐτὸς λαβὼν τυγχάνει πως κατὰ
τῆς σφαγῆς αὐτοῦ βάψας τὸ ξίφος καὶ διαχρησά-
6 μενος. μεταβαλούσης δὲ τῆς τύχης ἐν ὀλίγῳ
τά τε τῶν ἀγωνιζομένων ἔργα καὶ τὰ τῶν
θεωμένων πάθη, καὶ Ῥωμαίων μὲν ἀναθαρρησάντων
ἐκ τῆς πρότερον κατηφείας, Ἀλβανῶν δὲ ἀφῃρη-
μένων τὸ χαῖρον, ἑτέρα πάλιν ἀντιπνεύσασα τοῖς
τῶν Ῥωμαίων κατορθώμασι τύχη τούτων μὲν

---

[1] ἄλλας ἐπ᾽ ἄλλαις Meineke, Cobet : ἄλλαις ἐπ᾽ ἄλλαις O.

spirit, and they had their entire bodies protected by the choicest armour, leaving no part exposed which if wounded would bring on swift death. So that many, both of the Romans and of the Albans, from their eager rivalry and from their partiality for their own champions, were unconsciously putting themselves in the position of the combatants and desired rather to be actors in the drama that was being enacted than spectators. At last the eldest of the Albans, closing with his adversary and giving and receiving blow after blow, happened somehow to run his sword through the Roman's groin. The latter was already stupefied from his other wounds, and now receiving this final blow, a mortal one, he fell down dead, his limbs no longer supporting him. When the spectators of the combat saw this they all cried out together, the Albans as already victorious, the Romans as vanquished; for they concluded that their two champions would be easily dispatched by the three Albans. In the meantime, the Roman who had fought by the side of the fallen champion, seeing the Alban rejoicing in his success, quickly rushed upon him, and after inflicting many wounds and receiving many himself, happened to plunge his sword into his neck and killed him. After Fortune had thus in a short time made a great alteration both in the state of the combatants and in the feelings of the spectators, and the Romans had now recovered from their former dejection while the Albans had had their joy snatched away, another shift of Fortune, by giving a check to the success of the

75

ἐταπείνωσε τὰς ἐλπίδας, τὰ δὲ τῶν πολεμίων
φρονήματα ἐπῆρεν. τοῦ γὰρ Ἀλβανοῦ πεσόντος
ὁ τὴν πλησίον αὐτοῦ ἔχων στάσιν ἀδελφὸς
συμπλέκεται τῷ καταβαλόντι, καὶ τυγχάνουσιν
ἀμφότεροι κατὰ τὸν αὐτὸν χρόνον πληγὰς ἐξαισίους
ἐξενέγκαντες κατ' ἀλλήλων, ὁ μὲν Ἀλβανὸς τοῦ
Ῥωμαίου κατὰ τοῦ μεταφρένου [1] καὶ μέχρι τῶν
σπλάγχνων βάψας τὸ ξίφος, ὁ δὲ Ῥωμαῖος
ὑπελθὼν τὴν προβολὴν τοῦ πολεμίου καὶ τῶν
ἰγνύων τὴν ἑτέραν ὑποτεμών.

XX. Ὁ μὲν δὴ τὸ καίριον τραῦμα λαβὼν
εὐθὺς ἐτεθνήκει, ὁ δὲ τὴν ἰγνύαν τετρωμένος
οὐκέτι βέβαιος ἦν ἑστάναι, σκάζων δὲ καὶ τὰ
πολλὰ τῷ θυρεῷ διερειδόμενος ἀντεῖχεν ὅμως
ἔτι καὶ μετὰ τοῦ περιλειπομένου τῶν ἀδελφῶν
ἐπὶ τὸν ὑπομένοντα Ῥωμαῖον ἐχώρει, περιέστησάν
τε αὐτὸν ὁ μὲν ἐξ ἐναντίας προσιών, ὁ δὲ κατὰ
2 νώτου. τῷ δὲ Ῥωμαίῳ δείσαντι μὴ κυκλωθεὶς
πρὸς αὐτῶν εὐκατέργαστος γένηται δυσί τε
μαχόμενος καὶ διχόθεν ἐπιοῦσιν, ἦν δὲ ἀκραιφνὴς
ἔτι, λογισμὸς εἰσέρχεται διελεῖν τοὺς πολεμίους
ἀπ' ἀλλήλων καὶ χωρὶς ἑκατέρῳ μάχεσθαι.
ῥᾷστα δὲ διαστήσειν αὐτοὺς ὑπελάμβανεν, εἰ
δόξαν παράσχοι φυγῆς· οὐ γὰρ ὑπ' ἀμφοτέρων
διώξεσθαι τῶν Ἀλβανῶν,[2] ἀλλ' ὑφ' ἑνός, ὁρῶν [3]
τὸν ἀδελφὸν οὐκέτι καρτερὸν τῶν ποδῶν.[4]
ταῦτα [5] διανοηθεὶς ὡς εἶχε τάχους ἔφευγε [6]
καὶ συνέπεσεν αὐτῷ μὴ διαμαρτεῖν τῆς ἐλπίδος.

[1] τοῦ μεταφρένου B : τῶν μεταφρένων R.
[2] Ἀλβανῶν Sintenis : ἀδελφῶν O.
[3] ὁρῶν B : ὁρῶντος R.
[4] τῶν ποδῶν Cobet : τῶν πόδ .. Ba, τὸν πόδα R.

Romans, sunk their hopes and raised the confidence of their enemies. For when the Alban fell, his brother who stood next to him closed with the Roman who had struck him down; and each, as it chanced, gave the other a dangerous wound at the same time, the Alban plunging his sword down through the Roman's back into his bowels, and the Roman throwing himself under the shield of his adversary and slashing one of his thighs.

XX. The one who had received the mortal wound died instantly, and the other, who had been wounded in the thigh, was scarcely able to stand, but limped and frequently leaned upon his shield. Nevertheless, he still made a show of resistance and with his surviving brother advanced against the Roman, who stood his ground; and they surrounded him, one coming up to him from in front and the other from behind. The Roman, fearing that, being thus surrounded by them and obliged to fight with two adversaries attacking him from two sides, he might easily be overcome—he was still uninjured—hit upon the plan of separating his enemies and fighting each one singly. And he thought he could most easily separate them by feigning flight; for then he would not be pursued by both the Albans, but only by one of them, since he saw that the other no longer had control of his limbs. With this thought in mind he fled as fast as he could; and it was his good fortune not to be disappointed in his expectation. For the

---

⁵ δή added after ταῦτα by Cobet, Jacoby.
⁶ ὡς εἶχε τάχους ἔφευγε Cobet : ὡς εἶχεν ἔφευγε τάχους O.

3 ὁ μὲν γὰρ ἕτερος τῶν Ἀλβανῶν οὐδεμίαν ἔχων πληγὴν καίριον ἐδίωκεν αὐτὸν ἐκ ποδός, ὁ δ᾽ ἐπιβαίνειν ἀδύνατος ὢν πολὺ τοῦ δέοντος ὑστέρει. ἔνθα δὴ τῶν Ἀλβανῶν τοῖς σφετέροις ἐγκελευομένων, τῶν δὲ Ῥωμαίων τὸν αὑτῶν ἀγωνιστὴν κακιζόντων καὶ τῶν μὲν δὴ παιανιζόντων τε καὶ στεφανουμένων ὡς ἐπὶ κατορθουμένῳ τῷ ἀγῶνι, τῶν δ᾽ ὀδυρομένων ὡς οὐκ ἂν ἔτι τῆς τύχης σφᾶς διαναστησομένης, ταμιευσάμενος τὸν καιρὸν ὁ Ῥωμαῖος ὑποστρέφει τε ὀξέως καὶ πρὶν ἢ φυλάξασθαι τὸν Ἀλβανὸν φθάνει τῷ ξίφει κατὰ τοῦ βραχίονος πληγὴν ἐνέγκας καὶ διελὼν τὸν ἀγκῶνα. 4 πεσούσης δὲ χαμαὶ τῆς χειρὸς ἅμα τῷ ξίφει μίαν ἔτι πληγὴν καίριον ἐξενέγκας ἀποκτείνει τὸν Ἀλβανόν, καὶ μετὰ τοῦτον ἐπὶ τὸν τελευταῖον ὠσάμενος ἡμιθνῆτα καὶ παρειμένον ἐπικατασφάττει. σκυλεύσας δὲ τοὺς τῶν ἀνεψιῶν νεκροὺς εἰς τὴν πόλιν ἠπείγετο πρῶτος ἀπαγγεῖλαι θέλων τὴν ἑαυτοῦ νίκην τῷ πατρί.

XXI. Ἔδει δὲ ἄρα καὶ τοῦτον ἄνθρωπον ὄντα μὴ πάντα διευτυχεῖν, ἀλλ᾽ ἀπολαῦσαί τι τοῦ φθονεροῦ δαίμονος, ὃς αὐτὸν ἐκ μικροῦ μέγαν ἐν ὀλίγῳ θεὶς χρόνῳ καὶ εἰς ἐπιφάνειαν θαυμαστὴν καὶ παράδοξον ἐξάρας κατέβαλε φέρων αὐθημερὸν εἰς ἄχαριν συμφορὰν ἀδελφοκτόνον. 2 ὡς γὰρ ἐγγὺς ἐγένετο τῶν πυλῶν, ἄλλον τε ὄχλον ὁρᾷ παντοδαπὸν ἐκχεόμενον ἐκ τῆς πόλεως καὶ δὴ καὶ τὴν ἀδελφὴν προστρέχουσαν·[1] διαταραχθεὶς δὲ κατὰ τὴν πρώτην ὄψιν, ὅτι κατα-

---

[1] προστρέχουσαν Reiske : τρέχουσαν O.

---

[1] For chaps. 21 f. cf. Livy i. 26.

Alban who was not mortally wounded followed
at his heels, while the other, being unable to keep
going was falling altogether too far behind. Then
indeed the Albans encouraged their men and the
Romans reproached their champion with cowardice,
the former singing songs of triumph and crowning
themselves with garlands as if the contest were al-
ready won, and the others lamenting as if Fortune
would never raise them up again. But the Roman,
having carefully waited for his opportunity, turned
quickly and, before the Alban could put himself on
his guard, struck him a blow on the arm with his
sword and clove his elbow in twain, and when his hand
fell to the ground together with his sword, he struck
one more blow, a mortal one, and dispatched the
Alban; then, rushing from him to the last of his
adversaries, who was half dead and fainting, he slew
him also. And taking the spoils from the bodies of
his cousins, he hastened to the city, wishing to give
his father the first news of his victory.

XXI. But [1] it was ordained after all that even
he, as he was but a mortal, should not be fortu-
nate in everything, but should feel some stroke
of the envious god [2] who, having from an insig-
nificant man made him great in a brief moment of
time and raised him to wonderful and unexpected
distinction, plunged him the same day into the
unhappy state of being his sister's murderer.
For when he arrived near the gates he saw a
multitude of people of all conditions pouring out
from the city and among them his sister running
to meet him. At the first sight of her he was

[2] Fortune.

79

λιποῦσα τὴν μετὰ [1] μητρὸς οἰκουρίαν παρθένος
ἐπίγαμος εἰς ὄχλον αὐτὴν ἔδωκεν ἀγνῶτα, καὶ
πολλοὺς λαμβάνων λογισμοὺς ἀτόπους τελευτῶν
ἐπὶ τοὺς ἐπιεικεῖς καὶ φιλανθρώπους ἀπέκλινεν,
ὡς ἀσπάσασθαί τε πρώτη [2] τὸν σωθέντα ἀδελφὸν
ποθοῦσα καὶ τὰς ἀρετὰς τῶν τεθνηκότων παρ'
αὐτοῦ μαθεῖν βουλομένη τῶν εὐσχημόνων ὑπερίδοι
3 γυναικεῖόν τι πάσχουσα. ἡ δὲ ἄρα οὐ τοὺς
ἀδελφοὺς ποθοῦσα τὰς ἀσυνήθεις ἐτόλμησεν ἐξελθεῖν
ὁδούς, ἀλλ' ἔρωτι κρατουμένη τῶν ἀνεψιῶν ἑνός,
ᾧ καθωμολόγητο ὑπὸ τοῦ πατρὸς ἐπὶ γάμῳ,
καὶ κρύπτουσα τὸ πάθος ἀπόρρητον, ἐπειδὴ [3]
τῶν ἀπὸ τοῦ στρατοπέδου τινὸς ἤκουσεν ἀπαγγέλ-
λοντος τὰ περὶ τὴν μάχην, οὐκέτι κατέσχεν,
ἀλλ' ἐκλιποῦσα τὴν οἰκίαν ὥσπερ αἱ μαινάδες
ἐφέρετο πρὸς τὰς πύλας οὐδὲν ἐπιστρεφομένη
τῆς ἀνακαλούσης τε καὶ μεταδιωκούσης τροφοῦ.
4 ἔξω δὲ γενομένη τῆς πόλεως ὡς τὸν ἀδελφὸν
εἶδε περιχαρῆ τοὺς ἐπινικίους ἐπικείμενον στεφά-
νους, οἷς αὐτὸν ὁ βασιλεὺς ἀνέδησε, καὶ τοὺς
ἑταίρους αὐτοῦ φέροντας τὰ τῶν πεφονευμένων
σκῦλα, ἐν οἷς ἦν πέπλος ποικίλος, ὃν αὐτὴ μετὰ
τῆς μητρὸς ἐξυφήνασα τῷ μνηστῆρι δῶρον εἰς
τὸν μέλλοντα γάμον ἀπεστάλκει (ποικίλους γὰρ
ἔθος ἐστὶν ἀμφιέννυσθαι πέπλους Λατίνων τοῖς
μετιοῦσι τὰς νύμφας), τοῦτον δὴ τὸν πέπλον
θεασαμένη πεφυρμένον αἵματι τόν τε χιτῶνα
κατερρήξατο καὶ ταῖς χερσὶν ἀμφοτέραις παίουσα

---

[1] μετὰ B : om. R.
[2] Reiske : πρῶτον O.
[3] ἐπειδὴ Kiessling : ἐπειδὴ δὲ O.

distressed that a virgin ripe for marriage should have deserted her household tasks at her mother's side and joined a crowd of strangers. And though he indulged in many absurd reflections, he was at last inclining to those which were honourable and generous, feeling that in her yearning to be the first to embrace her surviving brother and in her desire to receive an account from him of the gallant behaviour of her dead brothers she had disregarded decorum in a moment of feminine weakness. However, it was not, after all, her yearning for her brothers that had led her to venture forth in this unusual manner, but it was because she was overpowered by love for one of her cousins to whom her father had promised her in marriage, a passion which she had till then kept secret; and when she had overheard a man who came from the camp relating the details of the combat, she could no longer contain herself, but leaving the house, rushed to the city gates like a maenad, without paying any heed to her nurse who called her and ran to bring her back. But when she got outside the city and saw her brother exulting and wearing the garlands of victory with which the king had crowned him, and his friends carrying the spoils of the slain, among which was an embroidered robe which she herself with the assistance of her mother had woven and sent as a present to her betrothed against their nuptial day (for it is the custom of the Latins to array themselves in embroidered robes when they go to fetch their brides), when, therefore, she saw this robe stained with blood, she rent her garment, and beating

81

τὸ στῆθος ἐθρήνει καὶ ἀνεκαλεῖτο τὸν ἀνεψιόν,
ὥστε πολλὴν κατάπληξιν εἰσελθεῖν ἅπαντας ὅσοι
5 κατὰ τὸν αὐτὸν ἦσαν τόπον. ἀνακλαυσαμένη
δὲ τὸν μόρον τοῦ μνηστῆρος ἀτενέσι τοῖς ὀφθαλμοῖς
εἰς τὸν ἀδελφὸν ὁρᾷ καὶ λέγει· " Μιαρώτατε
ἄνθρωπε, χαίρεις ἀποκτείνας τοὺς ἀνεψιοὺς κἀμὲ
τὴν παναθλίαν ἀδελφὴν ἀποστερήσας γάμου, ὦ
δύστηνε! ἀλλ' οὐδ' ἔλεος εἰσέρχεταί σε τῶν
ἀπολωλότων συγγενῶν, οὓς ἀδελφοὺς ἐκάλεις,
ἀλλ' ὥσπερ ἀγαθόν τι διαπεπραγμένος ἐξέστηκας
τῶν φρενῶν ὑπὸ τῆς ἡδονῆς καὶ στεφάνους ἐπὶ
τοῖς τοιούτοις ἐπίκεισαι κακοῖς, τίνος ἔχων
6 ψυχὴν θηρίου;" κἀκεῖνος ὑπολαβών, " Φιλοῦντος,"
ἔφη, " τὴν πατρίδα πολίτου καὶ τοὺς κακῶς
αὐτῇ βουλομένους κολάζοντος, ἐάν τε ἀλλότριοι
τύχωσιν αὐτῆς ὄντες, ἐάν τε οἰκεῖοι· ἐν οἷς
τίθεμαι καὶ σέ, ἥτις ἐνὶ καιρῷ τὰ μέγιστα ἀγαθῶν
τε καὶ κακῶν συμβεβηκότα ἡμῖν ἐπιγνοῦσα, τήν
τε νίκην τῆς πατρίδος, ἣν ὁ σὸς ἀδελφὸς ἐγὼ
πάρειμι κατάγων, καὶ τὸν θάνατον τῶν ἀδελφῶν,
οὐκ ἐπὶ τοῖς ἀγαθοῖς, ὦ μιαρὰ σύ,[1] τοῖς κοινοῖς
τῆς πατρίδος χαίρεις οὔτ' ἐπὶ ταῖς συμφοραῖς
ταῖς ἰδίαις τῆς οἰκίας ἀλγεῖς, ἀλλ' ὑπεριδοῦσα
τῶν σεαυτῆς ἀδελφῶν τὸν τοῦ μνηστῆρος ἀνα-
κλαίεις μόρον, οὐδ' ὑπὸ τοῦ σκότους ἀποφθαρεῖσά[2]
που κατὰ μόνας,[3] ἀλλ' ἐν τοῖς ἁπάντων ὀφθαλμοῖς,
καί μοι τὴν ἀρετὴν καὶ τοὺς στεφάνους ὀνειδίζεις,
ὦ ψευδοπάρθενε καὶ μισάδελφε καὶ ἀναξία τῶν
προγόνων! ἐπειδὴ τοίνυν οὐ τοὺς ἀδελφοὺς

---

[1] σὺ B : οὐ R.
[2] ἀποφθαρεῖσα B : φθαρεῖσα R, κρυφθεῖσα Bücheler.
[3] κατὰ μόνας B : om. R.

her breast with both hands, fell to lamenting and calling upon her cousin by name, so that great astonishment came upon all who were present there. After she had bewailed the death of her betrothed she stared with fixed gaze at her brother and said: "Most abominable wretch, so you rejoice in having slain your cousins and deprived your most unhappy sister of wedlock! Miserable fellow! Why, you are not even touched with pity for your slain kinsmen, whom you were wont to call your brothers, but instead, as if you had performed some noble deed, you are beside yourself with joy and wear garlands in honour of such calamities. Of what wild beast, then, have you the heart?" And he, answering her, said: "The heart of a citizen who loves his country and punishes those who wish her ill, whether they happen to be foreigners or his own people. And among such I count even you; for though you know that the greatest of blessings and of woes have happened to us at one and the same time—I mean the victory of your country, which I, your brother, am bringing home with me, and the death of your brothers—you neither rejoice in the public happiness of your country, wicked wretch, nor grieve at the private calamities of your own family, but, overlooking your own brothers, you lament the fate of your betrothed, and this, too, not after taking yourself off somewhere alone under cover of darkness, curse you! but the before the eyes of the whole world; and you reproach me for my valour and my crowns of victory, you pretender to virginity, you hater of your brothers and disgrace to your ancestors! Since, therefore, you mourn,

83

a 2

πενθεῖς,[1] ἀλλὰ τοὺς ἀνεψιούς, καὶ τὸ μὲν σῶμα
ἐν τοῖς ζῶσιν ἔχεις, τὴν δὲ ψυχὴν παρὰ τῷ
νεκρῷ, ἄπιθι πρὸς ἐκεῖνον ὃν ἀνακαλῇ καὶ μήτε
τὸν πατέρα μήτε τοὺς ἀδελφοὺς καταίσχυνε."

7   Ταῦτ' εἰπὼν οὐκ ἐφύλαξεν ἐν τῷ μισοπονήρῳ τὸ
μέτριον, ἀλλ' ὡς εἶχεν ὀργῆς ὠθεῖ διὰ τῶν πλευρῶν
αὐτῆς τὸ ξίφος, ἀποκτείνας δὲ τὴν ἀδελφὴν παρῆν ὡς
τὸν πατέρα. οὕτω δὲ ἄρα μισοπόνηρα καὶ
αὐθάδη τὰ τῶν τότε Ῥωμαίων ἤθη καὶ φρονήματα
ἦν καί, εἴ τις αὐτὰ βούλοιτο παρὰ τὰ νῦν ἔργα
καὶ τοὺς ἐφ' ἡμῶν ἐξετάζειν βίους, ὠμὰ καὶ
σκληρὰ καὶ τῆς θηριώδους οὐ πολὺ ἀπέχοντα
φύσεως, ὥστε πάθος οὕτω δεινὸν ὁ πατὴρ ἀκούσας
οὐχ ὅπως ἠγανάκτησεν, ἀλλὰ καλῶς καὶ προσ-
8 ηκόντως ὑπέλαβε τὸ πραχθὲν ἔχειν· ὅς γε οὔτε
εἰς τὴν οἰκίαν εἴασεν εἰσενεχθῆναι τὸν νεκρὸν
τῆς θυγατρὸς οὔτ' ἐν τοῖς πατρῴοις τεθῆναι
μνήμασιν ἐπέτρεψεν οὔτε κηδείας καὶ περιστολῆς
καὶ τῶν ἄλλων νομίμων μεταλαβεῖν, ἀλλ' οἱ
παριόντες αὐτὴν ἐρριμμένην ἐν ᾧ διεχρήσθη
χωρίῳ λίθους ἐπιφοροῦντες καὶ γῆν ἐκήδευσαν ὡς
9 πτῶμα ἔρημον κηδομένων. ταῦτά τε δὴ στερρὰ
τοῦ ἀνδρὸς καὶ ἔτι πρὸς τούτοις, ἃ μέλλω λέγειν·
ὡς γὰρ ἐπὶ καλοῖς τε καὶ εὐτυχέσιν ἔργοις αὐθη-
μερὸν ἔθυε τοῖς πατρῴοις θεοῖς ἃς εὔξατο θυσίας
καὶ τοὺς συγγενεῖς ἑστιάσει λαμπρᾷ τε καὶ . . .[2]
καθάπερ ἐν ταῖς μεγίσταις ἑορταῖς ὑπεδέχετο,

---

[1] πενθεῖς R (?) : ποθεῖς B.
[2] λαμπρᾷ τε καὶ R, Jacoby (who assumes the loss of one or
more words after καὶ): λαμπρᾷ καὶ B, λαμπρᾷ Bücheler.

not for your brothers, but for your cousins, and since, though your body is with the living, your soul is with him who is dead, go to him on whom you call and cease to dishonour either your father or your brothers."

After these words, being unable in his hatred of baseness to observe moderation, but yielding to the anger which swayed him, he ran his sword through her side; and having slain his sister, he went to his father. But so averse to baseness and so stern were the manners and thoughts of the Romans of that day and, to compare them with the actions and lives of those of our age, so cruel and harsh and so little removed from the savagery of wild beasts, that the father, upon being informed of this terrible calamity, far from resenting it, looked upon it as a glorious and becoming action. In fact, he would neither permit his daughter's body to be brought into the house nor allow her to be buried in the tomb of her ancestors or given any funeral or burial robe or other customary rites; but as she lay there where she had been cast, in the place where she was slain, the passers-by, bringing stones and earth, buried her like any corpse which had none to give it proper burial. Besides these instances of the father's severity there were still others that I shall mention. Thus, as if in gratitude for some glorious and fortunate achievements, he offered that very day to the gods of his ancestors the sacrifices he had vowed, and entertained his relations at a splendid[1] banquet, just as upon the greatest

[1] Another adjective may have been lost after " splendid." See critical note.

ἐλάττους ἡγούμενος τὰς ἰδίας συμφορὰς τῶν
10 κοινῶν τῆς πατρίδος ἀγαθῶν. τοῦτο δ᾽ οὐ μόνον
ὁ Ὁράτιος, ἀλλὰ καὶ μετ᾽ ἐκεῖνον ἄλλοι συχνοὶ
Ῥωμαίων μνημονεύονται ποιήσαντες ἄνδρες ἐπι-
φανεῖς· λέγω δὲ τὸ θύειν καὶ στεφανηφορεῖν [1]
καὶ θριάμβους κατάγειν τέκνων, αὐτοῖς ἀπολω-
λότων ἔναγχος, ὅταν εὐτυχήσῃ δι᾽ αὐτοὺς τὸ
κοινόν· ὑπὲρ ὧν κατὰ τοὺς οἰκείους ἐρῶ καιρούς.

XXII. Μετὰ δὲ τὴν μάχην τῶν τριδύμων
Ῥωμαῖοι μὲν οἱ τότε ὄντες ἐπὶ στρατοπέδου
ταφὰς ποιησάμενοι λαμπρὰς τῶν ἀποθανόντων ἐν
οἷς ἔπεσον χωρίοις καὶ θύσαντες τἀπινίκια τοῖς
θεοῖς ἐν εὐπαθείαις ἦσαν, Ἀλβανοὶ δὲ ἀχθόμενοι
τοῖς [2] συμβεβηκόσι καὶ τὸν ἡγεμόνα δι᾽ αἰτίας
ἔχοντες, ὡς κακῶς ἐστρατηγηκότα, ἄσιτοί τε
οἱ πολλοὶ καὶ ἀθεράπευτοι τὴν ἑσπέραν ἐκείνην
2 διετέλεσαν. τῇ δ᾽ ἑξῆς ἡμέρᾳ καλέσας αὐτοὺς
ὁ τῶν Ῥωμαίων βασιλεὺς εἰς ἐκκλησίαν καὶ
πολλὰ παραμυθησάμενος, ὡς οὔτε ἄσχημον ἐπι-
τάξων αὐτοῖς οὐθὲν οὔτε χαλεπὸν οὔθ᾽ ὃ μὴ
συγγενέσι πρέπει,[3] τῇ δὲ αὐτῇ γνώμῃ περὶ
ἀμφοτέρων τῶν πόλεων τὰ κράτιστα καὶ συμ-
φορώτατα βουλεύσων,[4] καὶ τὸν ἄρχοντά τε
αὐτῶν Φουφέττιον ἐπὶ τῆς αὐτῆς ἀρχῆς κατα-
σχὼν ἄλλο τε οὐδὲν τῶν πολιτικῶν μεθαρμοσά-
μενος οὐδὲ κινήσας ἀπῆγεν ἐπ᾽ οἴκου τὴν δύναμιν.
3 Καταγαγόντι δὲ αὐτῷ τὸν ψηφισθέντα ὑπὸ

[1] Bücheler : στεφηφορεῖν O.
[2] τοῖς B : ἐπὶ τοῖς R (?).
[3] μὴ συγγενέσι πρέπει B : μὴ τὸ συγγενὲς ἐπιτρέπει R.
[4] βουλεύσων Prou : βουλευ βασιλεὺς ὢν B, συμβουλεύσοντας σων
A, συμβουλεύσων Kiessling, Jacoby.

86

festivals, making less account of his private calamities than of the public advantages of his country. This not only Horatius but many other prominent Romans after him are said to have done; I refer to their offering sacrifice and wearing crowns and celebrating triumphs immediately after the death of their sons when through them the commonwealth had met with good fortune. Of these I shall make mention in the proper places.[1]

XXII. After the combat between the triplets, the Romans who were then in the camp buried the slain brothers in a splendid manner in the places where they had fallen, and having offered to the gods the customary sacrifices for victory, were passing their time in rejoicings. On the other side, the Albans were grieving over what had happened and blaming their leader for bad generalship; and the greatest part of them spent that night without food and without any other care for their bodies. The next day the king of the Romans called them to an assembly and consoled them with many assurances that he would lay no command upon them that was either dishonourable, grievous or unbecoming to kinsmen, but that with impartial judgment he would take thought for what was best and most advantageous for both cities; and having continued Fufetius, their ruler, in the same office and made no other change in the government, he led his army home.

After he had celebrated the triumph which the

---

[1] No such places are found in the extant books of the *Antiquities*.

τῆς βουλῆς θρίαμβον καὶ τὰ πολιτικὰ πράττειν
ἀρξαμένῳ προσέρχονται τῶν πολιτῶν ἄνδρες
οὐκ ἀφανεῖς τὸν Ὁράτιον ἄγοντες ὑπὸ δίκην,
ὡς οὐ καθαρὸν αἵματος ἐμφυλίου διὰ τὸν τῆς
ἀδελφῆς φόνον· καὶ καταστάντες [1] μακρὰν
διεξῆλθον δημηγορίαν τοὺς νόμους παρεχόμενοι
τοὺς οὐκ ἐῶντας ἄκριτον ἀποκτείνειν οὐθένα καὶ
τὰ παρὰ τῶν θεῶν ἁπάντων [2] μηνίματα ταῖς μὴ
4 κολαζούσαις πόλεσι τοὺς ἐναγεῖς διεξιόντες. ὁ
δὲ πατὴρ ἀπελογεῖτο περὶ τοῦ μειρακίου κατ-
ηγορῶν τῆς θυγατρὸς καὶ τιμωρίαν οὐ φόνον εἶναι
τὸ πραχθὲν λέγων δικαστήν τε αὐτὸν ἀξιῶν
εἶναι τῶν ἰδίων κακῶν, ἀμφοτέρων γενόμενον
πατέρα. συχνῶν δὲ λόγων ῥηθέντων ὑφ᾽ ἑκατέρων
πολλὴ τὸν βασιλέα κατεῖχεν ἀμηχανία, τί τέλος
5 ἐξενέγκῃ περὶ τῆς δίκης. οὔτε γὰρ ἀπολῦσαι
τοῦ φόνου τὸν ὁμολογοῦντα τὴν ἀδελφὴν ἀνῃρη-
κέναι πρὸ δίκης καὶ ταῦτα ἐφ᾽ οἷς οὐ συνεχώ-
ρουν ἀποκτείνειν οἱ νόμοι καλῶς ἔχειν ὑπελάμ-
βανεν, ἵνα μὴ τὴν ἀρὰν καὶ τὸ ἄγος ἀπὸ τοῦ
δεδρακότος εἰς τὸν ἴδιον οἶκον εἰσενέγκηται,
οὔτε ὡς ἀνδροφόνον ἀποκτεῖναι τὸν ὑπὲρ τῆς
πατρίδος ἑλόμενον προκινδυνεῦσαι καὶ τοσαύτης
αὐτῇ δυναστείας γενόμενον αἴτιον, ἄλλως τε καὶ
τοῦ πατρὸς ἀπολύοντος αὐτὸν τῆς αἰτίας, ᾧ τὴν
περὶ τῆς θυγατρὸς ὀργὴν ἥ τε φύσις ἀπεδίδου
6 πρώτῳ καὶ ὁ νόμος. ἀπορούμενος δὲ τί χρήσεται
τοῖς πράγμασι τελευτῶν κράτιστον εἶναι διέγνω
τῷ δήμῳ τὴν διάγνωσιν ἐπιτρέπειν. γενόμενος

---

[1] καταστάντες ἐς κρίσιν (or ἐς λόγον) Reiske.
[2] ἁπάντων O : ἀπαντῶντα Schwartz.

senate had decreed for him and had entered upon
the administration of civil affairs, some citizens of
importance came to him bringing Horatius for trial,
on the ground that because of his slaying of his sister
he was not free of the guilt of shedding a kinsman's
blood; and being given a hearing, they argued at
length, citing the laws which forbade the slaying of
anyone without a trial, and recounting instances of
the anger of all[1] the gods against the cities which
neglected to punish those who were polluted. But
the father spoke in defence of the youth and blamed
his daughter, declaring that the act was a punishment,
not a murder, and claiming that he himself was the
proper judge of the calamities of his own family,
since he was the father of both. And a great deal
having been said on both sides, the king was in great
perplexity what decision to pronounce in the cause.
For he did not think it seemly either to acquit any
person of murder who confessed he had put his sister
to death before a trial—and that, too, for an act
which the laws did not concede to be a capital
offence—lest by so doing he should transfer the curse
and pollution from the criminal to his own house-
hold, or to punish as a murderer any person who had
chosen to risk his life for his country and had brought
her so great power, especially as he was acquitted of
blame by his father, to whom before all others both
Nature and the law gave the right of taking venge-
ance in the case of his daughter. Not knowing,
therefore, how to deal with the situation, he at last
decided it was best to leave the decision to the people.

---

[1] The word " all " is disturbing here. There is much to be
said for Schwartz's emendation ἀπαντῶντα (" meeting,"
" befalling "), the meaning then being " instances of the anger
of the gods visited upon the cities."

DIONYSIUS OF HALICARNASSUS

δὲ θανατηφόρου κρίσεως τότε πρῶτον ὁ Ῥωμαίων
δῆμος κύριος τῇ γνώμῃ τοῦ πατρὸς προσέθετο
καὶ ἀπολύει τοῦ φόνου τὸν ἄνδρα.

Οὐ μὴν ὅ γε βασιλεὺς ἀποχρῆν ὑπέλαβε [1]
τοῖς βουλομένοις τὰ πρὸς τοὺς θεοὺς ὅσια φυλάττειν
τὴν ὑπ' ἀνθρώπων συντελεσθεῖσαν ὑπὲρ αὐτοῦ
κρίσιν, ἀλλὰ μεταπεμψάμενος τοὺς ἱεροφάντας
ἐκέλευσεν ἐξιλάσασθαι θεούς τε καὶ δαίμονας
καὶ καθῆραι τὸν ἄνδρα οἷς νόμος τοὺς ἀκουσίους
7 φόνους ἁγνίζεσθαι καθαρμοῖς. κἀκεῖνοι βωμοὺς
ἱδρυσάμενοι δύο, τὸν μὲν Ἥρας, ᾗ λέλογχεν
ἐπισκοπεῖν ἀδελφάς, τὸν δ' ἕτερον ἐπιχωρίου
θεοῦ τινος ἢ δαίμονος Ἰανοῦ λεγομένου κατὰ τὴν
ἐπιχώριον γλῶτταν, ἐπωνύμου [2] δὲ Κοριατίων
τῶν ἀναιρεθέντων ἀνεψιῶν ὑπὸ τοῦ ἀνδρός, καὶ
θυσίας τινὰς ἐπ' αὐτοῖς ποιήσαντες τοῖς τε ἄλλοις
καθαρμοῖς ἐχρήσαντο καὶ τελευτῶντες ὑπήγαγον
τὸν Ὁράτιον ὑπὸ ζυγόν. ἔστι δὲ Ῥωμαίοις
νόμιμον, ὅταν πολεμίων παραδιδόντων τὰ ὅπλα
γένωνται κύριοι, δύο καταπήττειν ξύλα ὀρθὰ
καὶ τρίτον ἐφαρμόττειν αὐτοῖς ἄνωθεν πλάγιον,
ἔπειθ' ὑπάγειν τοὺς αἰχμαλώτους ὑπὸ ταῦτα καὶ
διελθόντας ἀπολύειν ἐλευθέρους ἐπὶ τὰ σφέτερα.
τοῦτο καλεῖται παρ' αὐτοῖς ζυγόν, ᾧ καὶ οἱ τότε
καθαίροντες τὸν ἄνδρα τελευταίῳ τῶν περὶ τοὺς
8 καθαρμοὺς νομίμων ἐχρήσαντο. ἐν ᾧ δὲ τῆς
πόλεως χωρίῳ τὸν ἁγνισμὸν ἐποιήσαντο πάντες

---

[1] ὑπέλαβε A : ἔλαβε Ba, ἔλεγε Bb, Jacoby.
[2] ἐπωνύμου B : ἐπωνύμους R.

And the Roman people, becoming upon this occasion judges for the first time in a cause of a capital nature, sided with the opinion of the father and acquitted Horatius of the murder.

Nevertheless, the king did not believe that the judgment thus passed upon Horatius by men was a sufficient atonement to satisfy those who desired to observe due reverence toward the gods; but sending for the pontiffs, he ordered them to appease the gods and other divinities and to purify Horatius with those lustrations with which it was customary for involuntary homicides to be expiated. The pontiffs erected two altars, one to Juno, to whom the care of sisters is allotted, and the other to a certain god or lesser divinity of the country called in their language Janus, to whom was now added the name Curiatius, derived from that of the cousins who had been slain by Horatius;[1] and after they had offered certain sacrifices upon these altars, they finally, among other expiations, led Horatius under the yoke. It is customary among the Romans, when enemies deliver up their arms and submit to their power, to fix two pieces of wood upright in the ground and fasten a third to the top of them transversely, then to lead the captives under this structure, and after they have passed through, to grant them their liberty and leave to return home. This they call a yoke; and it was the last of the customary expiatory ceremonies used upon this occasion by those who purified Horatius. The place in the city where they performed this expiation is regarded by all the Romans

---

[1] Cf. Schol. Bob. to Cic., pro Milone, 7: constitutis duabus aris Iano Curiatio et Iunoni Sororiae, superque eas iniecto tigillo, Horatius sub iugum traductus est.

Ῥωμαῖοι νομίζουσιν ἱερόν· ἔστι δ᾽ ἐν τῷ στενωπῷ
τῷ φέροντι ἀπὸ Καρίνης κάτω τοῖς ἐπὶ τὸν
Κύπριον ἐρχομένοις στενωπόν, ἔνθα οἵ τε βωμοὶ
μένουσιν οἱ τότε ἱδρυθέντες καὶ ξύλον ὑπὲρ αὐτῶν
τέταται δυσὶ τοῖς ἄντικρυς ἀλλήλων τοίχοις
ἐνηρμοσμένον, ὃ γίνεται τοῖς ἐξιοῦσιν ὑπὲρ
κεφαλῆς καλούμενον τῇ Ῥωμαϊκῇ διαλέκτῳ
9 ξύλον ἀδελφῆς. τοῦτο μὲν δὴ τὸ χωρίον τῆς
συμφορᾶς τοῦ ἀνδρὸς μνημεῖον ἐν τῇ πόλει φυλάττε-
ται θυσίαις γεραιρόμενον ὑπὸ Ῥωμαίων καθ᾽
ἕκαστον ἐνιαυτόν, ἕτερον δὲ τῆς ἀρετῆς ἣν
ἐπεδείξατο κατὰ τὴν μάχην μαρτύριον ἡ γωνιαία
στυλὶς ἡ τῆς ἑτέρας παστάδος ἄρχουσα ἐν ἀγορᾷ,
ἐφ᾽ ἧς ἔκειτο τὰ σκῦλα τῶν Ἀλβανῶν τριδύμων.
τὰ μὲν οὖν ὅπλα ἠφάνισται διὰ μῆκος χρόνου,
τὴν δ᾽ ἐπίκλησιν ἡ στυλὶς ἔτι φυλάττει τὴν
10 αὐτὴν Ὁρατία καλουμένη πίλα. ἔστι δὲ καὶ
νόμος παρ᾽ αὐτοῖς δι᾽ ἐκεῖνο κυρωθεὶς τὸ πάθος,
ᾧ καὶ εἰς ἐμὲ χρῶνται, τιμὴν καὶ δόξαν ἀθάνατον
τοῖς ἀνδράσιν ἐκείνοις περιτιθείς, ὁ κελεύων,
οἷς ἂν γένωνται τρίδυμοι παῖδες ἐκ τοῦ δημοσίου
τὰς τροφὰς τῶν παίδων χορηγεῖσθαι μέχρις
ἥβης. τὰ μὲν δὴ περὶ τὴν Ὁρατίων οἰκίαν
γενόμενα θαυμαστὰς καὶ παραδόξους περιπετείας
λαβόντα τοιούτου τέλους ἔτυχεν.

XXIII. Ὁ δὲ Ῥωμαίων βασιλεὺς ἐνιαύσιον
διαλιπὼν χρόνον, ἐν ᾧ πάντα τὰ πρὸς τὸν πόλεμον

---

[1] The *vicus Cuprius* (often written *Cyprius* because of a
false etymology) was a street running north and south across
the Carinae, the west end of the southern spur of the Esquiline.
The *tigillum* was evidently higher up on this spur in the part
called the Mons Oppius.

as sacred; it is in the street that leads down from the Carinae as one goes towards Cuprius Street.[1] Here the altars then erected still remain, and over them extends a beam which is fixed in each of the opposite walls; the beam lies over the heads of those who go out of this street and is called in the Roman tongue "the Sister's Beam."[2] This place, then, is still preserved in the city as a monument to this man's misfortune and honoured by the Romans with sacrifices every year. Another memorial of the bravery he displayed in the combat is the small corner pillar standing at the entrance to one of the two porticos[3] in the Forum, upon which were placed the spoils of the three Alban brothers. The arms, it is true, have disappeared because of the lapse of time, but the pillar still preserves its name and is called *pila Horatia* or "the Horatian Pillar."[4] The Romans also have a law, enacted in consequence of this episode and observed even to this day, which confers immortal honour and glory upon those men; it provides that the parents of triplets shall receive from the public treasury the cost of rearing them till they are grown. With this, the incidents relating to the family of the Horatii, which showed some remarkable and unexpected reversals of fortune, came to an end.

XXIII. The[5] king of the Romans, after letting a year pass, during which he made the necessary

---

[2] *Sororium tigillum.*
[3] The Basilica Julia and the Basilica Aemilia.
[4] The Latin term was ambiguous, *pila* meaning either "pillar" or "javelins." With the disappearance of the arms it was natural enough to interpret it in the first sense; but Livy (i. 26, 10) takes it in the second.
[5] For chaps. 23–30 *cf.* Livy i. 27 f.

ἐπιτήδεια παρεσκευάσατο, στρατὸν ἐξάγειν ἐπὶ
τὴν Φιδηναίων πόλιν ἔγνω προφάσεις τοῦ πολέ-
μου ποιησάμενος, ὅτι κληθέντες εἰς ἀπολογίαν
περὶ τῆς ἐπιβουλῆς, ἣν συνεστήσαντο κατὰ
Ῥωμαίων τε καὶ Ἀλβανῶν, οὐχ ὑπήκουσαν,
ἀλλ' εὐθὺς ἀναλαβόντες τὰ ὅπλα καὶ τὰς πύλας
κλείσαντες Οὐιεντανῶν τε συμμαχίαν ἐπαγόμενοι
ἐκ τοῦ φανεροῦ ἀφεστήκεισαν καὶ τοῖς παραγενο-
μένοις ἐκ Ῥώμης πρεσβευταῖς πυνθανομένοις
τὴν αἰτίαν τῆς ἀποστάσεως ἀπεκρίναντο μηδὲν
αὐτοῖς ἔτι πρᾶγμα πρὸς τὴν Ῥωμαίων πόλιν
εἶναι κοινόν, ἐξ οὗ Ῥωμύλος ὁ βασιλεὺς αὐτῶν
ἐτελεύτησε, πρὸς ὃν ἐποιήσαντο τὰ περὶ τῆς
2 φιλίας ὅρκια. ταύτας δὴ τὰς προφάσεις λαβὼν
τήν τε οἰκείαν καθώπλιζε δύναμιν καὶ τὰς παρὰ
τῶν συμμάχων μετεπέμπετο. πλεῖστον δὲ καὶ
κράτιστον ἐπικουρικὸν ἐκ τῆς Ἀλβανῶν πόλεως
Μέττιος Φουφέττιος ἧκεν ἄγων ὅπλοις κεκοσμη-
μένον ἐκπρεπέσιν, ὥστε πάσας [1] ὑπερβαλέσθαι
3 τὰς συμμαχικὰς δυνάμεις. ὁ μὲν οὖν Τύλλος
ὡς ἐκ προθυμίας τε καὶ ἀπὸ παντὸς τοῦ βελτίστου
κοινωνεῖν ἐγνωκότα τοῦ πολέμου τὸν Μέττιον
ἐπήνει καὶ πάντων ἐποιεῖτο τῶν βουλευμάτων
συνίστορα· ὁ δὲ ἀνὴρ οὗτος ἐν αἰτίαις παρὰ τοῖς
πολίταις ὑπάρχων ὡς κακῶς ἐστρατηγηκὼς τὸν
πόλεμον, καὶ δὴ καὶ εἰς προδοσίαν διαβαλλό-
μενος, ἐπειδὴ τρίτον ἔτος ἐπὶ τῆς αὐτοκράτορος
ἀρχῆς διέμενε Τύλλου κελεύσαντος, οὐκ ἀξιῶν
ἔτι [2] ἀρχὴν ἔχειν ἑτέρας ἀρχῆς ὑπήκοον οὐδὲ ὑπο-
τάττεσθαι μᾶλλον ἢ οὐκ αὐτὸς ἡγεῖσθαι, πρᾶγμά
4 τι ἐπεβούλευσεν ἀνόσιον. διαπρεσβευσάμενος γὰρ
κρύφα πρὸς τοὺς Ῥωμαίων πολεμίους ἐνδοιαστῶς

preparations for war, resolved to lead out his army
against the city of the Fidenates. The grounds he
alleged for the war were that this people, being called
upon to justify themselves in the matter of the plot
that they had formed against the Romans and Albans,
had paid no heed, but immediately taking up arms,
shutting their gates, and bringing in the allied
forces of the Veientes, had openly revolted, and that
when ambassadors arrived from Rome to inquire the
reason for their revolt, they had answered that they
no longer had anything in common with the Romans
since the death of Romulus, their king, to whom they
had sworn their oaths of friendship. Seizing on these
grounds for war, Tullus was not only arming his own
forces, but also sending for those of his allies. The
most numerous as well as the best auxiliary troops
were brought to him from Alba by Mettius Fufetius,
and they were equipped with such splendid arms as
to excel all the other allied forces. Tullus, therefore,
believing that Mettius had been actuated by zeal and
by the best motives in deciding to take part in the war,
commended him and communicated to him all his
plans. But this man, who was accused by his fellow
citizens of having mismanaged the recent war and
was furthermore charged with treason, in view of the
fact that he continued in the supreme command of
the city for the third year by order of Tullus, dis-
daining now to hold any longer a command that was
subject to another's command or to be subordinated
rather than himself to lead, devised an abominable
plot. He sent ambassadors here and there secretly
to the enemies of the Romans while they were as yet

---

[1] ὅπλοις . . . πάσας BC, Lapus : om. R.
[2] ἔτι Kiessling : τι Ba, τε ABb, Jacoby.

ἔτι πρὸς τὴν ἀπόστασιν ἔχοντας ἐπῆρεν αὐτοὺς
μὴ κατοκνεῖν, ὡς αὐτὸς συνεπιθησόμενος Ῥωμαίοις
ἐν τῷ ἀγῶνι, καὶ ταῦτα πράττων τε καὶ διανοού-
5 μενος ἅπαντας ἐλάνθανε. Τύλλος δ' ἐπειδὴ
παρεσκευάσατο τήν τ' οἰκείαν καὶ τὴν συμμαχι-
κὴν δύναμιν ἐξῆγεν ἐπὶ τοὺς πολεμίους καὶ
διαβὰς τὸν Ἀνίητα ποταμὸν οὐ μακρὰν τῆς
Φιδήνης κατεστρατοπέδευσεν. εὑρὼν δὲ πρὸ τῆς
πόλεως στρατιὰν ἐκτεταγμένην πολλὴν αὐτῶν
τε Φιδηναίων καὶ τῶν συμμαχούντων αὐτοῖς
ἐκείνην μὲν τὴν ἡμέραν ἡσυχίαν ἔσχε, τῇ δ' ἑξῆς
Φουφέττιόν τε μεταπεμψάμενος τὸν Ἀλβανὸν
καὶ τῶν ἄλλων φίλων τοὺς ἀναγκαιοτάτους
ἐσκόπει μετ' ἐκείνων τίνα χρηστέον εἴη τῷ
πολέμῳ τρόπον, καὶ ἐπειδὴ πᾶσιν ἔδοξε μάχην
τίθεσθαι διὰ ταχέων καὶ μὴ τρίβειν τὸν χρόνον,
χώραν καὶ τάξιν, ἣν ἕκαστος ἔμελλεν ἕξειν,
προειπὼν ἡμέραν τε ὁρίσας τῆς μάχης τὴν
κατόπιν διέλυσε τὸν σύλλογον.

6 Ὁ δὲ Ἀλβανὸς Φουφέττιος (ἦν γὰρ δὴ ἔτι
ἄδηλος καὶ τῶν ἑαυτοῦ φίλων πολλοῖς προ-
δοσίαν μηχανώμενος) συγκαλέσας τοὺς ἐπι-
φανεστάτους Ἀλβανῶν λοχαγοὺς καὶ ταξιάρχους
λέγει πρὸς αὐτοὺς τοιάδε·

"" Ἄνδρες ταξίαρχοι καὶ λοχαγοί, πράγματα μέλλω
ἐς ὑμᾶς μεγάλα καὶ ἀπροσδόκητα ἐκφέρειν, ἃ τέως
ἔκρυπτον, ἱκετεύω δὲ ὑμᾶς ἀπόρρητα ποιήσασθαι, εἰ
μή με διεργάσεσθε, καὶ ἐὰν δόξῃ συνοίσειν ἐπιτελῆ
γενόμενα, συλλαβέσθαι μοι αὐτῶν. πολλὰ μὲν
οὖν λέγειν ὁ καιρὸς οὐκ ἐπιτρέπει βραχὺς ὤν,
7 αὐτὰ δὲ τὰ ἀναγκαιότατα ἐρῶ. ἐγὼ πάντα τὸν
μεταξὺ χρόνον ἐξ οὗ Ῥωμαίοις ὑπετάχθημεν

wavering in their resolution to revolt and encouraged
them not to hesitate, promising that he himself
would join them in attacking the Romans during the
battle; and these activities and plans he kept secret
from everybody. Tullus, as soon as he had got
ready his own army as well as that of his allies,
marched against the enemy and after crossing the
river Anio encamped near Fidenae. And finding a
considerable army both of the Fidenates and of their
allies drawn up before the city, he lay quiet that day;
but on the next he sent for Fufetius, the Alban, and
the closest of his other friends and took counsel with
them concerning the best method of conducting the
war. And when all were in favour of engaging
promptly and not wasting time, he assigned them
their several posts and commands, and having
fixed the next day for the battle, he dismissed the
council.

In the meantime Fufetius, the Alban—for his
treachery was still a secret to many even of his own
friends—calling together the most prominent cen-
turions and tribunes among the Albans, addressed
them as follows:

"Tribunes and centurions, I am going to dis-
close to you important and unexpected things
which I have hitherto been concealing; and I beg
of you to keep them secret if you do not wish
to ruin me, and to assist me in carrying them out
if you think their realization will be advantageous.
The present occasion does not permit of many words,
as the time is short; so I shall mention only the most
essential matters. I, from the time we were subor-
dinated to the Romans up to this day, have led a life

ἕως τῆσδε τῆς ἡμέρας αἰσχύνης μεστὸν καὶ
ὀδύνης ἔχων τὸν βίον διατετέλεκα καίτοι τιμηθείς
γε [1] ὑπὸ τοῦ βασιλέως αὐτῶν τῇ αὐτοκράτορι
ἀρχῇ, ἣν τρίτον ἔτος ἤδη τοῦτο ἔχω καὶ εἰ
βουλοίμην μέχρι παντὸς ἔξω. ἀλλὰ πάντων
ἡγούμενος εἶναι κακῶν ἔσχατον ἐν οὐκ εὐτυχοῦσι
τοῖς κοινοῖς μόνος εὐτυχεῖν, ἐνθυμούμενος δὲ
ὅτι παρὰ πάντα τὰ νενομισμένα παρ' ἀνθρώποις
ὅσια τὴν ἡγεμονίαν ὑπ' αὐτῶν ἀφῃρέθημεν,
ἐσκόπουν ὅπως ἂν αὐτὴν ἀνακομισαίμεθα [2] μηδε-
μιᾶς πειραθέντες μεγάλης συμφορᾶς· πολλοὺς
δὲ καὶ παντοδαποὺς λογισμοὺς λαμβάνων μίαν
εὕρισκον ὁδὸν ἄγουσαν ἐπὶ τὰ πράγματα ῥάστην
τε καὶ ἀκινδυνοτάτην, εἴ τις αὐτοῖς ἀνασταίη
8 πόλεμος ἐκ τῶν πλησιοχώρων πόλεων. εἰς γὰρ
τοῦτον ὑπελάμβανον αὐτοὺς καθισταμένους συμ-
μάχων δεήσεσθαι καὶ πρώτων γε ἡμῶν. τὸ
δὴ μετὰ τοῦτο οὐ πολλῆς ὑπελάμβανον ὑμῖν
διδαχῆς δεήσειν, ὅτι κάλλιόν τε καὶ δικαιότερον
περὶ τῆς ἡμῶν [3] αὐτῶν ἐλευθερίας μᾶλλον ἢ
περὶ τῆς Ῥωμαίων ἡγεμονίας ποιήσασθαι τὸν
ἀγῶνα.

9   "Ταῦτα διανοηθεὶς ὑπενόμευσα Ῥωμαίοις
πόλεμον ἐκ τῶν ὑπηκόων Οὐιεντανοὺς καὶ
Φιδηναίους πείσας ἐπὶ τὰ ὅπλα χωρεῖν, ὡς συλ-
ληψόμενος αὐτοῖς τοῦ πολέμου. καὶ μέχρι τούτου
λέληθα Ῥωμαίους ταῦτα πράττων καὶ [4] ταμιευό-
μενος ἐμαυτῷ τὸν τῆς ἐπιθέσεως καιρόν· ἐν ᾧ
10 σκέψασθε ὅσα ὠφεληθησόμεθα. πρῶτον μὲν οὐκ
ἐν φανερῷ βουλεύσαντες ἀπόστασιν, ἐν ᾧ κίνδυνος

---

[1] γε Bücheler : τε AB.
[2] Kiessling : ἀνακομισώμεθα O.

full of shame and grief, though honoured by their
king with the supreme command, which I am now
holding for the third year and may, if I should so
desire, hold as long as I live. But regarding it as the
greatest of all evils to be the only fortunate man in
a time of public misfortune, and taking it to heart
that, contrary to all the rights mankind look upon as
sacred, we have been deprived by the Romans of
our supremacy, I took thought how we might recover
it without experiencing any great disaster. And
although I considered many plans of every sort, the
only way I could discover that promised success, and at
the same time the easiest and the least dangerous one,
was in case a war should be started against them by
the neighbouring states. For I assumed that when
confronted by such a war they would have need of
allies and particularly of us. As to the next step, I
assumed that it would not require much argument to
convince you that it is more glorious as well as more
fitting to fight for our own liberty than for the
supremacy of the Romans.

"With these thoughts in mind I secretly stirred up
a war against the Romans on the part of their subjects,
encouraging the Veientes and Fidenates to take up
arms by a promise of my assistance in the war.
And thus far I have escaped the Romans' notice as I
contrived these things and kept in my own hands
the opportune moment for the attack. Just consider
now the many advantages we shall derive from this
course. First, by not having openly planned a
revolt, in which there would have been a double

---

³ ἡμῶν Steph. : ὑμῶν AB.   ⁴ καὶ B : om. R.

ἦν καθ᾿ ἑκάτερον ἢ ἀπαρασκεύους ἐπειχθέντας
καὶ τῇ οἰκείᾳ δυνάμει μόνῃ πιστεύσαντας τὸν
ὑπὲρ ἁπάντων ἀναρρῖψαι κύβον, ἢ παρασκευα-
ζομένους καὶ βοηθείας ἀγείροντας [1] ὑπὸ τῶν
ἐν παρασκευῇ ὄντων προκαταληφθῆναι, οὐδετέρου
τῶν χαλεπῶν τούτων πειραθέντες τὸ ἐξ ἀμφοτέρων
χρήσιμον ἕξομεν. ἔπειτα πολλὴν καὶ δυσπολέ-
μητον οὖσαν τὴν τῶν ἀντιπάλων ἰσχὺν καὶ
τύχην οὐκ ἐκ τοῦ βιαίου τρόπου πειρασόμεθα
καθαιρεῖν, ἀλλ᾿ οἷς ἁλίσκεται πάντα τὰ [2] ὑπέραυχα
καὶ μὴ ῥᾴδια τῷ βιαίῳ καθαιρεθῆναι, δόλῳ καὶ
ἀπάτῃ, οὔτε πρῶτοι ἄρξαντες αὐτῶν οὔτε μόνοι.
11 πρὸς δὲ τούτοις οὐκ ἀξιομάχῳ οὔσῃ τῇ οἰκείᾳ
δυνάμει πρὸς ἅπασαν τὴν Ῥωμαίων τε καὶ
τῶν συμμάχων ἰσχὺν ἀντιταχθῆναι τὴν Φιδηναίων
τε καὶ Οὐιεντανῶν τοσαύτην οὖσαν ὅσην ὁρᾶτε
προσειλήφαμέν τε, καὶ ὡς ἂν μάλιστα θάρσος
τινὶ συμμαχίας βεβαίου τὸ ἐπικουρικὸν παράσχοι
12 προσγενόμενον οὕτω παρεσκεύασταί μοι. οὐ γὰρ
ἐν τῇ ἡμετέρᾳ γῇ Φιδηναῖοι τὸν ἀγῶνα ἀράμενοι,
τῆς δὲ αὐτῶν προκινδυνεύοντες, ἐν τῷ αὐτῷ καὶ
τὴν ἡμετέραν φυλάξουσιν. ὃ δὲ πάντων μέν
ἐστιν ἥδιστον ἀνθρώποις, σπανίοις [3] δέ τισιν ἐκ
τοῦ παρελθόντος αἰῶνος ἐξεγένετο, καὶ τοῦθ᾿
ἡμῖν [4] ὑπάρξει· εὖ [5] πάσχοντες ὑπὸ τῶν συμ-
13 μάχων εὖ δρᾶν ἐκείνους αὐτοὶ δόξομεν. καὶ ἐὰν
ἡμῖν κατὰ νοῦν χωρήσῃ τὸ ἔργον, ὥσπερ τὸ

---

[1] ἀγείροντας Sylburg, ἀγείραντας Cobet : ἐγείραντας O,
Jacoby.
[2] τὰ added by Reiske.
[3] σπανίοις Kiessling : σπανίως O, Jacoby.
[4] ἡμῖν A : ὑμῖν B.

danger—either of being hurried on unprepared and of putting everything to the hazard while trusting to our own strength only, or, while we were making preparations and gathering assistance, of being fore-stalled by an enemy already prepared—we shall now experience neither of these difficulties but shall enjoy the advantage of both. In the next place, we shall not be attempting to destroy the great and formidable power and good fortune of our adversaries by force, but rather by those means by which every thing that is overbearing and not easy to be subdued by force is taken, namely, by guile and deceit; and we shall be neither the first nor the only people who have resorted to these means. Besides, as our own force is not strong enough to be arrayed against the whole power of the Romans and their allies, we have also added the forces of the Fidenates and the Veientes, whose great numbers you see before you; and I have taken the following precautions that these auxiliaries who have been added to our numbers may with all confidence be depended on to adhere to our alliance. For it will not be in our territory that the Fidenates will be fight-ing, but while they are defending their own country they will at the same time be protecting ours. Then, too, we shall have this advantage, which men look upon as the most gratifying of all and which has fallen to the lot of but few in times past, namely, that, while receiving a benefit from our allies, we shall ourselves be thought to be conferring one upon them. And if this enterprise turns out according to our wish, as

---

[5] ἐῦ added by Cobet.

εἰκὸς ἔχει, Φιδηναῖοί τε καὶ Οὐιεντανοὶ βαρείας
ἀπαλλάξαντες ἡμᾶς ὑποταγῆς ὡς ὑφ' ἡμῶν τοῦτο
πεπονθότες αὐτοὶ χάριν ἡμῖν εἴσονται.

"Ταῦτα μέν ἐστιν ἃ διὰ πολλῆς φροντίδος παρα-
σκευασθέντα ἱκανὰ εἶναι δοκεῖ μοι θάρσος τε καὶ
14 προθυμίαν τῆς ἀποστάσεως ὑμῖν παρασχεῖν. ὃν
δὲ τρόπον ἐπιχειρεῖν τῷ ἔργῳ βεβούλευμαι,
τοῦτ' [1] ἀκούσατέ μου· τάξιν μὲν ἀποδέδωκέ
μοι Τύλλος τὴν ὑπὸ τῷ ὄρει καὶ κελεύει με
θατέρου τῶν κεράτων ἄρχειν, ὅταν δὲ μέλλωμεν
ὁμόσε τοῖς πολεμίοις χωρεῖν, ἄρξω μὲν ἐγὼ
λύσας τὴν τάξιν ἐπὶ τὸ ὄρος ἄγειν, ἀκολουθήσετε
δέ μοι ὑμεῖς συντεταγμένους ἄγοντες τοὺς λόχους.
ἁψάμενος δὲ τῶν ἄκρων καὶ ἐν τῷ ἀσφαλεῖ
γενόμενος τίνα χρήσομαι τρόπον τοῖς μετὰ ταῦτα
15 πράγμασιν ἀκούσατέ μου· ἐὰν μὲν ὁρῶ κατὰ
γνώμην ἃ διαλογίζομαι χωροῦντά μοι καὶ θρασεῖς
μὲν γεγονότας τοὺς πολεμίους, ὡς ἡμῶν αὐτοῖς
συλλαμβανόντων, ταπεινοὺς δὲ καὶ περιφόβους
Ῥωμαίους, ὡς προδεδομένους ὑφ' ἡμῶν, φυγῆς
τε μᾶλλον ἢ ἀλκῆς προνοουμένους, ὅπερ εἰκός,
ἐπιθήσομαι αὐτοῖς καὶ μεστὸν ποιήσω νεκρῶν τὸ
πεδίον ἐξ ὑπερδεξίου τε κατιὼν ἐπὶ τὸ πρανὲς θαρ-
ρούσῃ τε καὶ συντεταγμένῃ δυνάμει πρὸς ἐπτοη-
μένους ἀνθρώπους προσφερόμενος καὶ σποράδας.
16 δεινὴ δ' ἐν τοῖς πολέμοις καὶ ἡ διὰ κενῆς ἐμ-
πίπτουσα προδοσίας [2] συμμάχων ἢ πολεμίων ἄλλων
ἐφόδου δόκησις, καὶ πολλὰ ἤδη στρατεύματα
μεγάλα ὑπ' οὐδενὸς οὕτως ἑτέρου φοβεροῦ
παθήματος ὡς ὑπὸ δόξης κενῆς ἴσμεν πανώλεθρα
διαφθαρέντα. τὸ δ' ἡμέτερον οὐ λόγος ἔσται

---

[1] βεβούλευμαι, τοῦτ' Kiessling : βεβούλημαι ταῦτ' O.

is reasonable to expect, the Fidenates and the
Veientes, in delivering us from a grievous subjection,
will feel grateful to us, as if it were they themselves
who had received this favour at our hands.

"These are the preparations which I have made
after much thought and which I regard as sufficient
to inspire you with the courage and zeal to revolt.
Now hear from me the manner in which I have
planned to carry out the undertaking. Tullus has
assigned me my post under the hill and has given
me the command of one of the wings. When we are
about to engage the enemy, I will break ranks and
begin to lead up the hill; and you will then follow me
with your companies in their proper order. When I
have gained the top of the hill and am securely posted,
hear in what manner I shall handle the situation after
that. If I find my plans turning out according to my
wish, that is, if I see that the enemy has become em-
boldened through confidence in our assistance, and the
Romans disheartened and terrified, in the belief that
they have been betrayed by us, and contemplating, as
they likely will, flight rather than fight, I will fall upon
them and cover the field with the bodies of the slain,
since I shall be rushing down hill from higher
ground and shall be attacking with a courageous and
orderly force men who are frightened and dispersed.
For a terrible thing in warfare is the sudden impres-
sion, even though ill-grounded, of the treachery of
allies or of an attack by fresh enemies, and we know
that many great armies in the past have been utterly
destroyed by no other kind of terror so much as by an
impression for which there was no ground. But
in our case it will be no vain report, no unseen terror,

---

[2] Steph. : προδοσία. B, προδοσία R.

κενὸς οὐδ᾽ ἀφανὲς δεῖμα, ἀλλ᾽ ἔργον ἁπάσης
17 ὄψεως καὶ πείρας φοβερώτερον. ἐὰν δ᾽ ἄρα
τἀναντία τῶν λελογισμένων γινόμενα ὁρῶ (λεγέσθω
γὰρ καὶ τὰ παρὰ τὰς ἀνθρωπίνας δόξας εἰωθότα
ἀπαντᾶν, ἐπειδὴ πολλὰ καὶ τὰ μὴ εἰκότα οἱ βίοι
φέρουσι), τἀναντία καὶ αὐτὸς ὧν προὐθέμην
ἐπιχειρήσω ποιεῖν. ἄξω γὰρ ὑμᾶς ἐπὶ τοὺς
πολεμίους ἅμα Ῥωμαίοις καὶ συλλήψομαι αὐτοῖς
τῆς νίκης τήν τε κατάληψιν τῶν ὑψηλῶν πεποιῆ-
σθαι σκήψομαι τῆς κυκλώσεως τῶν ἀντιτεταγμέ-
νων ἕνεκα. γενήσεται δέ μου πιστὸς ὁ λόγος
ἔργα ὁμολογούμενα τῇ σκήψει παρεσχημένου,
ὥσθ᾽ ἡμᾶς τῶν μὲν δεινῶν μηδετέροις κοινωνῆσαι,
τῆς δ᾽ ἀμείνονος τύχης παρ᾽ ἀμφοτέρων μετα-
λαβεῖν.

18   " Ἐγὼ μὲν δὴ ταῦτα ἔγνωκά τε καὶ δράσω
σὺν θεοῖς κράτιστα ὄντα οὐ μόνον Ἀλβανοῖς, ἀλλὰ
καὶ τοῖς ἄλλοις Λατίνοις, ὑμᾶς δὲ χρὴ σιγὴν μὲν
πρῶτον φυλάττοντας, ἔπειτα κόσμον τε σώζοντας
καὶ τοῖς παραγγελλομένοις ὀξέως ὑπηρετοῦντας
προθύμους ἀγωνιστὰς γίνεσθαι καὶ τοὺς ὑφ᾽
αὑτοῖς προθύμους παρέχειν, ἐνθυμουμένους ὅτι
οὐχ ὅμοιός ἐστιν ἡμῖν τε καὶ τοῖς ἄλλοις ἀνθρώ-
ποις ὁ περὶ τῆς ἐλευθερίας ἀγών, οἷστισιν ἐν
ἔθει καθέστηκεν ἄρχεσθαι ὑφ᾽ ἑτέρων καὶ ὅσοις
19 τοιαύτην πολιτείαν οἱ πατέρες παρέδοσαν. ἐλεύ-
θεροι γὰρ ἐξ ἐλευθέρων ἔφυμεν καὶ ἄρχειν τῶν
προσοίκων παρέδοσαν ἡμῖν οἱ πατέρες ὁμοῦ
τι [1] πεντακόσια ἔτη τοῦτο τὸ σχῆμα τοῦ βίου [2]
διαφυλάξαντες, οὗ μὴ ἀποστερήσωμεν ἡμεῖς τοὺς
ἐκγόνους. παραστῇ δὲ μηδενὶ ὑμῶν δέος, ἂν

---

[1] τι added by Kiessling.   [2] τοῦ βίου B : om. R.

but a deed more dreadful than anything ever seen or experienced. If, however, I find that the contrary of my calculations is in fact coming to pass (for mention must be made also of those things which are wont to happen contrary to human expectations, since our lives bring us many improbable experiences as well), I too shall then endeavour to do the contrary of what I have just proposed. For I shall lead you against the enemy in conjunction with the Romans and shall share with them the victory, pretending that I occupied the heights with the intention of surrounding the foes drawn up against me; and my claim will seem credible, since I shall have made my actions agree with my explanation. Thus, without sharing in the dangers of either side, we shall have a part in the good fortune of both.

"I, then, have determined upon these measures, and with the assistance of the gods I shall carry them out, as being the most advantageous, not only to the Albans, but also to the rest of the Latins. It is your part, in the first place, to observe secrecy, and next, to maintain good order, to obey promptly the orders you shall receive, to fight zealously yourselves and to infuse the same zeal into those who are under your command, remembering that we are not contending for liberty upon the same terms as other people, who have been accustomed to obey others and who have received that form of government from their ancestors. For we are freemen descended from freemen, and to us our ancestors have handed down the tradition of holding sway over our neighbours as a mode of life preserved by them for some five hundred years; of which let us not deprive our posterity. And let none of you entertain

ταῦτα ἐθέλῃ πράττειν, μὴ συνθήκας τε λύσῃ
καὶ ὅρκους τοὺς ἐπ᾽ αὐταῖς γενομένους παραβῇ,
ἀλλ᾽ ἐννοείσθω διότι τὰς ὑπὸ Ῥωμαίων λελυμένας
εἰς τὸ ἐξ ἀρχῆς ἀποκαταστήσει καὶ οὐ τάς γε
ἐλαχίστου ἀξίας, ἀλλ᾽ ἃς ἥ τε φύσις ἡ ἀνθρωπεία
κατεστήσατο καὶ ὁ πάντων κοινὸς Ἑλλήνων
τε καὶ βαρβάρων βεβαιοῖ νόμος, ἄρχειν καὶ τὰ
δίκαια τάττειν τοὺς πατέρας τοῖς ἐκγόνοις καὶ τὰς
20 μητροπόλεις ταῖς ἀποικίαις. ταύτας δὴ τὰς
συνθήκας οὐδέποτε ἀναιρεθησομένας ἐκ τῆς ἀνθρω-
πείας φύσεως οὐχ ἡμεῖς οἱ κυρίας ἀξιοῦντες αἰεὶ
διαμένειν παρασπονδοῦμεν, οὐδ᾽ ἄν τις ἡμῖν θεῶν
ἢ δαιμόνων νεμεσήσειεν ὡς ἀνόσια πράττουσιν
εἰ δουλεύειν τοῖς ἰδίοις ἐκγόνοις δυσανασχετοῦμεν,
ἀλλ᾽ οἱ καταλύσαντες αὐτὰς ἀρχῆθεν καὶ ἔργῳ
ἐπιχειρήσαντες ἀθεμίτῳ κρείττω ποιῆσαι τοῦ
θείου νόμου τὸν ἀνθρώπινον· καὶ ὅ τε δαιμόνιος
χόλος οὐχ ἡμῖν, ἀλλὰ τούτοις ἐναντιώσεται κατὰ
τὸ εἰκός, καὶ ἡ παρ᾽ ἀνθρώπων νέμεσις εἰς τούτους
21 ἀνθ᾽ ἡμῶν κατασκήψει. εἰ μὲν οὖν ταῦτα κρά-
τιστα πᾶσιν ὑμῖν ἔσεσθαι δοκεῖ, πράττωμεν
αὐτὰ θεοὺς καὶ δαίμονας ἀρωγοὺς ἐπικαλεσά-
μενοι, εἰ δέ τις ὑμῶν τἀναντία ἔγνωκε καὶ δυεῖν
θάτερον, ἢ μηδέποτε ἀνασώσασθαι τὸ ἀρχαῖον
ἀξίωμα τῆς πόλεως οἴεται δεῖν, ἢ καιρὸν ἕτερόν
τινα [1] ἐπιτηδειότερον περιμένων [2] ἀναβάλλεται
τὸν παρόντα, μὴ κατοκνείτω φέρειν εἰς μέσον
ἃ φρονεῖ· ὅ τι γὰρ ἂν ἅπασιν ὑμῖν κράτιστον
φανῇ βούλευμα τούτῳ χρησόμεθα."

XXIV. Ἐπαινεσάντων δὲ τὴν γνώμην τῶν

---

[1] τοῦ παρόντος after τινα deleted by Reudler.
[2] περιμένων B : ἀναμένων R.

the fear that by showing a will to do this he will be breaking a compact and violating the oaths by which it was confirmed; on the contrary, let him consider that he will be restoring to its original force the compact which the Romans have violated, a compact far from unimportant, but one which human nature has established and the universal law of both Greeks and barbarians confirms, namely, that fathers shall rule over and give just commands to their children, and mother-cities to their colonies. This compact, which is forever inseparable from human nature, is not being violated by us, who demand that it shall always remain in force, and none of the gods or lesser divinities will be wroth with us, as guilty of an impious action, if we resent being slaves to our own posterity; but it is being violated by those who have broken it from the beginning and have attempted by an impious act to set up the law of man above that of Heaven. And it is reasonable to expect that the anger of the gods will be directed against them rather than against us, and that the indignation of men will fall upon them rather than upon us. If, therefore, you all believe that these plans will be the most advantageous, let us pursue them, calling the gods and other divinities to our assistance. But if any one of you is minded to the contrary and either believes that we ought never to recover the ancient dignity of our city, or, while awaiting a more favourable opportunity, favours deferring our undertaking for the present, let him not hesitate to propose his thoughts to the assembly. For we shall follow whatever plan meets with your unanimous approval."

XXIV. Those who were present having approved

παρόντων καὶ πάντα ὑποσχομένων ποιήσειν ὅρκοις
ἕκαστον αὐτῶν καταλαβὼν διέλυσε τὸν σύλλογον.
τῇ δ᾽ ἑξῆς ἡμέρᾳ προήεσαν μὲν ἐκ τοῦ χάρακος
αἱ Φιδηναίων τε καὶ συμμάχων δυνάμεις ἅμα τῷ
τὸν ἥλιον ἀνασχεῖν καὶ παρετάσσοντο ὡς εἰς
μάχην, ἀντεπεξῆεσαν δὲ οἱ Ῥωμαῖοι καὶ καθ-
2 ίσταντο εἰς τάξιν. τὸ μὲν οὖν ἀριστερὸν κέρας
αὐτὸς ὁ Τύλλος καὶ οἱ Ῥωμαῖοι κατεῖχον ἐναντίοι [1]
Οὐιεντανοῖς (οὗτοι γὰρ τὸ δεξιὸν τῶν πολεμίων
κατεῖχον κέρας), ἐπὶ δὲ τοῦ δεξιοῦ τῶν Ῥωμαίων
κέρατος ὁ Μέττιος καὶ οἱ Ἀλβανοὶ κατὰ Φιδη-
ναίους παρὰ τὴν λαγόνα τοῦ ὄρους ἐτάξαντο.
3 ἐπεὶ δὲ σύνεγγυς ἀλλήλων ἐγίνοντο, πρὶν ἐντὸς
βέλους γενέσθαι οἱ Ἀλβανοὶ σχισθέντες ἀπὸ τοῦ
ἄλλου στρατοῦ συντεταγμένους ἦγον τοὺς λόχους
ἐπὶ τὸ ὄρος. οἱ μὲν οὖν Φιδηναῖοι μαθόντες
τοῦτο καὶ πιστεύσαντες ἀληθεύειν [2] σφίσι τὰς
περὶ τῆς προδοσίας ὑποσχέσεις τῶν Ἀλβανῶν
θρασύτερον ἤδη τοῖς Ῥωμαίοις προσεφέροντο,
καὶ τὸ μὲν δεξιὸν κέρας τῶν Ῥωμαίων ἐψιλωμένον
τῆς συμμαχίας παρερρήγνυτό τε καὶ σφόδρα
ἐπόνει, τὸ δ᾽ εὐώνυμον ἀνὰ κράτος [3] ἠγωνίζετο,
ἔνθα καὶ αὐτὸς ἦν ὁ Τύλλος ἐν τοῖς ἐπιλέκτοις
4 τῶν ἱππέων μαχόμενος. ἐν δὲ τούτῳ προσελάσας
τις ἱππεὺς τοῖς ἅμα τῷ βασιλεῖ μαχομένοις, " Κάμ-
νει τὸ δεξιὸν ἡμῖν κέρας," ἔφησεν, " ὦ Τύλλε.
Ἀλβανοί τε γὰρ ἐκλιπόντες τὴν τάξιν ἐπὶ τὰ
μετέωρα ἐπείγονται, Φιδηναῖοί τε καθ᾽ οὓς
ἐκεῖνοι ἐτάχθησαν ὑπὲρ κέρατος ὄντες [4] τοῦ
ἐψιλωμένου [5] κυκλοῦσθαι μέλλουσιν ἡμᾶς." ταῦτα

[1] ἐναντίοι B : ἐναντίον R.   [2] ἀληθεύειν B : ἀληθεύσειν R.
[3] ἀνὰ κράτος B : ἀκρατῶς R.

108

of this advice and promised to carry out all his
orders, he bound each of them by an oath and then
dismissed the assembly. The next day the armies
both of the Fidenates and of their allies marched out
of their camp at sunrise and drew up in order of
battle; and on the other side the Romans came out
against them and took their positions. Tullus himself
and the Romans formed the left wing, which was op-
posite to the Veientes (for these occupied the enemy's
right), while Mettius Fufetius and the Albans drew
up on the right wing of the Roman army, over against
the Fidenates, beside the flank of the hill. When the
armies drew near one another and before they came
within range of each other's missiles, the Albans, sepa-
rating themselves from the rest of the army, began to
lead their companies up the hill in good order. The
Fidenates, learning of this and feeling confident that
the Albans' promises to betray the Romans were
coming true before their eyes, now fell to attacking
the Romans with greater boldness, and the right
wing of the Romans, left unprotected by their
allies, was being broken and was suffering severely;
but the left, where Tullus himself fought among the
flower of the cavalry, carried on the struggle vigour-
ously. In the meantime a horseman rode up to
those who were fighting under the king and said :
" Our right wing is suffering, Tullus. For the
Albans have deserted their post and are hastening
up to the heights, and the Fidenates, opposite to
whom they were stationed, extend beyond our wing
that is now left unprotected, and are going to surround

---

[4] ὑπὲρ κέρατος ὄντες O: ὑπερκερατώσαντες Reiske, ὑπερ-
κεράσαντες Cobet.
[5] τοῦ ἐψιλωμένου Bb R : τὸ ἐψιλωμένον Ba.

ἀκούσαντας τοὺς Ῥωμαίους καὶ ἰδόντας τὴν
ὁρμὴν τῶν Ἀλβανῶν τὴν ἐπὶ τὸ ὄρος δεῖμα ὡς
κυκλωσομένους ὑπὸ τῶν πολεμίων καταλαμ-
βάνει, ὥστε οὔτε μάχεσθαι οὔτε μένειν αὐτοῖς
5 ἐπῄει. ἔνθα δὴ σοφίᾳ λέγεται χρήσασθαι ὁ
Τύλλος οὐδὲν ἐπιταραχθεὶς τὴν διάνοιαν ὑπὸ
τοσούτου τε καὶ οὕτως ἀπροσδοκήτου φανέντος
κακοῦ, δι' ἣν οὐ μόνον ἔσωσε τὴν Ῥωμαίων
στρατιὰν εἰς προὖπτον κατακεκλειμένην ὄλεθρον,
ἀλλὰ καὶ τὰ τῶν πολεμίων πράγματα σύμπαντα [1]
συνέτριψέ τε καὶ διέφθειρεν. ὡς γὰρ ἤκουσε
τοῦ ἀγγέλου, μεγάλῃ φωνῇ χρώμενος, ὥστε καὶ
6 τοὺς πολεμίους ἀκούειν, " Κρατοῦμεν," εἶπεν,
" ἄνδρες Ῥωμαῖοι, τῶν ἐχθρῶν. Ἀλβανοὶ μὲν
γὰρ ἡμῖν τὸ πλησίον ὄρος τοῦτο κατειλήφασιν,
ὥσπερ ὁρᾶτε, κατὰ τὰς ἐμὰς ἐντολάς, ἵνα κατὰ
νώτου γενόμενοι τῶν πολεμίων ἐπίωσιν αὐτοῖς.
ἐνθυμηθέντες οὖν ὅτι ἐν καλῷ τοὺς ἐχθίστους
ἡμῖν ἔχομεν, οἱ μὲν ἄντικρυς ἐπιόντες, οἱ δὲ
κατόπιν, ἔνθα οὔτε πρόσω χωρεῖν οὔτ' ὀπίσω
ἐπιστρέφειν δυνάμενοι ποταμῷ τε καὶ ὄρει
ἐκ [2] τῶν πλαγίων ἀποκλειόμενοι καλὴν δώσουσιν
ἡμῖν δίκην,[3] ἴτε [4] σὺν πολλῇ καταφρονήσει ἐπ'
αὐτούς."

XXV. Ταῦτα παρὰ τὰς τάξεις ἁπάσας παρ-
εξιὼν ἔλεγε, καὶ αὐτίκα τοὺς μὲν Φιδηναίους δέος
εἰσέρχεται παλινπροδοσίας ὡς κατεστρατηγη-
μένους ὑπὸ τοῦ Ἀλβανοῦ, ἐπεὶ οὔτε ἀντιμετα-
ταξάμενον αὐτὸν εἶδον οὔτ' ἐπὶ τοὺς Ῥωμαίους
εὐθὺς [5] ἐλαύνοντα, ὥσπερ ὑπέσχετο αὐτοῖς, τοὺς

---

[1] σύμπαντα B : om. R.   [2] ἐκ Steph. : om. AB (?).

us." The Romans, upon hearing this and seeing the haste with which the Albans were rushing up the hill, were seized with such fear of being surrounded by the enemy that it did not occur to them either to fight or to stand their ground. Thereupon Tullus, they say, not at all disturbed in mind by so great and so unexpected a misfortune, made use of a stratagem by which he not only saved the Roman army, which was threatened with manifest ruin, but also shattered and brought to nought all the plans of the enemy. For, as soon as he had heard the messenger, he raised his voice, so as to be heard even by the enemy, and cried: "Romans, we are victorious over the enemy. For the Albans have occupied for us this hill hard by, as you see, by my orders, so as to get behind the enemy and fall upon them. Consider, therefore, that we have our greatest foes where we want them, some of us attacking them in front and others in the rear, in a position where, being unable either to advance or to retire, hemmed in as they are on the flanks by the river and by the hill, they will make handsome atonement to us. Forward, then, and show your utter contempt of them."

XXV. These words he repeated as he rode past all the ranks. And immediately the Fidenates became afraid of counter-treachery, suspecting that the Alban had deceived them by a stratagem, since they did not see either that he had changed his battle order so as to face the other way or that he was promptly charging the Romans, according to his promise;

---

³ καλὴν . . . δίκην B : om. R.   ⁴ ἴτε B : ἀλλ' ἴτε R.
⁵ εὐθὺς R : εὐθὺς αὐτῶν Ba (?), εὐθὺς αὐτὸν Bb (?), Jacoby.

δὲ ‘Ρωμαίους ἐπῆρεν εἰς εὐτολμίαν καὶ θάρσους
ἐνέπλησεν ὁ λόγος· καὶ μέγα ἐμβοήσαντες ὁρμῶσιν
ἐπὶ τοὺς πολεμίους ἀθρόοι. τροπὴ δὲ γίνεται
μετὰ τοῦτο τῶν Φιδηναίων καὶ φυγὴ πρὸς τὴν
2 πόλιν ἄκοσμος. ὁ δὲ τῶν ‘Ρωμαίων βασιλεὺς
ἐπιρράξας αὐτοῖς τὴν ἵππον περιφόβοις οὖσι καὶ
τεταραγμένοις καὶ μέχρι τινὸς διώξας, ὡς ἔμαθεν
ἐσκεδασμένους ἀπ’ ἀλλήλων καὶ οὔτε λογισμὸν
ἔτι τοῦ συστῆναι ληψομένους οὔτε δύναμιν
ἔχοντας, ἀφεὶς τοὺς φεύγοντας ἐπὶ τὸ συνεστηκὸς
ἔτι καὶ διαμένον τῶν πολεμίων ἐχώρει μέρος.
3 καὶ γίνεται καλὸς μὲν καὶ ὁ τῶν πεζῶν ἀγών,
ἔτι δὲ καλλίων ὁ τῶν ἱππέων. οὐ γὰρ ἐνέκλινον
οἱ τῇδε τεταγμένοι Οὐιεντανοὶ τὴν ἔφοδον [1] τῆς [2]
‘Ρωμαϊκῆς ἵππου καταπλαγέντες, ἀλλ’ ἀντ-
εῖχον ἄχρι πολλοῦ. ἔπειτα μαθόντες ὅτι τὸ
εὐώνυμον σφῶν ἥττηται καὶ πᾶσα ἡ Φιδηναίων τε
καὶ τῶν ἄλλων συμμάχων στρατιὰ φεύγει προ-
τροπάδην, δείσαντες μὴ κυκλωθῶσιν ὑπὸ τῶν
ἀναστραφέντων [3] ἐκ τοῦ διωγμοῦ τρέπονται καὶ
αὐτοὶ λύσαντες τὰς τάξεις καὶ διὰ τοῦ ποταμοῦ
4 σώζειν ἑαυτοὺς ἐπειρῶντο. ὅσοι μὲν οὖν ἐρρω-
μενέστατοί τε αὐτῶν ἦσαν καὶ ἥκιστα ὑπὸ
τραυμάτων βαρυνόμενοι νεῖν τε οὐκ ἀδύνατοι
δίχα τῶν ὅπλων τὸ ῥεῖθρον διεπεραιοῦντο, ὅσοι
δὲ τούτων τινὸς ἐνέλιπον ἐν ταῖς δίναις ἀπέθνησκον·
ὀξὺ γὰρ τοῦ Τεβέριος περὶ τὴν Φιδήνην καὶ
5 σκολιὸν τὸ ῥεῦμα. ὁ δὲ Τύλλος μοίρᾳ τινὶ τῶν
ἱππέων κελεύσας τοὺς ἐπὶ τὸν ποταμὸν ὠθουμένους

---

[1] ἔφοδον Reiske : ἔφοδον ὑπὸ O, Jacoby.
[2] τῆς added by Hudson.

but the Romans, on their side, were emboldened by
the words of Tullus and filled with confidence, and
giving a great shout, they rushed in a body against
the enemy. Upon this, the Fidenates gave way
and fled toward their city in disorder. The Roman
king hurled his calvary against them while they were
in this fear and confusion, and pursued them for
some distance; but when he learned that they were
dispersed and separated from one another and
neither likely to take thought for getting together
again nor in fact able to do so, he gave over the pur-
suit and marched against those of the enemy whose
ranks were still unbroken and standing their ground.
And now there took place a brilliant engagement
of the infantry and a still more brilliant one on the
part of the cavalry. For the Veientes, who were
posted at this point, did not give way in terror at
the charge of the Roman horse, but maintained the
fight for a considerable time. Then, learning that
their left wing was beaten and that the whole army
of the Fidenates and of their other allies was in
headlong flight, and fearing to be surrounded by the
troops that had returned from the pursuit, they also
broke their ranks and fled, endeavouring to save
themselves by crossing the river. Accordingly,
those among them who were strongest, least disabled
by their wounds, and had some ability to swim, got
across the river, without their arms, while all who
lacked any of these advantages perished in the
eddies; for the stream of the Tiber near Fidenae
is rapid and has many windings. Tullus ordered a
detachment of the horse to cut down those of the

---

[3] ἀναστραφέντων B : ἀναστρεφόντων R.

κτείνειν, αὐτὸς ἐπὶ τὸ στρατόπεδον τῶν Οὐιεν-
τανῶν τὴν ἄλλην δύναμιν ἄγων ἐξ ἐφόδου γίνεται
κύριος αὐτοῦ· καὶ τὰ μὲν Ῥωμαίων πράγματα
παραδόξου τυχόντα σωτηρίας ἐν τούτοις ἦν.

XXVI. Ὁ δὲ Ἀλβανὸς ἐπειδὴ λαμπρῶς ἤδη
νικῶντας ἐθεάσατο τοὺς ἀμφὶ τὸν Τύλλον, κατα-
βιβάσας καὶ αὐτὸς ἀπὸ τῶν ὑψηλῶν τὴν οἰκείαν
δύναμιν ἐπὶ τοὺς φεύγοντας τῶν Φιδηναίων
ἐχώρει, ἵνα δὴ τοῖς Ῥωμαίοις γένοιτο πᾶσι φανερὸς
ἔργον τι ποιῶν συμμάχου, καὶ συχνοὺς τῶν
2 διεσκεδασμένων ἐν τῇ φυγῇ διέφθειρε. συνεὶς
δὲ τὴν διάνοιαν αὐτοῦ καὶ μισήσας τὴν παλιν-
προδοσίαν ὁ Τύλλος οὐδὲν ἐξελέγχειν ᾤετο
δεῖν κατὰ τὸ παρόν, ἕως ἂν ὑφ᾽ ἑαυτῷ ποιήσηται
τὸν ἄνδρα, ἀλλ᾽ ἐπαινεῖν τε τὴν ἀναχώρησιν αὐτοῦ
τὴν ἐπὶ τὰ μετέωρα πρὸς πολλοὺς τῶν παρόντων
ὡς ἀπὸ παντὸς τοῦ βελτίστου γενομένην ἐσκήπτετο
καὶ τῶν ἱππέων μοῖράν τινα πέμψας ὡς αὐτὸν
ἠξίου τελείαν ἀποδείξασθαι τὴν προθυμίαν, τοὺς
μὴ δυνηθέντας εἰς τὰ τείχη τῶν Φιδηναίων
καταφεύγειν ἀλλ᾽ ἐσκεδασμένους ἀνὰ τὴν χώραν
συχνοὺς ὄντας κελεύων διερευνώμενον ἀποκτείνειν.
3 κἀκεῖνος ὡς θάτερον ὧν ἤλπισε διαπεπραγμένος
καὶ λεληθὼς τὸν Τύλλον ἔχαιρέ τε καὶ μέχρι
πολλοῦ καθιππεύων τὰ πεδία τοὺς καταλαμ-
βανομένους διέφθειρεν, ἤδη δὲ δεδυκότος ἡλίου
τοὺς ἱππέας ἧκεν ἄγων ἐπὶ τὸ στρατόπεδον τὸ
Ῥωμαϊκὸν ἐκ τοῦ διωγμοῦ καὶ τὴν ἐπελθοῦσαν
νύκτα ἐν εὐπαθείαις ἅμα τοῖς ἑταίροις ἦν.
4 Ὁ δὲ Τύλλος ἐν τῷ Οὐιεντανῶν χάρακι μείνας
ἄχρι πρώτης φυλακῆς καὶ τοὺς ἐπιφανεστάτους
τῶν αἰχμαλώτων ἀνακρίνας τίνες ἦσαν οἱ τῆς

enemy who were pressing toward the river, while he himself led the rest of the army to the camp of the Veientes and captured it by storm. This was the situation of the Romans after they had been unexpectedly preserved from destruction.

XXVI. When the Alban observed that Tullus had already won a brilliant victory, he also marched down from the heights with his own troops and pursued those of the Fidenates who were fleeing, in order that he might be seen by all the Romans performing some part of the duty of an ally; and he destroyed many of the enemy who had become dispersed in the flight. Tullus, though he understood his purpose and detested his double treachery, thought he ought to utter no reproaches for the present till he should have the man in his power, but addressing himself to many of those who were present, he pretended to applaud the Alban's withdrawal to the heights, as if it had been prompted by the best motive; and sending a party of horse to him, he requested him to give the final proof of his zeal by hunting down and slaying the many Fidenates who had been unable to get inside the walls and were dispersed about the country. And Fufetius, imagining that he had succeeded in one of his two hopes and that Tullus was unacquainted with his treachery, rejoiced, and riding over the plains for a considerable time, he cut down all whom he found; but when the sun was now set, he returned from the pursuit with his horsemen to the Roman camp and passed the following night in making merry with his friends.

Tullus remained in the camp of the Veientes till the first watch and questioned the most prominent of the prisoners concerning the leaders of the revolt;

ἀποστάσεως ἡγεμόνες, ὡς ἔμαθε καὶ τὸν Ἀλβανὸν
Μέττιον Φουφέττιον ἐν τοῖς συνομοσαμένοις
ὑπάρχοντα, δόξας συνᾴδειν τὰ πραχθέντα ὑπ'
αὐτοῦ τοῖς μηνυομένοις ὑπὸ τῶν αἰχμαλώτων,
ἀναβὰς ἐπὶ τὸν ἵππον καὶ τοὺς πιστοτάτους
τῶν ἑταίρων παραλαβὼν πρὸς τὴν πόλιν ἀφιππεύει·
5 καὶ πρὸ μέσων νυκτῶν ἐκ τῶν οἰκιῶν τοὺς βου-
λευτὰς συγκαλέσας τήν τε προδοσίαν αὐτοῖς λέγει
τὴν τοῦ Ἀλβανοῦ μάρτυρας τοὺς αἰχμαλώτους
παρασχόμενος καὶ ὃν τρόπον αὐτὸς κατεστρα-
τήγησε τούς τε πολεμίους [1] καὶ τοὺς Φιδηναίους
διηγεῖται. τέλος δὴ τὸ κράτιστον εἰληφότος
τοῦ πολέμου τὰ λοιπὰ ἤδη σκοπεῖν αὐτοὺς ἠξίου,
τίνα χρὴ τρόπον τιμωρήσασθαι μὲν τοὺς προδότας,
σωφρονεστέραν δὲ τὴν Ἀλβανῶν ἀποδοῦναι πόλιν
6 εἰς τὸ λοιπόν. τὸ μὲν οὖν τιμωρήσασθαι τοὺς
ἐπιχειρήσαντας ἔργοις ἀνοσίοις πᾶσιν ἐδόκει
δίκαιόν τε καὶ ἀναγκαῖον εἶναι, ὃν δὲ τρόπον
τοῦτο γένοιτ' ἂν ῥᾷστα καὶ ἀσφαλέστατα πολλὴν
αὐτοῖς παρεῖχεν ἀπορίαν. ἀδήλῳ μὲν γὰρ καὶ
λεληθότι μόρῳ πολλοὺς καὶ ἀγαθοὺς Ἀλβανῶν
ἄνδρας διαχειρίσασθαι τῶν ἀδυνάτων αὐτοῖς
ἐφαίνετο εἶναι· εἰ δὲ φανερῶς συλλαμβάνειν καὶ
τιμωρεῖσθαι τοὺς ἐνόχους ταῖς αἰτίαις ἐπιχειρή-
σειαν, οὐ περιόψεσθαι τοὺς Ἀλβανοὺς ὑπελάμ-
βανον, ἀλλ' ἐπὶ τὰ ὅπλα χωρήσειν. ἅμα δὲ
πολεμεῖν Φιδηναίοις τε καὶ Τυρρηνοῖς καὶ τοῖς
ἐπὶ τὴν συμμαχίαν σφῶν συνεληλυθόσιν Ἀλβανοῖς [2]
οὐκ ἐβούλοντο. ἀπορουμένων δ' αὐτῶν τελευ-
ταῖος ἀποδείκνυται γνώμην ὁ Τύλλος, ἣν ἅπαντες
ἐπήνεσαν, ὑπὲρ ἧς μετὰ μικρὸν ἐρῶ.

----

[1] τούς τε κρυφίους πολεμίους Reiske.

and when he learned that Mettius Fufetius, the Alban, was also one of the conspirators and considered that his actions agreed with the information of the prisoners, he mounted his horse, and taking with him the most faithful of his friends, rode off to Rome. Then, sending to the houses of the senators, he assembled them before midnight and informed them of the treachery of the Alban, producing the prisoners as witnesses, and informed them of the stratagem by which he himself had outwitted both their enemies and the Fidenates.[1] And he asked them, now that the war was ended in the most successful manner, to consider the problems that remained—how the traitors ought to be punished and the city of Alba rendered more circumspect for the future. That the authors of these wicked designs should be punished seemed to all both just and necessary, but how this was to be most easily and safely accomplished was a problem that caused them great perplexity. For they thought it obviously impossible to put to death a great number of brave Albans in a secret and clandestine manner, whereas, if they should attempt openly to apprehend and punish the guilty, they assumed that the Albans would not permit it but would rush to arms; and they were unwilling to carry on war at the same time with the Fidenates and Tyrrhenians and with the Albans, who had come to them as allies. While they were in this perplexity, Tullus delivered the final opinion, which met with the approval of all; but of this I shall speak presently.

---

[1] Probably we should either supply "secret" before "enemies" (so Reiske) or substitute Albans for Fidenates (Spelman).

---

[2] Kiessling: ἀλβανῶν O (?).

XXVII. Τετταράκοντα δ' ὄντων σταδίων
τῶν μεταξὺ Φιδήνης τε καὶ Ῥώμης ἐλάσας τὸν
ἵππον ἀνὰ κράτος παρῆν ἐπὶ τὸν χάρακα καὶ πρὶν
ἡμέραν λαμπρὰν γενέσθαι καλέσας Μάρκον
Ὁράτιον τὸν περιλειφθέντα ἐκ τῶν τριδύμων καὶ
δοὺς αὐτῷ τῶν ἱππέων καὶ τῶν πεζῶν τοὺς
ἀκμαιοτάτους ἐκέλευσεν ἐπὶ τὴν Ἀλβανῶν πόλιν
ἄγειν, παρελθόντα δ' ἐντὸς τείχους ὡς φίλον
ὄντα, ὅταν ὑποχειρίους λάβῃ τοὺς ἔνδον, καθελεῖν
τὴν πόλιν ἄχρι θεμελίων μηθενὸς μήτε ἰδίου
μήτε κοινοῦ κατασκευάσματος φειδόμενον ἔξω
τῶν ἱερῶν, ἀνθρώπων δὲ μηθένα μήτε κτείνειν
μήτε ἀδικεῖν, ἀλλὰ πάντας ἐᾶν ἔχειν τὰ ἑαυτῶν.
2 ἐκπέμψας δὲ τοῦτον ἐκάλει τοὺς ταξιάρχους
καὶ τοὺς λοχαγοὺς καὶ τὰ δόξαντα τῇ βουλῇ
διασαφήσας φυλακὴν ἐκ τούτων καθίσταται περὶ
τὸ σῶμα· καὶ μετ' οὐ πολὺ παρῆν ὁ Ἀλβανὸς
ὡς ἐπὶ νικήματι κοινῷ γεγηθὼς καὶ τῷ Τύλλῳ
συνηδόμενος. ὁ δὲ Τύλλος ἀπόρρητον τὴν γνώμην
ἔτι φυλάσσων ἐπῄνει τε αὐτὸν καὶ μεγάλων
ἄξιον ἀπέφαινε δωρεῶν παρεκάλει τε γράψαντα
καὶ τὰ τῶν ἄλλων Ἀλβανῶν ὀνόματα τῶν ἐπιφανές
τι κατὰ τὴν μάχην διαπραξαμένων φέρειν ὡς
αὐτόν, ἵνα κἀκεῖνοι τὴν ἐκ τῶν ἐπινικίων ἀπενέγ-
3 κωνται μοῖραν. ὁ μὲν δὴ περιχαρὴς γενόμενος
τοὺς πιστοτάτους τῶν φίλων, οἷς ἐχρήσατο τῶν
ἀπορρήτων βουλευμάτων συνεργοῖς, εἰσγράψας εἰς
δέλτον ἐπιδίδωσιν. ὁ δὲ τῶν Ῥωμαίων βασιλεὺς
εἰς ἐκκλησίαν ἅπαντας ἀποθεμένους τὰ ὅπλα
ἐκάλει· συνιόντων δὲ αὐτῶν τὸν μὲν ἡγεμόνα
τῶν Ἀλβανῶν ἅμα τοῖς ταξιάρχοις τε καὶ λοχαγοῖς
παρ' αὐτὸ τὸ βῆμα ἐκέλευσεν ἑστάναι, ἐχομένους

XXVII. The distance between Fidenae and Rome being forty stades, Tullus rode full speed to the camp, and sending for Marcus Horatius, the survivor of the triplets, before it was quite day, he commanded him to take the flower of the cavalry and infantry, and proceeding to Alba, to enter the city as a friend, and then, as soon as he had secured the submission of the inhabitants, to raze the city to the foundations without sparing a single building, whether private or public, except the temples; but as for the citizens, he was neither to kill nor injure any of them, but to permit them to retain their possessions. After sending him on his way he assembled the tribunes and centurions, and having acquainted them with the resolutions of the senate, he placed them as a guard about his person. Soon after, the Alban came, pretending to express his joy over their common victory and to congratulate Tullus upon it. The latter, still concealing his intention, commended him and declared he was deserving of great rewards; at the same time he asked him to write down the names of such of the other Albans also as had performed any notable exploit in the battle and to bring the list to him, in order that they also might get their share of the fruits of victory. Mettius, accordingly, greatly pleased at this, entered upon a tablet and gave to him a list of his most intimate friends who had been the accomplices in his secret designs. Then the Roman king ordered all the troops to come to an assembly after first laying aside their arms. And when they assembled he ordered the Alban general together with his tribunes and centurions to stand directly beside the tribunal; next to these the rest of

δὲ τούτων τοὺς ἄλλους Ἀλβανοὺς ταχθέντας
ἐκκλησιάζειν, μετὰ δὲ τοὺς Ἀλβανοὺς τὸ λοιπὸν
τῶν συμμάχων πλῆθος· ἔξωθεν δὲ πάντων
περιέστησε Ῥωμαίους, ἐν οἷς ἦσαν οἱ γενναιότατοι,
ξίφη κρύπτοντας ὑπὸ ταῖς περιβολαῖς. ὡς δ᾽
ἐν καλῷ τοὺς ἐχθροὺς ἔχειν ὑπέλαβεν ἀναστὰς
ἔλεξε τοιάδε·

XXVIII. " Ἄνδρες Ῥωμαῖοί τε καὶ ἄλλοι
φίλοι καὶ σύμμαχοι, τοὺς μὲν ἐκ τοῦ φανεροῦ
τολμήσαντας εἰς πόλεμον ἡμῖν καταστῆναι, Φιδη-
ναίους καὶ τοὺς συμμάχους αὐτῶν, ἐτιμωρησάμεθα
σὺν θεοῖς, καὶ δυεῖν θάτερον ἢ παύσονται τὸ
λοιπὸν ἐνοχλοῦντες ἡμῖν ἢ δίκας τίσουσιν ἔτι
2 τούτων χείρονας. ἀπαιτεῖ δὲ ὁ καιρός, ἐπεὶ
τὰ πρῶτα ἡμῖν κατ᾽ εὐχὴν κεχώρηκε, καὶ τοὺς
ἄλλους τιμωρήσασθαι πολεμίους, ὅσοι φίλων
μὲν ἔχουσιν ὀνόματα καὶ παρελήφθησαν εἰς τόνδε
τὸν πόλεμον ὡς κακῶς τοὺς κοινοὺς ἐχθροὺς μεθ᾽
ἡμῶν ποιήσοντες, ἐγκατέλιπον δὲ τὸ πρὸς ἡμᾶς
πιστὸν καὶ μετὰ τῶν πολεμίων ἀπορρήτους
ποιησάμενοι συνθήκας διαφθεῖραι πάντας ἡμᾶς
3 ἐπεβάλοντο. πολὺ γὰρ οὗτοι κακίους τῶν ἐκ
τοῦ φανεροῦ πολεμίων εἰσὶ καὶ μείζονος τιμωρίας
ἄξιοι· τοὺς μὲν γὰρ καὶ φυλάξασθαι ῥᾴδιον
τοῖς ἐπιβουλευομένοις καὶ συμπλακέντας ὡς ἐχθροὺς
ἀμύνασθαι δυνατόν, φίλους δ᾽ ἐχθρῶν ἔργα
ποιοῦντας οὔτε φυλάξασθαι ῥᾴδιον οὔτε ἀμύνασθαι
τοῖς προκαταληφθεῖσι δυνατόν. τοιοῦτοι ¹ δ᾽
εἰσὶν οἱ πεμφθέντες ἡμῖν ὑπὸ τῆς Ἀλβανῶν
πόλεως ἐπὶ δόλῳ σύμμαχοι κακὸν μὲν οὐθὲν
ὑφ᾽ ἡμῶν παθόντες, ἀγαθὰ δὲ πολλὰ καὶ μεγάλα.
4 ἄποικοι μὲν γὰρ αὐτῶν ὄντες οὐθὲν τῆς τούτων

the Albans were to take their place in the assembly,
drawn up in their ranks, and behind the Albans the
remainder of the allied forces, while outside of them
all he stationed Romans, including the most resolute,
with swords concealed under their garments. When
he thought he had his foes where he wanted them,
he rose up and spoke as follows :

XXVIII. " Romans and you others, both friends
and allies, those who dared openly to make war against
us, the Fidenates and their allies, have been punished
by us with the aid of the gods, and either will cease
for the future to trouble us or will receive an even
severer chastisement than that they have just ex-
perienced. It is now time, since our first enterprise
has succeeded to our wish, to punish those other
enemies also who bear the name of friends and were
taken into this war to assist us in harrying our
common foes, but have broken faith with us, and
entering into secret treaties with those enemies, have
attempted to destroy us all. For these are much
worse than open enemies and deserve a severer
punishment, since it is both easy to guard against
the latter when one is treacherously attacked and
possible to repulse them when they are at grips as
enemies, but when friends act the part of enemies it is
neither easy to guard against them nor possible for
those who are taken by surprise to repulse them. And
such are the allies sent us by the city of Alba with
treacherous intent, although they have received no
injury from us but many considerable benefits. For,
as we are their colony, we have not wrested away any

---

¹ τοιοῦτοι Bücheler : οὗτοι O.

ἀρχῆς παρασπάσαντες ἰδίαν ἰσχὺν καὶ δύναμιν
ἀπὸ τῶν ἰδίων πολέμων [1] ἐκτησάμεθα, ἔθνεσι δὲ
μεγίστοις καὶ πολεμικωτάτοις ἐπιτειχίσαντες τὴν
ἡμῶν αὐτῶν πόλιν πολλὴν ἀσφάλειαν τούτοις
τοῦ τε ἀπὸ Τυρρηνῶν καὶ ἀπὸ Σαβίνων πολέμου
παρειχόμεθα· ἧς δὴ πόλεως εὖ τε πραττούσης
ἁπάντων μάλιστα χαίρειν αὐτοὺς ἔδει καὶ σφαλ-
λομένης μηδὲν ἐνδεέστερον ἢ περὶ τῆς αὐτῶν
5 ἄχθεσθαι. οἱ δὲ ἄρα φθονοῦντες οὐχ ἡμῖν μόνον
τῶν ἀγαθῶν ἀλλὰ καὶ ἑαυτοῖς τῆς δι' ἡμᾶς
εὐτυχίας διετέλουν καὶ τελευτῶντες ὡς οὐκέτι
κατέχειν τὴν ὕπουλον ἔχθραν ἐδύναντο πόλεμον ἡμῖν
προεῖπον. μαθόντες δ' ἡμᾶς εὖ πρὸς τὸν ἀγῶνα
παρεσκευασμένους, ὡς οὐθὲν οἷοί τ' ἦσαν ἐργάσα-
σθαι κακόν, εἰς διαλλαγὰς ἐκάλουν καὶ φιλίαν
καὶ τὸ περὶ τῆς ἡγεμονίας νεῖκος ἐν τρισὶν ἀφ'
ἑκατέρας πόλεως σώμασιν ἠξίουν κριθῆναι. ἐδεξά-
μεθα καὶ ταύτας τὰς προκλήσεις καὶ νικήσαντες
τῇ μάχῃ τὴν πόλιν αὐτῶν ἔσχομεν ὑποχείριον.
6 φέρε δὴ τί μετὰ ταῦτα ἐποιήσαμεν; ἐξὸν ἡμῖν
ὅμηρά τε αὐτῶν λαβεῖν καὶ φρουρὰν ἐν τῇ
πόλει καταλιπεῖν καὶ τοὺς κορυφαιοτάτους τῶν
διαστησάντων τὰς πόλεις τοὺς μὲν ἀνελεῖν, τοὺς
δ' ἐκβαλεῖν, πολιτείας τε αὐτῶν κόσμον μεταστῆ-
σαι πρὸς τὸ ἡμῖν συμφέρον καὶ χώρας καὶ χρημά-
των ἀποδασμῷ ζημιῶσαι καί, ὃ πάντων ῥᾷστον
ἦν, ἀφελέσθαι τὰ ὅπλα αὐτούς, ἐξ ὧν ἐγκρατε-
στέραν ἂν τὴν ἀρχὴν κατεστησάμεθα, τούτων
μὲν οὐδὲν ἠξιώσαμεν ποιῆσαι, τῷ δ' εὐσεβεῖ
μᾶλλον ἢ τῷ ἀσφαλεῖ τῆς ἀρχῆς ἐπετρέψαμεν
καὶ τὸ εὐπρεπὲς τὸ πρὸς ἅπαντας τοῦ λυσι-
τελοῦντος ἡμῖν αὐτοῖς ἰδίᾳ κρεῖττον ἡγησάμενοι

part of their dominion but have acquired our own strength and power from our own wars; and by making our city a bulwark against the greatest and most warlike nations we have effectually secured them from a war with the Tyrrhenians and Sabines. In the prosperity, therefore, of our city they above all others should have rejoiced, and have grieved at its adversity no less than at their own. But they, it appears, continued not only to begrudge us the advantages we had but also to begrudge themselves the good fortune they enjoyed because of us, and at last, unable any longer to contain their festering hatred, they declared war against us. But finding us well prepared for the struggle and themselves, therefore, in no condition to do any harm, they invited us to a reconciliation and friendship and asked that our strife over the supremacy should be decided by three men from each city. These proposals also we accepted, and after winning in the combat became masters of their city. Well, then, what did we do after that ? Though it was in our power to take hostages from them, to leave a garrison in their city, to destroy some of the principal authors of the war between the two cities and banish others, to change the form of their government according to our own interest, to punish them with the forfeiture of a part of their lands and effects, and—the thing that was easiest of all—to disarm them, by which means we should have strengthened our rule, we did not see fit to do any of these things, but, consulting our filial obligations to our mother-city rather than the security of our power and considering the good opinion of all the world as more important than our

---

[1] πολέμων R(?), πολεμίων B : πόνων Reiske.

συνεχωρήσαμεν αὐτοῖς ἅπαντα τὰ σφέτερα καρ-
ποῦσθαι, Μέττιον δὲ Φουφέττιον, ὃν αὐτοὶ τῇ
μεγίστῃ ἀρχῇ ἐκόσμησαν, ὡς δὴ κράτιστον
Ἀλβανῶν, διοικεῖν τὰ κοινὰ μέχρι τοῦ παρόντος
εἰάσαμεν.

7 " Ἀνθ᾽ ὧν τίνας ἡμῖν χάριτας ἀπέδοσαν,
ἡνίκα μάλιστα [1] φίλων τε καὶ συμμάχων εὐνοίας
ἔδει, ἀκούσατε· ἀπορρήτους ποιησάμενοι συνθή-
κας πρὸς τοὺς κοινοὺς πολεμίους, ὡς ἐν τῷ ἀγῶνι
συνεπιθησόμενοι ἡμῖν μετ᾽ αὐτῶν, ἐπειδὴ πλησίον
ἀλλήλων ἐγινόμεθα καταλιπόντες τὴν τάξιν ἐφ᾽
ἣν ἐτάχθησαν ᾤχοντο πρὸς τὰ πλησίον ὄρη
δρόμῳ προκαταλαβέσθαι σπεύδοντες τὰ ὀχυρά.
8 εἰ μὲν οὖν κατὰ νοῦν ἡ πεῖρα αὐτοῖς ἐχώρει,
οὐδὲν ἂν τὸ κωλῦσον [2] ἦν ἅπαντας ἡμᾶς ἀπολω-
λέναι κυκλωθέντας ὑπό τε πολεμίων καὶ φίλων,
καὶ τοὺς πολλοὺς τῆς πόλεως ἡμῶν ἀγῶνας, οὓς
ὑπὲρ τῆς ἡγεμονίας ἠγωνισάμεθα, ἐν ἡμέρᾳ
9 διαφθαρῆναι μιᾷ. ἐπειδὴ δὲ διέπεσεν αὐτῶν τὸ
βούλευμα θεῶν μὲν εὐνοίας προηγησαμένης (ἁπάσας
γὰρ ἔγωγε τὰς καλὰς καὶ ἀγαθὰς πράξεις ἐκείνοις
ἀνατίθημι), ἔπειτα καὶ τῆς ἐμῆς στρατηγίας οὐκ
ἐλαχίστην μοῖραν εἴς τε τὸ δέος τῶν πολεμίων
καὶ εἰς τὸ θάρσος τὸ ὑμέτερον παρασχομένης
(ἃ γὰρ ἐγὼ [3] ἐν τῷ τότε ἀγῶνι ἔφην, ὡς ὑπ᾽
ἐμοῦ κελευσθέντες Ἀλβανοὶ προκαταλαμβάνονται
τὰ ὄρη κυκλώσεως τῶν πολεμίων ἕνεκα, πλάσματα
10 καὶ στρατηγήματα ἦν ἐμά), κεχωρηκότων δ᾽
ἡμῖν τῶν πραγμάτων ὡς ἡμῖν συνέφερεν, οὐκ

---

[1] μάλιστα Bücheler : μᾶλλον O, Jacoby.
[2] Naber : κωλῦον O.

own private advantage, we allowed them to enjoy all that was theirs and permitted Mettius Fufetius, as being supposedly the best of the Albans—since they themselves had honoured him with the chief magistracy—to administer their affairs up to the present time.

"For which favours hear now what gratitude they showed, at a time when we needed the goodwill of our friends and allies more than ever. They made a secret compact with our common enemies by which they engaged to fall upon us in conjunction with them in the course of the battle; and when the two armies approached each other they deserted the post to which they had been assigned and made off for the hills near by at a run, eager to occupy the strong positions ahead of anyone else. And if their attempt had succeeded according to their wish, nothing could have prevented us, surrounded at once by our enemies and by our friends, from being all destroyed, and the fruit of the many battles we had fought for the sovereignty of our city from being lost in a single day. But since their plan has miscarried, owing, in the first place, to the goodwill of the gods (for I at any rate ascribe all worthy achievements to them), and, second, to the stratagem I made use of, which contributed not a little to inspire the enemy with fear and you with confidence (for the statement I made during the battle, that the Albans were taking possession of the heights by my orders with a view of surrounding the enemy, was all a fiction and a stratagem contrived by myself), since, I say, things have turned out to our advantage, we should not be

---

³ ἐγὼ R : om. B.

ἂν εἶημεν ἄνδρες οἵους ἡμᾶς προσῆκεν εἶναι,
εἰ μὴ τιμωρησαίμεθα τοὺς προδότας, οἵ γε
χωρὶς τῆς ἄλλης ἀναγκαιότητος, ἣν διὰ τὸ συγ-
γενὲς ἐχρῆν αὐτοὺς φυλάσσειν, σπονδὰς καὶ
ὅρκια ποιησάμενοι πρὸς ἡμᾶς ἔναγχος, οὔτε θεοὺς
δείσαντες, οὓς τῶν ὁμολογιῶν ἐποιήσαντο μάρ-
τυρας, οὔτε τὸ δίκαιον αὐτὸ καὶ τὴν ἀνθρωπίνην
νέμεσιν ἐντραπέντες, οὔτε τὸ τοῦ κινδύνου μέγεθος
εἰ μὴ κατὰ νοῦν αὐτοῖς ἡ προδοσία χωρήσειεν
ὑπολογιζόμενοι, τὸν οἴκιστον τρόπον ἡμᾶς ἐπ-
εχείρησαν ἀπολέσαι, τοὺς ἀποίκους τε καὶ εὐεργέ-
τας οἱ κτίσται,[1] μετὰ τῶν ἐχθίστων τε καὶ
πολεμιωτάτων στάντες.''

XXIX. Ταῦτα δ' αὐτοῦ λέγοντος οἰμωγαί τε
τῶν Ἀλβανῶν ἐγίνοντο καὶ παντοδαπαὶ δεήσεις,
τοῦ μὲν δήμου μηδὲν ἐγνωκέναι λέγοντος ὧν
ὁ Μέττιος ἐμηχανᾶτο, τῶν δὲ τὰς ἡγεμονίας
ἐχόντων οὐ πρότερον πεπύσθαι τὰς ἀπορρήτους
βουλὰς σκηπτομένων ἢ ἐν αὐτῷ γενέσθαι τῷ
ἀγῶνι, ἡνίκα οὔτε κωλύειν οὔτε μὴ πράττειν τὰ
κελευόμενα ἐν δυνατῷ σφίσιν ἦν, ἤδη δέ τινων
καὶ ἐπὶ τὴν ἀκούσιον ἀνάγκην ἀναφερόντων τὸ
πρᾶγμα διὰ κηδείαν ἢ διὰ συγγένειαν· οἷς ὁ
2 βασιλεὺς σιωπῆσαι κελεύσας ἔλεξεν·

''Οὐδ' ἐμὲ λέληθεν, ἄνδρες Ἀλβανοί, τούτων
ὧν ἀπολογεῖσθε οὐθέν, ἀλλὰ τὸ μὲν πλῆθος ὑμῶν
ἀγνοεῖν τὴν προδοσίαν οἶμαι, τεκμαιρόμενος ὅτι
πολλῶν συνειδότων οὐδὲ τὸν ἐλάχιστον πέφυκε
τἀπόρρητα σιωπᾶσθαι χρόνον, τῶν δὲ ταξιάρχων
τε καὶ λοχαγῶν βραχύ τι μέρος ἡγοῦμαι τὸ

---

[1] οἱ κτίσται Reiske : οἴκτιστα Ba, οἴκτιστα BbR.

the men we ought to be if we did not take revenge on these traitors. For, apart from the other ties which, by reason of their kinship to us, they ought to have preserved inviolate, they recently made a treaty with us confirmed by oaths, and then, without either fearing the gods whom they had made witnesses of the treaty or showing any regard for justice itself and the condemnation of men, or considering the greatness of the danger if their treachery should not succeed according to their wish, endeavoured to destroy us, who are both their colony and their benefactors, in the most miserable fashion, thus arraying themselves, though our founders, on the side of our most deadly foes and our greatest enemies."

XXIX. While he was thus speaking the Albans had recourse to lamentations and entreaties of every kind, the common people declaring that they had no knowledge of the intrigues of Mettius, and their commanders alleging that they had not learned of his secret plans till they were in the midst of the battle itself, when it was not in their power either to prevent his orders or to refuse obedience to them; and some even ascribed their action to the necessity imposed against their will by their affinity or kinship to the man. But the king, having commanded them to be silent, addressed them thus :

" I, too, Albans, am not unaware of any of these things that you urge in your defence, but am of the opinion that the generality of you had no knowledge of this treachery, since secrets are not apt to be kept even for a moment when many share in the knowledge of them ; and I also believe that only a small number of the tribunes and centurions were accomplices in

συνεπιβουλεῦσαν ἡμῖν γενέσθαι, τὸ δὲ πλεῖστον
ἐξηπατῆσθαι καὶ εἰς ἀκουσίους ἀνάγκας ἀφῖχθαι.
3 εἰ δέ γε τούτων μηδὲν ἀληθὲς ἦν, ἀλλὰ πάντας
εἰσῆλθεν Ἀλβανοὺς καὶ τοὺς ἐνθάδε ὄντας ὑμᾶς
καὶ τοὺς ἐν τῇ πόλει καταλειπομένους ἡ τοῦ
κακῶς ποιεῖν ἡμᾶς ἐπιθυμία, καὶ τοῦτο οὐ νῦν
πρῶτον, ἀλλ' ἐκ πολλοῦ πάνυ χρόνου δεδογμένον
ὑμῖν ἦν, τῆς συγγενείας ἕνεκα πολλὴ Ῥωμαίοις
ἀνάγκη καὶ ταῦθ' ὑμῶν τἀδικήματα φέρειν.
4 ἵνα δὲ μηθὲν ἔτι[1] βουλεύσητε καθ' ἡμῶν ἄδικον
μήτε δὴ βιασθέντες ὑπὸ τῶν ἡγουμένων τῆς
πόλεως μήτε παρακρουσθέντες μία φυλακὴ καὶ
πρόνοιά ἐστιν, εἰ τῆς αὐτῆς πόλεως πολῖται
γενοίμεθα πάντες καὶ μίαν ἡγοίμεθα πατρίδα,
ἧς εὖ τε καὶ χεῖρον φερομένης τὸ ἐπιβάλλον μέρος
ἕκαστος οἴσεται τῆς τύχης· ἕως δ' ἂν ἐκ διαφόρου
γνώμης, ὥσπερ νῦν ἔχει, τό τε πλεῖον καὶ τοὔ-
λαττον ἐπικρίνωμεν ἑκάτεροι, οὐκ ἔσται βέβαιος
ἡμῖν ἡ[2] πρὸς ἀλλήλους φιλία, ἄλλως τε καὶ εἰ
μέλλοιεν οἱ μὲν πρότεροι ἐπιβουλεύσαντες τοῖς
ἑτέροις ἢ κατορθώσαντες πλεῖον ἕξειν ἢ σφαλέντες
ἐν μηδενὶ δεινῷ ἔσεσθαι διὰ τὸ συγγενές, καθ'
ὧν δ' ἂν αἱ ἐπιχειρήσεις γένωνται ὑποχείριοι
καταστάντες τὰ ἔσχατα παθεῖν καὶ διαφυγόντες
μηθὲν ὥσπερ ἐχθροὶ[3] μνησικακεῖν, ὅπερ καὶ
ἐν τῷ παρόντι γέγονεν.
5   "Ἴστε δὴ ταῦτα δεδογμένα Ῥωμαίοις τῇ
παρελθούσῃ νυκτὶ συναγαγόντος ἐμοῦ τὴν βουλὴν
καὶ τὰ δόξαντα τοῖς συνέδροις γραψαμένου· τὴν

---

[1] ἔτι added here by Prou, after βουλεύσητε by Sintenis,
Jacoby.

the conspiracy formed against us, but that the greater part of them were deceived and forced into a position where they were compelled to act against their will. Nevertheless, even if nothing of all this were true, but if all the Albans, as well you who are here present as those who are left in your city, had felt a desire to hurt us, and if you had not now for the first time, but long since, taken this resolution, yet on account of their kinship to you the Romans would feel under every necessity to bear even this injustice at your hands. But against the possibility of your forming some wicked plot against us hereafter, as the result either of compulsion or deception on the part of the leaders of your state, there is but one precaution and provision, and that is for us all to become citizens of the same city and to regard one only as our fatherland, in whose prosperity and adversity everyone will have that share which Fortune allots to him. For so long as each of our two peoples decides what is advantageous and disadvantageous on the basis of a different judgment, as is now the case, the friendship between us will not be enduring, particularly when those who are the first to plot against the others are either to gain an advantage if they succeed, or, if they fail, are to be secured by their kinship from any serious retribution, while those against whom the attempt is made, if they are subdued, are to suffer the extreme penalties, and if they escape, are not, like enemies, to remember their wrongs—as has happened in the present instance.

" Know, then, that the Romans last night came to the following resolutions, I myself having assembled the senate and proposed the decree : it is ordered

---

² ἡ R: om. B.　　　　　³ Schmitz : ἐχθροῖς O.

μὲν πόλιν ὑμῶν καθαιρεθῆναι καὶ μήτε τῶν
δημοσίων μήτε τῶν ἰδιωτικῶν κατασκευασμάτων
ὀρθὸν [1] ἐᾶσθαι [2] διαμένειν μηθὲν ἔξω τῶν ἱερῶν·
6 τοὺς δ' ἐν αὐτῇ πάντας ἔχοντας οὓς καὶ νῦν
ἔχουσι κλήρους ἀνδραπόδων τε καὶ βοσκημάτων
καὶ τῶν ἄλλων χρημάτων μηθὲν ἀφαιρεθέντας ἐν
Ῥώμῃ τὸν ἀπὸ τοῦδε χρόνον οἰκεῖν· ὅσην
τε τὸ κοινὸν ὑμῶν ἐκέκτητο γῆν τοῖς μηθένα
κλῆρον ἔχουσιν Ἀλβανῶν διαμερισθῆναι χωρὶς τῶν
ἱερῶν κτημάτων, ἐξ ὧν αἱ θυσίαι τοῖς θεοῖς
ἐγίνοντο. οἴκων [3] δὲ κατασκευῆς, ἐν οἷς τοὺς
βίους ἱδρύσεσθε οἱ μετανιστάμενοι, καθ' οὓς
ἔσονται τῆς πόλεως τόπους, ἐμὲ ποιήσασθαι
πρόνοιαν συλλαμβάνοντα τοῖς ἀπορωτάτοις ὑμῶν
7 τῆς εἰς τὰ ἔργα δαπάνης. καὶ τὸ μὲν ἄλλο
πλῆθος ὑμῶν μετὰ τῶν παρ' ἡμῖν δημοτικῶν
συντελεῖν εἰς φυλὰς καὶ φράτρας καταμερισθέν,
βουλῆς δὲ μετέχειν καὶ ἀρχὰς λαμβάνειν καὶ
τοῖς πατρικίοις προσνεμηθῆναι τούσδε τοὺς οἴκους·
Ἰουλίους, Σερουϊλίους, Κορατίους, Κοϊντιλίους,
Κλοιλίους, Γεγανίους,[4] Μετιλίους· Μέττιον δὲ
καὶ τοὺς σὺν τούτῳ βουλεύσαντας τὴν προδοσίαν
δίκας ὑποσχεῖν, ἃς ἂν ἡμεῖς τάξωμεν δικασταὶ
περὶ ἑκάστου τῶν ὑπαιτίων καθεζόμενοι· οὐθένα
γὰρ ἀποστερήσομεν κρίσεως οὐδὲ λόγου."

XXX. Ὡς δὲ ταῦτ' εἶπεν, ὅσοι μὲν ἦσαν
Ἀλβανῶν πένητες ἠγάπων εἰ Ῥώμην τε οἰκή-
σουσι καὶ τῆς γῆς κλῆρον ἕξουσι καὶ ἐπῄνουν

---

[1] ὀρθὸν B : ὀρθόν τι R (?).
[2] Kiessling : ἐᾶσαι O.
[3] Kiessling : οἰκιῶν O.

that your city be demolished and that no buildings, either public or private, be left standing except the temples; that all the inhabitants, while continuing in the possession of the allotments of land they now enjoy and being deprived of none of their slaves, cattle and other effects, reside henceforth at Rome; that such of your lands as belong to the public be divided among those of the Albans who have none, except the sacred possessions from which the sacrifices to the gods were provided; that I take charge of the construction of the houses in which you new-comers are to establish your homes, determining in what parts of the city they shall be, and assist the poorest among you in the expense of building; that the mass of your population be incorporated with our plebeians and be distributed among the tribes and *curiae*, but that the following families be admitted to the senate, hold magistracies and be numbered with the patricians, to wit, the Julii, the Servilii, the Curiatii, the Quintilii, the Cloelii, the Geganii, and the Metilii;[1] and that Mettius and his accomplices in the treachery suffer such punishments as we shall ordain when we come to sit in judgment upon each of the accused. For we shall deprive none of them either of a trial or of the privilege of making a defence."

XXX. At these words of Tullus the poorer sort of the Albans were very well satisfied to become residents of Rome and to have lands allotted to them, and they received with loud acclaim the terms

[1] *Cf.* Livy i. 30, 2.

---

[4] Steph. : γερανίους O. In all the MSS. except B γερανίους and μετιλίους follow σερουϊλίους.

μεγάλῃ βοῇ τὰ διδόμενα,[1] οἱ δὲ λαμπρότεροι
τοῖς ἀξιώμασι καὶ ταῖς τύχαις κρείττους ἤχθοντο,
εἰ δεήσει πόλιν τε τὴν γειναμένην αὐτοὺς ἐκλιπεῖν
καὶ προγονικὰς ἑστίας ἐρημῶσαι καὶ τὸ λοιπὸν
οἰκεῖν ἐν τῇ ξένῃ· οἷς οὐδὲν ἐπήει λέγειν εἰς
τὴν ἐσχάτην κατακεκλειμένοις ἀνάγκην. ὁ δὲ
Τύλλος ἐπειδὴ τὴν διάνοιαν εἶδε τῶν πολλῶν,
ἀπολογεῖσθαι τὸν Μέττιον ἐκέλευσεν, εἴ τι πρὸς
2 ταῦτα λέγειν βούλεται. οὐκ ἔχων δ' ὁ Μέττιος ὅ
τι χρὴ λέγειν πρὸς τοὺς κατηγοροῦντάς τε καὶ
καταμαρτυροῦντας τὴν Ἀλβανῶν βουλὴν ἔφησεν
αὐτῷ ταῦτα ὑποθέσθαι ποιεῖν δι' ἀπορρήτων,
ὅτε ἐξῆγε τὴν δύναμιν ἐπὶ τὸν πόλεμον, ἠξίου τε
τοὺς Ἀλβανούς, οἷς ἀνακτήσασθαι τὴν ἡγεμονίαν
ἐπεχείρει, βοηθεῖν αὐτῷ καὶ μήτε τὴν πατρίδα
κατασκαπτομένην περιορᾶν μήτε τοὺς ἐπιφανεστά-
τους τῶν πολιτῶν ἐπὶ τιμωρίαις[2] συναρπαζομένους.
ταραχῆς δὲ γινομένης κατὰ τὴν ἐκκλησίαν καί
τινων φεύγειν ἐπὶ τὰ ὅπλα ὡρμηκότων οἱ περι-
εστεφανωκότες τὸν ὄχλον ἀρθέντος σημείου τινὸς
3 ἀνέσχον τὰ ξίφη. περιφόβων δὲ γενομένων
ἁπάντων ἀναστὰς πάλιν ὁ Τύλλος εἶπεν· " Οὐδὲν
ἔτι [3] ἔξεστιν ὑμῖν νεωτερίζειν οὐδ' ἐξαμαρτάνειν,
ἄνδρες Ἀλβανοί. ἐὰν γὰρ [4] παρακινεῖν τι τολμή-
σητε, πάντες ἀπολεῖσθε ὑπὸ τούτων [5] (δείξας τοὺς
ἔχοντας τὰ ξίφη). δέχεσθε οὖν τὰ διδόμενα καὶ
γίνεσθε ἀπὸ τοῦ χρόνου τοῦδε Ῥωμαῖοι. δυεῖν
γὰρ ἀνάγκη θάτερον ὑμᾶς ποιεῖν ἢ Ῥώμην
κατοικεῖν ἢ μηδεμίαν ἑτέραν γῆν ἔχειν πατρίδα.

---

[1] διδόμενα B : λεγόμενα R.
[2] τιμωρίᾳ Cobet.

granted them. But those among them who were distinguished for their dignities and fortunes were grieved at the thought of having to leave the city of their birth and to abandon the hearths of their ancestors and pass the rest of their lives in a foreign country; nevertheless, being reduced to the last extremity, they could think of nothing to say. Tullus, seeing the disposition of the multitude, ordered Mettius to make his defence, if he wished to say anything in answer to the charges. But he, unable to justify himself against the accusers and witnesses, said that the Alban senate had secretly given him these orders when he led his army forth to war, and he asked the Albans, for whom he had endeavoured to recover the supremacy, to come to his aid and to permit neither their city to be razed nor the most illustrious of the citizens to be haled to punishment. Upon this, a tumult arose in the assembly and, some of them rushing to arms, those who surrounded the multitude, upon a given signal, held up their swords. And when all were terrified, Tullus rose up again and said: "It is no longer in your power, Albans, to act seditiously or even to make any false move. For if you dare attempt any disturbance, you shall all be slain by these troops (pointing to those who held their swords in their hands). Accept, then, the terms offered to you and become henceforth Romans. For you must do one of two things, either live at Rome or have no other country. For early this

---

[3] οὐδὲν ἔτι Bücheler : οὐδενὶ B, οὐδὲν A.

[4] ἐὰν γὰρ Cobet : εἰ γὰρ ἂν O, ὑμεῖς γὰρ ἂν Jacoby; εἰ γὰρ . . . τολμήσετε Hertlein.

[5] τουτωνί Cobet.

4 οἴχεται γὰρ ἕωθεν ἐκπεμφθεὶς ὑπ' ἐμοῦ Μάρκος
Ὁράτιος ἀναιρήσων τὴν πόλιν ὑμῶν ἐκ θεμε-
λίων καὶ τοὺς ἀνθρώπους ἅπαντας εἰς Ῥώμην
μετάξων. ταῦτα οὖν εἰδότες ὅσον οὔπω γενη-
σόμενα παύσασθε θανατῶντες καὶ ποιεῖτε τὰ
κελευόμενα. Μέττιον δὲ Φουφέττιον ἀφανῶς τε
ἡμῖν ἐπιβουλεύσαντα καὶ οὐδὲ νῦν ὀκνήσαντα ἐπὶ
τὰ ὅπλα τοὺς ταραχώδεις καὶ στασιαστὰς καλεῖν
τιμωρήσομαι τῆς κακῆς καὶ δολίου ψυχῆς ἀξίως."

5 Ταῦτα λέξαντος αὐτοῦ τὸ μὲν ἐρεθιζόμενον τῆς
ἐκκλησίας μέρος ἔπτηξεν, οἷα δὴ κρατούμενον
ἀνάγκῃ ἀφύκτῳ,[1] τὸν δὲ Φουφέττιον ἀγανακτοῦντα
ἔτι καὶ κεκραγότα μόνον τάς τε συνθήκας ἀνα-
καλούμενον, ἃς αὐτὸς ἐξηλέγχθη παρασπονδῶν,
καὶ οὐδ' ἐν κακοῖς τοῦ θράσους ὑφιέμενον οἱ
ῥαβδοῦχοι κελεύσαντος τοῦ βασιλέως Τύλλου
συλλαβόντες καὶ τὴν ἐσθῆτα περικαταρρήξαντες
6 ἔξαινον τὸ σῶμα μάστιξι πάνυ πολλαῖς. ἐπεὶ
δὲ ταύτης ἅλις εἶχε τῆς τιμωρίας, προσελάσαντες
δύο συνωρίδας τῇ μὲν ἑτέρᾳ προσήρτων τοὺς
βραχίονας αὐτοῦ, τῇ δ' ἑτέρᾳ τοὺς πόδας ῥυτῆρσι
κατεχομένους μακροῖς· ἐλαυνόντων δὲ τῶν ἡνιό-
χων τὰς συνωρίδας ἀπ' ἀλλήλων ξαινόμενός τε
περὶ τῇ γῇ καὶ ἀνθελκόμενος ὑφ' ἑκατέρας ἐπὶ
τἀναντία ὁ δείλαιος ἐν ὀλίγῳ διασπᾶται χρόνῳ.
7 Μέττιος μὲν δὴ Φουφέττιος οὕτως οἰκτρᾶς καὶ
ἀσχήμονος τελευτῆς ἔτυχε, τοῖς δ' ἑταίροις
αὐτοῦ καὶ συνειδόσι τὴν προδοσίαν[2] δικαστήρια
ὁ βασιλεὺς καθίσας τοὺς ἁλόντας ἐξ αὐτῶν
κατὰ τὸν τῶν λειποτακτῶν τε καὶ προδοτῶν
νόμον ἀπέκτεινεν.

XXXI. Ἐν ᾧ δὲ ταῦτ' ἐγίνετο χρόνῳ, Μάρκος

morning Marcus Horatius set forth, sent by me, to raze your city to the foundations and to remove all the inhabitants to Rome. Knowing, then, that these orders are as good as executed already, cease to court destruction and do as you are bidden. As for Mettius Fufetius, who has not only laid snares for us in secret but even now has not hesitated to call the turbulent and seditious to arms, I shall punish him in such manner as his wicked and deceitful heart deserves."

At these words, that part of the assembly which was in an irritated mood, cowered in fear, restrained by inevitable necessity. Fufetius alone still showed his resentment and cried out, appealing to the treaty which he himself was convicted of having violated, and even in his distress abated nothing of his boldness; but the lictors seized him at the command of King Tullus, and tearing off his clothes, scourged his body with many stripes. After he had been sufficiently punished in this manner, they brought up two teams of horses and with long traces fastened his arms to one of them and his feet to the other; then, as the drivers urged their teams apart, the wretch was mangled upon the ground and, being dragged by the two teams in opposite directions, was soon torn apart. This was the miserable and shameful end of Mettius Fufetius. For the trial of his friends and the accomplices of his treachery the king set up courts and put to death such of the accused as were found guilty, pursuant to the law respecting deserters and traitors.

XXXI. In [1] the meantime Marcus Horatius, who

[1] Cf. Livy i. 29.

---

[1] ἀφύκτῳ B : ἀφυλάκτῳ R.
[2] αὐτοῦ after προδοσίαν deleted by Cobet, Jacoby.

Ὁράτιος ὁ προαπεσταλμένος μετὰ τῶν ἐπιλέκτων
ἐπὶ τὴν καθαίρεσιν τῆς Ἄλβας ταχέως διανύσας
τὴν ὁδὸν καὶ καταλαβὼν πύλας τε ἀκλείστους καὶ
τεῖχος ἀφύλακτον εὐπετῶς γίνεται τῆς πόλεως
κύριος. συναγαγὼν δὲ τὸ πλῆθος εἰς ἐκκλησίαν
τά τε πραχθέντα κατὰ τὴν μάχην ἅπαντα ἐδήλωσεν
αὐτοῖς καὶ τὸ ψήφισμα τῆς Ῥωμαίων βουλῆς
2 διεξῆλθεν. ἀντιβολούντων δὲ τῶν ἀνθρώπων καὶ
χρόνον εἰς πρεσβείαν αἰτουμένων οὐδεμίαν ἀνα-
βολὴν ποιησάμενος τὰς μὲν οἰκίας καὶ τὰ τείχη
καὶ εἴ τι ἄλλο κατασκεύασμα ἰδιωτικὸν ἢ δημόσιον
ἦν κατέσκαπτε, τοὺς δὲ ἀνθρώπους μετὰ πολλῆς
φροντίδος παρέπεμπεν εἰς Ῥώμην ἄγοντάς τε
3 τὰ ἑαυτῶν χρήματα καὶ φέροντας· οὓς ὁ Τύλλος
ἀφικόμενος ἀπὸ στρατοπέδου ταῖς Ῥωμαίων
φυλαῖς καὶ φράτραις ἐπιδιεῖλεν οἰκήσεις τε
συγκατεσκεύασεν ἐν οἷς αὐτοὶ προηροῦντο τῆς
πόλεως τόποις καὶ τῆς δημοσίας γῆς τὴν ἀρκοῦσαν
τοῖς θητεύουσιν ἐξ αὐτῶν ἀπεμέριζε ταῖς τε
ἄλλαις φιλανθρωπίαις ἀνελάμβανε τὸ πλῆθος.
4 ἡ μὲν δὴ τῶν Ἀλβανῶν πόλις, ἣν ἔκτισεν Ἀσκάνιος
ὁ ἐξ Αἰνείου τοῦ Ἀγχίσου καὶ Κρεούσης τῆς
Πριάμου θυγατρός, ἔτη διαμείνασα μετὰ τὸν
οἰκισμὸν πεντακόσια τριῶν ἐπὶ τοῖς δέκα δέοντα,
ἐν οἷς πολλὴν ἔσχεν ἐπίδοσιν εἰς εὐανδρίαν τε
καὶ πλοῦτον καὶ τὴν ἄλλην ἅπασαν εὐδαιμονίαν,
ἡ τὰς τριάκοντα Λατίνων ἀποικίσασα πόλεις καὶ
πάντα τὸν χρόνον ἡγησαμένη τοῦ ἔθνους, ὑπὸ τῆς
ἐσχάτης ἀποκτίσεως [1] καθαιρεθεῖσα ἔρημος εἰς
τόδε χρόνου διαμένει.

---

[1] ἀποκτίσεως Cobet: ἀποικίσεως O, ἀποικήσεως Kiessling,
Jacoby.

had been sent on with the picked troops to destroy
Alba, having quickly made the march and finding
the gates open and the walls unguarded, easily made
himself master of the city. Then, assembling the
people, he informed them of everything which had
happened during the battle and read to them the
decree of the Roman senate. And though the
inhabitants had recourse to supplications and begged
for time in which to send an embassy, he proceeded
without any delay to raze the houses and walls and
every other building, both public and private; but
he conducted the inhabitants to Rome with great
care, permitting them to take their animals and their
goods with them. And Tullus, upon arriving from
the camp, distributed them among the Roman
tribes and *curiae*, assisted them in building houses in
such parts of the city as they themselves preferred,
allotted a sufficient portion of the public lands to
those of the labouring class, and by other acts of
humanity relieved the needs of the multitude.
Thus the city of Alba, which had been built by
Ascanius, the son whom Aeneas, Anchises' son, had
by Creusa, the daughter of Priam, after having
stood for four hundred and eighty-seven years from
its founding, during which time it had greatly in-
creased in population, wealth and every other form of
prosperity, and after having colonized the thirty
cities of the Latins and during all this time held the
leadership of that nation, was destroyed by the last
colony it had planted, and remains uninhabited to
this day.

5   Βασιλεὺς δὲ Τύλλος τὸν ἐπιόντα χειμῶνα δια-
λιπὼν ἔαρος ἀρχομένου στρατὸν ἐπὶ Φιδηναίους
πάλιν ἐξάγει. τοῖς δὲ Φιδηναίοις κοινῇ μὲν
οὐδ᾽ ἡτισοῦν βοήθεια ἐξ οὐδεμιᾶς τῶν συμμαχί-
δων ἀφίκετο πόλεων, μισθοφόροι δέ τινες ἐκ πολλῶν
συνερρύησαν τόπων, οἷς πιστεύσαντες ἐθάρρησαν
ἐκ τῆς πόλεως προελθεῖν· παραταξάμενοι δὲ καὶ
πολλοὺς μὲν [1] ἀποκτείναντες ἐν τῇ μάχῃ, πολλῷ
δ᾽ ἔτι πλείους ἀποβαλόντες [1] κατεκλείσθησαν
6   πάλιν εἰς τὸ ἄστυ. [2] ὡς δὲ περιχαρακώσας
αὐτῶν τὴν πόλιν ὁ Τύλλος καὶ περιταφρεύσας
εἰς τὴν ἐσχάτην κατέκλεισε τοὺς ἔνδον ἀπορίαν,
ἠναγκάσθησαν τῷ βασιλεῖ παραδοῦναι σφᾶς αὐτοὺς
ἐφ᾽ οἷς αὐτὸς ἐβούλετο. γενόμενος δὲ τὸν
τρόπον τοῦτον ὁ βασιλεὺς τῆς πόλεως κύριος τοὺς
αἰτίους τῆς ἀποστάσεως ἀποκτείνας, τοὺς δὲ
λοιποὺς ἅπαντας ἀπολύσας καὶ τὰ σφέτερα
πάντα καρποῦσθαι τὸν αὐτὸν ἐάσας τρόπον τήν
τε πολιτείαν, ἣν πρότερον εἶχον, ἀποδοὺς αὐτοῖς
διέλυσε τὴν στρατιὰν καὶ παραγενόμενος εἰς Ῥώμην
τὴν τροπαιοφόρον ἀπεδίδου τοῖς θεοῖς πομπήν τε
καὶ θυσίαν δεύτερον ἐκεῖνον κατάγων θρίαμβον.

XXXII. Μετὰ δὲ τοῦτον τὸν πόλεμον ἕτερος
ἀνέστη Ῥωμαίοις ἐκ τοῦ Σαβίνων ἔθνους, ἀρχὴ
δὲ αὐτοῦ καὶ πρόφασις ἐγένετο τοιάδε· ἱερόν
ἐστι κοινῇ τιμώμενον ὑπὸ Σαβίνων τε καὶ Λατίνων
ἅγιον ἐν τοῖς πάνυ θεᾶς Φερωνίας ὀνομαζομένης,
ἣν οἱ μεταφράζοντες εἰς τὴν Ἑλλάδα γλῶσσαν οἱ
μὲν Ἀνθοφόρον, οἱ δὲ Φιλοστέφανον, οἱ δὲ

---

[1] μὲν and πολλῷ δ᾽ ἔτι πλείους ἀποβαλόντες added by Jacoby,
following Hertlein and Cobet.
[2] ἄστυ B : αὐτὸ R.

138

King Tullus, after letting the following winter pass, led out his army once more against the Fidenates at the beginning of spring. These had publicly received no assistance whatever from any of the cities in alliance with them, but some mercenaries had resorted to them from many places, and relying upon these, they were emboldened to come out from their city; then, after arraying themselves for battle and slaying many in the struggle that ensued and losing even more of their own men, they were again shut up inside the town. And when Tullus had surrounded the city with palisades and ditches and reduced those within to the last extremity, they were obliged to surrender themselves to the king upon his own terms. Having in this manner become master of the city, Tullus put to death the authors of the revolt, but released all the rest, leaving them in the enjoyment of all their possessions in the same manner as before and restoring to them their previous form of government. He then disbanded his army, and returning to Rome, rendered to the gods the trophy-bearing procession and sacrifices of thanksgiving, this being the second triumph he celebrated.

XXXII. After [1] this war another arose against the Romans on the part of the Sabine nation, the beginning and occasion of which was this. There is a sanctuary, honoured in common by the Sabines and the Latins, that is held in the greatest reverence and is dedicated to a goddess named Feronia; some of those who translate the name into Greek call her *Anthophoros* or " Flower Bearer," others *Philostephanos* or " Lover of Garlands," and still others

[1] For chaps. 32 f. *cf.* Livy i. 30, 4–10.

Φερσεφόνην καλοῦσιν· εἰς δὴ τὸ ἱερὸν τοῦτο
συνήεσαν ἐκ τῶν περιοίκων πόλεων κατὰ τὰς
ἀποδεδειγμένας ἑορτὰς πολλοὶ μὲν εὐχὰς ἀπο-
διδόντες καὶ θυσίας τῇ θεῷ, πολλοὶ δὲ χρηματιού-
μενοι διὰ τὴν πανήγυριν ἔμποροί τε καὶ χειροτέχναι
καὶ γεωργοί, ἀγοραί τε αὐτόθι λαμπρόταται
τῶν ἐν ἄλλοις οἷστισι [1] τόποις τῆς Ἰταλίας ἀγο-
2 μένων ἐγίνοντο. εἰς ταύτην δὲ τὴν πανήγυριν
ἐλθόντας ποτὲ Ῥωμαίων ἄνδρας οὐκ ἀφανεῖς
Σαβῖνοί τινες [2] συναρπάσαντες ἔδησαν καὶ τὰ
χρήματα ἀφείλοντο, πρεσβείας τε περὶ αὐτῶν
ἀφικομένης οὐδὲν ἐβούλοντο τῶν δικαίων ποιεῖν,
ἀλλὰ καὶ τὰ σώματα καὶ τὰ χρήματα τῶν
συλληφθέντων κατεῖχον ἐγκαλοῦντες καὶ αὐτοὶ
Ῥωμαίοις, ὅτι τοὺς Σαβίνων φυγάδας ὑπεδέχοντο
κατασκευάσαντες ἄσυλον ἱερόν, ὑπὲρ ὧν ἐν
3 τῷ πρὸ τούτου λόγῳ δεδήλωταί μοι. ἐκ τούτων
δὴ τῶν ἐγκλημάτων εἰς πόλεμον καταστάντες
ἐξῇεσαν εἰς ὕπαιθρον ἀμφότεροι δυνάμεσι πολ-
λαῖς, γίνεταί τε αὐτῶν ἐκ παρατάξεως ἀγών·
διέμενον γὰρ [3] ἀγχωμάλως ἀγωνιζόμενοι καὶ
διελύθησαν ὑπὸ τῆς νυκτὸς ἀμφίλογον καταλιπόν-
τες τὸ νίκημα. ταῖς δ᾽ ἑξῆς ἡμέραις μαθόντες
ἀμφότεροι τῶν τε ἀπολωλότων καὶ τῶν τραυμα-
τιῶν τὸ πλῆθος οὐκέτι πεῖραν ἐβούλοντο ἑτέρου
λαβεῖν ἀγῶνος, ἀλλ᾽ ἐκλιπόντες τοὺς χάρακας
ἀπήεσαν.
4   Καὶ διαλιπόντες τὸν ἐνιαυτὸν ἐκεῖνον πάλιν
ἐξῇεσαν ἐπ᾽ ἀλλήλους μείζονας παρασκευασάμενοι
δυνάμεις, γίνεταί τε αὐτῶν περὶ πόλιν Ἡρητὸν

---

[1] οἷστισι Schäfer : τισὶ O, Jacoby.
[2] τινες B : τινες ἄνδρες R (?).

Persephonê. To this sanctuary people used to resort from the neighbouring cities on the appointed days of festival, many of them performing vows and offering sacrifice to the goddess and many with the purpose of trafficking during the festive gathering as merchants, artisans and husbandmen; and here were held fairs more celebrated than in any other places in Italy. At this festival some Romans of considerable importance happened to be present on a certain occasion and were seized by some of the Sabines, who imprisoned them and robbed them of their money. And when an embassy was sent concerning them, the Sabines refused to give any satisfaction, but retained both the persons and the money of the men whom they had seized, and in their turn accused the Romans of having received the fugitives of the Sabines by establishing a sacred asylum (of which I gave an account in the preceding Book [1]). As a result of these accusations the two nations became involved in war, and when both had taken the field with large forces a pitched battle occurred between them; and both sides continued to fight with equal fortunes until night parted them, leaving the victory in doubt. During the following days both of them, upon learning the number of the slain and wounded, were unwilling to hazard another battle but left their camps and retired.

They let that year pass without further action, and then, having increased their forces, they again marched out against one another and near the city of

[1] ii. 15.

---

[3] γὰρ O : δὲ Portus. To justify γὰρ Reiske supplied μάλα καρτερός after ἀγών.

ἀπὸ σταδίων ἑξήκοντα [1] καὶ ἑκατὸν τῆς Ῥώμης
ἀγών, ἐν ᾧ πολλοὺς μὲν ἀμφοτέρων συνέβη
πεσεῖν· ἰσορρόπου δὲ κἀκείνης τῆς μάχης ἐπὶ
πολὺν χρόνον διαμενούσης ἀνατείνας εἰς τὸν
οὐρανὸν τὰς χεῖρας ὁ Τύλλος εὔξατο τοῖς θεοῖς,
ἐὰν νικήσῃ τῇ τόθ' ἡμέρᾳ Σαβίνους, Κρόνου τε
καὶ Ῥέας καταστήσεσθαι δημοτελεῖς ἑορτάς,
ἃς ἄγουσι Ῥωμαῖοι καθ' ἕκαστον ἐνιαυτὸν ὅταν
ἅπαντας τοὺς ἐκ γῆς συγκομίσωσι καρπούς, καὶ
τὸν τῶν Σαλίων καλουμένων διπλασιάσειν ἀριθ-
μόν. οὗτοι δ' εἰσὶ πατέρων εὐγενῶν, ἐνοπλίους
ὀρχήσεις κινούμενοι πρὸς αὐλὸν ἐν τοῖς καθ-
ήκουσι χρόνοις καὶ ὕμνους τινὰς ᾄδοντες πατρίους,
5 ὡς ἐν τῷ προτέρῳ δεδήλωκα λόγῳ. μετὰ δὲ
τὴν εὐχὴν ταύτην θάρσος τι καταλαμβάνει τοὺς
Ῥωμαίους καὶ ὥσπερ ἀκμῆτες εἰς κάμνοντας
ὠσάμενοι διασπῶσι τὰς τάξεις αὐτῶν περὶ
δείλην ὀψίαν ἤδη καὶ ἀναγκάζουσι τοὺς πρωτο-
στάτας ἄρξαι φυγῆς, ἀκολουθήσαντές τε αὐτοῖς
φεύγουσιν ἐπὶ τὸν χάρακα καὶ περὶ τὰς τάφρους
πολλῷ πλείονας καταβαλόντες,[2] οὐδ' οὕτως ἀπ-
ετράποντο, ἀλλὰ παραμείναντες τὴν ἐπιοῦσαν νύκτα
καὶ τοὺς ἀπὸ τοῦ ἐρύματος μαχομένους ἀνείρ-
6 ξαντες ἐκράτησαν τῆς παρεμβολῆς. μετὰ δὲ
τοῦτο τὸ ἔργον ὅσην ἐβούλοντο τῆς [3] τῶν Σαβίνων
λεηλατήσαντες, ὡς οὐδεὶς αὐτοῖς ἔτι [4] περὶ τῆς
χώρας ἐξῄει μαχησόμενος, ἀπῄεσαν ἐπ' οἴκου.
ἀπὸ ταύτης τῆς μάχης τὸν τρίτον κατήγαγε
θρίαμβον ὁ βασιλεύς, καὶ μετ' οὐ πολὺ πρεσβευσα-
μένοις τοῖς Σαβίνοις καταλύεται τὸν πόλεμον
αἰχμαλώτους τε παρ' αὐτῶν κομισάμενος, οὓς

---

[1] ἑξήκοντα B: ἑπτὰ R.

Eretum, distant one hundred and sixty stades from
Rome, engaged in a battle in which many fell on both
sides. And when that battle also continued doubtful
for a long time, Tullus, lifting up his hands to
heaven, made a vow to the gods that if he conquered
the Sabines that day he would institute public festivals
in honour of Saturn and Ops (the Romans celebrate
them every year after they have gathered in all the
fruits of the earth [1]) and would double the number of
the Salii, as they are called. These are youths of noble
families who at appointed times dance, fully armed,
to the sound of the flute and sing certain traditional
hymns, as I have explained in the preceding Book.[2]
After this vow the Romans were filled with a kind
of confidence and, like fresh troops falling on those
that are exhausted, they at last broke the enemy's
lines in the late afternoon and forced the first ranks
to begin flight. Then, pursuing them as they fled
to their camp, they cut down many more round the
trenches, and even then did not turn back, but
having stayed there the following night and cleared
the ramparts of their defenders, they made themselves
masters of the camp. After this action they ravaged
as much of the territory of the Sabines as they wished,
but when no one any longer came out against them to
protect the country, they returned home. Because of
this victory the king triumphed a third time; and not
long afterwards, when the Sabines sent ambassadors,
he put an end to the war, having first received from

[1] The Saturnalia and Opalia, in mid-December.
[2] ii. 70.

---

[2] καταβαλόντες B : καταλαβόντες R.
[3] τῆς B : γῆν R.
[4] ἔτι Naber : οὐκέτι O, Jacoby.

ἐτύγχανον εἰληφότες ἐν ταῖς προνομαῖς, καὶ
αὐτομόλους, βοσκημάτων τε καὶ ὑποζυγίων καὶ
τῶν ἄλλων χρημάτων ὅσα τοὺς γεωργοὺς ἀφ-
είλοντο, ἣν ἔταξεν ἡ βουλὴ τῶν Ῥωμαίων ζημίαν
τιμησαμένη τὰς βλάβας πρὸς ἀργύριον, ἀναπράξας.

XXXIII. Ἐπὶ τούτοις καταλυσάμενοι τὸν
πόλεμον οἱ Σαβῖνοι καὶ τῶν ὁμολογιῶν στήλας
ἀντιγράφους θέντες ἐν τοῖς ἱεροῖς, ἐπειδὴ συνέστη
Ῥωμαίοις πρὸς τὰς Λατίνων πόλεις κοινῇ
συνισταμένας [1] πόλεμος οὐ ῥᾴδιος ἐν ὀλίγῳ
καθαιρεθῆναι χρόνῳ (δι’ ἃς δὲ αἰτίας ὀλίγον [2]
ὕστερον ἐρῶ), δεξάμενοι τὸ συμβὰν ἀγαπητῶς
ὅρκων μὲν ἐκείνων καὶ συνθηκῶν ὥσπερ οὐδὲ
γεγενημένων ἐπελάθοντο, καιρὸν δὲ νομίσαντες
ἐπιτήδειον ἔχειν ὧν ἐξέτισαν Ῥωμαίοις χρημάτων
πολλαπλάσια παρ’ αὐτῶν ἀπολαβεῖν, ὀλίγοι μὲν
τὸ πρῶτον καὶ ἀφανῶς ἐξιόντες ἐληΐζοντο τὴν
2 ὅμορον· ἔπειτα δὲ πολλοὶ συνιόντες καὶ ἐκ τοῦ
φανεροῦ, ἐπεὶ τὰ πρῶτα κατὰ γνώμην αὐτοῖς
ἐχώρησεν οὐδεμιᾶς ἐπὶ τὴν φυλακὴν τῶν γεωργῶν
ἀφικομένης βοηθείας, καταφρονήσαντες τῶν πολε-
μίων ἐπ’ αὐτὴν διενοοῦντο τὴν Ῥώμην ἐλαύνειν
καὶ συνῆγον ἐξ ἁπάσης πόλεως στρατόν, διελέγον-
το δὲ καὶ ταῖς Λατίνων πόλεσι περὶ συμ-
3 μαχίας. οὐ μὴν ἐξεγένετό γε αὐτοῖς φιλίαν τε
καὶ ὁμαιχμίαν ποιήσασθαι πρὸς τὸ ἔθνος· μαθὼν
γὰρ τὴν διάνοιαν αὐτῶν ὁ Τύλλος ἀνοχὰς πρὸς

---

[1] συνισταμένας B : συνηρπαγμένας R ; συνηρραγμένος Reiske,
συνηρμοσμένας Schaller, συντεταγμένας Naber. None of these
emendations gives so satisfactory a meaning as B’s reading,
the one objection to which is the presence of συνέστη in the
immediate context.

[2] Kallenberg : ὀλίγῳ O, Jacoby.

them the captives that they had taken in their foraging expeditions, together with the deserters, and levied the penalty which the Roman senate, estimating the damage at a certain sum of money, had imposed upon them for the cattle, the beasts of burden and the other effects that they had taken from the husbandmen.

XXXIII. Although the Sabines had ended the war upon these conditions and had set up pillars in their temples on which the terms of the treaty were inscribed, nevertheless, as soon as the Romans were engaged in a war not likely to be soon terminated against the cities of the Latins, who had all united against them, for reasons which I shall presently [1] mention, they welcomed the situation and forgot those oaths and the treaty as much as if they never had been made. And thinking that they now had a favourable opportunity to recover from the Romans many times as much money as they had paid them, they went out, at first in small numbers and secretly, and plundered the neighbouring country; but afterwards many met together and in an open manner, and since their first attempt had turned out as they wished and no assistance had come to the defence of the husbandmen, they despised their enemies and proposed to march even on Rome itself, for which purpose they were gathering an army out of every city. They also made overtures to the cities of the Latins with regard to an alliance, but were not able to conclude a treaty of friendship and alliance with that nation. For Tullus, being informed of their intention, made a truce with the Latins and

[1] In chap. 34.

Λατίνους ποιησάμενος ἐπὶ τούτους ἔγνω στρατὸν
ἐξάγειν, τήν τε Ῥωμαίων ἅπασαν δύναμιν καθ-
οπλίσας διπλασίαν οὖσαν ἤδη τῆς πρότερον,
ἐξ οὗ τὴν Ἀλβανῶν πόλιν προσέλαβε, καὶ ἀπὸ
τῶν ἄλλων συμμάχων ἐπικουρικὸν ὅσον πλεῖστον
4 ἐδύνατο μεταπεμψάμενος. συνῆκτο δὲ καὶ τοῖς
Σαβίνοις ἤδη τὸ στράτευμα, καὶ ἐπειδὴ πλησίον
ἀλλήλων ἐγένοντο περὶ τὴν καλουμένην ὕλην
κακοῦργον ὀλίγον τὸ μεταξὺ χωρίον ἀφέντες
κατεστρατοπεδεύσαντο. τῇ δ᾽ ἑξῆς ἡμέρᾳ συμ-
πεσόντες ἐμάχοντο καὶ ἦσαν ἰσόρροποι μέχρι
πολλοῦ· ἤδη δὲ περὶ δείλην ὀψίαν ἐγκλίνουσιν οἱ
Σαβῖνοι βιασθέντες ὑπὸ τοῦ Ῥωμαίων ἱππικοῦ
καὶ πολὺς αὐτῶν γίνεται φόνος ἐν τῇ φυγῇ·
Ῥωμαῖοι δὲ νεκρούς τε τῶν πολεμίων σκυλεύ-
σαντες καὶ χρήματα ὅσα ἦν ἐν τῷ χάρακι δι-
αρπάσαντες τῆς τε χώρας τὴν κρατίστην λεηλατή-
σαντες ἀπῆεσαν ἐπ᾽ οἴκου. τοῦτο τὸ τέλος
ἔλαβεν ὁ συμβὰς Ῥωμαίοις πρὸς Σαβίνους
πόλεμος ἐπὶ τῆς Τύλλου ἀρχῆς.

XXXIV. Αἱ δὲ τῶν Λατίνων πόλεις Ῥωμαίοις
ἐγένοντο διάφοροι τότε πρῶτον, οὐκ ἀξιοῦσαι κατ-
εσκαμμένης τῆς Ἀλβανῶν πόλεως τοῖς ἀνῃρηκόσιν
αὐτὴν Ῥωμαίοις τὴν ἡγεμονίαν παραδιδόναι.[1]
ἐτῶν γὰρ διαγενομένων πεντεκαίδεκα μετὰ τὸν
ἀφανισμὸν τῆς Ἄλβας πρεσβείας[2] ἀποστείλας
ὁ τῶν Ῥωμαίων βασιλεὺς εἰς τὰς ἀποίκους τε
καὶ ὑπηκόους αὐτῆς τριάκοντα πόλεις ἠξίου
πείθεσθαι τοῖς ὑπὸ Ῥωμαίων ἐπιταττομένοις,
ὡς παρειληφότων αὐτῶν ἅμα τοῖς ἄλλοις οἷς
εἶχον Ἀλβανοὶ καὶ τὴν ἡγεμονίαν τοῦ Λατίνων

---

[1] παραδιδόναι B : παραδοῦναι R.

determined to march against the Sabines; and to this end he armed all the forces of the Romans, which since he had annexed the Alban state, were double the number they had been before, and sent to his other allies for all the troops they could furnish. The Sabines, too, had already assembled their army, and when the two forces drew near one another they encamped near a place called the Knaves' Wood,[1] leaving a small interval between them. The next day they engaged and the fight continued doubtful for a long time; but at length, in the late afternoon, the Sabines gave way, unable to stand before the Roman horse, and many of them were slain in the flight. The Romans stripped the spoils from the dead, plundered their camp and ravaged the best part of the country, after which they returned home. This was the outcome of the war that occurred between the Romans and the Sabines in the reign of Tullus.

XXXIV. The cities of the Latins now became at odds with the Romans for the first time, being unwilling after the razing of the Albans' city to yield the leadership to the Romans who had destroyed it. It seems that when fifteen years had passed after the destruction of Alba the Roman king, sending embassies to the thirty cities which had been at once colonies and subjects of Alba, summoned them to obey the orders of the Romans, inasmuch as the Romans had succeeded to the Albans' supremacy over the Latin race as well as to everything else that the Albans had

---

[1] *Silva malitiosa* (Livy i. 30, 9), probably a hide-out of brigands.

[2] πρεσβείας B: πρέσβεις R.

ἔθνους, δύο μὲν ἀποφαίνων τρόπους κτήσεως,
καθ' οὓς ἄνθρωποι γίνονται τῶν ἀλλοτρίων κύριοι,
τόν τε ἀναγκαῖον καὶ τὸν ἑκούσιον, Ῥωμαίους
δὲ λέγων καθ' ἑκάτερον τὸν τρόπον παρειλη-
φέναι τὴν ἡγεμονίαν ὧν εἶχον Ἀλβανοὶ πόλεων.
2 πολεμίων τε γὰρ αὐτῶν σφισι γενομένων τοῖς
ὅπλοις κεκρατηκέναι καὶ τὴν πόλιν τὴν ἑαυτῶν
ἀπολωλεκόσι τῆς ἰδίας αὐτοῖς μεταδεδωκέναι·
ὥστε καὶ ἄκουσιν Ἀλβανοῖς καὶ ἑκοῦσι προσήκειν
ἐξεστάναι Ῥωμαίοις τῆς τῶν ὑπηκόων ἀρχῆς.
3 αἱ δὲ τῶν Λατίνων πόλεις ἰδίᾳ μὲν οὐδὲν ἀπ-
εκρίναντο πρὸς τοὺς πρέσβεις, κοινῇ δὲ τοῦ ἔθνους
ἀγορὰν ἐν Φερεντίνῳ ποιησάμενοι ψηφίζονται
μὴ παραχωρεῖν Ῥωμαίοις τῆς ἀρχῆς καὶ αὐτίκα
αἱροῦνται δύο στρατηγοὺς αὐτοκράτορας εἰρήνης
τε καὶ πολέμου, Ἄγκον Ποπλίκιον ἐκ πόλεως
Κόρας καὶ Σπούσιον Οὐεκίλιον ἐκ Λαουϊνίου.
4 διὰ ταύτας μὲν δὴ τὰς αἰτίας συνέστη Ῥωμαίοις
ὁ πρὸς τοὺς ὁμοεθνεῖς πόλεμος, προὔβη δὲ ἄχρι
πενταετοῦς χρόνου πολιτικός τις γενόμενος καὶ
ἀρχαϊκός. οὔτε γὰρ ἐκ παρατάξεως ὅλοις τοῖς
στρατεύμασι πρὸς ὅλα συμβάλλουσι μεγάλη συμ-
φορὰ καὶ φθόρος ὁλοσχερὴς συνέβη οὔτε πόλις
αὐτῶν οὐδεμία πολέμῳ κρατηθεῖσα κατασκαφῆς
ἢ ἀνδραποδισμοῦ ἢ ἄλλης τινὸς ἀνηκέστου συμ-
φορᾶς ἐπειράθη· ἀλλ' ἐμβαλόντες εἰς τὴν ἀλλήλων
γῆν ὑπὸ τὴν ἀκμὴν τοῦ σίτου καὶ προνομεύσαντες

---

[1] Dionysius frequently gives this name to the place of
assembly of the Latins, as if there had been a town there.
Livy usually says ad lucum Ferentinae ("at the grove of
Ferentina") but also speaks of the aqua Ferentina ("spring of
Ferentina"). This place should not be confused with the

possessed. He pointed out that there were two
methods of acquisition by which men became masters
of what had belonged to others, one the result of
compulsion, the other of choice, and that the Romans
had by both these methods acquired the supremacy
over the cities which the Albans had held. For when
the Albans had become enemies of the Romans,
the latter had conquered them by arms, and after the
others had lost their own city the Romans had given
them a share in theirs, so that it was but reasonable
that the Albans both perforce and voluntarily should
yield to the Romans the sovereignty they had
exercised over their subjects. The Latin cities gave
no answer separately to the ambassadors, but in a
general assembly of the whole nation held at Ferentin-
um [1] they passed a vote not to yield the sovereignty
to the Romans, and immediately chose two generals,
Ancus Publicius of the city of Cora and Spusius
Vecilius of Lavinium, and invested them with
absolute power with regard to both peace and war.
These were the causes of the war between the
Romans and their kinsmen, a war that lasted for
five years and was carried on more or less like a
civil war and after the ancient fashion. For, as they
never engaged in pitched battles with all their
forces ranged against all those of the foe, no great
disaster occurred nor any wholesale slaughter, and
none of their cities went through the experience
of being razed or enslaved or suffering any other
irreparable calamity as the result of being captured
in war; but making incursions into one another's
country when the corn was ripe, they foraged it, and

[1] Ferentinum situated on the Via Latina in the land of the
Hernicans.

ἀπῆγον ἐπ' οἴκου τὰς δυνάμεις διαμειβόμενοι
5 τοὺς αἰχμαλώτους. μίαν δὲ πόλιν ἐκ τοῦ
Λατίνων ἔθνους Μεδυλλίαν παλαίτερον ἔτι Ῥω-
μαίων ἀποικίαν γενομένην ἐπὶ τῆς Ῥωμύλου
ἀρχῆς, ὡς ἐν τῷ πρὸ τούτου δεδήλωκα λόγῳ,
μεταθεμένην αὖθις ὡς τοὺς ὁμοεθνεῖς πολιορκίᾳ
παραστησάμενος ὁ τῶν Ῥωμαίων βασιλεὺς ἔπεισε
μηθὲν ἔτι νεωτερίζειν· ἄλλο δ' οὐθὲν ὧν οἱ
πόλεμοι φέρουσι δεινῶν οὐδετέροις ἐν τῷ τότε
συνέβη χρόνῳ. τοιγάρτοι ῥᾴδιαί τε καὶ οὐδὲν
ἔγκοτον ἔχουσαι προθυμηθέντων Ῥωμαίων αἱ
διαλύσεις ἐπετελέσθησαν.

XXXV. Ταῦτα διαπραξάμενος ἐπὶ τῆς ἰδίας
ἀρχῆς βασιλεὺς Τύλλος Ὁστίλιος, ἀνὴρ ἐν ὀλίγοις
ἄξιος εὐλογεῖσθαι τῆς τε εὐτολμίας ἕνεκα τῆς
πρὸς τὰ πολέμια καὶ τῆς φρονήσεως τῆς περὶ τὰ
δεινά, ὑπὲρ ἄμφω δὲ ταῦτα, ὅτι οὐ ταχὺς ὢν εἰς
πόλεμον ἰέναι βέβαιος ἦν καταστὰς εἰς αὐτὸν ἐν
ἅπασι τῶν ἀντιπάλων προέχειν, ἔτη δὲ κατα-
σχὼν τὴν ἀρχὴν δύο καὶ τριάκοντα τελευτᾷ
τὸν βίον ἐμπρησθείσης τῆς οἰκίας, καὶ σὺν
αὐτῷ γυνή τε ἀπόλλυται καὶ τέκνα καὶ ὁ ἄλλος
οἰκετικὸς ἅπας ὄχλος καταληφθεὶς ὑπὸ τοῦ
2 πυρός. καταπρησθῆναι δὲ τὴν οἰκίαν οἱ μὲν
ὑπὸ κεραυνοῦ[1] λέγουσι μηνίσαντος τοῦ θεοῦ
δι' ὀλιγωρίαν ἱερῶν τινων (ἐκλιπεῖν γὰρ ἐπὶ τῆς
ἀρχῆς τῆς ἐκείνου πατρίους τινὰς θυσίας, ἑτέρας
δ' οὐχ ὑπαρχούσας ἐπιχωρίους Ῥωμαίοις παρ-
αγαγεῖν αὐτὸν[2]), οἱ δὲ πλείους ἐξ ἀνθρωπίνης φασὶν
ἐπιβουλῆς τὸ πάθος γενέσθαι ἀνατιθέντες τὸ
ἔργον Μαρκίῳ τῷ μετ' ἐκεῖνον ἄρξαντι τῆς

---

[1] κεραυνοῦ R : κεραυνῶν B.

then, returning home with their armies, exchanged prisoners. However, one city of the Latin nation called Medullia, which earlier had become a colony of the Romans in the reign of Romulus, as I stated in the preceding Book,[1] and had revolted again to their countrymen, was brought to terms after a siege by the Roman king and persuaded not to revolt for the future; but no other of the calamities which wars bring in their train was felt by either side at that time. Accordingly, as the Romans were eager for peace, a treaty was readily concluded that left no rancour.[2]

XXXV. These [3] were the achievements performed during his reign by King Tullus Hostilius, a man worthy of exceptional praise for his boldness in war and his prudence in the face of danger, but, above both these qualifications, because, though he was not precipitate in entering upon a war, when he was once engaged in it he steadily pursued it until he had the upper hand in every way over his adversaries. After he had reigned thirty-two years he lost his life when his house caught fire, and with him his wife and children and all his household perished in the flames. Some say that his house was set on fire by a thunder-bolt, Heaven having become angered at his neglect of some sacred rites (for they say that in his reign some ancestral sacrifices were omitted and that he introduced others that were foreign to the Romans), but the majority state that the disaster was due to human treachery and ascribe it to Marcius, who

---

[1] ii. 36, 2.   [2] Cf. Livy i. 32, 3.
[3] Cf. Livy i. 31, 5-8.

---

[2] παραγαγεῖν αὐτόν Capps : παραγαγεῖν O, παρεισαχθῆναι Sylburg.

3 πόλεως. τοῦτον γὰρ ἐκ τῆς Νόμα Πομπιλίου
θυγατρὸς γενόμενον ἄχθεσθαί τε ὅτι ἐκ βασιλείου
γένους πεφυκὼς αὐτὸς ἰδιώτης ἦν, καὶ γένος
ἐπιτρεφόμενον [1] ὁρῶντα τῷ Τύλλῳ παντὸς μάλιστα
ὑποπτεύειν, εἴ τι πάθοι Τύλλος, εἰς τοὺς ἐκείνου
παῖδας ἥξειν τὴν ἀρχήν. ταῦτα δὴ διανοού-
μενον ἐκ πολλοῦ στήσασθαι κατὰ τοῦ βασιλέως
ἐπιβουλὴν πολλοὺς ἔχοντα Ῥωμαίων τοὺς συγ-
κατασκευάζοντας αὐτῷ τὴν δυναστείαν, φίλον
δὲ ὄντα τοῦ Τύλλου καὶ ἐν τοῖς μάλιστα πιστευό-
μενον φυλάττειν ὅτε καιρὸς ἐπιτήδειος φανείη
4 τῆς ἐπιθέσεως. μέλλοντος δὲ τοῦ Τύλλου θυσίαν
τινὰ κατ' οἶκον ἐπιτελεῖν, ἣν αὐτοὺς μόνον ἐβούλετο
τοὺς ἀναγκαίους εἰδέναι, καὶ κατὰ δαίμονα τῆς
ἡμέρας ἐκείνης χειμερίου σφόδρα γενομένης κατά
τε ὄμβρον καὶ ζάλην καὶ σκότος,[2] ὥστ' ἔρημον
ἀπολειφθῆναι τὸν πρὸ τῆς οἰκίας τόπον τῶν
φυλαττόντων, ἐπιτήδειον ὑπολαμβάνοντα τὸν καιρὸν
ἅμα τοῖς ἑταίροις ἔχουσιν ὑπὸ ταῖς περιβολαῖς τὰ
ξίφη παρελθεῖν εἴσω τῶν θυρῶν, ἀποκτείναντα
δὲ τὸν βασιλέα καὶ τοὺς παῖδας αὐτοῦ καὶ τῶν
ἄλλων ὅσοις ἐνέτυχεν [3] ἐνεῖναι πῦρ εἰς τὴν
οἰκίαν κατὰ πολλοὺς τόπους, ταῦτα δὲ πράξαντα
τὸν ὑπὲρ τῆς κεραυνώσεως διασπεῖραι λόγον.
5 ἐγὼ δὲ τοῦτον μὲν οὐ δέχομαι τὸν λόγον οὔτ'
ἀληθῆ νομίζων [4] οὔτε πιθανόν, τῷ δὲ προτέρῳ
μᾶλλον προστιθέμενος κατὰ δαίμονα νομίζω τὸν
ἄνδρα ταύτης τῆς τελευτῆς τυχεῖν. οὔτε γὰρ
ἀπόρρητον φυλαχθῆναι τὴν πρᾶξιν ὑπὸ πολλῶν
συσκευαζομένην εἰκὸς ἦν, οὔτε τῷ συστήσαντι

---

[1] ἐπιτρεφόμενον B : ὑπογραφόμενον R.

ruled the state after him. For they say that this man, who was the son of Numa Pompilius' daughter, was indignant at being in a private station himself, though of royal descent, and seeing that Tullus had children growing up, he suspected very strongly that upon the death of Tullus the kingdom would fall to them. With these thoughts in mind, they say, he had long since formed a plot against the king, and had many of the Romans aiding him to gain the sovereignty; and being a friend of Tullus and one of his closest confidants, he was watching for a suitable opportunity to appear for making his attack. Accordingly, when Tullus proposed to perform a certain sacrifice at home which he wished only his near relations to know about and that day chanced to be very stormy, with rain and sleet and darkness, so that those who were upon guard before the house had left their station, Marcius, looking upon this as a favourable opportunity, entered the house together with his friends, who had swords under their garments, and having killed the king and his children and all the rest whom he encountered, he set fire to the house in several places, and after doing this spread the report that the fire had been due to a thunderbolt. But for my part I do not accept this story, regarding it as neither true nor plausible, but I subscribe rather to the former account, believing that Tullus met with this end by the judgment of Heaven. For, in the first place, it is improbable that the undertaking in which so many were concerned could have been kept secret, and, besides, the author

---

² Jacoby: σκότον O.   ³ Kayser: ἔτυχεν O.
        ⁴ Reiske: νομίζω O.

αὐτὴν βέβαιον ἦν ὅτι μετὰ τὴν Ὁστιλίου τελευτὴν
ἐκεῖνον ἀποδείξουσι Ῥωμαῖοι βασιλέα τῆς πόλεως,
οὔτ', εἰ τὰ παρ' ἀνθρώπων αὐτῷ πιστὰ καὶ
βέβαια ἦν, τά γέ τοι παρὰ τῶν θεῶν ὅμοια
6 ἔμελλε ταῖς ἀνθρωπίναις ἀγνοίαις ἔσεσθαι. μετὰ
γὰρ τὴν ὑπὸ τῶν φυλῶν γενησομένην ψηφοφορίαν
τοὺς θεοὺς ἔδει τὴν βασιλείαν αὐτῷ δι' οἰωνῶν
αἰσίων ἐπιθεσπίσαι· ἄνδρα δὲ μιαρὸν καὶ τοσού-
τοις ἡμαγμένον φόνοις ἀδίκοις [1] τίς ἔμελλε θεῶν
ἢ δαιμόνων παρήσειν βωμοῖς τε προσιόντα καὶ
θυμάτων καταρχόμενον καὶ τὰς ἄλλας ἐπιτελοῦντα
θεραπείας; ἐγὼ μὲν δὴ διὰ ταῦτα οὐκ εἰς ἀνθρω-
πίνην ἐπιβουλὴν ἀλλ' εἰς θεοῦ βούλησιν τὸ
ἔργον ἀναφέρω· κρινέτω δ' ἕκαστος ὡς βούλεται.

XXXVI. Μετὰ δὲ τὴν Ὁστιλίου Τύλλου
τελευτὴν ἡ μεσοβασίλειος ὑπὸ τῆς βουλῆς ἀποδειχ-
θεῖσα ἀρχὴ κατὰ τοὺς πατρίους ἐθισμοὺς αἱρεῖται
βασιλέα τῆς πόλεως Μάρκιον ἐπίκλησιν Ἄγκον·
ἐπικυρώσαντος δὲ τοῦ δήμου τὰ δόξαντα τῇ βουλῇ
καὶ τῶν ἐκ τοῦ θεοῦ καλῶν γενομένων συντελέσας
τὰ κατὰ νόμον ἅπαντα παραλαμβάνει τὴν ἀρχὴν
ὁ Μάρκιος ἐνιαυτῷ δευτέρῳ τῆς τριακοστῆς καὶ
πέμπτης ὀλυμπιάδος, ἣν ἐνίκα [2] Σφαῖρος Λακεδαι-
μόνιος,[3] καθ' ὃν χρόνον Ἀθήνησι τὴν ἐνιαύσιον
2 ἀρχὴν εἶχε Δαμασίας. οὗτος ὁ βασιλεὺς πολλὰς
τῶν ἱερουργιῶν ἀμελουμένας καταμαθών, ἃς
ὁ μητροπάτωρ αὐτοῦ Πομπίλιος Νόμας κατεστή-

[1] Kiessling : ἀδίκως O.
[2] ἐνίκα O : ἐνίκα στάδιον Jacoby. In four other passages
the MSS. omit στάδιον in this phrase; Jacoby omits the
word in vi. 34 and ix. 61, but supplies it in iii. 46 and xi. 1.
[3] λακεδαιμόνιος B : ὁ λακεδαιμόνιος R(?), Jacoby.

of it could not be certain that after the death of
Hostilius the Romans would choose him as king
of the state; furthermore, even if men were loyal to
him and steadfast, yet it was unlikely that the gods
would act with an ignorance resembling that of men.
For after the tribes had given their votes, it would be
necessary that the gods, by auspicious omens, should
sanction the awarding of the kingdom to him;
and which of the gods or other divinities was going
to permit a man who was impure and stained with the
unjust murder of so many persons to approach the
altars, begin the sacrifices, and perform the other
religious ceremonies? I, then, for these reasons do
not attribute the catastrophe to the treachery of
men, but to the will of Heaven; however, let every-
one judge as he pleases.

XXXVI. After [1] the death of Tullus Hostilius,
the *interreges* appointed by the senate according
to ancestral usage chose Marcius, surnamed
Ancus, king of the state; and when the people
had confirmed the decision of the senate and the
signs from Heaven were favourable, Marcius,
after fulfilling all the customary requirements,
entered upon the government in the second year
of the thirty-fifth Olympiad [2] (the one in which
Sphaerus, a Lacedaemonian, gained the prize [3]),
at the time when Damasias held the annual
archonship at Athens. This king, finding that
many of the religious ceremonies instituted by
Numa Pompilius, his maternal grandfather, were

---

[1] *Cf.* Livy i. 32, 1 f.
[2] 638 B.C.
[3] In the short-distance foot-race. See critical note.

σατο, πολεμιστάς τε καὶ πλεονέκτας τοὺς πλεί-
στους Ῥωμαίων γεγονότας ὁρῶν καὶ οὐκέτι
τὴν γῆν ὡς πρότερον ἐργαζομένους, συναγαγὼν
εἰς ἐκκλησίαν τὸ πλῆθος τά τε θεῖα σέβειν αὐτοὺς
ἠξίου πάλιν, ὥσπερ ἐπὶ Νόμα διετέλουν σέβοντες,
διεξιὼν ὅτι παρὰ τὴν τῶν θεῶν ὀλιγωρίαν νόσοι τε
λοιμικαὶ πολλαὶ κατέσκηψαν εἰς τὴν πόλιν,
ὑφ' ὧν ἐφθάρη μοῖρα τοῦ πλήθους οὐκ ὀλίγη, καὶ
βασιλεὺς Ὁστίλιος ὁ μὴ ποιούμενος αὐτῶν ἦν
ἔδει φυλακὴν κάμνων ἐπὶ πολλοὺς χρόνους τὸ
σῶμα πάθεσι παντοδαποῖς καὶ οὐδὲ τῆς γνώμης
ἔτι τῆς αὐτοῦ [1] καρτερὸς διαμένων, ἀλλὰ συν-
διαφθαρεὶς τῷ σώματι τὰς φρένας, οἰκτρᾶς
καταστροφῆς ἔτυχεν αὐτός τε καὶ γένος τὸ ἐξ
3 αὐτοῦ· πολιτείας τε ἀγωγὴν τὴν ὑπὸ Νόμα
κατασταθεῖσαν Ῥωμαίοις ἐπαινῶν ὡς καλὴν
καὶ σώφρονα καὶ ἀπὸ τῶν δικαιοτάτων ἔργων τὰς
καθ' ἡμέραν ἑκάστῳ παρέχουσαν εὐπορίας,
ἀνανεώσασθαι πάλιν αὐτὴν παρεκάλει γεωργίαις
τε καὶ κτηνοτροφίαις καὶ ταῖς ἄλλαις ἐργασίαις,
ὅσαις μηθὲν ἀδίκημα προσῆν, ἁρπαγῆς δὲ καὶ
βίας καὶ τῶν ἐκ τοῦ πολέμου γινομένων ὠφελειῶν
4 ὑπεριδεῖν. ταῦτα καὶ τὰ τούτοις ὅμοια διαλεγό-
μενος καὶ εἰς πολλὴν ἐπιθυμίαν καθιστὰς ἅπαντας
ἡσυχίας ἀπολέμου καὶ φιλεργίας σώφρονος καὶ
μετὰ τοῦτο συγκαλέσας τοὺς ἱεροφάντας καὶ τὰς
περὶ τῶν ἱερῶν συγγραφάς, ἃς Πομπίλιος συνεστή-
σατο, παρ' αὐτῶν λαβὼν ἀνέγραψεν εἰς δέλτους
καὶ προὔθηκεν ἐν ἀγορᾷ πᾶσι τοῖς βουλομένοις
σκοπεῖν, ἃς ἀφανισθῆναι συνέβη τῷ χρόνῳ·
χαλκαῖ γὰρ οὔπω στῆλαι τότε ἦσαν, ἀλλ' ἐν

---

[1] Steph. : αὐτῆς A, αὐτῆς B.

being neglected, and seeing the greatest part
of the Romans devoted to the pursuit of war and
gain and no longer cultivating the land as afore-
time, assembled the people and exhorted them
to worship the gods once more as they had done
in Numa's reign. He pointed out to them that
it was owing to their neglect of the gods that not
only many pestilences had fallen upon the city,
by which no small part of the population had been
destroyed, but also that King Hostilius, who had
not shown the proper regard for the gods, had
suffered for a long time from a complication of
bodily ailments and at last, no longer sound even
in his understanding but weakened in mind as
well as in body, had come to a pitiable end, both
he and his family. He then commended the
system of government established by Numa for
the Romans as excellent and wise and one which
supplied every citizen with daily plenty from the
most lawful employments; and he advised them
to restore this system once more by applying them-
selves to agriculture and cattle-breeding and to
those occupations that were free from all injustice,
and to scorn rapine and violence and the profits
accruing from war. By these and similar appeals
he inspired in all a great desire both for peaceful
tranquillity and for sober industry. After this, he
called together the pontiffs, and receiving from
them the commentaries on religious rites which
Pompilius had composed, he caused them to be
transcribed on tablets and exposed in the Forum
for everyone to examine. These have since been
destroyed by time, for, brazen pillars being not
yet in use at that time, the laws and the ordinances

157

δρυΐναις ἐχαράττοντο σανίσιν οἵ τε νόμοι καὶ αἱ
περὶ τῶν ἱερῶν διαγραφαί· μετὰ δὲ τὴν ἐκβολὴν
τῶν βασιλέων εἰς ἀναγραφὴν δημοσίαν αὖθις
ἤχθησαν ὑπ' ἀνδρὸς ἱεροφάντου Γαΐου Παπιρίου,
τὴν ἁπάντων τῶν ἱερῶν [1] ἡγεμονίαν ἔχοντος.
ἀνακτησάμενος δὲ τὰ κατερρᾳθυμημένα τῶν
ἱερῶν καὶ τὸν ἀργὸν ὄχλον ἐπὶ τὰς ἰδίας ἐργασίας
ἀποστείλας ἐπήνει μὲν τοὺς ἐπιμελεῖς γεωργούς,
ἐμέμφετο δὲ τοὺς κακῶς προϊσταμένους τῶν
ἰδίων [2] ὡς οὐ βεβαίους πολίτας.

XXXVII. Ταῦτα καθιστάμενος τὰ πολιτεύ-
ματα καὶ παντὸς [3] μάλιστα ἐλπίσας ἄνευ πολέμου
καὶ κακῶν ἅπαντα τὸν βίον διατελέσειν, ὥσπερ
ὁ μητροπάτωρ, οὐκ ἔσχεν ὁμοίαν τῇ προαιρέσει
τὴν τύχην, ἀλλὰ παρὰ τὴν ἑαυτοῦ γνώμην
πολεμιστὴς ἠναγκάσθη γενέσθαι καὶ μηδένα
2 χρόνον ἄνευ κινδύνου καὶ ταραχῆς βιῶσαι. εὐθὺς
γὰρ ἅμα τῷ παρελθεῖν αὐτὸν ἐπὶ τὴν ἡγεμονίαν
καὶ τὴν ἀπράγμονα καθίστασθαι πολιτείαν κατα-
φρονήσαντες αὐτοῦ Λατῖνοι καὶ νομίσαντες δι'
ἀνανδρίαν οὐχ ἱκανὸν εἶναι πολέμους [4] στρατ-
ηγεῖν, λῃστήρια διέπεμπον εἰς τὴν ὁμοροῦσαν
αὐτοῖς ἕκαστοι χώραν, ὑφ' ὧν πολλοὶ Ῥωμαίων
3 ἐβλάπτοντο. ἀφικομένων δὲ παρὰ τοῦ βασιλέως
πρεσβευτῶν καὶ τὰ δίκαια Ῥωμαίοις ἀξιούντων
ὑπέχειν κατὰ τὰς συνθήκας, οὔτε γινώσκειν
ἐσκήπτοντο τῶν περὶ τὰ λῃστήρια κατηγορουμένων
οὐδέν, ὡς οὐ μετὰ κοινῆς γνώμης γεγονότων,

---

[1] ἱερῶν O : ἱερέων Sylburg, Jacoby.
[2] ἰδίων B : ἰδίων κτημάτων R.
[3] παντὸς Kiessling : διὰ παντὸς O.
[4] Sintenis : πολέμου O.

concerning religious rites were engraved on oaken boards; but after the expulsion of the kings they were again copied off for the use of the public by Gaius Papirius, a pontiff, who had the superintendence of all religious matters. After Marcius had re-established the religious rites which had fallen into abeyance and turned the idle people to their proper employments, he commended the careful husbandmen and reprimanded those who managed their lands ill as citizens not to be depended on.

XXXVII. While [1] instituting these administrative measures he hoped above all else to pass his whole life free from war and troubles, like his grandfather, but he found his purpose crossed by fortune and, contrary to his inclinations, was forced to become a warrior and to live no part of his life free from danger and turbulence. For at the very time that he entered upon the government and was establishing his tranquil régime the Latins, despising him and looking upon him as incapable of conducting wars through want of courage, sent bands of robbers from each of their cities into the parts of the Roman territory that lay next to them, in consequence of which many of the Romans were suffering injury. And when ambassadors came from the king and summoned them to make satisfaction to the Romans according to the treaty, they alleged that they neither had any knowledge of the robberies complained of, asserting that these had been committed without the general consent of the nation, nor had become

---

[1] For chaps. 37–39, 2 *cf.* Livy i. 32–33, 5.

οὔτε ὑπόδικοι γενέσθαι [1] Ῥωμαίοις περὶ οὐθενὸς
πράγματος· οὐδὲ γὰρ πρὸς ἐκείνους ποιήσασθαι
τὰς συνθήκας ἀλλὰ πρὸς Τύλλον, τελευτήσαντος
δὲ τοῦ Τύλλου λελύσθαι σφίσι τὰς περὶ τῆς
4 εἰρήνης ὁμολογίας. ἀναγκασθεὶς δὴ διὰ ταύτας
τὰς αἰτίας καὶ ἀποκρίσεις [2] τῶν Λατίνων ὁ
Μάρκιος ἐξάγει στρατιὰν ἐπ' αὐτούς, καὶ προσ-
καθεζόμενος Πολιτωρίῳ πόλει,[3] πρὶν ἐπικουρίαν
τινὰ τοῖς πολιορκουμένοις ἐκ τῶν ἄλλων ἀφικέσθαι
Λατίνων παραλαμβάνει τὴν πόλιν καθ' ὁμο-
λογίας· οὐ μέντοι διέθηκε τοὺς ἀνθρώπους δεινὸν
οὐθέν, ἀλλ' ἔχοντας τὰ σφέτερα πανδημεὶ μετ-
ήγαγεν εἰς Ῥώμην καὶ κατένειμεν εἰς φυλάς.[4]

XXXVIII. Τῷ δ' ἑξῆς ἐνιαυτῷ Λατίνων εἰς
ἔρημον τὸ Πολιτώριον ἐποίκους [5] ἀποστειλάντων
καὶ τὴν τῶν Πολιτωρίνων [6] χώραν ἐπεργαζομέ-
νων ἀναλαβὼν τὴν δύναμιν ὁ Μάρκιος ἦγεν ἐπ'
αὐτούς. προελθόντων δὲ τοῦ τείχους τῶν Λατίνων
καὶ παραταξαμένων νικήσας αὐτοὺς παραλαμ-
βάνει τὴν πόλιν τὸ δεύτερον. ἐμπρήσας δὲ τὰς
οἰκίας καὶ τεῖχος κατασκάψας, ἵνα μηθὲν αὖθις
ὁρμητήριον ἔχοιεν οἱ πολέμιοι μηδ' ἐργάζοιντο
2 τὴν γῆν, ἀπῆγε τὴν στρατιάν. τῷ δ' ἑξῆς
ἔτει Λατῖνοι μὲν ἐπὶ Μεδυλλίαν πόλιν στρατεύσαν-
τες, ἐν ᾗ Ῥωμαίων ἦσαν ἄποικοι, προσκαθεζό-
μενοι τῷ τείχει καὶ πανταχόθεν ποιησάμενοι τὰς

[1] γενέσθαι added by Bücheler; Sylburg supplied εἶναι, Cobet
γενέσθαι ἔφασαν.
[2] τὰς αἰτίας καὶ ἀποκρίσεις R(?): τὰς ἀποκρίσεις B; τὰς
αὐθάδεις ἀποκρίσεις Grasberger.
[3] Πολιτωρίῳ πόλει Cary: τῇ πόλει O (but in B about twenty
letters have been erased after πόλει); τῷ Πολιτωρίῳ Sylburg,
τῇ πόλει αὐτῶν Πολιτωρίῳ Jacoby.

accountable to the Romans for anything they did.
For they had not made the treaty with them,
they said, but with Tullus, and by the death of
Tullus their treaty of peace had been terminated.
Marcius, therefore, compelled by these reasons
and the answers [1] of the Latins, led out an army
against them, and laying siege to the city of
Politorium, he took it by capitulation before any
aid reached the besieged from the other Latins.
However, he did not treat the inhabitants with
any severity, but, allowing them to retain their
possessions, transferred the whole population to
Rome and distributed them among the tribes.

XXXVIII. The next year, since the Latins had
sent settlers to Politorium, which was then unin-
habited, and were cultivating the lands of the
Politorini, Marcius marched against them with
his army. And when the Latins came outside the
walls and drew up in order of battle, he defeated
them and took the town a second time; and having
burnt the houses and razed the walls, so that the
enemy might not again use it as a base of opera-
tions nor cultivate the land, he led his army home.
The next year the Latins marched against the
city of Medullia, in which there were Roman
colonists, and besieging it, attacked the walls on

---

[1] The text is uncertain here. Possibly we should read with
Grasberger "haughty answers," an expression used several
times by Dionysius, in place of "reasons and answers."

---

4 εἰς φυλάς Jacoby: εἰς τὰς φυλάς, Pflugk.
5 ἐποίκους B: ἀποίκους R.
6 Sylburg: πολιτωρίων O.

προσβολὰς αἱροῦσιν αὐτὴν κατὰ κράτος. Μάρκιος
δὲ Τελλήνας πόλιν τῶν Λατίνων ἐπιφανῆ κατὰ
τὸν αὐτὸν αἱρεῖ χρόνον ἐκ παρατάξεώς τε νικήσας
καὶ διὰ τειχομαχίας παραστησάμενος, τούς τε
ἁλόντας οὐδὲν ὧν εἶχον ἀφελόμενος εἰς Ῥώμην
μετήγαγε καὶ τῆς πόλεως εἰς κατασκευὴν οἰκιῶν
3 τόπον ἀπεμέρισε· Μεδυλλίαν τε τριετῆ χρόνον
ὑπὸ τοῖς Λατίνοις γενομένην τῷ τετάρτῳ κομί-
ζεται πάλιν ἐνιαυτῷ πολλαῖς καὶ μεγάλαις παρα-
στησάμενος μάχαις. καὶ μετ᾽ οὐ πολὺ τὴν
Φικαναίων [1] αἱρεῖ πόλιν, ἣν τρίτῳ πρότερον
ἐνιαυτῷ λαβὼν καθ᾽ ὁμολογίας καὶ τοὺς ἐξ αὐτῆς
ἅπαντας εἰς Ῥώμην μεταγαγών, ἄλλο δὲ τῆς
πόλεως οὐδὲν κακώσας, ἐπιεικέστερον μᾶλλον ἢ
4 φρονιμώτερον ἔδοξε βουλεύεσθαι. ἀποίκους γὰρ
ἀποστείλαντες εἰς αὐτὴν οἱ Λατῖνοι καὶ τὴν
χώραν αὐτῶν διακατέχοντες αὐτοὶ τὴν τῶν
Φικαναίων ἐκαρποῦντο, ὥστε ἠναγκάσθη πάλιν
ὁ Μάρκιος τὸ δεύτερον ἐπὶ τὴν πόλιν στρατεῦσαι
καὶ μετὰ πολλῆς πραγματείας κύριος αὐτῆς καταστὰς
ἐμπρῆσαί τε τὰς οἰκίας καὶ τὰ τείχη κατασκάψαι.

XXXIX. Μετὰ τοῦτο γίνονται Λατίνων τε
καὶ Ῥωμαίων μεγάλαις δυνάμεσι παραταξαμένων
μάχαι διτταί. τῇ μὲν οὖν προτέρᾳ μέχρι πολλοῦ
διαγωνισάμενοι καὶ δόξαντες ἰσόρροποι γεγονέναι
διεκρίθησαν καὶ ἐπὶ τοὺς ἰδίους ἑκάτεροι χάρακας
ἀπηλλάγησαν, τῇ δ᾽ ὑστέρᾳ Ῥωμαῖοι νικῶσι τοὺς
2 Λατίνους καὶ μέχρι στρατοπέδου διώκουσι. μετὰ
δὲ τὰς μάχας ταύτας ἀγὼν μὲν ἐκ παρατάξεως
οὐδεὶς αὐτοῖς ἔτι πρὸς ἀλλήλους συνέστη, κατα-

---

[1] Φικαναίων Spelman, Schwegler : φιδηναίων BbR, φειδη-
ναίων Ba (and so just below).

all sides and took it by storm. At the same time Marcius took Tellenae, a prominent city of the Latins, after he had overcome the inhabitants in a pitched battle and had reduced the place by an assault upon the walls; after which he transferred the prisoners to Rome without taking any of their possessions from them, and set apart for them a place in the city in which to build houses. And when Medullia had been for three years subject to the Latins, he recovered it in the fourth year, after defeating the inhabitants in many great battles. A little later he captured Ficana, a city which he had already taken two years before by capitulation, afterwards transferring all the inhabitants to Rome but doing no other harm to the city—a course in which he seemed to have acted with greater clemency than prudence. For the Latins sent colonists thither and occupying the land of the Ficanenses, they enjoyed its produce themselves; so that Marcius was obliged to lead his army a second time against this city and, after making himself master of it with great difficulty, to burn the houses and raze the walls.

XXXIX. After this the Latins and Romans fought two pitched battles with large armies. In the first, after they had been engaged a considerable time without any seeming advantage on either side, they parted, each returning to their own camp. But in the later contest the Romans gained the victory and pursued the Latins to their camp. After these actions there was no other pitched battle fought between them,

δρομαὶ δὲ τῆς ὁμόρου χώρας ὑπ' ἀμφοτέρων
ἐγίνοντο συνεχεῖς καὶ συμπλοκαὶ τῶν περιπόλων
τῆς γῆς ἱππέων τε καὶ ψιλῶν, ἐν αἷς ἐπεκράτουν
ὡς τὰ πολλὰ Ῥωμαῖοι δύναμιν ὕπαιθρον ἔχοντες
ἐν τοῖς ἐπικαίροις φρουρίοις ὑποκαθημένην, ἧς
3 ὁ Τυρρηνὸς Ταρκύνιος ἡγεῖτο. ἀπέστησαν δὲ
καὶ Φιδηναῖοι Ῥωμαίων κατὰ τοὺς αὐτοὺς
χρόνους, οὐκ ἐκ τοῦ φανεροῦ τὸν πόλεμον ἀναδεί-
ξαντες, ἀλλὰ κατ' ὀλίγους καὶ κρύφα τὴν χώραν
αὐτῶν καταδρομαῖς κακουργοῦντες· ἐφ' οὓς ὁ
Μάρκιος εὐζώνῳ στρατιᾷ ἐλάσας, πρὶν ἢ παρα-
σκευάσασθαι τοὺς Φιδηναίους τὰ πρὸς τὸν πόλεμον,
4 ἐγγὺς τῆς πόλεως τίθεται τὸν χάρακα. οἱ δὲ
κατ' ἀρχὰς μὲν ἀγνοεῖν ἐσκήπτοντο ἀντὶ ποίων
ἀδικημάτων στρατὸς ἐπ' αὐτοὺς Ῥωμαίων
ἀφῖκται, τοῦ δὲ βασιλέως εἰπόντος ὅτι δίκας παρ'
αὐτῶν ἥκει ληψόμενος ὧν διήρπασάν τε καὶ
κατέβλαψαν αὐτοῦ τὴν γῆν, ἀπελογοῦντο πρὸς
ταῦτα ὡς οὐ τὸ κοινὸν αἴτιον εἴη τῶν ἀδικημάτων,
καὶ χρόνον ᾐτοῦντο εἰς διάγνωσίν τε καὶ ζήτησιν
τῶν ἐνόχων ταῖς αἰτίαις καὶ πολλὰς κατέτριψαν
ἡμέρας πράττοντες μὲν οὐδὲν τῶν δεόντων,
ἐπικαλούμενοι δὲ κρύφα τοὺς συμμάχους καὶ
περὶ κατασκευὴν ὅπλων γινόμενοι.

XL. Μαθὼν δὲ τὴν διάνοιαν αὐτῶν ὁ Μάρκιος
ὑπονόμους ὤρυττεν ἀπὸ τῆς ἰδίας παρεμβολῆς
ἀρξάμενος ὑπὸ τὰ τείχη τῆς πόλεως, καὶ
ἐπειδὴ τέλος εἶχεν ἤδη τὸ ἔργον, ἀναστήσας
τὸν στρατὸν [1] ἦγεν ἐπὶ τὴν πόλιν, μηχανάς τε

---

[1] τὸν στρατὸν B : τὴν στρατιὰν R.

but continual incursions were made by both into the neighbouring territory and there were also skirmishes between the horse and light-armed foot who patrolled the country; in these the victors were generally the Romans, who had their forces in the field posted secretly in advantageous strongholds, under the command of Tarquinius the Tyrrhenian. About the same time the Fidenates also revolted from the Romans. They did not, indeed, openly declare war, but ravaged their country by making raids in small numbers and secretly. Against these Marcius led out an army of light troops, and before the Fidenates had made the necessary preparations for war he encamped near their city. At first they pretended not to know what injuries they had committed to draw the Roman army against them, and when the king informed them that he had come to punish them for their plundering and ravaging of his territory, they excused themselves by alleging that their city was not responsible for these injuries, and asked for time in which to make an investigation and to search out the guilty; and they consumed many days in doing nothing that should have been done, but rather in sending to their allies secretly for assistance and busying themselves with the preparing of arms.

XL. Marcius, having learned of their purpose, proceeded to dig mines leading under the walls of the city from his own camp; and when the work was finally completed, he broke camp and led his army against the city, taking along many

πολλὰς καὶ κλίμακας καὶ [1] τᾶλλα πρὸς τειχο-
μαχίαν κατεσκευασμένα ἐπαγόμενος, οὐ καθ'
ὃν αἱ διώρυγες ἐγίνοντο τοῦ τείχους τόπον, ἀλλὰ
2 καθ' ἕτερον. τῶν δὲ Φιδηναίων ἐπὶ τὰ πολιορ-
κούμενα μέρη τῆς πόλεως συνδραμόντων ἀθρόων
καὶ τὰς προσβολὰς γενναίως ἀποτριβομένων
ἀναστομώσαντες τὰ πέρατα τῶν ὑπονόμων οἱ
ταχθέντες ἐπὶ τούτῳ Ῥωμαῖοι ἐντὸς ἐγεγόνεσαν
τοῦ περιβόλου, καὶ τοὺς ὁμόσε χωροῦντας δια-
φθείραντες ἀνοίγουσι τοῖς πολιορκοῦσι τὰς πύλας.
3 πολλῶν δ' ἐν τῇ καταλήψει τῆς πόλεως ἀπολο-
μένων [2] τοὺς λοιποὺς τῶν Φιδηναίων ὅπλα τε
παραδοῦναι κελεύσας ὁ Μάρκιος καὶ εἰς ἕνα
τόπον τῆς πόλεως ἅπαντας προκηρύξας συνελθεῖν,
ὀλίγους ἐξ αὐτῶν τοὺς αἰτίους τῆς ἀποστάσεως
μάστιξιν αἰκισάμενος ἀπέκτεινεν, οἰκίας δὲ ἀπάν-
των διαρπάσαι τοῖς στρατιώταις ἐπιτρέψας καὶ
φρουρὰν ἐν τῇ πόλει καταλιπὼν ἀξιόχρεων ἀπῆγε
4 τὴν δύναμιν ἐπὶ Σαβίνους. οὐδὲ γὰρ ἐκεῖνοι
διέμειναν ἐν ταῖς ὁμολογίαις αἷς ἐποιήσαντο
περὶ τῆς εἰρήνης [3] πρὸς βασιλέα Τύλλον, ἀλλ'
ἐμβαλόντες εἰς τὴν Ῥωμαίων γῆν ἐδῄουν αὖθις [4]
τὴν ὅμορον. μαθὼν δ' ὁ Μάρκιος παρά τε κατα-
σκόπων καὶ αὐτομόλων τὸν καιρὸν τῆς ἐπιχειρή-
σεως ἐσκεδασμένων τῶν Σαβίνων καὶ λεηλατούντων
τοὺς ἀγρούς, αὐτὸς μὲν ἅμα τοῖς πεζοῖς ἐπὶ τὸν
χάρακα τῶν πολεμίων ἀφικόμενος ὀλίγην ἔχοντα
φυλακὴν καταλαμβάνει τὸ ἔρυμα ἐξ ἐφόδου,

---

[1] μηχανάς τε πολλὰς καὶ κλίμακας καὶ Jacoby : μηχανάς τε
πολλὰς καὶ AaB, but to μηχανὰς A adds in margin καὶ
κλίμακας. Steph. read κλίμακάς τε πολλὰς καὶ μηχανὰς καὶ.
[2] ἀπολομένων R : ἀπολλυμένων AB, Jacoby.

siege-engines and scaling-ladders and the other
equipment he had prepared for an assault, and
approaching a different point from that where the
walls were undermined. Then, when the Fidenates
had rushed in great numbers to those parts of the
city that were being stormed, and were stoutly
repulsing the assaults, the Romans who had been
detailed for the purpose opened the mouths of the
mines and found themselves within the walls;
and destroying all who came to meet them, they
threw open the gates to the besiegers. When
many of the Fidenates had been slain in the taking
of the town, Marcius ordered the rest to deliver
up their arms, and made proclamation that all
should repair to a certain place in the city. There-
upon he caused a few of them who had been the
authors of the revolt to be scourged and put to
death, and having given leave to his soldiers to
plunder all their houses and left a sufficient garri-
son there, he marched with his army against the
Sabines. For these also had failed to abide by
the terms of the peace which they had made with
King Tullus, and making incursions into the
territory of the Romans, were again laying
waste the neighbouring country. When Marcius,
therefore, learned from spies and deserters the
proper time to put his plan into execution,
while the Sabines were dispersed and plundering
the fields, he marched in person with the infantry
to the enemy's camp, which was weakly guarded,
and took the ramparts at the first onset; and he

---

3 περὶ τῆς εἰρήνης B : om. R.
4 αὖθις Sintenis : αὐτῆς AB.

Ταρκύνιον δὲ τοὺς ἱππεῖς [1] ἄγοντα ἐπὶ τοὺς ἐν
προνομαῖς ἐσκεδασμένους ἐπείγεσθαι ἐκέλευε.
5 μαθόντες δὲ οἱ Σαβῖνοι τὴν ἵππον τῶν Ῥωμαίων
ἐπὶ σφᾶς ἐλαύνουσαν ἀφέντες τὴν λείαν καὶ
τὰς ἄλλας ὠφελείας, ὅσας ἔφερόν τε καὶ ἦγον,
ἔφευγον ἐπὶ τὸν χάρακα· ὡς δὲ κἀκεῖνον ἔγνωσαν
κατεχόμενον ὑπὸ τῶν πεζῶν, ἀποροῦντες ὅποι
τράποιντο συνέτεινον [2] εἰς ὕλας τε καὶ ὄρη.
διωκόμενοι δὲ ὑπὸ τῶν ψιλῶν καὶ τῶν ἱππέων
ὀλίγοι μέν τινες ἐσώθησαν, οἱ δὲ πλείους διεφθάρη-
σαν. καὶ μετὰ τὴν συμφορὰν ταύτην πρεσβευσά-
μενοι πάλιν εἰς Ῥώμην εἰρήνης τυγχάνουσιν
οἵας ἐβούλοντο. ἔτι γὰρ ὁ πρὸς τὰς Λατίνων
πόλεις συνεστηκὼς τοῖς Ῥωμαίοις πόλεμος ἀναγ-
καίας ἐποίει τὰς πρὸς τοὺς ἄλλους ἐχθροὺς
ἀνοχάς τε καὶ διαλύσεις.

XLI. Τετάρτῳ δὲ μάλιστα μετὰ τόνδε τὸν
πόλεμον ἐνιαυτῷ Μάρκιος ὁ τῶν Ῥωμαίων
βασιλεὺς τήν τε πολιτικὴν δύναμιν ἄγων καὶ τὴν
συμμαχικὴν μεταπεμψάμενος ὅσην ἐδύνατο πλεί-
στην ἐστράτευσεν ἐπὶ Οὐιεντανοὺς καὶ πολλὴν
τῆς χώρας αὐτῶν ἐδήωσεν. ἐκεῖνοι δ' ἦρξαν [3]
ἐνιαυτῷ πρότερον [4] εἰς τὴν Ῥωμαίων γῆν ἐμ-
βαλόντες καὶ πολλὰς μὲν ἁρπαγὰς χρημάτων, πολὺν
2 δὲ ἀνθρώπων ὄλεθρον ποιήσαντες· στρατιᾶς δὲ
πολλῆς παρὰ τῶν Οὐιεντανῶν ἐξελθούσης καὶ
πέραν τοῦ Τεβέριος ποταμοῦ πρὸς τῇ Φιδηναίων
πόλει χάρακα θεμένης, ἀναλαβὼν τὴν δύναμιν
ἦγεν ὡς εἶχε τάχους καὶ πρῶτον μὲν τῶν ἐπὶ τὴν

---

[1] Kiessling : ἵππους O.
[2] συνέτεινον B : συνέτειναν R, Jacoby.
[3] Cobet : ἤρξαντο O, Jacoby.

ordered Tarquinius to hasten with the cavalry against those who were dispersed in foraging. The Sabines, learning that the Roman cavalry was coming against them, left their plunder and the other booty they were carrying and driving off, and fled to their camp; and when they perceived that this too was in the possession of the infantry, they were at a loss which way to turn and endeavoured to reach the woods and mountains. But being pursued by the light-armed foot and the horse, the greater part of them were destroyed, though some few escaped. And after this misfortune, sending ambassadors once more to Rome, they obtained such a peace as they desired. For the war which was still going on between the Romans and the Latin cities rendered both a truce and a peace with their other foes necessary.

XLI. About[1] the fourth year after this war Marcius, the Roman king, leading his own army of citizens and sending for as many auxiliaries as he could obtain from his allies, marched against the Veientes and laid waste a large part of their country. These had been the aggressors the year before by making an incursion into the Roman territory, where they seized much property and slew many of the inhabitants. And when the Veientes came out against him with a large army and encamped beyond the river Tiber, near Fidenae, Marcius set out with his army as rapidly as possible; and being superior in cavalry, he

[1] *Cf.* Livy i. 33, 9.

---

[4] ἐνιαυτῷ πρότερον O : τῷ πρότερον ἐνιαυτῷ Cobet.

χώραν ἐξόδων αὐτοὺς ἀπέκλεισεν ἱπποκρατῶν,
ἔπειτ᾽ εἰς παράταξιν προελθεῖν ἀναγκάσας ἐνίκησε
καὶ τοῦ χάρακος αὐτῶν ἐκράτησε. χωρήσαντος
δὲ αὐτῷ καὶ τούτου κατὰ γνώμην τοῦ πολέμου
τὴν ἐπινίκιον πομπὴν καὶ τὸν εἰωθότα θρίαμβον
τοῖς θεοῖς κατήγαγεν εἰς τὴν πόλιν ἀφικόμενος.
3 δευτέρῳ δ᾽ ὕστερον ἔτει πάλιν τῶν [1] Οὐιεντανῶν
λυσάντων ἃς ἐποιήσαντο πρὸς αὐτὸν ἀνοχὰς καὶ
τὰς ἅλας [2] ἀξιούντων ἀπολαβεῖν, ὧν ἐπὶ Ῥωμύλου
βασιλέως καθ᾽ ὁμολογίας ἀπέστησαν, ἑτέραν
τίθεται πρὸς αὐτοὺς μάχην περὶ ταῖς ἁλαῖς μείζονα
τῆς προτέρας, ἣν εὐπετῶς ἐνίκησε, καὶ τὰς ἅλας
4 ἐξ ἐκείνου κατεῖχεν ἀναμφιλόγως. τὰ δὲ ἀριστεῖα
καὶ ἐκ ταύτης ἔλαβε τῆς μάχης ὁ τῶν ἱππέων
ἡγεμὼν Ταρκύνιος, καὶ αὐτὸν ὁ Μάρκιος ἄνδρα
πάντων κράτιστον ἡγησάμενος τά τε ἄλλα
σεμνύνων διετέλει καὶ εἰς τὸν τῶν πατρικίων
5 τε καὶ βουλευτῶν ἀριθμὸν κατέγραψεν. ἐγένετο
δὲ καὶ πρὸς τὸ τῶν Οὐολούσκων ἔθνος τῷ Μαρκίῳ
πόλεμος λῃστηρίων κἀκεῖθεν ἐξιόντων ἐπὶ τοὺς
τῶν Ῥωμαίων ἀγρούς· καὶ στρατεύσας ἐπ᾽
αὐτοὺς μεγάλῃ χειρὶ πολλὴν περιεβάλετο λείαν
πόλει τε αὐτῶν Οὐελίτραις προσκαθεζόμενος
ἀπετάφρευε καὶ περιεχαράκου καὶ τειχομαχίαν
συνίστατο τῆς ὑπαίθρου κρατῶν. ἐξελθόντων
δὲ σὺν ἱκετηρίαις τῶν πρεσβυτάτων καὶ τάς τε
βλάβας διαλύσειν ὑποσχομένων, ὡς ἂν ὁ βασιλεὺς
δικαιώσῃ, καὶ τοὺς ἐνόχους ταῖς αἰτίαις ἐπὶ δίκην

---

[1] πάλιν τῶν R : πάντων B.
[2] ἅλας Sylburg : ἄλλας O (and similarly just below).

---

[1] See ii. 55, 5.

first cut them off from the roads leading into the country, and then, forcing them to come to a pitched battle, defeated them and captured their camp. Having succeeded in this war also according to his desire, he returned to Rome and conducted in honour of the gods the procession in celebration of his victory and the customary triumph. The second year after this, the Veientes having again broken the truce they had made with Marcius and demanding to get back the salt-works which they had surrendered by treaty in the reign of Romulus,[1] he fought a second battle with them, one more important than the first, near the salt-works; and having easily won it, he continued from that time forth in undisputed possession of the salt-works. The prize for valour in this battle also was won by Tarquinius, the commander of the horse; and Marcius, looking upon him as the bravest man in the whole army, kept honouring him in various ways, among other things making him both a patrician and a senator. Marcius also engaged in a war with the Volscians, since bands of robbers from this nation too were setting out to plunder the fields of the Romans. And marching against them with a large army, he captured much booty; then, laying siege to one of their cities called Velitrae, he surrounded it with a ditch and palisades and, being master of the open country, prepared to assault the walls. But when the elders came out with the emblems of suppliants and not only promised to make good the damage they had done, in such manner as the king should determine, but also agreed to deliver up the guilty

παρέξειν ὁμολογούντων, ἀνοχὰς πρὸς αὐτοὺς
ποιησάμενος καὶ τὰ δίκαια παρ᾽ ἑκόντων λαβὼν
εἰρήνην καὶ φιλίαν συντίθεται.

XLII. Ἐκ δὲ τοῦ Σαβίνων ἔθνους αὖθις
ἕτεροί τινες τῆς Ῥωμαίων οὔπω πεπειραμένοι
δυνάμεως . . . ¹ πόλιν οἰκοῦντες εὐδαίμονα καὶ
μεγάλην, ἐγκαλεῖν μὲν αὐτοῖς οὐδὲν ἔχοντες,
φθονεῖν δὲ ταῖς εὐτυχίαις ἀναγκαζόμενοι μείζοσιν
ἢ κατὰ λόγον γινομέναις, ἄνθρωποι δεινοὶ τὰ πολέμια
τὸ μὲν πρῶτον ἀπὸ λῃστηρίων καὶ καταδρομῆς
ἀγρῶν ὀλίγοι συνελθόντες ἤρξαντο, ἔπειτα δελεα-
ζόμενοι ταῖς ὠφελείαις φανερὰν ποιοῦνται
στρατείαν ἐπ᾽ αὐτοὺς καὶ τῆς ὁμόρου πολλὴν
2 λεηλατοῦντες ἐκάκωσαν ἰσχυρῶς. οὐ μὴν ἐξεγέ-
νετό γε αὐτοῖς οὔτε τὰς ὠφελείας ἀπάγειν οὔτ᾽
αὑτοῖς ἀθῴοις ἀπελθεῖν, ἀλλ᾽ ἐκβοηθήσας κατὰ
σπουδὴν ὁ τῶν Ῥωμαίων βασιλεὺς καὶ πλησίον
τῆς ἐκείνων παρεμβολῆς θέμενος τὸν χάρακα
3 προελθεῖν αὐτοὺς ἠνάγκασεν εἰς μάχην. ἐγένετο
μὲν οὖν μέγας ἀγὼν καὶ πολλοὶ παρ᾽ ἀμφοτέρων
ἔπεσον, ἐκράτησαν δὲ Ῥωμαῖοι κατὰ τὸ ἔμπειρόν ²
τε καὶ φερέπονον,³ ὧν ἐθάδες ἦσαν ἐκ πλείστου,
καὶ περιεγένοντο παρὰ πολὺ τῶν Σαβίνων τοῖς
τε φεύγουσιν αὐτῶν ἐπὶ τὸν χάρακα σποράσι
καὶ ἀσυντάκτοις ἐκ ποδὸς ἑπόμενοι πολὺν, ἐποίουν
4 φόνον. κρατήσαντες δὲ καὶ τῆς παρεμβολῆς
αὐτῶν παντοδαπῶν χρημάτων γεμούσης καὶ
τοὺς αἰχμαλώτους, οὓς ἔλαβον οἱ Σαβῖνοι κατὰ
τὰς προνομὰς ἀπολαβόντες ἀπῄεσαν ἐπ᾽ οἴκου.

---

¹ Lacuna indicated before πόλιν by Kiessling.
² ἔμπειρον AB : ἔμπονον R.

to be punished, he made a truce with them, and after accepting the satisfaction they freely offered, he concluded a treaty of peace and friendship.

XLII. Again, some others of the Sabine nation who had not yet felt the Roman power, the inhabitants of . . .,[1] a great and prosperous city, without having any grounds of complaint against the Romans but being driven to envy of their prosperity, which was increasing disproportionately, and being a very warlike people, began at first with brigandage and the raiding of their fields in small bodies, but afterwards, lured by the hope of booty, made war upon them openly and ravaged much of the neighbouring territory, inflicting severe damage. But they were not permitted either to carry off their booty or themselves to retire unscathed, for the Roman king, hastening out to the rescue, pitched his camp near theirs and forced them to come to an engagement. A great battle, therefore, was fought and many fell on both sides, but the Romans won by reason of their skill and their endurance of toil, virtues to which they had been long accustomed, and they proved far superior to the Sabines; and pursuing them closely as they fled, dispersed and in disorder, toward their camp, they wrought great slaughter. Then, having also captured their camp, which was full of all sorts of valuables, and recovered the captives the Sabines had taken in their raids, they returned home. These in

[1] The name of the city has been lost from the MSS. Compare the similar case of Politorium in chap. 37, 4.

---

[3] φερέπονον O : φιλόπονον Jacoby.

αἱ μὲν δὴ πολεμικαὶ πράξεις τοῦδε τοῦ βασιλέως
αἱ μνήμης καὶ λόγου παρὰ Ῥωμαίοις τυγχά-
νουσαι τοιαίδε τινὲς λέγονται γενέσθαι· πολιτικαὶ
δὲ ἃς ἔρχομαι λέξων.

XLIII. Πρῶτον μὲν τῇ πόλει μοῖραν οὐ
μικρὰν προσέθηκε τειχίσας [1] τὸν λεγόμενον
Ἀουεντῖνον· ἔστι δὲ λόφος ὑψηλὸς ἐπιεικῶς
ὀκτωκαίδεκά που σταδίων τὴν περίμετρον, ὃς
τότε μὲν ὕλης παντοδαπῆς μεστὸς ἦν, πλείστης δὲ
καὶ καλλίστης δάφνης, ἐφ' ἧς Λαυρῆτον [2] ὑπὸ
Ῥωμαίων καλεῖται τόπος τις ἐπ' [3] αὐτοῦ· νῦν
δὲ οἰκιῶν ἐστι πλήρης ἅπας, ἔνθα σὺν πολλοῖς
ἄλλοις καὶ τὸ τῆς Ἀρτέμιδος ἱερὸν ἵδρυται,
εἴργεται δὲ ἀφ' ἑτέρου τῶν συμπεριεχομένων [4]
τῇ Ῥώμῃ [5] λόφων τοῦ καλουμένου Παλλαντίου,
περὶ ὃν ἡ πρώτη κατασκευασθεῖσα πόλις ἱδρύθη,
βαθείᾳ καὶ στενῇ φάραγγι· ἐν δὲ τοῖς ὕστερον
χρόνοις ἐχώσθη πᾶς ὁ μεταξὺ τῶν λόφων αὐλών.
2 τοῦτον δὴ τὸν λόφον ἐπιτείχισμα κατὰ τῆς
πόλεως ὁρῶν ἐσόμενον, εἴ τις αὐτῇ ἐπίοι στρατός,
τείχει καὶ τάφρῳ περιέλαβε [6] καὶ τοὺς μετ-
αχθέντας ἐκ Τελλήνης [7] τε καὶ Πολιτωρίου καὶ
τῶν ἄλλων πόλεων ὅσων ἐκράτησεν ἐν τούτῳ
τῷ χωρίῳ καθίδρυσεν. ἐν μὲν δὴ τοῦτο [8]
πολίτευμα τοῦ βασιλέως παραδίδοται καλὸν ἅμα
καὶ πραγματικόν, ἐξ οὗ μείζονά τε συνέβη γενέ-
σθαι τὴν πόλιν ἑτέρας προσθέσει πόλεως καὶ

---

[1] τειχίσας Jacoby : ἐντειχίσας O.
[2] Λαυρῆτον Steph. : λαυρέντος A, λαύρεντος B.
[3] ἐπ' Bücheler : ἐξ O.
[4] συμπεριεχομένων R : om. B.
[5] τῇ ῥώμῃ R : ἐν τῇ ῥώμῃ B.

brief are the military exploits of this king that have been remembered and recorded by the Romans. I shall now mention the achievements of his civil administration.

XLIII. In [1] the first place, he made no small addition to the city by enclosing the hill called the Aventine within its walls. This is a hill of moderate height and about eighteen stades in circumference, which was then covered with trees of every kind, particularly with many beautiful laurels, so that one place on the hill is called Lauretum or " Laurel Grove " by the Romans; but the whole is now covered with buildings, including, among many others, the temple of Diana. The Aventine is separated from another of the hills that are included within the city of Rome, called the Palatine Hill (round which was built the first city to be established), by a deep and narrow ravine, but in after times the whole hollow between the two hills was filled up. Marcius, observing that this hill would serve as a stronghold against the city for any army that approached, encompassed it with a wall and ditch and settled here the populations that he had transferred from Tellenae and Politorium and the other cities he had taken. This is one peace-time achievement recorded of this king that was at once splendid and practical; thereby the city was not only enlarged by the addition of another city

[1] *Cf.* Livy i. 33, 2.

---

[6] περιέλαβε Kiessling : περιέβαλε O.
[7] Τελλήνης Lapus : πέλλης AB.
[8] τοῦτο Cobet : τοῦτο τό O, Jacoby.

πολλῇ χειρὶ πολεμίων ἐπιστρατευσάντων ἧττον
εὔληπτον.¹

XLIV. Ἕτερον δέ τι τοῦ προειρημένου πολι-
τεύματος κρεῖττον, ὃ καὶ τοῖς κατὰ τὸν βίον
ἅπασιν εὐδαιμονεστέραν αὐτὴν ἐποίησε καὶ πραγ-
μάτων ἐπῆρεν ἅψασθαι γενναιοτέρων. τοῦ γὰρ
Τεβέριος ποταμοῦ καταβαίνοντος μὲν ἐκ τῶν
Ἀπεννίνων ὀρῶν, παρ' αὐτὴν δὲ τὴν Ῥώμην
ῥέοντος, ἐμβάλλοντος δ' εἰς αἰγιαλοὺς ἀλιμένους
καὶ προσεχεῖς, οὓς τὸ Τυρρηνικὸν ποιεῖ πέλαγος,
μικρὰ δὲ καὶ οὐκ ἄξια λόγου τὴν Ῥώμην ὠφελοῦν-
τος διὰ τὸ μηθὲν ἐπὶ ταῖς ἐκβολαῖς ἔχειν ἐμπόριον,²
ὃ τὰς εἰσκομιζομένας διὰ θαλάττης καὶ κατ-
αγομένας ἄνωθεν ἀγορὰς ὑποδέξεταί τε καὶ
ἀμείψεται τοῖς ἐμπορευομένοις, ἱκανοῦ δὲ ὄντος
ἄχρι μὲν τῶν πηγῶν ποταμηγοῖς σκάφεσιν
εὐμεγέθεσιν ἀναπλεῖσθαι, πρὸς αὐτὴν δὲ τὴν
Ῥώμην καὶ θαλαττίαις ὁλκάσι μεγάλαις, ἐπίνειον
ἔγνω κατασκευάζειν ἐπὶ ταῖς ἐκβολαῖς αὐτοῦ
λιμένι χρησάμενος αὐτῷ τῷ στόματι τοῦ ποταμοῦ.
2 εὐρύνεταί τε γὰρ ἐπὶ πολὺ τῇ θαλάττῃ συνάπτων
καὶ κόλπους λαμβάνει μεγάλους, οἵους οἱ κράτιστοι
τῶν θαλαττίων λιμένων· ὃ δὲ μάλιστα θαυμάσειεν
ἄν τις, οὐκ ἀποκλείεται τοῦ στόματος ὑπὸ τῆς
θαλαττίας θινὸς ἐμφραττόμενος, ὃ πάσχουσι
πολλοὶ καὶ τῶν μεγάλων ποταμῶν, οὐδ' εἰς
ἕλη καὶ τέλματα πλανώμενος ἄλλοτε ἄλλῃ προ-
καταναλίσκεται πρὶν ἢ τῇ θαλάττῃ συνάψαι τὸ
ῥεῖθρον, ἀλλὰ ναυσιπέρατός ἐστιν ἀεὶ καὶ δι'
ἑνὸς ἐκδίδωσι τοῦ γνησίου στόματος, ἀνακόπτων
τὰς πελαγίους ῥαχίας τῆς θαλάττης, καίτοι πολὺς

¹ Reiske : εὐληπτοτέραν O.

but also rendered less vulnerable to the attack of a strong enemy force.

XLIV. Another peace-time achievement was of even greater consequence than the one just mentioned, as it made the city richer in all the conveniences of life and encouraged it to embark upon nobler undertakings. The river Tiber, descending from the Apennine mountains and flowing close by Rome, discharges itself upon harbourless and exposed shores made by the Tyrrhenian Sea; but this river was of small and negligible advantage to Rome because of having at its mouth no trading post where the commodities brought in by sea and down the river from the country above could be received and exchanged with the merchants. But as it is navigable quite up to its source for river boats of considerable size and as far as Rome itself for sea-going ships of great burden, he resolved to build a seaport at its outlet, making use of the river's mouth itself for a harbour. For the Tiber broadens greatly where it unites with the sea and forms great bays equal to those of the best seaports; and, most wonderful of all, its mouth is not blocked by sandbanks piled up by the sea, as happens in the case of many even of the large rivers, nor does it by wandering this way and that through fens and marshes spend itself before its stream unites with the sea, but it is everywhere navigable and discharges itself through its one genuine mouth, repelling the surge that comes from the

---

[2] ἐμπόριον Capps: φρούριον O, Jacoby.

αὐτόθι γίνεται καὶ χαλεπὸς ὁ πνέων ἀπὸ τῆς
3 ἑσπέρας ἄνεμος. αἱ μὲν οὖν ἐπίκωποι νῆες
ὁπηλίκαι ποτ' ἂν οὖσαι τύχωσι καὶ τῶν ὁλκάδων
αἱ μέχρι τρισχιλιοφόρων εἰσάγουσί τε διὰ τοῦ
στόματος αὐτοῦ καὶ μέχρι τῆς Ῥώμης εἰρεσίᾳ καὶ
ῥύμασι παρελκόμεναι κομίζονται, αἱ δὲ μείζους
πρὸ τοῦ στόματος ἐπ' ἀγκυρῶν σαλεύουσαι ταῖς
ποταμηγοῖς ἀπογεμίζονταί τε καὶ ἀντιφορτίζονται
4 σκάφαις. ἐν δὲ τῷ μεταξὺ τοῦ τε ποταμοῦ καὶ
τῆς θαλάττης ἀγκῶνι πόλιν ὁ βασιλεὺς ἐντειχίσας,
ἣν ἀπὸ τοῦ συμβεβηκότος Ὠστίαν ὠνόμασεν,
ὡς δ' ἂν ἡμεῖς εἴποιμεν θύραν, οὐ μόνον ἠπειρῶτιν,
ἀλλὰ καὶ θαλαττίαν παρεσκεύασε τὴν Ῥώμην
γενέσθαι καὶ τῶν διαποντίων ἀγαθῶν ἔγευσεν.

XLV. Ἐτείχισε δὲ καὶ τὸ καλούμενον
Ἰανίκολον ὄρος ὑψηλὸν ἐπέκεινα τοῦ Τεβέριος
ποταμοῦ κείμενον καὶ φρουρὰν ἱκανὴν ἐν αὐτῷ
κατέστησεν ἀσφαλείας ἕνεκα τῶν διὰ τοῦ ποταμοῦ
πλεόντων· ἐλήστευον γὰρ οἱ Τυρρηνοὶ τοὺς
ἐμπόρους ἅπασαν κατέχοντες τὴν ἐπέκεινα τοῦ
2 ποταμοῦ χώραν. καὶ τὴν ξυλίνην γέφυραν, ἣν
ἄνευ χαλκοῦ καὶ σιδήρου δεδέσθαι[1] θέμις ὑπ'
αὐτῶν διακρατουμένην τῶν ξυλίνων,[2] ἐκεῖνος
ἐπιθεῖναι τῷ Τεβέρει λέγεται, ἣν ἄχρι τοῦ
παρόντος διαφυλάττουσιν ἱερὰν εἶναι νομίζοντες.
εἰ δέ τι πονήσειεν αὐτῆς μέρος οἱ ἱεροφάνται
θεραπεύουσι θυσίας τινὰς ἐπιτελοῦντες ἅμα τῇ
ἐπισκευῇ[3] πατρίους. ταῦτα διαπραξάμενος ἐπὶ

---

[1] δεδέσθαι B : om. R.   [2] ξυλίνων O : ξύλων Steph.
[3] ἐπισκευῇ Capps: κατασκευῇ O, Jacoby.

---

[1] Literally "three thousand [measures]."
[2] Cf. Livy i. 33, 9.   [3] Cf. Livy i. 33, 6.

main, notwithstanding the frequency and violence of the west wind on that coast. Accordingly, oared ships however large and merchantmen up to three thousand bushels [1] burden enter at the mouth of the river and are rowed and towed up to Rome, while those of a larger size ride at anchor off the mouth, where they are unloaded and loaded again by river boats. Upon the elbow of land that lies between the river and the sea the king built a city and surrounded it with a wall, naming it from its situation Ostia,[2] or, as we should call it, *thyra* or " portal "; and by this means he made Rome not only an inland city but also a seaport, and gave it a taste of the good things from beyond the sea.

XLV. He[3] also built a wall round the high hill called Janiculum, situated on the other side of the river Tiber, and stationed there an adequate garrison for the security of those who navigated the river; for the Tyrrhenians, being masters of all the country on the other side of the river, had been plundering the merchants. He also is said to have built the wooden bridge over the Tiber, which was required to be constructed without brass or iron, being held together by its beams alone. This bridge they preserve to the present day, looking upon it as sacred; and if any part of it gives out the pontiffs attend to it, offering certain traditional sacrifices while it is being repaired.[4] These are the memorable achieve-

---

[4] The *pons sublicius* ("pile-bridge") leading to the Janiculum was for centuries the only bridge at Rome. Dionysius has already, in discussing the *pontifices* (ii. 73, 1), stated that they were so named from one of their important duties, the repairing of the wooden bridge. Thus he follows Varro (*L.L.*, v. 83) in deriving *pontifex* from *pons* and *facere*.

τῆς ἰδίας ἀρχῆς ὁ βασιλεὺς οὗτος ἱστορίας ἄξια
καὶ τὴν Ῥώμην οὐκ ὀλίγῳ κρείττονα παραδοὺς
τοῖς ἐπιγινομένοις ἧς αὐτὸς παρέλαβεν, ἔτη
τέτταρα πρὸς τοῖς εἴκοσι τὴν βασιλείαν κατα-
σχὼν ἀποθνήσκει δύο καταλιπὼν υἱούς, τὸν μὲν
ἔτι παῖδα τὴν ἡλικίαν, τὸν δὲ πρεσβύτερον
ἀρτίως γενειῶντα.

XLVI. Μετὰ δὲ τὸν Ἄγκου Μαρκίου θάνατον
ἡ βουλὴ πάλιν ἐπιτρέψαντος αὐτῇ τοῦ δήμου
πολιτείαν ἣν ἐβούλετο καταστήσασθαι μένειν
ἐπὶ τῆς αὐτῆς ἔγνω καὶ ἀποδείκνυσι μεσοβασιλεῖς.
οἱ δὲ συναγαγόντες εἰς ἀρχαιρεσίας τὸ πλῆθος
αἱροῦνται βασιλέα Λεύκιον Ταρκύνιον. βεβαιω-
σάντων δὲ καὶ τῶν παρὰ τοῦ δαιμονίου σημείων
τὰ κριθέντα ὑπὸ τοῦ πλήθους παραλαμβάνει τὴν
βασιλείαν ἐνιαυτῷ δευτέρῳ μάλιστα τῆς μιᾶς
καὶ τετταρακοστῆς ὀλυμπιάδος, ἣν ἐνίκα [1] Κλεών-
δας [2] Θηβαῖος, ἄρχοντος Ἀθήνησιν Ἡνιοχίδου.
2 γονέων δ᾽ ὁποίων τινῶν οὗτος ὁ Ταρκύνιος ἦν
καὶ πατρίδος ἐξ ἧς ἔφυ καὶ δι᾽ ἄστινας αἰτίας εἰς
Ῥώμην ἀφίκετο καὶ δι᾽ οἴων ἐπιτηδευμάτων
ἐπὶ τὴν βασιλείαν παρῆλθεν, ὡς ἐν ταῖς ἐπιχωρίοις
3 συγγραφαῖς εὗρον ἐρῶ. Κορίνθιός τις ἀνὴρ
ὄνομα Δημάρατος ἐκ τῆς Βακχιαδῶν συγγενείας
ἐμπορεύεσθαι προελόμενος ἀπέπλευσεν [3] εἰς τὴν
Ἰταλίαν ὁλκάδα τε οἰκείαν ἀνάγων καὶ φόρτον
ἴδιον. ἐξεμπολήσας δὲ τὸν φόρτον ἐν ταῖς
Τυρρηνῶν πόλεσιν εὐδαιμονούσαις μάλιστα τῶν
ἐν Ἰταλίᾳ τότε καὶ μεγάλα κέρδη περιβαλόμενος

---

[1] ἐνίκα AB : ἐνίκα στάδιον Steph., Jacoby.
[2] Meineke : κλεωνίδας A, κλεονίδας B.
[3] Kiessling : ἐπέπλευσεν B, ἔπλευσεν A.

ments of this king during his reign, and he handed Rome on to his successors in much better condition than he himself had received it. After reigning twenty-four years he died, leaving two sons, one still a child in years and the elder just growing a beard.[1]

XLVI. After the death of Ancus Marcius the senate, being empowered by the people to establish whatever form of government they thought fit, again resolved to abide by the same form and appointed *interreges*.[2] These, having assembled the people for the election, chose Lucius Tarquinius as king; and the omens from Heaven having confirmed the decision of the people, Tarquinius took over the sovereignty about the second year of the forty-first Olympiad[3] (the one in which Cleondas, a Theban, gained the prize[4]), Heniochides being archon at Athens. I shall now relate, following the account I have found in the Roman annals, from what sort of ancestors this Tarquinius was sprung, from what country he came, the reasons for his removing to Rome, and by what course of conduct he came to be king.[5] There was a certain Corinthian, Demaratus by name, of the family of the Bacchiadae, having chosen to engage in commerce, sailed to Italy in a ship of his own with his own cargo; and having sold the cargo in the Tyrrhenian cities, which were at that time the most flourishing in all Italy, and gained great profit thereby, he

---

[1] *Cf.* Livy i. 35, 1.
[2] *Cf.* ii. 57, iii. 1.   [3] 614 B.C.
[4] In the short-distance foot-race. See the critical note on chap. 36.
[5] For chaps. 46, 2–48, 4 *cf.* Livy i. 34.

ἐκεῖθεν οὐκέτι εἰς ἄλλους ἐβούλετο κατάγεσθαι
λιμένας, ἀλλὰ τὴν αὐτὴν εἰργάζετο συνεχῶς θάλατ-
ταν Ἑλληνικόν τε φόρτον εἰς Τυρρηνοὺς κομίζων
καὶ Τυρρηνικὸν εἰς τὴν Ἑλλάδα φέρων, καὶ
4 γίνεται πάνυ πολλῶν χρημάτων κύριος. ἐπι-
καταλαβούσης δὲ στάσεως τὴν Κόρινθον καὶ τῆς
Κυψέλου τυραννίδος ἐπανισταμένης τοῖς Βακ-
χιάδαις οὐκ ἀσφαλὲς εἶναι δοκῶν ἐν τυραννίδι
ζῆν πολλὰ κεκτημένος ἄλλως τε καὶ τῆς ὀλιγαρ-
χικῆς οἰκίας ὑπάρχων, συνεσκευασμένος τὴν
οὐσίαν ὅσην οἷός τ' ἦν ᾤχετο πλέων ἐκ τῆς
5 Κορίνθου. ἔχων δὲ φίλους πολλοὺς καὶ ἀγαθοὺς
Τυρρηνῶν διὰ τὰς συνεχεῖς ἐπιμιξίας, μάλιστα
δ' ἐν Ταρκυνίοις πόλει μεγάλῃ τε καὶ εὐδαίμονι
τότε[1] οὔσῃ, οἶκόν τε αὐτόθι κατασκευάζεται
καὶ γυναῖκα ἐπιφανῆ κατὰ γένος ἄγεται. γενο-
μένων δ' αὐτῷ δυεῖν παίδων Τυρρηνικὰ θέμενος
αὐτοῖς ὀνόματα, τῷ μὲν Ἄρροντα,[2] τῷ δὲ Λοκό-
μωνα, καὶ παιδεύσας ἀμφοτέρους Ἑλληνικήν τε
καὶ Τυρρηνικὴν παιδείαν, εἰς ἄνδρας ἐλθοῦσιν
αὐτοῖς γυναῖκας ἐκ τῶν ἐπιφανεστάτων οἴκων
λαμβάνει.

XLVII. Καὶ μετ' οὐ πολὺν χρόνον ὁ μὲν
πρεσβύτερος αὐτοῦ τῶν παίδων γένος οὐδὲν
καταλιπὼν ἐμφανὲς ἀποθνήσκει. καὶ μετ' ὀλίγας
ἡμέρας αὐτὸς ὁ Δημάρατος ὑπὸ λύπης τελευτᾷ
κληρονόμον ἀπάσης τῆς οὐσίας τὸν περιλειπό-
μενον τῶν παίδων Λοκόμωνα καταλιπών· ὃς

---

[1] τότε D, Sylburg : ποτὲ AB.
[2] ἀρρόντα A : ἀρροῦντα B.

no longer desired to put into any other ports, but continued to ply the same sea, carrying a Greek cargo to the Tyrrhenians and a Tyrrhenian cargo to Greece, by which means he became possessed of great wealth. But when Corinth fell a prey to sedition and the tyranny of Cypselus was rising in revolt against the Bacchiadae,[1] Demaratus thought it was not safe for him to live under a tyranny with his great riches, particularly as he was of the oligarchic family; and accordingly, getting together all of his substance that he could, he sailed away from Corinth. And having from his continual intercourse with the Tyrrhenians many good friends among them, particularly at Tarquinii, which was a large and flourishing city at that time, he built a house there and married a woman of illustrious birth. By her he had two sons, to whom he gave Tyrrhenian names, calling one Arruns and the other Lucumo; and having instructed them in both the Greek and Tyrrhenian learning, he married them, when they were grown, to two women of the most distinguished families.

XLVII. Not long afterward the elder of his sons died without acknowledged issue, and a few days later Demaratus himself died of grief, leaving his surviving son Lucumo heir to his entire fortune. Lucumo, having thus inherited

---

[1] The Bacchiadae were the ruling family at Corinth in early times. The kings after Bacchis (*ca.* 926–891 B.C.) were all chosen from among his descendants, and after the abolition of the monarchy, the family ruled as an oligarchy. Cypselus (father of the famous Periander), who overthrew their rule *ca.* 657, soon became so popular a ruler that he dispensed with a bodyguard.

παραλαβὼν τὸν πατρικὸν πλοῦτον μέγαν ὄντα
πολιτεύεσθαί τε καὶ τὰ κοινὰ πράττειν καὶ
2 ἐν τοῖς πρώτοις τῶν ἀστῶν εἶναι προῄρητο. ἀπ-
ελαυνόμενος δὲ πανταχόθεν ὑπὸ τῶν ἐπιχωρίων
καὶ οὐχ ὅπως ἐν τοῖς πρώτοις ἀριθμούμενος,
ἀλλ᾽ οὐδ᾽ ἐν τοῖς μέσοις, ἀνιαρῶς ἔφερε τὴν
ἀτιμίαν. ἀκούων δὲ περὶ τῆς Ῥωμαίων πόλεως,
ὅτι πάντας ἀσμένως ὑποδεχομένη τοὺς ξένους
ἀστοὺς ποιεῖται καὶ τιμᾷ κατὰ τὴν ἀξίαν ἕκαστον,
ἐκεῖ μετενέγκασθαι τὴν οἴκησιν ἔγνω τά τε
χρήματα πάντα συσκευασάμενος καὶ τὴν γυναῖκα
ἐπαγόμενος καὶ τῶν ἄλλων φίλων καὶ οἰκείων
τοὺς βουλομένους· ἐγένοντο δὲ οἱ συναπαίρειν
3 αὐτῷ προθυμηθέντες συχνοί. ὡς δὲ κατὰ τὸ
καλούμενον Ἰανίκολον ἦσαν, ὅθεν ἡ Ῥώμη τοῖς
ἀπὸ Τυρρηνίας ἐρχομένοις πρῶτον ἀφορᾶται,
καταπτὰς ἀετὸς ἄφνω καὶ τὸν πῖλον αὐτοῦ τὸν
ἐπὶ τῆς κεφαλῆς κείμενον ἁρπάσας,[1] ἀνέπτη πάλιν
ἄνω κατὰ τὴν ἐγκύκλιον αἰώραν φερόμενος καὶ
εἰς τὸ βάθος τοῦ περιέχοντος ἀέρος ἀπέκρυψεν·
ἔπειτ᾽ ἐξαίφνης ἐπιτίθησι τῷ Λοκόμωνι τὸν
πῖλον ἐπὶ τὴν κεφαλὴν ἁρμόσας ὡς πρότερον
4 ἥρμοστο. θαυμαστοῦ δὲ καὶ παραδόξου πᾶσι
τοῦ σημείου φανέντος ἡ γυνὴ τοῦ Λοκόμωνος
ὄνομα Τανακύλλα[2] ἐμπειρίαν ἱκανὴν ἐκ πατέρων

---

[1] After ἁρπάσας Schnelle proposed to supply καὶ and re-
arrange the whole passage thus: ἁρπάσας καὶ κατὰ τὴν . . .
φερόμενος ἐπιτίθησι τῷ Λοκόμωνι . . . ἥρμοστο· ἔπειτ᾽ ἐξαίφνης
ἀνέπτη πάλιν ἄνω καὶ εἰς τὸ βάθος . . . ἀπέκρυψεν.

[2] τανακύλλα B: τανακύλα R.

the great wealth of his father, had aspired to public life and a part in the administration of the commonwealth and to be one of its foremost citizens. But being repulsed on every side by the native-born citizens and excluded, not only from the first, but even from the middle rank, he resented his disfranchisement. And hearing that the Romans gladly received all strangers and made them citizens, honouring every man according to his merit, he resolved to get together all his riches and remove thither, taking with him his wife and such of his friends and household as wished to go along; and those who were eager to depart with him were many. When they were come to the hill called Janiculum, from which Rome is first discerned by those who come from Tyrrhenia, an eagle, descending on a sudden, snatched his cap from his head and flew up again with it, and rising in a circular flight, hid himself in the depths of the circumambient air, then of a sudden replaced the cap on his head, fitting it on as it had been before.[1] This prodigy appearing wonderful and extraordinary to them all, the wife of Lucumo, Tanaquil by name, who had a good under-

---

[1] Livy's account of this episode (i. 34, 8) is as follows : *ibi ei carpento sedenti cum uxore aquila suspensis demissa leniter alis pilleum aufert, superque carpentum cum magno clangore volitans, rursus velut ministerio divinitus missa capiti apte reponit ; inde sublimis abiit.* At first sight this appears the more straightforward account, and Schnelle (see critical note) proposed to rearrange the clauses of Dionysius' account to conform to it. But Dionysius was probably following a different tradition, according to which the eagle was represented as temporarily disappearing in order to descend then direct from Heaven, as it were, with Tarquinius' cap. Palaeographically Schnelle's proposal is very improbable.

ἔχουσα τῆς Τυρρηνικῆς οἰωνοσκοπίας, λαβοῦσα
μόνον αὐτὸν ἀπὸ τῶν συνόντων ἠσπάσατό τε
καὶ ἀγαθῶν ἐλπίδων ἐνέπλησεν ὡς ἐξ ἰδιωτικῆς
τύχης εἰς ἐξουσίαν βασιλικὴν ἐλευσόμενον.
σκοπεῖν μέντοι συνεβούλευεν ὅπως παρ' ἑκόντων
λήψεται 'Ρωμαίων τὴν ἡγεμονίαν ἄξιον τῆς
τιμῆς ταύτης ἑαυτὸν παρασχών.

XLVIII. Ὁ δὲ περιχαρὴς τῷ σημείῳ γενό-
μενος, ἐπειδὴ ταῖς πύλαις ἤδη συνήγγιζεν, εὐξά-
μενος τοῖς θεοῖς ἐπιτελῆ γενέσθαι τὰ μαντεύματα
καὶ σὺν ἀγαθαῖς εἰσελθεῖν τύχαις παρῆλθεν εἰς τὴν
πόλιν· καὶ μετὰ τοῦτο συνελθὼν εἰς λόγους
Μαρκίῳ τῷ βασιλεῖ πρῶτον μὲν ἑαυτὸν ἐδήλωσεν
ὅστις ἦν, ἔπειθ' ὅτι κατοικεῖν ἐν τῇ πόλει βουλό-
μενος παρείη πᾶσαν τὴν πατρικὴν οὐσίαν ἐπαγό-
μενος, ἣν εἰς τὸ κοινὸν ἔφη τῷ βασιλεῖ καὶ τῇ
'Ρωμαίων πόλει τιθέναι μείζονα οὖσαν ἢ κατ'
2 ἰδιώτην ἄνδρα κεκτῆσθαι. ἀσμένως δὲ τοῦ
βασιλέως αὐτὸν ὑποδεξαμένου καὶ καταχωρίσαντος
ἅμα τοῖς συμπαροῦσιν αὐτῷ Τυρρηνῶν εἰς
φυλήν τε καὶ φρατρίαν, οἰκίαν τε κατασκευάζεται
τόπον διαλαχὼν τῆς πόλεως τὸν ἀρκοῦντα καὶ γῆς
λαμβάνει κλῆρον. ἐπεὶ δὲ ταῦτα διῳκήσατο καὶ
τῶν ἀστῶν εἷς ἐγεγόνει, μαθὼν ὅτι 'Ρωμαίων
ἑκάστῳ κοινόν τ' ὄνομα κεῖται καὶ μετὰ τὸ κοινὸν
ἕτερον, ὃ δὴ συγγενικὸν αὐτοῖς ἐστι καὶ πατρω-
νυμικόν, ἐξομοιοῦσθαι καὶ κατὰ τοῦτο αὐτοῖς
βουλόμενος Λεύκιον μὲν ἀντὶ Λοκόμωνος ἑαυτῷ
τίθεται τὸ κοινὸν ὄνομα, Ταρκύνιον δὲ τὸ συγ-
γενικὸν ἐπὶ τῆς πόλεως ἐν ᾗ γενέσεώς τε καὶ
3 τροφῆς ἔτυχε· βασιλέως τε φίλος ἐν ὀλίγῳ
πάνυ χρόνῳ γίνεται δῶρα διδούς, ὧν αὐτὸν ἐν

standing, through her ancestors, of the Tyrrhenians'
augural science, took him aside from the others
and, embracing him, filled him with great hopes of
rising from his private station to the royal power.
She advised him, however, to consider by what
means he might render himself worthy to receive
the sovereignty by the free choice of the Romans.

XLVIII. Lucumo was overjoyed at this omen,
and as he was now approaching the gates he besought
the gods that the prediction might be fulfilled and
that his arrival might be attended with good fortune ;
then he entered the city. After this, gaining an
audience with King Marcius, he first informed him
who he was and then told him that, being desirous of
settling at Rome, he had brought with him all his
paternal fortune, which, as it exceeded the limits
suitable for a private citizen, he said he proposed
to place at the disposal of the king and of the Roman
state for the general good. And having met with
a favourable reception from the king, who assigned
him and his Tyrrhenian followers to one of the tribes
and to one of the *curiae*, he built a house upon a
site in the city which was allotted to him as suffi-
cient for the purpose, and received a portion of
land. After he had settled these matters and had
become one of the citizens, he was informed that
every Roman had a common name and, after the
common name, another, derived from his family
and ancestors, and wishing to be like them in this
respect also, he took the name of Lucius instead of
Lucumo as his common name, and that of Tarquinius
as his family name, from the city in which he had
been born and brought up. In a very short time
he gained the friendship of the king by presenting

χρείᾳ μάλιστα γινόμενον ἠσθάνετο, καὶ χρήματα
παρέχων εἰς τὰς πολεμικὰς χρείας ὅσων ἐδεῖτο,
ἐν δὲ ταῖς στρατείαις ἁπάντων κράτιστα πεζῶν
τε καὶ ἱππέων ἀγωνιζόμενος γνώμης τε ὅπου
δεήσειεν ἀγαθῆς ἐν τοῖς πάνυ φρονίμοις τῶν
4 συμβούλων ἀριθμούμενος. γενόμενος δὲ παρὰ
τῷ βασιλεῖ τίμιος οὐδὲ τῆς τῶν ἄλλων [1] Ῥωμαίων
εὐνοίας διήμαρτεν, ἀλλὰ καὶ τῶν πατρικίων
πολλοὺς ταῖς εὐεργεσίαις ὑπηγάγετο καὶ τὸ δημο-
τικὸν πλῆθος οἰκείως ἔχειν ἑαυτῷ παρεσκεύασεν
εὐπροσηγόροις τε ἀσπασμοῖς καὶ κεχαρισμέναις
ὁμιλίαις καὶ χρημάτων μεταδόσει καὶ ταῖς ἄλλαις
φιλοφροσύναις.

XLIX. Τοιοῦτος μὲν δή τις ὁ Ταρκύνιος ἦν
καὶ διὰ ταύτας τὰς αἰτίας ζῶντός τε Μαρκίου
πάντων ἐγένετο Ῥωμαίων ἐπιφανέστατος καὶ
τελευτήσαντος ἐκείνου τῆς βασιλείας ὑπὸ πάντων
ἄξιος ἐκρίθη. ἐπειδὴ δὲ παρέλαβε τὴν ἀρχήν,
πρῶτον μὲν ἐπολέμησε τοῖς καλουμένοις Ἀπιολα-
νοῖς πόλει τοῦ Λατίνων ἔθνους οὐκ ἀφανεῖ.
2 οἱ γὰρ Ἀπιολανοὶ καὶ οἱ ἄλλοι σύμπαντες Λατῖνοι
μετὰ τὸν Ἄγκου Μαρκίου θάνατον λελύσθαι τὰς
περὶ τῆς εἰρήνης ὁμολογίας οἰόμενοι λῃστείαις
τε καὶ προνομαῖς τὴν Ῥωμαίων γῆν ἐπόρθουν·
ἀνθ' ὧν τιμωρήσασθαι βουλόμενος αὐτοὺς ὁ
Ταρκύνιος ἐξεστράτευσε πολλῇ δυνάμει καὶ τῆς
3 γῆς αὐτῶν τὴν κρατίστην ἐδῄωσεν· ἀφικομένης
δ' ἐκ τῶν πλησιοχώρων Λατίνων ἐπικουρίας
μεγάλης τοῖς Ἀπιολανοῖς διττὰς τίθεται πρὸς
αὐτοὺς μάχας, κρατήσας δ' ἐν ἀμφοτέραις περὶ τὴν

[1] τῆς τῶν ἄλλων Pflugk, Bücheler, τῆς ἄλλων Jacoby : τῆς
ἄλλης O.

him with those things which he saw he needed most
and by supplying him with all the money he required
to carry on his wars. On campaigns he fought most
bravely of all, whether of the infantry or of the
cavalry, and wherever there was need of good
judgment he was counted among the shrewdest
counsellors. Yet the favour of the king did not
deprive him of the goodwill of the rest of the
Romans; for he not only won to himself many of
the patricians by his kindly services but also
gained the affections of the populace by his cordial
greetings, his agreeable conversation, his dis-
pensing of money and his friendliness in other
ways.

XLIX. This was the character of Tarquinius and
for these reasons he became during the lifetime
of Marcius the most illustrious of all the Romans,
and after that king's death was adjudged by all as
worthy of the kingship. When he had succeeded
to the sovereignty he first made war upon the
people of Apiolae, as it was called, a city of no
small note among the Latins.[1] For the Apiolani
and all the rest of the Latins, looking upon the treaty
of peace as having been terminated after the death
of Ancus Marcius, were laying waste the Roman
territory by plundering and pillaging. Tarquinius,
desiring to take revenge upon them for these in-
juries, set out with a large force and ravaged the most
fruitful part of their country; then, when important
reinforcements came to the Apiolani from their Latin
neighbours, he fought two battles with them and,
having gained the victory in both, proceeded to

---

[1] *Cf.* Livy i. 35, 7.

πολιορκίαν τῆς πόλεως ἐγίνετο καὶ προσῆγε τοῖς
τείχεσι τὰς δυνάμεις ἐκ διαδοχῆς· οἱ δ᾽ ἐκ τῆς
πόλεως ὀλίγοι τε πρὸς πολλοὺς μαχόμενοι
καὶ κατ᾽ οὐδένα καιρὸν ἀναπαύσεως τυγχάνοντες
ἐξῃρέθησαν σὺν χρόνῳ. ἁλούσης δὲ κατὰ κράτος
τῆς πόλεως οἱ μὲν πλείους τῶν Ἀπιολανῶν
μαχόμενοι κατεσφάγησαν, ὀλίγοι δὲ τὰ ὅπλα
παραδόντες ἅμα τοῖς ἄλλοις λαφύροις ἐπράθησαν,
παῖδές τε αὐτῶν καὶ γυναῖκες ἀνδραποδισθέντες
ὑπὸ Ῥωμαίων ἀπήχθησαν, καὶ ἡ πόλις δι-
4 αρπασθεῖσα ἐνεπρήσθη. ταῦτα διαπραξάμενος ὁ
βασιλεὺς καὶ τὸ τεῖχος ἐκ θεμελίων κατασκάψας
ἀπῆγε τὴν δύναμιν ἐπ᾽ οἴκου, καὶ μετὰ τοῦθ᾽
ἑτέραν στρατιὰν ἦγεν[1] ἐπὶ τὴν Κρουστομερίνων
πόλιν. αὕτη δὲ ἀποικία μὲν ἦν Λατίνων, προσ-
εχώρησε δὲ Ῥωμαίοις ἐπὶ τῆς Ῥωμύλου δυναστείας,
Ταρκυνίου δὲ τὴν ἀρχὴν παραλαβόντος τὰ Λατίνων
5 αὖθις ἤρξατο φρονεῖν. οὐ μὴν ἐδέησέ γε καὶ
ταύτην πολιορκίᾳ[2] τε[3] παραστήσασθαι καὶ πόνῳ·
μαθόντες γὰρ οἱ Κρουστομερῖνοι τό τε πλῆθος
τῆς ἡκούσης ἐπ᾽ αὐτοὺς δυνάμεως καὶ τὴν
ἑαυτῶν ἀσθένειαν, οὐδεμιᾶς αὐτοῖς ἐπικουρίας
παρὰ τῶν ἄλλων Λατίνων ἀφικομένης, ἀνέῳξαν
τὰς πύλας, καὶ προελθόντες[4] οἱ πρεσβύτατοι τῶν
πολιτῶν καὶ τιμιώτατοι παρέδοσαν[5] αὐτῷ τὴν
πόλιν ἀξιοῦντες ἐπιεικῶς σφισι χρήσασθαι καὶ
6 μετρίως. τῷ δὲ κατ᾽ εὐχὴν τὸ πρᾶγμα ἐφάνη
καὶ παρελθὼν εἰς τὸ τεῖχος ἀπέκτεινε μὲν οὐδένα
Κρουστομερίνων, ὀλίγους δὲ πάνυ τοὺς αἰτίους

---

[1] ἦγεν Kiessling : ἀπῆγεν O.
[2] Steph. : πολιορκίαις AB.
[3] τε A : om. B.

besiege the city, causing his troops to assault the walls in relays; and the besieged, being but few contending against many and not having a moment's respite, were at last subdued. The city being taken by storm, the greater part of the Apiolani were slain fighting, but a few after delivering up their arms were sold together with the rest of the booty; their wives and children were carried away into slavery by the Romans and the city was plundered and burned. After the king had done this and had razed the walls to the foundations, he returned home with his army. Soon afterwards [1] he undertook another expedition against the city of the Crustumerians. This was a colony of the Latins and in the reign of Romulus had submitted to the Romans; but after Tarquinius succeeded to the sovereignty it began again to incline to the side of the Latins. However, it was not necessary to reduce this place by a siege and great effort; for the Crustumerians, having become aware both of the magnitude of the force that was coming against them and of their own weakness, since no aid came to them from the rest of the Latins, opened their gates; and the oldest and most honoured of the citizens, coming out, delivered up the city to Tarquinius, asking only that he treat them with clemency and moderation. This fell out according to his wish, and entering the city, he put none of the Crustumerians to death and punished only a very few,

---

[1] For chaps. 49, 4-54, 3 *cf.* Livy i. 38, 1-4.

τῆς ἀποστάσεως φυγαῖς ἀϊδίοις ἐζημίωσε, τοῖς
δ᾽ ἄλλοις ἅπασι τὰ σφέτερα συνεχώρησεν ἔχειν
καὶ τῆς Ῥωμαίων πολιτείας μετέχειν ὡς πρότερον,
τοῦ δὲ μηδὲν ἔτι παρακινῆσαι χάριν ἐποίκους
αὐτοῖς κατέλιπε Ῥωμαίους.

L. Τὰ δ᾽ αὐτὰ καὶ Νωμεντανοῖς διανοηθεῖσι
τῶν αὐτῶν τυχεῖν ἐξεγένετο. καὶ γὰρ οὗτοι
λῃστήρια πέμποντες ἐπὶ τοὺς Ῥωμαίων ἀγροὺς
πολέμιοι κατέστησαν αὐτοῖς ἐκ τοῦ προφανοῦς
ταῖς Λατίνων πεποιθότες συμμαχίαις· στρατεύ-
σαντος δ᾽ ἐπ᾽ αὐτοὺς Ταρκυνίου καὶ τῆς Λατίνων
ἐπικουρίας ὑστεριζούσης οὐχ οἷοί τε ὄντες αὐτοὶ
πρὸς τοσαύτην δύναμιν ἀντέχειν, ἱκετηρίας ἀνα-
λαβόντες ἐξῆλθον ἐκ τῆς πόλεως καὶ παρέδοσαν
2 ἑαυτούς. οἱ δὲ τὴν καλουμένην Κολλατίαν κατ-
οικοῦντες ἐπειράθησαν μὲν ἐλθεῖν διὰ μάχης πρὸς
τὰς Ῥωμαίων δυνάμεις καὶ προῆλθον ἔξω τῆς
πόλεως, ἐν ἁπάσαις δὲ ταῖς συμπλοκαῖς ἐλατ-
τούμενοι καὶ πληγὰς πολλὰς λαμβάνοντες ἠναγκά-
σθησαν πάλιν εἰς τὸ τεῖχος καταφυγεῖν καὶ
διεπέμποντο πρὸς τὰς Λατίνων πόλεις αἰτούμενοι
συμμαχίαν. ὡς δὲ βραδύτερα τὰ παρ᾽ ἐκείνων
ἦν, καὶ κατὰ πολλὰ μέρη τοῦ τείχους οἱ πολέμιοι
τὰς προσβολὰς ἐποιοῦντο, παραδοῦναι τὴν πόλιν
3 ἠναγκάσθησαν σὺν χρόνῳ. οὐ μέντοι τῆς αὐτῆς
μετριότητος ἔτυχον ἧς Νωμεντανοί τε καὶ
Κρουστομερῖνοι, ἀλλ᾽ ὅπλά τε ὁ βασιλεὺς ἀφείλετο
καὶ εἰς χρήματα ἐζημίωσε καὶ φρουρὰν κατέλιπεν
ἐν τῇ πόλει τὴν ἱκανὴν ἄρχειν τε αὐτῶν ἔταξε
τὴν ἀνυπεύθυνον ἀρχὴν διὰ βίου Ταρκύνιον
Ἄρροντα τὸν ἴδιον ἀδελφιδοῦν, ὃς μετὰ τὴν
τελευτὴν τοῦ τε πατρὸς Ἄρροντος καὶ τοῦ

who had been the authors of the revolt, with perpetual banishment, while permitting all the rest to retain their possessions and to enjoy Roman citizenship as before; but, in order to prevent any uprising for the future, he left Roman colonists in their midst.

L. The Nomentans also, having formed the same plans, met with the same fate. For they kept sending bands of robbers to pillage the fields of the Romans and openly became their enemies, relying upon the assistance of the Latins. But when Tarquinius set out against them and the aid from the Latins was too late in arriving, they were unable to resist so great a force by themselves, and coming out of the town with the tokens of suppliants, they surrendered. The inhabitants of the city called Collatia undertook to try the fortune of battle with the Roman forces and for that purpose came out of their city; but being worsted in every engagement and having many of their men wounded, they were again forced to take refuge inside the walls, and they kept sending to the various Latin cities asking for assistance. But as these were too slow about relieving them and the enemy was attacking their walls in many places, they were at length obliged to deliver up their town. They did not, however, meet with the same lenient treatment as had the Nomentans and Crustumerians, for the king disarmed them and fined them in a sum of money; and leaving a sufficient garrison in the city, he appointed his own nephew, Tarquinius Arruns, to rule over them with absolute power for life. This man, who had been born after the death both of his father

193

πάππου Δημαράτου γενόμενος οὔτε τῶν πατρῴων
οὔτε τῶν τοῦ πάππου χρημάτων τὴν προσήκου-
σαν ἐκληρονόμησε μοῖραν καὶ διὰ ταύτην τὴν
αἰτίαν Ἡγέριος ἐπωνομάσθη· τοὺς γὰρ ἀπόρους
καὶ πτωχοὺς οὕτως ὀνομάζουσι Ῥωμαῖοι. ἐξ
οὗ δὲ παρέλαβε τὴν ἐκείνης τῆς πόλεως ἐπι-
μέλειαν αὐτός τε Κολλατῖνος ἐπεκλήθη καὶ
πάντες οἱ ἀπ᾽ ἐκείνου γενόμενοι.

4   Μετὰ δὲ τὴν Κολλατίας παράδοσιν ἐπὶ τὸν
καλούμενον Κορνίκολον ὁ βασιλεὺς ἐστράτευσεν· ἦν
δὲ κἀκείνη τοῦ Λατίνων ἔθνους ἡ πόλις. λεηλατή-
σας δὲ τὴν χώραν αὐτῶν κατὰ πολλὴν ἄδειαν
οὐδενὸς ὑπὲρ αὐτῆς ἀμυνομένου πρὸς αὐτῇ στρατο-
πεδεύεται τῇ πόλει [1] προκαλούμενος τοὺς ἄνδρας
εἰς φιλίαν· οὐ βουλομένων δὲ αὐτῶν εἰς διαλλαγὰς
ἐλθεῖν, ἀλλὰ καὶ τοῦ τείχους τῇ ἐχυρότητι πεποιθό-
των καὶ συμμαχίας πολλαχόθεν [2] ἥξειν οἰομένων,
περὶ πάντα τὸν κύκλον τῆς πόλεως τὴν δύναμιν
5   περιστήσας ἐτειχομάχει. οἱ δὲ Κορνικολανοὶ
πολὺν μὲν χρόνον [3] ἀνδρείως ἀπομαχόμενοι πολλὰς [4]
τοῖς προσβαλοῦσι πληγὰς ἔδωκαν,[5] κάμνοντες
δὲ τῇ συνεχείᾳ τῶν πόνων καὶ οὐδὲ τὴν αὐτὴν
ἔτι γνώμην ἅπαντες φυλάττοντες (τοῖς μὲν γὰρ
ἐδόκει παραδιδόναι τὴν πόλιν, τοῖς δὲ μέχρι
παντὸς ἀντέχειν), δι᾽ αὐτὸ τὸ στασιάζειν μάλιστα
6   καταπονούμενοι κατὰ κράτος ἑάλωσαν. τὸ μὲν
οὖν κράτιστον αὐτῶν μέρος ἐν τῇ καταλήψει τῆς
πόλεως μαχόμενον διεφθάρη, τὸ δὲ ἀγενὲς καὶ

---

[1] πρὸς αὐτῇ στρατοπεδεύεται τῇ πόλει Kiessling : πρὸς αὐτὴν
στρατεύεται τὴν πόλιν O, Jacoby.
[2] πολλαχόθεν B : πανταχόθεν R.
[3] χρόνον B : χρόνον ἀντεῖχον A.

Arruns and of his grandfather Demaratus, had inherited from neither the part of their respective fortunes which otherwise would have fallen to his share and for this reason he was surnamed Egerius or " the Indigent " ; for that is the name the Romans give to poor men and beggars. But from the time when he took charge of this city both he himself and all his descendants were given the surname of Collatinus.

After the surrender of Collatia the king marched against the place called Corniculum; this also was a city of the Latin race. And having ravaged their territory in great security, since none offered to defend it, he encamped close by[1] the city itself and invited the inhabitants to enter into a league of friendship. But since they were unwilling to come to terms, but relied on the strength of their walls and expected allies to come from many directions, he invested the city on all sides and assaulted the walls. The Corniculans resisted long and bravely, inflicting numerous losses upon the besiegers, but becoming worn out with continual labour and no longer being unanimous (for some wished to deliver up the town and others to hold out to the last) and their distress being greatly increased by this very dissension, the town was taken by storm. The bravest part of the people were slain fighting during the capture of the town, while the craven, who owed their preservation to their cowardice, were

---

[1] Adopting Kiessling's emendation (see critical note) in place of the reading of the MSS., which means " marched toward the city itself."

---

[4] πολλὰς A : καὶ πολλὰς R(?).   [5] ἔδωκαν R : ἔδοσαν B.

διὰ τοῦτο σωθὲν ἐν ἀνδραπόδων ἐπράθη λόγῳ
γυναιξὶν ὁμοῦ καὶ τέκνοις, ἡ δὲ πόλις αὐτῶν
διαρπασθεῖσα ὑπὸ τῶν κεκρατηκότων ἐνεπρήσθη.
7 ἐφ' οἷς οἱ Λατῖνοι χαλεπῶς φέροντες ἐψηφίσαντο
κοινῇ στρατιὰν ἐπὶ Ῥωμαίους ἐξαγαγεῖν καὶ
παρασκευασάμενοι πολλὴν δύναμιν εἰς τὴν κρατί-
στην χώραν αὐτῶν ἐνέβαλον, ἐξ ἧς αἰχμαλώτους
τε πολλοὺς ἀπήγαγον καὶ λείας ἐγένοντο μεγάλης
κύριοι. βασιλεὺς δὲ Ταρκύνιος ἐξῆλθε μὲν ἐπ'
αὐτοὺς τὴν εὔζωνόν τε καὶ ἐν ἑτοίμῳ δύναμιν
ἐπαγόμενος, οὐκέτι δὲ καταλαβεῖν αὐτοὺς φθάσας
εἰς τὴν ἐκείνων χώραν ἐνέβαλε καὶ τὰ ὅμοια
8 διέθηκε. τοιαῦτα συνέβαινε πολλὰ παραλλὰξ
ἑκατέροις ἐπὶ τὰς ὁμόρους χώρας ἐκστρατευο-
μένοις ἐλαττώματά τε καὶ πλεονεκτήματα, μία
δὲ αὐτῶν ἐκ παρατάξεως ἐγένετο μάχη Φιδήνης
πόλεως πλησίον ἁπάσαις συμβαλόντων ταῖς
δυνάμεσιν, ἐν ᾗ πολλοὶ μὲν ἔπεσον ἀμφοτέρων,
ἐνίκησαν δὲ Ῥωμαῖοι καὶ τοὺς Λατίνους ἠνάγ-
κασαν λιπόντας τὸν χάρακα νύκτωρ εἰς τὰς ἑαυτῶν
πόλεις ἀπελθεῖν.

LI. Μετὰ δὲ τὸν ἀγῶνα τοῦτον ἔχων συντεταγ-
μένην τὴν Ῥωμαίων δύναμιν ὁ Ταρκύνιος ἐπὶ τὰς
πόλεις αὐτῶν ἐχώρει λόγους προσφέρων [1] περὶ
φιλίας. οἱ δ' οὔτ' ἐν τῷ κοινῷ συνεστῶσαν
ἔχοντες δύναμιν οὔτε ταῖς ἰδίαις παρασκευαῖς
πεποιθότες ἐδέχοντο τὰς προκλήσεις, καὶ παρ-
εδίδοσαν αὐτῶν τινες τὰς πόλεις, ὁρῶντες ὅτι
ταῖς μὲν ἁλούσαις κατὰ κράτος ἀνδραποδισμοί
τε ἠκολούθουν καὶ κατασκαφαί, ταῖς δὲ προσ-
χωρούσαις καθ' ὁμολογίας τὸ πειθαρχεῖν τοῖς

[1] προσφέρων O : προφέρων Jacoby.

sold for slaves together with their wives and children;
and the city was plundered by the conquerors and
burned. The Latins, resenting this proceeding,
voted to lead a joint army against the Romans;
and having raised a numerous force, they made an
irruption into the most fruitful part of their country,
carrying off thence many captives and possessing
themselves of much booty. King Tarquinius marched
out against them with his light troops who were
ready for action, but being too late to overtake them,
he invaded their country and treated it in similar
fashion. Many other such reverses and successes
happened alternately to each side in the expeditions
they made against one another's borders; and they
fought one pitched battle with all their forces near
the city of Fidenae, in which many fell on both sides,
though the Romans gained the victory and forced
the Latins to abandon their camp by night and retire
to their own cities.

LI. After this engagement Tarquinius led his
army in good order to their cities, making offers of
friendship; and the Latins, since they had no
national army assembled and no confidence in their
own preparations, accepted his proposals. And some
of them proceeded to surrender their cities, observing
that in the case of the cities which were taken by
storm the inhabitants were made slaves and the
cities razed, while those which surrendered by
capitulation were treated with no other severity

κεκρατηκόσι μόνον, ἄλλο δὲ ἀνήκεστον οὐδέν.
2 πρῶτον μὲν οὖν Φικόλνεοι[1] προσέθεντο αὐτῷ
πόλις ἀξιόλογος ἐπὶ συγκειμένοις τισὶ δικαίοις,
ἔπειτα Καμαρῖνοι, αἷς ἠκολούθησαν ἄλλαι τινὲς
3 πολίχναι μικραὶ καὶ φρούρια ἐχυρά. ἐφ' οἷς
ταραχθέντες οἱ λοιποὶ Λατῖνοι καὶ δείσαντες μὴ
πᾶν ὑφ' ἑαυτῷ ποιήσηται τὸ ἔθνος, εἰς τὴν ἐν
Φερεντίνῳ συνελθόντες ἀγορὰν ἐψηφίσαντο τήν
τε οἰκείαν δύναμιν ἐξ ἁπάσης πόλεως ἐξάγειν
καὶ τῶν πλησιοχώρων ἐθνῶν τὰ κράτιστα παρα-
καλεῖν, καὶ διεπρεσβεύοντο πρὸς Τυρρηνούς τε
4 καὶ Σαβίνους αἰτούμενοι συμμαχίαν. Σαβῖνοι
μὲν οὖν ὑπέσχοντο αὐτοῖς, ἐπειδὰν ἐκείνους
ἐμβεβληκότας εἰς τὴν Ῥωμαίων γῆν ἀκούσωσιν,
ἀναλαβόντες καὶ αὐτοὶ τὰ ὅπλα τὴν πλησίον αὐτῶν
χώραν λεηλατήσειν· Τυρρηνοὶ δὲ συμμαχίαν
ἀποστελεῖν ὡμολόγησαν, ἧς ἂν μὴ[2] αὐτοὶ δεη-
θῶσιν, οὐχ ἅπαντες ἐπὶ τῆς αὐτῆς γενόμενοι
γνώμης, ἀλλὰ πέντε πόλεις μόναι Κλουσῖνοί τε
καὶ Ἀρρητῖνοι καὶ Οὐολατερρανοὶ Ῥουσιλανοί
τε καὶ ἔτι πρὸς τούτοις Οὐετυλωνιᾶται.

LII. Ταύταις ἐπαρθέντες ταῖς ἐλπίσιν οἱ Λατῖνοι
παρασκευασάμενοι δύναμιν οἰκείαν συχνὴν καὶ τὴν
παρὰ Τυρρηνῶν προσλαβόντες εἰς τὴν Ῥωμαίων
γῆν ἐνέβαλον, καὶ κατὰ τὸν αὐτὸν χρόνον ἐκ τοῦ
Σαβίνων ἔθνους αἱ τοῦ πολέμου κοινωνήσειν
αὐτοῖς ὑποσχόμεναι πόλεις τὴν ὁμοροῦσαν[3] αὐταῖς
χώραν ἐδῄουν. ὁ δὲ τῶν Ῥωμαίων βασιλεὺς

---

[1] Φικόλνεοι Sylburg: φιδηναῖοι R, φειδηναῖοι B.
[2] μὴ added here by Cobet, after αὐτοὶ by Reiske.   But it is
possible that αὐτοὶ here has crept in from two lines above, in
which case there would be no need for a negative.

than to be obliged to yield obedience to the conquerors. First, then, Ficulea, a city of note, submitted to him upon fair terms, then Cameria; and their example was followed by some other small towns and strong fortresses. But the rest of the Latins, becoming alarmed at this and fearing that he would subjugate the whole nation, met together in their assembly at Ferentinum and voted, not only to lead out their own forces from every city, but also to call the strongest of the neighbouring peoples to their aid; and to that end they sent ambassadors to the Tyrrhenians and Sabines to ask for assistance. The Sabines promised that as soon as they should hear that the Latins had invaded the territory of the Romans they too would take up arms and ravage that part of their territory which lay next to them; and the Tyrrhenians engaged to send to their assistance whatever forces they themselves should not need,[1] though not all were of the same mind, but only five cities, namely, Clusium, Arretium, Volaterrae, Rusellae, and, in addition to these, Vetulonia.

LII. The Latins, elated by these hopes, got ready a large army of their own forces and having added to it the troops from the Tyrrhenians, invaded the Roman territory; and at the same time the cities of the Sabine nation which had promised to take part with them in the war proceeded to lay waste the country that bordered their own. Thereupon the Roman king, who in the meantime had also got

---

[1] Or, reading ἧς ἄν δεηθῶσιν (see critical note), "whatever forces they [the Latins] should need."

---

[3] ὁμοροῦσαν Jacoby (in Addenda): προσομοροῦσαν A, προσομορουσαν κυροῦσαν B, προσόμουρον κυροῦσαν Jacoby (in text).

παρασκευασάμενος καὶ αὐτὸς ἐν τῷ μεταξὺ
χρόνῳ πολλὴν καὶ ἀγαθὴν δύναμιν ἐξῆγεν ἐπὶ
2 τοὺς πολεμίους διὰ ταχέων. Σαβίνοις μὲν οὖν
ἅμα καὶ Λατίνοις πολεμεῖν καὶ διαιρεῖν εἰς δύο
μέρη τὴν δύναμιν οὐκ ἀσφαλὲς ὑπέλαβεν εἶναι,
ἅπ:σαν δὲ τὴν στρατιὰν ἐπὶ Λατίνους ἄγειν
ἐβουλεύσατο καὶ τίθεται πλησίον αὐτῶν τὸν
χάρακα. κατ᾽ ἀρχὰς μὲν οὖν ὀκνηρῶς εἶχον
ἑκάτεροι πάσαις ἀποκινδυνεῦσαι ταῖς δυνάμεσι
δεδιότες τὰς ἀλλήλων παρασκευάς, ἀκροβολισμοὺς
δὲ κατιόντες ἐκ τῶν ἐρυμάτων οἱ ψιλοὶ παρ᾽
ἑκατέρων συνεχεῖς ἐποιοῦντο καὶ ἦσαν ὡς τὰ
3 πολλὰ ἰσόμαχοι· χρόνῳ δ᾽ ὕστερον ἐμπεσούσης
ἀμφοτέροις ἐκ τῶν τοιούτων ἀψιμαχιῶν φιλονει-
κίας ἐπιβοηθοῦντες ἑκάτεροι τοῖς σφετέροις,
ὀλίγοι μὲν τὸ πρῶτον, ἔπειτα σύμπαντες ἠναγκά-
σθησαν ἐκ τῶν στρατοπέδων προελθεῖν. καὶ
καταστάντες εἰς μάχην ἄνδρες οὔτε πολεμικῶν
ἀγώνων ἀτριβεῖς οὔτε πλήθει πολὺ ἀποδέοντες
ἀλλήλων πεζοί τε καὶ ἱππεῖς προθυμίᾳ τε ὡρμη-
μένοι πρὸς τὸν πόλεμον ὁμοίᾳ καὶ κινδύνων τὸν
ἔσχατον ἀναρριπτεῖν νομίσαντες ἠγωνίσαντο μὲν
ἀμφότεροι λόγου ἀξίως, διεκρίθησαν δὲ ἀπ᾽
4 ἀλλήλων ἰσόμαχοι νυκτὸς ἐπιλαβούσης. ἡ μέντοι
μετὰ τὸν ἀγῶνα διάνοια ἑκατέρων οὐχ ὁμοία
γενομένη φανεροὺς ἐποίησε τοὺς κρεῖττον ἀγωνισα-
μένους τῶν ἑτέρων· τῇ γὰρ ἑξῆς ἡμέρᾳ Λατῖνοι
μὲν οὐκέτι προῄεσαν ἐκ τοῦ χάρακος, ὁ δὲ τῶν
Ῥωμαίων βασιλεὺς ἐξαγαγὼν τὰς δυνάμεις εἰς
τὸ πεδίον ἕτοιμος ἦν ἑτέραν ποιεῖσθαι μάχην
καὶ μέχρι πολλοῦ κατέσχεν ἐν τάξει τὴν φάλαγγα.
ὡς δ᾽ οὐκ ἀντεπεξῄεσαν οἱ πολέμιοι, σκυλεύσας

ready a large and excellent army, marched in haste against the enemy. But thinking it unsafe to attack the Sabines and the Latins at the same time and to divide his forces into two bodies, he determined to lead his whole army against the Latins, and encamped near them. At first both sides were reluctant to hazard an engagement with all their forces, being alarmed at each other's preparations; but the light-armed troops, coming down from their entrenchments, engaged in constant skirmishes with one another, generally without any advantage on either side. After a time, however, these skirmishes produced a spirit of rivalry in both armies and each side supported its own men, at first in small numbers, but at last they were all forced to come out of their camps. The troops which now engaged, being used to fighting and being nearly equal in numbers, both foot and horse, animated by the same warlike ardour, and believing that they were running the supreme risk, fought on both sides with noteworthy bravery; and they separated, without a decision, when night overtook them. But the different feelings of the two sides after the action made it clear which of them had fought better than their opponents. For on the next day the Latins stirred no more out of their camp, while the Roman king, leading out his troops into the plain, was ready to fight another engagement and for a long time kept his lines in battle formation. But when the enemy did not come out against him, he took the spoils

αὐτῶν τοὺς νεκροὺς καὶ τοὺς ἰδίους ἀνελόμενος
σὺν πολλῷ αὐχήματι ἀπῆγε τὴν στρατιὰν ἐπὶ
τὸν ἑαυτοῦ χάρακα.

LIII. Ταῖς δ᾽ ἑξῆς ἡμέραις ἀφικομένης τοῖς
Λατίνοις ἑτέρας παρὰ Τυρρηνῶν συμμαχίας
δεύτερος ἀγὼν γίνεται πολὺ μείζων τοῦ προτέρου,
ἐξ οὗ νίκην ἀναιρεῖται βασιλεὺς Ταρκύνιος
ἐπιφανεστάτην, ἧς αὐτὸς αἴτιος [1] ὡμολογεῖτο
2 ὑπὸ πάντων γεγενῆσθαι. καμνούσης γὰρ ἤδη
τῆς Ῥωμαϊκῆς φάλαγγος καὶ κατὰ τὸ ἀριστερὸν
κέρας παραρρηγνυμένης, μαθὼν τὸ γινόμενον
ἐλάττωμα περὶ τοὺς σφετέρους (ἔτυχε δὲ τότε
μαχόμενος ἐπὶ τοῦ δεξιοῦ κέρατος), τὰς κρατίστας
τῶν ἱππέων ἴλας ἐπιστρέψας καὶ τῶν πεζῶν τοὺς
ἀκμαιοτάτους ἀναλαβὼν ἦγε κατὰ νώτου τῆς
ἑαυτοῦ στρατιᾶς καὶ παραλλάξας τὸ ἀριστερὸν
κέρας ἤλαυνεν ἔτι προσωτέρω τῆς φάλαγγος.
ἔπειτα ἐπιστρέψας ἐπὶ δόρυ καὶ τὰ κέντρα
προσβαλὼν τοῖς ἵπποις εἰς πλαγίους ἐμβάλλει
τοὺς τῶν Τυρρηνῶν λόχους (οὗτοι γὰρ ἐπὶ τοῦ
δεξιοῦ τῶν πολεμίων μαχόμενοι κέρατος ἐτρέ-
ψαντο τοὺς καθ᾽ ἑαυτούς), ἐπιφανεὶς δ᾽ αὐτοῖς
ἀπροσδόκητος πολλὴν ἔκπληξιν καὶ ταραχὴν
3 παρέσχεν. ἐν δὲ τούτῳ καὶ ἡ πεζὴ τῶν Ῥωμαίων
δύναμις ἀναλαβοῦσα ἑαυτὴν ἐκ τοῦ προτέρου
δείματος εἰς ἀντίπαλα ἐχώρει, καὶ μετὰ τοῦτο
φόνος τε πολὺς τῶν Τυρρηνῶν ἐγίνετο καὶ τροπὴ
τοῦ δεξιοῦ κέρατος παντελής. Ταρκύνιος δὲ
τοῖς ἡγεμόσι τῶν πεζῶν ἀκολουθεῖν κελεύσας
ἐν κόσμῳ καὶ βάδην αὐτὸς ἐπὶ τὸ στρατόπεδον
ἐχώρει τὸ τῶν πολεμίων ἐλαύνων τοὺς ἵππους
ἀνὰ κράτος, φθάσας δὲ τοὺς ἐκ τῆς τροπῆς

from their dead, and carrying off his own dead, led his army with great exultation back to his own camp.

LIII. The Latins having received fresh aid from the Tyrrhenians during the days that followed, a second battle was fought, much greater than the former, in which King Tarquinius gained a most signal victory, the credit for which was allowed by all to belong to him personally. For when the Roman line was already in distress and its close formation was being broken on the left wing, Tarquinius, as soon as he learned of this reverse to his forces (for he happened then to be fighting on the right wing), wheeling the best troops of horse about and taking along the flower of the foot, led them behind his own army and passing by the left wing, advanced even beyond the solid ranks of his line of battle. Then, wheeling his troops to the right and all clapping spurs to their horses, he charged the Tyrrhenians in flank (for these were fighting on the enemy's right wing and had put to flight those who stood opposite to them), and by thus appearing to them unexpectedly he caused them great alarm and confusion. In the meantime the Roman foot also, having recovered themselves from their earlier fear, advanced against the enemy; and thereupon there followed a great slaughter of the Tyrrhenians and the utter rout of their right wing. Tarquinius, having ordered the commanders of the infantry to follow in good order and slowly, led the cavalry himself at full speed to the enemy's camp; and arriving there ahead of those who were endeavouring to save themselves from

---

[1] αἰτιώτατος Naber.

ἀνασωζομένους ἐγκρατὴς γίνεται τοῦ χάρακος
εὐθὺς ἐξ ἐφόδου. οἱ γὰρ ἐν αὐτῷ καταλειφθέντες
οὔτε τὴν κατασχοῦσαν τοὺς σφετέρους συμφορὰν
προεγνωκότες οὔτε τοὺς προσιόντας ἱππεῖς γνω-
ρίσαι διὰ τὸ αἰφνίδιον τῆς ἐφόδου δυνηθέντες
4 εἴασαν αὐτοὺς παρελθεῖν. ἁλούσης δὲ τῆς παρεμ-
βολῆς [1] τῶν Λατίνων οἱ μὲν ἀναχωροῦντες ἐκ
τῆς τροπῆς ὡς [2] εἰς ἀσφαλῆ καταφυγὴν ὑπὸ τῶν
καταλαβομένων αὐτὴν ἱππέων ἀπώλλυντο, οἱ
δ' ἐκ τοῦ στρατοπέδου φεύγειν ὁρμήσαντες εἰς
τὸ πεδίον ὑπὸ τῆς Ῥωμαϊκῆς φάλαγγος ὁμόσε
χωρούσης ἀπέθνησκον, οἱ δὲ πλείους αὐτῶν
ὠθούμενοί τε ὑπ' ἀλλήλων καὶ καταπατούμενοι
περὶ τοῖς σκόλοψιν ἢ κατὰ τὰς τάφρους τὸν
οἴκτιστόν τε καὶ ἀγεννέστατον τρόπον διεφθά-
ρησαν· ὥστ' ἠναγκάσθησαν οἱ περιλειπόμενοι
τῆς σωτηρίας οὐδένα πόρον εὑρεῖν δυνάμενοι
5 παραδοῦναι τοῖς κεκρατηκόσιν ἑαυτούς. γενό-
μενος δὲ ὁ Ταρκύνιος πολλῶν σωμάτων τε καὶ
χρημάτων ἐγκρατὴς τοὺς μὲν αἰχμαλώτους ἀπ-
έδοτο, τὰ δ' ἐν τῷ χάρακι καταληφθέντα τοῖς
στρατιώταις ἐχαρίσατο.

LIV. Ταῦτα διαπραξάμενος ἐπὶ τὰς πόλεις
τῶν Λατίνων ἦγε τὴν δύναμιν, ὡς μάχῃ τὰς μὴ
προσχωρούσας αὐτῷ παραστησόμενος· οὐ μὴν
ἐδέησέ γε αὐτῷ τειχομαχίας. ἅπαντες γὰρ εἰς
ἱκεσίας καὶ δεήσεις ἐτράποντο καὶ πρέσβεις ἀπὸ
τοῦ κοινοῦ πέμψαντες καταλύσασθαι τὸν πόλεμον
ἠξίουν ἐφ' οἷς αὐτὸς ἠβούλετο καὶ τὰς πόλεις
2 παρέδοσαν. γενόμενος δὲ τῶν πόλεων κατὰ
τάσδε τὰς ὁμολογίας ὁ βασιλεὺς κύριος ἐπι-
εικέστατα πάσαις προσηνέχθη καὶ μετριώτατα.

the rout, he captured the entrenchments at the very first onset. For the troops which had been left there, being neither aware as yet of the misfortune that had befallen their own men nor able, by reason of the suddenness of the attack, to recognize the cavalry that approached, permitted them to enter. After the camp of the Latins had been taken, those of the enemy who were retiring thither from the rout of their army, as to a safe retreat, were slain by the cavalry, who had possessed themselves of it, while others, endeavouring to escape from the camp into the plain, were met by the serried ranks of the Roman infantry and cut down; but the greater part of them, being crowded by one another and trodden under foot, perished on the palisades or in the trenches in the most miserable and ignoble manner. Consequently, those who were left alive, finding no means of saving themselves, were obliged to surrender to the conquerors. Tarquinius, having taken possession of many prisoners and much booty, sold the former and granted the plunder of the camp to the soldiers.

LIV. After this success he led his army against the cities of the Latins, in order to reduce by battle those who would not voluntarily surrender to him; but he did not find it necessary to lay siege to any of them. For all had recourse to supplications and prayers, and sending ambassadors to him from the whole nation, they asked him to put an end to the war upon such conditions as he himself wished, and delivered up their cities to him. The king, becoming master of their cities upon these terms, treated them all with the greatest clemency and

---

[1] παρεμβολῆς Portus : παρασκευῆς O, Jacoby.
[2] ὡς added by Kiessling.

οὔτε γὰρ ἀπέκτεινεν οὔτε φεύγειν ἠνάγκασεν
οὔτε χρήμασιν ἐζημίωσε Λατίνων οὐδένα γῆν τε
αὐτοῖς καρποῦσθαι τὴν ἑαυτῶν ἐπέτρεψε καὶ
πολιτεύμασι χρήσασθαι τοῖς πατρίοις ἐφῆκεν,
ἀποδοῦναι δὲ αὐτοὺς ἐκέλευσε Ῥωμαίοις τούς
τε αὐτομόλους καὶ τοὺς αἰχμαλώτους ἄνευ
λύτρων θεράποντάς τε ἀποκαταστῆσαι τοῖς δε-
σπόταις ὅσων ἐγένοντο κατὰ τὰς προνομὰς κύριοι
καὶ χρήματα ὅσα τοὺς γεωργοὺς ἀφείλοντο
διαλῦσαι καὶ εἴ τι ἄλλο κατέβλαψαν ἢ διέφθειραν
3 ἐν ταῖς εἰσβολαῖς ἐπανορθῶσαι. ταῦτα δὲ ποιή-
σαντας εἶναι φίλους Ῥωμαίων καὶ συμμάχους
ἅπαντα πράττοντας ὅσα ἂν ἐκεῖνοι κελεύωσιν.
ὁ μὲν δὴ πρὸς Λατίνους συστὰς Ῥωμαίοις
πόλεμος εἰς τοῦτο τὸ τέλος κατέσκηψε, καὶ
βασιλεὺς Ταρκύνιος τὸν ἐπινίκιον ἐκ τοῦ πολέ-
μου τούτου κατήγαγε θρίαμβον.

LV. Τῷ δ' ἑξῆς ἔτει παραλαβὼν τὴν δύναμιν
ἐπὶ Σαβίνους ἦγεν ἐκ πολλοῦ τὴν προαίρεσιν
αὐτοῦ καὶ τὴν παρασκευὴν τὴν ἐφ' ἑαυτοὺς
προεγνωκότας. οὐχ ὑπομείναντες δὲ εἰς τὴν
ἑαυτῶν χώραν παρεῖναι τὸν πόλεμον, ἀλλ' ἀντι-
παρασκευασάμενοι δύναμιν ἱκανὴν ἐχώρουν ὁμόσε.
γενομένης δὲ αὐτοῖς μάχης περὶ τὰ μεθόρια τῆς
χώρας ἄχρι νυκτὸς ἐνίκων μὲν οὐδέτεροι, πάνυ
2 δ' ἰσχυρῶς ἐπόνησαν ἀμφότεροι. ταῖς γοῦν ἑξῆς
ἡμέραις οὔτε ὁ τῶν Σαβίνων ἡγεμὼν προῆγεν
ἐκ τοῦ χάρακος τὰς δυνάμεις οὔτε ὁ τῶν Ῥωμαίων
βασιλεύς, ἀλλ' ἀναστρατοπεδεύσαντες ἀμφότεροι
καὶ τῆς ἀλλήλων γῆς οὐδὲν κακώσαντες [1] ἀπῆσαν
ἐπ' οἴκου. γνώμη δ' ἀμφοτέρων ἦν ὁμοία, μεί-

---

[1] κακώσαντες B : δῃώσαντες R.

moderation; for he neither put any of the Latins to death nor forced any into exile, nor laid a fine upon any of them, but allowed them to enjoy their lands and to retain their traditional forms of government. He did, however, order them to deliver up the deserters and captives to the Romans without ransom, to restore to their masters the slaves they had captured in their incursions, to repay the money they had taken from the husbandmen, and to make good every other damage or loss they had occasioned in their raids. Upon their performing these commands they were to be friends and allies of the Romans, doing everything that they should command. This was the outcome of the war between the Romans and the Latins; and King Tarquinius celebrated the customary triumph for his victory in this war.

LV. The [1] following year he led his army against the Sabines, who had long since been aware of his purpose and preparations against them. They were unwilling, however, to let the war to be brought into their own country, but having got ready an adequate force in their turn, they were advancing to meet him. And upon the confines of their territory they engaged in a battle which lasted till night, neither army being victorious, but both suffering very severely. At all events, during the following days neither the Sabine general nor the Roman king led his forces out of their entrenchments, but both broke camp and returned home without doing any injury to the other's territory. The intention of both was the same, namely, to lead out a new and

---

[1] For chaps. 55–57, 1 *cf.* Livy i. 36, 1 f., 37.

ζονα δύναμιν ἑτέραν ἐπὶ τὴν ἀλλήλων χώραν
3 ἐξάγειν ἔαρος ἀρχομένου. ἐπεὶ δὲ πάντα [1] παρ-
εσκεύαστο αὐτοῖς, πρότεροι μὲν ἐξῆλθον οἱ
Σαβῖνοι Τυρρηνῶν ἔχοντες ἱκανὴν συμμαχίαν [2]
καὶ καταστρατοπεδεύονται Φιδήνης πλησίον περὶ
τὰς συμβολὰς τοῦ τε Ἀνίητος καὶ τοῦ Τεβέριος
ποταμοῦ διττοὺς βαλόμενοι τοὺς χάρακας ἐναντίους
τε καὶ συνεχεῖς ἀλλήλοις, μέσον ἔχοντες τὸ κοινὸν
ἐξ ἀμφοτέρων τῶν ποταμῶν ῥεῖθρον, ἐφ᾽ οὗ
κατεσκεύαστο γέφυρα ξυλόφρακτος σκάφαις ἀν-
εχομένη καὶ σχεδίαις ἡ ποιοῦσα ταχείας τὰς
πρὸς ἀλλήλους ἀφίξεις καὶ τὸν χάρακα ἕνα.
4 πυθόμενος δὲ τὴν εἰσβολὴν αὐτῶν ὁ Ταρκύνιος
ἐξῆγε καὶ αὐτὸς τὸ Ῥωμαίων στράτευμα καθ-
ιδρύεταί τε μικρὸν ἀνωτέρω τῆς ἐκείνων στρατο-
πεδείας παρὰ τὸν Ἀνίητα ποταμὸν ἐπὶ λόφου
τινὸς καρτεροῦ. ἁπάσῃ δὲ προθυμίᾳ πρὸς τὸν
πόλεμον ὡρμημένων ἀμφοτέρων οὐδεὶς ἀγὼν
ἐκ παρατάξεως οὔτε μείζων οὔτ᾽ ἐλάσσων αὐτοῖς
συνέστη. ἔφθασε γὰρ ὁ Ταρκύνιος ἀγχινοίᾳ
στρατηγικῇ πάντα συντρίψας τὰ τῶν Σαβίνων
πράγματα καὶ τὰς παρεμβολὰς αὐτῶν ἀμφοτέρας
ἀράμενος. τὸ δὲ στρατήγημα τοῦ ἀνδρὸς τοιόνδε
ἦν·

LVI. Σκάφας ποταμηγοὺς καὶ σχεδίας ξύλων
αὔων καὶ φρυγάνων γεμούσας, ἔτι δὲ πίσσης τε
καὶ θείου,[3] παρασκευασάμενος ἐπὶ θατέρου τῶν
ποταμῶν, παρ᾽ ὃν αὐτὸς ἐστρατοπεδεύκει, ἔπειτα
φυλάξας ἄνεμον οὔριον περὶ τὴν ἑωθινὴν φυλακὴν
πῦρ ἐνεῖναι ταῖς ὕλαις ἐκέλευσε καὶ μεθεῖναι τὰς
σκάφας καὶ τὰς σχεδίας φέρεσθαι κατὰ ῥοῦν. αἱ

---

[1] πάντα added by Kiessling.

larger force against the other's country at the beginning of spring. After they had made all their preparations, the Sabines first took the field, strengthened with a sufficient body of Tyrrhenian auxiliaries, and encamped near Fidenae, at the confluence of the Anio and the Tiber rivers. They pitched two camps opposite and adjoining each other, the united stream of both rivers running between them, over which was built a wooden bridge resting on boats and rafts, thus affording quick communication between them and making them one camp. Tarquinius, being informed of their irruption, marched out in his turn with the Roman army and pitched his camp a little above theirs, near the river Anio, upon a strongly situated hill. But though both armies had all the zeal imaginable for the war, no pitched battle, either great or small, occurred between them; for Tarquinius by a timely stratagem ruined all the plans of the Sabines and gained possession of both their camps. His stratagem was this:

LVI. He got together boats and rafts on the one of the two rivers near which he himself lay encamped and filled them with dry sticks and brushwood, also with pitch and sulphur, and then waiting for a favourable wind, about the time of the morning watch he ordered the firewood to be set on fire and the boats and rafts turned adrift to drop downstream. These

---

[2] ἱκανὴν (?) συμμαχίαν B : δύναμινἱκανὴν πρὸς συμμαχίαν R.
[3] πίσσης τε καὶ θείου B : θείου τε καὶ πίσσης R.

δὲ ἐν ὀλίγῳ πάνυ χρόνῳ διελθοῦσαι τὸν μεταξὺ
πόρον ἐμπίπτουσι τῇ γεφύρᾳ καὶ ἀνάπτουσιν
2 αὐτὴν πολλαχόθεν. τῶν δὲ Σαβίνων ὡς εἶδον
ἄφνω πολλὴν φλόγα φερομένην συνδραμόντων
ἐπὶ τὴν βοήθειαν καὶ πάντα μηχανωμένων ὅσα
σβεστήρια τοῦ πυρὸς ἦν, ἧκεν ὁ Ταρκύνιος περὶ
τὸν ὄρθρον ἄγων συντεταγμένην τὴν Ῥωμαίων
δύναμιν καὶ προσβαλὼν θατέρῳ χάρακι, τῶν
μὲν πλείστων ἐκλελοιπότων τὰς φυλακὰς διὰ τὴν
ἐπὶ τὰ καιόμενα ὁρμήν, ὀλίγων δέ τινων πρὸς
ἀλκὴν τραπομένων, ἐγκρατὴς αὐτοῦ γίνεται
3 δίχα πόνου. ἐν ᾧ δὲ ταῦτα ἐπράττετο χρόνῳ
καὶ τὸν ἕτερον τῶν Σαβίνων χάρακα τὸν ἐπέκεινα
τοῦ ποταμοῦ κείμενον ἑτέρα δύναμις Ῥωμαίων
ἐπελθοῦσα αἱρεῖ, ἣ προαπέσταλτο μὲν ὑπὸ
Ταρκυνίου περὶ πρῶτον ὕπνον, διεληλύθει δὲ
τὸν ἐκ τῶν δυεῖν ποταμῶν ἕνα γενόμενον ἐν
σκάφαις καὶ σχεδίαις καθ' ὃ μέρος περαιουμένη
λήσεσθαι ἔμελλε τοὺς Σαβίνους, πλησίον δὲ
τῆς ἑτέρας ἐγεγόνει παρεμβολῆς ἅμα τῷ θεάσασθαι
τὴν γέφυραν καιομένην· τοῦτο γὰρ ἦν αὐτῇ τὸ
4 σύνθημα τῆς ἐφόδου. τῶν δ' ἐν τοῖς χάραξι
καταληφθέντων οἱ μὲν ὑπὸ τῶν Ῥωμαίων μαχό-
μενοι κατεκόπησαν, οἱ δ' εἰς τὴν συμβολὴν τῶν
ποταμῶν ῥίψαντες ἑαυτοὺς οὐ δυνηθέντες ὑπερ-
ενεχθῆναι τὰς δίνας κατεπόθησαν· διεφθάρη [1] δέ
τις αὐτῶν μοῖρα οὐκ ὀλίγη καὶ κατὰ τὴν βοήθειαν
τῆς γεφύρας ὑπὸ τοῦ πυρός. λαβὼν δὲ ὁ Ταρ-
κύνιος ἀμφότερα τὰ στρατόπεδα τὰ μὲν ἐν αὐτοῖς
καταληφθέντα χρήματα τοῖς στρατιώταις ἐπέ-
τρεψε διανείμασθαι, τοὺς δὲ αἰχμαλώτους πολ-

---

[1] διεφθάρη Cobet : ἐφθάρη O, Jacoby.

covered the intervening distance in a very short time, and being driven against the bridge, set fire to it in many places. The Sabines, seeing a vast flame flare up on a sudden, ran to lend their assistance and tried all means possible to extinguish the fire. While they were thus employed Tarquinius arrived about dawn, leading the Roman army in order of battle, and attacked one of the camps; and since the greater part of the guards had left their posts to run to the fire, though some few turned and resisted, he gained possession of it without any trouble. While these things were going on another part of the Roman army came up and took the other camp of the Sabines also, which lay on the other side of the river. This detachment, having been sent on ahead by Tarquinius about the first watch, had crossed in boats and rafts the river formed by the uniting of the two streams, at a place where their passage was not likely to be discovered by the Sabines, and had got near to the other camp at the same time that they saw the bridge on fire; for this was their signal for the attack. Of those who were found in the camps some were slain by the Romans while fighting, but others threw themselves into the confluence of the rivers, and being unable to get through the whirlpools, were swallowed up; and not a few of them perished in the flames while they were endeavouring to save the bridge. Tarquinius, having taken both camps, gave leave to the soldiers to divide among themselves the booty that was found in them; but the prisoners, who were very numerous,

λοὺς πάνυ ὄντας Σαβίνων τε αὐτῶν καὶ Τυρ-
ρηνῶν εἰς Ῥώμην ἀγαγὼν διὰ πολλῆς εἶχε
φυλακῆς.

LVII. Σαβῖνοι μὲν οὖν ἐγνωσιμάχησαν ὑπὸ [1]
τῆς τότε συμφορᾶς βιασθέντες καὶ πρεσβευτὰς
ἀποστείλαντες ἀνοχὰς ἐποιήσαντο τοῦ πολέμου
ἑξαετεῖς,[2] Τυρρηνοὶ δὲ ὀργῇ φέροντες ὅτι ἥττηντό
τε ὑπὸ Ῥωμαίων πολλάκις καὶ ὅτι τοὺς αἰχμα-
λώτους αὐτοῖς ὁ Ταρκύνιος οὐκ ἀπεδίδου
πρεσβευσαμένοις, ἀλλ᾽ ἐν ὁμήρων κατεῖχε λόγῳ,
ψήφισμα ποιοῦνται πάσας τὰς τῶν Τυρρηνῶν
πόλεις κοινῇ τὸν κατὰ Ῥωμαίων πόλεμον ἐκ-
φέρειν, τὴν δὲ μὴ μετέχουσαν τῆς στρατείας ἔκ-
2 σπονδον εἶναι. ταῦτ᾽ ἐπικυρώσαντες ἐξῆγον τὰς
δυνάμεις καὶ διαβάντες τὸν Τέβεριν ἀγχοῦ Φιδή-
νης τίθενται τὰ ὅπλα. γενόμενοι δὲ τῆς πόλεως
ταύτης ἐγκρατεῖς διὰ προδοσίας, στασιασάντων
πρὸς ἀλλήλους τῶν ἐν αὐτῇ, καὶ πολλὰ μὲν
σώματα λαβόντες, πολλὴν δὲ λείαν ἐκ τῆς Ῥω-
μαίων χώρας ἐλαύνοντες, ἀπῆλθον ἐπ᾽ οἴκου,
φρουρὰν ἐν τῇ Φιδήνῃ καταλιπόντες ἀποχρῶσαν.
αὕτη γὰρ ἡ πόλις ὁρμητήριον αὐτοῖς ἔσεσθαι
κράτιστον ἐδόκει τοῦ κατὰ Ῥωμαίων πολέμου.
3 βασιλεὺς δὲ Ταρκύνιος εἰς τοὐπιὸν ἔτος Ῥωμαίους
τε σύμπαντας καθοπλίσας καὶ παρὰ τῶν συμμάχων
ὅσους ἐδύνατο πλείστους παραλαβὼν ἐξῆγεν
ἐπὶ τοὺς πολεμίους ἔαρος ἀρχομένου, πρὶν ἐκείνους
συναχθέντας ἐξ ἁπασῶν τῶν πόλεων ἐπ᾽ αὐτὸν
ὡς πρότερον ἐλθεῖν· καὶ διελὼν εἰς δύο μοίρας
ἅπασαν τὴν δύναμιν, τῆς μὲν Ῥωμαϊκῆς στρατιᾶς

───────

[1] ὑπὸ Pflugk : ἀπὸ O.

not only of the Sabines themselves but also of the Tyrrhenians, he carried to Rome, where he kept them under strict guard.

LVII. The Sabines, subdued by this calamity, grew sensible of their own weakness, and sending ambassadors, concluded a truce from the war for six years. But the Tyrrhenians, angered not only because they had been often defeated by the Romans, but also because Tarquinius had refused to restore to them the prisoners he held when they sent an embassy to demand them, but retained them as hostages, passed a vote that all the Tyrrhenian cities should carry on the war jointly against the Romans and that any city refusing to take part in the expedition should be excluded from their league. After passing this vote they led out their forces and, crossing the Tiber, encamped near Fidenae. And having gained possession of that city by treachery, there being a sedition among the inhabitants, and having taken a great many prisoners and carried off much booty from the Roman territory, they returned home, leaving a sufficient garrison in Fidenae; for they thought this city would be an excellent base from which to carry on the war against the Romans. But King Tarquinius, having for the ensuing year armed all the Romans and taken as many troops as he could get from his allies, led them out against the enemy at the beginning of spring, before the Tyrrhenians could be assembled from all their cities and march against him as they had done before. Then, having divided his whole army into two parts, he put himself at the head of the Roman

---

[2] ἐξαετεῖς Kiessling (cf. chap. 59, 1): σπονδὰς ἐξαετεῖς O, καὶ σπονδὰς ἐξαετεῖς Portus.

αὐτὸς ἡγούμενος ἐπὶ τὰς πόλεις τῶν Τυρρηνῶν
ἐστράτευσε, τῆς δὲ συμμαχικῆς, ἐν ᾗ τὸ πλεῖστον
μέρος ἦν τῶν Λατίνων, Ἡγέριον τὸν ἑαυτοῦ
συγγενῆ στρατηγὸν ἀποδείξας ἐπὶ τοὺς ἐν Φιδήνῃ
4 πολεμίους ἐκέλευσε χωρεῖν. ἡ μὲν οὖν συμμαχικὴ
πλησίον τῆς Φιδήνης τὸν χάρακα οὐκ ἐν ἀσφαλεῖ
χωρίῳ θεμένη διὰ τὸ καταφρονεῖν τῶν πολεμίων
ὀλίγου τινὸς ἐδέησεν πᾶσα διαφθαρῆναι· οἱ γὰρ
ἐν τῇ πόλει φρουροὶ βοήθειαν ἑτέραν παρὰ
Τυρρηνῶν κρύφα μεταπεμψάμενοι καὶ φυλάξαντες
καιρὸν ἐπιτήδειον ἐξελθόντες ἐκ τῆς πόλεως τόν
τε χάρακα τῶν πολεμίων ἔλαβον ἐξ ἐφόδου
φαύλως φυλαττόμενον καὶ τῶν ἐξεληλυθότων [1]
5 ἐπὶ τὰς προνομὰς πολὺν εἰργάσαντο φόνον. ἡ
δὲ Ῥωμαίων δύναμις ἧς Ταρκύνιος ἡγεῖτο τὴν
Οὐιεντανῶν κείρουσα καὶ λεηλατοῦσα χώραν καὶ
πολλὰς ὠφελείας ἐξενεγκαμένη συνελθούσης ἐξ
ἁπασῶν τῶν Τυρρηνίδων πόλεων μεγάλης τοῖς
Οὐιεντανοῖς ἐπικουρίας εἰς μάχην καταστᾶσα
νίκην ἀναμφίλογον[2] ἀναιρεῖται[3] καὶ μετὰ τοῦτο δι-
εξιοῦσα τὴν χώραν τῶν πολεμίων ἀδεῶς ἐπόρθει
γενομένη τε πολλῶν μὲν σωμάτων ἐγκρατής,
πολλῶν δὲ χρημάτων οἷα ἐξ εὐδαίμονος χώρας,
τελευτῶντος ἤδη τοῦ θέρους οἴκαδε ἀπῄει.

LVIII. Οὐιεντανοὶ μὲν οὖν ἐξ ἐκείνης τῆς
μάχης μεγάλως κακωθέντες οὐκέτι προῆεσαν ἐκ
τῆς πόλεως, ἀλλ' ἠνείχοντο κειρομένην τὴν
χώραν ὁρῶντες. βασιλεὺς δὲ Ταρκύνιος τρισὶν
εἰσβολαῖς χρησάμενος καὶ τριετῆ χρόνον ἀποστερή-
σας τοὺς Οὐιεντανοὺς τῶν ἐκ τῆς σφετέρας γῆς
ἐπικαρπιῶν, ὡς ἔρημον ἐποίησε τὴν πλείστην

---

[1] ἐξεληλυθότων B : ἐξελθόντων R.

troops and led them against the cities of the Tyr-
rhenians, while he gave the command of the allies,
consisting chiefly of the Latins, to Egerius, his
kinsman, and ordered him to march against the
enemy in Fidenae. This force of allies, through
contempt of the enemy, placed their camp in an
unsafe position near Fidenae and barely missed
being totally destroyed; for the garrison in the
town, having secretly sent for fresh aid from the
Tyrrhenians and watched for a suitable occasion,
sallied forth from the town and captured the enemy's
camp at the first onset, as it was carelessly guarded,
and slew many of those who had gone out for forage.
But the army of Romans, commanded by Tarquinius,
laid waste and ravaged the country of the Veientes and
carried off much booty, and when numerous reinforce-
ments assembled from all the Tyrrhenian cities to aid
the Veientes, the Romans engaged them in battle and
gained an incontestable victory. After this they
marched through the enemy's country, plundering it
with impunity; and having taken many prisoners
and much booty—for it was a prosperous country—
they returned home when the summer was now
ending.

LVIII. The Veientes, therefore, having suffered
greatly from that battle, stirred no more out of their
city but suffered their country to be laid waste before
their eyes. King Tarquinius made three incursions
into their territory and for a period of three years
deprived them of the produce of their land; but
when he had laid waste the greater part of their

---

2 ἀναμφίλογον Β: ἀναμφίβολον R.
3 ἀναιρεῖται Jacoby: αἴρεται Ο.

καὶ [1] οὐδὲν ἔτι βλάπτειν αὐτὴν εἶχεν, ἐπὶ τὴν Καιρητανῶν πόλιν ἦγε τὴν δύναμιν, ἢ πρότερον μὲν Ἄγυλλα ἐκαλεῖτο Πελασγῶν αὐτὴν κατοικούντων, ὑπὸ δὲ Τυρρηνοῖς γενομένη Καίρητα μετωνομάσθη, εὐδαίμων δ' ἦν εἰ καί τις ἄλλη τῶν

2 ἐν Τυρρηνίᾳ πόλεων καὶ πολυάνθρωπος· ἐξ ἧς στρατιὰ μεγάλη μαχησομένη περὶ τῆς χώρας ἐξῆλθε, καὶ πολλοὺς μὲν διαφθείρασα τῶν πολεμίων, πολλῷ δ' ἔτι πλείους ἀποβαλοῦσα τῶν σφετέρων, εἰς τὴν πόλιν κατέφυγε. τῆς δὲ χώρας αὐτῶν οἱ Ῥωμαῖοι κρατοῦντες ἄφθονα πάντα παρεχομένης συχνὰς διέτριψαν ἡμέρας, καὶ ἐπειδὴ καιρὸς ἀπάρσεως ἦν, ἄγοντες ὅσας οἷοί

3 τε ἦσαν ὠφελείας ἀπῄεσαν ἐπ' οἴκου. Ταρκύνιος δ', ἐπειδὴ τὰ πρὸς Οὐιεντανοὺς ἐχώρησεν αὐτῷ κατὰ νοῦν, ἐπὶ τοὺς ἐν Φιδήνῃ πολεμίους ἐξάγει τὴν στρατιὰν ἐκβαλεῖν τε βουλόμενος τὴν ἐν αὐτῇ φρουρὰν καὶ τοὺς παραδόντας τοῖς Τυρρηνοῖς τὰ τείχη τιμωρήσασθαι προθυμούμενος. ἐγένετο μὲν οὖν καὶ ἐκ παρατάξεως μάχη τοῖς Ῥωμαίοις πρὸς τοὺς ἐκ τῆς πόλεως ἐξελθόντας

4 καὶ ἐν ταῖς τειχομαχίαις ἀγὼν καρτερός. ἑάλω δ' οὖν ἡ πόλις κατὰ κράτος, καὶ οἱ μὲν φρουροὶ δεθέντες ἅμα τοῖς ἄλλοις τῶν Τυρρηνῶν αἰχμαλώτοις ἦσαν ἐν φυλακῇ, Φιδηναίων δὲ οἱ δοκοῦντες αἴτιοι γεγονέναι τῆς ἀποστάσεως οἱ μὲν ὑπὸ μαστίγων αἰκισθέντες ἐν τῷ φανερῷ τοὺς αὐχένας ἀπεκόπησαν, οἱ δὲ φυγαῖς ἐζημιώθησαν ἀιδίοις·

---

[1] καὶ B : καὶ ὡς R.

country and was unable to do any further damage
to it, he led his army against the city of the Caeretani,
which earlier had been called Agylla while it was
inhabited by the Pelasgians but after falling under
the power of the Tyrrhenians had been renamed
Caere,[1] and was as flourishing and populous as any
city in all Tyrrhenia. From this city a large army
marched out to defend the country; but after des-
troying many of the enemy and losing still more of
their own men they fled back into the city. The
Romans, being masters of their country, which afforded
them plenty of everything, continued there many
days, and when it was time to depart they carried
away all the booty they could and returned home.
Tarquinius, now that his expedition against the
Veientes had succeeded according to his desire, led
out his army against the enemies in Fidenae, wishing
to drive out the garrison that was there and at the
same time being anxious to punish those who had
handed over the walls to the Tyrrhenians. Accord-
ingly, not only a pitched battle took place between
the Romans and those who sallied out of the city,
but also sharp fighting in the attacks that were made
upon the walls. At any rate, the city was taken by
storm, and the garrison, together with the rest of the
Tyrrhenian prisoners, were kept in chains under a
guard. As for those of the Fidenates who appeared to
have been the authors of the revolt, some were
scourged and beheaded in public and others were
condemned to perpetual banishment; and their

---

[1] Dionysius made his Latin names conform as far as pos-
sible to recognized Greek types. Not fancying such a nomi-
native as Καῖρε, he constructed a form Καίρητα (Caerēta) from
the stem of the Latin word. Other Greek writers used Καίρη,
Καιρέα and even Καῖρε.

τὰς δὲ οὐσίας αὐτῶν διέλαχον οἱ καταλειφθέντες
Ῥωμαίων ἔποικοί τε καὶ φρουροὶ τῆς πόλεως.

LIX. Τελευταία δὲ[1] μάχη Ῥωμαίων καὶ
Τυρρηνῶν ἐγένετο πόλεως Ἠρήτου πλησίον ἐν
τῇ Σαβίνων γῇ. δι᾽ ἐκείνης γὰρ ἐποιήσαντο
τὴν ἐπὶ τοὺς Ῥωμαίους ἔλασιν οἱ Τυρρηνοὶ
πεισθέντες ὑπὸ τῶν ἐκεῖ δυνατῶν,[2] ὡς συστρατευ-
σομένων[3] σφίσι τῶν Σαβίνων. αἱ γὰρ ἑξαετεῖς
αὐτοῖς περὶ τῆς εἰρήνης πρὸς Ταρκύνιον ἀνοχαὶ
ἐξεληλύθεσαν[4] ἤδη, καὶ πολλοῖς τῶν Σαβίνων
πόθος ἦν ἐπανορθώσασθαι τὰς προτέρας ἥττας
ἐπιτεθραμμένης ἐν ταῖς πόλεσι νεότητος ἱκανῆς.
2 οὐ μὴν ἐχώρησέ γε αὐτοῖς ἡ πεῖρα κατὰ νοῦν
θᾶττον ἐπιφανείσης τῆς Ῥωμαίων στρατιᾶς,
οὐδ᾽ ἐξεγένετο παρ᾽ οὐδεμιᾶς τῶν πόλεων κοινὴν
ἀποσταλῆναι τοῖς Τυρρηνοῖς συμμαχίαν, ἀλλ᾽
ἐθελονταί τινες ἐπεκούρησαν αὐτοῖς ὀλίγοι μισθοῖς
3 μεγάλοις ὑπαχθέντες. ἐκ ταύτης τῆς μάχης
μεγίστης τῶν προτέρων γενομένης, ὅσας πρὸς
ἀλλήλους ἐπολέμησαν, τὰ μὲν Ῥωμαίων πράγ-
ματα θαυμαστὴν ὅσην ἐπίδοσιν ἔλαβε νίκην
ἐξενεγκαμένων καλλίστην, καὶ βασιλεῖ Ταρκυνίῳ
τὴν τροπαιοφόρον πομπὴν κατάγειν ἥ τε βουλὴ
καὶ ὁ δῆμος ἐψηφίσατο, τὰ δὲ τῶν Τυρρηνῶν ἔπεσε
φρονήματα πάσας μὲν ἐξαποστειλάντων εἰς τὸν
ἀγῶνα τὰς ἐξ ἑκάστης πόλεως δυνάμεις, ὀλίγους
δέ τινας ἐκ πολλῶν τοὺς διασωθέντας ὑποδεξα-
μένων. οἱ μὲν γὰρ ἐν τῇ παρατάξει μαχόμενοι
κατεκόπησαν, οἱ δ᾽ ἐν τῇ τροπῇ δυσχωρίαις

---

[1] δὲ Kiessling : δὴ B, δ᾽ ἡ R.
[2] δυνατῶν B : δυσμενῶν R.

possessions were distributed by lot among those Romans who were left both as colonists and as a garrison for the city.

LIX. The last battle between the Romans and Tyrrhenians was fought near the city of Eretum in the territory of the Sabines. For the Tyrrhenians had been prevailed on by the influential men there to march through that country on their expedition against the Romans, on the assurance that the Sabines would join them in the campaign; for the six-years' truce, looking to peace, which the Sabines had made with Tarquinius, had already expired, and many of them longed to retrieve their former defeats, now that a sufficient body of youths had grown up in the meantime in their cities. But their attempt did not succeed according to their desire, the Roman army appearing too soon, nor was it possible for aid to be sent publicly to the Tyrrhenians from any of the Sabine cities; but a few went to their assistance of their own accord, attracted by the liberal pay. This battle, the greatest of any that had yet taken place between the two nations, gave a wonderful increase to the power of the Romans, who there gained a most glorious victory, for which both the senate and people decreed a triumph to King Tarquinius. But it broke the spirits of the Tyrrhenians, who, after sending out all the forces from every city to the struggle, received back in safety only a few out of all that great number. For some of them were cut down while fighting in the battle, and others, having in the rout found themselves in rough country from

---

³ Steph. : συστρατευομένων AB.
⁴ ἐξεληλύθεσαν Cobet : διεληλύθεσαν O, Jacoby.

219

ἐγκυρήσαντες ἀνεξόδοις παρέδοσαν τοῖς κεκρατη-
4 κόσιν ἑαυτούς. τοιαύτης μέντοι συμφορᾶς πειρα-
θέντες οἱ δυνατώτατοι τῶν ἐν ταῖς πόλεσιν
ἔργον ἐποίησαν ἀνθρώπων φρονίμων. ἑτέραν
γὰρ στρατιὰν ἐπ᾿ αὐτοὺς ἐξαγαγόντος βασιλέως
Ταρκυνίου, συναχθέντες εἰς μίαν ἀγορὰν περὶ
καταλύσεως τοῦ πολέμου διαλέγεσθαι πρὸς αὐτὸν
ἐψηφίσαντο καὶ πέμπουσι τοὺς πρεσβυτάτους
ἄνδρας καὶ τιμιωτάτους ἐξ ἑκάστης πόλεως
αὐτοκράτορας ἀποδείξαντες τῶν περὶ τῆς εἰρήνης
ὁμολογιῶν.

LX. Ὁ δὲ βασιλεὺς ἀκούσας αὐτῶν πολλὰ
διαλεχθέντων ἐπαγωγὰ πρὸς ἐπιείκειαν καὶ μετριό-
τητα καὶ τῆς συγγενείας, ἧς εἶχε πρὸς τὸ ἔθνος,
ὑπομιμνησκόντων ἐν τοῦτο μόνον ἔφη παρ᾿
αὐτῶν βούλεσθαι μαθεῖν, πότερον ἔτι διαφέρονται
περὶ τῶν ἴσων καὶ ἐπὶ ῥητοῖς τισι τὰς περὶ τῆς
εἰρήνης ὁμολογίας πάρεισι ποιησόμενοι, ἢ συγ-
γινώσκουσιν ἑαυτοῖς κεκρατημένοις καὶ τὰς πόλεις
ἐπιτρέπουσιν αὐτῷ. ἀποκριναμένων δ᾿ αὐτῶν
ὅτι καὶ τὰς πόλεις ἐπιτρέπουσιν αὐτῷ καὶ τὴν
εἰρήνην στέρξουσιν ἐφ᾿ οἷς ἄν ποτε δικαίοις
αὐτῆς τύχωσι, περιχαρὴς ἐπὶ τούτοις γενόμενος,
2 "Ἀκούσατε νῦν," ἔφησεν, "ἐφ᾿ οἷς κατα-
λύσομαι τὸν πόλεμον δικαίοις καὶ τίνας ὑμῖν
δίδωμι χάριτας· ἐγὼ Τυρρηνῶν οὔτε ἀποκτεῖναί
τινα πρόθυμός εἰμι οὔτε φυγάδα ποιῆσαι τῆς
πατρίδος οὔτε ἀφαιρέσει τῶν ὑπαρχόντων ζημιῶ-
σαι, τάς τε πόλεις ὑμῖν ἀφίημι πάσας ἀφρουρήτους
καὶ ἀφορολογήτους καὶ αὐτονόμους πολιτείας
τε κόσμον ἑκάστῃ φυλάττειν συγχωρῶ τὸν
3 ἀρχαῖον. διδοὺς δὲ ταῦθ᾿ ὑμῖν ἓν οἴομαι δεῖν

which they could not extricate themselves, surrendered to the conquerors. The leading men of their cities, therefore, having met with so great a calamity, acted as became prudent men. For when King Tarquinius led another army against them, they met in a general assembly and voted to treat with him about ending the war; and they sent to him the oldest and most honoured men from each city, giving them full powers to settle the terms of peace.

LX. The king, after he had heard the many arguments they advanced to move him to clemency and moderation and had been reminded of his kinship to their nation, said he desired to learn from them just this one thing, whether they still contended for equal rights and were come to make peace upon certain conditions, or acknowledged themselves to be vanquished and were ready to deliver up their cities to him. Upon their replying that they were not only delivering up their cities to him but should also be satisfied with a peace upon any fair terms they could get, he was greatly pleased at this and said : "Hear now upon what fair terms I will put an end to the war and what favours I am granting you. I am not eager either to put any of the Tyrrhenians to death or to banish any from their country or to punish any with the loss of their possessions. I impose no garrisons or tributes upon any of your cities, but permit each of them to enjoy its own laws and its ancient form of government. But in granting you this I think I ought to obtain one thing from you

ἀνθ' ὧν δίδωμι πάντων ὑπάρξαι μοι παρ' ὑμῶν,
τὴν ἡγεμονίαν τῶν πόλεων, ἧς κύριος μὲν ἔσομαι
καὶ μὴ βουλομένων ὑμῶν ἕως ἂν κρατῶ τοῖς
ὅπλοις, παρ' ἑκόντων δὲ μᾶλλον ἢ παρ' ἀκόντων
τυχεῖν αὐτῆς βούλομαι. ταῦτ' ἀπαγγέλλετε ταῖς
πόλεσιν, ἐγὼ δὲ ὑμῖν ἐκεχειρίαν ἕως ἂν ἀφίκησθε
παρέξειν ὑπισχνοῦμαι."

LXI. Ταύτας λαβόντες οἱ πρέσβεις τὰς ἀποκρί-
σεις ᾤχοντο καὶ μετ' ὀλίγας ἡμέρας παρῆσαν οὐ
λόγους αὐτῷ μόνον φέροντες ψιλούς, ἀλλὰ καὶ τὰ
σύμβολα τῆς ἡγεμονίας, οἷς ἐκόσμουν αὐτοὶ τοὺς
σφετέρους βασιλεῖς, κομίζοντες στέφανόν τε
χρύσεον καὶ θρόνον ἐλεφάντινον καὶ σκῆπτρον
ἀετὸν ἔχον ἐπὶ τῆς κεφαλῆς χιτῶνά τε πορφυροῦν
χρυσόσημον καὶ περιβόλαιον πορφυροῦν ποικίλον,
οἷα Λυδῶν τε καὶ Περσῶν ἐφόρουν οἱ βασιλεῖς,
πλὴν οὐ τετράγωνόν γε τῷ σχήματι, καθάπερ
ἐκεῖνα ἦν, ἀλλ' ἡμικύκλιον. τὰ δὲ τοιαῦτα τῶν
ἀμφιεσμάτων Ῥωμαῖοι μὲν τόγας, Ἕλληνες δὲ
τηβέννας [1] καλοῦσιν, οὐκ οἶδ' ὁπόθεν μαθόντες·
Ἑλληνικὸν γὰρ οὐ φαίνεταί μοι τοὔνομα εἶναι.
2 ὡς δέ τινες ἱστοροῦσι, καὶ τοὺς δώδεκα πελέκεις
ἐκόμισαν αὐτῷ λαβόντες ἐξ ἑκάστης πόλεως ἕνα.
Τυρρηνικὸν γὰρ εἶναι ἔθος δοκεῖ [2] ἑκάστου τῶν
κατὰ πόλιν βασιλέων ἕνα προηγεῖσθαι ῥαβδοφόρον
ἅμα τῇ δέσμῃ τῶν ῥάβδων πέλεκυν φέροντα·
εἰ δὲ κοινὴ γίνοιτο τῶν δώδεκα πόλεων στρατεία,
τοὺς δώδεκα πελέκεις ἑνὶ παραδίδοσθαι τῷ

---

[1] τηβέννας Prou : τήβεννον (τήβενον A) O, Jacoby.
[2] Jacoby : ἐδόκει O.

in return for all that I am giving, and that is the sovereignty over your cities—something that I shall possess even against your will as long as I am more powerful in arms, though I prefer to obtain it with your consent rather than without it. Inform your cities of this, and I promise to grant you an armistice till you return.

LXI. The ambassadors, having received this answer, departed, and after a few days returned, not merely with words alone, but bringing the insignia of sovereignty with which they used to decorate their own kings. These were a crown of gold, an ivory throne, a sceptre with an eagle perched on its head, a purple tunic decorated with gold, and an embroidered purple robe like those the kings of Lydia and Persia used to wear, except that it was not rectangular in shape like theirs, but semicircular.[1] This kind of robe is called *toga* by the Romans and *têbenna* [2] by the Greeks; but I do not know where the Greeks learned the name, for it does not seem to me to be a Greek word. And according to some historians they also brought to Tarquinius the twelve axes, taking one from each city. For it seems to have been a Tyrrhenian custom for each king of the several cities to be preceded by a lictor bearing an axe together with the bundle of rods, and whenever the twelve cities undertook any joint military expedition, for the twelve axes to be handed over to the one man who

---

[1] Dionysius is here describing the insignia of a Roman triumphator (cf. chap. 62, 2 and v. 47, 3). The tunic is the *tunica palmata* and the robe the *toga picta*.

[2] The word τήβεννα (of uncertain origin) is found only in late Greek writers. Dionysius has already used it to represent the Latin *trabea* (ii. 70, 2), and Polybius used it for the *paludamentum* (x. 4, 8).

3 λαβόντι τὴν αὐτοκράτορα ἀρχήν. οὐ μὴν ἅπαντές
γε συμφέρονται τοῖς ταῦτα λέγουσιν, ἀλλὰ παλαί-
τερον ἔτι τῆς Ταρκυνίου δυναστείας πελέκεις
δώδεκα πρὸ τῶν βασιλέων φέρεσθαί φασι, κατα-
στήσασθαι δὲ τὸ ἔθος τοῦτο Ῥωμύλον εὐθὺς
ἅμα τῷ παραλαβεῖν τὴν ἀρχήν. οὐθὲν δὲ κωλύει
τὸ μὲν εὕρημα [1] Τυρρηνῶν εἶναι, χρήσασθαι δ'
αὐτῷ πρῶτον Ῥωμύλον παρ' ἐκείνων λαβόντα,
κομισθῆναι δὲ Ταρκυνίῳ σὺν τοῖς ἄλλοις κόσμοις
βασιλικοῖς καὶ τοὺς δώδεκα πελέκεις, ὥσπερ γε
καὶ νῦν Ῥωμαῖοι τὰ σκῆπτρα καὶ τὰ διαδήματα
δωροῦνται τοῖς βασιλεῦσι βεβαιοῦντες αὐτοῖς τὰς
ἐξουσίας, ἐπεὶ καὶ μὴ λαβόντες γε παρ' ἐκείνων
ἔχουσιν αὐτά.

LXII. Ταύταις ταῖς τιμαῖς ὁ Ταρκύνιος οὐκ
εὐθὺς ἐχρήσατο λαβών, ὡς οἱ πλεῖστοι γράφουσι
τῶν Ῥωμαϊκῶν συγγραφέων, ἀλλ' ἀποδοὺς τῇ
τε βουλῇ καὶ τῷ δήμῳ τὴν διάγνωσιν εἰ ληπτέον
αὐτάς,[2] ἐπειδὴ πᾶσι βουλομένοις ἦν, τότε
προσεδέξατο καὶ πάντα τὸν ἐξ ἐκείνου χρόνον
ἕως εἰς τὸ χρεὼν μετέστη στέφανόν τε χρύσεον
ἐφόρει καὶ πορφυρᾶν ἐσθῆτα ποικίλην ἠμπίσχε-
το καὶ σκῆπτρον ἐλεφάντινον ἔχων ἐπὶ θρόνου
ἐκαθέζετο ἐλεφαντίνου, καὶ οἱ δώδεκα ῥαβδοῦχοι
τοὺς πελέκεις φέροντες ἅμα ταῖς ῥάβδοις δικά-
ζοντί τε αὐτῷ παρίσταντο καὶ πορευομένου προ-
2 ηγοῦντο. οὗτος ὁ κόσμος ἅπας [3] καὶ τοῖς μετ'
ἐκεῖνον τὴν βασιλικὴν ἀρχὴν ἔχουσι παρέμεινε
καὶ μετὰ τὴν ἐκβολὴν τῶν βασιλέων τοῖς κατ'
ἐνιαυτὸν ὑπάτοις ἔξω τοῦ στεφάνου καὶ τῆς
ποικίλης ἐσθῆτος· ταῦτα δ' αὐτῶν ἀφῃρέθη

[1] Steph. : εὕρεμα O.

was invested with absolute power. However, not all the authorities agree with those who express this opinion, but some maintain that even before the reign of Tarquinius twelve axes were carried before the kings of Rome and that Romulus instituted this custom as soon as he received the sovereignty. But there is nothing to prevent our believing that the Tyrrhenians were the authors of this practice, that Romulus adopted its use from them, and that the twelve axes also were brought to Tarquinius together with the other royal ornaments, just as the Romans even to-day give sceptres and diadems to kings in confirmation of their power; since, even without receiving those ornaments from the Romans, these kings make use of them.

LXII. Tarquinius, however, did not avail himself of these honours as soon as he received them, according to most of the Roman historians, but left it to the senate and people to decide whether he should accept them or not; and when they unanimously approved, he then accepted them and from that time till he died always wore a crown of gold and an embroidered purple robe and sat on a throne of ivory holding an ivory sceptre in his hand, and the twelve lictors, bearing the axes and rods, attended him when he sat in judgment and preceded him when he went abroad. All these ornaments were retained by the kings who succeeded him, and, after the expulsion of the kings, by the annual consuls—all except the crown and the embroidered robe; these alone were

---

[2] Reiske : αὐτά O, Jacoby.
[3] Bücheler : ἅπασι O.

μόνα φορτικὰ δόξαντα εἶναι καὶ ἐπίφθονα. πλὴν
ὅταν ἐκ πολέμου νίκην κατάγοντες θριάμβου
παρὰ τῆς βουλῆς ἀξιωθῶσι, τότε καὶ χρυσο-
φοροῦσι καὶ ποικίλαις ἁλουργίσιν ἀμφιέννυνται.
ὁ μὲν οὖν πρὸς τοὺς Τυρρηνοὺς συστὰς Ταρκυνίῳ
πόλεμος ἔτη κατασχὼν ἐννέα τοιαύτην ἔσχε τὴν
συντέλειαν.

LXIII. Ἑνὸς δὲ καταλειπομένου τοῦ Σαβίνων
ἔθνους ἀντιπάλου Ῥωμαίοις ὑπὲρ τῆς ἀρχῆς
ἄνδρας τε μαχητὰς ἔχοντος καὶ χώραν νεμομένου
πολλὴν καὶ ἀγαθὴν καὶ τῆς Ῥώμης οὐ πρόσω κειμέ-
νην,[1] πολλὴν ἔσχεν ὁ Ταρκύνιος προθυμίαν καὶ τού-
τους ὑπαγαγέσθαι καὶ προεῖπεν αὐτοῖς τὸν πόλεμον,
ἐγκαλῶν ταῖς πόλεσιν ὅτι τοὺς ὑποσχομένους
Τυρρηνοῖς ἐὰν ἀφίκωνται στρατὸν ἄγοντες εἰς
τὴν χώραν αὐτῶν ἐκείνοις μὲν φίλας, Ῥωμαίοις δ'
ἐχθρὰς ποιήσειν τὰς σφετέρας πατρίδας οὐκ
2 ἐβούλοντο ἐκδοῦναι. οἱ δὲ ἄσμενοί τε ὑποδέχον-
ται τὸν πόλεμον οὐκ ἀξιοῦντες τοὺς δυνατωτά-
τους τῶν ἀστῶν ἀφαιρεθῆναι, καὶ πρὶν ἀφικέσθαι
Ῥωμαίων δύναμιν ἐπὶ σφᾶς αὐτοὶ στρατὸν ἐξ-
άγουσιν ἐπὶ τὴν ἐκείνων. βασιλεὺς δὲ Ταρ-
κύνιος ὡς ἤκουσε διαβεβηκότας τοὺς Σαβίνους
Ἀνίητα ποταμὸν καὶ λεηλατούμενα ὑπ' αὐτῶν
τὰ περὶ τὴν παρεμβολὴν ἅπαντα, ἀναλαβὼν τὴν
εὐζωνοτάτην Ῥωμαίων νεότητα ὡς εἶχε τάχους
ἐξῆγεν ἐπὶ τοὺς διεσπαρμένους ἐπὶ τὰς προνομάς.
3 ἀποκτείνας δὲ πολλοὺς αὐτῶν καὶ τὴν λείαν
ὅσην ἦγον ἀφελόμενος ἐγγὺς τῆς ἐκείνων παρεμ-
βολῆς τίθεται τὸν χάρακα καὶ διαλιπὼν ὀλίγας
τινὰς ἡμέρας, ἕως ἥ τε λοιπὴ δύναμις ἐκ τῆς

---

[1] κειμένην Bb : κειμένου BaR.

taken from them, being looked upon as vulgar and invidious. Yet whenever they return victorious from a war and are honoured with a triumph by the senate, they then not only wear gold [1] but are also clad in embroidered purple robes. This, then, was the outcome of the war between Tarquinius and the Tyrrhenians after it had lasted nine years.

LXIII. Since there now remained as a rival to the Romans for the supremacy only the Sabine race, which not only possessed warlike men but also inhabited a large and fertile country lying not far from Rome, Tarquinius was extremely desirous of subduing these also and declared war against them. He complained that their cities had refused to deliver up those who had promised the Tyrrhenians that if they entered their country with an army they would make their cities friendly to them and hostile to the Romans. The Sabines not only cheerfully accepted the war, being unwilling to be deprived of the most influential of their citizens, but also, before the Roman army could come against them, they themselves invaded the others' territory. As soon as King Tarquinius heard that the Sabines had crossed the river Anio and that all the country round their camp was being laid waste, he took with him such of the Roman youth as were most lightly equipped, and led them with all possible speed against those of the enemy who were dispersed in foraging. Then, having slain many of them and taken away all the booty which they were driving off, he pitched his camp near theirs; and after remaining quiet there for a few days till not only the remainder of his army

[1] The crown actually worn was of laurel, but a public slave held the golden crown of Jupiter above the victor's head.

πόλεως πρὸς αὐτὸν ἀφίκετο καὶ αἱ παρὰ τῶν
συμμάχων ἐπικουρίαι συνήχθησαν, κατέβαινεν
εἰς τὸ πεδίον ὡς μαχησόμενος.

LXIV. Ἰδόντες δὲ τοὺς Ῥωμαίους οἱ Σαβῖνοι
προθύμως ἐπὶ τὸν ἀγῶνα χωροῦντας ἐξῆγον καὶ
αὐτοὶ τὰς δυνάμεις οὔτε πλήθει λειπόμενοι τῶν
πολεμίων οὔτε ἀρετῇ καὶ συμπεσόντες ἐμάχοντο
πᾶσαν ἀποδεικνύμενοι τόλμαν, ἕως ἦν αὐτοῖς εἰς
μόνος ὁ πρὸς τοὺς ἀντιτεταγμένους ἀγών. ἔπειτα
μαθόντες ἐπιόντα σφίσι κατὰ νώτου στρατὸν
πολεμίων ἕτερον ἐν τάξει τε καὶ κόσμῳ χωροῦντα
καταλιπόντες τὰ σημεῖα τρέπονται πρὸς [1] φυγήν.
ἦσαν δὲ Ῥωμαίων ἄνδρες ἐπίλεκτοι πεζοί τε
καὶ ἱππεῖς οἱ κατόπιν ἐπιφανέντες τοῖς Σαβίνοις,
οὓς ὁ Ταρκύνιος ἐν [2] ἐπιτηδείοις χωρίοις διὰ
2 νυκτὸς ἐλόχισε. τούτους δὴ τοὺς ἄνδρας οἱ
Σαβῖνοι δείσαντες ἐκ τοῦ ἀδοκήτου σφίσιν
ἐπιφαινομένους οὐθὲν ἔτι γενναῖον ἔργον ἀπε-
δείξαντο, ἀλλ' ὡς κατεστρατηγημένοι ὑπὸ τῶν
ἐχθρῶν καὶ συμφορᾷ πεπληγότες ἀμάχῳ σώζειν
ἑαυτοὺς ἄλλοι κατ' ἄλλας ὁδοὺς ἐπειρῶντο, κἂν
τούτῳ μάλιστα πολὺς αὐτῶν φόνος ἐγένετο
διωκομένων ὑπὸ τῆς Ῥωμαϊκῆς ἵππου καὶ
πανταχόθεν ἀποκλειομένων· ὥστε ὀλίγους τινὰς
ἐξ αὐτῶν κομιδῇ γενέσθαι τοὺς διασωθέντας
εἰς τὰς ἔγγιστα πόλεις, τὸ δὲ πλεῖον μέρος ὅσον
μὴ κατὰ τὴν μάχην ἔπεσεν ὑποχείριον τοῖς
Ῥωμαίοις γενέσθαι· οὐδὲ γὰρ οἱ καταλειφθέντες
ἐν τῷ χάρακι τὴν ἔφοδον ἀποκρούσασθαι τῶν
ἐπιόντων σφίσιν ἐθάρρησαν οὐδ' εἰς πεῖραν ἦλθον
μάχης, ἀλλ' ἐκταραχθέντες ὑπὸ τοῦ παρ' ἐλπίδα

[1] πρὸς B : εἰς R.

from Rome had reached him but the auxiliary forces also from his allies had assembled, he descended into the plain ready to give battle.

LXIV. When the Sabines saw the Romans eagerly advancing to the combat, they also led out their forces, which were not inferior to the enemy either in numbers or in courage, and engaging, they fought with all possible bravery, so long as they had to contend only with those who were arrayed opposite them. Then, learning that another hostile army was advancing in their rear in orderly battle formation, they deserted their standards and turned to flight. The troops that appeared behind the Sabines were chosen men of the Romans, both horse and foot, whom Tarquinius had placed in ambush in suitable positions during the night. The unexpected appearance of these troops struck such terror into the Sabines that they displayed no further deed of bravery, but, feeling that they had been out-manoeuvred by the enemy and overwhelmed by an irresistible calamity, they endeavoured to save themselves, some in one direction and some in another; and it was in this rout that the greatest slaughter occurred among them, while they were being pursued by the Roman horse and surrounded on all sides. Consequently, those of their number who escaped to the nearest cities were very few and the greater part of those who were not slain in the battle fell into the hands of the Romans. Indeed, not even the forces that were left in the camp had the courage to repulse the assault of the enemy or to hazard an engagement, but, terrified by their unexpected

---

² ἐν added by Kiessling.

κακοῦ παρέδοσαν ἀμαχητὶ σφᾶς τε αὐτοὺς καὶ
3 τὸ ἔρυμα. αἱ μὲν δὴ τῶν Σαβίνων πόλεις,
ὡς κατεστρατηγημέναι καὶ οὐκ ἀρετῇ τὴν νίκην
ἀφηρημέναι πρὸς τῶν πολεμίων ἀλλὰ δόλῳ,
μείζονας αὖθις ἀποστέλλειν δυνάμεις παρεσκευά-
ζοντο καὶ στρατηγὸν ἐμπειρότερον. ὁ δὲ Ταρ-
κύνιος μαθὼν τὴν διάνοιαν αὐτῶν συνῆγε τὴν
στρατιὰν διὰ τάχους καὶ πρὶν ἐκείνους ἅπαντας
δὴ συνελθεῖν φθάνει διαβὰς τὸν Ἀνίητα ποταμόν.
4 ταῦτα μαθὼν ὁ τῶν Σαβίνων στρατηγὸς ἐξῄει
μὲν ὡς εἶχε τάχους τὴν νεωστὶ συνηγμένην
δύναμιν ἀναλαβὼν καὶ στρατοπεδεύεται πλησίον
τῶν Ῥωμαίων ἐπὶ λόφου τινὸς ὑψηλοῦ καὶ
ἀποτόμου, μάχης δὲ ἄρχειν οὐκ ἐδοκίμαζεν ἕως
αἱ λοιπαὶ τῶν Σαβίνων δυνάμεις συνέλθωσιν, ἀλλ'
ἐπὶ τοὺς προνομεύοντας τὴν χώραν ἐκπέμπων
ἀεί τινας τῶν ἱππέων καὶ λόχους ἐγκαθίζων
ὕλαις ἢ νάπαις εἶργε τοὺς Ῥωμαίους τῶν ἐπὶ
τὴν χώραν ἐξόδων.

LXV. Τοῦτον δὲ τὸν τρόπον αὐτοῦ χρωμένου
τῷ πολέμῳ πολλαὶ μὲν συμπλοκαὶ [1] κατ' ὀλί-
γους ψιλῶν τε καὶ ἱππέων ἐγίνοντο, μάχη δὲ
ὁλοσχερὴς ἁπάντων οὐδεμία. ἑλκομένου δὲ
τοῦ χρόνου δι' ὀργῆς φέρων τὴν διατριβὴν ὁ
Ταρκύνιος ἐπὶ τὴν παρεμβολὴν τῶν πολεμίων
τὰς δυνάμεις ἔκρινεν ἄγειν καὶ πολλὰς ἐποιή-
2 σατο προσβολάς. ἔπειτα καταμαθὼν [2] τῷ βιαίῳ
τῶν τρόπων οὐ ῥᾳδίαν οὖσαν αὐτὴν ἁλῶναι διὰ
τὴν ἐχυρότητα, [3] τῇ σπάνει τῶν ἐπιτηδείων
πολεμεῖν τοῖς [4] ἐν αὐτῇ διέγνω, καὶ παρὰ πάσας
τὰς φερούσας ἐπ' αὐτὴν ὁδοὺς φρούρια κατα-

---

[1] καὶ after συμπλοκαὶ deleted by Bücheler.

misfortune, surrendered both themselves and their entrenchments without striking a blow. The Sabine cities, feeling that they had been outmanoeuvred and deprived of the victory by their foes, not by valour but by deceit, were preparing to send out again a more numerous army and a more experienced commander. But Tarquinius, being informed of their intention, hastily collected his army, and before the enemy's forces were all assembled, forestalled them by crossing the river Anio. Upon learning of this the Sabine general marched out with his newly raised army as speedily as possible and encamped near the Romans upon a high and steep hill; however, he judged it inadvisable to engage in battle till he was joined by the rest of the Sabine forces, but by continually sending some of the cavalry against the enemy's foragers and placing ambuscades in the woods and glades he barred the Romans from the roads leading into his country.

LXV. While the Sabine general was conducting the war in this manner many skirmishes took place between small parties both of the light-armed foot and the horse, but no general action between all the forces. The time being thus protracted, Tarquinius was angered at the delay and resolved to lead his army against the enemy's camp; and he attacked it repeatedly. Then, finding that it could not easily be taken by forcible means, because of its strength, he determined to reduce those within by famine; and by building forts upon all the roads that led to the camp

---

[2] καταμαθὼν B : μαθὼν R.
[3] διὰ τὴν ἐχυρότητα B : δι' ἰσχυρότητα R.
[4] τοῖς Jacoby : τοὺς O.

σκευαζόμενος, ξυλίζεσθαί τε αὐτοὺς καὶ χιλὸν
ἵπποις συνάγειν [1] καὶ ἄλλα πολλὰ [2] ἐπιτήδεια
λαμβάνειν ἐκ τῆς χώρας οὐκ ἐῶν εἰς πολλὴν
κατέστησεν ἁπάντων ἀπορίαν· ὥστ᾽ ἠναγκάσθη-
σαν φυλάξαντες νύκτα χειμέριον ὕδασι καὶ ἀνέμῳ
φυγεῖν αἰσχρῶς ἐκ τοῦ χάρακος καταλιπόντες
ἐν αὐτῷ τά τε ὑποζύγια καὶ τὰς σκηνὰς καὶ
τοὺς τραυματίας καὶ τὴν εἰς τὸν πόλεμον παρα-
3 σκευὴν ἅπασαν. τῇ δ᾽ ἑξῆς ἡμέρᾳ μαθόντες οἱ
Ῥωμαῖοι τὴν ἄπαρσιν αὐτῶν καὶ γενόμενοι τοῦ
χάρακος ἀμαχητὶ κύριοι σκηνὰς μὲν καὶ ὑποζύγια
καὶ χρήματα διήρπασαν, τοὺς δὲ αἰχμαλώτους
ἀπάγοντες [3] εἰς τὴν Ῥώμην ἀνέστρεψαν. οὗτος
ὁ πόλεμος ἔτη πέντε διέμεινε συνεχῶς πολεμού-
μενος, ἐν ᾧ γῆν ἀμφότεροι τὴν ἀλλήλων πορ-
θοῦντες καὶ μάχας πολλὰς ἐλάττους τε καὶ
μείζους μαχόμενοι διετέλεσαν, ὀλίγα μέν τινα
καὶ τῶν Σαβίνων εὐτυχούντων [4] ἐν τοῖς ἀγῶσι,
τὰ δὲ πλεῖστα Ῥωμαίων· ἐν δὲ τῇ τελευταίᾳ
4 μάχῃ τέλος ἔλαβεν ὁλοσχερές. Σαβῖνοι γὰρ
οὐχ ὡς πρότερον ἐκ διαδοχῆς, ἀλλ᾽ ἅμα πάντες
οἱ στρατεύσιμον ἔχοντες ἡλικίαν ἐξῆλθον ἐπὶ
τὸν πόλεμον, Ῥωμαῖοί τε σύμπαντες τὰς Λατίνων
καὶ Τυρρηνῶν καὶ τῶν ἄλλων συμμάχων δυνάμεις
5 παραλαβόντες ἐχώρουν ὁμόσε τοῖς πολεμίοις. ὁ
μὲν οὖν τῶν Σαβίνων στρατηγὸς διχῇ μερίσας τὰς
δυνάμεις δύο ποιεῖται στρατόπεδα, ὁ δὲ τῶν
Ῥωμαίων βασιλεὺς τρία ποιήσας τάγματα καὶ
τρεῖς παρεμβολὰς οὐ μακρὰν ἀπ᾽ ἀλλήλων θέμενος
αὐτὸς μὲν τῆς Ῥωμαϊκῆς ἡγεῖτο δυνάμεως,

---

[1] συνάγειν Cobet : συναγαγεῖν O, Jacoby.

and hindering them from going out to get wood for
themselves and forage for their horses and from
procuring many other necessaries from the country,
he reduced them to so great a shortage of everything
that they were obliged to take advantage of a stormy
night of rain and wind and flee from their camp in a
shameful manner, leaving behind them their beasts of
burden, their tents, their wounded, and all their
warlike stores. The next day the Romans, learning
of their departure, took possession of their camp
without opposition and after seizing the tents, the
beasts of burden, and the personal effects, returned
to Rome with the prisoners. This war continued
to be waged for five years in succession, and in its
course both sides continually plundered one another's
country and engaged in many battles, some of lesser
and some of greater importance, the advantage
occasionally resting with the Sabines but usually with
the Romans; in the last battle, however, the war
came to a definite end. The Sabines, it seems, did
not as before go forth to war in successive bands, but
all who were of an age to bear arms went out together;
and all the Romans, with the forces of the Latins,
the Tyrrhenians and the rest of their allies, were
advancing to meet the enemy. The Sabine general,
dividing his forces, formed two camps, while the Roman
king made three divisions of his troops and pitched
three camps not far apart. He commanded the Roman

---

² ἄλλα πολλὰ Jacoby (following Spelman) : πολλὰ O, τἄλλα
Reiske.
³ ἀπάγοντες Kiessling : ἀγαγόντες AB, ἄγοντες R.
⁴ εὐτυχούντων Cobet : διευτυχούντων O.

Ἄρροντα δὲ τὸν ἀδελφιδοῦν τῆς Τυρρηνικῆς συμ-
6 μαχίας ἀπέδειξε στρατηγόν· Λατίνων δὲ καὶ
τῶν ἄλλων συμμάχων ἔταξεν ἄρχειν ἄνδρα γεν-
ναῖον μὲν τὰ πολέμια καὶ φρονεῖν τὰ δέοντα ἱκανώ-
τατον, ξένον δὲ καὶ ἄπολιν· Σερούιος αὐτῷ
προσηγορικὸν ὄνομα ἦν, Τύλλιος δὲ τὸ συγ-
γενικόν· ᾧ Ῥωμαῖοι μετὰ τὴν Λευκίου Ταρ-
κυνίου τελευτὴν βασιλεύειν τῆς πόλεως ἐπέτρεψαν
οὐκ οὔσης Ταρκυνίῳ γενεᾶς ἄρρενος, ἀγάμενοι τὸν
ἄνδρα τῆς τε περὶ τὰ πολιτικὰ καὶ τῆς περὶ τὰ
πολέμια ἀρετῆς. γένος δὲ τοῦ ἀνδρὸς τοῦδε καὶ
τροφὰς καὶ τύχας καὶ τὴν ἐκ τοῦ θείου γενομένην
περὶ αὐτὸν ἐπιφάνειαν, ὅταν κατὰ τοῦτο γένωμαι
τὸ μέρος τοῦ λόγου, διηγήσομαι.

LXVI. Τότε δ' οὖν, ἐπειδὴ παρεσκεύαστο ἀμφο-
τέροις τὰ πρὸς τὸν ἀγῶνα ἐπιτήδεια, συνῄεσαν
εἰς μάχην, εἶχον δὲ τὸ μὲν εὐώνυμον κέρας οἱ
Ῥωμαῖοι, τὸ δὲ δεξιὸν οἱ Τυρρηνοί, κατὰ μέσην
δὲ τὴν φάλαγγα Λατῖνοι ἐτάχθησαν. γενομένου
δὲ ἀγῶνος καρτεροῦ δι' ὅλης ἡμέρας ἐνίκων οἱ
Ῥωμαῖοι παρὰ πολὺ καὶ πολλοὺς μὲν ἀποκτεί-
ναντες τῶν πολεμίων ἐν τῇ μάχῃ γενομένους
ἄνδρας ἀγαθούς, πολλῷ δ' ἔτι πλείους αἰχμαλώ-
τους λαβόντες ἐν τῇ φυγῇ, τῶν δὲ παρεμβολῶν
ἀμφοτέρων ἐγκρατεῖς γενόμενοι καὶ χρημάτων
μέγαν περιβαλόμενοι πλοῦτον, ἀδεῶς ἤδη τῆς
ὑπαίθρου πάσης ἐκράτουν, ἣν πυρὶ καὶ σιδήρῳ
καὶ πᾶσι λωβησάμενοι κακοῖς, ἐπειδὴ τὸ θέρος
ἐτελεύτα, λύσαντες τὰς παρεμβολὰς ἀπῄεσαν ἐπ'
οἴκου. καὶ ὁ βασιλεὺς Ταρκύνιος τρίτον ἐπὶ
τῆς ἰδίας ἀρχῆς τὸν ἐκ τῆσδε τῆς μάχης κατήγαγε
2 θρίαμβον. τῷ δ' ἐξῆς ἐνιαυτῷ παρασκευαζο-

contingent himself and made his nephew Arruns leader of the Tyrrhenian auxiliaries, while over the Latins and the other allies he placed a man who was valiant in warfare and of most competent judgment, but a foreigner without a country. This man's first name was Servius and his family name Tullius; it was he whom the Romans, after the death of Lucius Tarquinius without male issue, permitted to rule the state, since they admired him for his abilities in both peace and war. But I shall give an account of this man's birth, education and fortunes and of the divine manifestation made with regard to him when I come to that part of my narrative.[1]

LXVI. On this occasion, then, when both armies had made the necessary preparations for the struggle, they engaged; the Romans were posted on the left wing, the Tyrrhenians on the right, and the Latins in the centre of the line. After a hard battle that lasted the whole day the Romans were far superior; and having slain many of the enemy, who had acquitted themselves as brave men, and having taken many more of them prisoners in the rout, they possessed themselves of both Sabine camps, where they seized a rich store of booty. And now being masters of all the open country without fear of opposition, they laid it waste with fire and sword and every kind of injury; but as the summer drew to an end, they broke camp and returned home. And King Tarquinius in honour of this victory triumphed for the third time during his own reign. The following year, when he was preparing to lead

---

[1] See iv. 1 ff.

μένου πάλιν τοῦ βασιλέως στρατὸν ἐπὶ τὰς πόλεις
τῶν Σαβίνων ἐξάγειν καὶ πολιορκίαις αὐτὰς
προσάγεσθαι διεγνωκότος, γενναῖον μὲν οὐδὲν
ἔτι βούλευμα καὶ νεανικὸν οὐδεμιᾶς ἐγένετο,
πᾶσαι δὲ κοινῇ γνώμῃ χρησάμεναι πρὶν εἰς
κίνδυνον ἐλθεῖν ἀνδραποδισμοῦ καὶ κατασκαφῆς
3 καταλύσασθαι τὸν πόλεμον ἔγνωσαν. καὶ παρ-
ῆσαν ἐξ ἑκάστης πόλεως οἱ κράτιστοι τῶν
Σαβίνων πρὸς βασιλέα Ταρκύνιον ἐξεληλυθότα
μετὰ πάσης ἤδη δυνάμεως παραδιδόντες αὐτῷ τὰ
τείχη καὶ δεόμενοι μετρίας ποιήσασθαι συμβάσεις.[1]
ὁ δὲ ἀσπαστῶς δεξάμενος τὴν ἄνευ κινδύνων[2]
ὑποταγὴν τοῦ ἔθνους σπονδάς τε ποιεῖται πρὸς
αὐτοὺς ὑπὲρ εἰρήνης τε καὶ φιλίας ἐπὶ ταῖς
αὐταῖς ὁμολογίαις αἷς Τυρρηνοὺς πρότερον ὑπ-
ηγάγετο, καὶ τοὺς αἰχμαλώτους ἀπέδωκεν αὐτοῖς
ἄνευ λύτρων.

LXVII. Αὗται πολεμικαὶ πράξεις βασιλέως
Ταρκυνίου μνημονεύονται, εἰρηνικαὶ δὲ καὶ
πολιτικαὶ τοιαίδε τινές· οὐδὲ γὰρ ταύτας[3] βού-
λομαι παρελθεῖν ἀμνημονεύτους. εὐθὺς γὰρ ἅμα
τῷ παραλαβεῖν τὴν ἀρχὴν τὸν δημοτικὸν ὄχλον
οἰκεῖον ἑαυτῷ ποιῆσαι προθυμηθείς, ὥσπερ οἱ
πρότεροι βασιλεῖς ἐποίουν, διὰ τοιαύτας εὐεργεσίας
ὑπηγάγετο· ἐπιλέξας ἄνδρας ἑκατὸν ἐξ ἁπάντων
τῶν δημοτικῶν, οἷς ἀρετήν τινα πολεμικὴν ἢ
πολιτικὴν φρόνησιν ἅπαντες ἐμαρτύρουν, πατρι-
κίους ἐποίησε καὶ κατέταξεν εἰς τὸν τῶν βουλευ-
τῶν ἀριθμόν, καὶ τότε πρῶτον ἐγένοντο Ῥωμαίοις
2 τριακόσιοι βουλευταί, τέως ὄντες διακόσιοι. ἔπειτα

---

[1] συμβάσεις O : τὰς συμβάσεις Reiske, Jacoby.
[2] κινδύνων B : κινδύνου R.

his army once more against the cities of the Sabines and had determined to reduce them by siege, there was not one of those cities that any longer took any brave or vigorous resolution, but all unanimously determined, before incurring the risk of slavery for themselves and the razing of their cities, to put an end to the war. And the most important men among the Sabines came from every city to King Tarquinius, who had already taken the field with all his forces, to deliver up their walled cities to him and to beg him to make reasonable terms. Tarquinius gladly accepted this submission of the nation, unattended as it was by any hazards, and made a treaty of peace and friendship with them upon the same conditions upon which he had earlier received the submission of the Tyrrhenians; and he restored their captives to them without ransom.

LXVII. These are the military achievements of Tarquinius which are recorded; those that relate to peace and to the civil administration (for these too I do not wish to pass over without mention) are as follows: As soon as he had assumed the sovereignty, being anxious to gain the affections of the common people, after the example of his predecessors, he won them over by such services as these: He chose a hundred persons out of the whole body of the plebeians who were acknowledged by all to be possessed of some warlike prowess or political sagacity, and having made them patricians, he enrolled them among the senators; and then for the first time the Romans had three hundred senators, instead of two hundred,[1]

---

[1] *Cf.* ii. 47, 1 f. and Livy i. 35, 6.

---

[3] Kiessling: αὐτὰς O.

ταῖς ἱεραῖς παρθένοις, ὑφ' ὧν τὸ ἄσβεστον
φυλάττεται πῦρ, τέτταρσιν οὔσαις, δύο προσκατ-
έλεξεν ἑτέρας· πλειόνων γὰρ ἤδη συντελουμένων
ὑπὲρ[1] τῆς πόλεως ἱερουργιῶν, αἷς ἔδει τὰς τῆς
Ἑστίας παρεῖναι θυηπόλους, οὐκ ἐδόκουν αἱ
τέτταρες ἀρκεῖν. Ταρκυνίου δὲ ἄρξαντος ἠκολού-
θουν οἱ λοιποὶ βασιλεῖς, καὶ μέχρι τῶν καθ'
ἡμᾶς χρόνων ἐξ ἀποδείκνυνται τῆς Ἑστίας
3 ἀμφίπολοι. δοκεῖ δὲ καὶ τὰς τιμωρίας, αἷς
κολάζονται πρὸς τῶν ἱεροφαντῶν αἱ μὴ φυλάττου-
σαι τὴν παρθενίαν, ἐκεῖνος ἐξευρεῖν πρῶτος εἴτε
κατὰ λογισμὸν εἴτε, ὡς οἴονταί τινες, ὀνείρῳ πειθό-
μενος, ἃς μετὰ τὴν ἐκείνου τελευτὴν ἐν τοῖς
Σιβυλλείοις εὑρεθῆναι χρησμοῖς οἱ τῶν ἱερῶν
ἐξηγηταὶ λέγουσιν· ἐφωράθη γάρ τις ἐπὶ τῆς
ἐκείνου βασιλείας ἱέρεια Πιναρία Ποπλίου θυγάτηρ
οὐχ ἁγνὴ προσιοῦσα τοῖς ἱεροῖς. τρόπος δὲ
τιμωρίας ὅστις ἐστίν, ᾧ κολάζουσι τὰς δια-
φθαρείσας, ἐν τῇ πρὸ ταύτης δεδήλωταί μοι
4 γραφῇ. τήν τε ἀγοράν, ἐν ᾗ δικάζουσι καὶ
ἐκκλησιάζουσι καὶ τὰς ἄλλας πολιτικὰς ἐπιτελοῦσι
πράξεις, ἐκεῖνος ἐκόσμησεν ἐργαστηρίοις τε καὶ
παστάσι[2] περιλαβών, καὶ τὰ τείχη τῆς πόλεως
αὐτοσχέδια καὶ φαῦλα ταῖς ἐργασίαις ὄντα
πρῶτος ᾠκοδομήσατο[3] λίθοις ἁμαξιαίοις εἰργασ-
5 μένοις πρὸς κανόνα. ἤρξατο δὲ καὶ τὰς ὑπο-
νόμους ὀρύττειν τάφους, δι' ὧν ἐπὶ τὸν Τέβεριν
ὀχετεύεται πᾶν τὸ συρρέον ἐκ τῶν στενωπῶν
ὕδωρ, ἔργα θαυμαστὰ καὶ κρείττω λόγου κατα-

[1] ὑπὲρ Sylburg : ὑπὸ O, Jacoby.
[2] παστάσι B : πᾶσι R.
[3] ᾠκοδομήσατο Bücheler : ἐδομήσατο B, ἐδοκίμασε R.

as previously. Next, he added to the four holy virgins who had the custody of the perpetual fire two others; for the sacrifices performed on behalf of the state at which these priestesses of Vesta were required to be present being now increased, the four were not thought sufficient. The example of Tarquinius was followed by the rest of the kings and to this day six priestesses of Vesta are appointed. He seems also to have first devised the punishments which are inflicted by the pontiffs on those Vestals who do not preserve their chastity, being moved to do so either by his own judgment or, as some believe, in obedience to a dream; and these punishments, according to the interpreters of religious rites, were found after his death among the Sibylline oracles. For in his reign a priestess named Pinaria, the daughter of Publius, was discovered to be approaching the sacrifices in a state of unchastity. The manner of punishing the Vestals who have been debauched has been described by me in the preceding Book.[1] Tarquinius also adorned the Forum, where justice is administered, the assemblies of the people held, and other civil matters transacted, by surrounding it with shops and porticos.[2] And he was the first to build the walls of the city, which previously had been of temporary and careless construction, with huge [3] stones regularly squared.[4] He also began the digging of the sewers, through which all the water that collects from the streets is conveyed into the Tiber—a wonderful work exceeding all

[1] ii. 67.
[2] *Cf.* Livy i. 35, 10.
[3] Literally, "large enough to load a wagon."
[4] *Cf.* Livy i. 38, 6.

DIONYSIUS OF HALICARNASSUS

σκευασάμενος. ἔγωγ' οὖν ἐν τρισὶ τοῖς μεγαλο-
πρεπεστάτοις κατασκευάσμασι τῆς Ῥώμης, ἐξ
ὧν μάλιστα τὸ τῆς ἡγεμονίας ἐμφαίνεται μέγεθος,
τάς τε τῶν ὑδάτων ἀγωγὰς τίθεμαι καὶ τὰς τῶν
ὁδῶν στρώσεις καὶ τὰς τῶν ὑπονόμων ἐργασίας,
οὐ μόνον εἰς τὸ χρήσιμον τῆς κατασκευῆς τὴν
διάνοιαν ἀναφέρων, ὑπὲρ οὗ κατὰ τὸν οἰκεῖον
καιρὸν ἐρῶ, ἀλλὰ καὶ εἰς τὴν τῶν ἀναλωμάτων
πολυτέλειαν, ἣν ἐξ ἑνὸς ἔργου τεκμήραιτ' ἄν
τις Γάιον Ἀκίλλιον ποιησάμενος [τοῦ μέλλοντος
λέγεσθαι [1]] βεβαιωτήν, ὅς φησιν ἀμεληθεισῶν
ποτε τῶν τάφρων καὶ μηκέτι διαρρεομένων τοὺς
τιμητὰς τὴν ἀνακάθαρσιν αὐτῶν καὶ τὴν ἐπισκευὴν
χιλίων μισθῶσαι ταλάντων.

LXVIII. Κατεσκεύασε δὲ καὶ τὸν μέγιστον
τῶν ἱπποδρόμων Ταρκύνιος τὸν μεταξὺ τοῦ τε
Ἀουεντίνου καὶ τοῦ Παλλαντίου κείμενον πρῶτος
ὑποστέγους ποιήσας περὶ αὐτὸν καθέδρας (τέως
γὰρ ἑστῶτες ἐθεώρουν) ἐπ' ἰκρίοις,[2] δοκῶν[3]
ξυλίναις σκηναῖς ὑποκειμένων.[4] καὶ διελὼν
τοὺς τόπους εἰς τριάκοντα φράτρας ἑκάστῃ[5]
μοῖραν ἀπέδωκε μίαν, ὥστε ἐν τῇ προσηκούσῃ
2 χώρᾳ καθεζόμενον ἕκαστον θεωρεῖν. ἔμελλε δὲ
ἄρα σὺν χρόνῳ καὶ τοῦτο τὸ ἔργον ἐν τοῖς πάνυ
καλοῖς καὶ θαυμαστοῖς κατασκευάσμασι τῆς
πόλεως γενήσεσθαι. μῆκος μὲν γὰρ τοῦ ἱππο-
δρόμου τριῶν καὶ ἡμίσους ἐστὶ σταδίων, εὖρος δὲ
τεττάρων πλέθρων· πέριξ δὲ αὐτοῦ κατά τε

---

[1] τοῦ μέλλοντος λέγεσθαι is probably a gloss.
[2] ἰκρίοις Bb : ἰκρίαις Ba, ἰκρίων A.
[3] δοκῶν B : δονάκων A. C. Peter suggested ἐπ' ἰκρίων
δωδεκαπόδων, comparing Livy's description (i. 35, 9) : *spectavere
furcis duodenos ab terra spectacula alta sustinentibus pedes.*

240

description.[1] Indeed, in my opinion the three most magnificent works of Rome, in which the greatness of her empire is best seen, are the aqueducts, the paved roads and the construction of the sewers. I say this with respect not only to the usefulness of the work (concerning which I shall speak in the proper place), but also to the magnitude of the cost, of which one may judge by a single circumstance, if one takes as his authority Gaius Acilius,[2] who says that once, when the sewers had been neglected and were no longer passable for the water, the censors let out the cleaning and repairing of them at a thousand talents.

LXVIII. Tarquinius [3] also built the Circus Maximus,[4] which lies between the Aventine and Palatine Hills, and was the first to erect covered seats round it on scaffolding (for till then the spectators had stood), the wooden stands being supported by beams. And dividing the places among the thirty *curiae*, he assigned to each *curia* a particular section, so that every spectator was seated in his proper place. This work also was destined to become in time one of the most beautiful and most admirable structures in Rome.[5] For the Circus is three stades and a half in length and four plethra in breadth.[6] Round about

---

[1] Cf. Livy, *ibid.*

[2] A senator of the second century B.C. who wrote a history of Rome in Greek.

[3] Cf. Livy i. 35, 8 f.

[4] Literally, "the largest of the hippodromes."

[5] From this point Dionysius describes the Circus as it existed in his own day; in later times its size and splendour were still further increased.

[6] A stade was 600 Greek feet, a plethron 100 feet.

---

[4] Portus : ἐπικειμένων O.

[5] φράτρᾳ after ἑκάστῃ deleted by Jacoby.

241

τὰς [1] μείζους πλευρὰς καὶ κατὰ μίαν τῶν ἐλαττόνων εὔριπος εἰς ὑποδοχὴν ὕδατος ὀρώρυκται βάθος τε καὶ πλάτος δεκάπους. μετὰ δὲ τὸν εὔριπον ᾠκοδόμηνται στοαὶ τρίστεγοι. τούτων δὲ αἱ μὲν ἐπίπεδοι λιθίνας ἔχουσιν ὥσπερ ἐν τοῖς θεάτροις ὀλίγον ὑπερανεστηκυίας ἀλλήλων 3 καθέδρας, αἱ δ' ὑπερῷοι ξυλίνας. συνάγονται δ' εἰς τὸ αὐτὸ καὶ συνάπτουσιν ἀλλήλαις αἱ μείζους ὑπὸ τῆς ἐλάττονος, μηνοειδὲς ἐχούσης τὸ σχῆμα, συγκλειόμεναι, ὥστε μίαν ἐκ τῶν τριῶν γίνεσθαι στοὰν ἀμφιθέατρον ὀκτὼ σταδίων ἱκανὴν ὑποδέξασθαι πεντεκαίδεκα μυριάδας ἀνθρώπων. ἡ δὲ λοιπὴ τῶν ἐλαττόνων πλευρῶν αἴθριος ἀνειμένη ψαλιδωτὰς ἱππαφέσεις ἔχει διὰ 4 μιᾶς ὕσπληγος ἅμα πάσας ἀνοιγομένας. ἔστι δὲ καὶ περὶ τὸν ἱππόδρομον ἔξωθεν ἑτέρα στοὰ μονόστεγος ἐργαστήρια ἔχουσα ἐν αὐτῇ καὶ οἰκήσεις ὑπὲρ αὐτά, δι' ἧς εἰσιν εἴσοδοί τε καὶ ἀναβάσεις τοῖς ἐπὶ τὴν θέαν ἀφικνουμένοις [2] παρ' ἕκαστον ἐργαστήριον, ὥστε μηδὲν ἐνοχλεῖσθαι τὰς τοσάσδε μυριάδας εἰσιούσας τε καὶ ἀπολυομένας.

LXIX. Ἐνεχείρησε δὲ καὶ τὸν νεὼν κατασκευάζειν τοῦ τε Διὸς καὶ τῆς Ἥρας καὶ τῆς Ἀθηνᾶς ὁ βασιλεὺς οὗτος εὐχὴν ἀποδιδούς, ἣν ἐποιήσατο τοῖς θεοῖς ἐν τῇ τελευταίᾳ πρὸς

---

[1] τὰς added by Reiske.
[2] ἀφικνουμένοις A : ἀφικομένοις B, Jacoby.

---

[1] The original purpose of the canal was to protect the spectators from any wild beasts that might get out of control in the arena. Under Nero it was filled in.

[2] It is obvious from his use of the adjective ἀμφιθέατρος here and in the similar passage, iv. 44, 1, that Dionysius did not think of this word as necessarily implying a circular or

242

it on the two longer sides and one of the shorter sides a canal has been dug, ten feet in depth and width, to receive water.[1] Behind the canal are erected porticos three stories high, of which the lowest story has stone seats, gradually rising, as in the theatres, one above the other, and the two upper stories wooden seats. The two longer porticos are united into one and joined together by means of the shorter one, which is crescent-shaped, so that all three form a single portico like an amphitheatre,[2] eight stades in circuit and capable of holding 150,000 persons. The other of the shorter sides is left uncovered and contains vaulted starting-places for the horses, which are all opened by means of a single rope.[3] On the outside of the Circus there is another portico of one story which has shops in it and habitations over them. In this portico there are entrances and ascents for the spectators at every shop, so that the countless thousands of people may enter and depart without inconvenience.

LXIX. This king also undertook to construct the temple to Jupiter, Juno and Minerva, in fulfilment of the vow he had made to these gods in his last battle

elliptical structure, as it soon came to do, but that he used it in the original sense of "having seats on all sides." The U-shaped figure which he describes—two long parallel sides connected by a shorter, semicircular end—was essentially that of the Greek hippodromes to be seen at Olympia and elsewhere. But the circus was narrower than the hippodrome, and the arrangement of the starting-places (*carceres*) was different.

[3] The ὕσπληξ was the rope drawn across the bounds of a Greek racecourse and let down as a starting signal. In the Circus the barriers at each entrance consisted of folding gates, which were all thrown open at the same moment by slaves, two at each barrier; possibly this was done with the aid of a rope or ropes. Spelman took the phrase figuratively in the sense of "at one signal."

243

Σαβίνους μάχῃ. τὸν μὲν οὖν λόφον, ἐφ' οὗ τὸ ἱερὸν
ἔμελλεν ἱδρύεσθαι,[1] πολλῆς δεόμενον πραγμα-
τείας (οὔτε γὰρ εὐπρόσοδος ἦν οὔτε ὁμαλός,
ἀλλ' ἀπότομος καὶ εἰς κορυφὴν συναγόμενος
ὀξεῖαν), ἀναλήμμασιν ὑψηλοῖς πολλαχόθεν περι-
λαβὼν καὶ πολὺν χοῦν εἰς τὸ μεταξὺ τῶν τε
ἀναλημμάτων καὶ τῆς κορυφῆς ἐμφορήσας, ὁμαλὸν
γενέσθαι παρεσκεύασε καὶ πρὸς ἱερῶν ὑποδοχὴν
2 ἐπιτηδειότατον. τοὺς δὲ θεμελίους οὐκ ἔφθασε
θεῖναι τοῦ νεὼ χρόνον ἐπιβιώσας μετὰ τὴν
κατάλυσιν τοῦ πολέμου τετραετῆ. πολλοῖς δ'
ὕστερον ἔτεσιν ὁ τρίτος βασιλεύσας ἀπ' ἐκείνου
Ταρκύνιος, ὁ τῆς ἀρχῆς ἐκπεσών, τούς τε θεμε-
λίους κατεβάλετο καὶ τῆς οἰκοδομῆς τὰ πολλὰ
εἰργάσατο. οὐ μὴν ἐτελείωσε τὸ ἔργον οὐδ'
οὗτος, ἀλλ' ἐπὶ τῶν ἐνιαυσίων ἀρχόντων τῶν
κατὰ τὸν τρίτον ἐνιαυτὸν ὑπατευσάντων τὴν
συντέλειαν ἔλαβεν ὁ νεώς.
3   Ἄξιον δὲ καὶ τὰ πρὸ τῆς κατασκευῆς αὐτοῦ
γενόμενα διελθεῖν, ἃ παραδεδώκασιν ἅπαντες οἱ
τὰς ἐπιχωρίους συναγαγόντες ἱστορίας. ἐπειδὴ
γὰρ ἔμελλε κατασκευάζειν ὁ Ταρκύνιος τὸν
ναόν, συγκαλέσας τοὺς οἰωνομάντεις ἐκέλευσε
τοῖς ἀνδράσι [2] περὶ αὐτοῦ πρῶτον διαμαντεύσασθαι
τοῦ τόπου, τίς ἐπιτηδειότατός ἐστι τῆς πόλεως
χῶρος ἱερὸς ἀνεῖσθαι καὶ τοῖς θεοῖς αὐτοῖς μάλιστα
4 κεχαρισμένος. ἀποδειξάντων δ' αὐτῶν τὸν ὑπερ-
κείμενον τῆς ἀγορᾶς λόφον, ὃς τότε μὲν ἐκαλεῖτο
Ταρπήιος, νῦν δὲ Καπιτωλῖνος, αὖθις ἐκέλευσεν
αὐτοὺς διαμαντευσαμένους εἰπεῖν ἐν ὁποίῳ τοῦ

---

[1] Kiessling: ἱδρύσθαι O.
[2] τοῖς ἀνδράσι suspected by Jacoby of being a gloss.

against the Sabines.[1] Having, therefore, surrounded the hill on which he proposed to build the temple with high retaining walls in many places, since it required much preparation (for it was neither easy of access nor level, but steep, and terminated in a sharp peak), he filled in the space between the retaining walls and the summit with great quantities of earth and, by levelling it, made the place most suitable for receiving temples. But he was prevented by death from laying the foundations of the temple; for he lived but four years after the end of the war. Many years later, however, Tarquinius, the second [2] king after him, the one who was driven from the throne, laid the foundations of this structure and built the greater part of it. Yet even he did not complete the work, but it was finished under the annual magistrates who were consuls in the third year after his expulsion.

It is fitting to relate also the incidents that preceded the building of it as they have been handed down by all the compilers of Roman history.[3] When Tarquinius was preparing to build the temple he called the augurs together and ordered them first to consult the auspices concerning the site itself, in order to learn what place in the city was the most suitable to be consecrated and the most acceptable to the gods themselves; and upon their indicating the hill that commands the Forum, which was then called the Tarpeian, but now the Capitoline Hill, he ordered them to consult the auspices once more and declare in what

---

[1] Cf. Livy i. 38, 7; 55, 1.
[2] Literally "the third," counting inclusively.
[3] Livy (i. 55, 2-4) refers the incident that follows to the reign of the second Tarquin.

λόφου χωρίῳ θέσθαι δεήσει τοὺς θεμελίους.
τοῦτο δὲ οὐ πάνυ ῥᾴδιον ἦν· πολλοὶ γὰρ ἦσαν ἐν
αὐτῷ βωμοὶ θεῶν τε καὶ δαιμόνων ὀλίγον ἀπ-
έχοντες ἀλλήλων, οὓς ἔδει μετάγειν ἑτέρωσέ ποι,
καὶ πᾶν ἀποδοῦναι τῷ μέλλοντι τοῖς θεοῖς τεμένει
5 γενήσεσθαι τὸ δάπεδον. ἔδοξε δὴ τοῖς οἰωνο-
πόλοις ὑπὲρ ἑκάστου βωμοῦ τῶν καθιδρυμένων
διαμαντευσαμένοις, ἐὰν παραχωρῶσιν οἱ θεοί,
τότε κινεῖν αὐτούς. οἱ μὲν οὖν ἄλλοι θεοί τε
καὶ δαίμονες ἐπέτρεψαν αὐτοῖς εἰς ἕτερα χωρία
τοὺς βωμοὺς σφῶν μεταφέρειν, οἱ δὲ τοῦ Τέρ-
μονος καὶ τῆς Νεότητος πολλὰ παραιτουμένοις
τοῖς μάντεσι καὶ λιπαροῦσιν οὐκ ἐπείσθησαν οὐδ'
ἠνέσχοντο παραχωρῆσαι τῶν τόπων. τοιγάρτοι
συμπεριελήφθησαν αὐτῶν οἱ βωμοὶ τῇ κατα-
σκευῇ τῶν ἱερῶν, καὶ νῦν ὁ μὲν ἕτερός ἐστιν ἐν
τῷ προνάῳ τῆς Ἀθηνᾶς, ὁ δ' ἕτερος ἐν αὐτῷ
6 τῷ σηκῷ πλησίον τοῦ ἕδους. ἐκ δὲ τούτου
συνέβαλον οἱ μάντεις ὅτι τῆς Ῥωμαίων πόλεως
οὔτε τοὺς ὅρους μετακινήσει καιρὸς οὐθεὶς οὔτε
τὴν ἀκμὴν μεταβαλεῖ· καὶ μέχρι τῶν κατ' ἐμὲ
χρόνων ἀληθὲς αὐτῶν ἐστιν ἑκάτερον εἰκοστὴν
ἤδη καὶ τετάρτην [1] γενεάν.

---

[1] τετάρτην O : πρώτην Ambrosch (i.e. Α' instead of Δ').

---

[1] Livy (l.c.) names Terminus only.
[2] Inasmuch as the temple of Jupiter Capitolinus actually
consisted of three shrines under one roof (see iv. 61, 4),
Dionysius could speak of it either in the singular or plural.
He has already used the plural once before, near the beginning
of the chapter.
[3] The Greek word indicates that it was a seated statue.
[4] Ambrosch, believing, with some of the early editors, that
Dionysius often used γενεά for a definite period of 27 years,

part of the hill the foundations must be laid. But
this was not at all easy; for there were upon the hill
many altars both of the gods and of the lesser
divinities not far apart from one another, which
would have to be moved to some other place and
the whole area given up to the sanctuary that was to
be built to the gods. The augurs thought proper to
consult the auspices concerning each one of the altars
that were erected there, and if the gods were willing
to withdraw, then to move them elsewhere. The rest
of the gods and lesser divinities, then, gave them
leave to move their altars elsewhere, but Terminus
and Juventas,[1] although the augurs besought them
with great earnestness and importunity, could not be
prevailed on and refused to leave their places.
Accordingly, their altars were included within the
circuit of the temples,[2] and one of them now stands
in the vestibule of Minerva's shrine and the other
in the shrine itself near the statue[3] of the goddess.
From this circumstance the augurs concluded that
no occasion would ever cause the removal of the
boundaries of the Romans' city or impair its vigour;
and both have proved true down to my day, which
is already the twenty-fourth generation.[4]

proposed to read "twenty-first" here; see critical note. But
the interval involved (extending from 576 B.C., at the very
latest, to 7 B.C.) was a little more than twenty-one full
generations of 27 years each; so that he needed to read
"twenty-second," or else assume 28 years to the generation.
Dodwell was almost certainly right in declaring that Dionysius
did not use γενεά for any definite number of years. He
showed that for the earliest times and down through the
regal period at Rome he regularly counted as a generation the
reign of each successive king; and he argued that for the
republican period he counted his generations by the records of
some important family, probably that of Julius Caesar.

LXX. Ὁ δὲ τῶν οἰωνοσκόπων ἐπιφανέστατος, ὁ[1] τοὺς βωμοὺς μεθιδρυσάμενος καὶ τὸ ἱερὸν τοῦ Διὸς τεμενίσας καὶ τἆλλα προλέγων τὰ θεῖα[2] τῷ δήμῳ διὰ μαντικῆς αὐτὸς μὲν ἐκαλεῖτο τὸ κοινὸν ὄνομα καὶ προσηγορικὸν Νέβιος,[3] τὸ δὲ συγγενικὸν Ἄττιος, ὃς ἁπάντων θεοφιλέστατος ὁμολογεῖται γενέσθαι τῶν ἀκριβούντων τὴν τέχνην καὶ μεγίστου τυχεῖν δι' αὐτὴν ὀνόματος ἀπίστους τινὰς ὑπερβολὰς τῆς οἰωνομαντικῆς ἐπιστήμης ἐπιδειξάμενος· ὧν ἐγὼ μίαν, ἣν μάλιστα τεθαύμακα, προχειρισάμενος ἐρῶ, προειπὼν ἐξ οἵας ὁρμηθεὶς συντυχίας καὶ τίνας ἀφορμὰς παρὰ τοῦ δαιμονίου λαβὼν τοσαύτην ἔσχεν ἐπιφάνειαν ὥστε πάντας ἀζήλους ἀποδεῖξαι τοὺς κατὰ τὴν 2 αὐτὴν ἀκμάσαντας ἡλικίαν. πένης αὐτῷ πατὴρ ἐγένετο χωρίον εὐτελὲς γεωργῶν, ᾧ τά τε ἄλλα συνειργάζετο παῖς ὢν ὁ Νέβιος, ὅσα τοῖς τηλικούτοις δύναμις ἦν, καὶ τὰς ὗς ἐξελαύνων ἔβοσκεν. ἀποκοιμηθεὶς δέ ποτε καὶ μετὰ τὴν ἐξέγερσιν οὐχ εὑρίσκων τινὰς τῶν ὑῶν, τέως μὲν ἔκλαιε τὰς πληγὰς ὀρρωδῶν τὰς παρὰ τοῦ πατρός, ἔπειτ' ἐλθὼν ἐπὶ τὴν καλιάδα τὴν ἐν τῷ χωρίῳ καθιδρυμένην ἡρώων ἠξίου τοὺς ἥρωας συνεξευρεῖν αὐτῷ τὰς ὗς, γενομένου δὲ τούτου θύσειν αὐτοῖς ὑπέσχετο τὸν μέγιστον τῶν ἐκ τοῦ χωρίου 3 βοτρύων. εὑρὼν δὲ μετ' ὀλίγον τὰς ὗς ἐβούλετο

---

[1] ὁ added by Kiessling.
[2] τὰ θεῖα B : om. R.
[3] Νέβιος appears to be the reading of the MSS. regularly, except that Ba had ναίβιος 12 lines below. As Navius was often corrupted by the Romans into Naevius, it is quite possible that Dionysius wrote Ναίβιος (or, more probably, Ναιούιος), which could easily pass into Νέβιος.

LXX. The most celebrated of the augurs, the one who changed the position of the altars and marked out the area for the temple of Jupiter and in other things foretold the will of the gods to the people by his prophetic art, had for his common and first name Nevius,[1] and for his family name Attius; and he is conceded to have been the most favoured by the gods of all the experts in his profession and to have gained the greatest reputation by it, having displayed some extraordinary and incredible instances of his augural skill. Of these I shall give one, which I have selected because it has seemed the most wonderful to me; but first I shall relate from what chance he got his start and by what opportunities vouchsafed to him by the gods he attained to such distinction as to make all the other augurs of his day appear negligible in comparison. His father was a poor man who cultivated a cheap plot of ground, and Nevius, as a boy, assisted him in such tasks as his years could bear; among his other employments he used to drive the swine out to pasture and tend them. One day he fell asleep, and upon waking missed some of the swine. At first he wept, dreading the blows his father would give him; then, going to the chapel of some heroes [2] that had been built on the farm, he besought them to assist him in finding his swine, promising that if they did so he would offer up to them the largest cluster of grapes on the farm. And having found the swine shortly afterwards, he wished to

---

[1] It seems best to retain the spelling of this name given by the MSS., since there is doubt as to the form which Dionysius would have used. See critical note.

[2] The *lares compitales*.

μὲν ἀποδοῦναι τοῖς ἥρωσι τὴν εὐχήν, ἐν ἀπορίᾳ δὲ
ἦν πολλῇ τὸν μέγιστον οὐ δυνάμενος ἐξευρεῖν
βότρυν. ἀδημονῶν δ' ἐπὶ τῷ πράγματι τοὺς
θεοὺς ἠξίου δι' οἰωνῶν φανερὸν αὐτῷ ποιῆσαι τὸ
ζητούμενον. ἔπειτ' ἐπελθὸν αὐτῷ κατὰ δαίμονα
διχῇ νέμει [1] τὸν ἀμπελῶνα, θάτερα μὲν αὐτοῦ
λαμβάνων ἐκ δεξιᾶς, θάτερα δ' ἐξ ἀριστερᾶς,
ἔπειθ' ὑπὲρ ἑκατέρου τῶν μερῶν τοὺς παραγινο-
μένους [2] οἰωνοὺς ἐσκόπει. φανέντων δ' ἐπὶ
θατέρου μέρους ὀρνίθων, οἵων [3] αὐτὸς ἐβούλετο,
πάλιν ἐκεῖνο διχῇ διῄρει τὸ χωρίον καὶ τοὺς
ὄρνιθας διέκρινε τοὺς παραγινομένους κατὰ τὸ
αὐτό. ταύτῃ χρώμενος τῇ διαιρέσει τῶν τόπων
καὶ τὴν ἐσχάτην ὑπὸ τῶν ὀρνίθων [3] ἀποδειχθεῖ-
σαν ἄμπελον ὑπελθὼν εὑρίσκει βότρυος ἄπιστόν
τι χρῆμα καὶ αὐτὸν φέρων ἐπὶ τὴν καλιάδα τῶν
4 ἡρώων ὁρᾶται πρὸς τοῦ πατρός. θαυμάσαντι
δὲ τὸ μέγεθος τῆς σταφυλῆς καὶ πόθεν εἰλήφει
πυνθανομένῳ διηγεῖται πάντα ἐξ ἀρχῆς. ὁ δ'
ὑπολαβών, ὅπερ ἦν, ἐμφύτους εἶναί τινας ἀρχὰς
μαντικῆς ἐν τῷ παιδί, κομίσας αὐτὸν εἰς τὴν
πόλιν γραμμάτων διδασκάλοις συνίστησιν· ἐπεὶ
δὲ τῆς κοινῆς παιδείας ἀποχρώντως μετέλαβε,
Τυρρηνῶν αὐτὸν παραδίδωσι τῷ λογιωτάτῳ
5 τὴν οἰωνοσκοπικὴν τέχνην διδαχθησόμενον. ἔχων
δὲ τὴν ἔμφυτον ὁ Νέβιος μαντικὴν καὶ τὴν ἐπίκτη-
τον παρὰ Τυρρηνῶν προσλαβὼν μακρῷ δήπου
τοὺς ἄλλους οἰωνοσκόπους ἅπαντας, ὡς ἔφην,
ὑπερεβάλετο, εἰς ἁπάσας τε τὰς δημοσίας ἐπι-
σκέψεις οἱ τῆς πόλεως οἰωνομάντεις οὐκ ὄντα ἐκ
τοῦ συστήματος παρεκάλουν αὐτὸν διὰ τὴν

[1] Reiske : νέμειν O.

perform his vow to the heroes, but found himself in
great perplexity, being unable to discover the largest
cluster of grapes. In his anxiety over the matter he
prayed to the gods to reveal to him by omens what he
sought. Then by a divine inspiration he divided the
vineyard into two parts, taking one on his right hand
and the other on his left, after which he observed
the omens that showed over each; and when there
appeared in one of them such birds as he desired, he
again divided that into two parts and distinguished
in the same manner the birds that came to it. Having
continued this method of dividing the places and
coming up to the last vine that was pointed out by
the birds, he found an incredibly huge cluster. As
he was carrying it to the chapel of the heroes he was
observed by his father; and when the latter marvelled
at the size of the cluster and inquired where he had
got it, the boy informed him of the whole matter
from the beginning. His father concluded, as was
indeed the case, that there were some innate rudi-
ments of the art of divination in the boy, and taking
him to the city, he put him in the hands of elementary
teachers; then, after he had acquired sufficient general
learning, he placed him under the most celebrated
master among the Tyrrhenians to learn the augural art.
Thus Nevius, who possessed an innate skill of divina-
tion and had now added to it the knowledge acquired
from the Tyrrhenians, naturally far surpassed, as I
said, all the other augurs. And the augurs in the city,
even though he was not of their college, used to
invite him to their public consultations because of

---

² παραγινομένους Hertlein : παρακειμένους O, Jacoby.
³ οἴων αὐτὸς ἐβούλετο . . . ὑπὸ τῶν ὀρνίθων BC : om. R.

ἐπιτυχίαν τῶν μαντευμάτων καὶ οὐθὲν ὅ τι μὴ δόξειεν ἐκείνῳ προὔλεγον.

LXXI. Οὗτος ὁ Νέβιος βουλομένῳ ποτὲ τῷ Ταρκυνίῳ τρεῖς φυλὰς ἑτέρας ἀποδεῖξαι νέας ἐκ τῶν ὑφ' αὑτοῦ πρότερον κατειλεγμένων ἱππέων καὶ ποιῆσαι τὰς ἐπιθέτους φυλὰς ἑαυτοῦ τε καὶ τῶν ἰδίων ἑταίρων ἐπωνύμους μόνος ἀντεῖπε κατὰ τὸ καρτερόν, οὐκ ἐῶν κινεῖν τῶν ὑπὸ
2 Ῥωμύλου κατασταθέντων οὐθέν. ἀχθόμενος δ' ἐπὶ τῇ κωλύσει καὶ δι' ὀργῆς ἔχων τὸν Νέβιον ὁ βασιλεὺς καταβαλεῖν αὐτοῦ τὴν ἐπιστήμην εἰς τὸ μηδὲν ἐπεχείρησεν, ὡς ἀλαζονευομένου καὶ μηθὲν ἀληθὲς λέγοντος. ταῦτα διανοηθεὶς ἐκάλει τὸν Νέβιον ἐπὶ τὸ βῆμα πολλοῦ παρόντος ὄχλου κατὰ τὴν ἀγοράν. προδιαλεχθεὶς δὲ τοῖς περὶ αὐτὸν δι' οὗ τρόπου ψευδόμαντιν ἀποδείξειν τὸν οἰωνοσκόπον ὑπελάμβανεν, ἐπειδὴ παρεγένετο φιλανθρώποις αὐτὸν ἀσπασμοῖς ἀναλαβών, " Νῦν," ἔφη, " καιρὸς ἐπιδείξασθαί σε τὴν ἀκρίβειαν τῆς μαντικῆς ἐπιστήμης, ὦ Νέβιε. πράξει γὰρ ἐπιχειρεῖν μεγάλῃ διανοούμενος, εἰ τὸ δυνατὸν αὐτῇ πρόσεστι μαθεῖν βούλομαι. ἀλλ' ἄπιθι καὶ διαμαντευσάμενος ἧκε ταχέως, ἐγὼ δ'
3 ἐνθάδε καθήμενος ἀναμενῶ." ἐποίει τὰ κελευόμενα ὁ μάντις καὶ μετ' οὐ πολὺ παρῆν αἰσίους εἰληφέναι λέγων οἰωνοὺς καὶ δυνατὴν εἶναι τὴν πρᾶξιν ἀποφαίνων. γελάσας δ' ὁ Ταρκύνιος ἐπὶ τῷ λόγῳ καὶ προενέγκας ἐκ τοῦ κόλπου ξυρὸν καὶ ἀκόνην λέγει πρὸς αὐτόν, " Ἑάλωκας, ὦ Νέβιε, φενακίζων ἡμᾶς καὶ καταψευδόμενος τοῦ δαιμονίου καταφανῶς, ὁπότε καὶ τὰς ἀδυνάτους πράξεις τετόλμηκας λέγειν δυνατάς. ἔγωγ' οὖν

the success of his predictions, and they foretold nothing without his approval.

LXXI. This Nevius,[1] when Tarquinius once desired to create three new tribes out of the knights he had previously enrolled, and to give his own name and the names of his personal friends to these additional tribes, alone violently opposed it and would not allow any of the institutions of Romulus to be altered. The king, resenting this opposition and being angry with Nevius, endeavoured to bring his science to nought and show him up as a charlatan who did not speak a word of truth. With this purpose in mind he summoned Nevius before the tribunal when a large crowd was present in the Forum; and having first informed those about him in what manner he expected to show the augur to be a false prophet, he received Nevius upon his arrival with friendly greetings and said : " Now is the time, Nevius, for you to display the accuracy of your prophetic science. For I have in mind to undertake a great project, and I wish to know whether it is possible. Go, therefore, take the auspices and return speedily. I will sit here and wait for you." The augur did as he was ordered, and returning soon after, said he had obtained favourable omens and declared the undertaking to be possible. But Tarquinius laughed at his words, and taking out a razor and a whetstone from his bosom, said to him : " Now you are convicted, Nevius, of imposing on us and openly lying about the will of the gods, since you have dared to affirm that even impossible things are possible. I wanted

---

[1] *Cf.* Livy i. 36, 2-7.

διεμαντευόμην, εἰ τῷ ξυρῷ τῷδε τὴν ἀκόνην
4 πλήξας μέσην δυνήσομαι διελεῖν." γέλωτος δ'
ἐξ ἁπάντων γενομένου τῶν περὶ τὸ βῆμα οὐθὲν
ἐπιταραχθεὶς ὁ Νέβιος ὑπὸ τοῦ τωθασμοῦ τε
καὶ τοῦ θορύβου, " Παῖε θαρρῶν," ἔφη, "Ταρκύνιε,
τὴν ἀκόνην, ὡς προαιρῇ· διαιρεθήσεται γὰρ ἢ
πάσχειν ὁτιοῦν ἕτοιμος ἐγώ." θαυμάσας δὲ
ὁ βασιλεὺς τὸ θράσος τοῦ μάντεως φέρει τὸ
ξυρὸν κατὰ τῆς ἀκόνης, ἡ δὲ ἀκμὴ τοῦ σιδήρου
δι' ὅλου κατελθοῦσα τοῦ λίθου τήν τε ἀκόνην
διαιρεῖ καὶ τῆς κατεχούσης αὐτὴν χειρὸς ἀπο-
5 τέμνει [1] τι μέρος. οἱ μὲν οὖν ἄλλοι πάντες ὡς
τὸ θαυμαστὸν τοῦτο καὶ ἄπιστον ἔργον ἐθεάσαντο,
καταπλαγέντες ἀνεβόησαν, ὁ δὲ Ταρκύνιος, αἰδε-
σθεὶς ἐπὶ τῇ διαπείρᾳ τῆς τέχνης καὶ τὸ ἀπρεπὲς τῶν
ὀνειδισμῶν ἐπανορθώσασθαι βουλόμενος, πρῶτον
μὲν τῶν περὶ τὰς φυλὰς ἐγχειρημάτων ἀπέστη,
ἔπειτα δ' αὐτὸν τὸν Νέβιον ἀποθεραπεῦσαι διαγνούς,
ὡς ἁπάντων ἀνθρώπων θεοφιλέστατον, ἄλλαις τε
πολλαῖς φιλανθρωπίαις ὑπηγάγετο καὶ ἵνα μνήμης
αἰωνίου τυγχάνῃ παρὰ τῶν ἐπιγινομένων εἰκόνα
κατασκευάσας αὐτοῦ χαλκῆν ἀνέστησεν ἐν ἀγορᾷ,[2]
ἣ καὶ εἰς ἐμὲ ἦν ἔτι πρὸ τοῦ βουλευτηρίου κειμένη
πλησίον τῆς ἱερᾶς συκῆς ἐλάττων ἀνδρὸς μετρίου
τὴν περιβολὴν ἔχουσα κατὰ τῆς κεφαλῆς. ὀλίγον
δὲ ἄπωθεν αὐτῆς ἥ τε ἀκόνη κεκρύφθαι λέγεται
κατὰ γῆς καὶ τὸ ξυρὸν [3] ὑπὸ βωμῷ τινι· καλεῖται
δὲ φρέαρ ὁ τόπος ὑπὸ Ῥωμαίων. καὶ τὰ μὲν

[1] Naber : ἐπιτέμνει O, Jacoby.
[2] ἀνέστησεν ἐν ἀγορᾷ B : διέστησεν ἐπὶ τῆς ἀγορᾶς R.
[3] κεκρύφθαι . . . ξυρὸν B : γεγράφθαι λέγεται καὶ ὁ ξυρὸς κατὰ γῆς R.

to know from the auspices whether if I strike the whetstone with this razor I shall be able to cut it in halves." At this, laughter arose from all who stood round the tribunal; but Nevius, nothing daunted by their raillery and clamour, said: "Strike the whetstone confidently, as you propose, Tarquinius. For it will be cut asunder, or I am ready to submit to any punishment." The king, surprised at the confidence of the augur, struck the razor against the whetstone, and the edge of the steel, making its way quite through the stone, not only cut the whetstone asunder but also cut off a part of the hand that held it. All the others who beheld this wonderful and incredible feat cried out in their astonishment; and Tarquinius, ashamed of having made this trial of the man's skill and desiring to atone for his unseemly reproaches, in the first place desisted from his intention regarding the tribes, and, in the next place, resolved to win back the goodwill of Nevius himself, seeing in him one favoured above all men by the gods. Among many other instances of kindness by which he won him over, he caused a bronze statue of him to be made and set up in the Forum to perpetuate his memory with posterity. This statue still remained down to my time, standing in front of the senate-house near the sacred fig-tree; it was shorter than a man of average stature and the head was covered with the mantle. At a small distance from the statue both the whetstone and the razor are said to be buried in the earth under a certain altar. The place is called a well[1] by the

---

[1] *Puteal* was the Roman name for this place. Strictly speaking, *puteal* was the curbing round the well, *puteus* the well itself. A *puteal* was constructed about a spot that had been struck by lightning.

περὶ τοῦ μάντεως τούτου μνημονευόμενα ταῦτά ἐστι.

LXXII. Βασιλεὺς δὲ Ταρκύνιος ἀναπεπαυμένος ἤδη τῶν πολεμικῶν ἔργων διὰ γῆρας, ἦν γὰρ ὀγδοηκονταέτης, δολοφονηθεὶς ὑπὸ τῶν Ἄγκου Μαρκίου παίδων ἀποθνήσκει ἐπιχειρησάντων μὲν ἔτι πρότερον ἐκβαλεῖν αὐτὸν ἐκ τῆς ἀρχῆς καὶ πολλάκις τοῦτο πραγματευσαμένων κατ᾽ ἐλπίδα τοῦ περιελθεῖν[1] εἰς αὐτοὺς ἐκπεσόντος ἐκείνου τὴν δυναστείαν, ὡς δὴ πατρῴαν σφίσιν ὑπάρχουσαν καὶ ἐκ τοῦ ῥᾴστου πρὸς τῶν πολιτῶν 2 δοθησομένην. ἐπεὶ δὲ διήμαρτον τῆς ἐλπίδος, ἐπιβουλὴν ἄφυκτον κατ᾽ αὐτοῦ ἐμηχανήσαντο, ἣν οὐκ εἴασεν ἀτιμώρητον γενέσθαι τὸ δαιμόνιον. διηγήσομαι δὲ καὶ τὸν τῆς ἐπιβουλῆς τρόπον ἀπὸ τῆς πρώτης ἐπιχειρήσεως αὐτῶν ἀρξάμενος.[2] 3 ὁ Νέβιος ἐκεῖνος ὁ δεινὸς οἰωνόμαντις,[3] ὃν ἔφην ἐναντιωθῆναί ποτε τῷ βασιλεῖ πλείονας ἐξ ἐλασσόνων ποιῆσαι τὰς φυλὰς βουλομένῳ, ὅτε μάλιστα ἤνθει διὰ τὴν τέχνην καὶ πλεῖστον ἠδύνατο Ῥωμαίων ἁπάντων, εἴτε φθονηθεὶς ὑπὸ τῶν ἀντιτέχνων τινὸς εἴτ᾽ ἐπιβουλευθεὶς ὑπ᾽ ἐχθρῶν εἴτε ὅ τι δήποτε ἄλλο παθὼν ἀφανὴς ἄφνω γίνεται, καὶ οὔτε τὸν μόρον αὐτοῦ τις ἠδύνατο τῶν προσηκόντων συμβαλεῖν οὔτε τὸ σῶμα εὑρεῖν.[4] 4 ἀχθομένου δὲ τοῦ δήμου καὶ δεινῶς φέροντος τὸ πάθος ὑπονοίας τε πολλὰς καὶ κατὰ πολλῶν λαμβάνοντος, κατανοήσαντες τὴν ὁρμὴν τοῦ πλήθους οἱ τοῦ Μαρκίου παῖδες, ἐπὶ τὸν βασιλέα

---

[1] περιελθεῖν Naber : περιπεσεῖν O, Jacoby.
[2] ἀπὸ . . . ἀρξάμενος B : om. R.

Romans. Such then, is the account given of this augur.

LXXII. King Tarquinius,[1] being now obliged to desist from warlike activities by reason of old age (for he was eighty years old), lost his life by the treachery of the sons of Ancus Marcius. They had endeavoured even before this to dethrone him, indeed had frequently made the attempt, in the hope that when he had been removed the royal power would devolve upon them; for they looked upon it as theirs by inheritance from their father and supposed that it would very readily be granted to them by the citizens. When they failed in their expectation, they formed against him a plot from which there would be no escape; but Heaven did not allow it to go unpunished. I shall now relate the nature of their plot, beginning with their first attempt. Nevius, that skilful augur who, as I said, once opposed the king when he wished to increase the number of the tribes, had, at the very time when he was enjoying the greatest repute for his art and exceeded all the Romans in power, suddenly disappeared, either through the envy of some rival in his own profession or through the plotting of enemies or some other mischance, and none of his relations could either guess his fate or find his body. And while the people were grieving over and resenting the calamity and entertaining many suspicions against many persons, the sons of Marcius, observing this impulse on the

[1] For chaps. 72 f. cf. Livy i. 40–41, 1.

---

[3] ὁ δεινὸς οἰωνόμαντις placed here by B, after ἀπάντων (four lines below) by R.

[4] εὑρεῖν B: ἐφευρεῖν R, ἐξευρεῖν Jacoby.

Ταρκύνιον τὴν διαβολὴν τοῦ ἄγους ἀνέφερον,
ἄλλο μὲν οὐθὲν ἔχοντες φέρειν τῆς διαβολῆς οὔτε
τεκμήριον οὔτε σημεῖον, δυσὶ δὲ τοῖς εἰκόσι
τούτοις κρατυνόμενοι, πρῶτον μὲν ὅτι πολλὰ καὶ
καινὰ περὶ τὴν πολιτείαν διεγνωκὼς παρα-
νομεῖν τὸν ἐναντιωσόμενον ὥσπερ ἐπὶ τῶν προ-
τέρων ἐκποδὼν ἐβούλετο ποιήσασθαι, ἔπειτα
ὅτι δεινοῦ πάθους γεγονότος οὐδεμίαν ἐποιήσατο
τῶν δεδρακότων ζήτησιν, ἀλλ' ἀμελείᾳ παρέδωκε
τὸ πραχθέν, ὅπερ οὐκ ἂν ποιῆσαί τινα τῶν
5 ἔξω τῆς αἰτίας ὑπαρχόντων. παρασκευασάμενοι
δὲ μεγάλας ἑταιρείας περὶ αὐτοὺς πατρικίων
τε καὶ δημοτικῶν, οἷς τὰς ἑαυτῶν οὐσίας κατ-
εχορήγουν, πολλὴν ἐποιοῦντο τοῦ Ταρκυνίου κατ-
ηγορίαν καὶ τῷ δήμῳ παρήνουν μὴ περιορᾶν [1]
ἄνδρα μιαρὸν ἱεροῖς τε προσφέροντα τὰς χεῖρας
καὶ τὴν ἐξουσίαν μιαίνοντα καὶ ταῦτ' οὐκ ἐπι-
χώριον ἀλλ' ἔπηλύν τινα [2] ὄντα καὶ ἄπολιν.
6 τοιαῦτα κατὰ τὴν ἀγορὰν δημηγοροῦντες ἄνδρες
ἰταμοὶ καὶ λέγειν οὐκ ἀδύνατοι πολλοὺς μὲν
ἠρέθισαν τῶν δημοτικῶν, οἳ παραγενόμενον αὐτὸν
εἰς τὴν ἀγορὰν ἀπολογίας χάριν [3] ἐξελαύνειν ἐπ-
εχείρησαν ὡς οὐ καθαρόν· οὐ μὴν καταγωνίσα-
σθαί γε τὴν ἀλήθειαν ἴσχυσαν οὐδὲ πεῖσαι τὸν
δῆμον ἐδυνήθησαν ἐκβαλεῖν αὐτὸν ἐκ τῆς ἀρχῆς.
7 ἐπεὶ δὲ αὐτός τε ἀπολογηθεὶς κράτιστα περὶ
αὐτοῦ τὴν διαβολὴν ἀπελύσατο καὶ ὁ κηδεστὴς
αὐτοῦ Τύλλιος, ᾧ τὴν ἑτέραν δεδωκὼς ἦν θυγα-

---

[1] Kiessling : παρορᾶν O.
[2] ἔπηλύν τινα Prou, ἔπηλυν Kiessling : ἐπήλυτόν τινα R,
ἐπήλυτον B, Jacoby.   Dionysius elsewhere (in seven instances)
uses the form ἔπηλυς.

part of the multitude, endeavoured to put the blame
for the pollution upon King Tarquinius, though they
had no proof or evidence to offer in support of their
accusation, but relied upon these two specious
arguments : first, that the king, having resolved
to make many unlawful innovations in the consti-
tution, wished to get rid of the man who was
sure to oppose him again as he had done on the former
occasions, and second, that, when a dreadful calamity
had occurred, he had caused no search to be made
for the perpetrators, but had neglected the matter—
a thing, they said, which no innocent man would
have done. And having gathered about them strong
bands of partisans, both patricians and plebeians, upon
whom they had lavished their fortunes, they made
many accusations against Tarquinius and exhorted
the people not to permit a polluted person to lay
hands on the sacrifices and defile the royal dignity,
especially one who was not a Roman, but some new-
comer and a man without a country. By delivering
such harangues in the Forum these men, who were
bold and not lacking in eloquence, inflamed the minds
of many of the plebeians, and these, when Tarquinius
came into the Forum to offer his defence, endeavoured
to drive him out as an impure person. However,
they were not strong enough to prevail over the truth
or to persuade the people to depose him from power.
And after both Tarquinius himself had made a power-
ful defence and refuted the calumny against him,
and his son-in-law Tullius, to whom he had given
one of his two daughters in marriage and who had

---

³ ἀπολογίας χάριν B : om. R.

τέρα, μέγιστον ἐν τῷ δήμῳ δυνάμενος, εἰς ἔλεον
τοὺς Ῥωμαίους ὑπηγάγετο, συκοφάνται καὶ
πονηροὶ δόξαντες εἶναι καὶ πολλὴν ὀφλόντες
αἰσχύνην ἀπῆλθον ἐκ τῆς ἀγορᾶς.

LXXIII. Ταύτης δὴ [1] τῆς πείρας ἀποτυχόντες
καὶ διαλλαγὰς τῆς ἔχθρας διὰ φίλων εὑρόμενοι,
μετρίως τὴν ἀγνωμοσύνην αὐτῶν ἐνέγκαντος τοῦ
Ταρκυνίου διὰ τὰς ἐκ τοῦ πατρὸς εὐεργεσίας καὶ
τὴν μετάνοιαν ἱκανὴν ὑπολαμβάνοντος εἶναι τῆς
προπετείας διόρθωσιν, ἔτη μὲν τρία διέμειναν [2]
ἐν τῇ προσποιήσει τῆς φιλίας· ἐπειδὴ δὲ καιρὸν
ὑπέλαβον ἐπιτήδειον ἔχειν δόλον ἐπ᾿ αὐτῷ ῥάπτουσι
2 τοιόνδε· νεανίσκους δύο τῶν ἐκ τῆς συνωμοσίας
τοὺς τολμηροτάτους ποιμενικαῖς ἐνδύσαντες στο-
λαῖς καὶ δρεπάνοις καθοπλίσαντες ὑλουργοῖς
πέμπουσιν ἐπὶ τὴν οἰκίαν τοῦ βασιλέως ἡμέρας
μεσούσης διδάξαντες ἃ χρὴ λέγειν τε καὶ πράττειν
καὶ τὸν τρόπον τῆς ἐπιθέσεως αὐτοῖς ὑφηγησά-
μενοι. οὗτοι πλησίον τῶν βασιλείων γενόμενοι
κακῶς τε ἀλλήλους ἔλεγον ὡς ἀδικούμενοι καὶ
οὐδὲ τὼ χεῖρε τῶν σωμάτων ἀπείχοντο βοῇ τε
μεγάλῃ χρώμενοι τὴν παρὰ τοῦ βασιλέως βοήθειαν
ἐκάλουν ἀμφότεροι, παρόντων αὐτοῖς συχνῶν ἐκ
τῆς συνωμοσίας, ἀγροίκων δὴ [3] τῷ λόγῳ, συν-
αγανακτούντων τε ἀμφοτέροις καὶ συμμαρτυρούν-
3 των. ὡς δὲ εἰσκαλέσας αὐτοὺς ὁ βασιλεὺς λέγειν
ἐκέλευσεν ὑπὲρ ὧν διεφέροντο, αἰγῶν μὲν [4] ἀμφισ-
βητεῖν [5] ἐσκήπτοντο, κεκραγότες δὲ [6] ἅμα καὶ

---

[1] Kiessling: δὲ O.
[2] ἔτη μὲν τρία διέμειναν B : ἔμειναν μὲν ἔτη τρία R.
[3] δὴ Schaller : δὲ O.
[4] αἰγῶν μὲν B : αἰγῶν δὲ ἕνεκα R.

the greatest influence with the people, had stirred the Romans to compassion, the accusers were looked upon as slanderers and wicked men, and they left the Forum in great disgrace.

LXXIII. Having failed in this attempt and having, with the aid of their friends, found reconciliation with Tarquinius, who bore their folly with moderation because of the favours he had received from their father, and looked upon their repentance as sufficient to correct their rashness, they continued for three years in this pretence of friendship; but as soon as they thought they had a favourable opportunity, they contrived the following treacherous plot against him: They dressed up two youths, the boldest of their accomplices, like shepherds, and arming them with billhooks, sent them to the king's house at midday, after instructing them what they were to say and do and showing them in what manner they were to make their attack. These youths, upon approaching the palace, fell to abusing each other, as if they had received some injury, and even proceeded to blows, while both with a loud voice implored the king's assistance; and many of their accomplices, ostensibly rustics, were present, taking part with one or the other of them in his grievance and giving testimony in his favour. When the king ordered them to be brought before him and commanded them to inform him of the subject of their quarrel, they pretended their dispute was about some goats, and both of them bawling at the same

---

⁵ ἀμφισβητεῖν A : ἀμφισβήτησιν B.
⁶ δὲ Reiske : τε O.

παθαινόμενοι τὸν ἄγριον τρόπον καὶ μηθὲν
εἰς τὸ πρᾶγμα λέγοντες πολὺν ἐκίνησαν ἐξ
ἁπάντων γέλωτα. ὡς δ᾽ ἐκ τοῦ καταφρονεῖσθαι
καιρὸν ἔδοξαν εἰληφέναι τῆς ἐπιχειρήσεως [1] τὸν
ἐπιτήδειον, φέρουσι κατὰ τῆς κεφαλῆς τοῦ
βασιλέως πληγὰς τοῖς δρεπάνοις καὶ τοῦτο πράξαν-
4 τες ἔφευγον ἔξω θυρῶν. κραυγῆς δὲ γενομένης
ἐπὶ τῷ πάθει καὶ βοηθείας πολλαχόθεν συν-
δραμούσης [2] οὐ δυνηθέντες διαφυγεῖν συλ-
λαμβάνονται πρὸς τῶν ἐπιδιωξάντων, καὶ μετὰ
τοῦτο βασάνοις καταικισθέντες καὶ τοὺς ἀρχη-
γοὺς τῆς ἐπιβουλῆς ἀναγκασθέντες εἰπεῖν τῆς
προσηκούσης τιμωρίας ἔτυχον σὺν χρόνῳ.[3]

[1] ἐπιχειρήσεως B : ἐπιθέσεως R.
[2] καὶ βοηθείας πολλαχόθεν συνδραμούσης B : καὶ συνδραμούσης
πολλῆς βοηθείας R.
[3] There follow in the MSS. the first three lines of Book
IV (βασιλεὺς . . . τελευτᾷ), which are repeated at the be-
ginning of the new book. Kiessling was the first editor to
delete here.

time and gesticulating passionately, after the manner of rustics, without saying anything to the purpose, they provoked much laughter on the part of all. And when they thought that the derision which they were exciting offered the proper moment for putting their design into execution, they wounded the king on the head with their billhooks, after which they endeavoured to escape out of doors. But when an outcry was raised at this calamity and assistance came from many sides, they were unable to make their escape and were seized by those who had pursued them; and later, after being put to the torture and forced to name the authors of the conspiracy, they at length met with the punishment they deserved.[1]

[1] See the critical note.

ΔΙΟΝΥΣΙΟΥ

ΑΛΙΚΑΡΝΑΣΕΩΣ

ΡΩΜΑΙΚΗΣ ΑΡΧΑΙΟΛΟΓΙΑΣ

ΛΟΓΟΣ ΤΕΤΑΡΤΟΣ

I. Βασιλεὺς μὲν δὴ [1] Ταρκύνιος οὐ μικρῶν
οὐδ᾽ ὀλίγων Ῥωμαίοις ἀγαθῶν αἴτιος γενόμενος,
ὀκτὼ καὶ τριάκοντα ἔτη τὴν ἀρχὴν κατασχὼν
οὕτω τελευτᾷ υἱωνούς [2] τε δύο καταλιπὼν
νηπίους καὶ δύο θυγατέρας ἀνδράσιν ἤδη συνοικού-
σας. διάδοχος δὲ τῆς ἡγεμονίας ὁ γαμβρὸς
αὐτοῦ γίνεται Τύλλιος ἐναυτῷ τετάρτῳ τῆς
πεντηκοστῆς ὀλυμπιάδος, ἣν ἐνίκα στάδιον Ἐπι-
τελίδης Λάκων, ἄρχοντος Ἀθήνησιν Ἀρχεστρατί-
δου· περὶ οὗ καιρὸς ἤδη λέγειν, ἃ κατ᾽ ἀρχὰς
παρελίπομεν, ἐξ ὧν τε γονέων ἔφυ καὶ τίνας
ἀπεδείξατο πράξεις ἰδιώτης ὢν ἔτι καὶ πρὶν
2 ἐπὶ τὴν δυναστείαν παρελθεῖν. τὰ μὲν οὖν
περὶ τοῦ γένους αὐτοῦ λεγόμενα, οἷς μάλιστ᾽
ἔγωγε συγκατατίθεμαι, τοιαῦτ᾽ ἐστίν. ἐν Κορνι-
κόλῳ πόλει τοῦ Λατίνων ἔθνους ἀνήρ τις ἐκ τοῦ
βασιλείου γένους Τύλλιος ὄνομα γυναικὶ συνῆν

---

[1] μὲν δὴ B : δὲ A.
[2] υἱωνούς Casaubon : υἱούς O.

THE ROMAN ANTIQUITIES

OF

DIONYSIUS OF HALICARNASSUS

BOOK IV

I. King Tarquinius,[1] accordingly, who had conferred not a few important benefits upon the Romans, died in the manner I have mentioned, after holding the sovereignty for thirty-eight years, leaving two grandsons who were infants and two daughters already married. His son-in-law Tullius succeeded him in the sovereignty in the fourth year of the fiftieth Olympiad[2] (the one in which Épitelides, a Lacedaemonian, won the short-distance foot-race), Archestratides being archon at Athens. It is now the proper time to mention those particulars relating to Tullius which we at first omitted,[3] namely, who his parents were and what deeds he performed while he was yet a private citizen, before his accession to the sovereignty. Concerning his family, then, the account with which I can best agree is this : There lived at Corniculum, a city of the Latin nation, a man of the royal family named Tullius, who was

---

[1] For chaps. 1 f. cf. Livy i. 39.
[2] 576 B.C. [3] See iii. 65, 6.

DIONYSIUS OF HALICARNASSUS

Ὀκρισία καλλίστη τε καὶ σωφρονεστάτη τῶν ἐν
Κορνικόλῳ γυναικῶν. αὐτὸς μὲν οὖν ὁ Τύλλιος,
ὅθ᾽ ἡ πόλις ὑπὸ Ῥωμαίων κατελαμβάνετο,
μαχόμενος ἀποθνήσκει, τὴν δ᾽ Ὀκρισίαν ἐγκύ-
μονα οὖσαν ἐξαίρετον ἐκ τῶν λαφύρων λαμ-
βάνει Ταρκύνιος ὁ βασιλεὺς καὶ δίδωσι δωρεὰν
τῇ ἑαυτοῦ γυναικί. μαθοῦσα δ᾽ ἐκείνη πάντα τὰ
περὶ τὴν ἄνθρωπον οὐ πολλοῖς χρόνοις ὕστερον
ἐλευθέραν αὐτὴν ἀφίησι καὶ πασῶν μάλιστα
γυναικῶν ἀσπαζομένη τε καὶ τιμῶσα διετέλεσεν.
3 ἐκ ταύτης γίνεται τῆς Ὀκρισίας ἔτι δουλευούσης
παιδίον, ᾧ τίθεται τραφέντι ἡ μήτηρ τὸ μὲν
ἴδιόν τε καὶ συγγενικὸν ὄνομα Τύλλιον ἐπὶ τοῦ
πατρός, τὸ δὲ κοινὸν καὶ προσηγορικὸν Σερούιον
ἐπὶ τῆς ἰδίας τύχης, ὅτι δουλεύουσα ἔτεκεν αὐτόν.
εἴη δ᾽ ἂν ὁ Σερούιος εἰς τὴν Ἑλληνικὴν διάλεκτον
μεταβιβαζόμενος δούλιος.

II. Φέρεται δέ τις ἐν ταῖς ἐπιχωρίοις ἀνα-
γραφαῖς καὶ [1] ἕτερος ὑπὲρ τῆς γενέσεως αὐτοῦ
λόγος ἐπὶ τὸ μυθῶδες ἐξαίρων τὰ περὶ αὐτόν,
ὃν ἐν πολλαῖς Ῥωμαϊκαῖς ἱστορίαις εὕρομεν, εἰ
θεοῖς τε καὶ δαίμοσι λέγεσθαι φίλος,[2] τοιοῦτός
τις.[3] ἀπὸ τῆς ἑστίας τῶν βασιλείων,[4] ἐφ᾽ ἧς ἄλλας
τε Ῥωμαῖοι συντελοῦσιν ἱερουργίας καὶ τὰς
ἀπὸ τῶν δείπνων ἀπαρχὰς ἁγίζουσιν, ὑπὲρ τοῦ
πυρὸς ἀνασχεῖν λέγουσιν αἰδοῖον ἀνδρός. τοῦτο
δὲ θεάσασθαι τὴν Ὀκρισίαν πρώτην φέρουσαν
τοὺς εἰωθότας πελάνους ἐπὶ τὸ πῦρ καὶ αὐτίκα

---

[1] καὶ added by Kiessling.
[2] φίλον Steph.[2]
[3] τοιοῦτός τις Steph. : τοιουτοσί τις A, τοιοῦτος· αἵτινες Bb ;
Jacoby ; φίλος ἐστὶν τοιοῦτος Bücheler.

married to Ocrisia, a woman far excelling all the other women in Corniculum in both beauty and modesty. When this city was taken by the Romans, Tullius himself was slain while fighting, and Ocrisia, then with child, was selected from the spoils and taken by King Tarquinius, who gave her to his wife. She, having been informed of everything that related to this woman, freed her soon afterwards and continued to treat her with kindness and honour above all other women. While Ocrisia was yet a slave she bore a son, to whom, when he had left the nursery, she gave the name of Tullius, from his father, as his proper and family name, and also that of Servius as his common and first name, from her own condition, since she had been a slave when she had given birth to him. Servius, if translated into the Greek tongue, would be *doulios* or " servile."

II. There is also current in the local records another story relating to his birth which raises the circumstances attending it to the realm of the fabulous, and we have found it in many Roman histories. This account—if it be pleasing to the gods and the lesser divinities that it be related—is somewhat as follows : They say that from the hearth in the palace, on which the Romans offer various other sacrifices and also consecrate the first portions of their meals, there rose up above the fire a man's privy member, and that Ocrisia was the first to see it as she was carrying the customary cakes to the fire, and immediately

---

[4] Sylburg : βασιλέων O.

2 πρὸς τοὺς βασιλεῖς ἐλθοῦσαν εἰπεῖν. τὸν μὲν
οὖν Ταρκύνιον ἀκούσαντά τε καὶ μετὰ ταῦτ'
ἰδόντα τὸ τέρας ἐν θαύματι γενέσθαι, τὴν δὲ
Τανακυλίδα τά τ' ἄλλα σοφὴν οὖσαν καὶ δὴ καὶ
τὰ μαντικὰ οὐδενὸς χεῖρον Τυρρηνῶν ἐπιστα-
μένην εἰπεῖν πρὸς αὐτὸν ὅτι γένος ἀπὸ τῆς
ἑστίας τῆς βασιλείου πέπρωται γενέσθαι κρεῖττον
ἢ κατὰ τὴν ἀνθρωπείαν φύσιν ἐκ τῆς μιχθείσης τῷ
φάσματι γυναικός. τὰ δ' αὐτὰ καὶ τῶν ἄλλων
τερατοσκόπων ἀποφηναμένων δόξαι τῷ βασιλεῖ
τὴν Ὀκρισίαν, ᾗ πρώτη ἐφάνη τὸ τέρας, εἰς
ὁμιλίαν αὐτῷ συνελθεῖν· καὶ μετὰ τοῦτο τὴν
γυναῖκα κοσμησαμένην, οἷς ἔθος ἐστὶ κοσμεῖσθαι
τὰς γαμουμένας, κατακλεισθῆναι μόνην εἰς τὸν
3 οἶκον, ἐν ᾧ τὸ τέρας ὤφθη. μιχθέντος δή τινος
αὐτῇ θεῶν ἢ δαιμόνων καὶ μετὰ τὴν μίξιν ἀφανι-
σθέντος, εἴθ' Ἡφαίστου, καθάπερ οἴονταί τινες,
εἴτε τοῦ κατ' οἰκίαν ἥρωος, ἐγκύμονα γενέσθαι
καὶ τεκεῖν τὸν Τύλλιον ἐν τοῖς καθήκουσι χρόνοις.
τοῦτο τὸ μύθευμα οὐ πάνυ τι πιστὸν εἶναι δοκοῦν
ἑτέρα τις ἐπιφάνεια θεία γενομένη περὶ τὸν
ἄνδρα θαυμαστὴ καὶ παράδοξος ἧττον ἀπιστεῖσθαι
4 ποιεῖ. καθημένου γάρ ποτ' αὐτοῦ μεσούσης
μάλισθ' ἡμέρας ἐν τῇ παστάδι τῶν βασιλείων [1]
καὶ κατενεχθέντος ἐφ' ὕπνον, πῦρ ἀπέλαμψεν
ἀπὸ [2] τῆς κεφαλῆς αὐτοῦ, ἥ τε μήτηρ αὐτοῦ καὶ
ἡ τοῦ βασιλέως γυνὴ πορευόμεναι διὰ τῆς παστά-
δος ἐθεάσαντο καὶ πάντες ὅσοι σὺν ταῖς γυναιξὶν
ἐτύγχανον τότε παρόντες, καὶ μέχρι τούτου
διέμενεν ἡ φλὸξ ὅλην αὐτοῦ καταλάμπουσα
τὴν κεφαλὴν ἕως ἡ μήτηρ προσδραμοῦσα διαν-

---

[1] Sylburg : βασιλέων O.

informed the king and queen of it. Tarquinius, they add, upon hearing this and later beholding the prodigy, was astonished; but Tanaquil, who was not only wise in other matters but also inferior to none of the Tyrrhenians in her knowledge of divination, told him it was ordained by fate that from the royal hearth should issue a scion superior to the race of mortals, to be born of the woman who should conceive by that phantom. And the other soothsayers affirming the same thing, the king thought it fitting that Ocrisia, to whom the prodigy had first appeared, should have intercourse with it. Thereupon this woman, having adorned herself as brides are usually adorned, was shut up alone in the room in which the prodigy had been seen. And one of the gods or lesser divinities, whether Vulcan, as some think, or the tutelary deity of the house,[1] having had intercourse with her and afterwards disappearing, she conceived and was delivered of Tullius at the proper time. This fabulous account, although it seems not altogether credible, is rendered less incredible by reason of another manifestation of the gods relating to Tullius which was wonderful and extraordinary. For when he had fallen asleep one day while sitting in the portico of the palace about noon, a fire shone forth from his head. This was seen by his mother and by the king's wife, as they were walking through the portico, as well as by all who happened to be present with them at the time. The flame continued to illumine his whole head till his mother ran to him

---

[1] The *lar familiaris.*

---

[2] ἀπὸ Gelenius : ἐπὶ O, Jacoby.

ἔστησεν αὐτὸν καὶ ἡ φλὸξ ἅμα τῷ ὕπνῳ δια-
σκεδασθεῖσα ἠφανίσθη. τὰ μὲν δὴ περὶ τοῦ
γένους αὐτοῦ λεγόμενα τοιαῦτ' ἐστίν.

III. Ἃ δὲ πρὸ τοῦ βασιλεῦσαι διεπράξατο
λόγου ἄξια, ἐξ ὧν Ταρκύνιός τ' αὐτὸν ἠγάσθη καὶ
ὁ Ῥωμαίων δῆμος τῆς μετὰ βασιλέα τιμῆς
ἠξίου, τοιάδε. ἀντίπαις [1] μὲν ὢν ἔτι τῇ πρώτῃ
στρατείᾳ, ἣν ἐπὶ Τυρρηνοὺς Ταρκύνιος ἐστρά-
τευσεν, ἐν τοῖς ἱππεῦσι τεταγμένος οὕτως ἔδοξεν
ἀγωνίσασθαι καλῶς ὥστε περιβόητος εὐθὺς γενέ-
σθαι καὶ τὰ ἀριστεῖα πρῶτος ἁπάντων λαβεῖν·
ἔπειθ' ἑτέρας γενομένης ἐπὶ τὸ αὐτὸ ἔθνος στρα-
τείας καὶ μάχης καρτερᾶς περὶ πόλιν Ἥρητον
ἀνδρειότατος ἁπάντων φανεὶς στεφάνοις αὖθις
2 ἀριστείοις ὑπὸ τοῦ βασιλέως ἐκοσμεῖτο. ἔτη δὲ
γεγονὼς εἴκοσι μάλιστα τῆς συμμαχικῆς στρατη-
γὸς ἀπεδείχθη δυνάμεως, ἣν Λατῖνοι ἔπεμψαν,
καὶ συγκατεκτήσατο βασιλεῖ Ταρκυνίῳ τὴν τῶν
Τυρρηνῶν ἀρχήν· ἔν τε τῷ πρὸς Σαβίνους πολέμῳ
τῷ πρώτῳ συστάντι τῶν ἱππέων ἀποδειχθεὶς
ἡγεμὼν ἐτρέψατο τοὺς τῶν πολεμίων ἱππεῖς καὶ
μέχρι πόλεως Ἀντέμνης ἐλάσας τὰ ἀριστεῖα καὶ
ἐκ ταύτης τῆς μάχης ἔλαβεν· ἑτέρας τε πολλὰς
πρὸς τὸ αὐτὸ ἔθνος ἀγωνισάμενος μάχας, τοτὲ μὲν
ἱππέων ἡγούμενος, τοτὲ δὲ πεζῶν, ἐν ἁπάσαις
ἐφάνη ψυχὴν ἄριστος καὶ πρῶτος ἐστεφανοῦτο
3 τῶν ἄλλων. καὶ ἐπειδὴ παρέστη Ῥωμαίοις
εἰς ὑπόταξίν τε καὶ παράδοσιν τῶν πόλεων τὸ
ἔθνος, αἰτιώτατος εἶναι δόξας Ταρκυνίῳ καὶ
ταύτης τῆς δυναστείας τοῖς ἐπινικίοις στεφάνοις
ἀνεδεῖτο ὑπ' αὐτοῦ. ἦν δὲ καὶ φρονῆσαι τὰ

[1] ἀντίπαις B : παῖς R.

and wakened him; and with the ending of his sleep the flame was dispersed and vanished. Such are the accounts that are given of his birth.

III. The memorable actions he performed before becoming king, in consideration of which Tarquinius admired him and the Roman people honoured him next to the king, are these: When, scarcely more than a boy as yet, he was serving in the cavalry in the first campaign that Tarquinius undertook against the Tyrrhenians, he was thought to have fought so splendidly that he straightway became famous and received the prize of valour ahead of all others. Afterwards, when another expedition was undertaken against the same nation and a sharp battle was fought near the city of Eretum, he showed himself the bravest of all and was again crowned by the king as first in valour. And when he was about twenty years old he was appointed to command the auxiliary forces sent by the Latins, and assisted King Tarquinius in obtaining the sovereignty over the Tyrrhenians. In the first war that arose against the Sabines, being general of the horse, he put to flight that of the enemy, pursuing them as far as the city of Antemnae, and again received the prize of valour because of this battle. He also took part in many other engagements against the same nation, sometimes commanding the horse and sometimes the foot, in all of which he showed himself a man of the greatest courage and was always the first to be crowned ahead of the others. And when that nation came to surrender themselves and deliver up their cities to the Romans, he was regarded by Tarquinius as the chief cause of his gaining this dominion also, and was crowned by him with the victor's crown. Moreover, he not only

πολιτικὰ συνετώτατος καὶ λόγῳ τὰ βουλευθέντα
ἐξενεγκεῖν οὐδενὸς χείρων ἁπάσαις θ᾽ ἁρμόσαι ταῖς
τύχαις καὶ παντὶ συνεξομοιωθῆναι προσώπῳ [1] δυνα-
4 τώτατος. καὶ διὰ ταῦτα Ῥωμαῖοι μὲν αὐτὸν ἐκ
τοῦ δήμου μεταγαγεῖν ἠξίωσαν εἰς τοὺς πατρικίους
ψῆφον ἐπενέγκαντες, ὥσπερ Ταρκύνιόν τε πρότερον
καὶ ἔτι πρὸ τούτου Νόμαν Πομπίλιον· ὁ δὲ
βασιλεὺς κηδεστὴν ἐποιήσατο τὴν ἑτέραν τῶν
θυγατέρων ἐγγυήσας, καὶ πάνθ᾽ ὅσα διὰ νόσους
ἢ διὰ γῆρας ἀδύνατος ἦν ἐπιτελεῖν δι᾽ ἑαυτοῦ,
τούτῳ πράττειν ἐπέσκηπτεν, οὐ μόνον τὸν ἴδιον
οἶκον ἐπιτρέπων, ἀλλὰ καὶ τὰ κοινὰ τῆς πόλεως
διοικεῖν ἀξιῶν. ἐν οἷς ἅπασιν ἐξητάσθη πιστὸς
καὶ δίκαιος, καὶ οὐδὲν ᾤοντο διαφέρειν οἱ δημόται
Ταρκύνιον ἐπιμελεῖσθαι τῶν κοινῶν ἢ Τύλλιον·
οὕτως ἐξεθεραπεύθησαν ὑπ᾽ αὐτοῦ ταῖς εὐεργε-
σίαις.

IV. Φύσεώς τε δὴ μετειληφὼς ἀποχρώντως
κατεσκευασμένης πρὸς ἡγεμονίαν οὗτος ὁ ἀνὴρ
καὶ τὰς παρὰ τῆς τύχης πολλὰς καὶ μεγάλας
ἐσχηκὼς ἀφορμάς, ἐπειδὴ τελευτῆσαι συνέβη
Ταρκύνιον ἐπιβουλευθέντα ὑπὸ τῶν Ἄγκου
Μαρκίου παίδων ἀνασώσασθαι τὴν τοῦ πατρὸς
ἀρχὴν βουλομένων, ὡς ἐν τῷ πρὸ τούτου δε-
δήλωκα λόγῳ, δόξας ὑπὸ τῶν πραγμάτων αὐτῶν
ἐπὶ τὴν βασιλείαν καλεῖσθαι, δραστήριος ἀνὴρ
2 οὐκ ἀφῆκεν ἐκ τῶν χειρῶν τὸν καιρόν. ἡ δὲ
συγκατασκευάσασα τὴν ἡγεμονίαν αὐτῷ καὶ πάντων
αἰτία γενομένη τῶν ἀγαθῶν ἡ τοῦ τετελευτη-

---

[1] προσώπῳ Bb : τρόπῳ ABa.

[1] For chaps. 4 f. cf. Livy i. 41.   [2] iii. 72 f.

had the shrewdest understanding of public affairs, but was inferior to none in his ability to express his plans; and he possessed in an eminent degree the power of accommodating himself to every circumstance of fortune and to every kind of person. Because of these accomplishments the Romans thought proper to transfer him by their votes from the plebeian to the patrician order, an honour they had previously conferred on Tarquinius and, still earlier, on Numa Pompilius. The king also made him his son-in-law, giving him one of his two daughters in marriage, and whatever business his infirmities or his age rendered him incapable of performing by himself, he ordered Tullius to transact, not only entrusting to him the private interests of his own family, but also asking him to manage the public business of the commonwealth. In all these employments he was found faithful and just, and the people felt that it made no difference whether it was Tarquinius or Tullius who looked after the public affairs, so effectually had he won them to himself by the services he had rendered to them.

IV. This man,[1] therefore, being endowed with a nature adequately equipped for command and also supplied by Fortune with many great opportunities for attaining it, believed, when Tarquinius died by the treachery of the sons of Ancus Marcius, who desired to recover their father's kingdom, as I have related in the preceding book,[2] that he was called to the kingship by the very course of events and so, being a man of action, he did not let the opportunity slip from his grasp. The person who helped him to seize possession of the supreme power and the author of all his good fortune was the wife

273

κότος βασιλέως ἦν γυνή, γαμβρῷ τε συλλαμ-
βάνουσα ἰδίῳ καὶ ἐκ πολλῶν συνεγνωκυῖα θεσ-
φάτων ὅτι βασιλεῦσαι Ῥωμαίων ἐκεῖνον τὸν
ἄνδρα εἵμαρτο. ἔτυχε δ᾽ αὐτῇ νεανίας μὲν
υἱὸς οὐ πρὸ πολλοῦ τετελευτηκὼς χρόνου, παιδία
3 δ᾽ ἐξ ἐκείνου δύο νήπια καταλειπόμενα. ἐν-
θυμουμένη δὲ τὴν περὶ τὸν οἶκον ἐρημίαν καὶ
περιδεὴς οὖσα μὴ κατασχόντες οἱ Μάρκιοι τὴν
ἀρχὴν ἄρωνται τὰ παιδία καὶ πᾶσαν τὴν βασιλικὴν
συγγένειαν ἀφανίσωσι, πρῶτον μὲν ἐπέταξε τὰς
τῶν βασιλείων θύρας κλεῖσαι¹ καὶ φύλακας ἐπ᾽
αὐταῖς ἐπέστησε διακελευσαμένη μηδένα παριέναι
μήτε ἔσω μήτε ἔξω· ἔπειτ᾽ ἐκ τοῦ δωματίου
πάντας ἐξελθεῖν κελεύσασα τοὺς ἄλλους, ἐν ᾧ τὸν
Ταρκύνιον ἡμιθνῆτα ἔθεσαν, τὴν δ᾽ Ὀκρισίαν καὶ
τὸν Τύλλιον καὶ τὴν θυγατέρα τὴν συνοικοῦσαν
τῷ Τυλλίῳ κατασχοῦσα καὶ τὰ παιδία ὑπὸ τῶν
τροφῶν ἐνεχθῆναι κελεύσασα λέγει πρὸς αὐτούς·
4 "Ταρκύνιος μὲν ἡμῖν ὁ βασιλεύς, ὦ Τύλλιε,
παρ᾽ ᾧ τροφῆς καὶ παιδείας ἔτυχες, ἁπάντων
μάλιστα σὲ τιμήσας φίλων καὶ συγγενῶν ἀνόσια
παθὼν ἐκπεπλήρωκε τὴν ἑαυτοῦ μοῖραν οὔτε
περὶ τῶν ἰδίων πραγμάτων διαθέμενος οὐδὲν
οὔτε περὶ τῶν κοινῶν καὶ πολιτικῶν ἐπισκήψας,
ἀλλ᾽ οὐδ᾽ ἀσπάσασθαί τινα ἡμῶν καὶ² προσ-
αγορεῦσαι τοὺς ἐσχάτους ἀσπασμοὺς δυνηθείς.
ἔρημα δὲ καὶ ὀρφανὰ τὰ δύστηνα ταυτὶ παιδία
καταλείπεται κίνδυνον οὐ τὸν ἐλάχιστον ὑπὲρ
τῆς ψυχῆς τρέχοντα· εἰ γὰρ ἐπὶ Μαρκίοις τοῖς
ἀνελοῦσι τὸν πάππον αὐτῶν τὰ τῆς πόλεως
ἔσται πράγματα τὸν οἴκτιστον ἀπολοῦνται τρόπον

¹ ἐπέταξε . . . κλεῖσαι B : ἔκλεισε (omitting ἐπέταξε) R.

of the deceased king, who aided him both because he was her son-in-law and also because she knew from many oracles that it was ordained by fate that this man should be king of the Romans. It chanced that her son, a youth, had died shortly before and that two infant sons were left by him. She, therefore, reflecting on the desolation of her house and being under the greatest apprehension lest, if the sons of Marcius possessed themselves of the sovereignty, they should destroy these infants and extirpate all the royal family, first commanded that the gates of the palace should be shut and guards stationed there with orders to allow no one to pass either in or out. Then, ordering all the rest to leave the room in which they had laid Tarquinius when he was at the point of death, she detained Ocrisia, Tullius and her daughter who was married to Tullius, and after ordering the children to be brought by their nurses, she spoke to them as follows :

" Our king Tarquinius, in whose home you received your nurture and training, Tullius, and who honoured you above all his friends and relations, has finished his destined course, the victim of an impious crime, without having either made any disposition by will of his private interests or left injunctions concerning the public business of the commonwealth, and without having had it in his power even to embrace any of us and utter his last farewells. And these unhappy children here are left destitute and orphaned and in imminent danger of their lives. For if the power falls into the hands of the Marcii, the murderers of their grandfather, they will be put to death by them

---

[2] καὶ B : οὐδὲ R.

ὑπ' αὐτῶν· ἔσται δ' [1] οὐδ' ὑμῖν ἀσφαλὴς ὁ βίος,
οἷς ἐνεγύησε Ταρκύνιος τὰς ἑαυτοῦ θυγατέρας
ἐκείνους ὑπεριδών, ἐὰν οἱ φονεύσαντες αὐτὸν τὴν
ἀρχὴν κατάσχωσιν, οὐδὲ τοῖς ἄλλοις αὐτοῦ
φίλοις καὶ συγγενέσιν οὐδ' ἡμῖν ταῖς ἀθλίαις
γυναιξίν· ἀλλὰ πάντας ἡμᾶς φανερῶς τε καὶ
5 κρύφα πειράσονται διολέσαι. ταῦτ' οὖν ἐνθυμου-
μένους ἡμᾶς δεῖ μὴ περιορᾶν τοὺς ἐκεῖνον
ἀποκτείναντας ἄνδρας ἀνοσίους καὶ πᾶσιν ἡμῖν
ἐχθροὺς τοσαύτην ἀρχὴν κτησαμένους, ἀλλ' ἐναν-
τιοῦσθαι καὶ κωλύειν, νῦν μὲν ἀπάτῃ καὶ δόλῳ
χρησαμένους (τούτων γὰρ ἐν τῷ παρόντι δεῖ),
ὅταν δὲ τὰ πρῶτα ἡμῖν χωρήσῃ κατὰ νοῦν, τότε
καὶ ἐκ τοῦ φανεροῦ πάσῃ δυνάμει καὶ μεθ'
ὅπλων αὐτοῖς ὁμόσε χωροῦντας, ἐὰν ἄρα καὶ
τούτων δέῃ. ἀλλ' οὐ δεήσει [2] βουληθέντων
6 ἡμῶν πράττειν νῦν ἃ δεῖ. τίνα δὲ ταῦτ' ἐστί;
πρῶτον μὲν κρυπτώμεθα τὸν τοῦ βασιλέως
θάνατον, καὶ πρὸς ἅπαντας ἐξενεχθῆναι παρα-
σκευάσωμεν ὅτι πληγὴν οὐδεμίαν ἔχει καίριον,
οἵ τ' ἰατροὶ λεγέτωσαν ἐν ὀλίγαις ἡμέραις αὐτὸν
ἀποδείξειν ὑγιῆ· ἔπειτ' ἐγὼ προελθοῦσα εἰς
τοὐμφανὲς ἐρῶ πρὸς τὸν ὄχλον, ὡς δὴ Ταρκυνίου
μοι ταῦτ' εἰπεῖν ἐπισκήψαντος, ὅτι πάντων
ἀποδείκνυσιν ἐπιμελητὴν καὶ φύλακα τῶν τ'
ἰδίων καὶ τῶν κοινῶν, ἕως αὐτὸς ἐκ τῶν τραυ-
μάτων ὑγιὴς γένηται, τὸν ἕτερον τῶν ἑαυτοῦ
γαμβρῶν, τὸ σὸν εἰποῦσα, ὦ Τύλλιε, ὄνομα·
ἔσται δ' οὐκ ἄκουσι Ῥωμαίοις, ἀλλὰ βουλομένοις
ὑπὸ σοῦ τὴν πόλιν ἐπιτροπεύεσθαι, ὑφ' οὗ πολλά-
7 κις ἤδη καὶ πρότερον ἐπετροπεύθη. ὅταν δὲ
τὸν παρόντα κίνδυνον διασκεδάσωμεν (οὐδὲν γὰρ

in the most piteous manner. Even the lives of you
men, to whom Tarquinius gave his daughters in
preference to them, will not be safe, should his
murderers obtain the sovereignty, any more than the
lives of the rest of his friends and relations or of us
miserable women; but they will endeavour to destroy
us all both openly and secretly. Bearing all this
in mind, then, we must not permit the wicked
murderers of Tarquinius and the enemies of us all
to obtain so great power, but must oppose and prevent
them, now by craft and deceit, since these means
are necessary at present, but when our first attempt
has succeeded, then coming to grips with them
openly with all our might and with arms, if those
too shall be necessary. But they will not be neces-
sary¹ if we are willing to take the proper measures now.²
And what are these measures? Let us, in the first
place, conceal the king's death and cause a report to
be spread among all the people that he has received
no mortal wound, and let the physicians state that
in a few days they will show him safe and sound.
Then I will appear in public and will announce
to the people, as if Tarquinius had so enjoined,
that he has committed to one of his two sons-
in-law (naming you, Tullius) the care and guardian-
ship both of his private interests and of the
public business till he is recovered of his wounds;
and the Romans, far from being displeased, will
be glad to see the state administered by you, who
often have administered it already in the past.
Then, when we have averted the present danger—

---

¹ δὲ Pflugk : τε O, γ' Jacoby.
² ἀλλ' οὐ δεήσει BC : om. R.

ἔτι τῶν ἐχθρῶν ἰσχυρόν ἐστι ζῆν τοῦ βασιλέως
ἀγγελλομένου), παραλαβὼν σὺ τάς τε ῥάβδους
καὶ τὴν τῶν ὅπλων ἐξουσίαν κάλει τοὺς βουλεύ-
σαντας ἀποκτεῖναι Ταρκύνιον ἐπὶ τὸν δῆμον
ἀπὸ τῶν Μαρκίου παίδων ἀρξάμενος καὶ πρόθες
αὐτοῖς δίκας· τιμωρησάμενος δὲ τούτους ἅπαντας,
ἐὰν μὲν ὑπομείνωσι τὰς κρίσεις, θανάτοις, ἐὰν
δ᾽ ἐρήμους ἀφῶσιν, ὃ μᾶλλον αὐτοὺς οἶμαι ποιή-
σειν, ἀειφυγίᾳ καὶ δημεύσει τῶν ὑπαρχόντων,
καθίστασο ἤδη τὰ περὶ τὴν ἀρχὴν ὁμιλίαις τε
φιλανθρώποις τὸ πλῆθος ἀναλαμβάνων καὶ τοῦ
μηδὲν ἀδίκημα γενέσθαι πολλὴν ἔχων φροντίδα
καὶ τοὺς ἀπόρους τῶν πολιτῶν εὐεργεσίαις τισὶ
καὶ δωρεαῖς ὑπαγόμενος· ἔπειθ᾽ ὅταν ἡμῖν καιρὸς
εἶναι δοκῇ, τότε λέγωμεν ἀποτεθνηκέναι Ταρ-
κύνιον καὶ ταφὰς αὐτοῦ ποιῶμεν ἀπὸ τοῦ φανεροῦ.
8 δίκαιος δ᾽ εἶ, Τύλλιε, τραφείς θ᾽ ὑφ᾽ ἡμῶν καὶ
παιδευθεὶς καὶ πάντων μετεσχηκὼς ἀγαθῶν
ὅσων παρὰ μητρός τε καὶ πατρὸς υἱοὶ μεταλαμ-
βάνουσι, καὶ θυγατρὶ συνοικῶν ἡμετέρᾳ, ἐὰν δὴ
καὶ βασιλεὺς ἔτι γένῃ Ῥωμαίων ἐμοῦ καὶ εἰς
τοῦτό σοι συναγωνισαμένης, πατρὸς εὔνοιαν τοῖς
παιδίοις τοῖσδε παρασχέσθαι· ὅταν δ᾽ εἰς ἄνδρας
ἔλθωσι καὶ τὰ κοινὰ πράττειν ἱκανοὶ γένωνται,
τὸν πρεσβύτερον αὐτῶν ἀποδεῖξαι Ῥωμαίων
ἡγεμόνα.᾽᾽

V. Ταῦτ᾽ εἰποῦσα καὶ τῶν παιδίων ἑκάτερον
εἰς τὰς ἀγκάλας ἐμβαλοῦσα τοῦ τε γαμβροῦ καὶ
τῆς θυγατρὸς καὶ πολὺν ἐξ ἀμφοτέρων κινήσασα
οἶκτον, ἐπειδὴ καιρὸς ἦν, ἐξῆλθεν ἐκ τοῦ δωματίου
καὶ παρήγγειλε τοῖς ἔνδον εὐτρεπῆ τὰ πρὸς τὴν
θεραπείαν ἐπιτήδεια ποιεῖν καὶ τοὺς ἰατροὺς

for the power of our enemies will be at an end the moment the king is reported to be alive—do you assume the rods and the military power and summon before the people those who formed the plot to assassinate Tarquinius, beginning with the sons of Marcius, and cause them to stand trial. After you have punished all these, with death, if they submit to be tried, or with perpetual banishment and the confiscation of their estates, if they let their case go by default, which I think they will be more apt to do, then at last set about establishing your government. Win the affections of the people by kindly affability, take great care that no injustice be committed, and gain the favour of the poorer citizens by sundry benefactions and gifts. Afterwards, when we see a proper time, let us announce that Tarquinius is dead and hold a public funeral for him. And as for you, Tullius, if you, who have been brought up and educated by us, have partaken of every advantage that sons receive from their mother and father, and are married to our daughter, shall in addition actually become king of the Romans, it is but just, since I helped to win this also for you, that you should show all the kindness of a father to these little children, and when they come to manhood and are capable of handling public affairs, that you should appoint the elder to be leader of the Romans."

V. With these words she thrust each of the children in turn into the arms of both her son-in-law and her daughter and roused great compassion in them both; then, when it was the proper time, she went out of the room and ordered the servants to get everything ready for dressing the king's wounds and to call the

DIONYSIUS OF HALICARNASSUS

συγκαλεῖν. διαλιποῦσα δὲ τὴν μεταξὺ νύκτα τῇ κατόπιν ἡμέρᾳ πολλοῦ πρὸς τὰ βασίλεια συνδραμόντος ὄχλου προῆλθεν εἰς τοὐμφανὲς ταῖς θυρίσιν ἐπιστᾶσα ταῖς φερούσαις[1] εἰς τὸν πρὸ τῶν θυρῶν στενωπόν, καὶ πρῶτον μὲν ἐδήλωσε τοῖς παροῦσι τοὺς βουλεύσαντας ἐπὶ τῷ βασιλεῖ τὸν φόνον, καὶ τοὺς ἐπὶ τοὔργον ἀποστα-
2 λέντας ὑπ' αὐτῶν δεδεμένους παρήγαγεν· ἔπειθ' ὡς εἶδε πολλοὺς ὀλοφυρομένους τε τὸ πάθος καὶ τοῖς δεδρακόσιν ἀπεχθομένους, τελευτῶσα εἶπεν οὐδὲν αὐτοῖς ἐκ τῶν ἀνοσίων ἐπιβουλευμάτων γεγονέναι οὐ δυνηθεῖσιν ἀποκτεῖναι Ταρκύνιον. ἀγαπητῶς δὲ τὸν λόγον ἁπάντων δεξαμένων τότε τὸν Τύλλιον αὐτοῖς συνίστησιν ὡς ὑπὸ τοῦ βασιλέως ἐπίτροπον ἁπάντων τῶν τ' ἰδίων καὶ τῶν κοινῶν ἀποδεικνύμενον, ἕως αὐτὸς ῥαίσῃ.
3 ὁ μὲν οὖν δῆμος ἀπῄει περιχαρὴς γενόμενος εἰ μηδὲν πέπονθεν ὁ βασιλεῦς δεινόν, καὶ μέχρι πολλοῦ τὴν δόξαν ἔχων ταύτην διετέλει. ὁ δὲ Τύλλιος ἰσχυρὰν χεῖρα περὶ αὐτὸν ἔχων καὶ τοὺς ῥαβδούχους ἐπαγόμενος τοὺς βασιλικοὺς προῆλθεν εἰς τὴν ἀγορὰν καὶ τοὺς Μαρκίους ἐκήρυττεν ἥκειν ὑφέξοντας δίκην· ὡς δ' οὐχ ὑπήκουον, ἐπικηρύξας αὐτοῖς ἀϊδίους φυγὰς καὶ τὰς οὐσίας ἀναλαβὼν εἰς τὸ δημόσιον ἀσφαλῶς ἤδη τὴν Ταρκυνίου κατεῖχεν ἀρχήν.

VI. Βούλομαι δ' ἐπιστήσας τὸν ἑξῆς λόγον ἀποδοῦναι τὰς αἰτίας δι' ἃς οὔτε Φαβίῳ συγκατ-εθέμην οὔτε τοῖς ἄλλοις ἱστορικοῖς, ὅσοι γράφουσιν υἱοὺς εἶναι τοὺς καταλειφθέντας παῖδας ὑπὸ Ταρκυνίου, ἵνα μή τινες τῶν ἐκείναις ἐντυχόντων

[1] φερούσαις O : βλεπούσαις Cobet.

physicians. And letting that night pass, the next day, when the people flocked in great numbers to the palace, she appeared at the windows that gave upon the narrow street before the gates and first informed them who the persons were who had plotted the murder of the king, and produced in chains those whom they had sent to commit the deed. Then, finding that many lamented the calamity and were angry at the authors of it, she at last told them that these men had gained naught from their wicked designs, since they had not been able to kill Tarquinius. This statement being received with universal joy, she then commended Tullius to them as the person appointed by the king to be the guardian of all his interests, both private and public, till he himself recovered. The people, therefore, went away greatly rejoicing, in the belief that the king had suffered no fatal injury, and continued for a long time in that opinion. Afterwards Tullius, attended by a strong body of men and taking along the king's lictors, went to the Forum and caused proclamation to be made for the Marcii to appear and stand trial; and upon their failure to obey, he pronounced sentence of perpetual banishment against them, and having confiscated their property, he was now in secure possession of the sovereignty of Tarquinius.

VI. I [1] shall interrupt the narration of what follows that I may give the reasons which have induced me to disagree with Fabius and the rest of the historians who affirm that the children left by Tarquinius were his sons, to the end that none who have read those

---

[1] For chaps. 6 f. *cf.* Livy i. 46, 4.

ταῖς ἱστορίαις σχεδιάζειν με ὑπολάβωσιν οὐχ
υἱοὺς ἀλλ᾽ υἱωνοὺς αὐτοῦ γράφοντα τοὺς παῖδας.
παντάπασι γὰρ ἀπερισκέπτως καὶ ῥαθύμως οἱ
συγγραφεῖς περὶ [1] αὐτῶν ταύτην ἐξενηνόχασι
τὴν ἱστορίαν οὐδὲν ἐξητακότες τῶν ἀναιρούντων
αὐτὴν ἀδυνάτων τε καὶ ἀτόπων· ὧν ἕκαστον
ἐγὼ πειράσομαι ποιῆσαι φανερὸν δι᾽ ὀλίγων.
2 Ταρκύνιος ἐκ Τυρρηνίας μετανίσταται τὸν οἶκον
ὅλον ἀνασκευασάμενος ἐν τῇ κρατίστῃ τοῦ φρονεῖν
ὑπάρχων ἡλικίᾳ. πολιτεύεσθαι γὰρ ἤδη καὶ
ἄρχειν καὶ τὰ κοινὰ πράττειν ἀξιῶν παραδίδοται,
καὶ τὴν ἄπαρσιν ἐκεῖθεν πεποιημένος διὰ τὸ μηδε-
3 μιᾶς ἐν τῇ πόλει τιμῆς μεταλαμβάνειν. ἕτερος
μὲν οὖν ἄν τις αὐτὸν ὑπέθετο [2] καὶ τριακοστὸν
ἔτος ἔχοντα τοὐλάχιστον, ὅτ᾽ ἀπῆρεν ἐκ Τυρρη-
νίας· ἀπὸ [3] ταύτης γὰρ οἱ νόμοι τῆς ἡλικίας
καλοῦσιν [4] ὡς ἐπὶ τὸ πολὺ τοὺς ἄρχειν τε καὶ
πράττειν βουλομένους τὰ κοινά· ἐγὼ δ᾽ ἔτι
νεώτερον αὐτὸν ὑποτίθεμαι πέντε ὅλοις ἔτεσι, καὶ
ποιῶ κατὰ τὸ πέμπτον καὶ εἰκοστὸν ἔτος ἀπαν-
ιστάμενον. καὶ μὴν ὅτι γυναῖκα Τυρρηνίδα ἐπ-
ηγάγετο, ἣν ζῶντος ἔτι τοῦ πατρὸς ἔγημεν,
ἅπαντες ὁμολογοῦσιν οἱ τὰς Ῥωμαϊκὰς συγ-
4 γράψαντες ἱστορίας. παραγίνεται δ᾽ εἰς Ῥώμην
Ἄγκου Μαρκίου βασιλεύοντος, ὡς μὲν Γέλλιος
ἱστορεῖ, κατὰ τὸν πρῶτον ἐνιαυτὸν τῆς βασιλείας,
ὡς δὲ Λικίννιος γράφει, κατὰ τὸν ὄγδοον. ἔστω
δὴ κατὰ τοῦτον ἐληλυθὼς τὸν ἐνιαυτὸν καθ᾽
ὃν γράφει Λικίννιος, καὶ μὴ πρότερον· ἐν ὑστέρῳ
μὲν γὰρ οὐκ ἂν εἴη χρόνῳ παραγεγονώς, εἴγε

[1] περὶ Steph.[2] : om. AB.

histories may suspect that I am inventing when I call them his grandsons rather than his sons. For it is sheer heedlessness and indolence that has led these historians to publish that account of them without first examining any of the impossibilities and absurdities that are fatal to it. Each of these absurdities I will endeavour to point out in a few words. Tarquinius packed up and removed from Tyrrhenia with all his household at an age the most capable of reflection; for it is reported that he already aspired to take part in public life, to hold magistracies and to handle public affairs, and that he removed from there because he was not allowed to share in any position of honour in the state. Anyone else, then, might have assumed that he was at least in his thirtieth year when he left Tyrrhenia, since it is from this age onwards, as a rule, that the laws call to the magistracies and to the administration of public affairs those who desire such a career; but I will suppose him five whole years younger than this and put him in his twenty-fifth year when he removed. Moreover, all the Roman historians agree that he brought with him a Tyrrhenian wife, whom he had married while his father was yet alive. He came to Rome in the first year of the reign of Ancus Marcius, as Gellius [1] writes, but according to Licinius,[1] in the eighth year. Grant, then, that he came in the year Licinius states and not before; for he could not have come

---

[1] For these annalists see i. 7, 3 and note.

---

[2] ὑπέθετο O : ὑποθοῖτο Bücheler.
[3] ἀπὸ O : πρὸ Prou.
[4] καλοῦσιν O : κωλύουσιν Prou.

283

δὴ κατὰ τὸν ἔνατον ἐνιαυτὸν τῆς Ἄγκου δυνα-
στείας ἱππέων ἡγούμενος ἐπὶ τὸν πρὸς Λατίνους
πόλεμον ὑπὸ τοῦ βασιλέως πέμπεται, ὡς ἀμφό-
τεροι λέγουσιν οἱ συγγραφεῖς· εἰ δὴ παρεγένετο
μὲν εἰς Ῥώμην οὐ πλείω τῶν πέντε καὶ εἴκοσι
γεγονὼς ἐτῶν, Ἄγκῳ δὲ βασιλεῖ κατὰ τὸν ὄγδοον
τῆς ἀρχῆς ἐνιαυτὸν φίλος γενόμενος ἑπτακαίδεκα
διέτριψεν ἔτη παρ᾽ αὐτῷ τὰ λοιπά (τέτταρα γὰρ
ἐπὶ τοῖς εἴκοσι βεβασίλευκεν Ἄγκος), ἔτη δ᾽
ὀκτὼ καὶ τριάκοντα τὴν βασιλείαν κατέσχεν
αὐτός, ὡς ἅπαντες ὁμολογοῦσιν, ὀγδοηκονταέτης
ἂν ἦν, ὅτ᾽ ἐτελεύτα. ἐκ γὰρ τοῦ συλλογισμοῦ
5 τῶν ἐτῶν τοῦτο συνάγεται τὸ πλῆθος. ἡ γυνὴ
δ᾽ εἰ [1] πέντε ἔτεσιν ἦν αὐτοῦ νεωτέρα, καθάπερ
εἰκός, ἑβδομηκοστὸν ἂν δήπου καὶ πέμπτον εἶχεν
ἔτος ὅτ᾽ ἀπέθνησκε Ταρκύνιος. εἰ δὴ τὸν
νεώτερον τῶν υἱῶν ἔσχατον ἐκύησεν ἔτος ἔχουσα
πεντηκοστόν (προσωτέρω γὰρ οὐκέτι κυΐσκεται
τούτου τοῦ χρόνου γυνή, ἀλλ᾽ ἔστιν οὗτος αὐτὸς [2]
τῶν ὠδίνων ὁ [3] ὅρος, ὡς οἱ ταῦτ᾽ ἐξητακότες
γράφουσιν), οὗτος μὲν οὖν οὐκ ἂν ἐλάττω γεγονὼς
ἦν ἐτῶν πέντε καὶ εἴκοσι κατὰ τὸν τοῦ πατρὸς
θάνατον, ὁ δὲ Λεύκιος ὁ πρεσβύτερος οὐ μείων
ἑπτακαιεικοσιέτους· [4] οὐκ ἄρα νηπίους κατέλιπεν
υἱοὺς ὁ Ταρκύνιος ἐκ ταύτης γεγονότας τῆς
6 γυναικός. ἀλλὰ μὴν εἴγ᾽ ἀνδρῶν ἡλικίαν εἶχον
οἱ παῖδες ὅθ᾽ ὁ πατὴρ αὐτῶν ἀπέθνησκεν, οὔτ᾽
ἂν ἡ μήτηρ αὐτῶν οὕτως ἦν ἀθλία καὶ θεοβλαβὴς
ὥστ᾽ ἀφαιρεῖσθαι μὲν τῶν ἑαυτῆς τέκνων ἣν
κατέλιπεν αὐτοῖς ὁ πατὴρ ἀρχήν, τῷ δ᾽ ἀλλοτρίῳ
καὶ ἐκ δούλης γεγονότι χαρίζεσθαι· οὔτ᾽ ἂν αὐτοὶ

---

[1] δ᾽ εἰ Reiske : δὲ O.

after that time, since in the ninth year of the reign of Ancus he was sent by the king to command the cavalry in the war against the Latins, as both those historians state. Now, if he was not more than twenty-five years old when he came to Rome, and, having been received into the friendship of Ancus, who was then king, in the eighth year of his reign, lived with him the remaining seventeen years (for Ancus reigned twenty-four years), and if he himself reigned thirty-eight, as all agree, he must have been fourscore years old when he died; for this is the sum obtained by adding up the years. If his wife was five years younger, as may well be supposed, she was presumably in her seventy-fifth year when Tarquinius died. Accordingly, if she conceived her second and last son when she was in her fiftieth year (for at a more advanced age a woman no longer conceives, but this is itself the limit of her child-bearing, as those authors write who have looked into these things), this son could not have been less than twenty-five years old when his father died, and Lucius, the elder, not less than twenty-seven; hence the sons whom Tarquinius left by this wife could not have been infants. But surely, if her sons had been grown men when their father died, it cannot be imagined either that their mother would have been so miserable a creature or so infatuated as to deprive her own children of the sovereignty their father had left them and bestow it upon an outsider and the son of a slave-woman, or, again, that her sons themselves,

---

² αὐτὸς B : αὐταῖς A.
³ ὁ added by Kiessling.
⁴ ἑπτακαιεικοσιέτους B : ἑπτὰ καὶ εἴκοσιν ἐτῶν R.

τῆς πατρῴας ἀρχῆς ἀποστερούμενοι φαύλως
καὶ ῥαθύμως τὸ ἀδίκημα ἤνεγκαν καὶ ταῦτ᾽
ἐν τῇ κρατίστῃ τοῦ λέγειν τε καὶ πράττειν ὄντες
ἀκμῇ· οὔτε γὰρ εὐγενείᾳ προεῖχεν αὐτῶν ὁ
Τύλλιος ἐκ δούλης μητρὸς ὢν [1] οὔθ᾽ ἡλικίας
ἀξιώματι παρὰ πολὺ διήλλαττεν, ἀλλὰ τρισὶ
μόνον ἔτεσι θατέρου πρεσβύτερος ἦν· ὥστ᾽ οὐκ
ἄν γε παρεχώρησαν αὐτῷ τῆς βασιλείας ἑκόντες.

VII. Ἔχει δὲ καὶ ἄλλας τινὰς τὸ πρᾶγμα
ἀτοπίας, ἃς ἅπαντες ἠγνόησαν οἱ τὰ Ῥωμαϊκὰ
συνταξάμενοι πλὴν ἑνός, οὗ μετὰ μικρὸν ἐρῶ
τοὔνομα. ὡμολόγηται γὰρ ὅτι μετὰ τὴν Ταρ-
κυνίου τελευτὴν παραλαβὼν τὴν βασιλείαν Τύλ-
λιος ἐπ᾽ ἔτη τετταράκοντα καὶ τέτταρα κατέσχεν,
ὥστ᾽ εἰ [2] κατ᾽ ἐκεῖνον τὸν χρόνον ἑκτακαιεικοσι-
έτης ἦν ὅτ᾽ ἀπεστερεῖτο τῆς ἀρχῆς ὁ πρεσβύ-
τερος τῶν Ταρκυνίων, ὑπὲρ ἑβδομήκοντα ἔτη
2 γεγονὼς ἂν ἦν ὅτε τὸν Τύλλιον ἀπέκτεινεν. ἐν
κρατίστῃ δέ γ᾽ αὐτὸν ἡλικίᾳ τότ᾽ ὄντα παραδεδώ-
κασιν οἱ συγγραφεῖς καί φασιν ὅτι Τύλλιον αὐτὸς
ἀράμενος ἐκ τοῦ βουλευτηρίου καὶ φέρων ἔξω κατὰ
τῶν κρηπίδων ἐξέχεεν. ἥ τ᾽ ἐκ τῆς ἀρχῆς
ἔκπτωσις αὐτοῦ γίνεται πέμπτῳ καὶ εἰκοστῷ
μετὰ ταῦτ᾽ ἔτει, καὶ τούτῳ τῷ ἔτει στρατευό-
μενος ἐν τῷ πρὸς Ἀρδεάτας εἰσάγεται πολέμῳ
καὶ πάντα τὰ ἔργα δι᾽ ἑαυτοῦ τελῶν· οὐκ ἔχει [3]
δὲ λόγον ἐν πολέμοις ἐξετάζεσθαι σῶμα ἀνδρὸς [4]
3 ἓξ καὶ ἐνενήκοντα βεβιωκότος [5] ἔτη. ἐκπεσών
τε τῆς ἀρχῆς ἔτι πολεμεῖ [6] Ῥωμαίοις οὐκ ἐλάττω

---

[1] ἐκ δούλης μητρὸς ὢν B: om. R.
[2] ὥστε εἰ Steph. : ὥστε O.
[3] ἔχει R : εἶχε B, Jacoby.

when thus deprived of their father's sovereignty, would have borne the injustice in so abject and supine a manner, and that at an age when they were at the very height of their powers both of speech and of action. For Tullius neither had the advantage of them in birth, being the son of a slave-woman, nor excelled them much in the dignity of age, being only three years older than one of them; so that they would not willingly have yielded the kingship to him.

VII. This view involves some other absurdities, too, of which all the Roman historians have been ignorant, with the exception of one whom I shall name presently. For it has been agreed that Tullius, having succeeded to the kingdom after the death of Tarquinius, held it for forty-four years; so that, if the eldest of the Tarquinii was twenty-seven years old when he was deprived of the sovereignty, he must have been above seventy when he killed Tullius. But he was then in the prime of life, according to the tradition handed down by the historians, and they state that he himself lifted up Tarquinius, and carrying him out of the senate-house, hurled him down the steps. His expulsion from the kingship happened in the twenty-fifth year after this, and in that same year he is represented as making war against the people of Ardea and performing all the duties himself; but it is not reasonable to suppose that a man ninety-six years old should be taking part in wars. And after his expulsion he still makes war against the Romans

---

⁴ σῶμα ἀνδρὸς R : om. B.
⁵ βεβιωκότος R : βεβιωκὼς B.
⁶ πολεμεῖ ABa : πολεμεῖν Bb, Jacoby.

τεττάρων καὶ δέκα ἐτῶν, αὐτὸς ἐν τοῖς πράγ-
μασιν [1] ἐξεταζόμενος, ὥς φασιν· ὃ [2] παρὰ τὰς
κοινὰς ἁπάντων ἐστὶ δόξας, καὶ ὁ τοῦ βίου
χρόνος αὐτῷ πλείων ἀναφαίνεται τῶν ἑκατὸν
καὶ δέκα γεγονὼς ἐτῶν· τοῦτο δὲ τὸ μῆκος τῶν
4 βίων οὐ φέρουσιν οἱ καθ' ἡμᾶς τόποι.[3]   ταῦτα
δὴ τὰ ἄτοπα συνειδότες τῶν Ῥωμαϊκῶν συγ-
γραφέων τινὲς ἑτέραις αὐτὰ λύειν ἐπειράθησαν
ἀτοπίαις, οὐ Τανακυλίδα ποιοῦντες μητέρα τῶν
παιδίων, ἀλλὰ Γεγανίαν τινά, περὶ ἧς οὐδεμίαν
παρειλήφαμεν ἱστορίαν· ἄωρος δὴ γίνεται πάλιν
ὁ γάμος τοῦ Ταρκυνίου μικρὸν ἀπολείποντος
ἐτῶν ὀγδοήκοντα, καὶ ἡ τῶν τέκνων γένεσις τοῖς
ταύτην ἔχουσι τὴν ἡλικίαν ἄπιστος· οὐδὲ γὰρ
ἄπαις ἦν, ὥστ' ἐκ παντὸς ἐπιθυμῆσαι τέκνων,
ἀλλὰ θυγατέρες ἦσαν αὐτῷ δύο καὶ αὐταί γ'
5 ἤδη γεγαμημέναι. τούτων δὴ τῶν ἀδυνάτων
τε καὶ ἀτόπων ἕκαστα ἐπιλογιζόμενος οὐχ υἱοὺς
εἶναι Ταρκυνίου γράφω τοὺς παῖδας, ἀλλ' υἱωνούς,
Λευκίῳ Πείσωνι τῷ Φρυγι [4] συγκαταθέμενος·
ἐκεῖνος γὰρ ἐν ταῖς ἐνιαυσίοις πραγματείαις τοῦθ'
ἱστόρηκε μόνος· εἰ μή γ' ἄρα γόνῳ μὲν ἦσαν
υἱωνοὶ τοῦ βασιλέως οἱ παῖδες, ποιήσει δ' υἱοί,
καὶ τοῦτ' ἦν αἴτιον τῆς ἀπάτης τοῖς ἄλλοις

---

[1] πράγμασιν O : τάγμασιν Portus, πρώτοις τάγμασιν Kayser.
[2] φασιν· ὃ Portus : φασι O.
[3] τόποι O : τόκοι Steph.², ἄνθρωποι Grasberger.
[4] Φρυγι Cobet : φρυγί O.

---

[1] There were tales current in the Graeco-Roman world
of the remarkable longevity enjoyed by the inhabitants of
various remote regions. Thus, according to Herodotus,

for no less than fourteen years, being present himself,
they say, at all the engagements—which is contrary
to all common sense. Thus, according to them, he
must have lived above one hundred and ten years;
but this length of life is not produced by our climes.[1]
Some of the Roman historians, being sensible of these
absurdities, have endeavoured to solve them by
means of other absurdities, alleging that not Tanaquil
but one Gegania, of whom no other account has come
down to us, was the mother of the children. But
here again, the marriage of Tarquinius is unseasonable,
he being then very near fourscore years old, and the
begetting of children by men of that age is incredi-
ble;[2] nor was he a childless man, who would wish by
all means for children, for he had two daughters
and these already married. In the light, therefore,
of these various impossibilities and absurdities, I
state that the children were not the sons, but the
grandsons, of Tarquinius, agreeing therein with Lucius
Piso Frugi[3] (for he in his *Annals* is the only historian
who has given this account); unless, indeed, the
children were the king's grandsons by birth and his
sons by adoption and this circumstance misled all the

some of the Ethiopians lived to the age of 120 and over;
and Strabo mentions reports that some tribes of India lived
130 years and that the Seres lived more than 200, while the
Hyperboreans were credited with 1000 years. Of the half-
dozen Greeks recorded as having passed the century mark,
Gorgias led with from 105 to 109 years. The Romans of the
historical period, so far as records tell, all fell short of a
century.

[2] No such feat is recorded of any Greek or Roman. But
Masinissa, the loyal ally of Scipio Africanus, is said to have
had a son when he had passed his 86th year (Livy, *Periocha*
to Book L).

[3] For this annalist see the note on i. 7, 3.

ἅπασι τοῖς συγγράψασι τὰς Ῥωμαϊκὰς ἱστορίας.
προειρημένων δὴ τούτων καιρὸς ἐπανάγειν ἐπὶ
τὴν ἀπολειπομένην διήγησιν.

VIII. Ἐπειδὴ δὲ παραλαβὼν τὴν ἐπιτροπὴν
τῆς βασιλείας ὁ Τύλλιος καὶ τὴν ἑταιρίαν τῶν
Μαρκίων ἐξελάσας βεβαίως ἤδη τῆς ἀρχῆς
ἐνόμιζε κρατεῖν, τόν τε βασιλέα Ταρκύνιον, ὡς
ἐκ τῶν τραυμάτων τετελευτηκότα ἔναγχος, ἐκ-
κομιδῇ τε πολυτελεῖ καὶ μνήματος ἐπισήμου κατα-
σκευῇ καὶ ταῖς ἄλλαις τιμαῖς ἐκόσμει, καὶ τὸν
ἐξ ἐκείνου χρόνον ὡς ἐπίτροπος ὢν τῶν ἐκ τοῦ
βασιλείου γένους παίδων τόν τ᾽ ἴδιον αὐτῶν βίον
καὶ τὰ κοινὰ πράγματα τῆς πόλεως διὰ φυλακῆς
2 τε καὶ φροντίδος ἐποιεῖτο. τοῖς δὲ πατρικίοις
οὐκ ἦν τὰ γινόμενα καθ᾽ ἡδονάς, ἀλλ᾽ ἠγανά-
κτουν καὶ χαλεπῶς ἔφερον οὐκ ἀξιοῦντες αὐτὸν
ἑαυτῷ τινα μηχανήσασθαι βασιλικὴν ἐξουσίαν,
μήτε βουλῆς ψηφισαμένης μήτε τῶν ἄλλων
τῶν κατὰ νόμον ἐπιτελεσθέντων. συνιόντες τε
πολλάκις οἱ πλεῖστον ἐξ αὐτῶν δυνάμενοι διελέγοντο
πρὸς ἀλλήλους περὶ τῆς καταλύσεως τῆς παρα-
νόμου ἀρχῆς, καὶ ἐδόκει αὐτοῖς, ἐπειδὰν πρῶτον
εἰς τὸ συνέδριον ὑπὸ τοῦ Τυλλίου συναχθῶσιν,[1]
ἀναγκάσαι τὸν ἄνδρα τὰς ῥάβδους ἀποθέσθαι καὶ
τὰ λοιπὰ τῆς ἀρχῆς σύμβολα· ὅταν δὲ τοῦτο
γένηται, τοὺς καλουμένους μεσοβασιλεῖς ἀποδεῖξαι
καὶ δι᾽ ἐκείνων ἑλέσθαι τὸν ἄρχοντα τῆς πόλεως κατὰ
3 νόμους. ταῦτα διανοουμένων αὐτῶν ἐπιγνοὺς ὁ
Τύλλιος ἐπὶ τὸ δημαγωγεῖν καὶ θεραπεύειν τοὺς
ἀπόρους τῶν πολιτῶν ἐτρέπετο, δι᾽ ἐκείνων
ἐλπίσας τὴν ἀρχὴν καθέξειν, καὶ συγκαλέσας τὸ

---

[1] Reiske : ἀναχθῶσιν O, Jacoby.

other Roman historians. Now that these explanations have been made by way of preface, it is time to resume my narrative where it was broken off.

VIII. When Tullius, after receiving the guardianship of the kingdom and expelling the faction of the Marcii, thought he was now in secure possession of the sovereignty, he honoured King Tarquinius, as if he had but recently died of his wounds, with a very costly funeral, an imposing monument, and the other usual honours. And from that time, as guardian of the royal children, he took under his protection and care both their private fortunes and the public interests of the commonwealth. The patricians, however, were not pleased with these proceedings, but felt indignation and resentment, being unwilling that Tullius should build up a kind of royal power for himself without either a decree of the senate or the other formalities prescribed by law. And the most powerful of them met together frequently and discussed with one another means of putting an end to his illegal rule; and they resolved that the first time Tullius should assemble them in the senate-house they would compel him to lay aside the rods and the other symbols of royalty, and that after this was done they would appoint the magistrates called *interreges* [1] and through them choose a man to rule the state in accordance with the laws. While they were making these plans, Tullius, becoming aware of their purpose, applied himself to flattering and courting the poorer citizens, in hopes of retaining the sovereignty through them; and having called an assembly of the

---

[1] *Cf.* ii. 57.

πλῆθος εἰς ἐκκλησίαν τά τε παιδία προήγαγεν
ἐπὶ τὸ βῆμα καὶ λόγον διεξῆλθε τοιόνδε·

IX. " Πολλή με ἀνάγκη κατείληφεν, ἄνδρες
πολῖται, κήδεσθαι τῶν παιδίων τούτων καὶ
νηπίων. Ταρκύνιος γὰρ ὁ πάππος αὐτῶν ἀπάτορα
καὶ ἄπολιν ὄντα με παραλαβὼν ἐξέθρεψεν οὐδὲν
ἐνδεέστερον ἄγων τῶν αὐτοῦ τέκνων, καὶ τὴν
ἑτέραν τῶν θυγατέρων ἔδωκέ μοι γυναῖκα, καὶ
παρὰ πάντα [1] τὸν τοῦ βίου χρόνον ὥσπερ ἐξ
αὐτοῦ γεγονότα τιμῶν καὶ φιλῶν, ὡς καὶ ὑμεῖς
ἴστε, διετέλεσε· καὶ ἐπειδὴ τὰ περὶ τὴν ἐπιβου-
λὴν αὐτῷ συνέπεσεν, εἴ τι πάθοι τῶν ἀνθρωπίνων,
2 ἐμοὶ τὴν ἐπιμέλειαν τῶν παιδίων ἐπίστευσε. τίς
οὖν ἢ πρὸς θεοὺς ὅσιον ἢ πρὸς ἀνθρώπους δίκαιον
ὑπολήψεταί με, ἐὰν ἐγκαταλίπω καὶ προδῶ τοὺς
ὀρφανούς, οἷς τοσαύτας ὀφείλω χάριτας; ἀλλ'
οὔτε τὴν ἐμαυτοῦ προδώσω πίστιν οὐδὲ τὴν
τῶν παιδίων [2] ἐρημίαν ἐγκαταλείψω κατὰ δύναμιν
τὴν ἐμήν. δίκαιοι δ' ἐστὲ καὶ ὑμεῖς διαμεμνῆ-
σθαι τὰς εὐεργεσίας ἃς ὁ πάππος αὐτῶν τὸ
κοινὸν εὐηργέτησεν ὑποτάξας μὲν ὑμῖν τὰς
Λατίνων τοσαύτας πόλεις ἀντιποιουμένας τῆς
ἀρχῆς, ὑπηκόους δὲ ποιήσας Τυρρηνοὺς ἅπαντας
μέγιστον τῶν περιοίκων δυναμένους, ἀναγκάσας
δὲ τὸ Σαβίνων ἔθνος ὑποχείριον ὑμῖν γενέσθαι,
μετὰ πολλῶν ἅπαντα ταῦτα καὶ μεγάλων κινδύνων
3 κατεργασάμενος. ὅσον μὲν οὖν αὐτὸς ἔζη χρόνον,
ἐκείνῳ προσῆκεν ὑμᾶς τὰς [3] ὑπὲρ τῶν εὐεργεσιῶν
χάριτας εἰδέναι, ἐπειδὴ δὲ τετελεύτηκε τὸν βίον
τοῖς ἐγγόνοις αὐτοῦ τὰς ἀμοιβὰς ἀποτίνειν,

---

[1] πάντα added by Cobet.
[2] Kiessling: παίδων O.

292

people, he brought the children forward to the tribunal and delivered a speech somewhat as follows:

IX. "I find myself under great obligation, citizens, to take care of these infant children. For Tarquinius, their grandfather, received me when I was fatherless and without a country, and brought me up, holding me in no respect inferior to his own children. He also gave me one of his two daughters in marriage, and during the whole course of his life continued to honour and love me, as you also know, with the same affection as if I had been his own son. And after that treacherous attack was made upon him he entrusted me with the guardianship of these children in case he should suffer the fate of all mortals. Who, therefore, will think me pious towards the gods or just towards men if I abandon and betray the orphans to whom I owe so great a debt of gratitude? But, to the best of my ability, I shall neither betray the trust reposed in me nor yet abandon the children in their forlorn condition. You too ought in justice to remember the benefits their grandfather conferred upon the commonwealth in reducing to your obedience so many cities of the Latins, your rivals for the sovereignty, in making all the Tyrrhenians, the most powerful of your neighbours, your subjects, and in forcing the Sabine nation to submit to you—all of which he effected at the cost of many great dangers. As long, therefore, as he himself was living, it became you to give him thanks for the benefits you had received from him; and now that he is dead, it becomes you to make a grateful return to his posterity, and not to bury the

---

³ τὰς added here by Cobet, before χάριτας by Kiessling.

καὶ μὴ συγκατορύττειν ἅμα τοῖς σώμασι τῶν
εὐεργετῶν καὶ τὴν μνήμην τῶν ἔργων. δόξατε
οὖν κοινῇ πάντες ἐπίτροποι καταλελεῖφθαι τῶν
παιδίων καὶ βεβαιοῦτε αὐτοῖς ἣν ὁ πάππος κατ-
έλιπεν ἀρχήν. οὐδὲν γὰρ τοσοῦτον ἀπολαύσειαν
ἂν [1] ἐκ τῆς ἐμῆς ἑνὸς ὄντος προστασίας, ὅσον
4 ἐκ τῆς κοινῆς ἁπάντων ὑμῶν βοηθείας. ταῦτα
δ' εἰπεῖν ἠνάγκασμαι συνισταμένους τινὰς ἐπ'
αὐτοὺς αἰσθόμενος καὶ τὴν ἀρχὴν ἑτέροις παρα-
δοῦναι βουλομένους. ἀξιῶ δ' ὑμᾶς, ἄνδρες
Ῥωμαῖοι, καὶ τῶν ἐμῶν μεμνημένους ἀγώνων,
οὓς ὑπὲρ τῆς ἡγεμονίας ἠγωνισάμην, οὔτε μικρῶν
ὄντων οὔτ' ὀλίγων, οὓς οὐδὲν δέομαι πρὸς εἰδότας
ὑμᾶς λέγειν, τὰς ἀντὶ τούτων ὀφειλομένας ἐμοὶ
χάριτας τοῖς παιδίοις ἀποδοῦναι τούτοις. οὐ
γὰρ ἰδίαν ἀρχὴν ἐμαυτῷ κατασκευαζόμενος, ἧς
οὐδενὸς ἧττον ἄξιος ἦν βουληθεὶς τυγχάνειν,
ἀλλὰ τῷ Ταρκυνίου γένει βοηθῶν τὰ κοινὰ
5 πράττειν προῄρημαι. ἱκέτης δ' ὑμῶν γίνομαι
μὴ [2] τοὺς ὀρφανοὺς ἐγκαταλιπεῖν, νῦν μὲν ὑπὲρ
τῆς ἀρχῆς κινδυνεύοντας, εἰ δ' ἡ πρώτη πεῖρα
τοῖς ἐχθροῖς αὐτῶν χωρήσει κατὰ νοῦν, καὶ ἐκ
τῆς πόλεως ἐξελαθησομένους. ἀλλ' ὑπὲρ μὲν
τούτων ὡς ἐγνωκόσιν ὑμῖν τὰ δέοντα καὶ ποιή-
σουσιν ὅσα προσήκει, οὐδὲν δέομαι πλείω λέγειν.
6 "Ἃ δὲ παρεσκεύασμαι ποιεῖν ὑμᾶς αὐτὸς
ἀγαθὰ καὶ ὧν χάριν τὴν ἐκκλησίαν συνεκάλεσα,
ἀκούσατέ μου. ὅσοι μὲν ὑμῶν ὀφείλοντες ἤδη
χρέα διὰ πενίαν ἀδύνατοί εἰσιν ἀποδοῦναι, τούτοις

---

[1] ἂν added here by Jacoby, after γὰρ by Reiske.
[2] μὴ Jacoby : μήτε O, μηδὲ Sintenis; μήτε τοὺς ὀρφανοὺς
⟨μήτε ἐμὲ⟩ Reiske.

remembrance of their deeds together with the persons of your benefactors. Consider, therefore, that you have all jointly been left guardians of these little children, and confirm to them the sovereignty which their grandfather left them. For they would not receive so great an advantage from my guardianship, which is that of one man only, as from the joint assistance of you all. I have been compelled to say these things because I have perceived that some persons are conspiring against them and desire to hand the sovereignty over to others. I ask you, Romans, also to call to mind the struggles I have undergone in the interest of your supremacy—struggles neither inconsiderable nor few, which I need not relate to you who are familiar with them—and to repay to these little children the gratitude you owe me in return. For it has not been with a view to securing a sovereignty of my own—of which, if that had been my aim, I was as worthy as anyone—but in order to aid the family of Tarquinius, that I have chosen to direct public affairs. And I entreat you as a suppliant not to abandon these orphans, who are now, indeed, only in danger of losing the sovereignty, but, if this first attempt of their enemies succeeds, will also be expelled from the city. But on this subject I need say no more to you, since you both know what is required and will perform your duty.

"Hear from me now the benefits I myself have arranged to confer upon you and the reasons that induced me to summon this assembly. Those among you who already have debts which through poverty they are unable to discharge, I am eager to help,

βοηθεῖν προθυμούμενος, ἐπειδὴ πολῖταί τ᾽ εἰσι
καὶ πολλοὺς ὑπὲρ τῆς πατρίδος ἀνηντλήκασι
πόνους, ἵνα μὴ τὴν ἰδίαν ἀφαιρεθῶσιν ἐλευθερίαν
οἱ τὴν κοινὴν βεβαιώσαντες, ἐκ τῶν ἐμαυτοῦ
7 χρημάτων δίδωμι διαλύσασθαι τὰ χρέα. ὅσοι δ᾽
ἂν μετὰ ταῦτα δανείσωνται, τούτους οὐκ ἐάσω
πρὸς τὰ χρέα ἀπάγεσθαι καὶ νόμον θήσομαι
μηδένα δανείζειν ἐπὶ σώμασιν ἐλευθέροις, ἱκανὸν
ἡγούμενος τοῖς δανεισταῖς τῆς οὐσίας τῶν συμ-
βαλόντων ¹ κρατεῖν. ἵνα δὲ καὶ τὰς εἰς τὸ
δημόσιον γινομένας εἰσφοράς, δι᾽ ἃς οἱ πένητες
ἐπιβαροῦνταί τε καὶ ἀναγκάζονται δανείσματα
ποιεῖν, κουφοτέρας εἰς τὸ λοιπὸν φέρητε, τιμή-
σασθαι τὰς οὐσίας ἅπαντας κελεύσω καὶ ἀπὸ
τοῦ τιμήματος ἕκαστον εἰσφέρειν ² τὸ ἐπιβάλλον,
ὡς ἐν ταῖς μεγίσταις καὶ εὐνομωτάταις πόλεσι
πυνθάνομαι γινόμενον,³ δίκαιόν τε καὶ συμφέρον
τῷ κοινῷ τοῦθ᾽ ἡγούμενος ⁴ τοὺς μὲν πολλὰ
κεκτημένους πολλὰ εἰσφέρειν, τοὺς δ᾽ ὀλίγα
8 ἔχοντας ὀλίγα. δοκεῖ δέ μοι καὶ τῆς δημοσίας
γῆς, ἣν διὰ τῶν ὅπλων κτησάμενοι κατέχετε,
μὴ τοὺς ἀναιδεστάτους ὥσπερ νῦν κρατεῖν οὔτε
χάριτι λαβόντας οὔτ᾽ ὠνῇ κτησαμένους, ἀλλὰ
τοὺς μηδένα κλῆρον ἔχοντας ὑμῶν, ἵνα μὴ θητεύητε
ὄντες ἐλεύθεροι μηδὲ ⁵ τὰς ἀλλοτρίας κτήσεις,
ἀλλὰ τὰς ἰδίας γεωργῆτε· οὐ γὰρ ἂν γένοιτο
φρόνημα εὐγενὲς ἐν ἀνδράσιν ἀπορουμένοις τῶν

¹ Cobet : συμβαλλόντων O.
² εἰσφέρειν Bücheler : φέρειν O.
³ Sintenis : γενόμενον O.
⁴ τοῦθ᾽ (τοῦτο) ἡγούμενος Sintenis : τὸ αὐτὸ ἡγοῦμαι O.
⁵ μηδὲ Sintenis : μήτε O.

since they are citizens and have undergone many
hardships in the service of their country; hence, in
order that these men who have securely established
the common liberty may not be deprived of their
own, I am giving them from my own means enough
to pay their debts. And those who shall hereafter
borrow I will not permit to be haled to prison on
account of their debts, but will make a law that no
one shall lend money on the security of the persons
of free men; for I hold that it is enough for the lenders
to possess the property of those who contracted the
debts. And in order to lighten for the future the
burden also of the war taxes you pay to the public
treasury, by which the poor are oppressed and
obliged to borrow, I will order all the citizens to
give in a valuation of their property and everyone
to pay his share of the taxes according to that valua-
tion, as I learn is done in the greatest and best
governed cities;[1] for I regard it as both just and
advantageous to the public that those who possess
much should pay much in taxes and those who have
little should pay little. I also believe that the public
lands, which you have obtained by your arms and now
enjoy, should not, as at present, be held by those
who are the most shameless, whether they got them
by favour or acquired them by purchase, but by
those among you who have no allotment of land, to
the end that you, being free men, may not be serfs to
others or cultivate others' lands instead of your own;[2]
for a noble spirit cannot dwell in the breasts of men

---

[1] Dionysius was doubtless thinking particularly of Solon's
division of the Athenians into four classes for purposes of
taxation.

[2] *Cf.* Livy, i. 46, 1.

9 καθ' ἡμέραν ἀναγκαίων. ὑπὲρ ἅπαντα δὲ ταῦτα
ἔγνωκα [1] ἴσην καὶ κοινὴν ποιεῖν τὴν πολιτείαν
καὶ τὰ δίκαια πᾶσι πρὸς ἅπαντας ὅμοια. εἰς
τοῦτο γὰρ ἥκουσί τινες αὐθαδείας, ὥσθ' ὑβρίζειν
εἰς τὸ δημοτικὸν ἀξιοῦσι καὶ μηδ' [2] ἐλευθέρους
ἡγεῖσθαι τοὺς πένητας ὑμῶν.[3] ἵνα δὲ καὶ
λαμβάνωσι τὰ δίκαια καὶ ὑπέχωσιν οἱ μείζους
τοῖς ἐλάττοσιν ἐξ ἴσου, νόμους θήσομαι κωλυτὰς
μὲν τῆς βίας, φύλακας δὲ τῆς δικαιοσύνης, καὶ
αὐτὸς οὐδένα χρόνον ἀνήσω τῆς ἁπάντων προνοού-
μενος ἰσηγορίας."

X. Τοιαῦτα λέγοντος αὐτοῦ πολὺς ἔπαινος ἐκ
τῆς ἐκκλησίας ἐγένετο, τῶν μέν, ὅτι πιστὸς ἦν
καὶ δίκαιος περὶ τοὺς εὐεργέτας, ἐπαινούντων,
τῶν δ', ὅτι φιλάνθρωπος καὶ μεγαλόψυχος εἰς
τοὺς ἀπόρους, τῶν δ', ὡς μέτριος καὶ δημοτικὸς
πρὸς τοὺς ταπεινοτέρους, ἁπάντων δ', ὅτι νόμιμος
καὶ δίκαιος ἄρχων, ἀγαπώντων τε καὶ τεθαυμα-
2 κότων. διαλυθείσης δὲ τῆς ἐκκλησίας ταῖς ἑξῆς
ἡμέραις ἀπογράφεσθαι κελεύσας τοὺς ὑποχρέους,
ὅσοι τὴν πίστιν ἀδύνατοι ἦσαν φυλάττειν, τίσιν
ὀφείλουσι καὶ πόσον ἕκαστος, ἐπειδὴ τὰς ἀπο-
γραφὰς ἔλαβε, τραπέζας θεὶς ἐν ἀγορᾷ πάντων
3 ὁρώντων ἀπηρίθμει τοῖς δανεισταῖς τὰ χρέα. ταῦτα
διαπραξάμενος ἐξέθηκεν ἐν φανερῷ διάταγμα
βασιλικόν, ἐκχωρεῖν τῆς δημοσίας γῆς τοὺς
καρπουμένους τε καὶ ἰδίᾳ κατέχοντας αὐτὴν ἐν
ὡρισμένῳ τινὶ χρόνῳ, καὶ τοὺς οὐδένα κλῆρον
ἔχοντας τῶν πολιτῶν πρὸς ἑαυτὸν ἀπογράφεσθαι·

[1] ἔγνωκα Naber : ἔγνων καὶ O, Jacoby.
[2] μηδὲ Reiske : μήτε O.
[3] Sintenis : ὑμᾶς AB.

who are in want of the necessaries of daily life. But, above all these things, I have determined to make the government fair and impartial and justice the same for all and towards all. For some have reached that degree of presumption that they take upon themselves to maltreat the common people and do not look upon the poor among you as being even free men. To the end, therefore, that the more powerful may both receive justice from and do justice to their inferiors impartially, I will establish such laws as shall prevent violence and preserve justice, and I myself will never cease to take thought for the equality of all the citizens."

X. While he was thus speaking there was much praise from the assembly, some commending him for his loyalty and justice to his benefactors, others for his humanity and generosity to the poor, and still others for his moderation and democratic spirit towards those of humbler station; but all loved and admired him for being a lawful and just ruler. The assembly having been dismissed, during the following days he ordered lists to be made of all the debtors who were unable to keep their pledges, with the amount each owed and the names of the creditors; and when this list had been delivered to him, he commanded tables to be placed in the Forum and in the presence of all the citizens counted out to the lenders the amount of the debts. Having finished with this, he published a royal edict commanding that all those who were enjoying the use of the public lands and holding them for their own should quit possession within a certain specified time, and that those citizens who had no allotments of land should give in their names

νόμους τε συνέγραφεν, οὓς μὲν [1] ἐκ τῶν ἀρχαίων
καὶ παρημελημένων ἀνανεούμενος, οὓς Ῥωμύλος
τ᾽ εἰσηγήσατο καὶ Νόμας Πομπίλιος, οὓς δ᾽
4 αὐτὸς καθιστάμενος. ταῦτα δ᾽ αὐτοῦ πολιτευο-
μένου χαλεπῶς ἔφερον οἱ πατρίκιοι καταλυομένην
τὴν δυναστείαν τῆς βουλῆς ὁρῶντες, καὶ λογι-
σμοὺς οὐκέτι τοὺς αὐτούς, ἀλλ᾽ ἐναντίους τοῖς
5 προτέροις ἐλάμβανον. ἐν ἀρχαῖς μὲν γὰρ ὥρμησαν
ἀφελέσθαι τὴν παράνομον αὐτοῦ δυναστείαν ἀπο-
δείξαντες μεσοβασιλεῖς καὶ δι᾽ ἐκείνων ἑλέσθαι
τὸν κατὰ νόμους ἕξοντα τὴν ἀρχήν· τότε δὲ
στέργειν ἐπὶ τοῖς παροῦσιν ᾤοντο δεῖν καὶ
μηδὲν πολυπραγμονεῖν. εἰσῄει [2] γὰρ αὐτοῖς λογι-
σμὸς ὅτι, τῆς μὲν βουλῆς ὃν αὐτὴ προῃρεῖτο παρ-
αγούσης ἐπὶ τὰ πράγματα, ὁ δῆμος ἐναντιώσεται
τὴν ψῆφον ἀναλαβών· ἐὰν δ᾽ ἐπὶ τῷ δήμῳ ποιή-
σωσι τὴν τοῦ βασιλέως αἵρεσιν,[3] ἅπασαι τὸν
Τύλλιον ψηφοφορήσουσιν αἱ φράτραι, καὶ περι-
έσται τῷ ἀνδρὶ τὸ δοκεῖν κατὰ νόμους ἄρχειν.
ἔδοξεν οὖν αὐτοῖς ἄμεινον εἶναι κλέπτοντα τὴν
ἀρχὴν τὸν ἄνδρα καὶ παρακρουόμενον τοὺς
πολίτας μᾶλλον ἢ πείσαντα καὶ φανερῶς λαβόντα
6 κατέχειν. ἀλλ᾽ οὐδὲν αὐτοῖς ἐγένετο προὔργου
τῶν λελογισμένων· οὕτω κατεστρατήγησεν αὐτοὺς
ὁ Τύλλιος καὶ κατέσχε τὴν βασιλείαν ἀκόντων
ἐκείνων. κατασκευάσας γὰρ ἐκ πολλοῦ φήμας
λέγεσθαι κατὰ τὴν [4] πόλιν ὡς ἐπιβουλευόντων

---

[1] οὓς μὲν added by Reiske.
[2] εἰσῄει Cobet : εἰσπίπτει O.
[3] αἵρεσιν B, but space of 3–4 letters left vacant before the
word : προαίρεσιν A, Jacoby. Except in B the order of
words is τὴν προαίρεσιν τοῦ βασιλέως.

to him. He also drew up laws, in some cases renewing old laws that had been introduced by Romulus and Numa Pompilius and had fallen into abeyance, and establishing others himself. While he was pursuing these measures, the patricians were growing indignant as they saw the power of the senate being overthrown, and they proceeded to a plan of action which was no longer the same as before, but the opposite. For whereas at first they had determined to deprive him of his illegal power, to appoint *interreges*, and through them to choose one who should hold the office legally, they now thought they ought to acquiesce in the existing state of affairs and not to interfere at all. For it occurred to them that, if the senate attempted to place a man of its own choosing at the head of affairs, the people, when they came to give their votes, would oppose him; whereas, if they should leave the choice of the king to the people, all the *curiae* would elect Tullius and the result would be that he would seem to hold the office legally. They thought it better, therefore, to permit him to continue in the possession of the sovereignty by stealth and by deceiving the citizens rather than after persuading them and receiving it openly. But none of their calculations availed them aught, so artfully did Tullius outmanoeuvre them and get possession of the royal power against their will. For having long before caused a report to be spread through the city that the patricians were plotting

---

αὐτῷ τῶν πατρικίων προῆλθεν εἰς τὴν ἀγορὰν
ἐσθῆτα πιναρὰν περιβεβλημένος καὶ κατηφής,
συνούσης αὐτῷ καὶ τῆς μητρὸς Ὀκρισίας καὶ τῆς
Ταρκυνίου γυναικὸς Τανακυλίδος καὶ τῆς συγγενείας
τῆς βασιλικῆς ὅλης. ὄχλου δὲ συνδραμόντος
πολλοῦ πρὸς τὸ παράδοξον τῆς ὄψεως ἐκκλησίαν
συγκαλέσας προῆλθεν ἐπὶ τὸ βῆμα καὶ διεξῆλθε
τοιοῦτόν τινα λόγον·

XI. " Οὐκέτι μοι περὶ τῶν Ταρκυνίου παίδων
μόνον ὁ κίνδυνός ἐστιν, ἵνα μηδὲν ὑπὸ τῶν ἐχθρῶν
δεινὸν πάθωσιν, ἀλλ᾽ ἤδη καὶ περὶ τῆς ἐμῆς ψυχῆς
δέος εἰσέρχεται, μὴ πικρὰς ἀμοιβὰς τῆς δικαιο-
σύνης ἀπολάβω. ἐπιβουλεύομαι γὰρ ὑπὸ τῶν
πατρικίων, καὶ μεμήνυταί μοι τινὲς ἐξ αὐτῶν
ἀποκτεῖναί με συνομνύμενοι ἀδίκημα μὲν οὐδὲν
οὔτε μεῖζον οὔτ᾽ ἔλαττον ἔχοντες ἐγκαλεῖν,
ὧν δὲ τὸν δῆμον εὖ πεποίηκα καὶ παρεσκεύασμαι
2 ποιεῖν ἀχθόμενοί τε καὶ ἀναξιοπαθοῦντες· οἱ
δανεισταὶ μὲν ὅτι τοὺς πένητας ὑμῶν οὐκ εἴασα
τὴν ἐλευθερίαν ἀφαιρεθῆναι πρὸς τὰ χρέα ὑπ᾽
αὐτῶν ἀπαχθέντας·[1] οἱ δὲ κατανοσφιζόμενοι
τὰ δημόσια καὶ κατέχοντες, ἣν ὑμεῖς δι᾽ αἵματος
ἐκτήσασθε γῆν ἐκλιπεῖν ἀναγκαζόμενοι, ὥσπερ
τὰ πατρῷα ἀποστερούμενοι καὶ οὐ τἀλλότρια
ἀποδιδόντες· οἱ δ᾽ ἀνειμένοι τῶν εἰσφορῶν τῶν
εἰς τοὺς πολέμους, εἰ τιμήσασθαι τοὺς βίους
ἀναγκασθήσονται καὶ ἀπὸ τῶν τιμημάτων τὰς
εἰσφορὰς συνεισφέρειν· κοινῇ δὲ σύμπαντες, ὅτι
κατὰ νόμους γεγραμμένους ἐθισθήσονται ζῆν τὰ
δίκαια ἐξ ἴσου διδόντες ὑμῖν καὶ λαμβάνοντες,
ἀλλ᾽ οὐχ ὥσπερ ἀργυρωνήτοις παραχρήσονται

---

[1] ἀπαχθέντας Niebuhr : ἀχθέντας O, Jacoby.

against him, he came into the Forum meanly dressed and with a dejected countenance, accompanied by his mother Ocrisia, Tanaquil, the wife of Tarquinius, and all the royal family. And when great crowds flocked together at so unexpected a sight, he called an assembly, and ascending the tribunal, addressed them much as follows:

XI. " It is no longer the children of Tarquinius alone whom I see in danger of suffering some injury at the hands of their enemies, but I am already coming to fear for my own life, lest I receive a bitter requital for my justice. For the patricians are plotting against me and I have received information that some of them are conspiring to kill me, not because they can charge me with any crime, great or trivial, but because they resent the benefits I have conferred and am prepared to confer upon the people and feel that they are being treated unjustly. The money-lenders, for their part, feel aggrieved because I did not permit the poor among you to be haled to prison by them because of their debts and to be deprived of their liberty. And those who misappropriate and hold what belongs to the state, finding themselves obliged to give up the land which you acquired with your blood, are as angry as if they were being deprived of their inheritances instead of merely restoring what belongs to others. Those, again, who have been exempt from war taxes resent being compelled to give in a valuation of their property and to pay taxes in proportion to those valuations. But the general complaint of them all is that they will have to accustom themselves to live according to written laws and impartially dispense justice to you and receive it from you, instead of abusing the poor, as they now do, as if

303

3 τοῖς πένησιν, ὃ ποιοῦσι νῦν. καὶ ταῦτα δὴ τὰ
ἐγκλήματα συνενέγκαντες εἰς τὸ κοινὸν βεβού-
λευνταί τε καὶ συνομωμόκασι κατάγειν τοὺς
φυγάδας καὶ τοῖς Μαρκίου παισὶ τὴν βασιλείαν
ἀποδιδόναι, οὓς ὑμεῖς Ταρκύνιον ἀποκτείναντας
τὸν βασιλέα ὑμῶν ἄνδρα χρηστὸν καὶ φιλόπολιν
καὶ τηλικοῦτο διαπραξαμένους ἄγος τάς τε
δίκας ἐρήμους ἐκλιπόντας καὶ φυγῆς ἑαυτοῖς
τιμησαμένους πυρὸς καὶ ὕδατος εἴργειν ἐψηφί-
σασθε· ἔμελλόν τ', εἰ μὴ θᾶττον ἐμοὶ περὶ
τούτων ἐγένετο μήνυσις, ξενικὴν δύναμιν ἐπαγό-
μενοι νυκτὸς ἔτι πολλῆς [1] κατάγειν εἰς τὴν πόλιν
4 τοὺς φυγάδας. τὰ μετὰ ταῦτα πάντες ἴστε
δήπου, κἂν ἐγὼ μὴ λέγω, ὅτι Μάρκιοι συλλαμ-
βανόντων αὐτοῖς τῶν πατρικίων κατασχόντων τὰ
πράγματα δίχα πόνου, πρῶτον μὲν ἐμὲ τὸν
φύλακα τῶν βασιλέων καὶ τὰς κατ' αὐτῶν ἐπι-
τελεσάμενον δίκας ἔμελλον ἀναρπάσεσθαι,[2] ἔπειτα
ταυτὶ τὰ παιδία καὶ τοὺς ἄλλους συγγενεῖς τε
καὶ φίλους Ταρκυνίου πάντας ἀρεῖσθαι·[3] γυναῖκας
δ' ἡμῶν καὶ μητέρας καὶ θυγατέρας καὶ πᾶν τὸ
θῆλυ γένος ἐν ἀνδραπόδων ποιήσεσθαι [4] λόγῳ,
πολὺ τὸ θηριῶδες ἔχοντες ἐν τῇ φύσει καὶ τυραν-
νικόν. εἰ μὲν οὖν καὶ ὑμῖν ταῦτα βουλομένοις
ἐστίν, ὦ δημόται, τοὺς μὲν ἀνδροφόνους κατάγειν
καὶ βασιλεῖς ἀποδεικνύαι, τοὺς δὲ τῶν εὐεργε-
τῶν παῖδας ἐξελαύνειν καὶ τὴν ὑπὸ τοῦ πάππου
καταλειφθεῖσαν ἀρχὴν ἀφαιρεῖσθαι, στέρξομεν
τὴν τύχην. ἀλλὰ πρὸς ἁπάντων θεῶν τε καὶ

----

[1] πολλῆς ABa : πολλὴν Bb, Jacoby.
[2] Cobet, Hertlein : ἀναρπάσασθαι O.

they were so many purchased slaves. And making common cause of these complaints, they have taken counsel and sworn to recall the exiles and to restore the kingdom to Marcius' sons, against whom you passed a vote forbidding them the use of fire and water for having assassinated Tarquinius, your king, a worthy man and a lover of his country, and, after they had committed such an act of pollution, for having failed to appear for their trial and thus condemned themselves to exile. And if I had not received early information of these designs, they would, with the assistance of a foreign force, have brought back the exiles into the city in the dead of night. You all know, of course, what would have been the consequence of this, even without my mentioning it—that the Marcii, with the support of the patricians, after getting control of affairs without any trouble, would first have seized me, as the guardian of the royal family and as the person who had pronounced sentence against them, and after that would have destroyed these children and all the other kinsmen and friends of Tarquinius; and, as they have much of the savage and the tyrant in their nature, they would have treated our wives, mothers and daughters and all the female sex like slaves. If, therefore, it is *your* pleasure also, citizens, to recall the assassins and make them kings, to banish the sons of your benefactors and to deprive them of the kingdom their grandfather left them, we shall submit to our fate. But we all, together with our wives and children, make supplication

---

[3] ἀρεῖσθαι Cobet : αἰρεῖσθαι Bb, αἱρεῖσθαι Ba, ἀναιρεῖσθαι R, ἀνελεῖσθαι Hertlein.
[4] Cobet, Hertlein : ποιήσασθαι O, Jacoby.

δαιμόνων, ὅσοι τὸν ἀνθρώπινον ἐποπτεύουσι βίον,
ἱκέται πάντες ὑμῶν γινόμενοι σὺν γυναιξί τε
καὶ τέκνοις, ἀντὶ πολλῶν μὲν ὧν Ταρκύνιος ὁ
τῶν παιδίων πάππος εὖ ποιῶν ὑμᾶς διετέλεσεν,
ἀντὶ πολλῶν δὲ ὧν αὐτὸς ἐγὼ κατὰ τὴν ἐμαυτοῦ
δύναμιν ἐγενόμην ὑμῖν χρήσιμος, ἀξιοῦμεν ὑμᾶς
μίαν ἡμῖν δοῦναι ταύτην δωρεάν, φανερὰν ποιῆσαι
6 τὴν ὑμῶν αὐτῶν γνώμην. εἰ γὰρ ἑτέρους τινὰς
ἀξιονικοτέρους ἡμῶν ὑπειλήφατε εἶναι ταύτης τῆς
τιμῆς τυγχάνειν, τὰ μὲν παιδία οἰχήσεται τὴν
πόλιν ὑμῖν [1] καταλιπόντα καὶ ἡ ἄλλη Ταρκυνίου
συγγένεια· ἐγὼ δ' ἕτερόν τι βουλεύσομαι γεν-
ναιότερον ὑπὲρ ἐμαυτοῦ· βεβίωται γὰρ ἤδη μοι
καὶ πρὸς ἀρετὴν καὶ πρὸς εὐδοξίαν ἀποχρώντως
καὶ οὐκ ἂν ἀξιώσαιμι τῆς παρ' ὑμῶν εὐνοίας
ψευσθείς, ἣν ἀντὶ παντὸς εἱλόμην ἀγαθοῦ, ζῆν
αἰσχρῶς ἐν ἄλλοις τισί. παραλάβετε δὴ τὰς
ῥάβδους καὶ δότε, εἰ βούλεσθε, τοῖς πατρικίοις·
ἐγὼ δ' ὑμῖν οὐκ ἐνοχλήσω παρών."

XII. Ταῦτα λέγοντος αὐτοῦ καὶ παραχωρεῖν
οἵου τε ὄντος ἀπὸ τοῦ βήματος κραυγή τε παρὰ
πάντων ἐξαίσιος ἐγένετο [2] καὶ δεήσεις μεμιγμέναι
δάκρυσιν, ἵνα μένῃ τε καὶ διακατέχῃ τὰ πράγματα
μηδένα δεδοικώς. ἔπειτ' ἐγκέλευστοί τινες διειλη-
φότες τὴν ἀγορὰν βασιλέα ποιεῖν αὐτὸν ἐβόων
καὶ συγκαλεῖν τὰς φράτρας ἠξίουν καὶ ψῆφον
ᾔτουν· ἀρξαμένων δὲ τούτων εὐθὺς ὁ δῆμος
ἅπας ἐπὶ τῆς αὐτῆς προαιρέσεως ἐγεγόνει.
2 τοῦτο καταμαθὼν ὁ Τύλλιος οὐκέτι παρῆκε τὸν
καιρόν, ἀλλὰ πολλὰς αὐτοῖς εἰδέναι φήσας χάριτας,

---

[1] ὑμῖν B : ὑμῶν R.

to you by all the gods and lesser divinities who watch over the lives of men that, in return for the many benefits Tarquinius, the grandfather of these children, never ceased to confer upon you, and in return for the many services I myself, as far as I have been able, have done you, you will grant us this single boon—to declare your own sentiments. For if you have come to believe that any others are more worthy than we of this honour, the children, with all the other relations of Tarquinius, shall withdraw, leaving the city to you. As for me, I shall take a more generous resolution in my own case. For I have already lived long enough both for virtue and for glory, and if I am disappointed of your goodwill, which I have preferred to every other good thing, I could never bring myself to live in disgrace among any other people. Take the rods, then, and give them to the patricians, if you wish; I shall not trouble you with my presence."

XII. While he was speaking these words and seemed about to leave the tribunal, they all raised a tremendous clamour, and mingling tears with their entreaties, besought him to remain and to retain control of affairs, fearing no one. Thereupon some of his partisans, who had stationed themselves in different parts of the Forum, following his instructions, cried out, " Make him king," and demanded that the *curiae* should be called together and a vote taken; and after these had set the example, the whole populace was promptly of the same opinion. Tullius, seeing this, no longer let the occasion slip, but told them that he felt very grateful to them for remembering

---

² ἐγένετο R : ἐγείνετο Ba, ἐγίνετο Bb, Jacoby.

ὅτι μέμνηνται τῶν εὐεργεσιῶν, καὶ ἔτι πλείονα
ὑποσχόμενος ἀγαθὰ ποιήσειν, ἐὰν αὐτὸν ἀπο-
δείξωσι βασιλέα, προεῖπεν ἡμέραν ἀρχαιρεσιῶν,
εἰς ἣν ἐκέλευσε καὶ τοὺς ἐκ τῶν ἀγρῶν ἅπαντας
3 παρεῖναι. συνελθόντος δὲ τοῦ δήμου καλῶν τὰς
φράτρας κατὰ μίαν ἀνεδίδου τὰς ψήφους. ἀπάσαις
δὲ ταῖς φράτραις κριθεὶς τῆς βασιλείας ἄξιος
παραλαμβάνει τότε τὴν ἀρχὴν παρὰ τοῦ δημοτι-
κοῦ πλήθους πολλὰ [1] χαίρειν τῇ βουλῇ φράσας,
ἣν οὐκ ἠξίωσεν ἐπικυρῶσαι τὰ τοῦ δήμου
κρίματα,[2] ὥσπερ αὐτῇ ποιεῖν ἔθος ἦν. τοῦτον δὲ
τὸν τρόπον ἐπὶ τὴν βασιλείαν παρελθὼν πολλῶν
μὲν καὶ ἄλλων πολιτευμάτων εἰσηγητὴς ἐγένετο,
μέγαν δὲ καὶ λόγου ἄξιον ἐπολέμησε πρὸς Τυρ-
ρηνοὺς πόλεμον. ποιήσομαι δὲ περὶ τῶν πολιτευ-
μάτων αὐτοῦ πρῶτον τοὺς λόγους.

XIII. Εὐθὺς ἅμα τῷ παραλαβεῖν τὴν ἀρχὴν
διένειμε τὴν δημοσίαν χώραν τοῖς θητεύουσι
Ῥωμαίων· ἔπειτα τοὺς νόμους τούς τε συν-
αλλακτικοὺς καὶ τοὺς περὶ τῶν ἀδικημάτων ἐπ-
εκύρωσε ταῖς φράτραις· ἦσαν δὲ πεντήκοντά που
μάλιστα [3] τὸν ἀριθμόν, ὧν οὐδὲν δέομαι μεμνῆσθαι
2 κατὰ τὸ παρόν. τῇ τε πόλει προσέθηκε δύο
λόφους, τόν τε Οὐιμινάλιον καλούμενον καὶ τὸ
Ἰσκυλῖνον, ὧν ἑκάτερος ἀξιολόγου πόλεως ἔχει
μέγεθος, καὶ διένειμεν αὐτοὺς τοῖς ἀνεστίοις

---

[1] παραλαμβάνει . . . πολλὰ B : om. R.
[2] κρίματα B : om. R.
[3] που μάλιστα B : om. R.

his services; and after promising to confer even more benefits if they should make him king, he appointed a day for the election, at which he ordered everybody to be present including those from the country. When the people had assembled he called the *curiae* and took the vote of each *curia* separately. And upon being judged worthy of the kingship by all the *curiae*, he then accepted it from the populace, telling the senate to go hang; for he did not ask that body to ratify the decision of the people, as it was accustomed to do.[1] After coming to the sovereignty in this manner, he introduced many reforms in the civil administration and also carried on a great and memorable war against the Tyrrhenians. But I shall first give an account of his administrative reforms.

XIII. Immediately upon receiving the sovereignty he divided the public lands among those of the Romans who served others for hire. Next he caused both the laws relating to private contracts and those concerning torts to be ratified by the *curiae*; these laws were about fifty in number, of which I need not make any mention at present. He also added two hills to the city, those called the Viminal and the Esquiline,[2] each of which has the size of a fairly large city. These he divided among such of the

[1] *Cf.* Livy i. 41, 6 f.; 46, 1. In the first passage he states that Tullius *primus iniussu populi voluntate patrum regnavit;* and in the second he says that when the young Tarquinius hinted that he was ruling without the sanction of the people, he proceeded to conciliate the plebeians and then, putting the question to a vote of the people, was declared king by them.

[2] Livy (i. 44, 3) states that Tullius added the Viminal and the Quirinal, and enlarged the Esquiline. Strabo (v. 3, 7) agrees with Dionysius. The Quirinal had already been added by Numa according to Dionysius (ii. 62, 5).

Ῥωμαίων οἰκίας κατασκευάσασθαι· ἔνθα [1] καὶ
αὐτὸς ἐποιήσατο τὴν οἴκησιν ἐν τῷ κρατίστῳ
3 τῆς Ἰσκυλίας τόπῳ. οὗτος ὁ βασιλεὺς τελευταῖος
ηὔξησε τὸν περίβολον τῆς πόλεως τοὺς δύο τοῖς
πέντε προσθεὶς λόφοις, ὀρνιθευσάμενός τε ὡς
νόμος ἦν καὶ τἆλλα τὰ πρὸς θεοὺς ὅσια δια-
πραξάμενος. προσωτέρω δ' οὐκέτι προῆλθεν ἡ
κατασκευὴ τῆς πόλεως, οὐκ ἐῶντος, ὥς φασι,
τοῦ δαιμονίου, ἀλλ' ἔστιν ἅπαντα τὰ περὶ τὴν
πόλιν οἰκούμενα χωρία, πολλὰ ὄντα καὶ μεγάλα,
γυμνὰ καὶ ἀτείχιστα καὶ ῥᾷστα πολεμίοις ἐλθοῦσιν
4 ὑποχείρια γενέσθαι· καὶ εἰ μὲν εἰς ταῦτά τις
ὁρῶν τὸ μέγεθος ἐξετάζειν βουλήσεται τῆς
Ῥώμης, πλανᾶσθαί τ' ἀναγκασθήσεται καὶ οὐχ
ἕξει βέβαιον σημεῖον οὐδέν, ᾧ διαγνώσεται μέχρι
ποῦ προβαίνουσα ἔτι πόλις ἐστὶ καὶ πόθεν ἄρχεται
μηκέτι εἶναι πόλις, οὕτω συνύφανται τὸ ἄστυ τῇ
χώρᾳ καὶ εἰς ἄπειρον ἐκμηκυνομένης πόλεως
5 ὑπόληψιν τοῖς θεωμένοις παρέχεται. εἰ δὲ τῷ
τείχει,[2] δυσευρέτῳ μὲν ὄντι διὰ τὰς περι-
λαμβανούσας αὐτὸ πολλαχόθεν οἰκήσεις, ἴχνη
δέ τινα φυλάττοντι κατὰ πολλοὺς τόπους τῆς
ἀρχαίας κατασκευῆς, βουληθείη μετρεῖν αὐτὴν
κατὰ τὸν κύκλον τὸν περιέχοντα Ἀθηναίων [3] τὸ
ἄστυ, οὐ πολλῷ τινι μείζων ὁ τῆς Ῥώμης ἂν
αὐτῷ φανείη κύκλος. ἀλλ' ὑπὲρ μὲν τοῦ μεγέ-
θους τε καὶ κάλλους τῆς πόλεως, ὡς κατὰ τὴν

---

[1] ἔνθα deleted by Kiessling : Bücheler proposed to read
ἐνταῦθα, with the punctuation *after* the adverb.

[2] τῷ after τείχει deleted by Pflugk.

[3] τὸν κύκλον τ. π. Ἀθηναίων Jacoby : τὸν Ἀθηναῖον
(Ἀθηναίων B) κύκλον τ. π. O ; Reiske proposed τὸν Ἀθηνῶν
κύκλον τὸν περιέχοντα.

Romans as had no homes of their own, so that they might build houses there; and he himself fixed his habitation there, in the best part of the Esquiline Hill.[1] This king was the last who enlarged the circuit of the city, by adding these two hills to the other five, after he had first consulted the auspices, as the law directed, and performed the other religious rites. Farther than this the building of the city has not yet progressed, since the gods, they say, have not permitted it; but all the inhabited places round it, which are many and large, are unprotected and without walls, and very easy to be taken by any enemies who may come. If anyone wishes to estimate the size of Rome by looking at these suburbs he will necessarily be misled for want of a definite clue by which to determine up to what point it is still the city and where it ceases to be the city; so closely is the city connected with the country, giving the beholder the impression of a city stretching out indefinitely. But if one should wish to measure Rome by the wall, which, though hard to be discovered by reason of the buildings that surround it in many places, yet preserves in several parts of it some traces of its ancient structure, and to compare it with the circuit of the city of Athens, the circuit of Rome would not seem to him very much larger than the other. But for an account of the extent and beauty of the city of

---

[1] Livy (*l.c.*) says that he established his residence on the Esquiline *ut loco dignitas fieret.*

ἐμὴν εἶχεν ἡλικίαν, ἕτερος ἔσται τῇ διηγήσει
καιρὸς ἐπιτηδειότερος.

XIV. Ὁ δὲ Τύλλιος, ἐπειδὴ τοὺς ἑπτὰ λόφους
ἑνὶ τείχει περιέλαβεν, εἰς τέτταρας μοίρας διελὼν
τὴν πόλιν καὶ θέμενος ἐπὶ τῶν λόφων ταῖς μοίραις
τὰς ἐπικλήσεις, τῇ μὲν Παλατίνην, τῇ δὲ Σοβο-
ράνην,[1] τῇ δὲ τρίτῃ Κολλίνην,[2] τῇ δὲ τετάρτῃ
τῶν μοιρῶν Ἰσκυλίνην, τετράφυλον ἐποίησε τὴν
2 πόλιν εἶναι, τρίφυλον οὖσαν τέως· καὶ τοὺς
ἀνθρώπους ἔταξε τοὺς ἐν ἑκάστῃ μοίρᾳ τῶν
τεττάρων οἰκοῦντας, ὥσπερ κωμήτας, μήτε μετα-
λαμβάνειν ἑτέραν οἴκησιν μήτ᾽ ἄλλοθί που συν-
τελεῖν, τάς τε καταγραφὰς τῶν στρατιωτῶν καὶ
τὰς εἰσπράξεις τῶν χρημάτων τὰς γινομένας εἰς
τὰ στρατιωτικὰ καὶ τὰς ἄλλας χρείας, ἃς ἕκαστον
ἔδει τῷ κοινῷ παρέχειν, οὐκέτι κατὰ τὰς τρεῖς
φυλὰς τὰς γενικάς, ὡς πρότερον, ἀλλὰ κατὰ
τὰς τέτταρας τὰς τοπικὰς τὰς ὑφ᾽ ἑαυτοῦ δια-
ταχθείσας ἐποιεῖτο, ἡγεμόνας ἐφ᾽ ἑκάστης ἀποδείξας
συμμορίας, ὥσπερ φυλάρχους ἢ κωμάρχας, οἷς
προσέταξεν εἰδέναι ποίαν οἰκίαν ἕκαστος οἰκεῖ.
3 ἔπειτα κατὰ πάντας ἐκέλευσε τοὺς στενωποὺς [3]
ἐγκατασκευασθῆναι καλιάδας ὑπὸ τῶν γειτόνων
ἥρωσι προνωπίοις καὶ θυσίας αὐτοῖς ἐνομο-

---

[1] σοβοράνην B : βαβοράνην A, Σουβουράνην Reiske, Jacoby.
[2] Portus: κολλατίνην O.
[3] After στενωποὺς the MSS. have ἱερὰ (AB) or ἱερὰς (R);
Kiessling deleted.

---

[1] No such passage is to be found in the extant portions of
the *Antiquities*.
[2] *Cf.* Livy i. 43, 13.
[3] This was named from the Subura, which was not a hill,
but a valley entering the Forum from the northeast.

Rome, as it existed in my day, another occasion will be more suitable.[1]

XIV. After Tullius had surrounded the seven hills with one wall, he divided the city into four regions[2], which he named after the hills, calling the first the Palatine, the second the Suburan,[3] the third the Colline,[4] and the fourth the Esquiline region; and by this means he made the city contain four tribes, whereas it previously had consisted of but three.[5] And he ordered that the citizens inhabiting each of the four regions should, like persons living in villages, neither take up another abode nor be enrolled elsewhere; and the levies of troops, the collection of taxes for military purposes, and the other services which every citizen was bound to offer to the commonwealth, he no longer based upon the three national tribes, as aforetime, but upon the four local tribes established by himself. And over each region he appointed commanders, like heads of tribes or villages, whom he ordered to know what house each man lived in. After this he commanded that there should be erected in every street[6] by the inhabitants of the neighbourhood chapels to heroes whose statues stood in front of the houses,[7] and

[4] This name was derived from Collis, a common term for the Quirinal.

[5] The Ramnes, Tities and Luceres.

[6] The word στενωπός usually means a narrow passage or lane, but in this chapter it is used for the Roman compitum (compare 13 lines below), and this we know was a cross-road.

[7] This seems to be the literal meaning of προνώπιος, but evidently the word is used here to express compitalis, the heroes being the lares compitales. These lares doubtless reminded Dionysius of the Greek herms, and his descriptive adjective is more appropriate to the latter.

θέτησεν ἐπιτελεῖσθαι καθ' ἕκαστον ἐνιαυτὸν πελά-
νους εἰσφερούσης ἑκάστης οἰκίας· τοῖς δὲ τὰ περὶ
τῶν γειτόνων ἱερὰ συντελοῦσιν ἐν τοῖς προνω-
πίοις [1] οὐ τοὺς ἐλευθέρους, ἀλλὰ τοὺς δούλους ἔταξε
παρεῖναί τε καὶ συνιερουργεῖν, ὡς κεχαρισμέ-
νης τοῖς ἥρωσι τῆς τῶν θεραπόντων ὑπηρεσίας·
4 ἣν ἔτι καὶ καθ' ἡμᾶς ἑορτὴν ἄγοντες Ῥωμαῖοι
διετέλουν ὀλίγαις ὕστερον ἡμέραις τῶν Κρονίων,
σεμνὴν ἐν τοῖς πάνυ καὶ πολυτελῆ, Κομπιτάλια
προσαγορεύοντες αὐτὴν ἐπὶ τῶν στενωπῶν· κομ-
πίτους γὰρ τοὺς στενωποὺς καλοῦσι· καὶ φυλάτ-
τουσι τὸν ἀρχαῖον ἐθισμὸν ἐπὶ τῶν ἱερῶν, διὰ
τῶν θεραπόντων τοὺς ἥρωας ἱλασκόμενοι καὶ
ἅπαν τὸ δοῦλον ἀφαιροῦντες αὐτῶν ἐν ταῖς
ἡμέραις ἐκείναις, ἵνα τῇ φιλανθρωπίᾳ ταύτῃ
τιθασσευόμενοι μέγα τι καὶ σεμνὸν ἐχούσῃ
χαριέστεροι γίνωνται περὶ τοὺς δεσπότας καὶ τὰ
λυπηρὰ τῆς τύχης ἧττον βαρύνωνται.

XV. Διεῖλε [2] δὲ καὶ τὴν χώραν ἅπασαν,

[1] ἐν τοῖς προνωπίοις, the reading of the MSS, is probably
corrupt; Casaubon proposed τοῖς (or θεοῖς) προνωπίοις (omit-
ting ἐν), Bücheler ἐν τοῖς στενωποῖς.
[2] The text of this section is given as arranged by Niebuhr
(Röm. Gesch. I. n. 973). In the MSS. τέτταρας (l. 4) is
followed by καὶ (om. B) τριάκοντα φυλὰς ἀμφοτέρων Κάτων
μέντοι τούτων ἐπὶ Τυλλίου τὰς πάσας γενέσθαι λέγει ὡς δὲ
Οὐεννώνιος κτέ. Jacoby differs from Niebuhr in placing
τριάκοντα φυλὰς ἐπὶ Τυλλίου τὰς πάσας γενέσθαι λέγει after
ἀξιοπιστότερος ὤν.

[1] Literally, "in the places before the houses." Of the
emendations proposed (see the critical note), that of Casaubon
means "to the (heroes) in front of the houses," that of Bücheler
"at the cross-roads."

he made a law that sacrifices should be performed to them every year, each family contributing a honey-cake. He directed also that the persons attending and assisting those who performed the sacrifices at these shrines [1] on behalf of the neighbourhood should not be free men, but slaves, the ministry of servants being looked upon as pleasing to the heroes. This festival the Romans still continued to celebrate even in my day in the most solemn and sumptuous manner a few days after the Saturnalia, calling it the Compitalia, after the streets; for *compiti*,[2] is their name for streets.[3] And they still observe the ancient custom in connexion with those sacrifices, propitiating the heroes by the ministry of their servants, and during these days removing every badge of their servitude, in order that the slaves, being softened by this instance of humanity, which has something great and solemn about it, may make themselves more agreeable to their masters and be less sensible of the severity of their condition.

XV. Tullius [4] also divided the country [5] as a whole

[2] The usual plural was *compita*, but the form *compiti* is occasionally found.

[3] See note 6 on p. 313.

[4] The first section of this chapter is badly confused in the MSS. and two entire lines are missing from all but two of the extant MSS. Unfortunately we have no confirmation of the statements attributed by Dionysius to Fabius Pictor, Vennonius and Cato. The relation of the country districts to the city tribes is a moot question and it is not at all certain that the districts here mentioned are identical with the *pagi*, as Dionysius assumed. The number of tribes at this early period cannot have been as large even as thirty. Indeed, Dionysius himself in describing the trial of Coriolanus (vii. 64, 6) states that there were twenty-one tribes then; and Livy (vi. 5) records the same number for 387 B.C.

[5] *i.e.*, the country as distinguished from the city.

ὡς μὲν Φάβιός φησιν, εἰς μοίρας ἕξ τε καὶ
εἴκοσιν, ἃς καὶ αὐτὰς [1] καλεῖ φυλὰς καὶ τὰς
ἀστικὰς προστιθεὶς αὐταῖς τέτταρας τριάκοντα
φυλὰς ἐπὶ Τυλλίου τὰς πάσας γενέσθαι λέγει·
ὡς δὲ Οὐεννώνιος ἱστόρηκεν, εἰς μίαν τε καὶ
τριάκοντα, ὥστε [2] σὺν ταῖς κατὰ πόλιν οὔσαις
ἐκπεπληρῶσθαι τὰς ἔτι καὶ εἰς ἡμᾶς ὑπαρχούσας
τριάκοντα καὶ πέντε φυλάς· Κάτων μέντοι τούτων
ἀμφοτέρων ἀξιοπιστότερος ὢν οὐχ ὁρίζει [3] τῶν
2 μοιρῶν τὸν ἀριθμόν. διελὼν δ' οὖν ὁ Τύλλιος
εἰς ὁπόσας δήποτε μοίρας τὴν γῆν κατὰ τοὺς
ὀρεινοὺς καὶ πολὺ τὸ ἀσφαλὲς τοῖς γεωργοῖς
παρέχειν δυνησομένους ὄχθους κρησφύγετα κατ-
εσκεύασεν, Ἑλληνικοῖς ὀνόμασιν αὐτὰ καλῶν
πάγους, ἔνθα συνέφευγον ἐκ τῶν ἀγρῶν ἅπαντες,
ὁπότε γένοιτο πολεμίων ἔφοδος, καὶ τὰ πολλὰ
3 διενυκτέρευον ἐνταῦθα. ἄρχοντες δὲ καὶ τούτων
ἦσαν, οἷς ἐπιμελὲς ἐγίνετο τά τ' ὀνόματα τῶν
γεωργῶν εἰδέναι τῶν συντελούντων εἰς τὸν αὐτὸν
πάγον, καὶ τὰς κτήσεις ἐν αἷς ὁ βίος αὐτῶν ἦν·
καὶ ὁπότε χρεία γένοιτο ἐπὶ τὰ ὅπλα τοὺς χωρίτας
καλεῖν ἢ χρημάτων εἰσφορὰς κατ' ἄνδρα ἐκλέγειν,
οὗτοι τά τε σώματα συνῆγον καὶ τὰ χρήματα
εἰσέπραττον. ἵνα δὲ καὶ τούτων ἡ πληθὺς μὴ
δυσεύρετος, ἀλλ' εὐλόγιστος ᾖ καὶ φανερά, βωμοὺς

[1] αὐτὰς B : αὐτὸς R.
[2] ὥστε . . . τριάκοντα καὶ πέντε BC : om. R.
[3] οὐχ ὁρίζει R : οὐ χωρίζει (or οὐχ ὡρίζει ?) B, καὶ οὐ χωρίζει
Jacoby.

---

[1] An annalist of whom almost nothing is known. He seems
to have lived in the second century B.C.

into twenty-six parts, according to Fabius, who calls these divisions tribes also and, adding the four city tribes to them, says that there were thirty tribes in all under Tullius. But according to Vennonius [1] he divided the country into thirty-one parts, so that with the four city tribes the number was rounded out to the thirty-five tribes that exist down to our day. However, Cato, who is more worthy of credence than either of these authors, does not specify the number of the parts into which the country was divided. After Tullius, therefore, had divided the country into a certain number of parts, whatever that number was, he built places of refuge upon such lofty eminences as could afford ample security for the husbandmen, and called them by a Greek name, *pagi* or "hills." [2] Thither all the inhabitants fled from the fields whenever a raid was made by enemies, and generally passed the night there. These places also had their governors, whose duty it was to know not only the names of all the husbandmen who belonged to the same district but also the lands which afforded them their livelihood. And whenever there was occasion to summon the countrymen to take arms or to collect the taxes that were assessed against each of them, these governors assembled the men together and collected the money. And in order that the number of these husbandmen might not be hard to ascertain, but might be easy to compute and be known at once, he ordered them to

---

[2] Dionysius was misled by the Greek word πάγος (a rocky hill) to apply the Latin term primarily to the natural stronghold rather than to the district it served. While both words are doubtless from the same root *pag-*, "fix," the meanings developed along different lines; *pagus* seems to have meant a "fixed" or marked area.

DIONYSIUS OF HALICARNASSUS

ἐκέλευσεν αὐτοῖς ἱδρύσασθαι θεῶν ἐπισκόπων
τε καὶ φυλάκων τοῦ πάγου, οὓς ἔταξε θυσίαις
κοιναῖς γεραίρειν καθ' ἕκαστον ἐνιαυτὸν ἅμα
συνερχομένους, ἑορτήν τινα καὶ ταύτην ἐν τοῖς
πάνυ τιμίαν καταστησάμενος, τὰ καλούμενα
Παγανάλια· καὶ νόμους ὑπὲρ τῶν ἱερῶν τούτων,
οὓς ἔτι διὰ φυλακῆς ἔχουσι Ῥωμαῖοι, συνέγραψεν.
4 εἰς δὲ τὴν θυσίαν ταύτην καὶ τὴν σύνοδον ἅπαντας
ἐκέλευσε τοὺς ὁμοπάγους κατὰ κεφαλὴν ὡρισμένον
νόμισμά τι συνεισφέρειν, ἕτερον μέν τι τοὺς
ἄνδρας, ἕτερον δέ τι τὰς γυναῖκας, ἄλλο δέ
τι τοὺς ἀνήβους. ἐξ οὗ συναριθμηθέντος ὑπὸ
τῶν ἐφεστηκότων τοῖς ἱεροῖς φανερὸς ὁ τῶν ἀνθρώ-
πων ἀριθμὸς ἐγίνετο κατὰ γένη τε καὶ καθ' ἡλικίας.
5 ὡς δὲ Πείσων Λεύκιος ἐν τῇ πρώτῃ τῶν ἐνιαυσίων
ἀναγραφῶν ἱστορεῖ, βουλόμενος καὶ τῶν ἐν ἄστει
διατριβόντων τὸ πλῆθος εἰδέναι, τῶν τε γεννω-
μένων καὶ τῶν ἀπογινομένων καὶ τῶν εἰς ἄνδρας
ἐγγραφομένων, ἔταξεν ὅσον ἔδει νόμισμα κατα-
φέρειν ὑπὲρ ἑκάστου τοὺς προσήκοντας, εἰς μὲν
τὸν τῆς Εἰλειθυίας θησαυρόν, ἣν Ῥωμαῖοι
καλοῦσιν Ἥραν φωσφόρον, ὑπὲρ τῶν γεννω-
μένων· εἰς δὲ τὸν τῆς Ἀφροδίτης τῆς [1] ἐν
ἄλσει καθιδρυμένης, ἣν προσαγορεύουσι Λιβιτίνην,
ὑπὲρ τῶν ἀπογινομένων· εἰς δὲ τὸν τῆς Νεότητος,
ὑπὲρ τῶν εἰς ἄνδρας ἀρχομένων συντελεῖν· ἐξ ὧν
ἤμελλε διαγνώσεσθαι καθ' ἕκαστον ἐνιαυτὸν
ὅσοι τε οἱ σύμπαντες ἦσαν καὶ τίνες ἐξ αὐτῶν
6 τὴν στρατεύσιμον ἡλικίαν εἶχον. ταῦτα κατα-

---

[1] τῆς added by Kiessling.

erect altars to the gods who presided over and were
guardians of the district, and directed them to
assemble every year and honour these gods with
public sacrifices. This occasion also he made one
of the most solemn festivals, calling it the Paganalia;
and he drew up laws concerning these sacrifices,
which the Romans still observe. Towards the ex-
pense of this sacrifice and of this assemblage he
ordered all those of the same district to contribute
each of them a certain piece of money, the men paying
one kind, the women another and the children a third
kind. When these pieces of money were counted by
those who presided over the sacrifices, the number of
people, distinguished by their sex and age, became
known. And wishing also, as Lucius Piso writes
in the first book of his *Annals*, to know the number
of the inhabitants of the city, and of all who were
born and died and arrived at the age of manhood,
he prescribed the piece of money which their relations
were to pay for each—into the treasury of Ilithyia
(called by the Romans Juno Lucina) for those who
were born, into that of the Venus of the Grove (called
by them Libitina¹) for those who died, and into the
treasury of Juventas for those who were arriving at
manhood. By means of these pieces of money he
would know every year both the number of all the
inhabitants and which of them were of military age.

¹ Libitina was a goddess of corpses, but in the course of
time, perhaps through a confusion of Libitina with Libentina
(an epithet of Venus), she came to be identified with Venus.
Not only was the register of deaths kept in her temple, but
everything necessary for a funeral might be bought or hired
there.

στησάμενος ἐκέλευσεν ἅπαντας Ῥωμαίους ἀπο-
γράφεσθαί τε καὶ τιμᾶσθαι τὰς οὐσίας πρὸς
ἀργύριον ὀμόσαντας τὸν νόμιμον ὅρκον, ἦ μὴν
τἀληθῆ καὶ ἀπὸ παντὸς τοῦ βελτίστου τετιμῆ-
σθαι,[1] πατέρων τε ὧν εἰσι γράφοντας καὶ ἡλικίαν
ἣν ἔχουσι δηλοῦντας γυναῖκάς τε καὶ παῖδας
ὀνομάζοντας καὶ ἐν τίνι κατοικοῦσιν ἕκαστοι
τῆς πόλεως φυλῇ[2] ἢ πάγῳ τῆς χώρας προσ-
τιθέντας· τῷ δὲ μὴ τιμησαμένῳ τιμωρίαν ὥρισε
τῆς τ᾽ οὐσίας στέρεσθαι καὶ αὐτὸν μαστιγωθέντα
πραθῆναι· καὶ μέχρι πολλοῦ διέμεινε παρὰ
Ῥωμαίοις οὗτος ὁ νόμος.

XVI. Τιμησαμένων δὲ πάντων ἀναλαβὼν τὰ
γραμματεῖα καὶ διαγνοὺς τό τε πλῆθος αὐτῶν
καὶ τὰ μεγέθη τῶν βίων σοφώτατον ἁπάντων
πολιτευμάτων εἰσηγήσατο καὶ μεγίστων Ῥωμαίοις
2 ἀγαθῶν αἴτιον, ὡς τὰ ἔργα ἐδήλωσε. τὸ δὲ
πολίτευμα τοιόνδε ἦν· μίαν ἀφεῖλεν ἐξ ἁπάντων
μοῖραν, ἧς τὸ μέγιστον ἦν τίμημα τῆς οὐσίας
οὐκ ἔλαττον ἑκατὸν μνῶν. τούτους δὲ συντάξας
εἰς ὀγδοήκοντα λόχους ὅπλα φέρειν ἐπέταξεν
ἀσπίδας Ἀργολικὰς καὶ δόρατα καὶ κράνη
χάλκεα καὶ θώρακας καὶ κνημῖδας καὶ ξίφη.
διελὼν δ᾽ αὐτοὺς διχῇ, τετταράκοντα μὲν ἐποίησε
νεωτέρων λόχους, οἷς τὰς ὑπαιθρίους ἀπέδωκε

---

[1] τετιμῆσθαι O: τετιμήσεσθαι Reiske, τιμήσεσθαι Kiessling.
[2] φυλῇ added by Kiessling, τόπῳ by Steph.

---

[1] On the Servian constitution and census described in
chaps. 16–22 cf. Livy i. 42, 4–43, 11.
[2] In giving Greek equivalents for the Roman sums involved
in the census Dionysius amused himself by stating the amounts
alternately in minae and in drachmae (1 mina = 100 drach-
mae). Assuming equivalence between the drachma and

After he had made these regulations, he ordered all the Romans to register their names and give in a monetary valuation of their property, at the same time taking the oath required by law that they had given in a true valuation in good faith; they were also to set down the names of their fathers, with their own age and the names of their wives and children, and every man was to declare in what tribe of the city or in what district of the country he lived. If any failed to give in their valuation, the penalty he established was that their property should be forfeited and they themselves whipped and sold for slaves. This law continued in force among the Romans for a long time.

XVI. After all had given in their valuations, Tullius took the registers and determining both the number of the citizens and the size of their estates, introduced the wisest of all measures, and one which has been the source of the greatest advantages to the Romans, as the results have shown.[1] The measure was this: He selected from the whole number of the citizens one part, consisting of those whose property was rated the highest and amounted to no less than one hundred minae.[2] Of these he formed eighty centuries, whom he ordered to be armed with Argolic bucklers, with spears, brazen helmets, corslets, greaves and swords. Dividing these centuries into two groups, he made forty centuries of younger men, whom he appointed to take the

the Roman denarius, he gave to the latter its earlier value of 10 asses. Thus his figures when given in drachmae are just one-tenth as large as Livy's figures expressed in asses. The sums named by the two historians agree except in the case of the fifth class, where Dionysius gives 1,250 drachmae as against Livy's 11,000 asses.

321

στρατείας, τετταράκοντα δὲ πρεσβυτέρων, οὓς
ἔδει τῆς νεότητος εἰς πόλεμον ἐξιούσης ὑπο-
μένοντας ἐν τῇ πόλει τὰ ἐντὸς τείχους φυλάττειν.
3 αὕτη πρώτη σύνταξις ἦν· χώραν δὲ κατεῖχεν ἐν
τοῖς πολέμοις τὴν προαγωνιζομένην τῆς φά-
λαγγος ὅλης. ἔπειτ' ἐκ τῶν ὑπολειπομένων
ἑτέραν ἀφῄρει μοῖραν, οἷς ἦν ἐντὸς μὲν μυρίων
δραχμῶν, οὐ μεῖον δὲ πέντε καὶ ἑβδομήκοντα
μνῶν τὸ τίμημα. συντάξας δὲ τούτους [1] εἰς
εἴκοσι λόχους τὰ μὲν ἄλλα φορεῖν ὅπλα προσ-
έταξεν ὅσα τοὺς προτέρους, τοὺς δὲ θώρακας
αὐτῶν ἀφεῖλε, καὶ ἀντὶ τῶν ἀσπίδων ἀνέδωκε
θυρεούς. διελὼν δὲ καὶ τούτων τοὺς ὑπὲρ
τετταράκοντα καὶ πέντε ἔτη γεγονότας ἀπὸ τῶν
ἐχόντων τὴν στρατεύσιμον ἡλικίαν, δέκα μὲν
ἐποίησε λόχους νεωτέρων, οὓς ἔδει προπολεμεῖν
τῆς πόλεως, δέκα δὲ πρεσβυτέρων, οἷς ἀπέδωκε
τειχοφυλακεῖν. αὕτη δευτέρα σύνταξις ἦν·
ἐκοσμεῖτο δ' ἐν τοῖς ἀγῶσι μετὰ τοὺς προμάχους.
4 τὴν δὲ τρίτην ἐποίει σύνταξιν ἐκ τῶν ὑπολειπο-
μένων, ὅσοι τίμησιν εἶχον ἐλάττονα μὲν τῶν
ἑπτακισχιλίων καὶ πεντακοσίων δραχμῶν, οὐ
μείονα δὲ μνῶν πεντήκοντα. τούτων δ' ἐμείωσε
τὸν ὁπλισμὸν οὐ μόνον τοῖς θώραξιν, ὥσπερ τῶν
5 δευτέρων, ἀλλὰ καὶ ταῖς περικνημῖσι. συνέταξε
δὲ καὶ τούτους εἰς εἴκοσι λόχους καὶ διεῖλε τὸν
αὐτὸν τρόπον τοῖς προτέροις καθ' ἡλικίας, δέκα
λόχους ἀποδοὺς τοῖς νεωτέροις καὶ δέκα τοῖς
πρεσβυτέροις. χώρα δὲ καὶ στάσις ἦν τούτων τῶν
λόχων ἐν ταῖς μάχαις ἡ μετὰ τοὺς ἐφεστῶτας
τοῖς προμάχοις.

---

[1] τούτους Kiessling : τοὺς O.

field in time of war, and forty of older men, whose
duty it was, when the youth went forth to war,
to remain in the city and guard everything inside
the walls. This was the first class; in wars it oc-
cupied a position in the forefront of the whole
army. Next, from those who were left he took
another part whose rating was under ten thousand
drachmae but not less than seventy-five minae.
Of these he formed twenty centuries and ordered
them to wear the same armour as those of the first
class, except that he took from them the corslets,
and instead of the bucklers gave them shields.[1]
Here also he distinguished between those who were
over forty-five years old and those who were of mili-
tary age, constituting ten centuries of the younger
men, whose duty it was to serve their country in
the field, and ten of the older, to whom he committed
the defence of the walls. This was the second class;
in engagements they were drawn up behind those
fighting in the front ranks. The third class he con-
stituted out of those who were left, taking such as
had a rating of less than seven thousand five hundred
drachmae but not less than fifty minae. The
armour of these he diminished not only by taking
away the corslets, as from the second class, but also
the greaves. He formed likewise twenty centuries
of these, dividing them, like the former, according
to their age and assigning ten centuries to the
younger men and ten to the older. In battles the
post and station of these centuries was in the third
line from the front.

[1] The Greek word here used means a large, oblong shield,
Livy's *scutum*. The Argolic buckler or *clipeus*, on the
other hand, was a round shield.

XVII. Ἀφελὼν δὲ πάλιν ἐκ τῶν ὑπολειπομένων τοὺς ἐλάττω πεντακισχιλίων δραχμῶν ἔχοντας οὐσίαν ἄχρι πέντε καὶ εἴκοσι μνῶν, τετάρτην ἐποίησε μοῖραν. διέταξε δὲ καὶ τούτους εἰς εἴκοσι λόχους, καὶ δέκα μὲν ἐποίησε τῶν ἐν ἀκμῇ, δέκα δὲ τῶν ὑπερηλίκων, κατὰ ταὐτὰ τοῖς προτέροις. ὅπλα δὲ φέρειν ἔταξεν αὐτοὺς θυρεοὺς καὶ ξίφη καὶ δόρατα καὶ στάσιν ἔχειν
2 ἐν τοῖς ἀγῶσι τὴν ὑστάτην. τὴν δὲ πέμπτην μοῖραν, οἷς ἐντὸς εἴκοσι καὶ πέντε μνῶν ἄχρι δώδεκα καὶ ἡμίσους μνῶν ὁ βίος ἦν, εἰς τριάκοντα συνέταξε λόχους. διῄρηντο δὲ καὶ οὗτοι καθ' ἡλικίαν· πεντεκαίδεκα μὲν γὰρ ἐξ αὐτῶν λόχοι τοὺς πρεσβυτέρους εἶχον, πεντεκαίδεκα δὲ τοὺς νεωτέρους. τούτους ἔταξε σαυνία καὶ σφενδόνας ἔχοντας ἔξω τάξεως συστρατεύεσθαι.
3 τέτταρας δὲ λόχους οὐδὲν ἔχοντας ὅπλον ἀκολουθεῖν ἐκέλευσε τοῖς ἐνόπλοις· ἦσαν δὲ τῶν τεττάρων τούτων δύο μὲν ὁπλοποιῶν τε καὶ †τεκτόνων καὶ τῶν ἄλλων τῶν κατασκευαζόντων τὰ εἰς τὸν πόλεμον εὔχρηστα· δύο δὲ σαλπιστῶν τε καὶ βυκανιστῶν καὶ τῶν ἄλλοις τισὶν ὀργάνοις ἐπισημαινόντων τὰ παρακλητικὰ τοῦ πολέμου. προσέκειντο δ' οἱ μὲν χειροτέχναι τοῖς τὸ δεύτερον ἔχουσι τίμημα διῃρημένοι καθ' ἡλικίαν, ὁ μὲν τοῖς πρεσβυτέροις, ὁ δὲ τοῖς νεωτέροις ἀκολουθῶν
4 λόχος.[1] οἱ δὲ σαλπισταί τε καὶ οἱ βυκανισταὶ τῇ τετάρτῃ συνετάττοντο μοίρᾳ· ἦν δὲ καὶ τούτων εἷς μὲν τῶν πρεσβυτέρων λόχος, εἷς δὲ τῶν νεωτέρων. λοχαγοὶ δ' ἐξ ἁπάντων ἐπιλεχθέντες οἱ γενναιότατοι τὰ πολέμια τοὺς ἰδίους ἕκαστοι

----

[1] Portus : λόχοις AB, but ι deleted in B ?

XVII. Again taking from the remainder those whose property amounted to less than five thousand drachmae but was as much as twenty-five minae, he formed a fourth class. This he also divided into twenty centuries, ten of which he composed of such as were in the vigour of their age, and the other ten of those who were past it, in the same manner as with the former classes. He ordered the arms of these to be shields, swords and spears, and their post in engagements to be in the last line. The fifth class, consisting of those whose property was between twenty-five minae and twelve minae and a half, he divided into thirty centuries. These were also distinguished according to their age, fifteen of the centuries being composed of the older men and fifteen of the younger. These he armed with javelins and slings, and placed outside the line of battle. He ordered four unarmed centuries to follow those that were armed, two of them consisting of armourers and carpenters and of those whose business it was to prepare everything that might be of use in time of war, and the other two of trumpeters and horn-blowers and such as sounded the various calls with any other instruments. The artisans were attached to the second class and divided according to their age, one of their centuries following the older centuries, and the other the younger centuries; the trumpeters and horn-blowers were added to the fourth class, and one of their centuries also consisted of the older men and the other of the younger.[1] Out of all the centuries the bravest men were chosen as centurions, and each of these commanders took care

---

[1] Livy, on the contrary, says that the artisans were attached to the first class and the musicians to the fifth.

λόχους εὐπειθεῖς τοῖς παραγγελλομένοις παρ-
είχοντο.

XVIII. Αὕτη μὲν ἡ διακόσμησις ἦν ἡ τὸ
πεζικὸν ἐκπληροῦσα τῶν τε φαλαγγιτῶν καὶ
τῶν ψιλῶν στράτευμα· τὸ δὲ τῶν ἱππέων πλῆθος
ἐπέλεξεν ἐκ τῶν ἐχόντων τὸ μέγιστον τίμημα
καὶ κατὰ γένος ἐπιφανῶν· συνέταξε δ' εἰς ὀκτω-
καίδεκα λόχους καὶ προσένειμεν αὐτοὺς τοῖς
πρώτοις τῶν φαλαγγιτῶν ὀγδοήκοντα λόχοις·
εἶχον δὲ καὶ οὗτοι τοὺς ἐπιφανεστάτους λοχαγούς.
2 τοὺς δὲ λοιποὺς πολίτας, οἳ τίμησιν εἶχον ἐλάττονα
δώδεκα καὶ ἡμίσους μνῶν, πλείους τὸν [1] ἀριθμὸν
ὄντας τῶν προτέρων, ἅπαντας εἰς ἕνα συντάξας
λόχον στρατείας τ' ἀπέλυσε καὶ πάσης εἰσφορᾶς
ἐποίησεν ἀτελεῖς. ἐγένοντο δὴ συμμορίαι μὲν
ἕξ, ἃς Ῥωμαῖοι καλοῦσι κλάσεις,[2] τὰς Ἑλλη-
νικὰς κλήσεις παρονομάσαντες (ὃ γὰρ ἡμεῖς
ῥῆμα προστακτικῶς σχηματίσαντες ἐκφέρομεν
κάλει, τοῦτ' ἐκεῖνοι λέγουσι κάλα, καὶ τὰς
κλάσεις [3] τὸ [4] ἀρχαῖον ἐκάλουν καλέσεις [5]),
3 λόχοι δ', οὓς αἱ συμμορίαι περιελάμβανον, ἑκατὸν
καὶ ἐνενηκοντατρεῖς. ἐπεῖχον δὲ τὴν μὲν πρώτην
συμμορίαν ὀκτὼ καὶ ἐνενήκοντα λόχοι σὺν τοῖς
ἱππεῦσι· τὴν δὲ δευτέραν εἴκοσι καὶ δύο σὺν
τοῖς χειροτέχναις· τὴν δὲ τρίτην εἴκοσι· τὴν δὲ
τετάρτην πάλιν εἴκοσι καὶ δύο σὺν τοῖς σαλπισταῖς
καὶ βυκανισταῖς· τὴν δὲ πέμπτην τριάκοντα· τὴν
δ' ἐπὶ πάσαις τεταγμένην εἰς λόχος ὁ τῶν ἀπόρων.

---

[1] τὸν added by Sylburg.
[2] κλασ.εις B, καὶ A : κλάσσεις Jacoby. After κλάσεις the
MSS. have κατὰ, which was deleted by Bb and Kiessling.
[3] κλάσεις ABb : κλάσσεις Jacoby.

that his century should yield a ready obedience to orders.

XVIII. This was the arrangement he made of the entire infantry, consisting of both the heavy-armed and light-armed troops. As for the cavalry, he chose them out of such as had the highest rating and were of distinguished birth, forming eighteen centuries of them, and added them to the first eighty centuries of the heavy-armed infantry; these centuries of cavalry were also commanded by persons of the greatest distinction. The rest of the citizens, who had a rating of less than twelve minae and a half but were more numerous than those already mentioned, he put into a single century and exempted them from service in the army and from every sort of tax. Thus there were six divisions which the Romans call *classes*, by a slight change of the Greek word *klêseis* [1] (for the verb which we Greeks pronounce in the imperative mood *kalei*, the Romans call *cala*,[2] and the classes they anciently called *caleses*), and the centuries included in these divisions amounted to one hundred and ninety-three. The first class contained ninety-eight centuries, counting the cavalry; the second, twenty-two, counting the artificers; the third, twenty; the fourth, again, contained twenty-two, counting the trumpeters and horn-blowers; the fifth, thirty; and the last of all, one century, consisting of the poor citizens.

[1] κλῆσις means a " calling " or " summoning."
[2] This root is seen in *Calendae* (*Kalendae*), in *comitia calata*, and in *intercalare*. The statement about an early form *calesis* (better *calasis*) is probably pure conjecture.

---

[4] τὸ added by Cobet.
[5] καλέσεις O : καλάσεις Bücheler.

DIONYSIUS OF HALICARNASSUS

XIX. Ταύτῃ τῇ διακοσμήσει χρησάμενος τὰς
μὲν τῶν στρατιωτῶν καταγραφὰς κατὰ τὴν
διαίρεσιν ἐποιεῖτο τὴν τῶν λόχων, τὰς δὲ τῶν
εἰσφορῶν ἐπιταγὰς κατὰ τὰ τιμήματα τῶν
βίων. ὁπότε γὰρ αὐτῷ δεήσειε μυρίων ἢ
δισμυρίων, εἰ τύχοι, στρατιωτῶν, καταδιαιρῶν
τὸ πλῆθος εἰς τοὺς ἑκατὸν ἐνενηκοντατρεῖς λόχους
τὸ ἐπιβάλλον ἑκάστῳ λόχῳ πλῆθος ἐκέλευε παρέχειν
ἕκαστον λόχον· τὴν δὲ δαπάνην τὴν εἰς τὸν
ἐπισιτισμὸν τῶν στρατευομένων καὶ εἰς τὰς ἄλλας
χορηγίας τὰς πολεμικὰς ἐπιτελεσθησομένην συμ-
μετρησάμενος, ὁπόση τις ἀρκοῦσα ἔσται, διαιρῶν
τὸν αὐτὸν τρόπον εἰς τοὺς ἑκατὸν ἐνενηκοντατρεῖς
λόχους, τὸ ἐκ τῆς τιμήσεως ἐπιβάλλον ἑκάστῳ
2 διάφορον ἅπαντας ἐκέλευεν ¹ εἰσφέρειν. συν-
έβαινεν οὖν τοῖς τὰς μεγίστας ἔχουσιν οὐσίας,
ἐλάττοσι μὲν οὖσιν, εἰς πλείονας δὲ λόχους
μεμερισμένοις, στρατεύεσθαί τε πλείους στρατείας
οὐδέποτε ἀναπαυομένους καὶ χρήματα πλείω
τῶν ἄλλων εἰσφέρειν· τοῖς δὲ τὰ μέτρια καὶ μικρὰ
κεκτημένοις, πλείοσιν ² οὖσιν ἐν ³ ἐλάττοσι λόχοις,
στρατεύεσθαί τ’ ὀλιγάκις καὶ ἐκ διαδοχῆς καὶ
βραχείας συντελεῖν εἰσφοράς· τοῖς δ’ ἐλάττω τῶν
ἱκανῶν κεκτημένοις ⁴ ἀφεῖσθαι πάντων ὀχλη-
3 ρῶν. ἐποίει δὲ τούτων ἕκαστον οὐκ ἄτερ αἰτίας,
ἀλλὰ πεπεισμένος ὅτι πᾶσιν ἀνθρώποις ἆθλα τῶν
πολέμων ἐστὶ τὰ χρήματα καὶ περὶ τῆς τούτων
φυλακῆς ἅπαντες κακοπαθοῦσιν· ὀρθῶς οὖν ἔχειν

---

¹ Kiessling : ἐκέλευσεν O.
² πλείοσιν A : εἴκοσιν B.
³ ἐν added by Reiske (who also added δὲ after ἐλάττοσι).
⁴ κεκτημένοις Cobet : τετιμημένοις O.

XIX. In pursuance of this arrangement he levied troops according to the division of the centuries, and imposed taxes[1] in proportion to the valuation of their possessions. For instance, whenever he had occasion to raise ten thousand men, or, if it should so happen, twenty thousand, he would divide that number among the hundred and ninety-three centuries and then order each century to furnish the number of men that fell to its share. As to the expenditures that would be needed for the provisioning of the soldiers while on duty and for the various warlike supplies, he would first calculate how much money would be sufficient, and having in like manner divided that sum among the hundred and ninety-three centuries, he would order every man to pay his share towards it in proportion to his rating. Thus it happened that those who had the largest possessions, being fewer in number but distributed into more centuries, were obliged to serve oftener and without any intermission, and to pay greater taxes than the rest; that those who had small and moderate possessions, being more numerous but distributed into fewer centuries, served seldom and in rotation and paid small taxes, and that those whose possessions were not sufficient to maintain them were exempt from all burdens. Tullius made none of these regulations without reason, but from the conviction that all men look upon their possessions as the prizes at stake in war and that it is for the sake of retaining these that they all endure its hardships; he thought

---

[1] The Greek word εἰσφορά, translated "tax" in these chapters, means a special tax, particularly one levied for war purposes; it is here equivalent to the Roman *tributum*.

ᾤετο τοὺς μὲν περὶ μειζόνων κινδυνεύοντας
ἄθλων μείζονας ὑπομένειν κακοπαθείας τοῖς
τε σώμασι καὶ τοῖς χρήμασι, τοὺς δὲ περὶ ἐλατ-
τόνων ἧττον ἐνοχλεῖσθαι κατ᾽ ἀμφότερα, τοὺς
δὲ περὶ μηδενὸς δεδοικότας μηδὲν κακοπαθεῖν,
τῶν μὲν εἰσφορῶν ἀπολυομένους διὰ τὴν ἀπορίαν,
τῶν δὲ στρατειῶν διὰ τὴν ἀνεισφορίαν.[1] οὐ
γὰρ ἐλάμβανον ἐκ τοῦ δημοσίου τότε Ῥωμαῖοι
στρατιωτικοὺς μισθούς, ἀλλὰ τοῖς ἰδίοις τέλεσιν
4 ἐστρατεύοντο. οὔτε δὴ χρήματα συνεισφέρειν
τοὺς οὐκ ἔχοντας ὁπόθεν συνεισοίσουσιν, ἀλλὰ
τῶν καθ᾽ ἡμέραν ἀναγκαίων ἀπορουμένους ᾤετο
δεῖν, οὔτε μηδὲν συμβαλλομένους στρατεύεσθαί
τινας ἐκ τῶν ἀλλοτρίων ὀψωνιαζομένους χρημάτων,
ὥσπερ τοὺς μισθοφόρους.

XX. Τοῦτον δὲ τὸν τρόπον ἅπαν ἐπιθεὶς τὸ
βάρος τοῖς πλουσίοις τῶν τε κινδύνων καὶ τῶν
ἀναλωμάτων, ὡς εἶδεν ἀγανακτοῦντας αὐτούς,
δι᾽ ἑτέρου τρόπου τήν τ᾽ ἀθυμίαν αὐτῶν παρεμυθή-
σατο καὶ τὴν ὀργὴν ἐπράυνε πλεονέκτημα δωρη-
σάμενος, ἐξ οὗ πάσης ἔμελλον τῆς πολιτείας
ἔσεσθαι κύριοι, τοὺς πένητας ἀπελάσας[2] ἀπὸ τῶν
κοινῶν· καὶ τοῦτο διαπραξάμενος ἔλαθε τοὺς
δημοτικούς. ἦν δὲ τὸ πλεονέκτημα περὶ τὰς
ἐκκλησίας, ἐν αἷς τὰ μέγιστα ἐπεκυροῦτο[3] ὑπὸ
2 τοῦ δήμου. εἴρηται δέ μοι καὶ πρότερον, ὅτι
τριῶν πραγμάτων ὁ δῆμος ἐκ τῶν παλαιῶν νόμων
κύριος ἦν τῶν μεγίστων τε καὶ ἀναγκαιοτάτων,
ἀρχὰς ἀποδεῖξαι τάς τε κατὰ πόλιν καὶ τὰς ἐπὶ

---

[1] ἀνεισφορίαν Fischer : εἰσφορὰν O.
[2] Sintenis : ἀπελάσαντες O.
[3] Kiessling : ἐπεκυροῦντο O.

it right, therefore, that those who had greater prizes at stake should suffer greater hardships, both with their persons and with their possessions, that those who had less at stake should be less burdened in respect to both, and that those who had no loss to fear should endure no hardships, but be exempt from taxes by reason of their poverty and from military service because they paid no tax. For at that time the Romans received no pay as soldiers from the public treasury but served at their own expense. Accordingly, he did not think it right either that those should pay taxes who were so far from having wherewithal to pay them that they were in want of the necessaries of daily life, or that such as contributed nothing to the public taxes should, like mercenary troops, be maintained in the field at the expense of others.

XX. Having by this means laid upon the rich the whole burden of both the dangers and expenses and observing that they were discontented, he contrived by another method to relieve their uneasiness and mitigate their resentment by granting to them an advantage which would make them complete masters of the commonwealth, while he excluded the poor from any part in the government; and he effected this without the plebeians noticing it. This advantage that he gave to the rich related to the assemblies, where the matters of greatest moment were ratified by the people. I have already said before [1] that by the ancient laws the people had control over the three most important and vital matters: they elected the magistrates, both civil

---

[1] ii. 14, 3.

στρατοπέδου, καὶ νόμους τοὺς μὲν ἐπικυρῶσαι,
τοὺς δ' ἀνελεῖν, καὶ περὶ πολέμου συνισταμένου
τε καὶ καταλυομένου διαγνῶναι. τὴν δὲ περὶ τού-
των διάσκεψιν καὶ κρίσιν ἐποιεῖτο κατὰ τὰς φράτρας
ψηφοφορῶν· καὶ ἦσαν οἱ τὰ ἐλάχιστα κεκτημένοι
τοῖς τὰς μεγίστας ἔχουσιν οὐσίας ἰσόψηφοι· ὀλίγων
δ' ὄντων, ὥσπερ εἰκός, τῶν πλουσίων, οἱ πένητες
ἐν ταῖς ψηφοφορίαις ἐπεκράτουν μακρῷ πλείους
3 ὄντες ἐκείνων. τοῦτο συνιδὼν ὁ Τύλλιος ἐπὶ
τοὺς πλουσίους μετέθηκε τὸ τῶν ψήφων κράτος.
ὁπότε γὰρ ἀρχὰς ἀποδεικνύειν ἢ περὶ νόμου
διαγινώσκειν ἢ πόλεμον ἐκφέρειν δόξειεν αὐτῷ,
τὴν λοχῖτιν ἀντὶ τῆς φρατρικῆς συνῆγεν ἐκκλησίαν.
ἐκάλει δ' εἰς ἀπόφασιν γνώμης πρώτους μὲν λόχους
τοὺς ἀπὸ τοῦ μεγίστου τιμήματος καταγραφέν-
τας, ἐν οἷς ἦσαν οἵ τε τῶν ἱππέων ὀκτωκαίδεκα
4 καὶ οἱ τῶν πεζῶν ὀγδοήκοντα. οὗτοι τρισὶ πλείους
ὄντες τῶν ὑπολειπομένων, εἰ τὸ αὐτὸ φρονήσειαν,
ἐκράτουν τῶν ἑτέρων καὶ τέλος εἶχεν ἡ γνώμη· εἰ
δὲ μὴ γένοιντο ἐπὶ τῆς αὐτῆς προαιρέσεως ἅπαντες
οὗτοι, τότε τοὺς ἀπὸ τοῦ δευτέρου τιμήματος
εἴκοσι καὶ δύο λόχους ἐκάλει. μερισθεισῶν δὲ
καὶ τότε τῶν ψήφων τοὺς ἀπὸ τοῦ τρίτου τιμή-
ματος ἐκάλει· καὶ τετάρτους τοὺς ἀπὸ τοῦ
τετάρτου τιμήματος· καὶ τοῦτ' ἐποίει μέχρι τοῦ
γενέσθαι λόχους ἑπτὰ καὶ ἐνενήκοντα ἰσοψήφους.
5 εἰ δὲ μέχρι τῆς πέμπτης κλήσεως μὴ τύχοι
τοῦτο γενόμενον, ἀλλ' εἰς ἴσα μέρη σχισθεῖεν
αἱ τῶν ἑκατὸν ἐνενήκοντα δύο λόχων γνῶμαι,
τότε τὸν ἔσχατον ἐκάλει λόχον, ἐν ᾧ τὸ τῶν

and military; they sanctioned and repealed laws; and they declared war and made peace. In discussing and deciding these matters they voted by *curiae*, and citizens of the smallest means had an equal vote with those of the greatest; but as the rich were few in number, as may well be supposed, and the poor much more numerous, the latter carried everything by a majority of the votes. Tullius, observing this, transferred this preponderance of votes from the poor to the rich. For whenever he thought proper to have magistrates elected, a law considered, or war to be declared, he assembled the people by centuries instead of by *curiae*. And the first centuries that he called to express their opinion[1] were those with the highest rating, consisting of the eighteen centuries of cavalry and the eighty centuries of infantry. As these centuries amounted to three more than all the rest together, if they agreed they prevailed over the others and the matter was decided. But in case these were not all of the same mind, then he called the twenty-two centuries of the second class; and if the votes were still divided, he called the centuries of the third class, and, in the fourth place, those of the fourth class; and this he continued to do till ninety-seven centuries concurred in the same opinion. And if after the calling of the fifth class this had not yet happened but the opinions of the hundred and ninety-two centuries were equally divided, he then called the last century, consisting

---

[1] If taken literally, this expression is erroneous. The popular assemblies were not deliberative bodies; they could merely vote "aye" or "no" to a specific proposal. But probably Dionysius meant no more by his expression than "give their vote."

ἀπόρων καὶ διὰ τοῦτ᾽ ἀφειμένων ἁπάσης στρατείας
τε καὶ εἰσφορᾶς πολιτῶν πλῆθος ἦν· ὁποτέρᾳ
δὲ προσθοῖτο τῶν μερίδων οὗτος ὁ λόχος, αὕτη
τὸ κράτος ἐλάμβανε. τοῦτο δ᾽ ἦν σπάνιον καὶ
οὐ μακρὰν ἀπέχον τἀδυνάτου.[1] τὰ πολλὰ μὲν
γὰρ ἐπὶ τῆς πρώτης κλήσεως τέλος ἐλάμβανεν,
ὀλίγα δὲ μέχρι τῆς τετάρτης προὔβαινεν· ἡ δὲ
πέμπτη κλῆσις καὶ ἡ τελευταία παρείλκοντο.

XXI. Τοῦτο τὸ πολίτευμα καταστησάμενος
καὶ πλεονέκτημα τοῖς πλουσίοις τηλικοῦτο δοὺς
ἔλαθε τὸν δῆμον, ὥσπερ ἔφην, καταστρατηγή-
σας καὶ τοὺς πένητας ἀπελάσας τῶν κοινῶν.
ὑπελάμβανον μὲν γὰρ ἅπαντες ἴσον ἔχειν τῆς
πολιτείας μέρος κατ᾽ ἄνδρα διερωτώμενοι τὰς
γνώμας ἐν τοῖς ἰδίοις ἕκαστοι λόχοις, ἐξηπατῶντο
δὲ τῷ μίαν εἶναι ψῆφον ὅλου τοῦ λόχου τοῦ τ᾽
ὀλίγους ἔχοντος ἐν αὑτῷ πολίτας καὶ τοῦ πάνυ
πολλούς· καὶ τῷ πρώτους ἐπιφέρειν ψῆφον τοὺς
τὸ μέγιστον ἔχοντας τίμημα λόχους, πλείους μὲν
ὄντας τῶν ὑπολειπομένων, ἐλάττονα δ᾽ ἀριθμὸν
ἀνθρώπων ἔχοντας· μάλιστα δὲ τῷ τοὺς ἀπόρους
μίαν ψῆφον ἔχειν πολλοὺς ὄντας καὶ τελευταίους
2 καλεῖσθαι. γενομένου δὲ τούτου τοῖς μὲν πλου-
σίοις τοῖς πολλὰ δαπανωμένοις καὶ μηδεμίαν
ἀνάπαυσιν τῶν πολεμικῶν κινδύνων λαμβάνουσιν
ἧττον εἰσῄει[2] βαρύνεσθαι κυρίοις τε γεγονόσι
τῶν μεγίστων καὶ πᾶν τὸ κράτος ἀφῃρημένοις
τῶν μὴ τὰ αὐτὰ ποιούντων·[3] τοῖς δὲ πένησι
τοῖς πολλοστὴν ἔχουσι τῶν πολιτικῶν μοῖραν

---

[1] Hertlein : ἀδυνάτου O.
[2] ἐσῄει B : ἐποίει R.

of the mass of the citizens who were poor and for that reason exempt from all military service and taxes; and whichever side this century joined, that side carried the day. But this seldom happened and was next to impossible. Generally the question was determined by calling the first class, and it rarely went as far as the fourth; so that the fifth and the last were superfluous.

XXI. In establishing this political system, which gave so great an advantage to the rich, Tullius outwitted the people, as I said, without their noticing it and excluded the poor from any part in public affairs. For they all thought that they had an equal share in the government because every man was asked his opinion, each in his own century; but they were deceived in this, that the whole century, whether it consisted of a small or a very large number of citizens, had but one vote; and also in that the centuries which voted first, consisting of men of the highest rating, though they were more in number than all the rest, yet contained fewer citizens; but, above all, in that the poor, who were very numerous, had but one vote and were the last called. When this had been brought about, the rich, though paying out large sums and exposed without intermission to the dangers of war, were less inclined to feel aggrieved now that they had obtained control of the most important matters and had taken the whole power out of the hands of those who were not performing the same services; and the poor, who had but the slightest share in the government, finding

---

[3] ποιούντων O: φρονούντων or πονούντων Kiessling, τελούντων Grasberger.

εὐλογίστως καὶ πράως φέρειν τὴν ἐν τούτοις
ἐλάττωσιν, ἀφειμένοις τῶν εἰσφορῶν καὶ τῶν
στρατειῶν· τῇ δὲ πόλει τοὺς αὐτοὺς ἔχειν
τοὺς βουλευσομένους τε ὑπὲρ αὐτῆς ἃ δεῖ
καὶ τοὺς τῶν κινδύνων πλεῖστον τῶν ἄλλων
3 μεταλαχόντας καὶ πράξοντας ὅσα δεῖ. οὗτος ὁ
κόσμος τοῦ πολιτεύματος ἐπὶ πολλὰς διέμεινε
γενεὰς φυλαττόμενος ὑπὸ Ῥωμαίων· ἐν δὲ
τοῖς καθ᾽ ἡμᾶς κεκίνηται χρόνοις καὶ μετα-
βέβληκεν εἰς τὸ δημοτικώτερον, ἀνάγκαις τισὶ
βιασθεὶς ἰσχυραῖς, οὐ τῶν λόχων καταλυθέντων,
ἀλλὰ τῆς κλήσεως [1] αὐτῶν οὐκέτι τὴν ἀρχαίαν
ἀκρίβειαν φυλαττούσης, ὡς ἔγνων ταῖς ἀρχαιρεσίαις
αὐτῶν πολλάκις παρών. ἀλλ᾽ ὑπὲρ μὲν τούτων
οὐχ ὁ παρὼν καιρὸς ἁρμόττων τοῖς λόγοις.

XXII. Τότε δ᾽ οὖν ὁ Τύλλιος ἐπειδὴ διέταξε
τὸ περὶ τὰς τιμήσεις, κελεύσας τοὺς πολίτας
ἅπαντας συνελθεῖν εἰς τὸ μέγιστον τῶν πρὸ τῆς
πόλεως πεδίων ἔχοντας τὰ ὅπλα, καὶ τάξας τούς
θ᾽ ἱππεῖς κατὰ τέλη καὶ τοὺς πεζοὺς ἐν φάλαγγι
καὶ τοὺς ἐσταλμένους τὸν ψιλικὸν ὁπλισμὸν ἐν
τοῖς ἰδίοις ἑκάστους λόχοις, καθαρμὸν αὐτῶν

---

[1] κλήσεως B : κρίσεως R.

---

[1] No ancient writer gives us an explicit account of this
reform of the *comitia centuriata*; but from scattered allusions
it is known that each of the five classes later contained 70
centuries (one of *seniores* and one of *iuniores* from each of the
35 tribes). To these 350 centuries must be added the cen-
turies of knights (probably 18, as before, though 35 and

themselves exempt both from taxes and from military service, prudently and quietly submitted to this diminution of their power; and the commonwealth itself had the advantage of seeing the same persons who were to deliberate concerning its interests allotted the greatest share of the dangers and ready to do whatever required to be done. This form of government was maintained by the Romans for many generations, but is altered in our times and changed to a more democratic form, some urgent needs having forced the change, which was effected, not by abolishing the centuries, but by no longer observing the strict ancient manner of calling them [1]—a fact which I myself have noted, having often been present at the elections of their magistrates. But this is not the proper occasion to discuss these matters.

XXII. Thereupon [2] Tullius, having completed the business of the census, commanded all the citizens to assemble in arms in the largest field before the city; [3] and having drawn up the horse in their respective squadrons and the foot in their massed ranks, and placed the light-armed troops each in their own centuries, he performed an expiatory

even 70 have been suggested), and perhaps also those of the artisans and musicians (4 as before?) and the one century of *proletarii*. The knights no longer voted first, but one century out of the first class (or possibly out of all five classes) was chosen by lot to give its vote first; then followed the knights and the several classes in a fixed order. This reform may have been introduced at the time when the last two tribes were created, in 241 B.C. Livy's statement (i. 43, 12) is tantalizingly brief.

[2] *Cf.* Livy i. 44, 1 f.
[3] The Campus Martius.

ἐποιήσατο ταύρῳ καὶ κριῷ καὶ κάπρῳ.[1] τὰ
δ' ἱερεῖα ταῦτα τρὶς περιαχθῆναι περὶ τὸ στρατό-
πεδον κελεύσας ἔθυσε[2] τῷ κατέχοντι τὸ πεδίον
2 Ἄρει. τοῦτον τὸν καθαρμὸν ἕως τῶν κατ'
ἐμὲ χρόνων Ῥωμαῖοι καθαίρονται μετὰ τὴν
συντέλειαν τῶν τιμήσεων ὑπὸ τῶν ἐχόντων τὴν
ἱερωτάτην ἀρχήν, λοῦστρον ὀνομάζοντες.

Ἐγένετο δ' ὁ σύμπας τῶν τιμησαμένων τοὺς
βίους Ῥωμαίων ἀριθμός, ὡς ἐν τοῖς τιμητικοῖς
φέρεται γράμμασιν, ἐπὶ μυριάσιν ὀκτὼ χιλιάδες
3 πέντε τριακοσίων ἀποδέουσαι. ἐποιήσατο δὲ
καὶ τῆς αὐξήσεως τοῦ πολιτικοῦ συντάγματος
οὐ μικρὰν πρόνοιαν οὗτος ὁ βασιλεύς, πρᾶγμα
συνιδὼν ὃ παρέλιπον ἅπαντες οἱ πρὸ αὐτοῦ
βασιλεῖς. ἐκεῖνοι μὲν γὰρ τοὺς ξένους ὑποδεχό-
μενοι καὶ μεταδιδόντες τῆς ἰσοπολιτείας φύσιν τ'
ἢ τύχην αὐτῶν οὐδεμίαν ἀπαξιοῦντες, εἰς πολυ-
4 ανθρωπίαν προήγαγον τὴν πόλιν· ὁ δὲ Τύλλιος καὶ
τοῖς ἐλευθερουμένοις τῶν θεραπόντων, ἐὰν μὴ
θέλωσιν εἰς τὰς ἑαυτῶν πόλεις ἀπιέναι, μετέχειν
τῆς ἰσοπολιτείας ἐπέτρεψε. κελεύσας[3] γὰρ ἅμα
τοῖς ἄλλοις ἅπασιν ἐλευθέροις καὶ τούτους τιμή-
σασθαι τὰς οὐσίας, εἰς φυλὰς κατέταξεν αὐτοὺς
τὰς κατὰ πόλιν τέτταρας ὑπαρχούσας, ἐν αἷς καὶ
μέχρι τῶν καθ' ἡμᾶς χρόνων ταττόμενον διετέλει[4]
τὸ ἐξελευθερικὸν φῦλον, ὅσον ἂν ᾖ· καὶ πάντων

---

[1] κάπρῳ Roscher : τράγῳ O, Jacoby.
[2] Bücheler : ἔθυε O.
[3] ἐπέτρεψε κελεύσας B : ἐκέλευσεν ἐπιτρέψας R.
[4] διετέλει O : διατελεῖ Cobet, Jacoby.

[1] The sacrifice referred to is of course the well-known
suovetaurilia. It seems incredible that Dionysius could have

sacrifice for them with a bull, a ram and a boar.[1]
These victims he ordered to be led three times round
the army and then sacrificed them to Mars, to whom
that field is consecrated. The Romans are to this
day purified by this same expiatory sacrifice, after
the completion of each census, by those who are
invested with the most sacred magistracy,[2] and they
call the purification a *lustrum*.[3]

The number of all the Romans who then gave in a
valuation of their possessions was, as appears by the
censors' records, 84,700.[4] This king also took no
small care to enlarge the body of citizens, hitting
upon a method that had been overlooked by all the
kings before him. For they, by receiving foreigners
and bestowing upon them equal rights of citizenship
without rejecting any, whatever their birth or con-
dition, had indeed rendered the city populous; but
Tullius permitted even manumitted slaves to enjoy
these same rights, unless they chose to return to
their own countries. For he ordered these also to
report the value of their property at the same time
as all the other free men, and he distributed them
among the four city tribes, in which the body of
freedmen, however numerous, continued to be ranked
even to my day; and he permitted them to share

overlooked the obvious meaning of this compound word
and substituted a goat for the boar, as our MSS. do. Roscher
pointed out that the later Greeks sometimes performed a
triple sacrifice of a bull, a ram and a goat, and he suggested
that the knowledge of such a sacrifice may have misled a
scribe who was less familiar with Roman customs.

[2] The censorship.

[3] From this original meaning the word *lustrum* came to be
applied also to the entire period from one census to the next,
and finally could be used of any five-year period.

[4] Livy (*l.c.*) reports 80,000, Eutropius (i. 7) 83,000.

ἀπέδωκε τῶν κοινῶν αὐτοῖς μετέχειν ὧν τοῖς
ἄλλοις δημοτικοῖς.

XXIII. Ἀχθομένων δὲ τῶν πατρικίων ἐπὶ
τῷ πράγματι καὶ δυσανασχετούντων συγκαλέσας
τὸ πλῆθος εἰς ἐκκλησίαν, πρῶτον μὲν θαυμάζειν,
ἔφη, τῶν ἀγανακτούντων, εἰ τῇ φύσει τὸ ἐλεύθερον
οἴονται τοῦ δούλου διαφέρειν, ἀλλ᾽ οὐ τῇ τύχῃ·
ἔπειτα εἰ μὴ τοῖς ἤθεσι καὶ τοῖς τρόποις ἐξετά-
ζουσι τοὺς ἀξίους τῶν καλῶν, ἀλλὰ ταῖς συν-
τυχίαις, ὁρῶντες ὡς ἀστάθμητόν ἐστι πρᾶγμα
εὐτυχία καὶ ἀγχίστροφον, καὶ οὐδενὶ ῥᾴδιον
εἰπεῖν οὐδὲ τῶν πάνυ μακαρίων μέχρι τίνος
2 αὐτῷ παρέσται χρόνου. ἠξίου τ᾽ αὐτοὺς σκοπεῖν
ὅσαι μὲν ἤδη πόλεις ἐκ δουλείας μετέβαλον εἰς
ἐλευθερίαν βάρβαροί τε καὶ Ἑλληνίδες, ὅσαι δ᾽
εἰς δουλείαν ἐξ ἐλευθερίας· εὐήθειάν τε πολλὴν
αὐτῶν κατεγίνωσκεν, εἰ τῆς ἐλευθερίας τοῖς
ἀξίοις τῶν θεραπόντων μεταδιδόντες, τῆς πολι-
τείας φθονοῦσι· συνεβούλευέ τ᾽ αὐτοῖς, εἰ μὲν
πονηροὺς νομίζουσι, μὴ ποιεῖν ἐλευθέρους, εἰ
δὲ χρηστούς, μὴ περιορᾶν ὄντας ἀλλοτρίους·
3 ἄτοπόν τε πρᾶγμα ποιεῖν αὐτοὺς ἔφη καὶ ἀμαθὲς
ἅπασι τοῖς ξένοις ἐπιτρέποντας τῆς πόλεως
μετέχειν καὶ μὴ διακρίνοντας αὐτῶν τὰς τύχας
μηδ᾽ εἴ τινες ἐκ δούλων ἐγένοντο ἐλεύθεροι
πολυπραγμονοῦντας, τοὺς [1] παρὰ σφίσι δεδουλευ-
κότας ἀναξίους ἡγεῖσθαι ταύτης τῆς χάριτος·
φρονήσει τε διαφέρειν οἰομένους τῶν ἄλλων
οὐδὲ τὰ ἐν ποσὶ καὶ κοινότατα ὁρᾶν ἔφασκεν, ἃ καὶ
τοῖς φαυλοτάτοις εἶναι πρόδηλα, ὅτι τοῖς μὲν
δεσπόταις πολλὴ φροντὶς ἔσται τοῦ μὴ προχείρως

[1] δὲ after τοὺς deleted by Kiessling.

340

in all the privileges which were open to the rest of the plebeians.

XXIII. The patricians being displeased and indignant at this, he called an assembly of the people and told them that he wondered at those who were displeased at his course, first, for thinking that free men differed from slaves by their very nature rather than by their condition, and, second, for not determining by men's habits and character, rather than by the accidents of their fortune, those who were worthy of honours, particularly when they saw how unstable a thing good fortune is and how subject to sudden change, and how difficult it is for anyone, even of the most fortunate, to say how long it will remain with him. He asked them also to consider how many states, both barbarian and Greek, had passed from slavery to freedom and how many from freedom to slavery. He called it great folly on their part if, after they had granted liberty to such of their slaves as deserved it, they envied them the rights of citizens; and he advised them, if they thought them bad men, not to make them free, and if good men, not to ignore them because they were foreigners. He declared that they were doing an absurd and stupid thing, if, while permitting all strangers to share the rights of citizenship without distinguishing their condition or inquiring closely whether any of them had been manumitted or not, they regarded such as had been slaves among themselves as unworthy of this favour. And he said that, though they thought themselves wiser than other people, they did not even see what lay at their very feet and was to be observed every day and what was clear to the most ordinary men, namely, that not only the masters would take great

τινὰς ἐλευθεροῦν, ὡς τὰ μέγιστα τῶν ἐν ἀνθρώποις
ἀγαθῶν οἷς ἔτυχε δωρησομένοις, τοῖς δὲ δούλοις
ἔτι [1] μείζων ὑπάρξει προθυμία χρηστοῖς εἶναι
περὶ τοὺς δεσπότας, ἐὰν μάθωσιν ὅτι τῆς ἐλευ-
θερίας ἄξιοι κριθέντες εὐδαίμονος εὐθέως καὶ
μεγάλης ἔσονται πολῖται πόλεως, καὶ ταῦθ᾽
ἕξουσιν ἀμφότερα παρὰ τῶν δεσποτῶν τἀγαθά.
4 τελευτῶν δὲ τὸν περὶ τοῦ συμφέροντος εἰσηγήσατο
λόγον, τοὺς μὲν ἐπισταμένους ὑπομιμνήσκων, τοὺς
δ᾽ ἀγνοοῦντας διδάσκων, ὅτι πόλει δυναστείας
ἐφιεμένῃ καὶ μεγάλων πραγμάτων ἑαυτὴν ἀξιούσῃ
οὐδενὸς οὕτω δεῖ πράγματος ὡς πολυανθρωπίας,
ἵνα διαρκέσῃ πρὸς πάντας τοὺς πολέμους οἰκείοις
ὅπλοις χρωμένη, καὶ μὴ ξενικοῖς στρατεύμασι
καταμισθοφοροῦσα συνεξαναλωθῇ τοῖς χρήμασι·
καὶ διὰ τοῦτο ἔφη τοὺς προτέρους βασιλεῖς ἅπασι
5 μεταδεδωκέναι τῆς πολιτείας τοῖς ξένοις. εἰ
δὲ καὶ τοῦτον καταστήσονται τὸν νόμον, πολλὴν
αὐτοῖς ἔλεγεν ἐκ τῶν ἐλευθερουμένων ἐπιτραφή-
σεσθαι νεότητα καὶ οὐδέποτε ἀπορήσειν τὴν
πόλιν οἰκείων ὅπλων, ἀλλ᾽ ἕξειν δυνάμεις αἰεὶ [2]
διαρκεῖς, κἂν πρὸς πάντας ἀνθρώπους ἀναγ-
6 κασθῇ πολεμεῖν. χωρὶς δὲ τοῦ κοινῇ χρησίμου
καὶ ἰδίᾳ πολλὰ ὠφελήσεσθαι τοὺς εὐπορωτάτους
Ῥωμαίων, ἐὰν τοὺς ἀπελευθέρους ἐῶσι τῆς
πολιτείας μετέχειν, ἐν ἐκκλησίαις τε καὶ ψηφοφο-
ρίαις καὶ ταῖς ἄλλαις πολιτικαῖς χρείαις τὰς
χάριτας ἐν οἷς μάλιστα δέονται πράγμασι
κομιζομένους καὶ τοὺς ἐκ τῶν ἀπελευθέρων
γινομένους πελάτας τοῖς ἐγγόνοις τοῖς ἑαυτῶν
7 καταλείποντας.[3] τοιαῦτα λέγοντος αὐτοῦ συν-

[1] ἔτι Kiessling : ὅτι O.

care not to manumit any of their slaves rashly, for fear of granting the greatest of human blessings indiscriminately, but the slaves too would be more zealous to serve their masters faithfully when they knew that if they were thought worthy of liberty they should presently become citizens of a great and flourishing state and receive both these blessings from their masters. He concluded by speaking of the advantage that would result from this policy, reminding those who understood such matters, and informing the ignorant, that to a state which aimed at supremacy and thought itself worthy of great things nothing was so essential as a large population, in order that it might be equal to carrying on all its wars with its own armed forces and might not exhaust itself as well as its wealth in hiring mercenary troops; and for this reason, he said, the former kings had granted citizenship to all foreigners. But if they enacted this law also, great numbers of youths would be reared from those who were manumitted and the state would never lack for armed forces of its own, but would always have sufficient troops, even if it should be forced to make war against all the world. And besides this advantage to the public, the richest men would privately receive many benefits if they permitted the freedmen to share in the government, since in the assemblies and in the voting and in their other acts as citizens they would receive their reward in the very situations in which they most needed it, and furthermore would be leaving the children of these freedmen as so many clients to their posterity. These arguments of Tullius induced the patricians

---

2 αἰεὶ Kiessling : ἄγειν O.
3 Kiessling : καταλιπόντας O.

DIONYSIUS OF HALICARNASSUS

ἐχώρησαν οἱ πατρίκιοι τὸ ἔθος εἰς τὴν πόλιν
παρελθεῖν, καὶ μέχρι τῶν καθ᾽ ἡμᾶς χρόνων ὡς
ἕν τι τῶν ἱερῶν καὶ ἀκινήτων νομίμων διατελεῖ
τοῦτ᾽ ἐν τῇ πόλει φυλαττόμενον.

XXIV. Ἐπειδὴ δὲ κατὰ τοῦτο γέγονα τὸ
μέρος τῆς διηγήσεως, ἀναγκαῖον εἶναί μοι δοκεῖ
διελθεῖν ὡς εἶχε τότε τοῖς Ῥωμαίοις τὰ περὶ
τοὺς δούλους ἔθη, ἵνα μήτε τὸν βασιλέα τὸν
πρῶτον ἐπιχειρήσαντα τοὺς δεδουλευκότας ἀστοὺς
ποιεῖν μήτε τοὺς παραδεξαμένους τὸν νόμον ἐν
αἰτίαις σχῇ τις, ὡς ῥιπτοῦντας εἰκῇ τὰ καλά.
2 ἐτύγχανον δὴ τοῖς Ῥωμαίοις αἱ τῶν θεραπόντων
κτήσεις κατὰ τοὺς δικαιοτάτους γινόμεναι τρόπους.
ἢ γὰρ ὠνησάμενοι παρὰ τοῦ δημοσίου τοὺς
ὑπὸ δόρυ πωλουμένους ἐκ τῶν λαφύρων, ἢ
τοῦ στρατηγοῦ συγχωρήσαντος ἅμα ταῖς ἄλλαις
ὠφελείαις καὶ τοὺς δοριαλώτους τοῖς λαβοῦσιν
ἔχειν, ἢ πριάμενοι [1] παρ᾽ ἑτέρων κατὰ τοὺς
αὐτοὺς τρόπους κυρίων γενομένων ἐκέκτηντο τοὺς
3 δούλους. οὐδὲν δὴ πρᾶγμα ποιεῖν αἰσχύνης ἢ
βλάβης κοινῆς αἴτιον οὔθ᾽ ὁ Τύλλιος ὁ κατα-
στησάμενος τὸ ἔθος οὔθ᾽ οἱ παραδεξάμενοι καὶ
διαφυλάξαντες ᾤοντο, εἰ τοῖς ἀφαιρεθεῖσιν ἐν
πολέμῳ τήν τε πατρίδα καὶ τὴν ἐλευθερίαν χρη-
στοῖς γενομένοις περὶ τοὺς καταδουλωσαμένους ἢ
τοὺς παρὰ τούτων πριαμένους ἀμφότερα ταῦτα
4 παρὰ τῶν δεσποτῶν ὑπάρξει. ἐτύγχανον δὲ τῆς
ἐλευθερίας οἱ μὲν πλεῖστοι προῖκα διὰ καλοκἀγα-
θίαν· καὶ κράτιστος ἀπαλλαγῆς δεσποτῶν τρόπος
οὗτος ἦν· ὀλίγοι δέ τινες λύτρα κατατιθέντες ἐξ
ὁσίων καὶ δικαίων ἐργασιῶν συναχθέντα.

---

[1] πριάμενοι R : πριαμένοις AB, Jacoby.

to permit this custom to be introduced into the commonwealth, and to this day it continues to be observed by the Romans as one of their sacred and unalterable usages.

XXIV. Now that I have come to this part of my narrative, I think it necessary to give an account of the customs which at that time prevailed among the Romans with regard to slaves, in order that no one may accuse either the king who first undertook to make citizens of those who had been slaves, or the Romans who accepted the law, of recklessly abandoning their noble traditions. The Romans acquired their slaves by the most just means; for they either purchased them from the state at an auction[1] as part of the spoils, or the general permitted the soldiers to keep the prisoners they had taken together with the rest of the booty, or else they bought them of those who had obtained possession of them by these same means. So that neither Tullius, who established this custom, nor those who received and maintained it thought they were doing anything dishonourable or detrimental to the public interest, if those who had lost both their country and their liberty in war and had proved loyal to those who had enslaved them, or to those who had purchased them from these, had both those blessings restored to them by their masters. Most of these slaves obtained their liberty as a free gift because of meritorious conduct, and this was the best kind of discharge from their masters; but a few paid a ransom raised by lawful and honest labour.

---

[1] Literally, "sold under the spear." Dionysius here uses a Latinism (*sub hasta vendere*).

'Αλλ' οὐκ ἐν τοῖς καθ' ἡμᾶς χρόνοις οὕτω
ταῦτ' ἔχει, ἀλλ' εἰς τοσαύτην σύγχυσιν ἥκει τὰ
πράγματα καὶ τὰ καλὰ τῆς 'Ρωμαίων πόλεως
οὕτως ἄτιμα καὶ ῥυπαρὰ γέγονεν, ὥσθ' οἱ μὲν
ἀπὸ λῃστείας καὶ τοιχωρυχίας καὶ πορνείας καὶ
παντὸς ἄλλου πονηροῦ πόρου χρηματισάμενοι
τούτων ὠνοῦνται τῶν χρημάτων τὴν ἐλευθερίαν
5 καὶ εὐθύς εἰσι 'Ρωμαῖοι· οἱ δὲ συνίστορες καὶ
συνεργοὶ τοῖς δεσπόταις γενόμενοι φαρμακειῶν
καὶ ἀνδροφονιῶν καὶ τῶν εἰς θεοὺς ἢ τὸ κοινὸν
ἀδικημάτων ταύτας φέρονται παρ' αὐτῶν τὰς
χάριτας· οἱ δ' ἵνα τὸν δημοσίᾳ διδόμενον σῖτον
λαμβάνοντες κατὰ μῆνα καὶ εἴ τις ἄλλη παρὰ
τῶν ἡγουμένων γίγνοιτο τοῖς ἀπόροις τῶν πολι-
τῶν φιλανθρωπία φέρωσι τοῖς δεδωκόσι τὴν
ἐλευθερίαν· οἱ δὲ διὰ κουφότητα τῶν δεσποτῶν
6 καὶ κενὴν δοξοκοπίαν. ἔγωγ' οὖν ἐπίσταμαί
τινας ἅπασι τοῖς δούλοις συγκεχωρηκότας εἶναι
ἐλευθέροις μετὰ τὰς ἑαυτῶν τελευτάς, ἵνα χρη-
στοὶ καλῶνται νεκροὶ καὶ πολλοὶ ταῖς κλίναις
αὐτῶν ἐκκομιζομέναις παρακολουθῶσι τοὺς πίλους
ἔχοντες ἐπὶ ταῖς κεφαλαῖς· ἐν οἷς ἐπόμπευόν τινες,
ὡς ἦν παρὰ τῶν ἐπισταμένων ἀκούειν, ἐκ τῶν
δεσμωτηρίων ἐξεληλυθότες ἀρτίως κακοῦργοι
μυρίων ἄξια διαπεπραγμένοι θανάτων. εἰς τούτους
μέντοι τοὺς δυσεκκαθάρτους σπίλους[1] ἐκ τῆς
πόλεως ἀποβλέποντες οἱ πολλοὶ δυσχεραίνουσι

---

[1] Sylburg : πίλους O.

---

[1] The *pilleus* was a brimless (or almost brimless) cap,
generally of felt. In the form worn by all Romans at the

This, however, is not the case in our day, but things have come to such a state of confusion and the noble traditions of the Roman commonwealth have become so debased and sullied, that some who have made a fortune by robbery, housebreaking, prostitution and every other base means, purchase their freedom with the money so acquired and straightway are Romans. Others, who have been confidants and accomplices of their masters in poisonings, murders and in crimes against the gods or the state, receive from them this favour as their reward. Some are freed in order that, when they have received the monthly allowance of corn given by the public or some other largesse distributed by the men in power to the poor among the citizens, they may bring it to those who granted them their freedom. And others owe their freedom to the levity of their masters and to their vain thirst for popularity. I, at any rate, know of some who have allowed all their slaves to be freed after their death, in order that they might be called good men when they were dead and that many people might follow their biers wearing their liberty-caps;[1] indeed, some of those taking part in these processions, as one might have heard from those who knew, have been malefactors just out of jail, who had committed crimes deserving of a thousand deaths. Most people, nevertheless, as they look upon these stains[2] that can scarce be washed away from the city, are grieved and condemn the custom,

Saturnalia and by newly emancipated slaves it was nearly cylindrical.

[2] There is probably an intentional pun in the Greek between σπίλους ("stains") and πίλους ("caps") just above. A few lines later the historian substitutes another word (ῥύπους) for σπίλους.

καὶ προβέβληνται τὸ ἔθος, ὡς οὐ πρέπον ἡγε-
μονικῇ πόλει καὶ παντὸς ἄρχειν ἀξιούσῃ τόπου
τοιούτους ποιεῖσθαι πολίτας.

7 Ἔχοι δ' ἄν τις πολλὰ καὶ ἄλλα διαβαλεῖν ἔθη
καλῶς μὲν ὑπὸ τῶν ἀρχαίων ἐπινοηθέντα, κακῶς
δ' ὑπὸ τῶν νῦν ἐπιτριβόμενα. ἐγὼ δὲ τὸν
νόμον τοῦτον οὐκ οἴομαι δεῖν ἀναιρεῖν, μή τι
μεῖζον ἐκραγῇ τῷ κοινῷ δι' αὐτοῦ κακόν· ἐπαν-
ορθοῦσθαι μέντοι φημὶ δεῖν τὰ δυνατὰ καὶ μὴ
περιορᾶν ὀνείδη μεγάλα καὶ ῥύπους δυσεκ-
8 καθάρτους εἰς τὴν πολιτείαν εἰσαγομένους. καὶ
μάλιστα μὲν τοὺς τιμητὰς ἀξιώσαιμ' ἂν τούτου
τοῦ μέρους προνοεῖν· εἰ δὲ μή γε,[1] τοὺς ὑπάτους
(δεῖ γὰρ ἀρχῆς τινος μεγάλης), οἳ τοὺς καθ'
ἕκαστον ἐνιαυτὸν ἐλευθέρους γινομένους ἐξετάσουσι,
τίνες ὄντες καὶ διὰ τί καὶ πῶς ἠλευθερώθησαν,
ὥσπερ γε τοὺς τῶν ἱππέων καὶ τοὺς τῶν βουλευτῶν
βίους ἐξετάζουσιν· ἔπειθ' οὓς μὲν ἂν εὕρωσιν
ἀξίους τῆς πόλεως ὄντας, εἰς φυλὰς κατα-
γράψουσι καὶ μένειν ἐφήσουσι[2] ἐν τῇ πόλει, τὸ
δὲ μιαρὸν καὶ ἀκάθαρτον φῦλον ἐκβαλοῦσιν ἐκ τῆς
πόλεως, εὐπρεπὲς ὄνομα τῷ πράγματι τιθέντες,[3]
ἀποικίαν. ταῦτα μὲν οὖν τῆς ὑποθέσεως ἀπαιτού-
σης ἀναγκαῖόν τε καὶ δίκαιον ἔδοξεν εἶναί μοι
πρὸς τοὺς ἐπιτιμῶντας τοῖς Ῥωμαίων ἔθεσιν
εἰπεῖν.

XXV. Ὁ δὲ Τύλλιος οὐκ ἐν τούτοις μόνον
τοῖς πολιτεύμασι δημοτικὸς ὢν ἐδήλωσεν, ἐν
οἷς ἐδόκει τήν τε τῆς βουλῆς ἐξουσίαν καὶ τὴν
τῶν πατρικίων δυναστείαν ἐλαττοῦν, ἀλλὰ καὶ

---

[1] γε added by Kiessling.
[2] Kiessling : ἀφήσουσιν AB.

looking upon it as unseemly that a dominant city which aspires to rule the whole world should make such men citizens.

One might justly condemn many other customs also which were wisely devised by the ancients but are shamefully abused by the men of to-day. Yet, for my part, I do not believe that this law ought to be abolished, lest as a result some greater evil should break out to the detriment of the public; but I do say that it ought to be amended, as far as possible, and that great reproaches and disgraces hard to be wiped out should not be permitted entrance into the body politic. And I could wish that the censors, preferably, or, if that may not be, then the consuls, would take upon themselves the care of this matter, since it requires the control of some important magistracy, and that they would make inquiries about the persons who are freed each year—who they are and for what reason they have been freed and how—just as they inquire into the lives of the knights and senators; after which they should enroll in the tribes such of them as they find worthy to be citizens and allow them to remain in the city, but should expel from the city the foul and corrupt herd under the specious pretence of sending them out as a colony. These are the things, then, which, as the subject required it, I thought it both necessary and just to say to those who censure the customs of the Romans.

XXV. Tullius showed himself a friend to the people, not only in these measures by which he seemed to lessen the authority of the senate and the power of the

---

³ τιθέντες B: θέντες A.

DIONYSIUS OF HALICARNASSUS

ἐν οἷς τὴν βασιλικὴν ἀρχὴν ἐμείωσεν αὐτὸς ἑαυτοῦ
2 τὴν ἡμίσειαν τῆς ἐξουσίας ἀφελόμενος. τῶν
γὰρ πρὸ αὐτοῦ βασιλέων ἁπάσας ἀξιούντων ἐφ᾽
ἑαυτοὺς ἄγειν τὰς δίκας καὶ πάντα τὰ ἐγκλήματα
τά τ᾽ ἴδια καὶ τὰ κοινὰ πρὸς τὸν ἑαυτῶν τρόπον
δικαζόντων, ἐκεῖνος διελὼν ἀπὸ τῶν ἰδιωτικῶν
τὰ δημόσια, τῶν μὲν εἰς τὸ κοινὸν φερόντων
ἀδικημάτων αὐτὸς ἐποιεῖτο τὰς διαγνώσεις, τῶν
δ᾽ ἰδιωτικῶν ἰδιώτας ἔταξεν εἶναι δικαστάς, ὅρους
καὶ κανόνας αὐτοῖς τάξας οὓς αὐτὸς ἔγραψε νόμους.
3 Ἐπεὶ δ᾽ αὐτῷ τὰ ἐν τῇ πόλει πράγματα τὸν
κράτιστον εἰλήφει κόσμον, εἰς ἐπιθυμίαν ἦλθεν
ἐπιφανές τι διαπραξάμενος αἰώνιον ἑαυτοῦ μνήμην
τοῖς ἐπιγινομένοις καταλιπεῖν. ἐφιστὰς δὲ τὴν
διάνοιαν ἐπὶ τὰ τῶν ἀρχαίων βασιλέων τε καὶ
πολιτικῶν ἀνδρῶν μνημεῖα, ἐξ ὧν εἰς ὀνόματα καὶ
δόξας [1] προῆλθον, οὔτε τοῦ Βαβυλωνίου τείχους
ἐμακάρισε τὴν Ἀσσυρίαν ἐκείνην γυναῖκα οὔτε
τῶν ἐν Μέμφει πυραμίδων τοὺς Αἰγύπτου βασιλεῖς
οὔτ᾽ εἴ τις ἄλλη πλούτου καὶ πολυχειρίας ἐπίδειξις
ἦν ἀνδρὸς ἡγεμόνος, ἀλλὰ ταῦτα πάντα μικρὰ
καὶ ὀλιγοχρόνια καὶ οὐκ ἄξια σπουδῆς ἡγησά-
μενος ὄψεώς τ᾽ ἀπάτας, οὐκ ἀληθεῖς βίου [2] καὶ
πραγμάτων ὠφελείας, ἐξ ὧν μακαρισμοὶ τοῖς
κατασκευασαμένοις ἠκολούθουν μόνον,[3] ἐπαίνου
δὲ καὶ [4] ζήλου ἄξια τὰ τῆς γνώμης ἔργα ὑπολαβών,

[1] ὀνόματα καὶ δόξας O : ὄνομα καὶ δόξαν Steph.[2]
[2] οὐκ ἀληθεῖς βίου Reiske: οὐκ εἰς βίους O, οὐκ εἰς βίου Steph.[2]
[3] μόνον O : μόνοις Kiessling.
[4] ἐπαίνου δὲ καὶ Steph.: ἔπαινοι δὲ οὐ Ba, ἐπαίνου δὲ οὐ Bb,
ἐπαίνου δὲ οὐδὲ A; ἔπαινοι δὲ οὔ, ζήλου δὲ ἄξια Kiessling; ἐξ
ὧν μακαρισμοὶ μὲν (for μόνον) . . . ἠκολούθουν, ἔπαινοι δ᾽ οὔ
Cobet.

patricians, but also in those by which he diminished
the royal power, of half of which he deprived him-
self. For whereas the kings before him had thought
proper to have all causes brought before them and
had determined all suits both private and public as
they themselves thought fit, he, making a distinction
between public and private suits, took cognizance
himself of all crimes which affected the public, but
in private causes appointed private persons to be
judges, prescribing for them as norms and standards
the laws which he himself had established.

When [1] he had arranged affairs in the city in the
best manner, he conceived a desire to perpetuate
his memory with posterity by some illustrious
enterprise. And upon turning his attention to the
monuments both of ancient kings and statesmen by
which they had gained reputation and glory, he did
not envy either that Assyrian woman [2] for having
built the walls of Babylon, or the kings of Egypt for
having raised the pyramids at Memphis, or any other
prince for whatever monument he might have
erected as a display of his riches and of the multitude
of workmen at his command. On the contrary, he
regarded all these things as trivial and ephemeral
and unworthy of serious attention, mere beguile-
ments for the eyes, but no real aids to the conduct
of life or to the administration of public affairs, since
they led to nothing more than a reputation for
great felicity on the part of those who built them.
But the things that he regarded as worthy of praise
and emulation were the works of the mind, the

---

[1] For chap. 25, 3–26, 5 cf. Livy i. 45, 1–3.
[2] Semiramis.

ἧς [1] πλεῖστοί τ' ἀπολαύουσι καὶ ἐπὶ μήκιστον
χρόνον καρποῦνται τὰς ὠφελείας, πάντων μάλιστα
τῶν τοιούτων ἔργων τὴν 'Αμφικτύονος τοῦ
'Έλληνος ἐπίνοιαν ἠγάσθη, ὃς ἀσθενὲς ὁρῶν καὶ
ῥάδιον ὑπὸ τῶν περιοικούντων βαρβάρων ἐξαναλω-
θῆναι τὸ 'Ελληνικὸν γένος, εἰς τὴν ἐπ' ἐκείνου
κληθεῖσαν 'Αμφικτυονικὴν σύνοδον καὶ παν-
ήγυριν αὐτὸ συνήγαγε, νόμους καταστησάμενος
ἔξω τῶν ἰδίων, ὧν ἑκάστη πόλις εἶχε, τοὺς κοινοὺς
ἅπασιν, οὓς καλοῦσιν 'Αμφικτυονικούς, ἐξ ὧν
φίλοι μὲν ὄντες ἀλλήλοις διετέλουν καὶ τὸ συγγενὲς
φυλάττοντες μᾶλλον ἔργοις ἢ λόγοις, λυπηροὶ δὲ
4 τοῖς βαρβάροις καὶ φοβεροί. παρ' οὗ τὸ παρά-
δειγμα λαβόντες 'Ίωνές τε οἱ μεταθέμενοι τὴν
οἴκησιν ἐκ τῆς Εὐρώπης εἰς τὰ παραθαλάττια
τῆς Καρίας καὶ Δωριεῖς οἱ περὶ τοὺς αὐτοὺς
τόπους τὰς πόλεις ἱδρυσάμενοι ἱερὰ κατεσκεύασαν
ἀπὸ κοινῶν ἀναλωμάτων· 'Ίωνες μὲν ἐν 'Εφέσῳ
τὸ τῆς 'Αρτέμιδος, Δωριεῖς δ' ἐπὶ Τριοπίῳ τὸ
τοῦ 'Απόλλωνος· ἔνθα συνιόντες γυναιξὶν ὁμοῦ
καὶ τέκνοις κατὰ τοὺς ἀποδειχθέντας χρόνους
συνέθυόν τε καὶ συνεπανηγύριζον καὶ ἀγῶνας
ἐπετέλουν ἱππικοὺς καὶ γυμνικοὺς καὶ τῶν
περὶ μουσικὴν ἀκουσμάτων καὶ τοὺς θεοὺς
5 ἀναθήμασι κοινοῖς ἐδωροῦντο. θεωρήσαντες δὲ
καὶ πανηγυρίσαντες καὶ τὰς ἄλλας φιλοφροσύνας

[1] ἧς O : ὧν Reiske.

---

[1] The Greek words can mean either "the son of Hellen"
or "the Greek"; but the latter does not seem to be a very
natural way of describing him. Other writers regularly
regarded Amphictyon as the son of Deucalion and Pyrrha,
and thus the brother of Hellen. Spelman proposed to add

advantages from which are enjoyed by the greatest number of people and for the greatest length of time. And of all the achievements of this nature he admired most the plan of Amphictyon, the son of Hellen,[1] who, seeing the Greek nation weak and easy to be destroyed by the barbarians who surrounded them, brought them together in a general council and assemblage of the whole nation, named after him the Amphictyonic council; and then, apart from the particular laws by which each city was governed, established others common to them all, which they call the Amphictyonic laws, in consequence of which they lived in mutual friendship, and fulfilling the obligations of kinship by their actions rather than by their professions, continued troublesome and formidable neighbours to the barbarians. His example was followed by the Ionians who, leaving Europe, settled in the maritime parts of Caria, and also by the Dorians, who built their cities in the same region and erected temples at the common expense—the Ionians building the temple of Diana at Ephesus and the Dorians that of Apollo at Triopium—where they assembled with their wives and children at the appointed times, joined together in sacrificing and celebrating the festival, engaged in various contests, equestrian, gymnastic and musical, and made joint offerings to the gods. After they had witnessed the spectacles, celebrated the festival, and received the

the word ἀδελφοῦ ("brother") to the Greek text here. The ancients did not all accept this aetiological myth as the true explanation of the Amphictyons and the Amphictyonic League. Several of the later authors rightly recognized in ἀμφικτύονες a mere variant of ἀμφικτίονες ("those dwelling round about," "neighbours"), the equivalent of Homer's περικτίονες.

παρ᾽ ἀλλήλων ἀναλαβόντες, εἴ τι πρόσκρουσμα
πόλει [1] πρὸς πόλιν ἐγεγόνει, δικασταὶ καθ-
εζόμενοι διῇτων, καὶ περὶ τοῦ πρὸς τοὺς βαρβάρους
πολέμου καὶ περὶ τῆς πρὸς ἀλλήλους ὁμοφροσύνης
6 κοινὰς ἐποιοῦντο βουλάς. ταῦτα δὴ καὶ τὰ
ὅμοια τούτοις παραδείγματα λαβὼν προθυμίαν
ἔσχε καὶ αὐτὸς ἁπάσας τὰς μετεχούσας πόλεις
τοῦ Λατίνων γένους συστῆσαι καὶ συναγαγεῖν,
ἵνα μὴ στασιάζουσαι καὶ πολεμοῦσαι πρὸς ἀλλή-
λας ὑπὸ τῶν προσοικούντων βαρβάρων τὴν
ἐλευθερίαν ἀφαιρεθῶσι.

XXVI. Γνοὺς δὲ ταῦτα τοὺς κρατίστους
ἄνδρας ἐξ ἑκάστης πόλεως συνεκάλει περὶ μεγάλων
καὶ κοινῶν φήσας πραγμάτων συμβούλους αὐτοὺς
συγκαλεῖν. ἐπεὶ δὲ συνῆλθον, συναγαγὼν τήν
τε Ῥωμαίων βουλὴν καὶ τοὺς ἀπὸ τῶν πόλεων
ἥκοντας λόγον διεξῆλθε παρακλητικὸν ὁμονοίας,
διδάσκων ὡς καλὸν μὲν χρῆμα πολλαὶ πόλεις
μιᾷ γνώμῃ χρώμεναι, αἰσχρὰ δ᾽ ὄψις συγγενῶν
ἀλλήλαις διαφερομένων· αἴτιόν τ᾽ ἰσχύος μὲν
ταῖς ἀσθενέσιν ἀποφαίνων ὁμοφροσύνην, ταπεινό-
τητος δὲ καὶ ἀσθενείας καὶ ταῖς πάνυ ἰσχυ-
2 ραῖς ἀλληλοφθορίαν.[2] ταῦτα διεξελθὼν ἐδίδασκεν
αὐτοὺς ὡς χρὴ Λατίνους μὲν τῶν προσοίκων
ἄρχειν καὶ τὰ δίκαια τάττειν Ἕλληνας ὄντας
βαρβάροις· Ῥωμαίους δὲ τὴν ἁπάντων Λατίνων
ἔχειν προστασίαν μεγέθει τε πόλεως προὔχοντας
καὶ πραγμάτων ὄγκῳ καὶ τῇ προνοίᾳ τοῦ δαιμο-
νίου κρείττονι κεχρημένους ἐκείνων, δι᾽ ἣν εἰς

___
[1] πόλει added by Reiske.
[2] ἀλληλοφθορίαν Cobet : ἀλληλοφθονίαν O.

other evidences of goodwill from one another, if any
difference had arisen between one city and another,
arbiters sat in judgment and decided the controversy;
and they also consulted together concerning the
means both of carrying on the war against the bar-
barians and of maintaining their mutual concord.
These and the like examples inspired Tullius also
with a desire of bringing together and uniting all
the cities belonging to the Latin race, so that they
might not, as the result of engaging in strife at
home and in wars with one another, be deprived of
their liberty by the neighbouring barbarians.

XXVI. After he had taken this resolution he
called together the most important men of every
city, stating that he was summoning them to take
counsel with him about matters of great consequence
and of mutual concern. When they had assembled,
he caused the Roman senate and these men who
came from the cities to meet together, and made a
long speech exhorting them to concord, pointing
out what a fine thing it is when a number of states
agree together and what a disgraceful sight when
kinsmen are at variance, and declaring that con-
cord is a source of strength to weak states, while
mutual slaughter reduces and weakens even the
strongest. After this he went on to show them that
the Latins ought to have the command over their
neighbours and, being Greeks, ought to give laws to
barbarians, and that the Romans ought to have the
leadership of all the Latins, not only because they
excelled in the size of their city and the greatness
of their achievements, but also because they, more
than the others, had enjoyed the favour of divine
providence and in consequence had attained to so

355

3 τοσαύτην ἐπιφάνειαν προῆλθον. τοιαῦτα διεξελθὼν συνεβούλευεν αὐτοῖς ἱερὸν ἄσυλον ἀπὸ κοινῶν ἀναλωμάτων ἐν Ῥώμῃ κατασκευάσασθαι, ἐν ᾧ θύσουσί τε αἱ πόλεις συνερχόμεναι καθ᾽ ἕκαστον ἐνιαυτὸν ἰδίας τε καὶ κοινὰς θυσίας καὶ πανηγύρεις ἄξουσιν, ἐν οἷς ἂν ὁρίσωσι χρόνοις, καί, εἴ τι γένοιτο πρόσκρουσμα αὐταῖς πρὸς ἀλλήλας, κατὰ τῶν ἱερῶν[1] τοῦτο[2] διαλύσονται, ταῖς ἄλλαις πόλεσιν ἐπιτρέψαι τὰ ἐγκλήματα δια-
4 γνῶναι. διεξιὼν ταῦτά τε καὶ ὅσα ἄλλα ἕξουσιν ἀγαθὰ βουλευτήριον ἐγκαταστησάμενοι, πάντας ἔπεισε τοὺς ἐν τῷ συνεδρίῳ παρόντας· καὶ μετὰ τοῦτο κατεσκεύασεν ἐξ ὧν ἅπασαι συνήνεγκαν αἱ πόλεις χρημάτων τὸν τῆς Ἀρτέμιδος νεών, τὸν ἐπὶ τοῦ μεγίστου τῶν ἐν τῇ Ῥώμῃ λόφων ἱδρυμένον Ἀουεντίνου· καὶ τοὺς νόμους συνέγραψε ταῖς πόλεσι πρὸς ἀλλήλας καὶ τἆλλα τὰ περὶ τὴν ἑορτὴν καὶ πανήγυριν, ὃν ἐπιτελεσθήσεται τρόπον,
5 ἔταξεν. ἵνα δὲ μηδεὶς χρόνος αὐτοὺς ἀφανίσῃ, στήλην κατασκευάσας χαλκῆν ἔγραψεν ἐν ταύτῃ τά τε δόξαντα τοῖς συνέδροις καὶ τὰς μετεχούσας τῆς συνόδου πόλεις. αὕτη διέμεινεν ἡ στήλη μέχρι τῆς ἐμῆς ἡλικίας ἐν τῷ τῆς Ἀρτέμιδος ἱερῷ κειμένη γραμμάτων ἔχουσα χαρακτῆρας[3] οἷς τὸ παλαιὸν ἡ Ἑλλὰς ἐχρῆτο.[4] ὃ καὶ αὐτὸ ποιήσαιτ᾽ ἄν τις οὐ μικρὸν τεκμήριον τοῦ μὴ βαρβάρους εἶναι τοὺς οἰκίσαντας τὴν Ῥώμην· οὐ γὰρ ἂν Ἑλληνικοῖς ἐχρῶντο γράμμασιν ὄντες

---

[1] κατὰ τῶν ἱερῶν Naber : ἐκ τῶν ἱερῶν O, Jacoby, ἐκ τῶν κοινῶν Schaller, ἐκ τῶν ἴσων Kiessling.
[2] τοῦτο B : τούτων A, νόμων Reiske.
[3] Ἑλληνικῶν after χαρακτῆρας deleted by Kiessling.

great eminence. Having said this, he advised them
to build a temple of refuge at Rome at their joint
expense, to which the cities should repair every
year and offer up sacrifices both individually and
in common, and also celebrate festivals at such
times as they should appoint; and if any difference
should arise between these cities, they should
terminate it over the sacrifices, submitting their
complaints to the rest of the cities for decision.
By enlarging upon these and the many other
advantages they would reap from the appointment
of a general council, he prevailed on all who were
present at the session to give their consent. And
later, with the money contributed by all the cities,
he built the temple of Diana, which stands upon
the Aventine, the largest of all the hills in Rome;
and he drew up laws relating to the mutual rights
of the cities and prescribed the manner in which
everything else that concerned the festival and the
general assembly should be performed. And to the
end that no lapse of time should obliterate these
laws, he erected a bronze pillar upon which he
engraved both the decrees of the council and the
names of the cities which had taken part in it. This
pillar still existed down to my time in the temple
of Diana, with the inscription in the characters
that were anciently used in Greece.[1] This alone
would serve as no slight proof that the founders of
Rome were not barbarians; for if they had been,
they would not have used Greek characters. These

---

[1] The Romans got their alphabet from the Greeks (Chal-
cidians) who settled at Cumae and Neapolis.

---

[4] Cobet: ἐχρᾶτο O.

6 βάρβαροι. πολιτικαὶ μὲν δὴ πράξεις τοῦ βασι-
λέως τούτου σὺν ἄλλαις πολλαῖς ἐλάττοσί τε
καὶ ἀμαυροτέραις αἱ μέγισται καὶ λαμπρόταται
αὗται [1] μνημονεύονται, πολεμικαὶ δ᾽ αἱ [2] πρὸς
ἓν τὸ Τυρρηνῶν ἔθνος γενόμεναι, περὶ ὧν μέλλω
νῦν διεξιέναι.

XXVII. Μετὰ τὴν Ταρκυνίου τελευτὴν αἱ
παραδοῦσαι τὴν ἡγεμονίαν ἐκείνῳ πόλεις οὐκέτι
φυλάττειν ἐβούλοντο τὰς ὁμολογίας, Τυλλίῳ τ᾽
οὐκ ἀξιοῦσαι ταπεινῷ κατὰ γένος ὄντι ὑπακούειν
καὶ τὴν διαφορὰν τῶν πατρικίων τὴν πρὸς τὸν
ἡγεμόνα γενομένην μεγάλην σφίσιν ὠφέλειαν
2 παρέξειν νομίζουσαι. ἦρξαν [3] δὲ τῆς ἀποστά-
σεως οἱ καλούμενοι Οὐιεντανοὶ καὶ τοῖς ἐλθοῦσι
παρὰ τοῦ Τυλλίου πρεσβευταῖς ἀπεκρίναντο μηδε-
μίαν εἶναί σφισι πρὸς ἐκεῖνον μήθ᾽ ὑπὲρ ἡγεμο-
νίας παραχωρήσεως μήτε περὶ φιλίας καὶ
συμμαχίας συνθήκην. ἀρξάντων δὲ τούτων
Καιρητανοί τ᾽ ἠκολούθησαν καὶ Ταρκυνιῆται,
καὶ τελευτῶσα ἐν ὅπλοις ἦν ἅπασα ἡ Τυρρηνία.
3 οὗτος ὁ πόλεμος εἴκοσι διέμεινεν ἔτη συνεχῶς
πολεμούμενος εἰσβολάς τε πολλὰς ἀμφοτέρων
μεγάλοις στρατεύμασι ποιουμένων εἰς τὴν ἀλλή-
λων καὶ παρατάξεις ἄλλας ἐπ᾽ ἄλλαις συνιστα-
μένων. ἐν ἁπάσαις δὲ ταῖς μάχαις κατορθῶν ὁ
Τύλλιος, ὅσαι κατὰ πόλεις τε καὶ πρὸς ὅλον τὸ
ἔθνος αὐτῷ συνέστησαν, καὶ τρισὶν ἐπιφανεστά-
τοις κοσμηθεὶς θριάμβοις τελευτῶν ἠνάγκασε
τοὺς οὐκ ἀξιοῦντας ἄρχεσθαι τὸν χαλινὸν ἄκοντας [4]

---

[1] αὗται Bb : τοιαῦται ABa.
[2] αἱ B(?), Reiske : om. R.
[3] Cobet : ἦρξαντο O, Jacoby.

are the most important and most conspicuous administrative measures that are recorded of this king, besides many others of less note and certainty. His military operations were directed against one nation only, that of the Tyrrhenians; of these I shall now give an account.

XXVII. After[1] the death of Tarquinius those cities which had yielded the sovereignty to him refused to observe the terms of their treaties any longer, disdaining to submit to Tullius, since he was a man of lowly birth, and anticipating great advantages for themselves from the discord that had arisen between the patricians and their ruler. The people called the Veientes were the leaders of this revolt; and when Tullius sent ambassadors they replied that they had no treaty with him either concerning their yielding the sovereignty or concerning friendship and an alliance. These having set the example, the people of Caere and Tarquinii followed it, and at last all Tyrrhenia was in arms. This war lasted for twenty years without intermission, during which time both sides made many irruptions into one another's territories with great armies and fought one pitched battle after another. But Tullius, after being successful in all the battles in which he engaged, both against the several cities and against the whole nation, and after being honoured with three most splendid triumphs, at last forced those who refused to be ruled to accept the

[1] *Cf.* Livy i. 42, 2 f.

---

[4] ἄκοντας Hertlein : ἑκόντας O, Jacoby. Hertlein also retained ἑκόντας, but placed it after ἀξιοῦντας.

4 λαβεῖν. εἰκοστῷ δ' οὖν ἔτει συνελθοῦσαι πάλιν
αἱ δώδεκα πόλεις ἐξανηλωμέναι τῷ πολέμῳ τά
τε σώματα καὶ τὰ χρήματα γνώμην ἔσχον
παραδοῦναι Ῥωμαίοις τὴν ἡγεμονίαν ἐφ' οἷς
πρότερον ἐψηφίσαντο. καὶ παρῆσαν ἀπὸ πάσης
πόλεως οἱ προχειρισθέντες σὺν ἱκετηρίαις ἐπι-
τρέποντες Τυλλίῳ τὰς πόλεις καὶ μηδὲν ἀν-
5 ήκεστον βουλεῦσαι περὶ αὐτῶν ἀξιοῦντες. Τύλλιος
δὲ τῆς μὲν ἀφροσύνης ἕνεκα καὶ τῶν εἰς τοὺς
θεοὺς ἀσεβημάτων,[1] οὓς ἐγγυητὰς ποιησάμενοι
τῶν ὁμολογιῶν παρέβησαν τὰ συγκείμενα, πολ-
λῶν αὐτοὺς ἔφη τιμωριῶν ἀξίους εἶναι καὶ μεγά-
λων· τῆς δὲ Ῥωμαίων ἐπιεικείας καὶ μετριό-
τητος, ἐπειδὴ συγγνόντες ἀδικεῖν στέμμασι καὶ
λιτανείαις παρῃτοῦντο τὴν ὀργήν, οὐδὲν ἐν τῷ
6 παρόντι ἀτυχήσειν. ταῦτ' εἰπὼν καταλύεται τὸν
πρὸς αὐτοὺς πόλεμον, ταῖς μὲν ἄλλαις πόλεσιν
ἁπλῶς[2] καὶ δίχα ὀργῆς μνησικάκου πολιτεύ-
εσθαί τ' ἀποδοὺς ὡς πρότερον καὶ τὰ ἴδια καρ-
ποῦσθαι, μενούσαις ἐν ταῖς γραφείσαις πρὸς αὐτὰς
συνθήκαις ὑπὸ βασιλέως Ταρκυνίου· τρεῖς δ'
ἐξ αὐτῶν πόλεις, αἳ προεξανέστησάν τε καὶ τὰς
ἄλλας ἐπηγάγοντο[3] κατὰ Ῥωμαίων ἐξενεγ-
κεῖν τὸν πόλεμον, Καιρητανοὺς καὶ Ταρκυνιήτας
καὶ Οὐιεντανούς,[4] ἀφαιρέσει χώρας τιμωρησά-
μενος, ἣν κατεκληρούχησε Ῥωμαίων τοῖς νεωστὶ
προσεληλυθόσι πρὸς τὴν πολιτείαν.

---

[1] ἀσεβημάτων B : ἀθετημάτων R.
[2] ἁπ. λως B : ἁπόνως A.
[3] ἐπηγάγοντο AB : ὑπηγάγοντο R.
[4] Καιρητανοὺς καὶ Τ. καὶ Οὐιεντανούς Jacoby: καιριτανοὺς
καὶ οὐεντανοὺς καὶ ταρκυνίτας B, καιρητανῶν καὶ ταρκυνιτῶν
καὶ οὐεντανῶν R.

yoke [1] against their will. In the twentieth year, therefore, the twelve cities, having become exhausted by the war both in men and in money, again met together and decided to yield the sovereignty to the Romans upon the same terms as previously. And so the men chosen as envoys from each city arrived with the tokens of suppliants, and entrusting their cities to Tullius, begged of him not to adopt any extreme measures against them. Tullius told them that because of their folly and their impiety towards the gods whom they had made sponsors of their treaties, only to violate their agreements afterwards, they deserved many severe punishments; but that, since they acknowledged their fault and were come with the fillets of suppliants and with entreaties to deprecate the resentment they had merited, they should fail of none of the clemency and moderation of the Romans at this time. Having said this, he put an end to the war against them, and in the case of most of the cities, without imposing any conditions or harbouring any resentment for past injuries, he permitted them to retain the same government as before and also to enjoy their own possessions as long as they should abide by the treaties made with them by Tarquinius. But in the case of the three cities of Caere, Tarquinii and Veii, which had not only begun the revolt but had also induced the rest to make war upon the Romans, he punished them by seizing a part of their lands, which he portioned out among those who had lately been added to the body of Roman citizens.

---

[1] Literally "bridle" or "bit," a different metaphor but with essentially the same meaning.

7 Ταῦτα διαπραξάμενος ἐν εἰρήνῃ τε καὶ κατὰ πολέμους καὶ ναοὺς δύο κατασκευασάμενος Τύχης, ᾗ παρὰ πάντα τὸν βίον ἔδοξεν ἀγαθῇ κεχρῆσθαι, τὸν μὲν ἐν ἀγορᾷ τῇ καλουμένῃ Βοαρίᾳ, τὸν δ' ἕτερον ἐπὶ ταῖς ἠιόσι τοῦ Τεβέριος τῆς Τύχης [1] ἣν ἀνδρείαν προσηγόρευσεν, ὡς καὶ νῦν ὑπὸ Ῥωμαίων καλεῖται, ἡλικίας τε προβεβηκὼς ἐπὶ πολὺ καὶ τῆς κατὰ φύσιν τελευτῆς οὐ μακρὰν ἀπέχων, ἐπιβουλευθεὶς ὑπὸ Ταρκυνίου τε τοῦ γαμβροῦ καὶ τῆς ἑαυτοῦ θυγατρὸς ἀποθνήσκει. διηγήσομαι δὲ καὶ τῆς ἐπιβουλῆς τὸν τρόπον μικρὰ τῶν ἔμπροσθεν γενομένων ἀναλαβών.

XXVIII. Ἦσαν τῷ Τυλλίῳ δύο θυγατέρες ἐκ γυναικὸς γενόμεναι Ταρκυνίας, ἣν ἐνεγύησεν αὐτῷ βασιλεὺς Ταρκύνιος. ταύτας τὰς κόρας ἐπιγάμους [2] γενομένας ἐκδίδοται τοῖς ἀδελφιδοῖς τῆς μητρὸς αὐτῶν, υἱωνοῖς δὲ Ταρκυνίου, τῷ τε πρεσβυτέρῳ τὴν πρεσβυτέραν ἁρμόσας καὶ τῷ νεωτέρῳ τὴν νεωτέραν, οὕτως οἰόμενος αὐτὰς

2 μάλιστα συνοίσεσθαι τοῖς λαβοῦσιν. ἔτυχε δὲ τῶν γαμβρῶν ἑκάτερος ἐναντίᾳ συναφθεὶς τύχῃ [3] κατὰ τὴν οὐχ ὁμοτροπίαν· Λευκίῳ μὲν γὰρ τῷ πρεσβυτέρῳ τολμηρῷ καὶ αὐθάδει καὶ τυραννικῷ τὴν φύσιν ὄντι χρηστὴ καὶ σώφρων καὶ φιλοπάτωρ συνῆλθε γυνή, Ἄρροντι [4] δὲ τῷ νεωτέρῳ πολὺ τὸ πρᾷον ἔχοντι καὶ εὐλόγιστον ἀνοσία καὶ μισοπάτωρ καὶ πάντολμος ἦν ἡ

---

[1] τῆς Τύχης Capps: om. O, Jacoby.
[3] ἐπιγάμους R: ἐπάκμους B; ἐν ἀκμῇ γάμου (or γάμων) Kiessling.
[3] τύχῃ O: ψυχῇ Cobet.
[4] Cary: ἄρρουντι O (?), Jacoby.

Besides these achievements in both peace and war, he built two temples to Fortune, who seemed to have favoured him all his life, one in the market called the Cattle Market, the other on the banks of the Tiber to the Fortune which he named Fortuna Virilis,[1] as she is called by the Romans even to this day. And being now advanced in years and not far from a natural death, he was treacherously slain by Tarquinius, his son-in-law, and by his own daughter. I shall also relate the manner in which this treacherous deed was carried out; but first I must go back and mention a few things that preceded it.

XXVIII. Tullius[2] had two daughters by his wife Tarquinia, whom King Tarquinius had given to him in marriage. When these maidens were of marriageable age, he gave them to the nephews of their mother, who were also the grandsons of Tarquinius, joining the elder daughter to the elder nephew and the younger to the younger, since he thought they would thus live most harmoniously with their husbands. But it happened that each of his sons-in-law was joined by an adverse fate in the matter of dissimilarity of character. For the wife of Lucius, the elder of the two brothers, who was of a bold, arrogant and tyrannical nature, was a good woman, modest and fond of her father; on the other hand, the wife of Arruns, the younger brother, a man of great mildness and prudence, was a wicked woman who hated her father and was capable of any rash

---

[1] Dionysius is probably in error here; Varro (*L.L.* vi. 17) states that this temple on the banks of the Tiber was dedicated to Fors Fortuna.

[2] For chaps. 28–40 *cf.* Livy i. 42, 1 f.; 46–48.

3 γαμετή. συνέβαινε δὴ τῶν ἀνδρῶν ἑκατέρῳ
φέρεσθαι μὲν ἐπὶ τὴν ἑαυτοῦ φύσιν, μετάγεσθαι
δ᾽ ὑπὸ τῆς γυναικὸς ἐπὶ τἀναντία· ὁ μέν γε
πονηρὸς ἐκβαλεῖν τῆς βασιλείας τὸν κηδεστὴν
προθυμούμενος καὶ πάντα μηχανώμενος εἰς τοῦτο
ὑπὸ τῆς γυναικὸς μετεπείθετο ἀντιβολούσης τε
καὶ ὀδυρομένης· ὁ δ᾽ ἐπιεικὴς οὐδὲν οἰόμενος
δεῖν ἐξαμαρτάνειν εἰς τὸν πενθερόν, ἀλλὰ περι-
μένειν ἕως ἡ φύσις αὐτὸν ἐκ τοῦ ζῆν ἐξαγάγῃ,
καὶ τὸν ἀδελφὸν οὐκ ἐῶν πράττειν τὰ μὴ δίκαια,
ὑπὸ τῆς ἀνοσίας γυναικὸς ἐπὶ τἀναντία μετ-
ήγετο νουθετούσης τε καὶ λοιδορουμένης καὶ τὴν
4 ἀνανδρίαν κακιζούσης. ὡς δ᾽ οὐδὲν ἐπέραινον
οὔτε αἱ τῆς σώφρονος λιτανεῖαι τὰ κράτιστα τὸν
οὐ δίκαιον ἄνδρα πειθούσης, οὔτε αἱ τῆς μιαρᾶς
παραινέσεις ἐπὶ τὰς ἀνοσίους πράξεις τὸν οὐ
πονηρὸν εἶναι πεφυκότα παρακαλούσης, ἀλλ᾽
ἑκάτερος ἐπὶ τὴν ἑαυτοῦ φύσιν ἐφέρετο καὶ λυπη-
ρὰν ἡγεῖτο τὴν μὴ τὰ ὅμοια βουλομένην, τῇ
μὲν ὀδύρεσθαί τε καὶ φέρειν τὸν ἑαυτῆς δαίμονα
περιῆν, τῇ δὲ παντόλμῳ χαλεπαίνειν καὶ ἀπ-
5 αλλαγῆναι ζητεῖν ἀπὸ τοῦ συνοικοῦντος. ἔπειτα
ἡ κακὴ τὴν φύσιν ἀπονοηθεῖσα καὶ νομίσασα
τοῖς ἑαυτῆς τρόποις ἁρμόττειν μάλιστα τὸν τῆς
ἀδελφῆς ἄνδρα μεταπέμπεται τ᾽ αὐτὸν ὡς ὑπὲρ
ἀναγκαίου πράγματος διαλεξομένη.

XXIX. Καὶ ἐπειδὴ παρεγένετο, μεταστῆναι
κελεύσασα τοὺς ἔνδον, ἵνα μόνη διαλεχθείη πρὸς
μόνον, '' Ἆρ᾽,'' ἔφησεν, '' ὦ Ταρκύνιε, μετὰ
παρρησίας ἔξεστί μοι καὶ ἀκινδύνως ἅπαντα
εἰπεῖν ὅσα φρονῶ περὶ τῶν κοινῇ συμφερόντων,

action. Thus it chanced that each of the husbands tried to follow his own bent, but was drawn in the opposite direction by his wife. For when the wicked husband desired to drive his father-in-law from the throne and was devising every means to accomplish this, his wife by her prayers and tears endeavoured to prevail on him to desist. And when the good husband thought himself obliged to abstain from all attempts against the life of his father-in-law and to wait till he should end his days by the course of nature, and tried to prevent his brother from doing what was wrong, his wicked wife, by her remonstrances and reproaches and by reviling him with a want of spirit, sought to draw him in the opposite direction. But when nothing was accomplished by either the entreaties of the virtuous wife as she urged upon her unjust husband the best course, or by the exhortations of the wicked wife when she strove to incite to impious deeds the husband who was not by nature evil, but each husband followed his natural bent and thought his wife troublesome because her wishes differed from his own, nothing remained but for the first wife to lament and submit to her fate and for her audacious sister to rage and endeavour to rid herself of her husband. At last this wicked woman, grown desperate and believing her sister's husband to be most suitable to her own character, sent for him, as if she wanted to talk with him concerning a matter of urgent importance.

XXIX. And when he came, after first ordering those who were in the room to withdraw, that she might talk with him in private, she said: " May I, Tarquinius, speak freely and without risk all my thoughts concerning our common interests ? And

καὶ καθέξεις οὓς ἂν ἀκούσῃς λόγους; ἢ σιωπᾶν
ἄμεινόν ἐστί μοι καὶ μὴ φέρειν εἰς μέσον βουλὰς
2 ἀπορρήτους; " κελεύσαντος δὲ τοῦ Ταρκυνίου
λέγειν ὅ τι βούλεται, καὶ περὶ τοῦ καθέξειν ἐν
ἑαυτῷ τοὺς λόγους πίστεις ἐπιθέντος δι᾽ ὅρκων,
οὓς ἐκείνη προῃρεῖτο, οὐδὲν ἔτι αἰσχυνθεῖσα λέγει
πρὸς αὐτόν· " Μέχρι τίνος, ὦ Ταρκύνιε, τῆς
βασιλείας ἀποστερούμενος ἀνέχεσθαι διανοῇ; πότε-
ρον ἐκ ταπεινῶν καὶ ἀσήμων ἔφυς προγόνων καὶ
διὰ τοῦτο οὐκ ἀξιοῖς ἐπὶ σεαυτῷ μέγα φρονεῖν;
ἀλλὰ πάντες ἴσασιν ὅτι τοῖς μὲν ἀρχαίοις ὑμῶν
προγόνοις Ἕλλησιν οὖσι καὶ ἀφ᾽ Ἡρακλέους
γεγονόσι τῆς εὐδαίμονος ἄρξαι Κορίνθου τὴν
αὐτοκράτορα ὑπῆρξεν ἀρχὴν ἐπὶ πολλάς, ὡς
ἀκούω, γενεάς· τῷ δὲ πάππῳ σου Ταρκυνίῳ
μεταθεμένῳ τὴν οἴκησιν ἐκ Τυρρηνῶν ταύτης
βασιλεῦσαι τῆς πόλεως ἐξεγένετο δι᾽ ἀρετήν·
οὗ σὺ κληρονομεῖν οὐ μόνον τῶν χρημάτων,
ἀλλὰ καὶ τῆς βασιλείας ὀφείλεις πρεσβύτερος
3 υἱωνὸς ὤν. ἢ σώματος οὐκ ἔτυχες ἱκανοῦ πράτ-
τειν ὅσα βασιλεῖ προσῆκε, δι᾽ ἀσθένειάν τε καὶ
ἀμορφίαν; ἀλλὰ σοί γε καὶ ῥώμη πάρεστιν,
οἷα¹ τοῖς κράτιστα πεφυκόσι, καὶ μορφὴ τοῦ
βασιλείου γένους ἀξία. ἢ τούτων μὲν οὐδέτερον,
ἡ δ᾽ ἀσθενὴς ἔτι καὶ πολὺ ἀπέχουσα τοῦ φρονεῖν
τὰ προσήκοντα νεότης μεθέλκει σε, δι᾽ ἣν οὐκ
ἀξιοῖς τὰ πολιτικὰ πράττειν, ὃς οὐ πολλοῖς ἀποδεῖς
ἔτεσι² πεντηκονταέτης εἶναι; κράτιστα δ᾽ ἄνθρωποι
πεφύκασι φρονεῖν οἱ περὶ ταύτην μάλιστα γενό-

¹ οἷα B : ἱκανὴ οἷα R.
² πολλοῖς ἀποδεῖς ἔτεσι B : πολὺ ἀποδέῃ R.

will you keep to yourself what you shall hear? Or is it better for me to remain silent and not to communicate plans that require secrecy?" And when Tarquinius bade her say what she wished, and gave her assurances, by such oaths as she herself proposed, that he would keep everything to himself, Tullia, laying aside all shame from that moment, said to him: "How long, Tarquinius, do you intend to permit yourself to be deprived of the kingship? Are you descended from mean and obscure ancestors, that you refuse to entertain high thoughts of yourself? But everyone knows that your early ancestors, who were Greeks and descended from Hercules, exercised the sovereign power in the flourishing city of Corinth for many generations, as I am informed, and that your grandfather, Tarquinius, after removing from Tyrrhenia, was able by his merits to become king of this state; and not only his possessions, but his kingdom as well, ought to descend to you who are the elder of his grandsons. Or have you been given a body incapable of performing the duties of a king because of some weakness and deformity? But surely you are endowed both with strength equal to those most highly favoured by Nature and with a presence worthy of your royal birth. Or is it neither of these, but your youth, as yet weak and far from being capable of forming sound judgments, that holds you back and causes you to decline the government of the state—you who want not many years of being fifty? Yet at about this age a man's judgment is naturally at its best.[1]

---

[1] Cf. Solon 27 Edmonds (L.C.L.), l. 13: ἑπτὰ δὲ νοῦν καὶ γλῶσσαν ἐν ἑβδομάσιν μέγ' ἄριστος ὀκτώ τ'.—"in seven sevens and in eight he is at his best in mind and tongue."

4 μενοι τὴν ἡλικίαν. φέρε,[1] ἀλλ᾽ ἡ τοῦ κατ-
έχοντος τὰ πράγματα εὐγένεια καὶ ἡ πρὸς τοὺς
κρατίστους τῶν πολιτῶν ἐπιτηδειότης, δι᾽ ἣν οὐκ
εὐεπιχείρητός ἐστιν, ἀνέχεσθαί σε ἀναγκάζει;
ἀλλὰ καὶ ταῦτα ἀμφότερα κακῶς[2] ἔχοντα αὐτῷ
τυγχάνει καὶ οὐδὲ αὐτὸς αὐτά γε ἀγνοεῖ.[3] καὶ
μὴν ἥ γε τόλμα καὶ τὸ φιλοκίνδυνον ἔνεστί σου
τοῖς τρόποις, ὧν μάλιστα τῷ βασιλεύειν μέλ-
λοντι δεῖ. ὑπάρχει δέ σοι καὶ πλοῦτος ἱκανὸς
καὶ φίλοι πολλοὶ καὶ ἄλλαι πρὸς τὰ πράγματα
5 ἀφορμαὶ πολλαὶ καὶ μεγάλαι. τί οὖν ἔτι μέλλεις
καὶ τὸν αὐτόματον ἐκδέχῃ καιρόν, ὃς ἥξει σοι
φέρων τὴν βασιλείαν μηδὲν εἰς τοῦτο πραγμα-
τευσαμένῳ, μετὰ τὴν τοῦ Τυλλίου δήπου τελευ-
τήν; ὥσπερ ἀναμενούσης τῆς τύχης τὰς ἀνθρω-
πίνας μελλήσεις, ἢ τῆς φύσεως ἡμῶν τὰς καθ᾽
ἡλικίαν ἑκάστῳ τελευτὰς φερούσης, ἀλλ᾽ οὐκ
ἐν ἀδήλῳ καὶ δυστεκμάρτῳ τέλει πάντων τῶν
6 ἀνθρωπίνων πραγμάτων κειμένων. ἐρῶ δὴ μετὰ
παρρησίας, καὶ εἴ με φήσεις θρασεῖαν, τὸ
δοκοῦν αἴτιον εἶναί μοι τοῦ μηδεμιᾶς ὀρέγεσθαί
σε μήτε φιλοτιμίας μήτε δόξης. γυνή σοι
σύνεστι μηδὲν ἐοικυῖα τοῖς σοῖς τρόποις, ἥ σε
κηλοῦσα καὶ καταδοῦσα μαλθακὸν ἀποδέδωκε,
καὶ λήσεις ὑπ᾽ αὐτῆς γενόμενος ἐξ ἀνδρὸς τὸ
μηδέν· ὥσπερ γε κἀμοὶ ψοφοδεὴς καὶ οὐδὲν
ἔχων ἀνδρὸς ἀνήρ, ὅς με ταπεινὴν ποιεῖ μεγάλων
οὖσαν ἀξίαν καὶ καλὴν τὸ σῶμα, μαρανθεῖσαν
7 δ᾽ ὑπ᾽ αὐτοῦ. εἰ δ᾽ ἐξεγένετό σοί τε λαβεῖν
ἐμὲ γυναῖκα κἀμοὶ[4] σοῦ τυχεῖν ἀνδρός, οὐκ ἂν

---

[1] φέρε B : om. R.   [2] κακῶς Bb : καλῶς ABa.
[3] ἀγνοεῖ ABa : ἀγνοεῖς Bb.

Well, then, is it the high birth of the man who is now in control of affairs and his popularity with the best citizens—which makes him difficult to attack—that forces you to submit? But in both these respects too he happens to be unfortunate, as not even he himself is unaware. Moreover, boldness and willingness to undergo danger are inherent in your character, qualities most necessary to one who is going to reign. You have sufficient wealth also, numerous friends, and many other important qualifications for public life. Why, then, do you still hesitate and wait for an occasion to be provided by chance, an occasion that will come bringing to you the kingship without your having made any effort to obtain it? And that, I presume, will be after the death of Tullius! As if Fate waited on men's delays or Nature dispensed death to each man according to his age, and the outcome of all human affairs were not, on the contrary, obscure and difficult to be foreseen! But I will declare frankly, even though you may call me bold for it, what seems to me to be the reason why you reach out for no coveted honour or for glory. You have a wife whose disposition is in no respect like your own and who by her allurements and enchantments has softened you; and by her you will insensibly be transformed from a man into a nonentity. Just so have I a husband who is timorous and has nothing of a man in him, who makes me humble though I am worthy of great things, and though I am fair of body, yet because of him I have withered away. But if it had been possible for you to take me as your wife and for me to get you as my

----

⁴ κἀμοὶ Sylburg : κἀμὲ O, Jacoby.

DIONYSIUS OF HALICARNASSUS

ἐν ἰδιώτῃ βίῳ τοσοῦτον διεζήσαμεν χρόνον.[1] τί οὖν οὐκ ἐπανορθούμεθα τὸ τῆς τύχης ἐλάττωμα ἡμεῖς μεταθέμενοι τοὺς γάμους, καὶ σὺ μὲν ἀπαλλάττεις τοῦ βίου τὴν σαυτοῦ γυναῖκα, ἐγὼ δὲ τὸ αὐτὸ διαθήσω[2] τὸν ἐμὸν ἄνδρα; ὅταν δὲ τούτων διαχειρισθέντων συνέλθωμεν εἰς τὸ αὐτό, ἀσφαλῶς ἤδη τὰ λοιπὰ βουλεύσομεν, ἐκποδὼν πεποιημένοι τὰ λυποῦντα ἡμᾶς. καὶ γὰρ ἐὰν τἆλλα τις ἀδικεῖν ὀκνῇ, βασιλείας γε χάριν οὐ νέμεσις ἅπαντα τολμᾶν."

XXX. Τοιαῦτα τῆς Τυλλίας λεγούσης ἄσμενος δέχεται τὰς αἱρέσεις ὁ Ταρκύνιος, καὶ αὐτίκα δοὺς αὐτῇ πίστεις καὶ λαβών, τὰ προτέλεια τῶν ἀνοσίων γάμων διαπραξάμενος ἀπέρχεται. δι- ελθόντος δ' οὐ πολλοῦ μετὰ ταῦτα χρόνου τοῖς αὐτοῖς πάθεσιν ἀποθνήσκουσιν ἥ τε πρεσβυτέρα τῶν Τυλλίου θυγατέρων καὶ ὁ νεώτερος τῶν Ταρκυνίων.

2 Ἐνταῦθα πάλιν ἀναγκάζομαι μεμνῆσθαι Φαβίου καὶ τὸ ῥάθυμον αὐτοῦ περὶ τὴν ἐξέτασιν τῶν χρόνων ἐλέγχειν. ἐπὶ γὰρ τῆς Ἄρροντος[3] τελευ- τῆς γενόμενος οὐ καθ' ἓν ἁμαρτάνει μόνον, ὃ καὶ πρότερον ἔφην, ὅτι γέγραφεν υἱὸν εἶναι Ταρ- κυνίου τὸν Ἄρροντα, ἀλλὰ καὶ καθ' ἕτερον, ὅτι φησὶν ἀποθανόντα ὑπὸ τῆς μητρὸς Τανακυλλίδος τεθάφθαι, ἣν ἀμήχανον ἦν ἔτι καὶ κατ' ἐκείνους 3 περιεῖναι τοὺς χρόνους. ἐδείχθη γὰρ ἐν ἀρχαῖς ἑβδομηκοστὸν ἔχουσα καὶ πέμπτον ἔτος ἡ Τανα- κυλλὶς ὅτε βασιλεὺς Ταρκύνιος ἐτελεύτα· προσ-

---

[1] χρόνον A : βίον B.
[2] διαθήσω Reiske : διαθήσομαι O, Jacoby.
[3] Cary : ἀρρόντος B, ἀρροῦντος A, Jacoby (and similarly twice below).

husband, we had not lived so long in a private station. Why, therefore, do we not ourselves correct this error of fate by exchanging our marital ties, you removing your wife from life and I making the same disposition of my husband? And when we have put them out of the way and are joined together, we will then consider in security what remains to be done, having rid ourselves of what now causes our distress. For though one may hesitate to commit all the other crimes, yet for the sake of a throne one cannot be blamed for daring anything." [1]

XXX. Such were Tullia's words, and Tarquinius, gladly agreeing to the course she proposed, immediately exchanged pledges with her, and then, after celebrating the rites preliminary to their unholy nuptials, he departed. Not long after this the elder daughter of Tullius and the younger Tarquinius died the same kind of death.

Here again, I find myself obliged to make mention of Fabius and to show him guilty of negligence in his investigation of the chronology of events. For when he comes to the death of Arruns he commits not only one error, as I said before,[2] in stating that he was the son of Tarquinius, but also another in saying that after his death he was buried by his mother Tanaquil, who could not possibly have been alive at that time. For it was shown in the beginning that when Tarquinius died Tanaquil was seventy-five years of age;

---

[1] *Cf.* Euripides, *Phoen.* 524 f.; εἴπερ γὰρ ἀδικεῖν χρή, τυραννίδος πέρι κάλλιστον ἀδικεῖν, τἄλλα δ' εὐσεβεῖν χρεών—" If wrong e'er be right, for a throne's sake Were wrong most right:— be God in all else feared."—Way in L.C.L. These lines, according to Cicero (*de Off.*, iii. 21), were often quoted by Caesar.

[2] In chap. 6.

τεθέντων δὴ τοῖς ἑβδομήκοντα καὶ πέντε ἔτεσιν
ἑτέρων τετταράκοντα ἐτῶν (ἐν γὰρ ταῖς ἐνιαυσίοις
ἀναγραφαῖς κατὰ τὸν τετταρακοστὸν ἐνιαυτὸν
τῆς Τυλλίου ἀρχῆς τὸν Ἄρροντα τετελευτη-
κότα παρειλήφαμεν), ἐτῶν ἡ Τανακυλλὶς ἔσται
πεντεκαίδεκα πρὸς τοῖς ἑκατόν. οὕτως ὀλίγον
ἐστὶν ἐν ταῖς ἱστορίαις αὐτοῦ τὸ περὶ τὴν ἐξ-
έτασιν τῆς ἀληθείας ταλαίπωρον.[1]

4 Μετὰ τοῦτο τὸ ἔργον οὐδὲ ἔτι διαμελλήσας
ὁ Ταρκύνιος ἐπάγεται[2] γυναῖκα τὴν Τυλλίαν,
οὔτε τοῦ πατρὸς αὐτῆς βεβαιοῦντος τὸν γάμον
οὔτε τῆς μητρὸς συνευδοκούσης, ἀλλ' αὐτὴν παρ'
5 ἑαυτῆς λαβών. ὡς δὲ συνεκεράσθησαν αἱ[3] ἀνό-
σιοι καὶ ἀνδροφόνοι φύσεις, ἐκβαλεῖν ἐκ τῆς
βασιλείας τὸν Τύλλιον, εἰ μὴ βούλοιτο ἑκὼν
παραδοῦναι τὴν ἀρχήν, ἐμηχανῶντο ἑταιρίας τε
συνάγοντες καὶ τῶν πατρικίων τοὺς ἀλλοτρίως
ἔχοντας πρὸς τὸν βασιλέα καὶ τὰ δημοτικὰ
πολιτεύματα παρακαλοῦντες, ἔκ τε τοῦ δημοτι-
κοῦ πλήθους τοὺς ἀπορωτάτους, οἷς οὐδενὸς
τῶν δικαίων φροντὶς ἦν, χρήμασιν ἐξωνούμενοι,
καὶ οὐδὲ ἀφανῶς ἕκαστα τούτων πράττοντες.
6 ταῦτα δ' ὁρῶν ὁ Τύλλιος ἤχθετο μὲν καὶ περὶ
ἑαυτοῦ δεδιώς, εἴ τι πείσεται προκαταληφθείς·
ἠγανάκτει δ' οὐχ ἥκιστα εἰ θυγατρὶ καὶ γαμβρῷ
πολεμεῖν ἀναγκασθήσεται καὶ τιμωρίας ὡς παρ'
ἐχθρῶν λαμβάνειν, πολλάκις μετὰ τῶν φίλων
προκαλούμενος εἰς λόγους τὸν Ταρκύνιον, καὶ
τὰ μὲν ἐγκαλῶν, τὰ δὲ νουθετῶν, τὰ δὲ πείθων
μηδὲν εἰς ἑαυτὸν ἐξαμαρτάνειν. ὡς δ' οὐ προσ-

---

[1] ὀλίγον . . . ταλαίπωρον B: ὀλίγον . . . ἀταλαίπωρον A,
συχνὸν . . . ἀταλαίπωρον Naber.

and if to the seventy-five years forty more are
added (for we find in the annals that Arruns died in
the fortieth year of the reign of Tullius), Tanaquil
must have been one hundred and fifteen years old.
So little evidence of a laborious inquiry after truth
do we find in that author's history.

After this deed of theirs Tarquinius married Tullia
without any further delay, though the marriage had
neither the sanction of her father nor the approval of
her mother, but he took her of her own gift. As soon
as these impious and bloodthirsty natures were com-
mingled they began plotting to drive Tullius from the
throne if he would not willingly resign his power.
They got together bands of their adherents, appealed
to such of the patricians as were ill-disposed towards
the king and his popular institutions, and bribed
the poorest among the plebeians who had no regard
for justice ; and all this they did without any secrecy.
Tullius, seeing what was afoot, was not only disturbed
because of his fears for his own safety, if he should be
caught unprepared and come to some harm, but was
especially grieved at the thought that he should be
forced to take up arms against his own daughter and
his son-in-law and to punish them as enemies. Ac-
cordingly, he repeatedly invited Tarquinius and his
friends to confer with him, and sought, now by
reproaches, now by admonitions, and again by
arguments, to prevent him from doing him any wrong.

---

[2] Reiske : ἀπάγεται O, ἄγεται Cobet.
[3] αἱ added by Kiessling.

εἶχεν αὐτῷ τὴν διάνοιαν, ἀλλ' ἐπὶ τῆς βουλῆς
ἔφη τὰ δίκαια πρὸς αὐτὸν ἐρεῖν, συγκαλέσας τὸ
7 συνέδριον· '' Ἄνδρες,'' ἔφη, '' βουλευταί, Ταρκύ-
νιος ἑταιρίας ἐπ' ἐμὲ συνάγων [1] καὶ προθυμού-
μενος ἐκβαλεῖν με τῆς ἀρχῆς καταφανὴς γέγονέ
μοι. βούλομαι δὲ πάντων ὑμῶν παρόντων μαθεῖν
παρ' αὐτοῦ, τί πεπονθὼς ἰδίᾳ κακὸν ἢ τί τὴν
πόλιν ὁρῶν ἀδικουμένην ὑπ' ἐμοῦ ταῦτ' ἐπ'
ἐμοὶ μηχανᾶται. ἀπόκριναι δή, Ταρκύνιε, μηδὲν
ἀποκρυψάμενος, τί μου κατηγορεῖν ἔχεις, ἐπειδὴ
τούτους ἠξίους ἀκοῦσαι.''

XXXI. Λέγει πρὸς αὐτὸν ὁ Ταρκύνιος· '' Βρα-
χύς ἐστιν ὁ παρ' ἐμοῦ λόγος, ὦ Τύλλιε, καὶ
δίκαιος· καὶ διὰ τοῦτο προειλόμην αὐτὸν εἰς
τούτους ἐκφέρειν. Ταρκύνιος ἐμὸς ὢν πάππος
ἐκτήσατο τὴν Ῥωμαίων ἀρχὴν πολλοὺς καὶ
μεγάλους ἀγῶνας ὑπὲρ αὐτῆς ἀράμενος· ἐκείνου
τελευτήσαντος ἐγὼ διάδοχός εἰμι κατὰ τοὺς
κοινοὺς ἁπάντων Ἑλλήνων τε καὶ βαρβάρων
νόμους· καὶ προσήκει μοι, καθάπερ καὶ τοῖς
ἄλλοις τοῖς διαδεχομένοις τὰ παππῷα, μὴ μόνον
τῶν χρημάτων, ἀλλὰ καὶ τῆς βασιλείας αὐτοῦ
2 κληρονομεῖν. σὺ δὲ τὰ μὲν χρήματα τὰ κατα-
λειφθέντα ὑπ' αὐτοῦ παραδέδωκάς μοι, τὴν δὲ
βασιλείαν ἀποστερεῖς με καὶ τοσοῦτον ἤδη
κατέχεις χρόνον, οὐκ ἐκ τοῦ δικαίου λαβών·
οὔτε γὰρ μεσοβασιλεῖς σε ἀπέδειξαν, οὔτε ἡ [2]
βουλὴ ψῆφον ὑπὲρ σοῦ διήνεγκεν, οὔτε ἀρχαιρεσίαις
νομίμοις τῆς ἐξουσίας ταύτης ἔτυχες, ὡς ὁ πάππος
τε οὑμὸς καὶ πάντες οἱ πρὸ αὐτοῦ γενόμενοι

---

[1] Bücheler : συναγαγὼν O.
[2] ἡ added by Reiske.

When Tarquinius gave no heed to what he said but declared he would plead his cause before the senate, Tullius called the senators together and said to them: "Senators,[1] it has become clear to me that Tarquinius is gathering bands of conspirators against me and is anxious to drive me from power. I desire to learn from him, therefore, in the presence of you all, what wrong he has personally received from me or what injury he has seen the commonwealth suffer at my hands, that he should be forming these plots against me. Answer me, then, Tarquinius, concealing nothing, and say what you have to accuse me of, since you have asked that these men should hear you."

XXXI. Tarquinius answered him: " My argument, Tullius, is brief and founded on justice, and for that reason I have chosen to lay it before these men. Tarquinius, my grandfather, obtained the sovereignty of the Romans after fighting many hard battles in its defence. He being dead, I am his successor according to the laws common to all men, both Greeks and barbarians, and it is my right, just as it is of any others who succeed to the estates of their grandfathers, to inherit not only his property but his kingship as well. You have, it is true, delivered up to me the property that he left, but you are depriving me of the kingship and have retained possession of it for so long a time now, though you obtained it wrongfully. For neither did any *interreges* appoint you king nor did the senate pass a vote in your favour, nor did you obtain this power by a legal election of the people, as my grandfather and all the kings before him obtained it;

---

[1] Dionysius usually makes no attempt to render literally the Latin mode of address—*patres* or *patres conscripti*.

βασιλεῖς· ἀλλὰ τὸ ἀνέστιον καὶ ἄπορον καὶ πρὸς
καταδίκας ἢ χρέα τὴν ἐπιτιμίαν ἀπολωλεκὸς
φῦλον, ᾧ τῶν κοινῶν οὐδενὸς ἔμελε, κατα-
μισθοδοτήσας καὶ πάντα τρόπον διαφθείρας, καὶ
οὐδὲ τότε μέντοι σαυτῷ πράττειν τὴν δυναστείαν
λέγων, ἀλλ᾽ ἡμῖν φυλάξειν σκηπτόμενος ὀρφανοῖς
οὖσι καὶ νηπίοις, ἐπὶ τὰ πράγματα παρῆλθες καὶ
πάντων ἀκουόντων ὡμολόγεις, ὅταν ἀνδρωθῶμεν
ἡμεῖς, ἐμοὶ παραδώσειν ὄντι πρεσβυτέρῳ τὴν
3 ἀρχήν. ἐχρῆν μὲν οὖν σε, εἰ τὰ δίκαια ποιεῖν
ἤθελες, ὅτε μοι τὸν οἶκον τοῦ πάππου παρεδίδους,
ἅμα τοῖς χρήμασι καὶ τὴν βασιλείαν ἀποδεδωκέναι,
παραδείγμασι χρώμενον τοῖς τῶν καλῶν καὶ ἀγαθῶν
ἐπιτρόπων ἔργοις, ὅσοι βασιλικοὺς παῖδας ὀρφα-
νοὺς πατέρων παραλαβόντες εἰς ἄνδρας ἐλθοῦσιν
ὀρθῶς καὶ δικαίως τὰς πατρῴας καὶ προγονι-
4 κὰς ἀπέδωκαν ἀρχάς· εἰ δὲ μήπω σοι φρονεῖν
τὰ καθήκοντα ἐφαινόμην, ἀλλ᾽ ἔτι διὰ τὸ νέον
τῆς ἡλικίας οὐχ ἱκανὸς εἶναι πόλιν τηλικαύτην
διοικεῖν, ὅτ᾽ εἰς τὴν κρατίστην παρεγενόμην τοῦ
σώματος καὶ τῆς φρονήσεως ἀκμὴν τριάκοντα
γεγονὼς ἔτη, μετὰ τοῦ γάμου τῆς θυγατρὸς [1]
καὶ τὰ τῆς πόλεως ἐγχειρίσαι πράγματα· ταύτην
γέ τοι τὴν ἡλικίαν ἔχων καὶ σὺ τόν τ᾽ οἶκον τὸν
ἡμέτερον ἐπιτροπεύειν ἤρξω καὶ τῆς βασιλείας
ἐπιμελεῖσθαι.

XXXII. " Περιῆν γὰρ ἄν σοι ταῦτα πράξαντι
πρῶτον μὲν εὐσεβεῖ καὶ δικαίῳ λέγεσθαι, ἔπειτα
συμβασιλεύειν ἐμοὶ καὶ πάσης μετέχειν τιμῆς,
εὐεργέτην τε καὶ πατέρα καὶ σωτῆρα καὶ πάντα
ὅσα τιμιώτατα ὀνόματα ὑπ᾽ ἀνθρώπων ἐπὶ καλοῖς

---

[1] θυγατρὸς B : θυγατρὸς ἔδει R.

but by bribing and corrupting in every way possible the crowd of vagabonds and paupers, who had been disfranchised for convictions or for debts and had no concern for the public interests, and by not admitting even then that you were seeking the power for yourself, but pretending that you were going to guard it for us who were orphans and infants, you came into control of affairs and kept promising in the hearing of all that when we came to manhood you would hand over the sovereignty to me as the elder brother. You ought, therefore, if you desired to do right, when you handed over to me the estate of my grandfather, to have delivered up his kingship also together with his property, following the example of all the upright guardians who, having taken upon themselves the care of royal children bereft of their parents, have rightly and justly restored to them the kingdoms of their fathers and ancestors when they came to be men. But if you thought I had not yet attained a proper degree of prudence and that by reason of my youth I was still unequal to the government of so great a state, yet when I attained to my full vigour of body and mind at the age of thirty, you ought, at the same time that you gave me your daughter in marriage, to have put also the affairs of the state into my hands; for it was at that very age that you yourself first undertook both the guardianship of our family and the oversight of the kingship.

XXXII. "If you had done this you would, in the first place, have gained the reputation of a loyal and just man, and again, you would have reigned with me and shared in every honour; and you would have been called my benefactor, my father, my preserver, and all the other laudatory names that

κεῖται πράγμασιν, ἀκούειν, καὶ μὴ τέταρτον
ἤδη τοῦτο καὶ τετταρακοστὸν ἔτος ἀποστερεῖν με
τῶν ἐμῶν, οὔτε σώματος ἀναπήρου τυχόντα οὔτε
διανοίας ἠλιθίου. ἔπειτ᾿ ἐρωτᾶν με τολμᾷς τί
παθὼν δεινὸν ἐχθρὸν ἡγοῦμαί σε καὶ διὰ τί
2 σου κατηγορῶ; σὺ μὲν οὖν ἀπόκριναί μοι, Τύλλιε,
τίνος αἰτίας χάριν οὐκ ἀξιοῖς με τῶν τοῦ πάππου
τιμῶν κληρονομεῖν καὶ τίνα πρόφασιν εὐπρεπῆ
τῆς ἀποστερήσεως σκηπτόμενος; πότερον οὐχ
ἡγούμενος ἐξ ἐκείνου γένους εἶναί με γνήσιον,
ἀλλ᾿ ὑποβολιμαῖόν τινα καὶ νόθον; τί οὖν ἐπετρό-
πευες τὸν ἀλλότριον τοῦ γένους καὶ τὸν οἶκον
ἀνδρωθέντι ἀπεδίδους; ἀλλ᾿ ἔτι νομίζων με
ὀρφανὸν εἶναι παῖδα καὶ τὰ κοινὰ πράττειν ἀδύ-
νατον, ὃς οὐ πολὺ ἀπέχω πεντηκονταετίας;
κατάβαλε δὴ [1] τὴν εἰρωνείαν τῶν ἀναισχύντων
ἐρωτημάτων καὶ παῦσαί ποτε ἤδη πονηρὸς ὤν·
3 εἰ δέ τι [2] δίκαιον ἔχεις πρὸς ταῦτα εἰπεῖν, ἕτοιμός
εἰμι τούτοις ἐπιτρέπειν δικασταῖς, ὧν οὐκ ἂν
ἔχοις ἑτέρους εἰπεῖν ἄνδρας ἐν τῇ πόλει κρείττους·
ἐὰν δ᾿ ἐντεῦθεν ἀποδιδράσκων, ὅπερ ἐστὶν ἀεί
σοι ποιεῖν σύνηθες, ἐπὶ τὸν ἐκδημαγωγούμενον
ὑπὸ σοῦ καταφεύγῃς ὄχλον, οὐκ ἐπιτρέψω σοι·
παρεσκεύασμαι γὰρ ὡς καὶ τὰ δίκαια ἐρῶν καὶ
εἰ μὴ πείθοιο τὰ βίαια πράξων."

XXXIII. Παυσαμένου δ᾿ αὐτοῦ παραλαβὼν
τὸν λόγον ὁ Τύλλιος ἔλεξεν ὧδε· "Ἅπαντα μέν,
ὡς ἔοικεν, ἄνθρωπον ὄντα δεῖ προσδοκᾶν, ὦ
βουλή, τὰ παράδοξα [3] καὶ μηδὲν ἡγεῖσθαι ἄπιστον,

---

[1] δὴ Kiessling : δὲ O, ἤδη Cobet (omitting ἤδη just below),
om. Jacoby.
[2] εἰ δέ τι Kiessling : καὶ εἴ τι A, εἰ δή τι B.

men bestow in recognition of noble actions, instead of depriving me for all these forty-four years of what was mine, though I was neither maimed in body nor stupid in mind. And after that have you the assurance to ask me what ill-treatment provokes me to look upon you as my enemy and for what reason I accuse you? Nay, do *you*, answer *me* rather, Tullius, and declare why you think me unworthy to inherit the honours of my grandfather and what specious reason you allege for depriving me of them. Is it because you do not regard me as the legitimate offspring of his blood, but as some supposititious and illegitimate child? If so, why did you act as guardian to one who was a stranger to his blood, and why did you deliver up his estate to me as soon as I reached manhood? Or is it that you still look upon me as an orphan child and incapable of handling the business of the state—me who am not far from fifty years old? Lay aside now the dissimulation of your shameless questions and cease at last to play the rogue. However, if you have any just reason to allege against what I have said, I am ready to leave the decision to these men as judges, than whom you can name none better in the city. But if you attempt to run away from this tribunal and fly for refuge, as is ever your habit, to the rabble you mislead by your cajolery, I will not permit it. For I am prepared, not only to speak in defence of my rights, but also, if this should fail to convince you, to act with force.''

XXXIII. When he had done speaking, Tullius took the floor and said: "Anything, it seems, senators, that is unexpected is to be expected by a mortal man, and nothing should be regarded as

---

[3] τὰ παράδοξα deleted by Hertlein, Jacoby.

ὅπου γε κἀμὲ Ταρκύνιος οὑτοσὶ τῆς ἀρχῆς παῦσαι
πρόθυμός ἐστιν· ὃν ἐγὼ νήπιον παραλαβὼν καὶ
ἐπιβουλευόμενον ὑπὸ τῶν ἐχθρῶν ἔσωσα καὶ
ἐξέθρεψα καὶ εἰς ἄνδρας ἐλθόντα κηδεστὴν ἠξίωσα
λαβεῖν, καὶ εἴ τι πάθοιμι διάδοχον ἔμελλον κατα-
λείψειν ἁπάντων τῶν ἐμῶν. ἐπειδὴ δὲ παρὰ
γνώμην ἅπαντα ἀπήντηκέ μοι καὶ ὥσπερ ἀδικῶν
αὐτὸς ἐγκαλοῦμαι, τὴν μὲν τύχην ὕστερον ἀνακλαύ-
2 σομαι, τὰ δὲ δίκαια νῦν πρὸς αὐτὸν ἐρῶ. ἐγὼ τὴν
μὲν ἐπιτροπείαν ὑμῶν ἔλαβον, ὦ Ταρκύνιε, νηπίων
καταλειφθέντων οὐχ ἑκών, ἀλλ᾽ ὑπὸ τῶν πραγ-
μάτων ἀναγκασθείς· ἐπειδὴ τὸν μὲν πάππον
ὑμῶν οἱ τῆς βασιλείας ἀντιποιούμενοι φανερῶς
ἀπέκτειναν, ὑμῖν δὲ καὶ τοῖς ἄλλοις αὐτοῦ συγ-
γενέσιν ἐπιβουλεύειν ἐλέγοντο ἀφανῶς· καὶ πάντες
τοῦτο οἱ προσήκοντες ὑμῖν ὡμολόγουν, ὅτι κρατή-
σαντες ἐκεῖνοι τῆς ἀρχῆς οὐδὲ σπέρμα τοῦ
Ταρκυνιείου καταλείψουσι γένους. κηδεμὼν δὲ
καὶ φύλαξ οὐδεὶς ὑμῶν ἕτερος ἦν, ὅτι μὴ γυνή,
πατρὸς μήτηρ, καὶ αὐτὴ διὰ γήρας ἑτέρων δεο-
μένη κηδεμόνων· ἀλλ᾽ ἐπ᾽ [1] ἐμοὶ κατελείπεσθε
μόνῳ φύλακι τῆς ἐρημίας, ὃν νῦν ἀλλότριον καὶ
3 οὐδὲν προσήκοντα ἀποκαλεῖς. τοιούτοις μέντοι
πράγμασιν ἐπιστὰς ἐγὼ τούς τε ἀποκτείναν-
τας τὸν πάππον ὑμῶν ἐτιμωρησάμην καὶ ὑμᾶς
εἰς ἄνδρας ἤγαγον καὶ γενεᾶς ἄρρενος οὐχ ὑπ-
αρχούσης τῶν ἐμαυτοῦ κυρίους προειλόμην ποιῆσαι.
ἔχεις τὸν τῆς ἐπιτροπῆς λόγον, ὦ Ταρκύνιε, καὶ
οὐκ ἂν ἐπιχειρήσειας εἰπεῖν ὡς ψεύδομαί τι
τούτων.

---

[1] ἐπ᾽ Naber : ἐν O, Jacoby.

incredible, since Tarquinius here is set upon deposing *me* from my office, though I received him when he was an infant and, when his enemies were forming designs against his life, preserved him and brought him up, and when he came to be a man, saw fit to take him for a son-in-law and in the event of my death was intending to leave him heir to all that I possessed. But now that everything has happened to me contrary to my expectation and I myself am accused of wrongdoing, I shall lament my misfortune later on, but at present I will plead my just cause against him. I took upon myself, Tarquinius, the guardianship of your brother and yourself when you were left infants, not of my own will, but compelled by the circumstances, since those who aspired to the kingship had openly assassinated your grandfather and were said to be plotting secretly against you and the rest of his kin; and all your friends acknowledged that if those men once got the power into their hands they would not leave even a seed of the race of Tarquinius. And there was no one else to care for you and guard you but a woman, the mother of your father, and she, by reason of her great age, herself stood in need of others to care for her; but you children were left in my charge alone, to be guarded in your destitute condition—though you now call me a stranger and in no degree related to you. Nevertheless, when I had been put in command of such a situation, I not only punished the assassins of your grandfather and reared you boys to manhood, but, as I had no male issue, I proposed to make you the owners of what I possessed. You have now, Tarquinius, the account of my guardianship, and you will not venture to say that a word of it is false.

XXXIV. " Περὶ δὲ τῆς βασιλείας, ἐπειδὴ
τοῦτ' ἔστιν ὃ κατηγορεῖς μου, ἄκουσον, ὅπως τ'
αὐτῆς ἔτυχον καὶ δι' ἃς αἰτίας οὔθ' ὑμῖν οὔτ'
ἄλλῳ τινὶ μεθίεμαι. ὅτε τὴν ἐπιμέλειαν τῆς
πόλεως παρέλαβον, αἰσθόμενος ἐπιβουλάς τινας
κατ' ἐμαυτοῦ γινομένας, παραδοῦναι τῷ δήμῳ
τὰ πράγματα ἐβουλήθην· καὶ συναγαγὼν ἅπαντας
εἰς ἐκκλησίαν ἀπεδίδουν αὐτοῖς τὴν ἀρχὴν ἀντὶ
τῆς ἐπιφθόνου ταύτης καὶ πλείω τὰ λυπηρὰ τῶν
ἡδέων ἐχούσης ἡγεμονίας τὴν ἀκίνδυνον ἀντικατ-
2 αλλασσόμενος ἡσυχίαν. οὐκ ἠνέσχοντο Ῥωμαῖοι
ταῦτά μου πράττειν βουλομένου οὐδ' ἠξίωσαν
ἕτερόν τινα τῶν κοινῶν ἀποδεῖξαι κύριον, ἀλλ'
ἐμὲ κατέσχον καὶ τὴν βασιλείαν ἔδωκάν μοι
ψῆφον ἐπενέγκαντες, τὴν ἑαυτῶν, Ταρκύνιε, κτῆσιν,
3 οὐ τὴν ὑμετέραν· ὥσπερ γε καὶ τὸν πάππον
ὑμῶν παρήγαγον ἐπὶ τὰ πράγματα ξένον ὄντα
καὶ οὐδὲν προσήκοντα τῷ πρότερον βασιλεῖ·
καίτοι παῖδάς γε [1] Ἄγκος Μάρκιος ὁ βασιλεὺς
κατέλιπεν ἀκμάζοντας, οὐχ υἱωνοὺς καὶ νηπίους,
ὥσπερ ὑμᾶς Ταρκύνιος. εἰ δὲ κοινὸς ἀπάντων
νόμος ἦν τοὺς διαδεχομένους τήν τε οὐσίαν [2]
καὶ τὰ χρήματα τῶν ἐκλειπόντων βασιλέων σὺν
τούτοις καὶ τὰς βασιλείας αὐτῶν παραλαμβάνειν,
οὐκ ἂν Ταρκύνιος ὁ πάππος ὑμῶν τὴν ἡγεμονίαν
παρέλαβεν Ἄγκου τελευτήσαντος, ἀλλ' ὁ πρεσβύ-
4 τερος τῶν ἐκείνου παίδων. ἀλλ' ὁ δῆμος ὁ
Ῥωμαίων οὐ τὸν διάδοχον τοῦ πατρός, ἀλλὰ
τὸν ἄξιον τῆς ἀρχῆς ἐπὶ τὰ πράγματα ἐκάλει·
ἡγεῖτο γὰρ τὰ μὲν χρήματα τῶν κτησαμένων
εἶναι, τὴν δὲ βασιλείαν τῶν δεδωκότων· καὶ τὰ

---

[1] παῖδάς γε B : παῖδάς γε ἄρρενας R.

XXXIV. " But concerning the kingship, since this is the point of your accusation, learn not only by what means I obtained it, but also for what reasons I am not resigning it either to you or to anyone else. When I took upon myself the oversight of the commonwealth, finding that there were certain plots forming against me, I desired to surrender the conduct of affairs to the people; and having called them all together in assembly, I offered to resign the power to them, exchanging this envied sovereignty, the source of more pains than pleasures, for a quiet life free from danger. But the Romans would not permit me to follow this preference, nor did they see fit to make anyone else master of the state, but retained me and by their votes gave me the kingship—a thing which belonged to them, Tarquinius, rather than to you or your brother—in the same manner as they had entrusted the government to your grandfather, who was a foreigner and in no way related to the king who preceded him; and yet King Ancus Marcius had left sons in their prime of life, not grandchildren and infants, as you and your brother were left by Tarquinius. But if it were a general law that the heirs to the estate and possessions of deceased kings should also be heirs to their kingly office, Tarquinius, your grandfather would not have succeeded to the sovereignty upon the death of Ancus, but rather the elder of the king's sons. But the Roman people did not call to power the heir of the father, but rather the person who was worthy to rule. For they held that, while property belongs to those who acquired it, the kingly office belongs to

---

[2] οὐσίαν Kiessling, φανερὰν οὐσίαν Jacoby : φύσιν O, κτῆσιν Portus.

μὲν ὅταν τι πάθωσιν οἱ κύριοι τοὺς κατὰ γένος
ἢ κατὰ διαθήκας διαδόχους προσήκειν παρα
λαμβάνειν, τὴν δ᾽ ὅταν ἐκλίπωσιν οἱ λαβόντες
τοὺς δεδωκότας ἔχειν· εἰ μή τι τοιοῦτον ἔχεις
δικαίωμα φέρειν, ὅτι τὴν βασιλείαν ὁ πάππος
ὑμῶν ἐπὶ ῥητοῖς τισι παρέλαβεν, ὥστε καὶ αὐτὸς
ἔχειν ἀναφαίρετον καὶ ὑμῖν τοῖς ἐγγόνοις κατα
λιπεῖν, καὶ ὁ δῆμος οὐ κύριος ἦν ἀφελόμενος αὐτὴν
5 ὑμῶν ἐμοὶ δοῦναι. εἰ γάρ τι τοιοῦτον εἰπεῖν ἔχεις,
τί οὐ φέρεις τὰς συνθήκας εἰς μέσον; ἀλλ᾽ οὐκ
ἂν ἔχοις. εἰ δ᾽ οὐ κατὰ τὸν βέλτιστον αὐτῆς
ἔτυχον ἐγὼ τρόπον, ὡς λέγεις, μήθ᾽ ὑπὸ τῶν
μεσοβασιλέων αἱρεθεὶς μήτε τῆς βουλῆς μοι
παραδούσης τὰ πράγματα μήτε τῶν ἄλλων γενο
μένων τῶν κατὰ νόμον, τούτους ἀδικῶ δήπου καὶ
οὐχὶ σέ, καὶ ὑπὸ τούτων παυθῆναι δίκαιός εἰμι
6 τῆς ἀρχῆς, οὐχ ὑπὸ σοῦ. ἀλλ᾽ οὔτε τούτους
οὔτ᾽ ἄλλον οὐδένα ἀδικῶ. μάρτυς δὲ τῆς ἐκ
τοῦ [1] δικαίου μοι καὶ τότε δοθείσης καὶ νῦν
ὑπαρχούσης ἐξουσίας ὁ χρόνος, ἐν ᾧ τετταρα
κονταετεῖ [2] γεγονότι Ῥωμαίων οὐδεὶς ἡγήσατό
με πώποτ᾽ ἀδικεῖν, οὐδ᾽ ἐκβαλεῖν με τῆς ἀρχῆς
ἐπεχείρησεν οὔθ᾽ ὁ δῆμος οὔθ᾽ ἡ βουλή.
XXXV. "Ἀλλ᾽ ἵνα ταῦτα πάντ᾽ ἀφῶ καὶ
ὁμόσε χωρήσω τοῖς σοῖς λόγοις, εἴ σε παρα
καταθήκην παππῴαν ἀπεστέρουν καὶ παρὰ πάντα

---

[1] τοῦ added by Pflugk.
[2] Before τετταρακονταετεῖ Kiessling added τέτταρα καὶ.

those who conferred it, and that the former, when anything happens to its owners, ought to descend to the natural heirs or the testamentary heirs, but that the latter, when the persons who received it die, should return to those who gave it. Unless, indeed, you have some claim to offer to the effect that your grandfather received the kingship upon certain express conditions, whereby he was not to be deprived of it himself and could also leave it to you, his grandsons, and that it was not in the power of the people to take it from you and confer it upon me. If you have any such claim to allege, why do you not produce the contract? But you cannot do so. And if I did not obtain the office in the most justifiable manner, as you say, since I was neither chosen by the *interreges* nor entrusted with the government by the senate and the other legal requirements were not observed, then surely it is these men here that I am wronging and not you, and I deserve to be deprived of power by them, not by you. But I am not wronging either these men nor anyone else. The length of my reign, which has now lasted forty years,[1] bears me witness that the power was both then justly given to me and is now justly vested in me; for during this time none of the Romans ever thought I reigned unjustly, nor did either the people or the senate ever endeavour to drive me from power.

XXXV. " But—to pass over all these matters and to come to grips with your charges—if I had been depriving you of a deposit that had been left in my hands by your grandfather in trust for you and,

---

[1] Kiessling proposed to read " forty-four years," which is not improbable in view of the use of the exact number by Tarquinius above (chap. 32, 1).

τὰ ἐν ἀνθρώποις δίκαια τὴν σὴν βασιλείαν κατεῖχον,
ἐχρῆν σε παραγενόμενον ἐπὶ τοὺς δεδωκότας μοι
τὴν ἐξουσίαν ἀγανακτεῖν καὶ κατηγορεῖν ἐμοῦ τε,
ὅτι τὰ μὴ προσήκοντα κατέχω, καὶ τῶν δεδω-
κότων, ὅτι τἀλλότρια ἐχαρίσαντό μοι· ῥᾳδίως
γὰρ ἂν ἔπεισας αὐτούς, εἴ τι δίκαιον εἶχες λέγειν.
2 εἰ δὲ τούτῳ μὲν οὐκ ἐπίστευες τῷ λόγῳ, οὐ
δικαίως δ' ἄρχεσθαι τὴν πόλιν ἐνόμιζες ὑπ'
ἐμοῦ καὶ σεαυτὸν ἐπιτηδειότερον εἶναι τὴν ἐπι-
μέλειαν τῶν κοινῶν παραλαβεῖν, ἐκεῖνα ποιεῖν σοι
προσῆκεν· ἐξέτασιν τῶν ἐμῶν ποιησάμενον ἁμαρτη-
μάτων καὶ τὰς σαυτοῦ πράξεις ἐξαριθμησάμενον
καλεῖν με εἰς διαδικασίαν· ὧν οὐδέτερον ἐποίησας,
ἀλλὰ τοσούτοις χρόνοις ὕστερον, ὥσπερ ἐκ μακρᾶς
ἀνανήψας μέθης, νῦν ἥκεις μου κατηγορῶν, καὶ
3 οὐδὲ νῦν ὅπου δεῖ. οὐ γὰρ ἐνθάδε σοι ταῦτα
προσήκει λέγειν—καὶ μηδὲν ἀχθεσθῆτέ μοι ταῦτα
λέγοντι, ὦ βουλή· οὐ γὰρ ὑμῶν ἀφαιρούμενος
τὴν διάγνωσιν, ἀλλὰ τὴν τούτου συκοφαντίαν
ἐπιδεῖξαι [1] βουλόμενος ταῦτα λέγω—προειπόντα [2]
δέ σ' ἔδει [3] μοι τὸν δῆμον εἰς ἐκκλησίαν συναγαγεῖν
ἐκεῖ [4] μου κατηγορεῖν. πλὴν ἐπεὶ σὺ τοῦτο
πέφευγας, ἐγὼ περὶ σοῦ ποιήσω καὶ συγκαλέσας
τὸν δῆμον παρέξομαί σοι δικαστὴν ὧν ἄν μου
κατηγορήσῃς, καὶ ἀποδώσω πάλιν αὐτῷ διαγνῶναι
πότερος ἡμῶν ἐπιτηδειότερός ἐστιν ἔχειν τὴν
ἀρχήν· καὶ ὅ τι ἂν ἅπαντες οὗτοι γνῶσι πράττειν

---

[1] Kiessling : ἐπιδείξασθαι O, Jacoby.
[2] προειπόντα B : προειπόντο A.
[3] δέ σ' ἔδει Jacoby, δ' ἔδει σε Grasberger : δὲ (only) O.
[4] ἐκεῖ B : καὶ ἐκεῖ A, κἀκεῖ Jacoby.

contrary to all the established rules of justice recognized by mankind, had been retaining the kingship which was yours, you ought to have gone to those who granted the power to me and to have vented your indignation and reproaches, both against me, for continuing to hold what did not belong to me, and against them, for having conferred on me what belonged to others; for you would easily have convinced them if you had been able to urge any just claim. If, however, you had no confidence in this argument and yet thought that I had no right to rule the state and that you were a more suitable person to be entrusted with its oversight, you ought to have done as follows—to have made an investigation of my mistakes and enumerated your own services and then to have challenged me to a trial for the determination of our respective merits. Neither of these things did you do; but, after all this time, as if recovered from a long fit of drunkenness, you now come to accuse me, and even now not where you should have come. For it is not here that you should present these charges—do not take any offence at this statement of mine, senators, for it is not with a view of taking the decision away from you that I say this, but from the desire to expose this man's calumnies—but you ought to have told me beforehand to call an assembly of the people and there to have accused me. However, since you have avoided doing so, I will do it for you, and having called the people together, I will appoint them judges of any crimes of which you may accuse me, and will again leave it to them to decide which of us two is the more suitable to hold the sovereignty; and whatever they shall unanimously decide I ought to do, I will do.

4 με δεῖν,[1] ποιήσω. καὶ πρὸς μὲν σὲ[2] ταῦθ'
ἱκανά· ἐν ἴσῳ γάρ ἐστι τό[3] τε πολλὰ δίκαια πρὸς
τοὺς ἀγνώμονας ἀντιδίκους λέγειν καὶ τὸ[3] ὀλίγα·
τὸ γὰρ πεῖσον αὐτοὺς εἶναι χρηστοὺς οὐ πεφύ-
κασι φέρειν οἱ λόγοι.[4]

XXXVI. "Ὑμῶν δὲ τεθαύμακα, εἴ τινές
εἰσιν, ὦ βουλή, τῆς ἀρχῆς με ἀπαλλάξαι βουλό-
μενοι καὶ μετὰ τούτου συνεστηκότες ἐπ' ἐμέ·[5]
ἡδέως δ' ἂν πυθοίμην παρ' αὐτῶν τίνος ἀδική-
ματος ἕνεκα πολεμοῦσί μοι καὶ ἐπὶ τίνι τῶν
ἐμῶν ἔργων ἀχθόμενοι· πότερον ὅτι πολλοὺς
ἴσασιν ἐπὶ τῆς ἐμῆς ἀρχῆς ἀκρίτους ἀπολωλότας
ἢ τῆς πατρίδος στερομένους[6] ἢ τὰς οὐσίας
ἀπολωλεκότας ἢ ἄλλῃ τινὶ συμφορᾷ κεχρη-
μένους[7] ἀδίκως;[8] ἢ τούτων μὲν τῶν τυραννικῶν
ἀδικημάτων οὐδὲν ἔχουσιν εἰπεῖν ὑπ' ἐμοῦ γεγονός,
ὕβρεις δέ μοί τινας συνοίδασιν εἰς γυναῖκας
γαμετὰς ἢ προπηλακισμοὺς εἰς θυγατέρας παρ-
θένους ἢ ἄλλην τινὰ περὶ σῶμα ἐλεύθερον ἀκο-
λασίαν; δίκαιος μέντ' ἂν εἴην,[9] εἴ τί μοι τοιοῦ-
τον ἡμάρτηται, τῆς ἀρχῆς τε ἅμα καὶ τῆς ψυχῆς
2 ἀποστερηθῆναι.[10] φέρε,[11] ἀλλ' ὑπερήφανός εἰμι
καὶ διὰ βαρύτητα ἐπαχθὴς καὶ τὴν αὐθάδειαν,
ᾗ κέχρημαι περὶ τὴν ἀρχήν, οὐδεὶς φέρειν δύναταί
μου; τίς μέντοι τῶν πρὸ ἐμοῦ βασιλέων οὕτω
μέτριος ὢν[12] ἐν ἐξουσίᾳ διετέλεσε καὶ φιλάνθρω-
πος ἅπασι τοῖς πολίταις ὡς πατὴρ πρᾶος υἱοῖς

---

[1] δεῖν added by Bücheler.
[2] σε added by Reiske.
[3] τό Cobet : τὰ O.
[4] οἱ λόγοι BC : om. R.
[5] ἐμέ O : ἐμοί Reudler, Jacoby.
[6] Kiessling : στερουμένους O.

As for you, this is a sufficient answer, since it is all the same whether one urges many or few just claims against unreasonable adversaries ; for mere words naturally cannot bring any argument which will persuade them to be honest.

XXXVI. " But I have been surprised, senators, that any of *you* wish to remove me from power and have conspired with this man against me. I should like to learn from them what injury provokes them to attack me and at what action of mine they are offended. Is it because they know that great numbers during my reign have been put to death without a trial, banished from their country, deprived of their possessions, or have met with any other misfortune which they have not merited? Or, though they can accuse me of none of these tyrannical misdeeds, are they acquainted with any outrages I have been guilty of toward married women, or insults to their maiden daughters, or any other wanton attempt upon a person of free condition? If I have been guilty of any such crime I should deserve to be deprived at the same time both of the kingship and of my life. Well then, am I haughty, am I burdensome by my severity, and can no one bear the arrogance of my administration? And yet which of my predecessors constantly used his power with such moderation and kindliness, treating all the citizens as an indulgent father treats

---

[7] Sylburg : κεπ . ρημένους Ba, κεκριμένους ABb.

[8] ἀδίκως Kiessling : ἀδίκῳ O.

[9] δίκαιος μέντ' ἂν εἴην Reiske : δικαίως μέντ' ἄν B, Jacoby, δίκαιον μέντ' ἄν R (?).

[10] ἀποστερηθῆναι R : ἀποστερηθείην B, Jacoby.

[11] φέρε B : φέρε εἰπεῖν R.

[12] ὧν added by Bücheler.

DIONYSIUS OF HALICARNASSUS

αὐτοῦ χρώμενος; ὅς γε καὶ τὴν ἐξουσίαν, ἣν
ὑμεῖς ἐδώκατέ μοι πατέρων φυλάττοντες παρα-
δοχάς, οὐχ ἅπασαν ἐβουλήθην ἔχειν, ἀλλὰ νόμους
θ᾽ ὑπὲρ τῶν κυριωτάτων καταστησάμενος, οὓς
ἅπαντες ἐπεκυρώσατε, κατὰ τούτους ὑμῖν ἀπ-
έδωκα διδόναι τὰ δίκαια καὶ λαμβάνειν, καὶ αὐτὸς
ἐξηταζόμην πρῶτος οἷς ὥρισα κατὰ τῶν ἄλλων
δικαίοις ὥσπερ ἰδιώτης πειθόμενος· τῶν τ᾽
ἀδικημάτων οὐχ ἁπάντων αὐτὸς ἐγινόμην δι-
καστής, ἀλλὰ τὰς ἰδιωτικὰς δίκας [1] ὑμῖν ἀπ-
έδωκα διαγινώσκειν, ὃ τῶν ἔμπροσθεν οὐδεὶς ἐποί-
3 ησε βασιλέων. ἀλλ᾽ ἔοικεν ἀδίκημα μὲν οὐδὲν
εἶναι δι᾽ ὃ δυσχεραίνουσί μοί τινες, αἱ δ᾽ εἰς τὸ
δημοτικὸν πλῆθος εὐεργεσίαι λυποῦσιν ὑμᾶς [2]
ἀδίκως,[3] περὶ ὧν πολλάκις ἀπολελόγημαι πρὸς
ὑμᾶς. ἀλλ᾽ οὐδὲν δεῖ τούτων νυνὶ τῶν λόγων·
εἰ δὲ [4] δοκεῖ κρεῖττον ἐπιμελήσεσθαι τῶν κοινῶν
Ταρκύνιος οὑτοσὶ τὰ πράγματα παραλαβών,
οὐ φθονῶ τῇ πόλει βελτίονος ἡγεμόνος· ἀποδοὺς
δὲ τὴν ἀρχὴν τῷ δεδωκότι μοι δήμῳ καὶ γενό-
μενος ἰδιώτης πειράσομαι ποιῆσαι πᾶσι [5] φανερόν,
ὅτι καὶ ἄρχειν ἐπίσταμαι καλῶς καὶ ἄρχεσθαι
δύναμαι σωφρόνως."

XXXVII. Τοιαῦτα διαλεχθεὶς καὶ εἰς πολλὴν
αἰδῶ καταστήσας τοὺς συνισταμένους ἐπ᾽ αὐτῷ
διέλυσε τὸν σύλλογον καὶ μετὰ τοῦτο τοὺς κή-
ρυκας ἀνακαλεσάμενος ἐκέλευσε διὰ πάντων τῶν
στενωπῶν διεξιόντας τὸν δῆμον εἰς ἐκκλησίαν
2 συγκαλεῖν. συνδραμόντος δ᾽ εἰς τὴν ἀγορὰν

---

[1] δίκας added by Sintenis.
[2] λυποῦσιν ὑμᾶς CD: λυποῦσι με A, λυπεῖν με B, λυπεῖν ὑμᾶς Jacoby.

his own children? Why, I did not even desire to retain all the power which you, following the traditions of your fathers, gave to me, but after establishing laws, which you all confirmed, relating to the most essential matters, I then granted to you the privilege of giving and receiving justice in accordance with these laws; and to these rules of justice which I prescribed for others I showed myself the first to yield obedience, like any private citizen. Nor did I make myself the judge of all sorts of crimes, but causes of a private nature I restored to your jurisdiction—a thing which none of the former kings ever did. But it appears that it is no wrongdoing on my part that has drawn upon me the ill-will of certain persons, but it is rather the benefits I have conferred on the plebeians that grieve you unjustly—concerning which I have often given you my reasons. But there is no need for such explanations now. If you believe that Tarquinius here by taking over the government will administer affairs better than I, I shall not envy the commonwealth a better ruler; and after I have surrendered the sovereignty to the people, from whom I received it, and have become a private citizen, I shall endeavour to make it plain to all that I not only know how to rule well, but can also obey with equanimity."

XXXVII. After this speech, which covered the conspirators with shame, Tullius dismissed the meeting and then, summoning the heralds he ordered them to go through all the streets and call the people together to an assembly. And when the whole

---

³ ἀδίκως O : δοκοῦσι Jacoby.
⁴ δὲ added by Reiske.
⁵ πᾶσι Bb in ras. : om. R.

τοῦ κατὰ τὴν [1] πόλιν ὄχλου προελθὼν ἐπὶ τὸ
βῆμα μακρὰν καὶ συμπαθῆ διεξῆλθε δημηγορίαν
τάς τε πολεμικὰς ἑαυτοῦ πράξεις ἐξαριθμού-
μενος, ἃς Ταρκυνίου τε ζῶντος διεπράξατο καὶ
μετὰ τὴν ἐκείνου τελευτήν, καὶ τῶν πολιτευ-
μάτων καθ᾿ ἓν ἕκαστον ἐπιλεγόμενος, ἐξ ὧν
πολλὰς καὶ μεγάλας ἔδοξεν ἐσχηκέναι τὸ κοινὸν
3 ὠφελείας. πολλοῦ δ᾿ ἐφ᾿ ἑκάστῳ τῶν λεγο-
μένων ἀπαντῶντος ἐπαίνου καὶ πάντων σπουδὴν
ἐχόντων μαθεῖν τίνων ἕνεκα ταῦτα λέγει, τελευτῶν
ἔφησεν ὅτι Ταρκύνιος αὐτὸν αἰτιᾶται τὴν βασιλείαν
οὐ δικαίως κατέχειν ἑαυτῷ προσήκουσαν· κατα-
λιπεῖν γὰρ αὐτῷ τὸν πάππον ἀποθνήσκοντα σὺν
τοῖς χρήμασι καὶ τὴν ἀρχήν, τὸν δὲ δῆμον οὐκ
4 εἶναι κύριον τἀλλότρια ἑτέρῳ διδόναι. κραυγῆς
δὲ καὶ ἀγανακτήσεως ἐξ ἁπάντων ἐπὶ τούτῳ
γενομένης σιωπῆσαι κελεύσας αὐτοὺς ἠξίου μηδὲν
ἄχθεσθαι μηδὲ ἀγανακτεῖν πρὸς τὸν λόγον, ἀλλ᾿ εἴ
τι δίκαιον εἰπεῖν ἔχει Ταρκύνιος, καλεῖν αὐτὸν καὶ
διδαχθέντας, ἐάν τ᾿ ἀδικούμενον εὕρωσιν ἐάν τ᾿
ἐπιτηδειότερον ἄρχειν, ἐκείνῳ παραδοῦναι τὴν
τῆς πόλεως προστασίαν· αὐτὸς δὲ τῆς ἀρχῆς
ἔφησεν ἀφίστασθαι καὶ ἀποδιδόναι τοῖς κυρίοις,
5 παρ᾿ ὧν αὐτὴν ἔλαβεν. ταῦτα λέξαντος αὐτοῦ
καταβαίνειν τ᾿ ἀπὸ τοῦ βήματος βουλομένου
κραυγή τ᾿ ἐξ ἁπάντων ἐγίνετο καὶ δεήσεις πολ-
λαὶ σὺν οἰμωγαῖς ὑπὲρ τοῦ μηδενὶ παραχωρεῖν
τῆς ἀρχῆς· τινὲς δ᾿ ἐξ αὐτῶν καὶ βάλλειν τὸν
Ταρκύνιον ἐβόων. ἐκεῖνος μὲν οὖν δείσας τὴν

[1] τὴν Ο : om. Jacoby.

populace of the city had flocked to the Forum, he came forward to the tribunal and made a long and moving harangue, enumerating all the military achievements he had performed, both during the lifetime of Tarquinius and after his death, and recounting in addition one by one all his administrative measures from which the commonwealth appeared to have reaped many great advantages. And when everything he said met with great applause and all the people earnestly desired to know for what reasons he mentioned these things, at last he said that Tarquinius accused him of retaining the kingship unjustly, since it belonged to himself; for Tarquinius claimed that his grandfather at his death had left him the sovereignty together with his property, and that the people did not have it in their power to bestow on another what was not their own to give. This raising a general clamour and indignation among the people, he ordered them to be silent and asked them to feel no displeasure or resentment at his words, but in case Tarquinius had any just claim to advance in support of his pretensions, to summon him and if, after learning what he had to say, they should find that he was being wronged and was the more suitable man to rule, to entrust him with the leadership of the commonwealth. As for himself, he said, he now resigned the sovereignty and restored it to those to whom it belonged and from whom he had received it. After he had said this and was on the point of descending from the tribunal, there was a general outcry and many begged of him with groans not to surrender the sovereignty to anyone; and some of them even called out to stone Tarquinius. He, however, fearing

ἐκ χειρὸς δίκην, ὁρμῆς ἤδη γινομένης ¹ τῶν
ὄχλων ἐπ᾽ αὐτόν, ᾤχετο φεύγων ἅμα τοῖς ἑταίροις,
τὸν δὲ Τύλλιον ἡ πληθὺς ἅπασα μετὰ χαρᾶς καὶ
κρότου καὶ πολλῆς ² εὐφημίας παραπέμπουσα
μέχρι τῆς οἰκίας αὐτοῦ ³ κατέστησεν.

XXXVIII. Ὡς δὲ καὶ ταύτης διήμαρτε τῆς
πείρας ὁ Ταρκύνιος, ἀδημονῶν ἐπὶ τῷ μηδεμίαν
αὑτῷ βοήθειαν παρὰ τῆς βουλῆς, ᾗ μάλιστα
ἐπεποίθει, γενέσθαι, χρόνον μέν τινα διέτριβε
κατ᾽ οἰκίαν τοῖς ἑταίροις μόνοις διαλεγόμενος·
ἔπειτα γνώμην ἀποδειξαμένης τῆς γυναικὸς μηδὲν
ἔτι μαλακίζεσθαι μηδὲ κατοκνεῖν, ἀλλὰ κατα-
βαλόντα τοὺς λόγους ἐπὶ τὰ ἔργα χωρεῖν, διαλ-
λαγὰς πρῶτον εὑρόμενον διὰ φίλων πρὸς τὸν
Τύλλιον, ἵνα πιστεύσας ὡς φίλῳ γεγονότι ἧττον
αὐτὸν φυλάττοιτο, δόξας ⁴ αὐτὴν τὰ κράτιστα
ὑποθέσθαι, μετανοεῖν τε περὶ τῶν γεγονότων
ἐσκήπτετο καὶ πολλὰ διὰ φίλων λιπαρῶν τὸν
2 Τύλλιον ἠξίου συγγνώμονα γενέσθαι. ῥᾷστα δὲ
πείσας τὸν ἄνδρα φύσει τ᾽ εὐδιάλλακτον ὄντα
καὶ οὐκ ἀξιοῦντα πόλεμον ἄσπειστον θυγατρὶ
καὶ γαμβρῷ πολεμεῖν, ἐπειδὴ τὸν οἰκεῖον καιρὸν
ἔλαβε διεσκεδασμένου τοῦ δήμου κατὰ τοὺς
ἀγροὺς ἐπὶ τὴν τῶν καρπῶν συγκομιδήν, ἐξῆλθε
μετὰ τῶν ἑταίρων ἐχόντων ὑπὸ ταῖς περιβολαῖς
ξίφη, τούς τε πελέκεις ὑπηρέταις τισὶν ἀναδοὺς
καὶ αὐτὸς τὴν βασιλικὴν ἐσθῆτα λαβὼν ⁵ καὶ τἆλλα
παράσημα τῆς ἀρχῆς ἐπαγόμενος· ἐλθὼν δ᾽
εἰς τὴν ἀγορὰν καὶ πρὸ τοῦ βουλευτηρίου στὰς

---

¹ ἐκ χειρὸς . . . γινομένης B : ἐκ χειρὸς ὁρμὴν ἤδη γινομένην
R.
² πολλῆς B : om. R.

summary punishment, since the crowds were already making a rush against him, fled, and his companions with him, while the entire populace with joy, applause, and many acclamations conducted Tullius as far as his house and saw him safely established there.

XXXVIII. When Tarquinius failed in this attempt also, he was dismayed that from the senate, upon which he had chiefly relied, no assistance had come to him, and remaining at home for some time, he conversed only with his friends. Afterwards, when his wife advised him no longer to play the weakling or hesitate, but to have done with words and proceed to deeds, after he should first have obtained a reconciliation with Tullius by the intercession of friends—to the end that the king, trusting him as having become his friend, might be the less upon his guard against him—believing that her advice was most excellent, he began to pretend to repent of his past behaviour and through friends besought Tullius with many entreaties to forgive him. And he very easily persuaded the man, who was not only by his nature inclined to reconciliation but was also averse to waging an implacable contest with his daughter and his son-in-law; then, as soon as he saw a favourable opportunity, when the people were dispersed about the country for the gathering of the harvest, he appeared in public with his friends, all having swords under their garments, and giving the axes to some of his servants, he himself assumed the royal apparel and all the other insignia of royalty. Then, going to the Forum, he took his stand before the

---

[3] Capps : αὐτῆς A, om. B, ἐπ' αὐτῆς Reiske.

[4] δόξας R : δόξας δὲ ABb, Jacoby.

[5] Cobet : ἀναλαβὼν O.

ἐκέλευσε τῷ κήρυκι τοὺς βουλευτὰς καλεῖν εἰς
τὸ συνέδριον. ἦσαν δ' ἐκ παρασκευῆς ἕτοιμοι
περὶ τὴν ἀγορὰν οἱ συνειδότες αὐτῷ τὴν πρᾶξιν
3 καὶ παρορμῶντες ἐκ τῶν πατρικίων συχνοί. οἱ
μὲν δὴ συνῄεσαν· τῷ δὲ Τυλλίῳ λέγει τις ἐλθὼν
ὄντι κατ' οἰκίαν, ὅτι Ταρκύνιος ἐν ἐσθῆτι βασιλικῇ
προελήλυθε καὶ καλεῖ τοὺς βουλευτὰς εἰς τὸ
συνέδριον. ὁ δὲ θαυμάσας τὴν τόλμαν αὐτοῦ
τάχιον ἢ φρονιμώτερον προῆλθεν ἐκ τῆς οἰκίας οὐ
πολλοὺς περὶ ἑαυτὸν ἔχων. ἐλθὼν δ' εἰς τὸ
συνέδριον καὶ τὸν Ταρκύνιον ἰδὼν ἐπὶ τῆς βασιλι-
κῆς καθήμενον ἕδρας [1] καὶ τὸν ἄλλον βασίλειον
4 ἔχοντα κόσμον· " Τίς," εἶπεν, " ὦ μιαρώτατε
ἀνθρώπων, τοῦτό σοι τὸ σχῆμα συνεχώρησε
λαβεῖν; " καὶ ὃς ὑπολαβών· " Ἡ σὴ τόλμα καὶ
ἀναίδεια," εἶπεν, " ὦ Τύλλιε, ὃς οὐδ' ἐλεύθερος
ὤν, ἀλλὰ δοῦλος ἐκ δούλης, ἣν οὑμὸς ἐκτήσατο
πάππος ἐκ τῶν αἰχμαλώτων, ἐτόλμησας βασιλέα
Ῥωμαίων σεαυτὸν ἀναδεῖξαι." ὡς δὲ ταῦτ'
ἤκουσεν ὁ Τύλλιος, ἐκπικρανθεὶς ἐπὶ τῷ λόγῳ
παρὰ τὸ συμφέρον ὥρμησεν ἐπ' αὐτὸν ὡς ἐξανα-
5 στήσων τῆς ἕδρας. καὶ ὁ Ταρκύνιος ἄσμενος
τοῦτο ἰδὼν ἀναπηδᾷ τε ἀπὸ τοῦ δίφρου, καὶ συν-
αρπάσας τὸν γέροντα κεκραγότα καὶ τοὺς ὑπηρέτας
ἐπικαλούμενον ἔφερε. γενόμενος δ' ἔξω τοῦ
βουλευτηρίου μετέωρον ἐξάρας [2] αὐτὸν ἀκμάζων
τὸ σῶμα καὶ ῥωμαλέος ἀνὴρ ῥιπτεῖ [3] κατὰ τῶν
κρηπίδων τοῦ βουλευτηρίου τῶν εἰς τὸ ἐκκλη-
6 σιαστήριον φερουσῶν. μόγις δ' ἐκ τοῦ πτώματος
ἀναστὰς ὁ πρεσβύτης, ὡς εἶδε μεστὰ τὰ πέριξ

---

[1] ἕδρας B : καθέδρας R.

senate-house and ordered the herald to summon the senators thither; indeed, many of the patricians who were privy to his design and were urging him on were by prearrangement ready in the Forum. And so the senators assembled. In the meantime someone went and informed Tullius, who was at home, that Tarquinius had appeared in public in royal apparel and was calling a meeting of the senate. And he, astonished at the other's rashness, set out from his house with more haste than prudence, attended by but a few. And going into the senate-house and seeing Tarquinius seated on the throne with all the other insignia of royalty, he exclaimed: "Who, most wicked of men, gave you authority to assume this attire?" To which the other replied: "Your boldness and impudence, Tullius; for, though you were not even a free man, but a slave and the son of a slave mother, whom my grandfather got from among the captives, you nevertheless have dared to proclaim yourself king of the Romans." When Tullius heard this, he was so exasperated at the reproach that, heedless of his own safety, he rushed at him with the intent of forcing him to quit the throne. Tarquinius was pleased to see this, and leaping from his seat, seized and bore off the old man, who cried out and called upon his servants to assist him. When he got outside the senate-house, being a man of great vigour and in his prime, he raised him aloft and hurled him down the steps that lead from the senate-house to the comitium. The old man got up from his fall with great difficulty, and seeing the whole

---

² ἐξάρας Reiske: ἐξαρπάσας O, Jacoby.
³ ἀνὴρ ῥιπτεῖ (ῥίπτει) Sintenis: ἀναρρίπτει AB, ὢν ἀναρρίπτει Kayser.

ἅπαντα τῆς περὶ τὸν Ταρκύνιον ἑταιρείας, τῶν δ'
αὐτοῦ φίλων πολλὴν ἐρημίαν, ἀπῄει στένων,
κρατούντων καὶ παραπεμπόντων αὐτὸν ὀλίγων,
αἵματι πολλῷ ῥεόμενος [1] καὶ κακῶς ὅλον ἑαυτὸν
ἐκ τοῦ πτώματος ἔχων.

XXXIX. Τὰ μετὰ ταῦτα δεινὰ μὲν ἀκου-
σθῆναι, θαυμαστὰ δὲ καὶ ἄπιστα πραχθῆναι,[2]
τῆς ἀνοσίας αὐτοῦ θυγατρὸς ἔργα παραδίδοται.
πεπυσμένη γὰρ τὴν εἰς τὸ βουλευτήριον τοῦ
πατρὸς εἴσοδον καὶ σπουδὴν ἔχουσα μαθεῖν
οἷόν τι λήψεται τὰ πράγματα τέλος, ἐπὶ τῆς
ἀπήνης καθεζομένη παρῆν εἰς τὴν ἀγοράν.
μαθοῦσα δὲ τὰ γενόμενα καὶ τὸν Ταρκύνιον ἐπὶ
τῆς κρηπῖδος ἑστῶτα πρὸ [3] τοῦ βουλευτηρίου
θεασαμένη βασιλέα τ' αὐτὸν ἠσπάσατο πρώτη
μεγάλῃ τῇ φωνῇ καὶ τοῖς θεοῖς εὔξατο ἐπὶ τῷ
συμφέροντι τῆς πόλεως τῆς Ῥωμαίων τὴν ἀρχὴν
2 αὐτὸν κατασχεῖν. ἀσπασαμένων δὲ καὶ τῶν
ἄλλων αὐτὸν ὡς βασιλέα τῶν συγκατασκευασάντων
τὴν ἀρχήν, λαβοῦσα μόνον αὐτόν· "Τὰ μὲν
πρῶτα," ἔφη, " πέπρακταί σοι, Ταρκύνιε, κατὰ
τὸ δέον· βεβαίως δὲ τὴν βασιλείαν ἔχειν Τυλλίου
περιόντος οὐκ ἔνεστί σοι. ἐκδημαγωγήσει γὰρ
αὖθις ἐπὶ σοὶ τὸν ὄχλον, ἐὰν καὶ ὁποσονοῦν
ταύτης τῆς ἡμέρας περιγένηται χρόνον· ἐπίστασαι
δ' ὡς εὔνουν ἐστὶν αὐτῷ τὸ δημοτικὸν ἅπαν·
ἀλλὰ καὶ [4] πρὶν εἰς τὴν οἰκίαν αὐτὸν εἰσελθεῖν,
ἀποστείλας τοὺς διαχρησομένους ἐκποδὼν ποίη-
3 σον." ταῦτ' εἰποῦσα καὶ καθεζομένη πάλιν
ἐπὶ τῆς ἀπήνης ᾤχετο· Ταρκύνιος δὲ καὶ ταῦτα

---

[1] ῥεόμενος B : περιρρεόμενος R.
[2] θαυμαστὰ . . . πραχθῆναι BC, Lapus : om. R.

neighbourhood crowded with the followers of Tarquinius and noting a great dearth of his own friends, he set out for home lamenting, only a few persons supporting and escorting him, and as he went he dripped much blood and his entire body was in a wretched plight from his fall.

XXXIX. What happened next, terrible to hear yet astonishing and incredible to have been done— the deeds of his impious daughter—have been handed down to us. She, having been informed that her father had gone to the senate-house, and being in haste to know what would be the outcome of the affair, entered her carriage and rode to the Forum; and there, hearing what had passed and seeing Tarquinius standing upon the steps before the senate-house, she was the first person to salute him as king, which she did in a loud voice, and prayed to the gods that his seizing of the sovereignty might redound to the advantage of the Roman state. And after all the rest who had assisted him in gaining the sovereignty had also saluted him as king, she took him aside and said to him: "The first steps, Tarquinius, you have taken in the manner that was fitting; but it is impossible for you to hold the kingship securely so long as Tullius survives. For by his harangues he will again stir up the populace against you if he remains alive but the least part of this day; and you know how attached the whole body of the plebeians is to him. But come, even before he gets home, send some men and put him out of the way." Having said this, she again entered her carriage and departed. Tarquinius upon this

---

³ πρὸ B : om. R.　　　⁴ καὶ B : om. R.

ὀρθῶς δόξας τὴν ἀνοσιωτάτην γυναῖκα ὑπο-
τίθεσθαι πέμπει τινὰς τῶν θεραπόντων ἐπ' αὐτὸν
ἔχοντας ξίφη· οἳ τάχει πολλῷ τὴν μεταξὺ δι-
ανύσαντες ὁδὸν ἐγγὺς ὄντα τῆς οἰκίας ἤδη τὸν
Τύλλιον καταλαβόντες κατέσφαξαν. ἔτι δὲ
νεοσφαγοῦς ἐρριμμένου τοῦ σώματος καὶ σπαί-
4 ροντος ἡ θυγάτηρ παρῆν. στενοῦ δ' ὄντος πάνυ
τοῦ στενωποῦ, δι' οὗ τὴν ἀπήνην ἔδει διελθεῖν,
αἱ ἡμίονοι τὸ πτῶμα ἰδοῦσαι διεταράχθησαν, καὶ
ὁ προηγούμενος αὐτῶν ὀρεοκόμος παθών τι πρὸς
τὸ τῆς ὄψεως ἐλεεινὸν ἐπέστη καὶ πρὸς τὴν
δέσποιναν ἀπέβλεψε. πυνθανομένης δ' ἐκείνης
τί παθὼν οὐκ ἄγει τὸ ζεῦγος· "Οὐχ ὁρᾷς,"
εἶπεν, "ὦ Τυλλία, τὸν πατέρα σου νεκρὸν κεί-
μενον καὶ πάροδον οὐκ οὖσαν ἄλλην, εἰ μὴ διὰ
5 τοῦ πτώματος;" ἡ δ' ἐκπικρανθεῖσα καὶ ἀπὸ
τῶν ποδῶν τὸ βάθρον ἁρπάσασα βάλλει τὸν
ὀρεοκόμον καί φησιν· "Οὐκ ἄξεις, ἀλιτήριε,
καὶ διὰ τοῦ νεκροῦ;" κἀκεῖνος ἐπὶ τῷ πάθει
μᾶλλον ἢ τῇ πληγῇ στενάξας ἄγει βίᾳ τὰς ἡμιόνους
κατὰ τοῦ πτώματος. οὗτος ὁ στενωπὸς ὄρβιος
καλούμενος πρότερον ἐξ ἐκείνου τοῦ δεινοῦ καὶ
μυσαροῦ πάθους ἀσεβὴς ὑπὸ Ῥωμαίων κατὰ
τὴν πάτριον γλῶτταν καλεῖται.

XL. Τοιαύτης τελευτῆς ἔτυχε Τύλλιος ἔτη
τέτταρα καὶ τετταράκοντα [1] τὴν βασιλείαν κατα-
σχών. τοῦτον τὸν ἄνδρα λέγουσι Ῥωμαῖοι πρῶ-
τον τὰ πάτρια ἔθη καὶ νόμιμα κινῆσαι, τὴν
ἀρχὴν λαβόντα οὐ παρὰ τῆς βουλῆς καὶ τοῦ

_____
[1] τέτταρα καὶ τετταράκοντα Gelenius (in translation), τετταρά-
κοντα καὶ τέτταρα Jacoby : τετταράκοντα O.

occasion also approved of the advice of his most impious wife, and sent some of his servants against Tullius armed with swords; and they, swiftly covering the interval, overtook Tullius when he was already near his house and slew him. While his body lay freshly slain and quivering where it had been flung, his daughter arrived; and, the street through which her carriage was obliged to pass being very narrow, the mules became fractious at the sight of the body, and the groom who was leading them, moved by the piteous spectacle, stopped short and looked at his mistress. Upon her asking what possessed him not to lead the team on, he said: "Do you not see your father lying dead, Tullia, and that there is no other way but over his body?" This angered her to such a degree that she snatched up the stool from under her feet and hurled it at the groom, saying "Will you not lead on, accursed wretch, even over the body?" Thereupon the groom, with lamentations caused more by the shocking deed than by the blow, led the mules forcibly over the body. This street, which before was called Orbian[1] Street, is, from this horrid and detestable incident, called by the Romans in their own language Impious Street, that is, *vicus Sceleratus.*

XL. Such[2] was the death which fell to the lot of Tullius after he had reigned forty-four years. The Romans say that this man was the first who altered the ancestral customs and laws by receiving the sovereignty, not from the senate and the people

---

[1] Or Urbian (ὅρβιος may represent either form). The *clivus Orbius* (or *Urbius*) led up the Carinae to the top of the Mons Oppius, a spur of the Esquiline. It was on the Esquiline that Tullius had his residence (chap. 13, 2).

[2] *Cf.* Livy i. 48, 8 f.

δήμου, καθάπερ οἱ πρὸ αὐτοῦ πάντες, ἀλλὰ παρὰ
μόνου τοῦ δήμου, δεκασμοῖς δὲ [1] καὶ ἄλλαις
πολλαῖς κολακείαις ἐκθεραπεύσαντα τοὺς ἀπόρους·
2 καὶ ἔχει τἀληθὲς οὕτως. ἐν γὰρ τοῖς πρότερον
χρόνοις, ὁπότε βασιλεὺς ἀποθάνοι, τὴν μὲν
ἐξουσίαν ὁ δῆμος ἐδίδου τῷ συνεδρίῳ τῆς βουλῆς
οἵαν προέλοιτο καταστήσασθαι πολιτείαν· ἡ
δὲ βουλὴ μεσοβασιλεῖς ἀπεδείκνυεν· ἐκεῖνοι δὲ
τὸν ἄριστον ἄνδρα, εἴτ' ἐκ τῶν ἐπιχωρίων,[2]
εἴτ' ἐκ τῶν ξένων, βασιλέα καθίστασαν. εἰ
μὲν οὖν ἥ τε βουλὴ τὸν αἱρεθέντα ὑπ' αὐτῶν
ἐδοκίμασε καὶ ὁ δῆμος ἐπεψήφισε καὶ τὰ μαντεύ-
ματα ἐπεκύρωσε, παρελάμβανεν οὗτος τὴν ἀρχήν·
ἐλλείποντος δέ τινος τούτων ἕτερον ὠνόμαζον,
καὶ τρίτον, εἰ μὴ συμβαίη μηδὲ τῷ δευτέρῳ τά
τε παρ' ἀνθρώπων καὶ τὰ παρὰ τῶν θεῶν ἀν-
3 επίληπτα. ὁ δὲ Τύλλιος ἐπιτρόπου βασιλικοῦ
σχῆμα κατ' ἀρχὰς λαβών, ὡς εἴρηταί μοι πρό-
τερον, ἔπειτα φιλανθρωπίαις τισὶ τὸν δῆμον οἰκειω-
σάμενος ὑπ' ἐκείνου βασιλεὺς ἀπεδείχθη μόνου.
ἐπιεικὴς δὲ καὶ μέτριος ἀνὴρ γενόμενος ἔλυσε
τὰς ἐπὶ τῷ μὴ πάντα τὰ [3] κατὰ τοὺς νόμους
πρᾶξαι διαβολὰς τοῖς μετὰ ταῦτα ἔργοις, παρέσχε
τε πολλοῖς ὑπόληψιν ὡς, εἰ μὴ θᾶττον ἀνηρέθη,
μεταστήσων τὸ σχῆμα τῆς πολιτείας εἰς δημο-
4 κρατίαν. καὶ ἐπὶ ταύτῃ μάλιστα τῇ αἰτίᾳ
λέγεται τῶν πατρικίων αὐτῷ τινας συνεπι-
βουλεῦσαι· ἀδυνάτους δ' ὄντας δι' ἑτέρου τρόπου

---

[1] δὲ B : om. A, τε Kiessling ; καὶ δωροδοκίαις after δε-
κασμοῖς δὲ deleted by Cobet.
[2] εἴτ' ἐκ τῶν πολιτῶν after ἐπιχωρίων deleted by Reiske.

jointly, like all the former kings, but from the people alone, the poorer sort of whom he had won over by bribery and many other ways of courting popular favour; and this is true. For before his time, upon the death of a king it was the custom for the people to grant to the senate authority to establish such a form of government as they should think fit; and the senate created *interreges*, who appointed the best man king, whether he was a native Roman or a foreigner. And if the senate approved of the one so chosen and the people by their votes confirmed the choice, and if the auguries also gave their sanction to it, he assumed the sovereignty; but if any one of these formalities was lacking, they named a second, and then a third, if it so happened that the second was likewise not found unobjectionable by both men and gods. Tullius, on the contrary, at first assumed the guise of royal guardian, as I said before,[1] after which he gained the affections of the people by certain ingratiating acts and was appointed king by them alone. But as he proved to be a man of mildness and moderation, by his subsequent actions he put an end to the complaints caused by his not having observed the laws in all respects, and gave occasion for many to believe that, if he had not been made away with too soon, he would have changed the form of government to a democracy. And they say it was for this reason chiefly that some of the patricians joined in the conspiracy against him; that, being unable by any other means to overthrow

[1] See chap. 5, 2; 8, 1.

---

[3] τὰ added by Kiessling.

τὴν ἐξουσίαν αὐτοῦ καταλῦσαι Ταρκύνιον [1] ἐπὶ
τὰ πράγματα παραλαβεῖν καὶ συγκατασκευάσαι
τὴν ἀρχὴν ἐκείνῳ, κακῶσαί τε βουλομένους τὸ
δημοτικὸν ἰσχύος οὐ μικρᾶς ἐπειλημμένον ἐκ τῆς
Τυλλίου πολιτείας, καὶ τὴν ἰδίαν ἀξίωσιν, ἣν
πρότερον εἶχον, ἀναλαβεῖν.

5 Θορύβου δὲ γενομένου πολλοῦ κατὰ τὴν πόλιν
ὅλην καὶ οἰμωγῆς ἐπὶ τῷ Τυλλίου θανάτῳ δείσας
ὁ Ταρκύνιος, εἰ διὰ τῆς ἀγορᾶς ὁ νεκρὸς φέροιτο,
ὡς ἔστι Ῥωμαίοις ἔθος, τόν τε βασίλειον κόσμον
ἔχων καὶ τἄλλ' ὅσα νόμος ἐπὶ ταφαῖς βασιλικαῖς,[2]
μή τις ἐφ' ἑαυτὸν [3] ὁρμὴ γένηται τοῦ δημοτικοῦ
πρὶν ἢ βεβαίως κρατύνασθαι τὴν ἀρχήν, οὐκ
εἴασε τῶν νομίμων οὐδὲν αὐτῷ γενέσθαι· ἀλλ'
ἡ γυνὴ τοῦ Τυλλίου σὺν ὀλίγοις τισὶ τῶν φίλων,[4]
Ταρκυνίου θυγάτηρ οὖσα τοῦ προτέρου βασιλέως,
νυκτὸς ἐκκομίζει τὸ σῶμα τῆς πόλεως, ὡς
τῶν ἐπιτυχόντων τινός· καὶ πολλὰ μὲν τὸν
ἑαυτῆς καὶ ἐκείνου δαίμονα κατοδυραμένη,[5]
μυρίας δὲ κατάρας τῷ τε γαμβρῷ καὶ τῇ θυγατρὶ
6 καταρασαμένη κρύπτει γῇ τὸ σῶμα. ἀπελθοῦ-
σα δ' ἀπὸ τοῦ σήματος οἴκαδε καὶ μίαν ἡμέραν
ἐπιβιώσασα μετὰ τὴν ταφὴν τῇ κατόπιν νυκτὶ
ἀποθνήσκει. τοῦ θανάτου δ' ὁ τρόπος, ὅστις ἦν,
ἠγνοεῖτο τοῖς πολλοῖς· ἔλεγον δ' οἱ μὲν ὑπὸ
λύπης αὐτοχειρίᾳ τὸ ζῆν προεμένην αὐτὴν ἀπο-
θανεῖν· οἱ δ' ὑπὸ τοῦ γαμβροῦ καὶ τῆς θυγατρὸς
ἀναιρεθῆναι τῆς εἰς τὸν ἄνδρα συμπαθείας τε
καὶ εὐνοίας ἕνεκα. ταφῆς μὲν οὖν βασιλικῆς

---

[1] Ταρκύνιον Kiessling : καὶ ταρκύνιον O, Jacoby.
[2] βασιλικαῖς Kiessling : καὶ B, om. A.
[3] ἐφ' ἑαυτὸν Kiessling : εἰς αὐτὸν AB, εἰς ἑαυτὸν Jacoby.

his power, they took Tarquinius as an ally in their undertaking and aided him in gaining the sovereignty, it being their wish not only to weaken the power of the plebeians, which had received no small addition from the political measures of Tullius, but also to recover their own former dignity.

The death of Tullius having occasioned a great tumult and lamentation throughout the whole city, Tarquinius was afraid lest, if the body should be carried through the Forum, according to the custom of the Romans, adorned with the royal robes and the other marks of honour usual in royal funerals, some attack might be made against him by the populace before he had firmly established his authority; and accordingly he would not permit any of the usual ceremonies to be performed in his honour. But the wife of Tullius, who was daughter to Tarquinius, the former king, with a few of her friends carried the body out of the city at night as if it had been that of some ordinary person; and after uttering many lamentations over the fate both of herself and of her husband and heaping countless imprecations upon her son-in-law and her daughter, she buried the body in the ground. Then, returning home from the sepulchre, she lived but one day after the burial, dying the following night. The manner of her death was not generally known. Some said that in her grief she lost all desire to live and died by her own hand; others, that she was put to death by her son-in-law and her daughter because of her compassion and affection for her husband. For the reasons

---

⁴ Schnelle wished to place the phrase σὺν ὀλίγοις τισὶ τῶν φίλων after βασιλέως.

⁵ Cobet : κατοδυρομένη O.

καὶ μνήματος ἐπιφανοῦς διὰ ταύτας τὰς αἰτίας
οὐκ ἐξεγένετο τυχεῖν τῷ Τυλλίου σώματι, μνή-
μης δ' αἰωνίου τοῖς ἔργοις αὐτοῦ παρὰ πάντα τὸν
7 χρόνον ὑπάρχει τυγχάνειν. ἐδήλωσε δέ τι καὶ
ἄλλο δαιμόνιον ἔργον ὅτι θεοφιλὴς ἦν ἀνήρ,[1]
ἐξ οὗ καὶ ἡ περὶ τῆς γενέσεως αὐτοῦ μυθικὴ
καὶ ἄπιστος ὑπόληψις, ὥσπερ εἴρηταί μοι πρό-
τερον, ἀληθὴς εἶναι ὑπὸ πολλῶν ἐπιστεύθη. ἐν
γὰρ τῷ ναῷ τῆς Τύχης, ὃν αὐτὸς κατεσκεύασεν,
εἰκὼν αὐτοῦ κειμένη ξυλίνη κατάχρυσος ἐμπρή-
σεως γενομένης καὶ τῶν ἄλλων ἁπάντων δια-
φθαρέντων μόνη διέμεινεν οὐδὲν λωβηθεῖσα ὑπὸ τοῦ
πυρός. καὶ ἔτι νῦν ὁ μὲν νεὼς καὶ τὰ ἐν αὐτῷ
πάντα, ὅσα μετὰ τὴν ἔμπρησιν εἰς τὸν ἀρχαῖον
κόσμον ἐπετελέσθη, φανερὰ ὅτι τῆς καινῆς ἐστι
τέχνης, ἡ δ' εἰκών, οἷα πρότερον ἦν, ἀρχαϊκὴ
τὴν κατασκευήν· διαμένει γὰρ ἔτι σεβασμοῦ
τυγχάνουσα ὑπὸ Ῥωμαίων. καὶ περὶ μὲν Τυλλίου
τοσαῦτα παρελάβομεν.

XLI. Μετὰ δὲ τοῦτον παραλαμβάνει Λεύκιος
Ταρκύνιος τὴν Ῥωμαίων δυναστείαν, οὐ κατὰ
νόμους, ἀλλὰ διὰ τῶν ὅπλων κατασχών, κατὰ τὸν
τέταρτον ἐνιαυτὸν τῆς ἑξηκοστῆς καὶ πρώτης ὀλυμ-
πιάδος, ἣν ἐνίκα στάδιον Ἀγάθαρχος Κερκυραῖος,[2]
2 ἄρχοντος Ἀθήνησι Θηρικλέους.[3] οὗτος ὑπεριδὼν
μὲν τοῦ δημοτικοῦ πλήθους, ὑπεριδὼν δὲ τῶν πα-

---

[1] ἀνήρ Jacoby : ὁ ἀνὴρ A, ἀνὴρ B.
[2] κερκυραῖος B : om. R.
[3] θηρικλέους B : ἡρακλέους R.

---

[1] In chap. 2.
[2] As this statue was muffled up in a couple of robes, there
was considerable difference of opinion as to whom it repre-

mentioned, then, the body of Tullius could not be given a royal funeral and a stately monument; but his achievements have won lasting remembrance for all time. And it was made clear by another prodigy that this man was dear to the gods; in consequence of which that fabulous and incredible opinion I have already mentioned [1] concerning his birth also came to be regarded by many as true. For in the temple of Fortune which he himself had built there stood a gilded wooden statue of Tullius,[2] and when a conflagration occurred and everything else was destroyed, this statue alone remained uninjured by the flames. And even to this day, although the temple itself and all the objects in it, which were restored to their former condition after the fire, are obviously the products of modern art, the statue, as aforetime, is of ancient workmanship; for it still remains an object of veneration by the Romans. Concerning Tullius these are all the facts that have been handed down to us.

XLI. He [3] was succeeded in the sovereignty over the Romans by Lucius Tarquinius, who obtained it, not in accordance with the laws, but by arms, in the fourth year of the sixty-first Olympiad [4] (the one in which Agatharchus of Corcyra won the foot-race), Thericles being archon at Athens. This man, despising not only the populace, but the patricians as well, by

sented. Ovid (*Fasti* vi. 570 ff.) took it to be Tullius himself, but Pliny (*N.H.* viii. 194, 197) believed it was the goddess Fortune, while Livy (x. 23, 3) apparently regarded it as Chastity (Pudicitia). The temple, which stood in the Forum Boarium, has already been mentioned (chap. 27, 7); it was destroyed in the great fire of 213 B.C.

[3] For chaps. 41 f. *cf.* Livy i. 49, 1–7.

[4] 532 B.C.

τρικίων, ὑφ' ὧν ἐπὶ τὴν δυναστείαν παρήχθη,[1] ἔθη
τε καὶ νόμους καὶ πάντα τὸν ἐπιχώριον κόσμον, ᾧ
τὴν πόλιν ἐκόσμησαν οἱ πρότεροι βασιλεῖς, συγχέας
καὶ διαφθείρας εἰς ὁμολογουμένην τυραννίδα
3 μετέστησε τὴν ἀρχήν. καὶ πρῶτον μὲν φυλακὴν
κατεστήσατο περὶ ἑαυτὸν ἀνθρώπων θρασυτάτων
ξίφη καὶ λόγχας φερόντων ἐπιχωρίων τε καὶ
ἀλλοδαπῶν, οἳ νυκτός τε περὶ τὴν [2] βασίλειον
αὐλιζόμενοι αὐλὴν καὶ μεθ' ἡμέραν ἐξιόντι παρ-
ακολουθοῦντες ὅπη πορεύοιτο, πολλὴν τὴν ἀπὸ
τῶν ἐπιβουλευσόντων ἀσφάλειαν παρείχοντο. ἔπει-
τα τὰς ἐξόδους οὔτε συνεχεῖς οὔτε τεταγμένας,
ἀλλὰ σπανίους καὶ ἀπροσδοκήτους ἐποιεῖτο, ἐχρη-
μάτιζέ τε [3] περὶ τῶν κοινῶν κατ' οἶκον μὲν τὰ
πολλὰ καὶ αὐτῶν τῶν ἀναγκαιοτάτων συμ-
4 παρόντων, ὀλίγα δ' ἐν ἀγορᾷ. προσελθεῖν δ'
οὐδενὶ τῶν βουλομένων ἐπέτρεπεν, εἰ μή τινα
καλέσειεν αὐτός· οὐδὲ [4] τοῖς προσιοῦσιν εὐμενὴς
οὐδὲ [4] πρᾷος ἦν, ἀλλ' οἷα δὴ τύραννος, βαρύς τε
καὶ χαλεπὸς ὀργὴν καὶ φοβερὸς μᾶλλον ἢ φαιδρὸς
ὀφθῆναι· καὶ τὰς περὶ τῶν ἀμφισβητήτων [5]
συμβολαίων κρίσεις [6] οὐκ ἐπὶ τὰ δίκαια καὶ τοὺς
νόμους, ἀλλ' ἐπὶ τοὺς ἑαυτοῦ τρόπους ἀναφέρων
ἐποιεῖτο. διὰ ταῦτ' ἐπωνυμίαν τίθενται αὐτῷ
Ῥωμαῖοι τὸν Σούπερβον, τοῦτο δὲ δηλοῦν βούλεται
κατὰ τὴν ἡμετέραν γλῶτταν τὸν ὑπερήφανον·
τὸν δὲ πάππον αὐτοῦ Πρίσκον ἐκάλουν, ὡς

[1] παρήχθη Kiessling : προήχθη O.
[2] τὴν R : τὸ B, omitting αὐλὴν.
[3] ἐχρημάτιζέ τε B : χρηματίζεται A, ἐχρηματίζετό τε Jacoby.
[4] οὐδὲ . . . οὐδὲ Hertlein : οὔτε . . . οὐδὲ B, Jacoby, οὔτε
. . . οὔτε A.

whom he had been brought to power, confounded and
abolished the customs, the laws, and the whole
native form of government, by which the former
kings had ordered the commonwealth, and trans-
formed his rule into an avowed tyranny. And first
he placed about his person a guard of very daring
men, both natives and foreigners, armed with swords
and spears, who camped round the palace at night
and attended him in the daytime wherever he went,
effectually securing him from the attempts of con-
spirators. Secondly, he did not appear in public
often or at stated times, but only rarely and unex-
pectedly; and he transacted the public business at
home, for the most part, and in the presence of none
but his most intimate friends, and only occasionally in
the Forum. To none who sought an audience would he
grant it unless he himself had sent for them; and
even to those who did gain access to him he was not
gracious or mild, but, as is the way with tyrants,
harsh and irascible, and his aspect was terrifying
rather than genial. His decisions in controversies
relating to contracts he rendered, not with regard
to justice and law, but according to his own moods.
For these reasons the Romans gave him the surname
of Superbus, which in our language means " the
haughty"; and his grandfather they called Priscus,

---

⁵ ἀμφισβητήτων Jacoby: ἀμφισβητημάτων AB, ἀμφισβητου-
μένων Steph.

⁶ κρίσεις Kiessling: ἐπικρίσεις O. For the entire phrase
Kiessling proposed καὶ τὰς τῶν ἀμφισβητημάτων περὶ τῶν
συμβολαίων κρίσεις.

δ' ἡμεῖς ἂν εἴποιμεν, προγενέστερον· ὁμώνυμος
γὰρ ἦν τῷ νεωτέρῳ κατ' ἄμφω τὰ ὀνόματα.

XLII. Ἐπεὶ δ' ἐγκρατῶς ἤδη κατέχειν ὑπελάμ-
βανε τὴν ἀρχήν, παρασκευάσας ἐκ τῶν ἑταίρων
τοὺς πονηροτάτους δι' ἐκείνων ἦγεν εἰς ἐγκλήματα
καὶ θανάτου δίκας πολλοὺς τῶν ἐπιφανῶν·
πρώτους μὲν τοὺς ἐχθρῶς διακειμένους πρὸς
αὐτόν, οἷς οὐκ ἦν βουλομένοις Τύλλιον ἐκ τῆς
ἀρχῆς ἐκπεσεῖν· ἔπειτα καὶ τῶν ἄλλων
οὓς ὑπελάμβανε βαρεῖαν ἡγεῖσθαι τὴν μετα-
2 βολὴν καὶ οἷς πολὺς πλοῦτος ἦν. οἱ δ' ὑπ-
άγοντες αὐτοὺς ὑπὸ τὰς δίκας ἄλλους ἐπ' ἄλλαις
ψευδέσιν αἰτίαις, μάλιστα δ' ἐπιβουλεύειν αἰτιώ-
μενοι τῷ βασιλεῖ, κατηγόρουν ἐπ' αὐτῷ δικα-
στῇ. ὁ δὲ τῶν μὲν θάνατον κατεδίκαζε, τῶν
δὲ φυγήν, καὶ τὰ χρήματα τούς τ' ἀναιρου-
μένους καὶ τοὺς [1] ἐξελαυνομένους ἀφαιρούμενος
τοῖς μὲν κατηγόροις μικράν τινα μοῖραν ἀπένεμεν,[2]
3 αὐτὸς δὲ τὰ πλείω κατεῖχεν. ἔμελλον δ' ἄρα
πολλοὶ τῶν δυνατῶν, πρὶν ἁλῶναι τὰς ἐπαγομέ-
νας σφίσι δίκας, εἰδότες ὧν ἕνεκεν ἐπεβουλεύοντο,
καταλείψειν τῷ τυράννῳ τὴν πόλιν ἑκόντες, καὶ
πολλῷ πλείονες ἐγένοντο τῶν ἑτέρων. ἦσαν
δέ τινες οἳ καὶ κρύφα διεφθάρησαν ὑπ' αὐτοῦ κατ'
οἰκίας τε καὶ ἐπ' ἀγρῶν ἀναρπαζόμενοι, λόγου
4 ἄξιοι ἄνδρες, ὧν οὐδὲ τὰ σώματα ἐφάνη. ἐπεὶ
δὲ διέφθειρε τὸ κράτιστον τῆς βουλῆς μέρος
θανάτοις τε καὶ ἀειφυγίαις, ἑτέραν βουλὴν αὐτὸς
κατεστήσατο παραγαγὼν ἐπὶ τὰς τῶν ἐκλιπόν-

---

[1] τοὺς added by Sylburg.
[2] ἀπένεμεν Sylburg : ἀπέθνεν O, Jacoby.

or, as we should say, "the elder," since both his names [1] were the same as those of the younger man.

XLII. When he thought he was now in secure possession of the sovereignty, he suborned the basest of his friends to bring charges against many of the prominent men and place them on trial for their lives. He began with such as were hostile to him and resented his driving of Tullius from power; and next he accused all those whom he thought to be aggrieved by the change and those who had great riches. When the accusers brought these men to trial, charging them with various fictitious crimes but chiefly with conspiring against the king, it was by Tarquinius himself, sitting as judge, that the charges were heard. Some of the accused he condemned to death and others to banishment, and seizing the property of both the slain and the exiled, he assigned some small part to the accusers but retained the largest part for himself. The result was therefore bound to be that many influential men, knowing the motives underlying the plot against them, voluntarily, before they could be convicted of the charges brought against them, left the city to the tyrant, and the number of these was much greater than of the others. There were some who were even seized in their homes or in the country and secretly murdered by him, men of note, and not even their bodies were seen again. After he had destroyed the best part of the senate by death or by exile for life, he constituted another senate himself by working his own followers into the honours of the

----

[1] Both had the praenomen Lucius.

τῶν τιμὰς τοὺς ἰδίους ἑταίρους. καὶ οὐδὲ
τούτοις μέντοι τοῖς ἀνδράσιν οὔτε πράττειν
ἐπέτρεπεν οὐδὲν οὔτε λέγειν ὅ τι μὴ κελεύσειεν
5 αὐτός. ὥστε ὁπόσοι κατελείφθησαν ἐν τῷ
συνεδρίῳ βουλευταὶ τῶν ἐπὶ Τυλλίου καταλεγέντων,
διάφοροι τοῖς δημοτικοῖς τέως ὄντες καὶ τὴν
μεταβολὴν τῆς πολιτείας ἐπὶ τῷ σφετέρῳ νομί-
ζοντες ἀγαθῷ γενήσεσθαι (τοιαύτας γὰρ αὐτοῖς
ὑπέτεινεν ὁ Ταρκύνιος ὑποσχέσεις ἐξαπατῶν καὶ
φενακίζων), τότε μαθόντες ὅτι τῶν κοινῶν
οὐδενὸς ἔτι μετεῖχον, ἀλλὰ καὶ αὐτοὶ τὴν παρρησίαν
ἅμα τοῖς δημοτικοῖς ἀφῃρέθησαν, ὠδύροντο μὲν
καὶ τὰ μέλλοντα τῶν παρόντων δεινότερα ὑπ-
ώπτευον, στέργειν δὲ τὰ παρόντα ἠναγκάζοντο
δύναμιν οὐκ ἔχοντες κωλύειν τὰ πραττόμενα.

XLIII. Ταῦτα δ᾿ ὁρῶντες οἱ δημοτικοὶ δίκαια
πάσχειν αὐτοὺς ὑπελάμβανον καὶ ἐπέχαιρον ὑπ᾿
εὐηθείας, ὡς ἐκείνοις μόνοις τῆς τυραννίδος
βαρείας ἐσομένης, σφίσι δ᾿ αὐτοῖς ἀκινδύνου.
ἧκε δὲ κἀκείνοις οὐ μετὰ πολὺν χρόνον ἔτι
πλείω τὰ χαλεπά. τούς τε γὰρ νόμους τοὺς
ὑπὸ Τυλλίου γραφέντας, καθ᾿ οὓς ἐξ ἴσου τὰ
δίκαια παρ᾿ ἀλλήλων ἐλάμβανον καὶ οὐδὲν ὑπὸ
τῶν πατρικίων ὡς πρότερον ἐβλάπτοντο περὶ
τὰ συμβόλαια, πάντας ἀνεῖλε· καὶ οὐδὲ τὰς
σανίδας ἐν αἷς ἦσαν γεγραμμένοι κατέλιπεν,
ἀλλὰ καὶ ταύτας καθαιρεθῆναι κελεύσας ἐκ τῆς

men who had disappeared;[1] nevertheless, not even these men were permitted by him to do or say anything but what he himself commanded. Consequently, when the senators who were left of those who had been enrolled in the senate under Tullius and who had hitherto been at odds with the plebeians and had expected the change in the form of government to turn out to their advantage (for Tarquinius had held out such promises to them with a view of deluding and tricking them) now found that they had no longer any share in the government, but that they too, as well as the plebeians, had been deprived of their freedom of speech, although they lamented their fate and suspected that things would be still more terrible in the future than they were at the moment, yet, having no power to prevent what was going on, they were forced to acquiesce in the existing state of affairs.

XLIII. The plebeians, seeing this, looked upon them as justly punished and in their simplicity rejoiced at their discomforture, imagining that the tyranny would be burdensome to the senators alone and would involve no danger to themselves. Nevertheless, to them also came even more hardships not long afterwards. For the laws drawn up by Tullius, by which they all received justice alike from each other and by which they were secured from being injured by the patricians, as before, in their contracts with them, were all abolished by Tarquinius, who did not leave even the tables on which the laws were written, but ordered these also to be removed

---

[1] Livy (i. 49, 6), on the contrary, states that Tarquinius determined to appoint no new members to the senate, in order that its small numbers might cause it to be scorned.

2 ἀγορᾶς διέφθειρεν. ἔπειτα κατέλυσε τὰς ἀπὸ
τῶν τιμημάτων εἰσφορὰς καὶ εἰς [1] τὸν ἐξ ἀρχῆς
τρόπον ἀποκατέστησε· καὶ ὁπότε δεήσειεν αὐτῷ
χρημάτων, τὸ ἴσον διάφορον ὁ πενέστατος τῷ
πλουσιωτάτῳ κατέφερε. τοῦτο τὸ πολίτευμα
πολὺ τοῦ δημοτικοῦ πλήθους ἀπανήλωσεν ἐπὶ
τῆς πρώτης εὐθὺς εἰσφορᾶς ἀναγκαζομένου κατὰ
κεφαλὴν ἑκάστου δραχμὰς δέκα εἰσφέρειν. συν-
όδους τε συμπάσας, ὅσαι πρότερον ἐγίνοντο
κωμητῶν ἢ φρατριαστῶν ἢ γειτόνων ἔν τε τῇ πόλει
καὶ ἐπὶ τῶν ἀγρῶν ἐφ᾽ ἱερὰ καὶ θυσίας ἅπασι [2]
κοινὰς προεῖπε μηκέτι συντελεῖν, ἵνα μὴ συνιόντες
εἰς ταὐτὸ πολλοὶ βουλὰς ἀπορρήτους μετ᾽ ἀλλήλων
3 ποιῶνται περὶ καταλύσεως τῆς ἀρχῆς. ἦσαν
δ᾽ αὐτῷ πολλαχῇ διεσπαρμένοι κατόπται τινὲς
καὶ διερευνηταὶ τῶν λεγομένων τε καὶ πραττο-
μένων λεληθότες τοὺς πολλούς, οἳ συγκαθιέντες
εἰς ὁμιλίαν τοῖς πέλας καὶ ἔστιν ὅτε κατὰ τοῦ
τυράννου λέγοντες αὐτοί, πεῖραν τῆς ἑκάστου
γνώμης ἐλάμβανον· ἔπειτα οὓς αἴσθοιντο τοῖς
καθεστηκόσι πράγμασιν ἀχθομένους κατεμήνυον
πρὸς τὸν τύραννον· αἱ δὲ τιμωρίαι κατὰ τῶν
ἐλεγχθέντων ἐγίνοντο πικραὶ καὶ ἀπαραίτητοι.

XLIV. Καὶ οὐκ ἀπέχρη ταῦτα μόνον εἰς
τοὺς δημοτικοὺς αὐτῷ παρανομεῖν, ἀλλ᾽ ἐπιλέξας
ἐκ τοῦ πλήθους ὅσον ἦν πιστὸν ἑαυτῷ καὶ εἰς
τὰς πολεμικὰς χρείας ἐπιτήδειον, τὸ λοιπὸν
ἠνάγκασεν ἐργάζεσθαι τὰς κατὰ πόλιν ἐργασίας,
μέγιστον οἰόμενος εἶναι κίνδυνον τοῖς μονάρχοις

----

[1] εἰς added by Kiessling.
[2] ἅπασι Kiessling, πᾶσι Sylburg : πάσας O.

from the Forum and destroyed. After this he abolished the taxes based on the census and revived the original form of taxation; and whenever he required money, the poorest citizen contributed the same amount as the richest. This measure ruined a large part of the plebeians, since every man was obliged to pay ten drachmae as his individual share of the very first tax. He also forbade the holding in future of any of the assemblies to which hitherto the inhabitants of the villages, the members of the *curiae*, or the residents of a neighbourhood, both in the city and in the country, had resorted in order to perform religious ceremonies and sacrifices in common,[1] lest large numbers of people, meeting together, should form secret conspiracies to overthrow his power. He had spies scattered about in many places who secretly inquired into everything that was said and done, while remaining undiscovered by most persons; and by insinuating themselves into the conversation of their neighbours and sometimes by reviling the tyrant themselves they sounded every man's sentiments. Afterwards they informed the tyrant of all who were dissatisfied with the existing state of affairs; and the punishments of those who were found guilty were severe and relentless.

XLIV. Nor[2] was he satisfied merely with these illegal vexations of the plebeians, but, after selecting from among them such as were loyal to himself and fit for war, he compelled the rest to labour on the public works in the city; for he believed that monarchs are exposed to the greatest danger when the worst

[1] See chap. 14, 3; 15, 3.
[2] *Cf.* Livy i. 56, 1 f.; 57, 2.

ὅταν οἱ πονηρότατοι τῶν πολιτῶν καὶ ἀπορώτατοι
σχολὴν ἄγωσι, καὶ ἅμα προθυμίαν ἔχων ἐπὶ
τῆς ἰδίας ἀρχῆς τὰ καταλειφθέντα ἡμίεργα ὑπὸ
τοῦ πάππου τελειῶσαι καὶ τὰς [1] μὲν ἐξαγωγίμους
τῶν ὑδάτων τάφρους, ἃς ἐκεῖνος ὀρύττειν ἤρξατο,
μέχρι τοῦ ποταμοῦ καταγαγεῖν, τὸν δ' ἀμφιθέατρον
ἱππόδρομον οὐδὲν ἔξω τῶν κρηπίδων ἔχοντα
2 παστάσιν ὑποστέγοις περιλαβεῖν. ταῦτα [2] δὴ
πάντες οἱ πένητες εἰργάζοντο σῖτα παρ' αὐτοῦ
μέτρια λαμβάνοντες· οἱ μὲν λατομοῦντες, οἱ δ' [3]
ὑλοτομοῦντες, οἱ δὲ τὰς κομιζούσας ταῦθ' ἁμάξας
ἄγοντες, οἱ δ' ἐπὶ τῶν ὤμων αὐτοὶ [4] τὰ ἄχθη
φέροντες· μεταλλεύοντές τε τὰς ὑπονόμους
σήραγγας ἕτεροι καὶ πλάττοντες τὰς ἐν αὐταῖς
καμάρας καὶ τὰς παστάδας ἐγείροντες, καὶ τοῖς
ταῦτα πράττουσι χειροτέχναις ὑπηρετοῦντες χαλ-
κοτύποι τε καὶ τέκτονες καὶ λιθουργοὶ τῶν
ἰδιωτικῶν ἔργων ἀφεστῶτες ἐπὶ ταῖς δημοσίαις
3 κατείχοντο χρείαις. περὶ ταῦτα δὴ τὰ ἔργα
τριβόμενος ὁ λεὼς οὐδεμίαν ἀνάπαυσιν ἐλάμβανεν·
ὥσθ' οἱ πατρίκιοι τὰ τούτων κακὰ καὶ τὰς
λατρείας [5] ὁρῶντες ἔχαιρόν τ' ἐν μέρει καὶ τῶν
ἰδίων ἐπελανθάνοντο ἀλγεινῶν· κωλύειν μὲν γὰρ
οὐδέτεροι τὰ γινόμενα ἐπεχείρουν.

XLV. Λογιζόμενος δ' ὁ Ταρκύνιος, ὅτι τοῖς
μὴ κατὰ νόμους λαβοῦσι τὰς δυναστείας, ἀλλὰ διὰ
τῶν ὅπλων κτησαμένοις, οὐ μόνον ἐπιχωρίου
δεῖ φυλακῆς, ἀλλὰ καὶ ξενικῆς, τὸν ἐπιφανέστατον

---

[1] καὶ τὰς Portus : τὰς O, Jacoby.
[2] ταῦτα Sintenis : εἰς ταῦτα O.
[3] λατομοῦντες, οἱ δ' added by Sintenis (cf. ch. 81, 2).
[4] αὐτοὶ B : αὐτὰ R.

and the most needy of the citizens live in idleness, and at the same time he was eager to complete during his own reign the works his grandfather had left half finished, namely, to extend to the river the drainage canals[1] which the other had begun to dig and also to surround the Circus,[2] which had been carried up no higher than the foundations, with covered porticos. At these undertakings all the poor laboured, receiving from him but a moderate allowance of grain. Some of them were employed in quarrying stone, others in hewing timber, some in driving the wagons that transported these materials, and others in carrying the burdens themselves upon their shoulders, still others in digging the subterranean drains and constructing the arches over them and in erecting the porticos and serving the various artisans who were thus employed; and smiths, carpenters and masons were taken from their private undertakings and kept at work in the service of the public. Thus the people, being worn out by these works, had no rest; so that the patricians, seeing their hardships and servitude, rejoiced in their turn and forgot their own miseries. Yet neither of them attempted to put a stop to these proceedings.

XLV. Tarquinius,[3] considering that those rulers who have not got their power legally but have obtained it by arms require a body-guard, not of natives only, but also of foreigners,[4] earnestly endeavoured

---

[1] The underground sewers; cf. iii. 67, 5.
[2] Literally, " the amphitheatrical race-course."
[3] For chaps. 45-48 cf. Livy i. 49, 8-52, 5.
[4] Cf. Aristotle, Politics 1285 a, 28.

---

[5] τὰς λατρείας B : τὰ ἀλλότρια R.

ἐκ τοῦ Λατίνων ἔθνους καὶ πλεῖστον ἁπάντων
δυνάμενον ἐσπούδαζε φίλον ποιήσασθαι τῷ γάμῳ
συζεύξας τῆς θυγατρός, ὃς ἐκαλεῖτο μὲν Ὀκτα-
ούιος Μαμίλιος, ἀνέφερε δὲ τὸ γένος εἰς Τηλέγονον
τὸν ἐξ Ὀδυσσέως καὶ Κίρκης, κατῴκει δ᾽ ἐν
πόλει Τύσκλῳ, ἐδόκει δὲ τὰ πολιτικὰ συνετὸς
ἐν ὀλίγοις εἶναι καὶ πολέμους στρατηγεῖν ἱκανός.

2 τοῦτον τὸν ἄνδρα φίλον ἔχων καὶ δι᾽ αὐτοῦ
τοὺς ἀρίστους ἐν ἑκάστῃ πόλει τῶν τὰ κοινὰ
πραττόντων προσλαβὼν τότ᾽ ἤδη[1] καὶ τῶν
ὑπαιθρίων ἐπεχείρει πειρᾶσθαι πολέμων καὶ
στρατιὰν ἐπὶ Σαβίνους ἐξάγειν οὐ βουλομένους
ὑπηκόους εἶναι τοῖς ἐπιτάγμασιν, ἀλλ᾽ ἀπηλλάχθαι
τῶν ὁμολογιῶν οἰομένους, ἐξ οὗ Τύλλιος ἐτελεύ-
τησε, πρὸς ὃν ἐποιήσαντο τὰς ὁμολογίας.

3 γνοὺς δὲ ταῦτα προεῖπε δι᾽ ἀγγέλων ἥκειν εἰς
τὴν ἐν Φερεντίνῳ γινομένην[2] ἀγορὰν τοὺς
εἰωθότας ὑπὲρ τοῦ κοινοῦ τῶν Λατίνων συν-
εδρεύειν, ἡμέραν τινὰ ὁρίσας, ὡς περὶ κοινῶν
καὶ μεγάλων πραγμάτων σὺν αὐτοῖς[3] βουλευσό-
4 μενος. οἱ μὲν δὴ παρῆσαν, ὁ δὲ Ταρκύνιος
αὐτὸς ὁ καλέσας αὐτοὺς ὑστέρει. ὡς δὲ πολὺς
ἐγένετο καθημένοις ὁ χρόνος καὶ ἐδόκει τοῖς
πλείοσιν ὕβρις εἶναι τὸ πρᾶγμα, ἀνήρ τις ἐν πόλει
μὲν οἰκῶν Κορίλλῃ, δυνατὸς δὲ καὶ χρήμασι
καὶ φίλοις καὶ τὰ πολέμια ἄλκιμος πολιτικόν
τε λόγον εἰπεῖν οὐκ ἀδύνατος, Τύρνος[4] Ἐρδώνιος
ὄνομα, Μαμιλίῳ τε διάφορος ὢν διὰ τὴν πρὸς

---

[1] τότε ἤδη B : τότε δὴ R.
[2] Bücheler : γενομένην O.
[3] σὺν αὐτοῖς B : om. R.
[4] Lapus, Sylburg : τύρδος O (and so regularly).

to gain the friendship of the most illustrious and most powerful man of the whole Latin nation, by giving his daughter to him in marriage. This man was Octavius Mamilius, who traced his lineage back to Telegonus, the son of Ulysses and Circe; he lived in the city of Tusculum and was looked upon as a man of singular sagacity in political matters and a competent military commander. When Tarquinius had gained the friendship of this man and through him had won over the chief men at the head of affairs in each city, he resolved then at last to try his strength in warfare in the open and to lead an expedition against the Sabines, who refused to obey his orders and looked upon themselves as released from the terms of their treaty upon the death of Tullius, with whom they had made it. After he had taken this resolution he sent messengers to invite to the council at Ferentinum [1] those who were accustomed to meet together there on behalf of the Latin nation, and appointed a day, intimating that he wished to consult with them concerning some important matters of mutual interest. The Latins, accordingly, appeared, but Tarquinius, who had summoned them, did not come at the time appointed. They waited for a long time and the majority of them regarded his behaviour as an insult. Among them was a certain man, named Turnus Herdonius, who lived in the city of Corilla and was powerful by reason both of his riches and of his friends, valiant in war and not without ability in political debate; he was not only at variance with Mamilius, owing to their

---

[1] See the note on iii. 34, 3.

τὰ κοινὰ φιλοτιμίαν καὶ Ταρκυνίῳ διὰ τὸν
Μαμίλιον ἀπεχθόμενος, ὅτι κηδεστὴν ἐκεῖνον
ἠξίωσε λαβεῖν ἀνθ' ἑαυτοῦ, πολλὴν ἐποιεῖτο
τοῦ Ταρκυνίου κατηγορίαν τά τε ἄλλα διεξιὼν
ἔργα τοῦ ἀνδρός, οἷς αὐθάδειά τις ἐδόκει προσεῖναι
καὶ βαρύτης, καὶ τὸ μὴ παρεῖναι πρὸς τὸν
σύλλογον αὐτὸν τὸν κεκληκότα τῶν ἄλλων
5 ἁπάντων παρόντων. ἀπολογουμένου δὲ τοῦ Μα-
μιλίου καὶ εἰς ἀναγκαίας τινὰς ἀναφέροντος αἰτίας
τὸν τοῦ Ταρκυνίου χρονισμὸν ἀναβαλέσθαι [1] τε
ἀξιοῦντος τὸν σύλλογον εἰς τὴν ἐπιοῦσαν ἡμέραν,
πεισθέντες οἱ πρόεδροι τῶν Λατίνων ἀνεβάλοντο
τὴν βουλήν.

XLVI. Τῇ δ' ἑξῆς ἡμέρᾳ παρῆν ὁ Ταρκύνιος
καὶ συναχθέντος τοῦ συλλόγου μικρά τε ὑπὲρ
τοῦ χρονισμοῦ προειπὼν ὑπὲρ τῆς ἡγεμονίας
εὐθὺς ἐποιεῖτο λόγους ὡς κατὰ τὸ δίκαιον αὐτῷ
προσηκούσης, ἐπειδὴ Ταρκύνιος αὐτὴν κατέσχεν
ὁ πάππος αὐτοῦ πολέμῳ κτησάμενος, καὶ τὰς
συνθήκας παρείχετο τὰς γενομένας ταῖς πόλεσι
2 πρὸς ἐκεῖνον. πολὺν δὲ λόγον ὑπὲρ τοῦ δικαίου
καὶ τῶν ὁμολογιῶν διεξελθὼν καὶ μεγάλα τὰς
πόλεις εὐεργετήσειν ὑποσχόμενος, ἐὰν ἐν τῇ
φιλίᾳ διαμείνωσι, τελευτῶν ἔπειθεν αὐτοὺς ἐπὶ
3 τὸ Σαβίνων ἔθνος συστρατεύειν. ὡς δ' ἐπαύσατο
λέγων, παρελθὼν ὁ Τύρνος ὁ καὶ τὸν ὀψισμὸν
αὐτοῦ διαβαλὼν οὐκ εἴα τοὺς συνέδρους παρα-
χωρεῖν τῷ ἀνδρὶ τῆς ἀρχῆς, ὡς οὔτε κατὰ τὸ
δίκαιον αὐτῷ προσηκούσης οὔτ' ἐπὶ τῷ συμ-
φέροντι τῶν Λατίνων δοθησομένης· καὶ πολλοὺς
ὑπὲρ ἀμφοτέρων διεξῆλθε λόγους, τὰς μὲν

---

[1] ἀναβαλέσθαι O : ἀναβάλλεσθαι Steph., Jacoby.

rivalry for power in the state, but also, on account of Mamilius, an enemy to Tarquinius, because the king had seen fit to take the other for his son-in-law in preference to himself. This man now inveighed at length against Tarquinius, enumerating all the other actions of the man which seemed to show evidence of arrogance and presumption, and laying particular stress upon his not appearing at the assembly which he himself had summoned, when all the rest were present. But Mamilius attempted to excuse Tarquinius, attributing his delay to some unavoidable cause, and asked that the assembly might be adjourned to the next day; and the presiding officers of the Latins were prevailed on to do so.

XLVI. The next day Tarquinius appeared and, the assembly having been called together, he first excused his delay in a few words and at once entered upon a discussion of the supremacy, which he insisted belonged to him by right, since Tarquinius, his grandfather, had held it, having acquired it by war; and he offered in evidence the treaties made by the various cities with Tarquinius. After saying a great deal in favour of his claim and concerning the treaties, and promising to confer great advantages on the cities in case they should continue in their friendship, he at last endeavoured to persuade them to join him in an expedition against the Sabines. When he had ceased speaking, Turnus, the man who had censured him for his failure to appear in time, came forward and sought to dissuade the council from yielding to him the supremacy, both on the ground that it did not belong to him by right and also because it would not be in the interest of the Latins to yield it to him; and he dwelt long upon both these points. He said that the treaties they

συνθήκας, ἃς ἐποιήσαντο πρὸς τὸν πάππον αὐτοῦ
παραδιδόντες τὴν ἡγεμονίαν, λελύσθαι λέγων
μετὰ τὸν ἐκείνου θάνατον διὰ τὸ μὴ προσγεγρά-
φθαι ταῖς ὁμολογίαις τὴν αὐτὴν εἶναι δωρεὰν
καὶ τοῖς Ταρκυνίου ἐγγόνοις, τὸν δ᾽ ἀξιοῦντα
τῶν τοῦ πάππου δωρεῶν κληρονομεῖν ἁπάν-
των ἀνθρώπων παρανομώτατον ἀποφαίνων καὶ
πονηρότατον, τὰς [1] πράξεις αὐτοῦ διεξιὼν ἃς
ἐπὶ τῷ κατασχεῖν τὴν Ῥωμαίων ἀρχὴν ἐπετελέ-
4 σατο. διεξελθὼν δὲ πολλὰς αὐτοῦ καὶ δεινὰς
κατηγορίας τελευτῶν ἐδίδασκεν ὡς οὐδὲ τὴν
βασιλείαν εἶχε [2] τὴν Ῥωμαίων κατὰ νόμους παρ᾽
ἑκόντων λαβὼν ὥσπερ οἱ πρὸ αὐτοῦ βασιλεῖς,
ὅπλοις δὲ καὶ βίᾳ κατισχύσας τυραννικήν τε
μοναρχίαν καταστησάμενος τοὺς μὲν ἀποκτείνοι
τῶν πολιτῶν, τοὺς δ᾽ ἐξελαύνοι τῆς πατρίδος,
τῶν δὲ περικόπτοι τὰς οὐσίας, ἁπάντων δ᾽
ἅμα τὴν παρρησίαν καὶ τὴν ἐλευθερίαν ἀφαιροῖτο·
πολλῆς τε μωρίας ἔφη καὶ θεοβλαβείας εἶναι
παρὰ πονηροῦ καὶ ἀνοσίου τρόπου χρηστόν
τι καὶ φιλάνθρωπον ἐλπίζειν καὶ νομίζειν ὡς ὁ
τῶν συγγενεστάτων τε καὶ ἀναγκαιοτάτων μὴ
φεισάμενος τῶν ἀλλοτρίων φείσεται· παρήνει
τε ἕως [3] οὔπω τὸν χαλινὸν εἰλήφασι τῆς δουλείας
περὶ τοῦ μὴ λαβεῖν αὐτὸν διαμάχεσθαι, ἐξ ὧν
ἕτεροι πεπόνθασι δεινῶν τεκμαιρομένους ἃ συμ-
βήσεται παθεῖν αὐτοῖς.

XLVII. Τοιαύτῃ καταδρομῇ τοῦ Τύρνου χρη-
σαμένου καὶ τῶν πολλῶν σφόδρα κινηθέντων
ἐπὶ τοῖς λόγοις, αἰτησάμενος εἰς ἀπολογίαν ὁ

---

[1] τὰς Kiessling : καὶ τὰς O, Jacoby.
[2] εἶχε O : ἔχοι Kiessling.

had made with the grandfather of Tarquinius, when they granted to him the supremacy, had been terminated after his death, no clause having been added to those treaties providing that the same grant should descend to his posterity; and he showed that the man who claimed the right to inherit the grants made to his grandfather was of all men the most lawless and most wicked, and he recounted the things he had done in order to possess himself of the sovereignty over the Romans. After enumerating many terrible charges against him, he ended by informing them that Tarquinius did not hold even the kingship over the Romans in accordance with the laws by taking it with their consent, like the former kings, but had prevailed by arms and violence; and that, having established a tyranny, he was putting some of the citizens to death, banishing others, despoiling others of their estates, and taking from all of them their liberty both of speech and of action. He declared it would be an act of great folly and madness to hope for anything good and beneficent from a wicked and impious nature and to imagine that a man who had not spared such as were nearest to him both in blood and friendship would spare those who were strangers to him; and he advised them, as long as they had not yet accepted the yoke of slavery, to fight to the end against accepting it, judging from the misfortunes of others what it would be their own fate to suffer.

XLVII. After Turnus had thus inveighed against Tarquinius and most of those present had been greatly moved by his words, Tarquinius asked that

---

³ τε ἕως O : τε τέως Jacoby.

Ταρκύνιος τὴν ἐπιοῦσαν ἡμέραν καὶ λαβών, ὡς
ὁ σύλλογος διελύθη, παρακαλέσας τοὺς ἀναγ-
καιοτάτους ἐσκόπει μετ᾽ ἐκείνων τίνα χρηστέον
τοῖς πράγμασι τρόπον. οἱ μὲν οὖν ἄλλοι τοὺς
λόγους οὓς ἦν αὐτῷ λεκτέον ἐπὶ τῆς ἀπολογίας
ὑπετίθεντο, καὶ τοὺς τρόπους οἷς ἔδει τὸ πλῆθος
ἀποθεραπεύειν ἀπελογίζοντο· αὐτὸς δ᾽ ὁ Ταρκύ-
νιος τούτων μὲν οὐδενὸς ἔφη δεῖν τοῖς πράγμασιν,
ἰδίαν δὲ γνώμην ἀπεδείκνυτο μὴ τὰ κατηγο-
ρηθέντα λύειν, ἀλλ᾽ αὐτὸν τὸν κατηγορήσαντα
2 ἀναιρεῖν. ἐπαινεσάντων δὲ τὴν γνώμην ἁπάντων
συνταξάμενος μετ᾽ αὐτῶν τὰ [1] κατὰ τὴν ἐπίθεσιν
πράγματι ἐπεχείρησεν ἥκιστα δυναμένῳ πεσεῖν
εἰς πρόνοιαν ἀνθρωπίνην καὶ φυλακήν. τῶν
γὰρ παρακομιζόντων τά τε ὑποζύγια καὶ τὴν
ἀποσκευὴν τοῦ Τύρνου θεραπόντων τοὺς πονηρο-
τάτους ἐξευρὼν καὶ διαφθείρας χρήμασιν ἔπειθεν
ὑπὸ νύκτα ξίφη πολλὰ παρ᾽ αὐτοῦ [2] λαβόντας
εἰσενεγκεῖν εἰς τὴν κατάλυσιν τοῦ δεσπότου
καὶ ἀποθέσθαι κρύψαντας ἐν τοῖς σκευοφόροις.
3 τῇ δ᾽ ἑξῆς ἡμέρᾳ συναχθείσης τῆς [3] ἐκκλησίας
παρελθὼν ὑπὲρ μὲν τῶν κατηγορηθέντων βραχεῖαν
ἔλεγεν εἶναι τὴν ἀπολογίαν καὶ δικαστὴν ἁπάντων
ἐποιεῖτο τῶν ἐγκλημάτων αὐτὸν τὸν κατ-
ήγορον. " Οὑτοσὶ γάρ," ἔφη, " Τύρνος, ὦ σύν-
εδροι, τούτων ὧν νυνί μου κατηγορεῖ πάντων
δικαστὴς γενόμενος αὐτὸς ἀπέλυσέ με, ὅτε τὴν
θυγατέρα τὴν ἐμὴν ἐβούλετο λαβεῖν γυναῖκα.

---

[1] τὰ Sintenis : τῷ ABb, om. Ba.
[2] παρ᾽ αὐτοῦ B : om. R.
[3] τῆς added by Kiessling.

the following day might be set for his defence. His request was granted, and when the assembly had been dismissed, he summoned his most intimate friends and consulted with them how he ought to handle the situation. These began to suggest to him the arguments he should use in his defence and to run over the means by which he should endeavour to win back the favour of the majority; but Tarquinius himself declared that the situation did not call for any such measures, and gave it as his own opinion that he ought not to attempt to refute the accusations, but rather to destroy the accuser himself. When all had praised this opinion, he arranged with them the details of the attack and then set about carrying out a plot that was least likely to be foreseen by any man and guarded against. Seeking out the most evil among the servants of Turnus who conducted his pack animals with the baggage and bribing them with money, he persuaded them to take from him a large number of swords at nightfall and to carry them into the lodging of their master and put them away in the baggage-chests[1] where they would not be in sight. The next day, when the assembly had convened, Tarquinius came forward and said that his defence against the accusations was a brief one, and he proposed that his accuser himself should be the judge of all the charges. " For, councillors," he said, " Turnus here, as a judge, himself acquitted me of everything of which he now accuses me, when he desired my daughter in marriage.

---

[1] The word used in the text, σκενοφόροις, ordinarily means either " pack-animals " or " porters," neither of which meanings suits the context. Warmington suggests " baggage-chests," cf. οἰνοφόρον " wine-jar " ; Capps would read σκενο-φορίοις, in the sense of " strong-boxes." But possibly the compound means simply the baggage itself (so Polybius, vi. 40. 3).

4 ἐπεὶ δ᾽ ἀπηξιώθη τῶν γάμων κατὰ τὸ εἰκός
(τίς γὰρ ἂν τῶν νοῦν ἐχόντων Μαμίλιον τὸν
εὐγενέστατόν τε καὶ κράτιστον Λατίνων ἀπ-
εώσατο, τοῦτον δὲ κηδεστὴν ἠξίωσε λαβεῖν, ὃς
οὐδ᾽ εἰς τρίτον πάππον ἀνενεγκεῖν ἔχει τὸ γένος;)
ἀγανακτῶν ἐπὶ τούτῳ νῦν ἥκει μου κατηγορῶν.
ἔδει δ᾽ αὐτόν, εἰ μὲν ᾔδει με τοιοῦτον ὄντα
οἷον νῦν αἰτιᾶται, μὴ προθυμεῖσθαι λαβεῖν τότε
πενθερόν· εἰ δὲ χρηστὸν ἐνόμιζεν, ὅτε τὴν
θυγατέρα με ᾐτεῖτο, μηδὲ νῦν ὡς πονηροῦ κατ-
5 ηγορεῖν. καὶ περὶ μὲν ἐμαυτοῦ τοσαῦτα λέγω·
ὑμῖν δ᾽, ὦ σύνεδροι, κινδύνων τὸν μέγιστον
τρέχουσιν οὐ περὶ ἐμοῦ σκεπτέον ἐστὶ νυνί,
πότερα χρηστὸς ἢ πονηρός εἰμι (τουτὶ γὰρ
ἐξέσται καὶ μετὰ ταῦθ᾽ ὑμῖν σκοπεῖν), ἀλλὰ
περὶ τῆς ὑμῶν αὐτῶν ἀσφαλείας καὶ περὶ τῆς
τῶν πατρίδων ἐλευθερίας. ἐπιβουλεύεσθε γὰρ
οἱ κορυφαιότατοι τῶν ἐν ταῖς πόλεσι καὶ τὰ
κοινὰ πράττοντες ὑπὸ τοῦ καλοῦ τούτου δημαγω-
γοῦ, ὃς [1] παρεσκεύασταί τε τοὺς ἐπιφανεστάτους
ὑμῶν ἀποκτείνας ἐπιθέσθαι τῇ Λατίνων ἀρχῇ
6 καὶ ἐπὶ τοῦθ᾽ ἥκει. ταῦτα δ᾽ οὐκ εἰκάζων,
ἀλλ᾽ ἀκριβῶς ἐπιστάμενος λέγω μηνύσεώς μοι
γενομένης ἐν τῇ παρελθούσῃ νυκτὶ ὑπό τινος
τῶν μετεσχηκότων τῆς συνωμοσίας. τεκμή-
ριον δ᾽ ὑμῖν παρέξομαι τῶν λόγων ἔργον ἀναμφί-
λεκτον, ἐὰν ἐθελήσητε [2] ἐλθεῖν ἐπὶ τὴν κατάλυσιν
αὐτοῦ, τὰ κεκρυμμένα ἐν αὐτῇ δείξας ὅπλα.᾽᾽

XLVIII. Ὡς δὲ ταῦτ᾽ εἶπεν, ἀνεβόησάν τε
πάντες καὶ περὶ τοῖς ἀνδράσι δεδιότες ἐλέγχειν
τὸ πρᾶγμα καὶ μὴ φενακίζειν ἠξίουν. καὶ ὁ

---

[1] ὃς added by Reiske.

But since he was thought unworthy of the marriage, as was but natural (for who in his senses would have refused Mamilius, the man of highest birth and greatest merit among the Latins, and consented to take for his son-in-law this man who cannot trace his family back even five generations?), in resentment for this slight he has now come to accuse me. Whereas, if he knew me to be such a man as he now charges, he ought not to have desired me then for a father-in-law; and if he thought me a good man when he asked me for my daughter in marriage, he ought not now to traduce me as a wicked man. So much concerning myself. As for you, councillors, who are running the greatest of dangers, it is not for you to consider now whether I am a good or a bad man (for this you may inquire into afterwards) but to provide both for your own safety and for the liberty of your respective cities. For a plot is being formed by this fine demagogue against you who are the chief men of your cities and are at the head of affairs; and he is prepared, after he has put the most prominent of you to death, to attempt to seize the sovereignty over the Latins, and has come here for that purpose. I do not say this from conjecture but from my certain knowledge, having last night received information of it from one of the accomplices in the conspiracy. And I will give you an incontestible proof of what I say, if you will go to his lodging, by showing you the arms that are concealed there."

XLVIII. After he had thus spoken they all cried out, and fearing for the men's safety, demanded that he prove the matter and not impose upon them.

---

² Jacoby: θελήσετε O.

Τύρνος, οἷα δὴ τὴν ἐπιβουλὴν οὐ προεγνωκώς, ἄσμενος τὴν ἐξέτασιν ἔφη δέχεσθαι καὶ τοὺς προέδρους ἐπὶ τὴν ἔρευναν τῆς καταλύσεως ἐκάλει καὶ δυεῖν γενέσθαι θάτερον ἔφη δεῖν, ἢ αὐτὸς ἀποθανεῖν, ἐὰν εὑρεθῇ παρεσκευασμένος ὅπλα ἔξω τῶν ἐνοδίων, ἢ τὸν καταψευσάμενον 2 αὐτοῦ δίκην ὑποσχεῖν. ἐδόκει ταῦτα· καὶ οἱ πορευθέντες ἐπὶ τὴν κατάλυσιν αὐτοῦ καταλαμβάνουσιν ἐν τοῖς σκευοφόροις τὰ κατακρυφθέντα ὑπὸ τῶν θεραπόντων ξίφη. μετὰ τοῦτο τὸν μὲν Τύρνον οὐκέτι λόγου τυχεῖν ἐάσαντες εἰς βάραθρόν τι καταβάλλουσι καὶ ἐπικατασκάψαντες ἔτι ζῶντος τὴν γῆν διαφθείρουσι παραχρῆμα. 3 τὸν δὲ Ταρκύνιον ἐπαινέσαντες ἐπὶ τῆς ἐκκλησίας ὡς κοινὸν εὐεργέτην τῶν πόλεων ἐπὶ τῷ σεσωκέναι τοὺς ἀρίστους ἄνδρας, ἡγεμόνα ποιοῦνται τοῦ ἔθνους ἐπὶ τοῖς αὐτοῖς δικαίοις ἐφ' οἷς Ταρκύνιόν τε τὸν πάππον αὐτοῦ πρότερον ἐποιήσαντο καὶ μετὰ ταῦτα Τύλλιον· συνθήκας τε γράψαντες ἐν στήλαις καὶ περὶ φυλακῆς τῶν συγκειμένων ὅρκια τεμόντες διέλυσαν τὸν σύλλογον.

XLIX. Τυχὼν δὲ τῆς Λατίνων ἡγεμονίας ὁ Ταρκύνιος ἐπρεσβεύσατο καὶ πρὸς τὰς Ἑρνίκων πόλεις καὶ πρὸς τὰς Οὐολούσκων προκαλούμενος κἀκείνους εἰς φιλίαν τε καὶ συμμαχίαν. Ἕρνικες μὲν οὖν ἅπαντες ἐψηφίσαντο ποιεῖν τὴν συμμαχίαν, ἐκ δὲ τοῦ Οὐολούσκων ἔθνους δύο πόλεις ἐδέξαντο μόναι τὰς προκλήσεις, Ἐχετρανοί τε καὶ Ἀντιᾶται. τοῦ δὲ μένειν εἰς ἅπαντα χρόνον τὰ συγκείμενα ταῖς πόλεσι πρόνοιαν ὁ Ταρκύνιος λαμβάνων ἱερὸν ἔγνω κοινὸν ἀποδεῖξαι Ῥωμαίων τε καὶ Λατίνων καὶ Ἑρνίκων καὶ Οὐολούσκων τῶν

And Turnus, since he was unaware of the treachery, cheerfully offered to submit to the investigation and invited the presiding officers to search his lodging, saying that one of two things ought to come of it —either that he himself should be put to death, if he were found to have provided more arms than were necessary for his journey, or that the person who had accused him falsely should be punished. This offer was accepted; and those who went to his lodging found the swords which had been hidden in the baggage-chests by the servants. After this they would not permit Turnus to say anything more in his defence, but cast him into a pit and promptly dispatched him by burying him alive. As for Tarquinius, they praised him in the assembly as the common benefactor of all their cities for having saved the lives of their chief citizens, and they appointed him leader of their nation upon the same terms as they had appointed Tarquinius, his grandfather, and, after him, Tullius; and having engraved the treaty on pillars and confirmed it by oaths, they dismissed the assembly.

XLIX. After Tarquinius had obtained the supremacy over the Latins, he sent ambassadors to the cities of the Hernicans and to those of the Volscians to invite them also to enter into a treaty of friendship and alliance with him. The Hernicans unanimously voted in favour of the alliance, but of the Volscians only two cities, Ecetra and Antium, accepted the invitation. And as a means of providing that the treaties made with those cities might endure forever, Tarquinius resolved to designate a temple for the joint use of the Romans, the Latins, the Hernicans and such of the Volscians as had entered into the

ἐγγραψαμένων εἰς τὴν συμμαχίαν, ἵνα συν-
ερχόμενοι καθ᾽ ἕκαστον ἐνιαυτὸν εἰς τὸν ἀπο-
δειχθέντα τόπον πανηγυρίζωσι καὶ συνεστιῶνται
2 καὶ κοινῶν ἱερῶν μεταλαμβάνωσιν. ἀγαπητῶς
δὲ πάντων τὸ πρᾶγμα δεξαμένων τόπον μὲν
ἀπέδειξεν ἔνθα ποιήσονται τὴν σύνοδον ἐν
μέσῳ μάλιστα τῶν ἐθνῶν κείμενον ὄρος ὑψηλόν,
ὃ τῆς Ἀλβανῶν ὑπέρκειται πόλεως, ἐν ᾧ πανηγύ-
ρεις τ᾽ ἀνὰ πᾶν ἔτος ἄγεσθαι καὶ ἐκεχειρίας εἶναι
πᾶσι πρὸς πάντας ἐνομοθέτησε θυσίας τε συν-
τελεῖσθαι κοινὰς τῷ καλουμένῳ Λατιαρίῳ Διὶ
καὶ συνεστιάσεις, τάξας ἃ δεῖ παρέχειν ἑκάστην
πόλιν εἰς τὰ ἱερά, καὶ μοῖραν ἣν ἑκάστην δεήσει
λαμβάνειν. αἱ δὲ μετασχοῦσαι τῆς ἑορτῆς τε
καὶ τῆς θυσίας πόλεις τριῶν δέουσαι πεντήκοντα
3 ἐγένοντο. ταύτας τὰς ἑορτάς τε καὶ τὰς θυσίας
μέχρι τῶν καθ᾽ ἡμᾶς χρόνων ἐπιτελοῦσι Ῥωμαῖοι
Λατίνας καλοῦντες, καὶ φέρουσιν εἰς αὐτὰς αἱ
μετέχουσαι τῶν ἱερῶν πόλεις αἱ μὲν ἄρνας, αἱ δὲ
τυρούς, αἱ δὲ γάλακτός τι μέτρον, αἱ δὲ ὅμοιόν τι
τούτοις πελάνου γένος · [1] ἑνὸς δὲ ταύρου κοινῶς
ὑπὸ πασῶν θυομένου μέρος ἑκάστη τὸ τεταγμένον
λαμβάνει. θύουσι δ᾽ ὑπὲρ ἁπάντων καὶ τὴν
ἡγεμονίαν τῶν ἱερῶν ἔχουσι Ῥωμαῖοι.

L. Ὡς δὲ καὶ ταύταις ἐκρατύνατο τὴν

---

[1] πελάνου γένος is almost certainly corrupt and was deleted
by Jacoby; it looks like a gloss, but γένος may have arisen
from ἑνὸς by dittography, as Reiske suggested. αἱ δὲ ὅμοιόν
τι τούτοις οἷον ἀκρόδρυα καὶ πελάνους Reiske, ⟨αἱ δὲ ἴτριον,⟩
αἱ δὲ ὅμοιόν τι τούτοις (omitting πελάνου γένος) Sintenis.

---

[1] *Feriae Latinae.*

alliance, in order that, coming together each year at the appointed place, they might celebrate a general festival, feast together and share in common sacrifices. This proposal being cheerfully accepted by all of them, he appointed for their place of assembly a high mountain situated almost at the centre of these nations and commanding the city of the Albans; and he made a law that upon this mountain an annual festival should be celebrated, during which they should all abstain from acts of hostility against any of the others and should perform common sacrifices to Jupiter Latiaris, as he is called, and feast together, and he appointed the share each city was to contribute towards these sacrifices and the portion each of them was to receive. The cities that shared in this festival and sacrifice were forty-seven. These festivals and sacrifices the Romans celebrate to this day, calling them the " Latin Festivals"; [1] and some of the cities that take part in them bring lambs, some cheeses, others a certain measure of milk, and others something of like nature.[2] And one bull is sacrificed in common by all of them, each city receiving its appointed share of the meat. The sacrifices they offer are on behalf of all and the Romans have the superintendence of them.

L. When [3] he had strengthened his power by

---

[2] The MSS. add " a kind of honey-cake." This looks like a scribe's comment on some word that has been lost; or the word " honey-cake(s) " itself may have stood in the original text. Reiske proposed to read : " and others something of like nature, such as nuts and honey-cakes." Sintenis suggested : " and others an *itrion* (a cake made of sesame and honey), and others something of like nature," omitting the words " a kind of honey-cake."

[3] *Cf.* Livy i. 53, 1–3.

ἀρχὴν ταῖς συμμαχίαις, στρατὸν ἐξάγειν ἐπὶ
Σαβίνους ἔγνω Ῥωμαίων τ᾽ αὐτῶν ἐπιλέξας οὓς
ἥκιστα ὑπώπτευεν, εἰ κύριοι τῶν ὅπλων γένοιντο,
ἐλευθερίας μεταποιήσεσθαι, καὶ τὴν παρὰ τῶν
συμμάχων ἀφιγμένην δύναμιν προσλαβὼν πολλῷ
2 πλείονα τῆς πολιτικῆς ὑπάρχουσαν. δῃώσας δ᾽
αὐτῶν τοὺς ἀγροὺς καὶ τοὺς ὁμόσε χωρήσαντας
μάχῃ νικήσας ἐπὶ τοὺς καλουμένους Πωμεντίνους
ἦγε τὴν δύναμιν, οἳ πόλιν μὲν Σύεσσαν [1] ᾤκουν,
εὐδαιμονέστατοι δ᾽ ἐδόκουν ἁπάντων εἶναι τῶν
πλησιοχώρων καὶ διὰ τὴν πολλὴν εὐτυχίαν ἅπασι
λυπηροὶ καὶ βαρεῖς, ἐγκαλῶν αὐτοῖς ἁρπαγάς
τινας καὶ λῃστείας, ὑπὲρ ὧν αἰτούμενοι δίκας
αὐθάδεις ἔδωκαν ἀποκρίσεις. οἱ δ᾽ ἦσαν ἕτοιμοι
προσδεχόμενοι τὸν πόλεμον καὶ ἐν τοῖς ὅπλοις.
3 συνάψας δ᾽ αὐτοῖς μάχην περὶ τὰ μεθόρια καὶ
πολλοὺς μὲν ἀποκτείνας, τοὺς δὲ λοιποὺς τρεψά-
μενος καὶ κατακλείσας εἰς τὸ τεῖχος,[2] ὡς οὐκέτι
προῄεσαν ἐκ τῆς πόλεως, παραστρατοπεδεύσας
αὐτοῖς ἀπετάφρευέ τε καὶ περιεχαράκου καὶ
προσβολὰς ἐποιεῖτο τοῖς τείχεσι συνεχεῖς. οἱ δ᾽
ἔνδον τέως μὲν ἀπεμάχοντο καὶ πολὺν ἀντέσχον
τῇ ταλαιπωρίᾳ χρόνον· ὡς δ᾽ ὑπέλιπεν αὐτοὺς
τὰ ἐπιτήδεια, ἐξασθενοῦντες τὰ σώματα καὶ οὔτ᾽
ἐπικουρίαν οὐδεμίαν προσλαβόντες οὐδ᾽ ἀνα-
παύσεως τυγχάνοντες, ἀλλὰ καὶ μεθ᾽ ἡμέραν καὶ
νύκτωρ οἱ αὐτοὶ [3] ταλαιπωροῦντες, ἁλίσκονται
4 κατὰ κράτος. γενόμενος δὲ τῆς πόλεως ἐγκρατὴς

---

[1] Kiessling: σούεσσαν O.
[2] εἰς τὸ τεῖχος B : om. R.
[3] οἱ αὐτοὶ Garrer : αὐτοὶ O, Jacoby.

these alliances also, he resolved to lead an army against the Sabines, choosing such of the Romans as he least suspected of being apt to assert their liberty if they became possessed of arms, and adding to them the auxiliary forces that had come from his allies, which were much more numerous than those of the Romans. And having laid waste the enemy's country and defeated in battle those who came to close quarters with him, he led his forces against the people called the Pometini, who lived in the city of Suessa[1] and had the reputation of being more prosperous than any of their neighbours and, because of their great good fortune, of being troublesome and oppressive to them all. He accused them of certain acts of brigandage and robbery and of giving haughty answers when asked for satisfaction therefor. But they were expecting war and were ready and in arms. Tarquinius engaged them in battle upon the frontiers, and after killing many of them and putting the rest to flight, he shut them up within their walls; and when they no longer ventured out of the city, he encamped near by, and surrounding it with a ditch and palisades, made continuous assaults upon the walls. The inhabitants defended themselves and withstood the hardships of the siege for a considerable time; but when their provisions began to fail and their strength was spent, since they neither received any assistance nor even obtained any respite, but the same men had to toil both night and day, they were taken by storm. Tarquinius, being now master of the city, put to

---

[1] This ancient Volscian city was often called Suessa Pometia. Its name survived in the adjectival forms Pomptinus and Pontinus.

τοὺς μὲν ἐν τοῖς ὅπλοις διέφθειρε, γυναῖκας δ᾽
αὐτῶν καὶ τέκνα καὶ τοὺς ὑπομείναντας αἰχμαλώ-
τους γενέσθαι καὶ τὸ τῶν θεραπόντων πλῆθος
οὐδ᾽ ἀριθμηθῆναι ῥᾴδιον τοῖς στρατιώταις ἐπέτρε-
ψεν ἀπάγεσθαι τήν τ᾽ ἄλλην κτῆσιν τῆς πόλεως
ἄγειν καὶ φέρειν, εἴ τις ἐπιτύχοι, τήν τ᾽ ἐντὸς
τείχους καὶ τὴν ἐπὶ τῶν ἀγρῶν ἐφῆκεν· ἄργυρον
δὲ καὶ χρυσόν, ὅσος εὑρέθη, συναγαγὼν εἰς ἓν
χωρίον καὶ τὴν δεκάτην ἐξελόμενος εἰς κατασκευὴν
ἱεροῦ τὰ λοιπὰ χρήματα τοῖς στρατιώταις διεῖλεν.
5 οὕτω δ᾽ ἄρα πολὺς ὁ καταληφθεὶς ἄργυρός τε
καὶ χρυσὸς ἦν ὥστε τῶν μὲν στρατιωτῶν ἕκαστον
πέντε μνᾶς ἀργυρίου λαβεῖν, τὸ δὲ τοῖς θεοῖς
δεκατευθὲν ἀργύριον τετρακοσίων οὐ μεῖον γενέσθαι
ταλάντων.

LI. Ἔτι δ᾽ ἐν τῇ Συέσσῃ διατρίβοντος αὐτοῦ
παρῆν τις ἀγγέλλων ὅτι Σαβίνων ἡ κρατίστη
νεότης ἐξελήλυθε καὶ δυσὶ μεγάλοις [1] στρατεύμασιν
εἰς τὴν Ῥωμαίων ἐμβαλοῦσα λεηλατεῖ τοὺς
ἀγρούς, ἡ μὲν Ἡρήτου πλησίον θεμένη τὸν
χάρακα, ἡ δὲ περὶ Φιδήνην, καὶ εἰ μή τις αὐτοῖς
δύναμις ἐναντιωθήσεται, πάντα οἰχήσεται τἀκεῖ.
2 ὡς δὲ ταῦτ᾽ ἤκουσεν, ἐν μὲν τῇ Συέσσῃ βραχύ
τι καταλείπει μέρος τῆς στρατιᾶς τά τε λάφυρα
καὶ τὴν ἀποσκευὴν φυλάττειν παρακελευσάμενος,
τὴν δ᾽ ἄλλην δύναμιν εὔζωνον ἀναλαβὼν ἦγεν
ἐπὶ τοὺς πρὸς Ἡρήτῳ κατεστρατοπεδευκότας καὶ
τίθεται τὸν χάρακα μετέωρον ὀλίγον τὸ μεταξὺ
χωρίον καταλιπών. δόξαν δὲ [2] τοῖς ἡγεμόσι τῶν

---

[1] μεγάλοις B : om. R.
[2] δὲ Kiessling : τε O.

death all he found in arms and permitted the soldiers to carry off the women and children and such others as allowed themselves to be made prisoners, together with a multitude of slaves not easy to be numbered; and he also gave them leave to carry away all the plunder of the city that they found both inside the walls and in the country. As to the silver and gold that was found there, he ordered it all to be brought to one place, and having reserved a tenth part of it to build a temple, he distributed the rest among the soldiers. The quantity of silver and gold taken upon this occasion was so considerable that every one of the soldiers received for his share five minae of silver, and the tenth part reserved for the gods amounted to no less than four hundred talents.[1]

LI. While he was still tarrying at Suessa a messenger brought the news that the flower of the Sabine youth had set out and made an irruption into the territory of the Romans in two large armies and were laying waste the country, one of them being encamped near Eretum and the other near Fidenae, and that unless a strong force should oppose them everything there would be lost. When Tarquinius heard this he left a small part of his army at Suessa, ordering them to guard the spoils and the baggage, and leading the rest of his forces in light marching order against that body of the Sabines which was encamped near Eretum, he pitched camp upon an eminence within a short distance of the enemy. And

---

[1] Livy (i. 55, 8 f.; cf. 53, 3) favours Fabius Pictor's estimate of 40 talents as the amount realized from the sale of the booty and devoted to the construction of the temple of Jupiter Capitolinus, as against Piso's statement that the amount was 40,000 pounds of silver. The 400 talents of Dionysius are probably meant to be the equivalent of Piso's figure.

Σαβίνων μάχην ἔωθεν τίθεσθαι μεταπεμψαμένοις
τὸ ἐν Φιδήνῃ στράτευμα, μαθὼν τὴν διάνοιαν
αὐτῶν ὁ Ταρκύνιος (ἑάλω γὰρ ὁ τὰ γράμματα
κομίζων παρὰ τῶν αὐτόθεν ἡγεμόνων πρὸς τοὺς
ἐκεῖ) σοφίᾳ πρὸς τὸ συμβὰν ἀπὸ τύχης ἐχρήσατο
3 τοιᾷδε. νείμας τὴν δύναμιν διχῇ τὴν μὲν ἑτέραν
ὑπὸ νύκτα πέμπει λαθὼν τοὺς πολεμίους ἐπὶ τὴν
φέρουσαν ἀπὸ Φιδήνης ὁδόν, τὴν δ' ἑτέραν ἅμα
τῷ λαμπρὰν ἡμέραν γενέσθαι συντάξας προῆγεν
ἐκ τοῦ χάρακος ὡς εἰς μάχην· καὶ οἱ Σαβῖνοι
τεθαρρηκότες ἀντεπεξῇεσαν τούς τε πολεμίους οὐ
πολλοὺς ὄντας [1] ὁρῶντες καὶ τὴν ἑαυτῶν δύναμιν τὴν
ἀπὸ Φιδήνης ὅσον οὔπω παρέσεσθαι νομίζοντες.
οὗτοι μὲν δὴ καταστάντες ἐμάχοντο, καὶ ἦν
ἰσόρροπος αὐτοῖς ἐπὶ πολὺν χρόνον ὁ ἀγών· οἱ δὲ
προαποσταλέντες ὑπὸ τοῦ Ταρκυνίου νύκτωρ
ὑποστρέψαντες ἐκ τῆς ὁδοῦ καὶ γενόμενοι κατὰ
4 νῶτον τῶν Σαβίνων ἐπῄεσαν. τούτους ἰδόντες
οἱ Σαβῖνοι καὶ γνωρίσαντες ἐκ τῶν ὅπλων καὶ
ἀπὸ τῶν σημείων ἐξέστησαν τῶν λογισμῶν [2] καὶ
τὰ ὅπλα ῥίψαντες ἐπειρῶντο σώζειν ἑαυτούς.
ἦν δ' ἄπορος ἡ σωτηρία τοῖς πολλοῖς περιεχομένοις
κύκλῳ ὑπ' ἐχθρῶν, καὶ τῶν Ῥωμαίων ἡ ἵππος
ἐπικειμένη πανταχόθεν αὐτοὺς ἀπέκλειεν· ὥστ'
ὀλίγοι μέν τινες ἔφθησαν [3] τὰ δεινὰ ὑπεκδύντες,
οἱ δὲ πλείους κατεκόπησαν ὑπὸ τῶν πολεμίων ἢ
παρέδοσαν ἑαυτούς. ἀντέσχον δ' οὐδ' οἱ κατα-
λειφθέντες ἐπὶ τοῦ χάρακος, ἀλλὰ καὶ τὸ ἔρυμα
ἑάλω τῇ πρώτῃ ἐφόδῳ· ἔνθα σὺν τοῖς ἰδίοις
τῶν Σαβίνων χρήμασι καὶ τὰ Ῥωμαίων ἅπαντα

---

[1] πολλοὺς ὄντας Naber : πολλοὺς O, Jacoby.
[2] τῶν λογισμῶν B : τῷ λογισμῷ R.

the generals of the Sabines having resolved to send for
their army that was at Fidenae and to give battle
at daybreak, Tarquinius learned of their intention
(for the bearer of the letter from these generals to
the others had been captured) and availed himself
of this fortunate incident by employing the following
stratagem : He divided his army into two bodies and
sent one of them in the night without the enemy's
knowledge to occupy the road that led from Fidenae ;
and drawing up the other division as soon as it was
fully day, he marched out of his camp as if to give
battle. The Sabines, seeing the small number of the
enemy and believing that their other army from
Fidenae would come up at any moment, boldly
marched out against them. These armies, there-
fore, engaged and the battle was for a long time
doubtful ; then the troops which had been sent out in
advance by Tarquinius during the night turned back
in their march and prepared to attack the Sabines in
the rear. The Sabines, upon seeming them and
recognizing them by their arms and their standards,
were upset in their calculations, and throwing away
their arms, sought to save themselves by flight. But
escape was impossible for most of them, surrounded
as they were by enemies, and the Roman horse,
pressing upon them from all sides, hemmed them in ;
so that only a few were prompt enough to escape
disaster, but the greater part were either cut down
by the enemy or surrendered. Nor was there any
resistance made even by those who were left in the
camp, but this was taken at the first onset ; and there,
besides the Sabines' own effects, all the possessions that
had been stolen from the Romans, together with **many**

---

³ ἔφθησαν B : ἐσώθησαν R.

σὺν πολλοῖς αἰχμαλώτοις ἔτι ἀκέραια ὄντα τοῖς
ἀπολωλεκόσιν ἀνεσώθη.

LII. Ὡς δ᾽ ἡ πρώτη πεῖρα τῷ Ταρκυνίῳ
κατὰ νοῦν ἐχώρησεν, ἀναλαβὼν τὴν δύναμιν ἦγεν [1]
ἐπὶ τοὺς ἐν Φιδήνῃ [2] ἐστρατοπεδευκότας τῶν
Σαβίνων, οἷς οὔπω δῆλος ἦν ὁ τῶν σφετέρων
ὄλεθρος. ἔτυχον δὲ κἀκεῖνοι προεξεληλυθότες
ἐκ τοῦ χάρακος καὶ ἤδη ὄντες ἐν ὁδῷ· ὡς δὴ
πλησίον ἐγένοντο καὶ εἶδον ἐπὶ δορατίων ἀνα-
πεπηγυίας τὰς κεφαλὰς τῶν σφετέρων ἡγεμόνων
(προύτεινον γὰρ αὐτὰς οἱ Ῥωμαῖοι καταπλήξεως
τῶν πολεμίων ἕνεκα), μαθόντες ὅτι διέφθαρται τὸ
ἕτερον αὐτῶν στράτευμα, οὐδὲν ἔτι ἀπεδείξαντο
γενναῖον ἔργον, ἀλλ᾽ εἰς ἱκεσίας καὶ δεήσεις
2 τραπόμενοι παρέδοσαν [3] ἑαυτούς. οὕτω δ᾽ αἰ-
σχρῶς καὶ κακῶς ἀμφοτέρων τῶν στρατοπέδων
ἀναρπασθέντων εἰς στενὰς ἐλπίδας οἱ Σαβῖνοι
κατακεκλεισμένοι καὶ περὶ τῶν πόλεων, μὴ ἐξ
ἐφόδου καταληφθῶσι, δεδιότες ὑπὲρ εἰρήνης
διεπρεσβεύοντο παραδιδόντες σφᾶς αὐτοὺς ὑπ-
ηκόους εἶναι Ταρκυνίου καὶ φόρου τὸ λοιπὸν ὑποτε-
λεῖς. σπεισάμενος δὴ πρὸς αὐτοὺς τὸν πόλεμον καὶ
ἐπὶ ταῖς αὐταῖς συνθήκαις [4] παραλαβὼν τὰς
πόλεις ἐπὶ Σύεσσαν ᾤχετο. ἐκεῖθεν δὲ τήν τε
καταλειφθεῖσαν δύναμιν καὶ τὰ λάφυρα καὶ τὴν
ἄλλην ἀποσκευὴν ἀναλαβὼν εἰς Ῥώμην ἀπῄει
3 πλουτοῦσαν τὴν στρατιὰν ἀπάγων. ἐποιήσατο

[1] ἦγεν Kiessling : ἧκεν O, Jacoby.
[2] ἐν Φιδήνῃ Steph. : ἐπὶ Φιδήνην AB.
[3] παρέδοσαν R : παρεδίδοσαν AB.
[4] After ταῖς αὐταῖς συνθήκαις Sylburg assumed a lacuna and
supplied the words αἷς πρότερον ὁ πάππος αὐτοῦ. Schnelle
supplied : ἃς πρὸς τὸν Τύλλιον ἐποιήσαντο, Ταρκύνιος.

captives, were recovered still uninjured and were restored to those who had lost them.

LII. After Tarquinius had succeeded in his first attempt he marched with his forces against the rest of the Sabines who were encamped near Fidenae and were not yet aware of the destruction of their companions. It happened that these also had set out from their camp and were already on the march when, coming near to the Roman army, they saw the heads of their commanders fixed upon pikes (for the Romans held them forward in order to strike the enemy with terror), and learning thus that their other army had been destroyed, they no longer performed any deed of bravery, but turning to supplications and entreaties, they surrendered. The Sabines, having had both their armies snatched away in so shameful and disgraceful a manner, were reduced to slender hopes, and fearing that their cities would be taken by assault, they sent ambassadors to treat for peace, offering to surrender, become subjects of Tarquinius, and pay tribute for the future. He accordingly made peace with them and received the submission of their cities upon the same terms,[1] and then returned to Suessa. Thence he marched with the forces he had left there, the spoils he had taken, and the rest of his baggage, to Rome, bringing back his army loaded

---

[1] This may possibly mean "upon the very terms they offered"; but it is more probable that some words have been lost from the text. Sylburg (see critical note) proposed : "on the same terms on which his grandfather (had done so)"; cf. iii. 66, 3. Schnelle proposed : "on the same terms that they had made with Tullius"; cf. iv. 45, 2.

δὲ καὶ μετὰ ταῦτα πολλὰς ἐξόδους ἐπὶ τὴν
Οὐολούσκων χώραν τοτὲ μὲν ἁπάσῃ τῇ δυνάμει,[1]
τοτὲ δὲ μέρει τινί, καὶ λείας πολλῆς ἐγένετο
κύριος. ἤδη δὲ τῶν πλείστων αὐτῷ κατὰ νοῦν
χωρούντων πόλεμος ἐκ τῶν ὁμόρων ἀνέστη
χρόνῳ τε μακρός (ἔτη γὰρ ἑπτὰ συνεχῶς ἐπολε-
μήθη) καὶ παθήμασι χαλεποῖς καὶ ἀπροσδοκήτοις
μέγας.[2] ἀφ' ὧν δ' αἰτιῶν ἤρξατο καὶ τελευτῆς
ὁποίας ἔτυχεν, ἐπειδὴ δολίῳ τ' ἀπάτῃ καὶ
στρατηγήματι παραδόξῳ κατειργάσθη, δι' ὀλίγων
ἐρῶ.

LIII. Πόλις ἦν ἐκ[3] τοῦ Λατίνων γένους Ἀλβα-
νῶν ἀπόκτισις ἀπέχουσα τῆς Ῥώμης σταδί-
ους ἑκατὸν ἐπὶ τῆς εἰς Πραίνεστον φερούσης
ὁδοῦ κειμένη· Γαβίους αὐτὴν ἐκάλουν· νῦν μὲν
οὐκέτι συνοικουμένη πᾶσα, πλὴν ὅσα μέρη
πανδοκεύεται κατὰ τὴν δίοδον, τότε δὲ πολυ-
άνθρωπος εἰ καί τις ἄλλη καὶ[4] μεγάλη. τεκμή-
ραιτο δ' ἄν τις αὐτῆς τὸ μέγεθος καὶ τὴν ἀξίωσιν
ἐρείπια θεασάμενος οἰκιῶν πολλαχῇ καὶ τείχους
2 κύκλον· ἔτι γὰρ ἕστηκεν αὐτοῦ τὰ πλεῖστα. εἰς
ταύτην συνερρύησαν Πωμεντίνων τε τῶν ἐκ
Συέσσης διαφυγόντων τινές, ὅτε τὴν πόλιν αὐτῶν
Ταρκύνιος κατελάβετο,[5] καὶ τῶν ἐκ Ῥώμης
φυγάδων συχνοί· οὗτοι δεόμενοι καὶ λιπαροῦντες
τιμωρῆσαί σφισι τοὺς Γαβίους καὶ πολλὰς ὑπισχνού-
μενοι δωρεάς, εἰ κατέλθοιεν ἐπὶ τὰ σφέτερα, τήν
τε κατάλυσιν τοῦ τυράννου δυνατὴν ἀποφαίνοντες

---

[1] τότε μὲν ἁπάσῃ τῇ δυνάμει B : om. R.
[2] μέγας B : περιέπεσεν ACD, περιπετής Reiske.
[3] ἐκ B : om. R.
[4] καὶ added by Kiessling.

with riches. After that he also made many incursions into the country of the Volscians, sometimes with his whole army and sometimes with part of it, and captured much booty. But when now most of his undertakings were succeeding according to his wish, a war broke out on the part of his neighbours which proved not only of long duration (for it lasted seven years without intermission) but also important because of the severe and unexpected misfortunes with which it was attended. I will relate briefly from what causes it sprang and how it ended, since it was brought to a conclusion by a clever ruse and a novel stratagem.

LIII. There [1] was a city of the Latins, which had been founded by the Albans, distant one hundred stades from Rome and standing upon the road that leads to Praeneste. The name of this city was Gabii. To-day not all parts of it are still inhabited, but only those that lie next the highway and are given up to inns; but at that time it was as large and populous as any city. One may judge both of its extent and importance by observing the ruins of the buildings in many places and the circuit of the wall, most parts of which are still standing. To this city had flocked some of the Pometini who had escaped from Suessa when Tarquinius took their town and many of the banished Romans. These, by begging and imploring the Gabini to avenge the injuries they had received and by promising great rewards if they should be restored to their own possessions, and also by showing the overthrow of the tyrant to be not only possible

[1] For chaps. 53–58 *cf.* Livy i. 53, 4–54, 10.

---

[5] κατελάβετο B : κατεβάλετο R.

καὶ ῥᾳδίαν, ὡς καὶ τῶν ἐν τῇ πόλει συλληψομένων, ἔπεισαν αὐτοὺς συμπροθυμηθέντων καὶ Οὐολούσκων (ἐπρεσβεύσαντο γὰρ κἀκεῖνοι δεόμενοι συμμαχίας) τὸν κατὰ τοῦ Ταρκυνίου πόλεμον ἀνα-
3 λαβεῖν. ἐγίνοντο δὴ μετὰ ταῦτα μεγάλοις στρατεύμασιν εἰς τὴν ἀλλήλων γῆν εἰσβολαὶ καὶ καταδρομαὶ μάχαι τε, ὅπερ εἰκός, τοτὲ μὲν ὀλίγοις πρὸς ὀλίγους, τοτὲ δὲ πᾶσι πρὸς πάντας, ἐν αἷς πολλάκις μὲν οἱ Γάβιοι τοὺς Ῥωμαίους τρεψάμενοι μέχρι τῶν τειχῶν [1] καὶ πολλοὺς καταβαλόντες ἀδεῶς τὴν χώραν ἐπόρθουν, πολλάκις δ᾽ οἱ Ῥωμαῖοι τοὺς Γαβίους ὠσάμενοι καὶ κατακλείσαντες εἰς τὴν πόλιν ἀνδράποδα καὶ λείαν αὐτῶν πολλὴν ἀπῆγον.[2]

LIV. Συνεχῶς δὲ τούτων γινομένων ἠναγκάζοντο ἀμφότεροι τῆς χώρας ὅσα ἦν ἐρυμνὰ τειχίζοντες φρουρὰν ἐν αὐτοῖς καθιστάναι καταφυγῆς τῶν γεωργῶν ἕνεκα· ὅθεν ὁρμώμενοι τά τε λῃστήρια, καὶ εἴ τι ἀποσπασθὲν ἴδοιεν μέρος ὀλίγον ἀπὸ πολλοῦ στρατοῦ καὶ οἷα εἰκὸς ἐν προνομαῖς ἀσύντακτον διὰ καταφρόνησιν, κατιόντες ἀθρόοι διέφθειρον· καὶ τῶν πόλεων ὅσα ἦν ἐπίμαχα καὶ ῥᾴδια ληφθῆναι διὰ κλιμάκων ἐξοικοδομεῖν τε καὶ ἀποταφρεύειν δεδοικότες τὰς
2 αἰφνιδίους ἀλλήλων ἐφόδους. μᾶλλον δ᾽ ὁ Ταρκύνιος περὶ ταῦτ᾽ ἐνεργὸς ἦν καὶ τῆς πόλεως τὰ

---

[1] τειχῶν B: πυλῶν R. Kiessling wished to place μέχρι τῶν τειχῶν after χώραν, one line below; Cobet after Γαβίους, two lines below.
[2] Garrer: ἀπήγαγον O.

but easy, since the people in Rome too would aid them, prevailed upon them, with the encouragement of the Volscians (for these also had sent ambassadors to them and desired their alliance) to make war upon Tarquinius. After this both the Gabini and the Romans made incursions into and laid waste one another's territories with large armies and, as was to be expected, engaged in battles, now with small numbers on each side and now with all their forces. In these actions the Gabini often put the Romans to flight and pursuing them up to their walls,[1] slew many and ravaged their country with impunity; and often the Romans drove the Gabini back and shutting them up within their city, carried off their slaves together with much booty.

LIV. As these things happened continually, both of them were obliged to fortify the strongholds in their territories and to garrison them so that they might serve as places of refuge for the husbandmen; and sallying out from these strongholds in a body, they would fall upon and destroy bands of robbers and any small groups they might discover that had been detached from a large army and, as would naturally be expected in forages, were observing no order, through contempt of the enemy. And they both were obliged in their fear of the sudden assaults of the other to raise the walls and dig ditches around those parts of their cities that were vulnerable and could easily be taken by means of scaling-ladders. Tarquinius was particularly active in taking these

---

[1] Kiessling (see critical note) would place the phrase "up to their walls" after "ravaged their country with impunity," Cobet after "the Romans drove the Gabini back."

πρὸς τοὺς Γαβίους [1] βλέποντα [2] τοῦ περιβόλου
διὰ πολυχειρίας ἐξωχυροῦτο τάφρον ὀρυξάμενος
εὐρυτέραν καὶ τεῖχος ἐγείρας [3] ὑψηλότερον καὶ
πύργοις διαλαβὼν τὸ χωρίον πυκνοτέροις· κατὰ
τοῦτο γὰρ ἐδόκει μάλιστα τὸ μέρος ἡ πόλις
ἀνώχυρος [4] εἶναι, πάντα τὸν ἄλλον περίβολον
3 ἀσφαλὴς ἐπιεικῶς οὖσα καὶ δυσπρόσιτος. ἔμελλε
δέ, ὃ πάσαις φιλεῖ συμβαίνειν ταῖς πόλεσιν ἐν
τοῖς μακροῖς πολέμοις δῃουμένης διὰ τὰς συνεχεῖς
τῶν πολεμίων εἰσβολὰς τῆς γῆς καὶ μηκέτι τοὺς
καρποὺς ἐκφερούσης, σπάνις ἁπάσης τροφῆς ἐν
ἀμφοτέραις ἔσεσθαι καὶ δεινὴ περὶ τοῦ μέλλοντος
ἀθυμία· κάκιον δὲ τοὺς Ῥωμαίους ἐπίεζεν ἢ
τοὺς Γαβίους ἡ τῶν ἀναγκαίων ἔνδεια, καὶ οἱ
πενέστατοι αὐτῶν μάλιστα κάμνοντες ὁμολογίας
ᾤοντο δεῖν ποιήσασθαι πρὸς τοὺς Γαβίους καὶ
τὸν πόλεμον ἐφ᾽ οἷς ἂν ἐκεῖνοι θέλωσι διαλύσασθαι.

LV. Ἀδημονοῦντος δ᾽ ἐπὶ τοῖς συμβεβηκόσι
τοῦ Ταρκυνίου καὶ οὔτε διαλύσασθαι τὸν πόλεμον
αἰσχρῶς ὑπομένοντος οὔτ᾽ ἀντέχειν ἔτι δυναμένου,
πάσας δὲ πείρας ἐπιτεχνωμένου καὶ δόλους
παντοδαποὺς συντιθέντος, ὁ πρεσβύτατος αὐτοῦ
τῶν υἱῶν Σέξτος ὄνομα κοινωσάμενος τὴν γνώμην
τῷ πατρὶ μόνῳ καὶ δόξας τολμηρῷ μὲν ἐπιχειρεῖν
πράγματι καὶ μέγαν ἔχοντι κίνδυνον, οὐ μὴν
ἀδυνάτῳ γε, συγχωρήσαντος τοῦ πατρὸς ποιεῖν
ὅσα βούλεται, σκήπτεται διαφορὰν πρὸς τὸν
πατέρα περὶ τῆς καταλύσεως τοῦ πολέμου·
2 μαστιγωθεὶς δ᾽ ὑπ᾽ αὐτοῦ ῥάβδοις ἐν ἀγορᾷ καὶ
τἆλλα περιυβρισθείς, ὥστε περιβόητον γενέσθαι

---

[1] Γαβίους CD: Σαβίνους AB.
[2] βλέποντα Cobet: φέροντα O, Jacoby.

precautions and employed a large number of workmen in strengthening those parts of the city walls that looked toward Gabii by widening the ditch, raising the walls, and placing the towers at shorter intervals; for on this side the city seemed to be the weakest, the rest of the circuit being tolerably secure and difficult of approach. But, as is apt to happen to all cities in the course of long wars, when the country is laid waste by the continual incursions of the enemy and no longer produces its fruits, both were bound to experience a dearth of all provisions and to feel terrible discouragement regarding the future; but the want of necessaries was felt more keenly by the Romans than by the Gabini and the poorest among them, who suffered most, thought a treaty ought to be made with the enemy and an end put to the war upon any terms they might grant.

LV. While Tarquinius was dismayed at the situation and neither willing to end the war upon dishonourable terms nor able to hold out any longer, but was contriving all sorts of schemes and devising ruses of every kind, the eldest [1] of his sons, Sextus by name, privately communicated to him his own plan; and when Tarquinius, who thought the enterprise bold and full of danger, yet not impossible after all, had given him leave to act as he thought fit, he pretended to be at odds with his father about putting an end to the war. Then, after being scourged with rods in the Forum by his father's order and receiving other indignities, so that the affair became noised abroad,

---

[1] Livy (i. 53, 5) calls Sextus the youngest son.

---

[3] ἐγείρας Reudler : ἀνεγείρας O.
[4] Jacoby : ἀνόχυρος A, ἀνίσχυρος R.

τὸ πρᾶγμα, πρῶτον μὲν ἐκ τῶν ἑταίρων τοὺς
πιστοτάτους ἔπεμπεν ὡς αὐτομόλους φράσοντας
τοῖς Γαβίοις δι' ἀπορρήτων ὅτι πολεμεῖν τῷ
πατρὶ διέγνωκεν ὡς αὐτοὺς ἀφικόμενος, εἰ λάβοι
πίστεις, ὅτι φυλάξουσιν αὐτὸν ὥσπερ καὶ τοὺς
ἄλλους τοὺς ἐκ Ῥώμης φυγάδας καὶ οὐκ ἐκ-
δώσουσι τῷ πατρὶ τὰς ἰδίας ἔχθρας ἐλπίσαντες
3 ἐπὶ τῷ σφετέρῳ συμφέροντι διαλύσεσθαι.[1] ἀσμέ-
νως δὲ τῶν Γαβίων τὸν λόγον ἀκουσάντων καὶ
μηδὲν εἰς αὐτὸν παρανομήσειν διομολογησαμένων
παρῆν ἑταίρους τε πολλοὺς καὶ πελάτας ἐπαγό-
μενος ὡς αὐτόμολος, ἵνα δὲ[2] μᾶλλον αὐτῷ
πιστεύσειαν ἀληθεύειν τὴν ἀπὸ τοῦ πατρὸς
ἀπόστασιν, ἀργύριόν τε καὶ χρυσίον πολὺ κομίζων·
ἐπισυνέρρεόν τ' αὐτῷ πολλοὶ μετὰ ταῦτα τῶν
ἐκ τῆς πόλεως φεύγειν τὴν τυραννίδα σκηπτόμενοι,
4 καὶ χεὶρ ἤδη περὶ αὐτὸν ἦν καρτερά. δόξαντες
δ' οἱ Γάβιοι μέγα προσγεγονέναι σφίσι πλεον-
έκτημα πολλῶν ὡς αὐτοὺς ἀφικομένων καὶ οὐ διὰ
μακροῦ τὴν Ῥώμην ὑποχείριον ἕξειν ἐλπίσαντες
καὶ ἔτι μᾶλλον ἐξαπατηθέντες ὑφ' ὧν ἔπραττεν ὁ
τοῦ πατρὸς ἀποστάτης συνεχῶς ἐπὶ τὴν χώραν
ἐξιὼν καὶ πολλὰς περιβαλλόμενος ὠφελείας
(παρεσκεύασε γὰρ ὁ πατὴρ αὐτῷ, προειδὼς εἰς οὓς
παρέσται τόπους, τήν τε λείαν ἄφθονον καὶ τὰ
χωρία ἀφύλακτα, καὶ τοὺς ἀπολουμένους ὑπ'
αὐτοῦ συνεχῶς ἔπεμπεν, ἐπιλεγόμενος ἐκ τῶν
πολιτῶν οὓς ἐν ὑποψίαις εἶχεν), ἐξ ἁπάντων τε
τούτων δόξαντες φίλον[3] πιστὸν εἶναί σφισι τὸν
ἄνδρα καὶ στρατηλάτην ἀγαθόν, πολλοὶ δὲ καὶ

---

[1] Cobet : διαλύσασθαι O.

he first sent some of his most intimate friends as
deserters to inform the Gabini secretly that he had
resolved to betake himself to them and make war
against his father, provided he should receive
pledges that they would protect him as well as the
rest of the Roman fugitives and not deliver him up
to his father in the hope of settling their private
enmities to their own advantage. When the Gabini
listened to this proposal gladly and agreed not
to do him any wrong, he went over to them as a
deserter, taking with him many of his friends and
clients, and also, in order to increase their belief in the
genuineness of his revolt from his father, carrying along
a great deal of silver and gold. And many flocked to
him afterwards from Rome, pretending to flee from
the tyranny of Tarquinius, so that he now had a
strong body of men about him. The Gabini looked
upon the large numbers who came over to them as a
great accession of strength and made no doubt of
reducing Rome in a short time. Their delusion was
further increased by the actions of this rebellious
son, who continually made incursions into his father's
territory and captured much booty; for his father,
knowing beforehand what parts he would visit, took
care that there should be plenty of plunder there and
that the places should be unguarded, and he kept
sending men to be destroyed by his son, selecting
from among the citizens those whom he held in
suspicion. In consequence of all this the Gabini,
believing the man to be their loyal friend and an
excellent general—and many of them had also been

---

² ἵνα δὲ Portus : ἵνα δὴ O, καὶ ἵνα δὴ Portus, Jacoby.
³ τε deleted after φίλον by Schenkl.

χρήμασιν ὑπ' αὐτοῦ δεκασθέντες, ἐπὶ τὴν αὐτο-
κράτορα παράγουσιν ἀρχήν.

LVI. Τοσαύτης δὴ γενόμενος ἐξουσίας ὁ Σέξτος
κύριος δι' ἀπάτης καὶ φενακισμοῦ τῶν θεραπόντων
τινὰ λαθὼν τοὺς Γαβίους πέμπει πρὸς τὸν πατέρα
τήν τ' ἐξουσίαν ἣν εἰληφὼς ἦν δηλώσοντα καὶ
2 πευσόμενον τί χρὴ ποιεῖν. ὁ δὲ Ταρκύνιος, οὐδὲ
τὸν θεράποντα γινώσκειν βουλόμενος ἃ τὸν υἱὸν
ἐκέλευσε ποιεῖν, ἄγων τὸν ἄγγελον προῆλθεν εἰς
τὸν παρακείμενον[1] τοῖς βασιλείοις κῆπον· ἔτυχον
δὲ μήκωνες ἐν αὐτῷ πεφυκυῖαι πλήρεις ἤδη τοῦ
καρποῦ καὶ συγκομιδῆς ὥραν ἔχουσαι· διεξιὼν δὴ
διὰ τούτων τῆς ὑπερεχούσης ἀεὶ μήκωνος τῷ
3 σκήπωνι παίων τὴν κεφαλὴν ἀπήραττε. ταῦτα
ποιήσας ἀπέστειλε[2] τὸν ἄγγελον οὐδὲν ἀποκρινά-
μενος πολλάκις ἐπερωτῶντι,[3] τὴν Θρασυβούλου
τοῦ Μιλησίου διάνοιαν, ὡς ἔμοιγε δοκεῖ, μιμη-
σάμενος· καὶ γὰρ ἐκεῖνος Περιάνδρῳ ποτὲ
τῷ Κορινθίων τυράννῳ πυνθανομένῳ[4] διὰ τοῦ
πεμφθέντος ἀγγέλου πῶς ἂν ἐγκρατέστατα τὴν
ἀρχὴν κατάσχοι, λόγον μὲν οὐδένα ἀπέστειλεν,
ἀκολουθεῖν δὲ τὸν ἥκοντα παρ' αὐτοῦ κελεύσας,
ἦγε δι' ἀρούρας σιτοσπόρου καὶ τοὺς ὑπερ-
έχοντας τῶν σταχύων ἀποθραύων ἐρρίπτει χαμαί,
διδάσκων ὅτι δεῖ τῶν ἀστῶν τοὺς δοκιμωτάτους
4 κολούειν τε καὶ διαφθείρειν. τὸ παραπλήσιον
δὴ καὶ τοῦ Ταρκυνίου τότε ποιήσαντος συνεὶς
τὴν διάνοιαν τοῦ πατρὸς ὁ Σέξτος, ὅτι κελεύει
τοὺς ὑπερέχοντας τῶν Γαβίων ἀναιρεῖν, συν-
εκάλεσεν εἰς ἐκκλησίαν τὸ πλῆθος καὶ πολὺν ὑπὲρ

---

[1] παρακείμενον Sintenis (cf. ch. 63, 2): προκείμενον AB,
προσκείμενον Reiske.

bribed by him—promoted him to the supreme command.

LVI. After Sextus had obtained so great power by deception and trickery, he sent one of his servants to his father, without the knowledge of the Gabini, both to inform him of the power he had gained and to inquire what he should now do. Tarquinius, who did not wish even the servant to learn the instructions that he sent his son, led the messenger into the garden that lay beside the palace. It happened that in this garden there were poppies growing, already full of heads and ready to be gathered; and walking among these, he kept striking and knocking off the heads of all the tallest poppies with his staff. Having done this, he sent the messenger away without giving any answer to his repeated inquiries. Herein, it seems to me, he imitated the thought of Thrasybulus the Milesian. For Thrasybulus returned no verbal answer to Periander, the tyrant of Corinth, by the messenger Periander once sent to him to inquire how he might most securely establish his power; but, ordering the messenger to follow him into a field of wheat and breaking off the ears that stood above the rest, he threw them upon the ground, thereby intimating that Periander ought to lop off and destroy the most illustrious of the citizens. When, therefore, Tarquinius did a like thing on this occasion, Sextus understood his father's meaning and knew that he was ordering him to put to death the most eminent of the Gabini. He accordingly called an assembly of

---

² ἀπέστειλε R : ἀπέλυσε B.
³ πολλάκις ἐπερωτῶντι O : τῷ πολλάκις ἐπερωτῶντι Jacoby.
⁴ πυνθανομένῳ B : om. R.

αὐτοῦ λόγον διαθέμενος, ὅτι καταπεφευγὼς εἰς
τὴν ἐκείνων πίστιν ἅμα τοῖς ἑταίροις κινδυνεύει
συλληφθεὶς ὑπό τινων τῷ πατρὶ παραδοθῆναι,
τήν τ' ἀρχὴν ἕτοιμος ἦν ἀποθέσθαι, καὶ πρὶν ἢ
παθεῖν τι δεινὸν ἀπαίρειν ἐκ τῆς πόλεως ἐβούλετο,
δακρύων ἅμα καὶ τὴν ἑαυτοῦ τύχην κατολοφυρό-
μενος, ὥσπερ οἱ κατ' ἀλήθειαν ὑπὲρ τῆς ψυχῆς
ἀγωνιῶντες.

LVII. Ἠρεθισμένου δὲ τοῦ πλήθους καὶ μετὰ
πολλῆς προθυμίας πυνθανομένου τίνες εἰσὶν οἱ
μέλλοντες αὐτὸν προδιδόναι, Ἀντίστιον [1] Πέτρωνα
ὠνόμασεν, ὃς ἐν εἰρήνῃ τε πολλὰ καὶ σπουδαῖα
πολιτευσάμενος καὶ στρατηγίας πολλὰς τετελε-
κὼς ἐπιφανέστατος ἁπάντων ἐγεγόνει· ἀπολογου-
μένου δὲ τοῦ ἀνδρὸς καὶ διὰ τὸ μηδὲν ἑαυτῷ
συνειδέναι πᾶσαν ἐξέτασιν ὑπομένοντος, ἔφη βού-
λεσθαι τὴν οἰκίαν αὐτοῦ διερευνῆσαι πέμψας
ἑτέρους, αὐτὸς δ' ἐπὶ τῆς ἐκκλησίας σὺν ἐκείνῳ
2 τέως [2] ἂν οἱ πεμφθέντες ἔλθωσι μένειν. ἔτυχε δὲ
διεφθαρκὼς αὐτοῦ τῶν θεραπόντων τινὰς ἀργυρίῳ
τὰς ἐπὶ τὸν ὄλεθρον τοῦ Πέτρωνος κατασκευασθεί-
σας ἐπιστολὰς σεσημασμένας [3] τῇ τοῦ πατρὸς
σφραγῖδι λαβόντας ἔνδον ἀποθέσθαι. ὡς δ'
οἱ πεμφθέντες ἐπὶ τὴν ἔρευναν (οὐδὲν γὰρ ἀντεῖπεν
ὁ Πέτρων, ἀλλ' ἐφῆκε τὴν οἰκίαν ἐρευνᾶν),
εὑρόντες ἔνθα ἦν ἀποκεκρυμμένα τὰ γράμματα,
παρῆσαν εἰς τὴν ἐκκλησίαν ἄλλας τε πολλὰς
φέροντες ἐπιστολὰς ἐπισεσημασμένας καὶ τὴν
πρὸς τὸν Ἀντίστιον γραφεῖσαν, ἐπιγινώσκειν

[1] τὸν ἐπιφανέστατον τῶν Γαβίων deleted before Ἀντίστιον by
Sintenis.

the people, and after saying a great deal about himself he told them that, having fled to them with his friends upon the assurance they had given him, he was in danger of being seized by certain persons and delivered up to his father and that he was ready to resign his power and desired to quit their city before any mischief befell him; and while saying this he wept and lamented his fate as those do who are in very truth in terror of their lives.

LVII. When the people became incensed at this and were eagerly demanding to know who the men were who were intending to betray him, he named Antistius Petro, who not only had been the author of many excellent measures in time of peace but had also often commanded their armies and had thus become the most distinguished of all the citizens. And when this man endeavoured to clear himself and, from the consciousness of his innocence, offered to submit to any examination whatever, Sextus said he wished to send some others to search Petro's house, but that he himself would stay with him in the assembly till the persons sent should return. It seems that he had bribed some of the servants of Petro to take the letters prepared for Petro's destruction and sealed with the seal of Tarquinius and to hide them in their master's house. And when the men sent to make the search (for Petro made no objection but gave permission for his house to be searched), having discovered the letters in the place where they had been hidden, appeared in the assembly with many sealed letters, among them the one addressed to Antistius,

---

² τέως Jacoby : τε ὡς Ba, ἕως ABb.
³ Cobet : σεσημειωμένας O, Jacoby.

φήσας τὴν σφραγῖδα τοῦ πατρὸς ὁ Σέξτος ἔλυσε,
καὶ τῷ γραμματεῖ δοὺς ἐκέλευσεν ἀναγινώσκειν.
3 ἐγέγραπτο δ' ἐν αὐτῇ, μάλιστα μὲν ζῶντα παρα-
δοῦναι τὸν υἱὸν αὐτῷ,[1] ἐὰν δ' ἀδύνατος ᾖ τοῦτο,
τὴν κεφαλὴν ἀποτεμόντα πέμψαι. ταῦτα δὲ
ποιήσαντι αὐτῷ τε καὶ τοῖς συλλαβομένοις τοῦ
ἔργου χωρὶς τῶν ἄλλων μισθῶν, οὓς πρότερον
ὑπέσχητο, πολιτείαν τε τὴν ἐν Ῥώμῃ δώσειν
ἔφη καὶ εἰς τὸν τῶν πατρικίων ἀριθμὸν ἅπαντας
ἐγγράψειν οἰκίας τε καὶ κλήρους καὶ ἄλλας
4 δωρεὰς πολλὰς ἐπιθήσειν καὶ μεγάλας. ἐφ'
οἷς ἐρεθισθέντες οἱ Γάβιοι τὸν μὲν Ἀντίστιον
ἐκπεπληγότα ἐπὶ τῇ παραδόξῳ συμφορᾷ καὶ
οὐδὲ φωνὴν ὑπὸ[2] τοῦ κακοῦ ῥῆξαι δυνάμενον
ἀποκτείνουσι βάλλοντες λίθοις· τὴν δὲ κατὰ τῶν
ἄλλων ζήτησίν τε καὶ τιμωρίαν τῶν ταὐτὰ τῷ
Πέτρωνι βουλευσαμένων ἐπέτρεψαν τῷ Σέξτῳ
ποιήσασθαι. ὁ δὲ τοῖς ἰδίοις ἑταίροις τὴν
φυλακὴν ἐπιτρέψας τῶν πυλῶν, ἵνα μὴ δια-
φύγοιεν αὐτὸν οἱ ἐν ταῖς αἰτίαις, πέμπων ἐπὶ τὰς
οἰκίας τῶν ἐπιφανεστάτων ἀνδρῶν ἀπέκτεινε
πολλοὺς τῶν Γαβίων καὶ ἀγαθούς.

LVIII. Ἐν ᾧ δὲ ταῦτ' ἐπράττετο θορύβου
κατὰ τὴν πόλιν ὄντος ὡς ἐπὶ τοσούτῳ κακῷ,
μαθὼν τὰ γινόμενα διὰ γραμμάτων ὁ Ταρκύνιος
παρῆν ἄγων τὴν δύναμιν, καὶ περὶ μέσας νύκτας[3]
ἀγχοῦ τῆς πόλεως γενόμενος, ἀνοιχθεισῶν τῶν
πυλῶν ὑπὸ τῶν ἐπὶ τοῦτο παρεσκευασμένων
εἰσελθὼν δίχα πόνου κύριος ἐγεγόνει τῆς πόλεως.
2 ὡς δ' ἐγνώσθη τὸ πάθος ἁπάντων κατοδυρομένων

---

[1] After αὐτῷ B adds καὶ κομίζεσθαι τοὺς διωμολογημένους
μισθούς.

[2] Reiske : ἀπὸ O.

Sextus declared he recognized his father's seal, and breaking open the letter, he gave it to the secretary and ordered him to read it. The purport of the letter was that Antistius should, if possible, deliver up his son to him alive, but if he could not do this, that he should cut off his head and send it. In return for this service Tarquinius said that, besides the rewards he had already promised, he would grant Roman citizenship both to him and to those who had assisted him in the business, and would admit them all into the number of the patricians, and furthermore bestow on them houses, allotments of land and many other fine gifts. Thereupon the Gabini became so incensed against Antistius, who was thunderstruck at this unexpected calamity and unable in his grief to utter a word, that they stoned him to death and appointed Sextus to inquire into and punish the crimes of his accomplices. Sextus committed the guarding of the gates to his own followers, lest any of the accused should escape him; and sending to the houses of the most prominent of the Gabini, he put many good men to death.

LVIII. While these things were going on and the city was in an uproar, as was natural in consequence of so great a calamity, Tarquinius, having been informed by letter of all that was passing, marched thither with his army, approached the city about the middle of the night,[3] and then, when the gates had been opened by those appointed for the purpose, entered with his forces and made himself master of the city without any trouble. When this disaster became known, all the citizens bewailed the fate awaiting

---

[3] περὶ μέσας νύκτας Casaubon: περὶ μέσον νυκτὸς O, Jacoby, πρὸ μέσων νυκτῶν Kiessling.

ἑαυτοὺς οἷα πείσονται, σφαγάς τε καὶ ἀνδραπο-
δισμοὺς καὶ πάντα ὅσα καταλαμβάνει δεινὰ
τοὺς ὑπὸ τυράννων ἁλόντας προσδοκώντων, εἰ
δὲ τὰ κράτιστα πράξειαν, δουλείας τε καὶ χρη-
μάτων ἀφαιρέσεις καὶ τὰ ὅμοια τούτοις κατ-
εψηφικότων, οὐδὲν ὁ Ταρκύνιος ὧν προσεδόκων τε
καὶ ἐδεδοίκεσαν, καίτοι πικρὸς ὀργὴν καὶ περὶ
τὰς τιμωρίας τῶν ἐχθρῶν ἀπαραίτητος ὤν,
3 ἔδρασεν. οὔτε γὰρ ἀπέκτεινεν οὐδένα Γαβίων
οὔτ' ἐξήλασε τῆς πόλεως οὔτ' εἰς ἀτιμίαν ἢ
χρημάτων ἀφαίρεσιν ἐζημίωσε, συγκαλέσας δ'
εἰς ἐκκλησίαν τὸ πλῆθος καὶ βασιλικὸν ἐκ τυραν-
νικοῦ τρόπου μεταλαβών, τήν τε πόλιν αὐτοῖς
ἔφη τὴν ἰδίαν ἀποδιδόναι καὶ τὰς οὐσίας ἃς
ἔχουσι συγχωρεῖν καὶ σὺν τούτοις τὴν Ῥωμαίων
ἰσοπολιτείαν ἅπασι χαρίζεσθαι, οὐ δι' εὔνοιαν τὴν
πρὸς τοὺς Γαβίους, ἀλλ' ἵνα [1] τὴν Ῥωμαίων
ἡγεμονίαν ἐγκρατέστερον κατέχῃ ταῦτα πράτ-
των· κρατίστην ἡγούμενος ἔσεσθαι φυλακὴν
ἑαυτοῦ τε καὶ τῶν παίδων τὴν ἐκ τῶν παρ'
ἐλπίδας σεσωσμένων καὶ τὰ ἴδια πάντα κεκομισ-
4 μένων πίστιν. καὶ ἵνα μηδὲν αὐτοῖς ἔτι δεῖμα
περὶ τοῦ μέλλοντος ὑπάρχῃ χρόνου μηδ' ἐνδοιά-
ζωσιν εἰ βέβαια ταῦτα σφίσι διαμενεῖ, γράψας
ἐφ' οἷς ἔσονται δικαίοις φίλοι, τὰ περὶ τούτων
ὅρκια συνετέλεσεν ἐπὶ τῆς ἐκκλησίας παραχρῆμα
καὶ διωμόσατο κατὰ τῶν σφαγίων. τούτων
ἐστὶ τῶν ὁρκίων μνημεῖον ἐν Ῥώμῃ κείμενον
ἐν ἱερῷ Διὸς Πιστίου, ὃν Ῥωμαῖοι Σάγκον [2]
καλοῦσιν, ἀσπὶς ξυλίνη βύρσῃ βοείᾳ περίτονος τοῦ

---

[1] τὴν Ῥωμαίων ἰσοπολιτείαν . . . ἀλλ' ἵνα B : om. R.
[2] Castalio : Σάγκτον AB.

them; for they expected slaughter, enslavement and all the horrors that usually befall those captured by tyrants, and, as the best that could happen to them, had already condemned themselves to slavery, the loss of their property and like calamities. However, Tarquinius did none of the things that they were expecting and dreading even though he was harsh of temper and inexorable in punishing his enemies. For he neither put any of the Gabini to death, nor banished any from the city, nor punished any of them with disfranchisement or the loss of their property; but calling an assembly of the people and changing to the part of a king from that of a tyrant, he told them that he not only restored their own city to them and allowed them to keep the property they possessed, but in addition granted to all of them the rights of Roman citizens. It was not, however, out of good-will to the Gabini that he adopted this course, but in order to establish more securely his mastery over the Romans. For he believed that the strongest safe-guard both for himself and for his family would be the loyalty of those who, contrary to their expectation, had been preserved and had recovered all their posses-sions. And, in order that they might no longer have any fear regarding the future or any doubt of the permanence of his concessions, he ordered the terms upon which they were to be friends to be set down in writing, and then ratified the treaty immediately in the assembly and took an oath over the victims to observe it. There is a memorial of this treaty at Rome in the temple of Jupiter Fidius,[1] whom the Romans call Sancus; it is a wooden shield covered with

---

[1] The full Roman title was Semo Sancus Dius Fidius. For Sancus see ii. 49, 2.

σφαγιασθέντος ἐπὶ τῶν ὁρκίων τότε βοός, γράμ-
μασιν ἀρχαϊκοῖς ἐπιγεγραμμένη τὰς γενομένας
αὐτοῖς ὁμολογίας. ταῦτα πράξας καὶ βασιλέα
τῶν Γαβίων τὸν υἱὸν Σέξτον ἀποδείξας ἀπῆγε
τὴν δύναμιν. ὁ μὲν δὴ πρὸς Γαβίους πόλεμος
τοιούτου τέλους ἔτυχεν.

LIX. Ταρκύνιος δὲ μετὰ τοῦτο τὸ ἔργον
ἀναπαύσας τὸν λεὼν τῶν στρατειῶν καὶ πολέμων
περὶ τὴν κατασκευὴν τῶν ἱερῶν ἐγίνετο τὰς τοῦ
πάππου προθυμούμενος εὐχὰς ἐπιτελέσαι. ἐκεῖνος
γὰρ ἐν τῷ τελευταίῳ πολέμῳ μαχόμενος πρὸς
Σαβίνους εὔξατο τῷ Διὶ καὶ τῇ Ἥρᾳ καὶ τῇ
Ἀθηνᾷ, ἐὰν κρατήσῃ τῇ μάχῃ, ναοὺς αὐτοῖς
κατασκευάσειν· καὶ τὸν μὲν σκόπελον, ἔνθα
ἱδρύσεσθαι τοὺς θεοὺς ἔμελλεν, ἀναλήμμασί τε
καὶ χώμασι μεγάλοις ἐξειργάσατο, καθάπερ ἔφην
ἐν τῷ πρὸ τούτου λόγῳ, τὴν δὲ τῶν ναῶν κατα-
σκευὴν οὐκ ἔφθη τελέσαι. τοῦτο δὴ τὸ ἔργον ὁ
Ταρκύνιος ἀπὸ τῆς δεκάτης τῶν ἐκ Συέσσης
λαφύρων ἐπιτελέσαι προαιρούμενος ἅπαντας τοὺς
2 τεχνίτας ἐπέστησε ταῖς ἐργασίαις. ἔνθα δὴ
λέγεται τέρας τι θαυμαστὸν ὑπόγειον ὀρυττο-
μένων τε τῶν θεμελίων καὶ τῆς ὀρυγῆς εἰς πολὺ
βάθος ἤδη προϊούσης,[1] εὑρῆσθαι κεφαλὴ[2] νεο-
σφαγοῦς ἀνθρώπου τό τε πρόσωπον ἔχουσα[3]
τοῖς ἐμψύχοις ὅμοιον καὶ τὸ καταφερόμενον ἐκ
τῆς ἀποτομῆς[4] αἷμα θερμὸν ἔτι καὶ νεαρόν.
3 τοῦτο τὸ τέρας ἰδὼν ὁ Ταρκύνιος τοῦ μὲν ὀρύγ-
ματος ἐπισχεῖν ἐκέλευσε τοὺς ἐργαζομένους·

---

[1] Sylburg : παρούσης O.
[2] Kiessling : κεφαλὴν O.
[3] ἔχουσα AC : ἔχουσαν B.

the hide of the ox that was sacrificed at the time they confirmed the treaty by their oaths, and upon it are inscribed in ancient characters the terms of the treaty. After Tarquinius had thus settled matters and appointed his son Sextus king of the Gabini, he led his army home. Such was the outcome of the war with the Gabini.

LIX. After [1] this achievement Tarquinius gave the people a respite from military expeditions and wars, and being desirous of performing the vows made by his grandfather, devoted himself to the building of the sanctuaries. For the elder Tarquinius, while he was engaged in an action during his last war with the Sabines, had made a vow to build temples to Jupiter, Juno and Minerva if he should gain the victory; and he had finished off the peak on which he proposed to erect the temples to these gods by means of retaining walls and high banks of earth, as I mentioned in the preceding Book [2]; but he did not live long enough to complete the building of the temples. Tarquinius, therefore, proposing to erect this structure with the tenth part of the spoils taken at Suessa, set all the artisans at the work. It was at this time, they say, that a wonderful prodigy appeared under ground; for when they were digging the foundations and the excavation had been carried down to a great depth, there was found the head of a man newly slain with the face like that of a living man and the blood which flowed from the severed head warm and fresh. Tarquinius, seeing this prodigy, ordered the workmen to leave off digging, and assembling the

[1] For chaps. 59–61 *cf.* Livy i. 55.   [2] iii. 69, 1.

---

[4] ἀποτομῆς B : κεφαλῆς R, σφαγῆς Reiske ; καταφερόμενον ἐξ αὐτῆς Grimm.

συγκαλέσας δὲ τοὺς ἐπιχωρίους μάντεις ἐπυνθά-
νετο παρ' αὐτῶν τί βούλεται σημαίνειν τὸ
τέρας. οὐδὲν δ' αὐτῶν ἀποφαινομένων, ἀλλὰ
Τυρρηνοῖς ἀποδιδόντων τὴν περὶ τῶν τοιούτων
ἐπιστήμην, ἐξετάσας παρ' αὐτῶν καὶ μαθὼν τὸν
ἐπιφανέστατον τῶν ἐν Τυρρηνοῖς τερατοσκόπων [1]
ὅστις ἦν, πέμπει τῶν ἀστῶν τοὺς δοκιμωτάτους
πρέσβεις πρὸς αὐτόν.

LX. Τούτοις τοῖς ἀνδράσιν ἀφικομένοις εἰς τὴν
οἰκίαν τοῦ τερατοσκόπου περιτυγχάνει τι μειράκιον
ἐξιόν, ᾧ φράσαντες ὅτι Ῥωμαίων εἰσὶ πρέσβεις
τῷ μάντει βουλόμενοι ἐντυχεῖν,[2] παρεκάλουν ἀπ-
αγγεῖλαι πρὸς αὐτόν. καὶ ὁ νεανίας, " Πατὴρ
ἐμός ἐστιν," ἔφησεν, " ᾧ χρῄζετε ἐντυχεῖν·[2] ἀσχο-
λεῖται δὲ κατὰ τὸ παρόν· ἔσται δ' ὑμῖν ὀλίγου
2 χρόνου παρελθεῖν πρὸς αὐτόν. ἐν ᾧ δ' ἐκεῖνον
ἐκδέχεσθε, πρὸς ἐμὲ δηλώσατε περὶ τίνος ἥκετε.
περιέσται γὰρ ὑμῖν, εἴ τι μέλλετε διὰ τὴν ἀπειρίαν
σφάλλεσθαι κατὰ τὴν ἐρώτησιν, ὑπ' ἐμοῦ διδαχ-
θεῖσι μηδὲν ἐξαμαρτεῖν· μοῖρα δ' οὐκ ἐλαχίστη
τῶν ἐν μαντικῇ θεωρημάτων ἐρώτησις ὀρθή."
ἐδόκει τοῖς ἀνδράσιν οὕτω ποιεῖν, καὶ λέγουσιν
αὐτῷ τὸ τέρας. ὁ δ' ὡς ἤκουσε μικρὸν ἐπισχὼν
χρόνον, " Ἀκούσατ'," ἔφησεν, " ἄνδρες Ῥωμαῖοι·
τὸ μὲν τέρας ὑμῖν ὁ πατὴρ διελεῖται καὶ οὐδὲν
ψεύσεται· μάντει γὰρ οὐ θέμις· ἃ δὲ λέγοντες
ὑμεῖς καὶ ἀποκρινόμενοι πρὸς τὰς ἐρωτήσεις
ἀναμάρτητοί τε καὶ ἀψευδεῖς ἔσεσθε (διαφέρει
γὰρ ὑμῖν προεγνωκέναι ταῦτα) παρ' ἐμοῦ μάθετε.
3 ὅταν ἀφηγήσησθε αὐτῷ τὸ τέρας, οὐκ ἀκριβῶς
μανθάνειν φήσας ὅ τι λέγετε περιγράψει τῷ

_____
[1] Reiske : τερατοσκόπον Bb, τερατόσκοπον R.

native soothsayers, inquired of them what the
prodigy meant. And when they could give no
explanation but conceded to the Tyrrhenians the
mastery of this science, he inquired of them who was
the ablest soothsayer among the Tyrrhenians, and
when he had found out, sent the most distinguished
of the citizens to him as ambassadors.

LX. When these men came to the house of the
soothsayer they met by chance a youth who was just
coming out, and informing him that they were
ambassadors sent from Rome who wanted to speak
with the soothsayer, they asked him to announce them
to him. The youth replied: " The man you wish to
speak with is my father. He is busy at present, but
in a short time you may be admitted to him. And
while you are waiting for him, acquaint me with the
reason of your coming. For if, through inexperience,
you are in danger of committing an error in phrasing
your question, when you have been informed by me
you will be able to avoid any mistake ; for the correct
form of question is not the least important part of
the art of divination." The ambassadors resolved to
follow his advice and related the prodigy to him.
And when the youth had heard it, after a short pause
he said: " Hear me, Romans. My father will
interpret this prodigy to you and will tell you no
untruth, since it is not right for a soothsayer to speak
falsely ; but, in order that you may be guilty of no
error or falsehood in what you say or in the answers
you give to his questions (for it is of importance to you
to know these things beforehand), be instructed by
me. After you have related the prodigy to him he
will tell you that he does not fully understand what

---

² Cobet : συντυχεῖν O, Jacoby.

σκήπωνι τῆς γῆς μέρος ὅσον δή τι· ἔπειθ' ὑμῖν
ἐρεῖ, 'Τουτὶ μέν ἐστιν ὁ Ταρπήιος λόφος, μέρος
δ' αὐτοῦ τουτὶ μὲν τὸ πρὸς τὰς ἀνατολὰς βλέπον,
τουτὶ δὲ τὸ πρὸς τὰς δύσεις, βόρειον δ' αὐτοῦ
4 τόδε καὶ τοὐναντίον νότιον.'[1]   ταῦτα τῷ σκήπωνι
δεικνὺς πεύσεται παρ' ὑμῶν ἐπὶ ποίῳ τῶν
μερῶν τούτων εὑρέθη ἡ κεφαλή. τί οὖν ὑμῖν
ἀποκρίνασθαι παραινῶ; μὴ συγχωρεῖν ἐν μηδενὶ
τῶν τόπων τούτων, οὓς ἂν ἐκεῖνος τῷ σκήπωνι
δεικνὺς πυνθάνηται, τὸ τέρας εὑρεθῆναι, ἀλλ'
ἐν 'Ρώμῃ φάναι παρ' ὑμῖν[2] ἐν Ταρπηίῳ λόφῳ.
ταύτας ἐὰν φυλάττητε τὰς ἀποκρίσεις καὶ μηδὲν
παράγησθε ὑπ' αὐτοῦ, συγγνοὺς ὅτι τὸ χρεὼν
οὐκ ἔνεστι μετατεθῆναι, διελεῖται τὸ τέρας ὑμῖν
ὅ τι βούλεται σημαίνειν καὶ οὐκ ἀποκρύψεται.''

LXI. Ταῦτα μαθόντες οἱ πρέσβεις, ἐπειδὴ
σχολὴν ὁ πρεσβύτης[3] ἔσχε καὶ προῆλθέ τις
αὐτοὺς μετιών, εἰσελθόντες φράζουσι τῷ μάντει
τὸ τέρας. σοφιζομένου δ' αὐτοῦ καὶ διαγράφον-
τος ἐπὶ τῆς γῆς περιφερεῖς τε γραμμὰς καὶ
ἑτέρας αὖθις εὐθείας καὶ καθ' ἓν ἕκαστον χωρίον
ποιουμένου τὰς ὑπὲρ τῆς εὑρέσεως ἐρωτήσεις,
οὐδὲν ἐπιταραττόμενοι τὴν γνώμην οἱ πρέσβεις
τὴν αὐτὴν ἐφύλαττον ἀπόκρισιν, ὥσπερ αὐτοῖς
ὁ τοῦ μάντεως ὑπέθετο υἱός, τὴν 'Ρώμην καὶ τὸν
Ταρπήιον ὀνομάζοντες ἀεὶ λόφον καὶ τὸν ἐξηγη-
τὴν ἀξιοῦντες μὴ σφετερίζεσθαι τὸ σημεῖον, ἀλλ'
ἀπὸ τοῦ κρατίστου καὶ τοῦ δικαιοτάτου λέγειν.

---

[1] τοὐναντίον νότιον Schnelle : τοὐναντίον O, τοῦτο νότιον
Sintenis.
[2] ὑμῖν Steph. : ἡμῖν O, Jacoby.
[3] Cobet : πρέσβυς O.

you say and will circumscribe with his staff some piece
of ground or other; then he will say to you: 'This
is the Tarpeian Hill, and this is the part of it that
faces the east, this the part that faces the west, this
point is north and the opposite is south.' These
parts he will point out to you with his staff and then
ask you in which of these parts the head was found.
What answer, therefore, do I advise you to make?
Do not admit that the prodigy was found in any of
these places he shall inquire about when he points
them out with his staff, but say that it appeared among
you at Rome on the Tarpeian Hill. If you stick to
these answers and do not allow yourselves to be misled
by him, he, well knowing that fate cannot be changed,
will interpret to you without concealment what the
prodigy means."

LXI. Having received these instructions, the am-
bassadors, as soon as the old man was at leisure
and a servant came out to fetch them, went in and
related the prodigy to the soothsayer. He, craftily
endeavouring to mislead them, drew circular lines
upon the ground and then other straight lines, and
asked them with reference to each place in turn
whether the head had been found there; but the
ambassadors, not at all disturbed in mind, stuck to
the one answer suggested to them by the soothsayer's
son, always naming Rome and the Tarpeian Hill, and
asked the interpreter not to appropriate the omen to
himself,[1] but to answer in the most sincere and just

---

[1] *i.e.*, not to make it apply to the actual spot on Etrurian
soil to which he was pointing.

2 οὐ δυνηθεὶς δὲ παρακρούσασθαι τοὺς ἄνδρας ὁ
μάντις οὐδὲ σφετερίσασθαι τὸν οἰωνὸν λέγει πρὸς
αὐτούς, " Ἄνδρες Ῥωμαῖοι, λέγετε πρὸς τοὺς
ἑαυτῶν πολίτας ὅτι κεφαλὴν εἵμαρται γενέσθαι
συμπάσης Ἰταλίας τὸν τόπον τοῦτον ἐν ᾧ
τὴν κεφαλὴν εὕρετε." ἐξ ἐκείνου καλεῖται τοῦ
χρόνου Καπιτωλῖνος ὁ λόφος [1] ἐπὶ τῆς εὑρεθείσης
ἐν αὐτῷ κεφαλῆς· κάπιτα γὰρ οἱ Ῥωμαῖοι
3 καλοῦσι τὰς κεφαλάς. ταῦτα παρὰ τῶν πρεσβευ-
σάντων ἀκούσας ὁ Ταρκύνιος ἐπέστησε τοῖς
ἔργοις τοὺς τεχνίτας· καὶ τὰ μὲν πολλὰ ἐξειργά-
σατο τοῦ ναοῦ, τελειῶσαι δ' οὐκ ἔφθασεν ἅπαν
τὸ ἔργον ἐκπεσὼν τάχιον ἐκ τῆς δυναστείας,
ἀλλ' ἐπὶ τῆς τρίτης ὑπατείας ἡ Ῥωμαίων πόλις
αὐτὸν εἰς συντέλειαν ἐξειργάσατο. ἐποιήθη δ'
ἐπὶ κρηπῖδος ὑψηλῆς βεβηκὼς ὀκτάπλεθρος τὴν
περίοδον, διακοσίων ποδῶν ἔγγιστα τὴν πλευρὰν
ἔχων ἑκάστην· ὀλίγον δέ τι τὸ διαλλάττον εὕροι
τις ἂν τῆς ὑπεροχῆς τοῦ μήκους παρὰ τὸ πλάτος,
4 οὐδ' ὅλων πεντεκαίδεκα ποδῶν. ἐπὶ γὰρ τοῖς
αὐτοῖς θεμελίοις ὁ μετὰ τὴν ἔμπρησιν οἰκο-
δομηθεὶς κατὰ τοὺς πατέρας ἡμῶν ἱδρύθη,[2] τῇ
πολυτελείᾳ τῆς ὕλης μόνον διαλλάττων τοῦ
ἀρχαίου, ἐκ μὲν τοῦ κατὰ πρόσωπον μέρους τοῦ
πρὸς μεσημβρίαν βλέποντος τριπλῷ περιλαμβα-
νόμενος στοίχῳ[3] κιόνων, ἐκ δὲ τῶν πλαγίων
ἁπλῷ· ἐν δ' αὐτῷ τρεῖς ἔνεισι σηκοὶ παράλλη-
λοι κοινὰς ἔχοντες πλευράς, μέσος μὲν ὁ τοῦ
Διός, παρ' ἑκάτερον δὲ τὸ μέρος ὅ τε τῆς Ἥρας
καὶ ὁ τῆς Ἀθηνᾶς ὑφ' ἑνὸς ἀετοῦ καὶ μιᾶς
στέγης καλυπτόμενοι.

[1] λόφος B : τόπος R.

manner. The soothsayer, accordingly, finding it impossible for him either to impose upon the men or to appropriate the omen, said to them : " Romans, tell your fellow citizens it is ordained by fate that the place in which you found the head shall be the head of all Italy." Since that time the place is called the Capitoline Hill from the head that was found there; for the Romans call heads *capita*. Tarquinius, having heard these things from the ambassadors, set the artisans to work and built the greater part of the temple, though he was not able to complete the whole work, being driven from power too soon ; but the Roman people brought it to completion in the third consulship. It stood upon a high base and was eight hundred feet in circuit, each side measuring close to two hundred feet; indeed, one would find the excess of the length over the width to be but slight, in fact not a full fifteen feet. For the temple that was built in the time of our fathers after the burning of this one [1] was erected upon the same foundations, and differed from the ancient structure in nothing but the costliness of the materials, having three rows of columns on the front, facing the south, and a single row on each side. The temple consists of three parallel shrines, separated by party walls; the middle shrine is dedicated to Jupiter, while on one side stands that of Juno and on the other that of Minerva, all three being under one pediment and one roof.

[1] The old temple was burned in 83 B.C. Concerning the erection of the new edifice see Vol. I, Introd., p. viii.

---

[2] ἱδρύθη Ambrosch : εὑρέθη O, Jacoby.
[3] στοίχῳ Cobet : στίχῳ O.

LXII. Λέγεται δέ τι καὶ ἕτερον ἐπὶ τῆς
Ταρκυνίου δυναστείας πάνυ θαυμαστὸν εὐτύχημα
τῇ Ῥωμαίων ὑπάρξαι πόλει εἴτε θεῶν τινος
εἴτε δαιμόνων εὐνοίᾳ δωρηθέν· ὅπερ οὐ πρὸς
ὀλίγον καιρόν, ἀλλ' εἰς ἅπαντα τὸν βίον πολλάκις
2 αὐτὴν ἔσωσεν ἐκ μεγάλων κακῶν. γυνή τις ἀφ-
ίκετο πρὸς τὸν τύραννον οὐκ ἐπιχωρία βύβλους [1]
ἐννέα μεστὰς Σιβυλλείων χρησμῶν ἀπεμπολῆσαι
θέλουσα. οὐκ ἀξιοῦντος δὲ τοῦ Ταρκυνίου τῆς
αἰτηθείσης τιμῆς πρίασθαι τὰς βύβλους ἀπ-
ελθοῦσα τρεῖς ἐξ αὐτῶν κατέκαυσε· καὶ μετ'
οὐ πολὺν χρόνον τὰς λοιπὰς ἓξ [2] ἐνέγκασα τῆς
αὐτῆς ἐπώλει τιμῆς. δόξασα δ' ἄφρων τις εἶναι
καὶ γελασθεῖσα ἐπὶ τῷ τὴν αὐτὴν τιμὴν αἰτεῖν
περὶ τῶν ἐλαττόνων ἣν οὐδὲ περὶ τῶν πλειόνων
ἐδυνήθη λαβεῖν, ἀπελθοῦσα πάλιν τὰς ἡμισείας
τῶν ἀπολειπομένων κατέκαυσε καὶ τὰς λοιπὰς
3 τρεῖς ἐνέγκασα τὸ ἴσον ᾔτει χρυσίον. θαυμάσας δὴ
τὸ βούλημα τῆς γυναικὸς ὁ Ταρκύνιος τοὺς
οἰωνοσκόπους μετεπέμψατο καὶ διηγησάμενος
αὐτοῖς τὸ πρᾶγμα, τί χρὴ πράττειν ἤρετο. κἀ-
κεῖνοι διὰ σημείων τινῶν μαθόντες ὅτι θεό-
πεμπτον ἀγαθὸν ἀπεστράφη, καὶ μεγάλην συμφορὰν
ἀποφαίνοντες τὸ μὴ πάσας αὐτὸν τὰς βύβλους
πρίασθαι, ἐκέλευσαν ἀπαριθμῆσαι τῇ γυναικὶ
τὸ χρυσίον, ὅσον ᾔτει, καὶ τοὺς περιόντας τῶν
4 χρησμῶν λαβεῖν. ἡ μὲν οὖν γυνὴ τὰς βύβλους
δοῦσα καὶ φράσασα τηρεῖν ἐπιμελῶς ἐξ ἀνθρώπων
ἠφανίσθη, Ταρκύνιος δὲ τῶν ἀστῶν ἄνδρας
ἐπιφανεῖς δύο προχειρισάμενος καὶ δημοσίους
αὐτοῖς θεράποντας δύο παραζεύξας ἐκείνοις ἀπ-

---

[1] βύβλους AB : βίβλους R.

LXII. It is said that during the reign of Tarquinius another very wonderful piece of good luck also came to the Roman state, conferred upon it by the favour of some god or other divinity; and this good fortune was not of short duration, but throughout the whole existence of the state it has often saved it from great calamities. A certain woman who was not a native of the country came to the tyrant wishing to sell him nine books filled with Sibylline oracles; but when Tarquinius refused to purchase the books at the price she asked, she went away and burned three of them. And not long afterwards, bringing the remaining six books, she offered to sell them for the same price. But when they thought her a fool and mocked at her for asking the same price for the smaller number of books that she had been unable to get for even the larger number, she again went away and burned half of those that were left; then, bringing the remaining three books, she asked the same amount of money for these. Tarquinius, wondering at the woman's purpose, sent for the augurs and acquainting them with the matter, asked them what he should do. These, knowing by certain signs that he had rejected a god-sent blessing, and declaring it to be a great misfortune that he had not purchased all the books, directed him to pay the woman all the money she asked and to get the oracles that were left. The woman, after delivering the books and bidding him take great care of them, disappeared from among men. Tarquinius chose two men of distinction from among the citizens and appointing two public slaves to assist them, entrusted

---

[2] ἐξ added by Kiessling.

ἔδωκε τὴν τῶν βιβλίων φυλακήν, ὧν τὸν ἕτερον,
Μάρκον Ἀτίλιον, ἀδικεῖν τι δόξαντα περὶ τὴν
πίστιν [1] καταμηνυθέντα [2] ὑφ᾽ ἑνὸς τῶν δημοσίων,
ὡς πατροκτόνον εἰς ἀσκὸν ἐνράψας βόειον ἔρριψεν
5 εἰς τὸ πέλαγος. μετὰ δὲ τὴν ἐκβολὴν τῶν
βασιλέων ἡ πόλις ἀναλαβοῦσα τὴν τῶν χρησμῶν
προστασίαν ἄνδρας τε τοὺς ἐπιφανεστάτους ἀπο-
δείκνυσιν αὐτῶν φύλακας, οἳ διὰ βίου ταύτην
ἔχουσι τὴν ἐπιμέλειαν στρατειῶν ἀφειμένοι καὶ
τῶν ἄλλων τῶν κατὰ πόλιν πραγματειῶν, καὶ
δημοσίους αὐτοῖς παρακαθίστησιν, ὧν χωρὶς
οὐκ ἐπιτρέπει τὰς ἐπισκέψεις τῶν χρησμῶν
τοῖς ἀνδράσι ποιεῖσθαι. συνελόντι δ᾽ εἰπεῖν
οὐδὲν οὕτω Ῥωμαῖοι φυλάττουσιν οὔθ᾽ ὅσιον
κτῆμα οὔθ᾽ ἱερὸν ὡς τὰ Σιβύλλεια θέσφατα.
χρῶνται δ᾽ αὐτοῖς, ὅταν ἡ βουλὴ ψηφίσηται,
στάσεως καταλαβούσης τὴν πόλιν ἢ δυστυχίας
τινὸς μεγάλης συμπεσούσης κατὰ πόλεμον ἢ
τεράτων τινῶν καὶ φαντασμάτων μεγάλων καὶ
δυσευρέτων αὐτοῖς φανέντων, οἷα πολλάκις συνέβη.
οὗτοι διέμειναν οἱ χρησμοὶ μέχρι τοῦ Μαρσικοῦ
κληθέντος πολέμου κείμενοι κατὰ γῆς ἐν τῷ ναῷ
τοῦ Καπιτωλίνου Διὸς ἐν λιθίνῃ λάρνακι, ὑπ᾽
6 ἀνδρῶν δέκα φυλαττόμενοι. μετὰ δὲ τὴν τρί-

---

[1] πίστιν O : πύστιν Bücheler, Jacoby.
[2] καταμηνυθέντα Schnelle : καὶ μηνυθέντα O.

---

[1] Or, adopting Bücheler's emendation (see critical note),
"to have been guilty of [giving out] information" or "guilty
in the matter of an inquiry." Atilius, according to Zonaras
(vii. 11), was accused of accepting a bribe to permit the copy-
ing of some of the oracles.
[2] The etymology of par(r)icidium is much disputed, but from
very early times the word seems to have meant the murder of

to them the guarding of the books; and when one of
these men, named Marcus Atilius, seemed to be have
have been faithless to his trust[1] and was informed
upon by one of the public slaves, he ordered him to be
sewed up in a leather bag and thrown into the sea as a
parricide.[2] Since the expulsion of the kings, the com-
monwealth, taking upon itself the guarding of these
oracles, entrusts the care of them to persons of the
greatest distinction, who hold this office for life, being
exempt from military service and from all civil employ-
ments, and it assigns public slaves to assist them, in
whose absence the others are not permitted to inspect
the oracles. In short, there is no possession of the
Romans, sacred or profane, which they guard so care-
fully as they do the Sibylline oracles. They consult
them, by order of the senate, when the state is in the
grip of party strife or some great misfortune has hap-
pened to them in war, or some important prodigies
and apparitions have been seen which are difficult of
interpretation, as has often happened. These oracles
till the time of the Marsian War, as it was called,[3]
were kept underground in the temple of Jupiter
Capitolinus in a stone chest under the guard of ten
men.[4] But when the temple was burned after the

a near relative, especially the murder of a parent, which perhaps
gave rise to the normal form *parricidium*, as if for *patricidium*.
The word also came to be used, as here, of treason—the "murder
of the fatherland." Those found guilty of this crime were
punished by being sewed up in a leather bag together with a
dog, a cock, a viper and an ape and then cast into the sea.
See J. Strachan-Davidson, *Problems of the Roman Criminal
Law*, vol. i., pp. 21–24.

[3] The "Social War," 91–88 B.C.

[4] These ten men had replaced the original two; after Sulla
there were fifteen (the *quindecimviri sacris faciundis*).

τὴν ἐπὶ ταῖς ἑβδομήκοντα καὶ ἑκατὸν ὀλυμπιάσιν
ἐμπρησθέντος τοῦ ναοῦ, εἶτ' ἐξ ἐπιβουλῆς, ὡς
οἴονταί τινες, εἴτ' ἀπὸ ταυτομάτου,[1] σὺν τοῖς
ἄλλοις ἀναθήμασι τοῦ θεοῦ καὶ οὗτοι διεφθάρησαν
ὑπὸ τοῦ πυρός. οἱ δὲ νῦν ὄντες ἐκ πολλῶν εἰσι
συμφορητοὶ τόπων, οἱ μὲν ἐκ τῶν ἐν Ἰταλίᾳ
πόλεων κομισθέντες, οἱ δ' ἐξ Ἐρυθρῶν τῶν ἐν
Ἀσίᾳ, κατὰ δόγμα βουλῆς τριῶν ἀποσταλέντων
πρεσβευτῶν ἐπὶ τὴν ἀντιγραφήν· οἱ δ' ἐξ ἄλλων
πόλεων καὶ παρ' ἀνδρῶν ἰδιωτῶν μεταγραφέντες·
ἐν οἷς εὑρίσκονταί τινες ἐμπεποιημένοι τοῖς
Σιβυλλείοις, ἐλέγχονται δὲ ταῖς καλουμέναις
ἀκροστιχίσι· λέγω δ' ἃ Τερέντιος Οὐάρρων
ἱστόρηκεν ἐν τῇ θεολογικῇ πραγματείᾳ.

LXIII. Ταῦτα διαπραξάμενος ὁ Ταρκύνιος
ἐν εἰρήνῃ τε καὶ κατὰ πολέμους καὶ δύο πόλεις
ἀποικίσας, τὴν μὲν καλουμένην Σιγνίαν οὐ κατὰ
προαίρεσιν, ἀλλ' ἐκ ταυτομάτου, χειμασάντων ἐν
τῷ χωρίῳ τῶν στρατιωτῶν καὶ κατασκευα-
σαμένων τὸ στρατόπεδον ὡς μηδὲν διαφέρειν
πόλεως· Κιρκαίαν δὲ κατὰ λογισμόν, ὅτι τοῦ
Πωμεντίνου πεδίου μεγίστου τῶν περὶ τῇ Λατίνῃ
καὶ τῆς συναπτούσης αὐτῷ θαλάττης ἔκειτο ἐν
καλῷ (ἔστι δὲ χερσονησοειδὴς σκόπελος ὑψηλὸς
ἐπιεικῶς ἐπὶ τοῦ Τυρρηνικοῦ πελάγους κείμενος,
ἔνθα λόγος ἔχει Κίρκην τὴν Ἡλίου θυγατέρα
κατοικῆσαι), καὶ τὰς ἀποικίας ἀμφοτέρας δυσὶ

---

[1] ἀπὸ ταυτομάτου Steph. : ἀπ' αὐτομάτου A, ἀπαυτομάτου B.

---

[1] 83 B.C.; cf. ch. 61, 4.
[2] The oracles were written in Greek hexameters. Those
regarded as genuine were composed as acrostics, the initial

close of the one hundred and seventy-third Olympiad,[1] either purposely, as some think, or by accident, these oracles together with all the offerings consecrated to the god were destroyed by the fire. Those which are now extant have been scraped together from many places, some from the cities of Italy, others from Erythrae in Asia (whither three envoys were sent by vote of the senate to copy them), and others were brought from other cities, transcribed by private persons. Some of these are found to be interpolations among the genuine Sibylline oracles, being recognized as such by means of the so-called acrostics.[2] In all this I am following the account given by Terentius Varro in his work on religion.[3]

LXIII. Besides these achievements of Tarquinius both in peace and in war, he founded two colonies.[4] One of them, called Signia, was not planned, but was due to chance, the soldiers having established their winter quarters in the place and built their camp in such a manner as not to differ in any respect from a city. But it was with deliberate purpose that he settled Circeii, because the place was advantageously situated in relation both to the Pomptine plain, which is the largest of all the plains in the Latin country, and to the sea that is contiguous to it. For it is a fairly high rock in the nature of a peninsula, situated on the Tyrrhenian Sea; and tradition has it that Circe, the daughter of the Sun, lived there. He assigned

letters of the successive verses spelling out the words of the first verse (or first verses, probably, if the oracle was a long one). See Cicero, *de Div.* ii. 54, 111 f.; also H. Diels, *Sibyllinische Blätter*.

[3] This was the second part of his *Antiquities.*

[4] *Cf.* Livy i. 56, 3.

τῶν παίδων οἰκισταῖς ἀναθείς, Κιρκαίαν μὲν
Ἄρροντι, Σιγνίαν δὲ Τίτῳ, δέος ἅτε [1] οὐδὲν ἔτι
περὶ τῆς ἀρχῆς ἔχων, διὰ γυναικὸς ὕβριν γαμε-
τῆς,[2] ἣν ὁ πρεσβύτατος αὐτοῦ τῶν παίδων
Σέξτος διέφθειρεν, ἐξελαύνεται τῆς τ᾽ ἀρχῆς καὶ
τῆς πόλεως, προθεσπίσαντος αὐτῷ τοῦ δαιμονίου
τὴν μέλλουσαν γενήσεσθαι περὶ τὸν οἶκον συμ-
φορὰν πολλοῖς μὲν καὶ ἄλλοις οἰωνοῖς, τελευταίῳ
2 δὲ τῷδε. αἰετοὶ συνιόντες εἰς τὸν παρακείμενον
τοῖς βασιλείοις κῆπον [3] ἔαρος ὥρᾳ νεοττιὰν [4]
ἔπλαττον ἐπὶ κορυφῇ φοίνικος ὑψηλοῦ. τούτων
δὲ τῶν αἰετῶν ἀπτῆνας ἔτι τοὺς νεοττοὺς ἐχόντων
γῦπες ἀθρόοι προσπετασθέντες τήν τε νεοττιὰν
διεφθόρησαν καὶ τοὺς νεοττοὺς ἀπέκτειναν καὶ
τοὺς αἰετοὺς προσιόντας ἀπὸ τῆς νομῆς ἀμύτ-
τοντές τε [5] καὶ παίοντες τοῖς ταρσοῖς ἀπὸ τοῦ
3 φοίνικος ἀπήλασαν. τούτους τοὺς οἰωνοὺς ἰδὼν ὁ
Ταρκύνιος καὶ φυλαττόμενος, εἴ πως δύναιτο
διακρούσασθαι τὴν μοῖραν, οὐκ ἴσχυσε νικῆσαι τὸ
χρεών, ἀλλ᾽ ἐπιθεμένων αὐτῷ τῶν πατρικίων
καὶ τοῦ δήμου συμφρονήσαντος ἐξέπεσε τῆς
δυναστείας. οἵτινες δ᾽ ἦσαν οἱ τῆς ἐπανα-
στάσεως ἄρξαντες καὶ δι᾽ οἵων τρόπων ἦλθον
ἐπὶ τὰ πράγματα, δι᾽ ὀλίγων πειράσομαι διελθεῖν.

LXIV. Τὴν Ἀρδεατῶν πόλιν ὁ Ταρκύνιος
ἐπολιόρκει [6] πρόφασιν μὲν ποιούμενος ὅτι τοὺς
ἐκ Ῥώμης φυγάδας ὑπεδέχετο καὶ συνέπραττεν

---

[1] δέος ἅτε Bb : δέοσα Ba, δέος R.
[2] γαμετῆς Bernays, Sintenis : . . . τῆς B, om. R, αὐτῆς Jacoby.
[3] κῆπον Bb : κήπων Ba, τόπον R.
[4] Bücheler : νεοττιὰς O.

both these colonies to two of his sons as their founders, giving Circeii to Arruns and Signia to Titus; and being now no longer in any fear concerning his power, he was both driven from power and exiled because of the outrageous deed of Sextus, his eldest son, who ruined a married woman. Of this calamity that was to overtake his house, Heaven had fore-warned him by numerous omens,[1] and particularly by this final one: Two eagles, coming in the spring to the garden near the palace, made their aerie upon the top of a tall palm tree. While these eagles had their young as yet unfledged, a flock of vultures, flying to the aerie, destroyed it and killed the young birds; and when the eagles returned from their feeding, the vultures, tearing them[2] and striking them with the flat of their wings, drove them from the palm tree. Tarquinius, seeing these omens, took all possible precautions to avert his destiny, but proved unable to conquer fate; for when the patricians set themselves against him and the people were of the same mind, he was driven from power. Who the authors of this insurrection were and by what means they came into control of affairs, I shall endeavour to relate briefly.

LXIV. Tarquinius[3] was then laying seige to Ardea, alleging as his reason that it was receiving the Roman fugitives and assisting them in their endeavours to

---

[1] For one of these see Livy, i. 56, 4.
[2] Perhaps we should follow Reiske in supplying " with their beaks."
[3] For chaps. 64–67 cf. Livy i. 57 f.

---

[5] ἀμύττοντές τε ⟨τοῖς ῥάμφεσι⟩ Reiske.
[6] ἐπολιόρκει Portus : ἐπολέμει O.

αὐτοῖς περὶ καθόδου· ὡς δὲ τἀληθὲς εἶχεν ἐπι-
βουλεύων αὐτῇ διὰ τὸν πλοῦτον εὐδαιμονούσῃ
μάλιστα τῶν ἐν Ἰταλίᾳ πόλεων. γενναίως δὲ
τῶν Ἀρδεατῶν ἀπομαχομένων καὶ πολυχρονίου
τῆς πολιορκίας γινομένης οἵ τε ἐπὶ τοῦ στρατο-
πέδου κάμνοντες ἐπὶ τῇ τριβῇ τοῦ πολέμου καὶ
οἱ κατὰ πόλιν ἀπειρηκότες ταῖς εἰσφοραῖς ἕτοιμοι
2 πρὸς ἀπόστασιν ἦσαν, εἴ τις ἀρχὴ γένοιτο. ἐν
τούτῳ δὴ τῷ καιρῷ Σέξτος, ὁ πρεσβύτατος τῶν
Ταρκυνίου παίδων, ἀποσταλεὶς ὑπὸ τοῦ πατρὸς
εἰς πόλιν, ἣ ἐκαλεῖτο Κολλατία, χρείας τινὰς
ὑπηρετήσων στρατιωτικάς, παρ' ἀνδρὶ κατήχθη [1]
συγγενεῖ Λευκίῳ Ταρκυνίῳ τῷ Κολλατίνῳ προσ-
3 αγορευομένῳ. τοῦτον τὸν ἄνδρα Φάβιος μὲν
υἱὸν εἶναί φησιν Ἡγερίου, περὶ οὗ δεδήλωκα
πρότερον ὅτι Ταρκυνίῳ τῷ προτέρῳ βασιλεύ-
σαντι Ῥωμαίων ἀδελφόπαις [2] ἦν καὶ Κολλατίας
ἡγεμὼν ἀποδειχθεὶς ἀπὸ τῆς ἐν ἐκείνῃ τῇ πόλει
διατριβῆς αὐτός τε Κολλατῖνος ἐκλήθη καὶ τοῖς
ἐγγόνοις ἀφ' ἑαυτοῦ τὴν αὐτὴν κατέλιπεν ἐπί-
κλησιν· ἐγὼ δὲ καὶ τοῦτον υἱωνὸν εἶναι τοῦ
Ἡγερίου πείθομαι, εἰ [3] γε τὴν αὐτὴν εἶχε [3]
τοῖς Ταρκυνίου παισὶν ἡλικίαν, ὡς Φάβιός τε
καὶ οἱ λοιποὶ συγγραφεῖς παραδεδώκασιν· ὁ
4 γὰρ χρόνος ταύτην μοι τὴν ὑπόληψιν βεβαιοῖ. ὁ
μὲν οὖν Κολλατῖνος ἐπὶ στρατοπέδου τότε ὢν
ἐτύγχανεν, ἡ δὲ συνοικοῦσα αὐτῷ γυνὴ Ῥωμαία,
Λουκρητίου θυγάτηρ ἀνδρὸς ἐπιφανοῦς, ἐξένιζεν
αὐτὸν ὡς συγγενῆ τοῦ ἀνδρὸς πολλῇ προθυμίᾳ
τε καὶ φιλοφροσύνῃ. ταύτην τὴν γυναῖκα καλ-

---

[1] κατήχθη Reiske : κατηνέχθη AB.
[2] ἀδελφόπαις Bb : ἀδελφοῦ παῖς ABa.

return home. The truth was, however, that he had designs against this city on account of its wealth, since it was the most flourishing of all the cities in Italy. But as the Ardeates bravely defended themselves and the siege was proving a lengthy one, both the Romans who were in the camp, being fatigued by the length of the war, and those at Rome, who had become exhausted by the war taxes, were ready to revolt if any occasion offered for making a beginning. At this time Sextus, the eldest son of Tarquinius, being sent by his father to a city called Collatia to perform certain military services, lodged at the house of his kinsman, Lucius Tarquinius, surnamed Collatinus. This man is said by Fabius to have been the son of Egerius, who, as I have shown earlier,[1] was the nephew of Tarquinius the first Roman king of that name, and having been appointed governor of Collatia, was not only himself called Collatinus from his living there, but also left the same surname to his posterity. But, for my part, I am persuaded that he too was a grandson of Egerius,[2] inasmuch as he was of the same age as the sons of Tarquinius, as Fabius and the other historians have recorded; for the chronology confirms me in this opinion. Now it happened that Collatinus was then at the camp, but his wife, who was a Roman woman, the daughter of Lucretius, a man of distinction, entertained him, as a kinsman of her husband, with great cordiality and friendliness. This

[1] iii. 50, 3.
[2] That is, as Tarquinius likewise was a grandson of the elder Tarquinius.

---

[3] εἰ and εἶχε B : om. R.

λίστην οὖσαν τῶν ἐν Ῥώμῃ γυναικῶν καὶ σω-
φρονεστάτην ἐπεχείρησεν ὁ Σέξτος διαφθεῖραι,
παλαίτερον μὲν ἔτι ὀρεγόμενος,[1] ὁπότε κατ-
άγοιτο παρὰ τῷ συγγενεῖ, τότε δὲ καιρὸν ἁρμότ-
5 τοντα οἰόμενος ἔχειν. ὡς δὲ μετὰ τὸ δεῖπνον
ἀπῆλθε κοιμησόμενος ἐπισχὼν τῆς νυκτὸς πολὺ
μέρος, ἐπειδὴ καθεύδειν ἅπαντας ἐνόμιζεν, ἀναστὰς
ἧκεν ἐπὶ τὸ δωμάτιον, ἐν ᾧ τὴν Λουκρητίαν
ᾔδει καθεύδουσαν, καὶ λαθὼν τοὺς παρὰ ταῖς
θύραις τοῦ δωματίου κοιμωμένους εἰσέρχεται
ξίφος ἔχων.

LXV. Ἐπιστὰς δὲ τῇ κλίνῃ, διεγερθείσης ἅμα
τῷ συνεῖναι τὸν ψόφον τῆς γυναικὸς καὶ πυνθανο-
μένης ὅστις εἴη, φράσας τοὔνομα σιωπᾶν ἐκέλευε
καὶ μένειν ἐν τῷ δωματίῳ, σφάξειν αὐτὴν ἀπειλή-
σας, ἐὰν ἐπιχειρήσῃ φεύγειν ἢ βοᾶν. τούτῳ
καταπληξάμενος τῷ τρόπῳ τὴν ἄνθρωπον αἱρέσεις
αὐτῇ δύο προὔτεινεν, ὧν ὁποτέραν[2] αὐτὴ προ-
ῃρεῖτο[3] λαβεῖν ἠξίου, θάνατον μετ' αἰσχύνης ἢ
2 βίον μετ' εὐδαιμονίας. " Εἰ μὲν γὰρ ὑπομενεῖς,"
ἔφη, " χαρίσασθαί μοι, γυναῖκά σε ποιήσομαι καὶ
βασιλεύσεις σὺν ἐμοὶ νῦν μὲν ἧς ὁ πατήρ μοι
ἔδωκε πόλεως, μετὰ δὲ τὴν ἐκείνου τελευτὴν
Ῥωμαίων τε καὶ Λατίνων καὶ Τυρρηνῶν καὶ
τῶν ἄλλων ὅσων ἐκεῖνος ἄρχει. ἐγὼ γὰρ οἶδ'
ὅτι παραλήψομαι τὴν τοῦ πατρὸς βασιλείαν, ὥσπερ
ἐστὶ δίκαιον, τῶν υἱῶν αὐτοῦ πρεσβύτατος ὤν.
ὅσα δ' ὑπάρχει τοῖς βασιλεῦσιν ἀγαθά, ὧν ἁπάντων
ἔσῃ σὺν ἐμοὶ κυρία, τί δεῖ σε καλῶς ἐπισταμένην
3 διδάσκειν; εἰ δ' ἀντιπράττειν ἐπιχειρήσεις σώζειν

---

[1] ἔτι ὀρεγόμενος Cobet : ἐπειγόμενος ABb, ἐπιγόμενος Ba,
ἔτι πειρώμενος Kiessling, ἔτι εἰργόμενος Jacoby.

matron, who excelled all the Roman women in
beauty as well as in virtue, Sextus tried to seduce;
he had already long entertained this desire, whenever
he visited his kinsman, and he thought he now had a
favourable opportunity. Going, therefore, to bed
after supper, he waited a great part of the night, and
then, when he thought all were asleep, he got up
and came to the room where he knew Lucretia
slept, and without being discovered by her slaves,
who lay asleep at the door, he went into the room
sword in hand.

LXV. When he paused at the woman's bedside and
she, hearing the noise, awakened and asked who it
was, he told her his name and bade her be silent and
remain in the room, threatening to kill her if she
attempted either to escape or to cry out. Having
terrified the woman in this manner, he offered her
two alternatives, bidding her choose whichever she
herself preferred—death with dishonour or life with
happiness. "For," he said, "if you will consent to
gratify me, I will make you my wife, and with me you
shall reign, for the present, over the city my father
has given me, and, after his death, over the Romans,
the Latins, the Tyrrhenians, and all the other nations
he rules; for I know that I shall succeed to my
father's kingdom, as is right, since I am his eldest
son. But why need I inform you of the many advan-
tages which attend royalty, all of which you shall share
with me, since you are well acquainted with them?
If, however, you endeavour to resist from a desire to

---

² ὁποτέραν Casaubon : ποτέραν O(?), Jacoby.
³ προαιροῖτο Sylburg.

βουλομένη τὸ σῶφρον, ἀποκτενῶ σε καὶ τῶν
θεραπόντων ἐπικατασφάξας ἕνα θήσω τὰ σώματα
ὑμῶν ἅμα καὶ φήσω κατειληφὼς ἀσχημονοῦσάν
σε μετὰ τοῦ δούλου τετιμωρῆσθαι τὴν τοῦ
συγγενοῦς ὕβριν μετερχόμενος, ὥστ’ αἰσχρὰν καὶ
ἐπονείδιστόν σου γενέσθαι τὴν τελευτὴν καὶ
μηδὲ ταφῆς τὸ σῶμά σου τυχεῖν μηδ’ ἄλλου τῶν
4 νομίμων μηδενός." ὡς δὲ πολὺς ἦν ἀπειλῶν
τε ἅμα καὶ ἀντιβολῶν καὶ διομνύμενος ἀληθεύειν
τῶν λεγομένων ἑκάτερον, εἰς ἀνάγκην ἦλθεν ἡ
Λουκρητία φοβηθεῖσα τὴν περὶ τὸν θάνατον
ἀσχημοσύνην εἶξαί τε καὶ περιϊδεῖν αὐτὸν ἃ
προῃρεῖτο διαπραξάμενον.

LXVI. Ἡμέρας δὲ γενομένης ὁ μὲν ἐπὶ τὸ
στρατόπεδον ἀπῄει πονηρὰν καὶ ὀλέθριον ἐπιθυμίαν
ἐκπεπληρωκώς, ἡ δὲ Λουκρητία δεινῶς φέρουσα
τὸ συμβεβηκὸς ὡς εἶχε τάχους ἐπιβᾶσα τῆς ἀπήνης
εἰς Ῥώμην ᾤχετο, μέλαιναν ἐσθῆτα περιβαλο-
μένη καὶ ξιφίδιόν τι κρύπτουσα ὑπὸ τῇ στολῇ,
οὔτε προσαγορεύουσα κατὰ τὰς συναντήσεις
οὐδένα τῶν ἀσπαζομένων [1] οὔτ’ ἀποκρινομένη
τοῖς μαθεῖν βουλομένοις ὅ τι πέπονθεν, ἀλλὰ
σύννους καὶ κατηφὴς καὶ μεστοὺς ἔχουσα τοὺς
2 ὀφθαλμοὺς δακρύων. ὡς δ’ εἰς τὴν οἰκίαν
εἰσῆλθε τοῦ πατρός (ἔτυχον δὲ συγγενεῖς ὄντες
τινὲς παρ’ αὐτῷ), τῶν γονάτων αὐτοῦ λαβομένη
καὶ περιπεσοῦσα τέως μὲν ἔκλαιε φωνὴν οὐδεμίαν
προϊεμένη, ἔπειτ’ ἀνιστάντος αὐτὴν τοῦ πατρὸς
καὶ τί πέπονθεν ἀξιοῦντος λέγειν· " Ἱκέτις,"
ἔφη, " γίνομαί σου, πάτερ, δεινὴν καὶ ἀνήκεστον
ὑπομείνασα ὕβριν, τιμωρῆσαί μοι καὶ μὴ περιϊδεῖν
τὴν σεαυτοῦ θυγατέρα θανάτου χείρονα παθοῦσαν."

preserve your virtue, I will kill you and then slay one of your slaves, and having laid both your bodies together, will state that I had caught you misbehaving with the slave and punished you to avenge the dishonour of my kinsman; so that your death will be attended with shame and reproach and your body will be deprived both of burial and every other customary rite." And as he kept urgently repeating his threats and entreaties and swearing that he was speaking the truth as to each alternative, Lucretia, fearing the ignominy of the death he threatened, was forced to yield and to allow him to accomplish his desire.

LXVI. When it was day, Sextus, having gratified his wicked and baneful passion, returned to the camp. But Lucretia, overwhelmed with shame at what had happened, got into her carriage in all haste, dressed in black raiment under which she had a dagger concealed, and set out for Rome, without saying a word to any person who saluted her when they met or making answer to those who wished to know what had befallen her, but continued thoughtful and downcast, with her eyes full of tears. When she came to her father's house, where some of his relations happened to be present, she threw herself at his feet and embracing his knees, wept for some time without uttering a word, And when he raised her up and asked her what had befallen her, she said: " I come to you as a suppliant, father, having endured terrible and intolerable outrage, and I beg you to avenge me and not to overlook your daughter's having suffered worse things than death." When her father as well

---

[1] ἀσπαζομένων B : προσαγορευομένων A, προσαγορευόντων R.

DIONYSIUS OF HALICARNASSUS

3 θαυμάσαντος δ' αὐτοῦ καὶ τῶν ἄλλων ἁπάν-
των καὶ τίς ὕβρικεν αὐτὴν καὶ ποδαπὴν ὕβριν
ἀξιοῦντος λέγειν· " Ἀκούσῃ τὰς ἐμάς," ἔφη,
" συμφοράς, ὦ πάτερ, οὐκ εἰς μακράν· χάρισαι
δέ μοι ταύτην πρῶτον αἰτουμένῃ τὴν χάριν·
κάλεσον ὅσους δύνασαι πλείστους φίλους τε καὶ
συγγενεῖς, ἵνα παρ' ἐμοῦ τῆς τὰ δεινὰ παθούσης
ἀκούσωσι καὶ μὴ παρ' ἑτέρων. ὅταν δὲ μάθῃς
τὰς κατασχούσας αἰσχρὰς καὶ δεινὰς ἀνάγκας,
βούλευσαι ¹ μετ' αὐτῶν ὅντινα τιμωρήσεις ἐμοί
τε καὶ σεαυτῷ τρόπον· καὶ μὴ πολὺν ποίει χρόνον
τὸν διὰ μέσου."

LXVII. Ταχείᾳ καὶ κατεσπουδασμένῃ παρα-
κλήσει τῶν ἐπιφανεστάτων ἀνδρῶν εἰς τὴν οἰκίαν
συνελθόντων ὥσπερ ἠξίου, λέγει πρὸς αὐτοὺς
ἅπαν τὸ πρᾶγμα ἐξ ἀρχῆς ἀναλαβοῦσα. καὶ
μετὰ τοῦτ' ἀσπασαμένη τὸν πατέρα καὶ πολλὰς
λιτανείας ἐκείνου τε καὶ τῶν σὺν αὐτῷ παρόντων
ποιησαμένη θεοῖς τε καὶ δαίμοσιν εὐξαμένη
ταχεῖαν αὐτῇ δοῦναι τὴν ἀπαλλαγὴν τοῦ βίου
σπᾶται τὸ ξιφίδιον, ὃ κατέκρυπτεν ὑπὸ τοῖς
πέπλοις, καὶ μίαν ἐνέγκασα διὰ τῶν στέρνων
2 πληγὴν ἕως τῆς καρδίας ὠθεῖ.² κραυγῆς δὲ καὶ
θρήνου καὶ τυπετοῦ γυναικείου τὴν οἰκίαν ὅλην
κατασχόντος ὁ μὲν πατὴρ περιχυθεὶς τῷ σώματι
περιέβαλλε καὶ ἀνεκαλεῖτο καὶ ὡς ἀνοίσουσαν ἐκ
τοῦ τραύματος ἐτημελεῖτο, ἡ δ' ἐν ταῖς ἀγκάλαις
αὐτοῦ σπαίρουσα καὶ ψυχορραγοῦσα ἀποθνήσκει.
τοῖς δὲ παροῦσι Ῥωμαίων οὕτω δεινὸν ἔδοξεν
εἶναι καὶ ἐλεεινὸν τὸ πάθος, ὥστε μίαν ἁπάντων
γενέσθαι φωνήν, ὡς μυριάκις αὐτοῖς κρεῖττον

¹ Kiessling : βουλευσα .. Ba, βουλεύσῃ ABb.

478

as all the others was struck with wonder at hearing this and he asked her to tell who had outraged her and in what manner, she said: "You will hear of my misfortunes very soon, father; but first grant me this favour I ask of you. Send for as many of your friends and kinsmen as you can, so that they may hear the report from me, the victim of terrible wrongs, rather than from others. And when you have learned to what shameful and dire straits I was reduced, consult with them in what manner you will avenge both me and yourself. But do not let the time between be long."

LXVII. When, in response to his hasty and urgent summons, the most prominent men had come to his house as she desired, she began at the beginning and told them all that had happened. Then, after embracing her father and addressing many entreaties both to him and to all present and praying to the gods and other divinities to grant her a speedy departure from life, she drew the dagger she was keeping concealed under her robes, and plunging it into her breast, with a single stroke pierced her heart. Upon this the women beat their breasts and filled the house with their shrieks and lamentations, but her father, enfolding her body in his arms, embraced it, and calling her by name again and again, ministered to her, as though she might recover from her wound, until in his arms, gasping and breathing out her life, she expired. This dreadful scene struck the Romans who were present with so much horror and compassion that they all cried out with one voice that they would rather die a thousand deaths in defence of their

---

[2] τὸ ξίφος after ὠθεῖ deleted by Schnelle.

εἴη τεθνάναι περὶ τῆς ἐλευθερίας ἢ τοιαύτας
ὕβρεις ὑπὸ τῶν τυράννων γενομένας περιορᾶν.
3 ἦν δέ τις ἐν αὐτοῖς Πόπλιος Οὐαλέριος, ἑνὸς τῶν
ἅμα Τατίῳ παραγενομένων εἰς Ῥώμην Σαβίνων
ἀπόγονος, δραστήριος ἀνὴρ καὶ φρόνιμος. οὗτος
ἐπὶ στρατόπεδον ὑπ' αὐτῶν πέμπεται τῷ τ'
ἀνδρὶ τῆς Λουκρητίας τὰ συμβεβηκότα φράσων
καὶ σὺν ἐκείνῳ πράξων ἀπόστασιν τοῦ στρατιωτι-
4 κοῦ πλήθους ἀπὸ τῶν τυράννων. ἄρτι δ' αὐτῷ
τὰς πύλας ἐξεληλυθότι συναντᾷ κατὰ δαίμονα
παραγινόμενος εἰς τὴν πόλιν ὁ Κολλατῖνος ἀπὸ
στρατοπέδου, τῶν κατεσχηκότων τὴν οἰκίαν αὐτοῦ
κακῶν οὐδὲν εἰδὼς καὶ σὺν αὐτῷ Λεύκιος Ἰούνιος,
ᾧ Βροῦτος ἐπωνύμιον ἦν· εἴη δ' ἂν ἐξερμηνευ-
όμενος ὁ Βροῦτος εἰς τὴν Ἑλληνικὴν διάλεκτον
ἠλίθιος· ὑπὲρ οὗ μικρὰ προειπεῖν ἀναγκαῖον,
ἐπειδὴ τοῦτον ἀποφαίνουσι Ῥωμαῖοι τῆς κατα-
λύσεως τῶν τυράννων αἰτιώτατον γενέσθαι· τίς
τ' ἦν καὶ ἀπὸ τίνων καὶ διὰ τί τῆς ἐπωνυμίας
ταύτης ἔτυχεν οὐδὲν αὐτῷ προσηκούσης.

LXVIII. Τῷ ἀνδρὶ τούτῳ πατὴρ μὲν ἦν Μάρκος
Ἰούνιος, ἑνὸς τῶν σὺν Αἰνείᾳ τὴν ἀποικίαν [1]
στειλάντων ἀπόγονος, ἐν τοῖς ἐπιφανεστάτοις
Ῥωμαίων ἀριθμούμενος δι' ἀρετήν, μήτηρ δὲ
Ταρκυνία τοῦ προτέρου βασιλέως Ταρκυνίου θυγά-
τηρ· αὐτὸς δὲ τροφῆς τε καὶ παιδείας τῆς
ἐπιχωρίου πάσης μετέλαβε καὶ φύσιν εἶχε πρὸς
2 οὐδὲν τῶν καλῶν ἀντιπράττουσαν. ἐπεὶ δὲ
Τύλλιον ἀποκτείνας Ταρκύνιος σὺν ἄλλοις ἀνδράσι
πολλοῖς καὶ ἀγαθοῖς καὶ τὸν ἐκείνου πατέρα
διεχρήσατο ἀφανεῖ θανάτῳ δι' οὐδὲν μὲν ἀδίκημα,

---

[1] τὴν ἀποικίαν B : om. R.

liberty than suffer such outrages to be committed by the tyrants. There was among them a certain man, named Publius Valerius, a descendant of one of those Sabines who came to Rome with Tatius, and a man of action and prudence. This man was sent by them to the camp both to acquaint the husband of Lucretia with what had happened and with his aid to bring about a revolt of the army from the tyrants. He was no sooner outside the gates than he chanced to meet Collatinus, who was coming to the city from the camp and knew nothing of the misfortunes that had befallen his household. And with him came Lucius Junius, surnamed Brutus, which, translated into the Greek language, would be *êlithios* or " dullard." Concerning this man, since the Romans say that he was the prime mover in the expulsion of the tyrants, I must say a few words before continuing my account, to explain who he was and of what descent and for what reason he got this surname, which did not at all describe him.

LXVIII. The[1] father of Brutus was Marcus Junius, a descendant of one of the colonists in the company of Aeneas, and a man who for his merits was ranked among the most illustrious of the Romans; his mother was Tarquinia, a daughter of the first King Tarquinius. He himself enjoyed the best upbringing and education that his country afforded and he had a nature not averse to any noble accomplishment. Tarquinius, after he had caused Tullius to be slain, put Junius' father also to death secretly, together with many other worthy men, not for any crime, but

---

[1] For chaps. 68 f. *cf.* Livy i. 56, 5–12.

τοῦ δὲ πλούτου προαχθεὶς εἰς ἐπιθυμίαν, ὃν ἐκ
παλαιᾶς τε καὶ προγονικῆς παραλαβὼν εὐτυχίας
ἐκέκτητο, καὶ σὺν αὐτῷ τὸν πρεσβύτερον υἱὸν
εὐγενές τι φρόνημα διαφαίνοντα καὶ τὸ μὴ
τιμωρῆσαι τῷ θανάτῳ τοῦ πατρὸς οὐκ ἂν ὑπο-
μείναντα, νέος ὢν ὁ Βροῦτος ἔτι καὶ κομιδῇ βοηθεί-
ας συγγενικῆς ἔρημος ἔργον ἐπεχείρησε ποιῆσαι
πάντων φρονιμώτατον, ἐπίθετον ἑαυτοῦ κατα-
ψεύσασθαι μωρίαν· καὶ διέμεινεν ἅπαντα τὸν ἐξ
ἐκείνου χρόνον, ἕως οὗ ¹ τὸν ἐπιτήδειον ἔδοξε
καιρὸν ἔχειν, φυλάττων τὸ προσποίημα τῆς
ἀνοίας, ἐξ οὗ ταύτης ἔτυχε τῆς ἐπωνυμίας· τοῦτ'
αὐτὸν ἐρρύσατο μηδὲν δεινὸν ὑπὸ τοῦ τυράννου
παθεῖν πολλῶν καὶ ἀγαθῶν ἀνδρῶν ἀπολλυμένων.

LXIX. Καταφρονήσας γὰρ ὁ Ταρκύνιος τῆς
δοκούσης εἶναι περὶ αὐτόν, ἀλλ' οὐ κατ' ἀλήθειαν
ὑπαρχούσης, μωρίας, ἀφελόμενος ἅπαντα τὰ
πατρῷα, μικρὰ δ' εἰς τὸν καθ' ἡμέραν βίον
ἐπιχορηγῶν, ὡς παῖδα ὀρφανὸν ἐπιτρόπων ἔτι
δεόμενον ἐφύλαττεν ὑφ' ἑαυτῷ διαιτᾶσθαί τε μετὰ
τῶν ἰδίων παίδων ἐπέτρεπεν, οὐ διὰ τιμήν, ὡς
ἐσκήπτετο πρὸς τοὺς πέλας, οἷα δὴ συγγενής,
ἀλλ' ἵνα γέλωτα παρέχῃ τοῖς μειρακίοις λέγων τ'
ἀνόητα πολλὰ καὶ πράττων ὅμοια τοῖς κατ' ἀλή-
2 θειαν ἠλιθίοις. καὶ δὴ καὶ ὅτε τῷ Δελφικῷ
μαντείῳ χρησομένους ἀπέστελλε τοὺς δύο τῶν
παίδων Ἄρροντα καὶ Τίτον ὑπὲρ τοῦ λοιμοῦ
(κατέσκηψε γάρ τις ἐπὶ τῆς ἐκείνου βασιλείας
οὐκ εἰωθυῖα νόσος εἰς παρθένους τε καὶ παῖδας,
ὑφ' ἧς πολλὰ διεφθάρη σώματα, χαλεπωτάτη δὲ
καὶ δυσίατος εἰς τὰς κυούσας γυναῖκας αὐτοῖς

¹ ἕως οὗ O : ἕως Jacoby.

because he was in possession of the inheritance of an
ancient family enriched by the good fortune of his
ancestors, the spoils of which Tarquinius coveted;
and together with the father he slew the elder son,
who showed indications of a noble spirit unlikely to
permit the death of his father to go unavenged.
Thereupon Brutus, being still a youth and entirely
destitute of all assistance from his family, undertook
to follow the most prudent of all courses, which was
to feign a stupidity that was not his; and he continued
from that time to maintain this pretence of folly
from which he acquired his surname, till he thought
the proper time had come to throw it off. This saved
him from suffering any harm at the hands of the tyrant
at a time when many good men were perishing.

LXIX. For Tarquinius, despising in him this stu-
pidity, which was only apparent and not real, took
all his inheritance from him, and allowing him a small
maintenance for his daily support, kept him under
his own authority, as an orphan who still stood in
need of guardians, and permitted him to live with his
own sons, not by way of honouring him as a kinsman,
which was the pretence he made to his friends, but
in order that Brutus, by saying many stupid things and
by acting the part of a real fool, might amuse the
lads. And when he sent two of his sons, Arruns
and Titus, to consult the Delphic oracle concerning
the plague [1] (for some uncommon malady had in his
reign descended upon both maids and boys, and many
died of it, but it fell with the greatest severity
and without hope of cure upon women with child,

[1] Livy states (i. 56, 4 f.) that the oracle was consulted
concerning an omen that had appeared in the palace.

483

I I 2

βρέφεσιν ἀποκτείνουσα τὰς μητέρας ἐν ταῖς
γοναῖς), τήν τ᾽ αἰτίαν τῆς νόσου γνῶναι παρὰ τοῦ
θεοῦ καὶ τὴν λύσιν βουλόμενος συνέπεμψε κἀκεῖνον
ἅμα τοῖς μειρακίοις δεηθεῖσιν, ἵνα κατασκώπτειν
3 τε καὶ περιυβρίζειν ἔχοιεν. ὡς δὲ παρεγενήθησαν
ἐπὶ τὸ μαντεῖον οἱ νεανίσκοι καὶ τοὺς χρησμοὺς
ἔλαβον ὑπὲρ ὧν ἐπέμφθησαν, ἀναθήμασι δωρησά-
μενοι τὸν θεὸν καὶ τοῦ Βρούτου πολλὰ κατα-
γελάσαντες, ὅτι βακτηρίαν ξυλίνην ἀνέθηκε τῷ
Ἀπόλλωνι (ὁ δὲ διατρήσας αὐτὴν ὅλην ὥσπερ
αὐλὸν χρυσῆν ῥάβδον ἐνέθηκεν οὐδενὸς ἐπισταμέ-
νου), μετὰ τοῦτ᾽ ἠρώτων τὸν θεὸν τίνι πέπρωται
τὴν Ῥωμαίων ἀρχὴν παραλαβεῖν, ὁ δὲ θεὸς
αὐτοῖς ἀνεῖλε, τῷ πρώτῳ τὴν μητέρα φιλήσαντι.
4 οἱ μὲν οὖν νεανίσκοι τοῦ χρησμοῦ τὴν διάνοιαν
ἀγνοήσαντες συνέθεντο πρὸς ἀλλήλους ἅμα φιλῆσαι
τὴν μητέρα βουλόμενοι κοινῇ τὴν βασιλείαν
κατασχεῖν, ὁ δὲ Βροῦτος συνεὶς ὃ βούλεται
δηλοῦν ὁ θεός, ἐπειδὴ τάχιστα τῆς Ἰταλίας
ἐπέβη, προσκύψας κατεφίλησε τὴν γῆν, ταύτην
οἰόμενος ἁπάντων ἀνθρώπων εἶναι μητέρα. τὰ
μὲν οὖν προγενόμενα τῷ ἀνδρὶ τούτῳ τοιαῦτ᾽ ἦν.

LXX. Τότε δ᾽ ὡς ἤκουσε τοῦ Οὐαλερίου τὰ
συμβάντα τῇ Λουκρητίᾳ καὶ τὴν ἀναίρεσιν αὐτῆς
διηγουμένου τὰς χεῖρας ἀνατείνας εἰς τὸν οὐρανὸν
εἶπεν· "Ὦ Ζεῦ καὶ θεοὶ πάντες, ὅσοι τὸν
ἀνθρώπινον ἐπισκοπεῖτε βίον, ἆρά γ᾽ ὁ καιρὸς
ἐκεῖνος ἥκει νῦν, ὃν ἐγὼ περιμένων ταύτην τοῦ
βίου τὴν προσποίησιν ἐφύλαττον; ἆρα πέπρωται
Ῥωμαίοις ὑπ᾽ ἐμοῦ καὶ δι᾽ ἐμὲ τῆς ἀφορήτου
2 τυραννίδος ἀπαλλαγῆναι;" ταῦτ᾽ εἰπὼν ἐχώρει

destroying the mothers in travail together with their
infants), desiring to learn from the god both the cause
of this distemper and the remedy for it, he sent
Brutus along with the lads, at their request, so
that they might have somebody to laugh at and
abuse. When the youths had come to the oracle and
had received answers concerning the matter upon
which they were sent, they made their offerings to
the god and laughed much at Brutus for offering a
wooden staff to Apollo; in reality he had secretly
hollowed the whole length of it like a tube and
inserted a rod of gold. After this they inquired of the
god which of them was destined to succeed to the
sovereignty of Rome; and the god answered, " the
one who should first kiss his mother." The youths,
therefore, not knowing the meaning of the oracle,
agreed together to kiss their mother at the same time,
desiring to possess the kingship jointly; but Brutus,
understanding what the god meant, as soon as he
landed in Italy, stooped to the earth and kissed it,
looking upon that as the common mother of all
mankind. Such, then, were the earlier events in
the life of this man.

LXX. On[1] the occasion in question, when Brutus
had heard Valerius relate all that had befallen
Lucretia and describe her violent death, he lifted up
his hands to Heaven and said: "O Jupiter and all
ye gods who keep watch over the lives of men, has
that time now come in expectation of which I have
been keeping up this pretence in my manner of life?
Has fate ordained that the Romans shall by me and
through me be delivered from this intolerable
tyranny?" Having said this, he went in all haste

---

[1] For chaps. 70 f. *cf.* Livy i. 59, 1 f., 7.

κατὰ σπουδὴν ἐπὶ τὴν οἰκίαν ἅμα τῷ Κολλατίνῳ
τε καὶ Οὐαλερίῳ. ὡς δ᾽ εἰσῆλθον [1] ὁ μὲν
Κολλατῖνος ἰδὼν τὴν Λουκρητίαν ἐν τῷ μέσῳ
κειμένην καὶ τὸν πατέρα περικείμενον αὐτῇ μέγα
ἀνοιμώξας καὶ περιλαβὼν τὴν νεκρὰν κατεφίλει
καὶ ἀνεκαλεῖτο καὶ διελέγετο πρὸς αὐτὴν
ὥσπερ ζῶσαν, ἔξω τοῦ φρονεῖν γεγονὼς ὑπὸ τοῦ
3 κακοῦ. πολλὰ δ᾽ αὐτοῦ κατολοφυρομένου καὶ
τοῦ πατρὸς ἐν μέρει καὶ τῆς οἰκίας ὅλης κλαυθμῷ
καὶ θρήνοις κατεχομένης βλέψας εἰς αὐτοὺς ὁ
Βροῦτος λέγει· "Μυρίους ἕξετε καιρούς, ὦ
Λουκρήτιε καὶ Κολλατῖνε καὶ πάντες ὑμεῖς οἱ τῇ
γυναικὶ προσήκοντες, ἐν οἷς αὐτὴν κλαύσετε,
νυνὶ δ᾽ ὅπως [2] τιμωρήσομεν αὐτῇ σκοπῶμεν·
4 τοῦτο γὰρ ὁ παρὼν καιρὸς ἀπαιτεῖ." ἐδόκει
ταῦτα εἰκότα [3] λέγειν, καὶ καθεζόμενοι καθ᾽
ἑαυτοὺς τόν τ᾽ οἰκετικὸν καὶ θητικὸν ὄχλον
ἐκποδὼν μεταστήσαντες ἐβουλεύοντο τί χρὴ πράτ-
τειν. πρῶτος δ᾽ ὁ Βροῦτος ἀρξάμενος ὑπὲρ
ἑαυτοῦ λέγειν, ὅτι τὴν δοκοῦσαν τοῖς πολλοῖς
μωρίαν οὐκ εἶχεν ἀληθινήν, ἀλλ᾽ ἐπίθετον, καὶ
τὰς αἰτίας εἰπὼν δι᾽ ἃς τὸ προσποίημα τοῦτο
ὑπέμεινε, καὶ δόξας ἁπάντων ἀνθρώπων εἶναι
φρονιμώτατος, μετὰ τοῦτ᾽ ἔπειθεν αὐτοὺς τὴν
αὐτὴν γνώμην ἅπαντας λαβόντας ἐξελάσαι Ταρκύ-
νιόν τε καὶ τοὺς παῖδας ἐκ τῆς πόλεως, πολλὰ καὶ
ἐπαγωγὰ εἰς τοῦτο διαλεχθείς. ἐπεὶ δὲ πάντας
εἶδεν ἐπὶ τῆς αὐτῆς γνώμης ὄντας, οὐ λόγων ἔφη
δεῖν οὐδ᾽ ὑποσχέσεων, ἀλλ᾽ ἔργων, εἴ τι τῶν
δεόντων μέλλει γενήσεσθαι· ἄρξειν δὲ τούτων
5 αὐτὸς ἔφη. ταῦτ᾽ εἰπὼν καὶ λαβὼν τὸ ξιφίδιον

---

[1] εἰσῆλθον R : εἰσῆλθεν B.

to the house together with Collatinus and Valerius.
When they came in Collatinus, seeing Lucretia lying
in the midst and her father embracing her, uttered a
loud cry and, throwing his arms about his wife's
body, kept kissing her and calling her name and
talking to her as if she had been alive; for he was out
of his mind by reason of his calamity.   While he and
her father were pouring forth their lamentations in
turn and the whole house was filled with wailing and
mourning, Brutus, looking at them, said: "You will
have countless opportunities, Lucretius, Collatinus,
and all of you who are kinsmen of this woman, to
bewail her fate; but now let us consider how to
avenge her, for that is what the present moment
calls for."   His advice seemed good; and sitting down
by themselves and ordering the slaves and atten-
dants to withdraw, they consulted together what they
ought to do.   And first Brutus began to speak about
himself, telling them that what was generally believed
to be his stupidity was not real, but only assumed,
and informing them of the reasons which had induced
him to submit to this pretence; whereupon they
regarded him as the wisest of all men.   Next he
endeavoured to persuade them all to be of one mind
in expelling both Tarquinius and his sons from Rome;
and he used many alluring arguments to this end.
When he found they were all of the same mind, he
told them that what was needed was neither words
nor promises, but deeds, if any of the needful things
were to be accomplished; and he declared that he
himself would take the lead in such deeds.   Having
said this, he took the dagger with which Lucretia had

---

² ὅπως Cobet : ὡς O.
³ ταῦτα εἰκότα A : τὰ εἰκότα R.

ᾧ διεχρήσατο ἑαυτὴν ἡ γυνή, καὶ τῷ πτώματι
προσελθὼν αὐτῆς (ἔτι γὰρ ἔκειτο ἐν φανερῷ
θέαμα οἴκτιστον), ὤμοσε τόν τ' Ἄρη καὶ τοὺς
ἄλλους θεοὺς πᾶν ὅσον δύναται πράξειν ἐπὶ
καταλύσει τῆς Ταρκυνίων δυναστείας, καὶ οὔτ'
αὐτὸς διαλλαγήσεσθαι πρὸς τοὺς τυράννους οὔτε
τοῖς διαλλαττομένοις ἐπιτρέψειν, ἀλλ' ἐχθρὸν
ἡγήσεσθαι τὸν μὴ ταὐτὰ βουλόμενον καὶ μέχρι
θανάτου τῇ τυραννίδι καὶ τοῖς συναγωνιζομένοις
αὐτῇ διεχθρεύσειν. εἰ δὲ παραβαίη τὸν ὅρκον,
τοιαύτην αὑτῷ τελευτὴν ἠράσατο τοῦ βίου
γενέσθαι καὶ τοῖς αὑτοῦ παισὶν οἵας ἔτυχεν ἡ γυνή.

LXXI. Ταῦτ' εἰπὼν ἐκάλει καὶ τοὺς ἄλλους
ἅπαντας ἐπὶ τὸν αὐτὸν ὅρκον· οἱ δ' οὐδὲν ἔτι
ἐνδοιάσαντες ἀνίσταντο καὶ τὸ ξίφος δεχόμενοι
παρ' ἀλλήλων ὤμνυον. γενομένων δὲ τῶν ὀρκω-
μοσιῶν μετὰ τοῦτ' εὐθὺς ἐζήτουν τίς ὁ τῆς
ἐπιχειρήσεως ἔσται τρόπος. καὶ ὁ Βροῦτος
αὐτοῖς ὑποτίθεται τοιάδε· " Πρῶτον μὲν διὰ
φυλακῆς τὰς πύλας ἔχωμεν, ἵνα μηδὲν τῶν ἐν τῇ
πόλει λεγομένων τε καὶ πραττομένων κατὰ τῆς
τυραννίδος αἴσθηται Ταρκύνιος, πρὶν ἢ τὰ παρ'
2 ἡμῶν εὐτρεπῆ γενέσθαι. ἔπειτα κομίσαντες τὸ
σῶμα τῆς γυναικὸς ὡς ἔστιν αἵματι πεφυρμένον
εἰς τὴν ἀγορὰν καὶ προθέντες ἐν φανερῷ συγ-
καλῶμεν τὸν δῆμον εἰς ἐκκλησίαν. ὅταν δὲ συν-
έλθῃ καὶ πλήθουσαν ἴδωμεν τὴν ἀγοράν, προελθὼν
Λουκρήτιός τε καὶ Κολλατῖνος ἀποδυράσθωσαν
τὰς ἑαυτῶν τύχας ἅπαντα τὰ γενόμενα φράσαντες.
3 ἔπειτα τῶν ἄλλων ἕκαστος παριὼν κατηγορείτω
τῆς τυραννίδος καὶ τοὺς πολίτας ἐπὶ τὴν ἐλευ-
θερίαν παρακαλείτω. ἔσται δὲ πᾶσι Ῥωμαίοις

slain herself, and going to the body (for it still lay in
view, a most piteous spectacle), he swore by Mars and
all the other gods that he would do everything in his
power to overthrow the dominion of the Tarquinii
and that he would neither be reconciled to the tyrants
himself nor tolerate any who should be reconciled to
them, but would look upon every man who thought
otherwise as an enemy and till his death would
pursue with unrelenting hatred both the tyranny and
its abettors; and if he should violate his oath, he
prayed that he and his children might meet with the
same end as Lucretia.

LXXI. Having said this, he called upon all the rest
also to take the same oath; and they, no longer
hesitating, rose up, and receiving the dagger from
one another, swore. After they had taken the oath
they at once considered in what manner they should
go about their undertaking. And Brutus advised
them as follows: " First, let us keep the gates under
guard, so that Tarquinius may have no intelligence
of what is being said and done in the city against the
tyranny till everything on our side is in readiness.
After that, let us carry the body of this woman,
stained as it is with blood, into the Forum, and exposing
it to the public view, call an assembly of the people.
When they are assembled and we see the Forum
crowded, let Lucretius and Collatinus come forward
and bewail their misfortunes, after first relating
everything that has happened. Next, let each of the
others come forward, inveigh against the tyranny,
and summon the citizens to liberty. It will be what

κατ᾽ εὐχήν, ἐὰν ἴδωσιν ἡμᾶς τοὺς πατρικίους
ἄρχοντας τῆς ἐλευθερίας· πολλὰ γὰρ καὶ δεινὰ
πεπόνθασιν ὑπὸ τοῦ τυράννου καὶ μικρᾶς ἀφορμῆς
δέονται. ὅταν δὲ λάβωμεν τὸ πλῆθος ὡρμημένον
καταλῦσαι τὴν μοναρχίαν, ψῆφόν τ᾽ αὐτοῖς
ἀναδῶμεν ὑπὲρ τοῦ μηκέτι Ῥωμαίων Ταρκύνιον
ἄρξειν [1] καὶ τὸ περὶ τούτων δόγμα πρὸς τοὺς
4 ἐπὶ στρατοπέδου διαπεμψώμεθα ἐν τάχει. καὶ
γὰρ οἱ τὰ ὅπλα ἔχοντες, εἰ μάθοιεν ὅτι τὰ ἐν τῇ
πόλει πάντα τοῖς τυράννοις ἐστὶν ἀλλότρια,
πρόθυμοι περὶ τὴν τῆς πατρίδος ἐλευθερίαν
γενήσονται οὔτε δωρεαῖς ἔτι κατεχόμενοι ὡς
πρότερον οὔτε τὰς ὕβρεις τῶν Ταρκυνίου παίδων
5 τε καὶ κολάκων φέρειν δυνάμενοι.᾽᾽ ταῦτα λέξαν-
τος αὐτοῦ, παραλαβὼν τὸν λόγον Οὐαλέριος, ῾῾ Τὰ
μὲν ἄλλα,᾽᾽ ἔφησεν, ῾῾ ὀρθῶς ἐπιλογίζεσθαί μοι
δοκεῖς, Ἰούνιε· περὶ δὲ τῆς ἐκκλησίας ἔτι βούλο-
μαι μαθεῖν, τίς ὁ καλέσων ἔσται αὐτὴν κατὰ
νόμους καὶ τὴν ψῆφον ἀναδώσων ταῖς φράτραις.
ἄρχοντι γὰρ ἀποδέδοται τοῦτο πράττειν· ἡμῶν
6 δὲ [2] οὐδεὶς οὐδεμίαν ἀρχὴν ἔχει.᾽᾽ ὁ δ᾽ ὑπο-
τυχών,[3] ῾῾ Ἐγώ,᾽᾽ φησίν, ῾῾ ὦ Οὐαλέριε. τῶν γὰρ
κελερίων ἄρχων εἰμί, καὶ ἀποδέδοταί μοι κατὰ
νόμους ἐκκλησίαν, ὅτε [4] βουλοίμην, συγκαλεῖν.
ἔδωκε δέ μοι τὴν ἀρχὴν ταύτην ὁ τύραννος
μεγίστην οὖσαν ὡς ἠλιθίῳ καὶ οὔτ᾽ εἰσομένῳ τὴν
δύναμιν αὐτῆς οὔτ᾽, εἰ γνοίην, χρησομένῳ· καὶ
τὸν κατὰ τοῦ τυράννου λόγον πρῶτος ἐγὼ δια-
θήσομαι.᾽᾽

LXXII. Ὡς δὲ τοῦτ᾽ ἤκουσαν ἅπαντες ἐπήνε-

---

[1] ἄρχειν Hertlein.   [2] δὲ Sylburg : τε O.

all Romans have devoutly wished if they see us, the patricians, making the first move on behalf of liberty. For they have suffered many dreadful wrongs at the hands of the tyrant and need but slight encouragement. And when we find the people eager to overthrow the monarchy, let us give them an opportunity to vote that Tarquinius shall no longer rule over the Romans, and let us send their decree to this effect to the soldiers in the camp in all haste. For when those who have arms in their hands hear that the whole city is alienated from the tyrant they will become zealous for the liberty of their country and will no longer, as hitherto, be restrained by bribes or able to bear the insolent acts of the sons and flatterers of Tarquinius." After he had spoken thus, Valerius took up the discussion and said : " In other respects you seem to me to reason well, Junius ; but concerning the assembly of the people, I wish to know further who is to summon it according to law and propose the vote to the *curiae*. For this is the business of a magistrate and none of us holds a magistracy." To this Brutus answered : " *I* will, Valerius ; for I am commander of the *celeres* and I have the power by law of calling an assembly of the people when I please.[1] The tyrant gave me this most important magistracy in the belief that I was a fool and either would not be aware of the power attaching to it or, if I did recognize it, would not use it. And I myself will deliver the first speech against the tyrant."

LXXII. Upon hearing this they all applauded him

[1] *Cf.* ii. 13 and Livy i. 59, 7.

---

[3] ὑποτυχὼν B : ὑπολαβὼν R.   [4] ὁπότε Cobet.

σάν τε καὶ ὡς ἀπὸ καλῆς ὑποθέσεως ἀρξάμενον
καὶ νομίμου τὰ λοιπὰ λέγειν αὐτὸν ἠξίουν.
κἀκεῖνος εἶπεν· " Ἐπειδὴ ταῦτα οὕτω πράττειν
ὑμῖν δοκεῖ, σκοπώμεθα πάλιν τίς ἡ[1] τὴν πόλιν
ἐπιτροπεύσουσα ἀρχὴ γενήσεται μετὰ τὴν κατά-
λυσιν τῶν βασιλέων καὶ ὑπὸ τίνος ἀποδειχθεῖσα
ἀνδρός, καὶ ἔτι πρότερον, ὅστις ἔσται πολιτείας
κόσμος ὃν ἀπαλλαττόμενοι τοῦ τυράννου καταστη-
σόμεθα. βεβουλεῦσθαι γὰρ ἅπαντα βέλτιον πρὶν
ἐπιχειρεῖν ἔργῳ τηλικῷδε, καὶ μηδὲν ἀνεξέταστον
ἀφεῖσθαι μηδὲ ἀπροβούλευτον. ἀποφαινέσθω δὴ
2 περὶ τούτων ἕκαστος ὑμῶν ἃ φρονεῖ." μετὰ
τοῦτ᾽ ἐλέχθησαν πολλοὶ καὶ παρὰ πολλῶν λόγοι.
ἐδόκει δὲ τοῖς μὲν βασιλικὴν αὖθις καταστήσασθαι
πολιτείαν, ἐξαριθμουμένοις ὅσα τὴν πόλιν ἐποίησαν
ἀγαθὰ πάντες οἱ πρότεροι βασιλεῖς· τοῖς δὲ
μηκέτι ποιεῖν ἐφ᾽ ἑνὶ δυνάστῃ τὰ κοινά, τὰς
τυραννικὰς διεξιοῦσι παρανομίας αἷς ἄλλοι τε
πολλοὶ κατὰ τῶν ἰδίων πολιτῶν ἐχρήσαντο καὶ
Ταρκύνιος τελευτῶν, ἀλλὰ τὸ συνέδριον τῆς
βουλῆς ἁπάντων ἀποδεῖξαι κύριον ὡς ἐν πολλαῖς
3 τῶν Ἑλληνίδων πόλεων· οἱ δὲ τούτων μὲν
οὐδετέραν προῃροῦντο τῶν πολιτειῶν, δημοκρατίαν
δὲ συνεβούλευον ὥσπερ Ἀθήνησι καταστῆσαι, τὰς
ὕβρεις καὶ τὰς πλεονεξίας τῶν ὀλίγων προφερόμε-
νοι καὶ τὰς στάσεις τὰς γινομένας τοῖς ταπεινοῖς
πρὸς τοὺς ὑπερέχοντας, ἐλευθέρᾳ τε πόλει τὴν
ἰσονομίαν ἀποφαίνοντες ἀσφαλεστάτην οὖσαν καὶ
πρεπωδεστάτην τῶν πολιτειῶν.

LXXIII. Χαλεπῆς δὲ καὶ δυσκρίτου τῆς αἱρέ-
σεως ἅπασι φαινομένης διὰ τὰς παρακολου-

---

[1] ἡ added by Reiske.

for beginning with an honourable and lawful principle, and they asked him to tell the rest of his plans. And he continued: "Since you have resolved to follow this course, let us further consider what magistracy shall govern the commonwealth after the expulsion of the kings, and by what man it shall be created, and, even before that, what form of government we shall establish as we get rid of the tyrant. For it is better to have considered everything before attempting so important an undertaking and to have left nothing unexamined or unconsidered. Let each one of you, accordingly, declare his opinion concerning these matters." After this many speeches were made by many different men. Some were of the opinion that they ought to establish a monarchical government again, and they recounted the great benefits the state had received from all the former kings. Others believed that they ought no longer to entrust the government to a single ruler, and they enumerated the tyrannical excesses which many other kings and Tarquinius, last of all, had committed against their own people; but they thought they ought to make the senate supreme in all matters, according to the practice of many Greek cities. And still others liked neither of these forms of government, but advised them to establish a democracy like that at Athens; they pointed to the insolence and avarice of the few and to the seditions usually stirred up by the lower classes against their superiors, and they declared that for a free commonwealth the equality of the citizens was of all forms of government the safest and the most becoming.

LXXIII. The choice appearing to all of them difficult and hard to decide upon by reason of the

493

DIONYSIUS OF HALICARNASSUS

θούσας ἑκάστῃ τῶν πολιτειῶν κακίας τελευταῖος
παραλαβὼν τὸν λόγον ὁ Βροῦτος εἶπεν· " Ἐγὼ
δέ, ὦ Λουκρήτιε καὶ Κολλατῖνε καὶ πάντες ὑμεῖς
οἱ παρόντες ἄνδρες ἀγαθοὶ καὶ ἐξ ἀγαθῶν,
καινὴν μὲν οὐδεμίαν οἴομαι δεῖν ἡμᾶς καθίστασθαι
πολιτείαν κατὰ τὸ παρόν· ὅ τε γὰρ καιρός, εἰς ὃν
συνήγμεθα ὑπὸ τῶν πραγμάτων, βραχύς, ἐν ᾧ
μεθαρμόσασθαι πόλεως κόσμον οὐ ῥᾴδιον, ἥ τε
πεῖρα τῆς μεταβολῆς, κἂν τὰ κράτιστα τύχωμεν
περὶ αὐτῆς βουλευσάμενοι, σφαλερὰ καὶ οὐκ
ἀκίνδυνος, ἐξέσται θ' ἡμῖν ὕστερον ὅταν ἀπ-
αλλαγῶμεν τῆς τυραννίδος μετὰ πλείονος ἐξουσίας
καὶ κατὰ σχολὴν βουλευομένοις τὴν κρείττονα
πολιτείαν ἀντὶ τῆς χείρονος ἑλέσθαι, εἰ δή τις
ἄρα ἔστι κρείττων ἧς Ῥωμύλος τε καὶ Πομπίλιος
καὶ πάντες οἱ μετ' ἐκείνους βασιλεῖς καταστησά-
μενοι παρέδοσαν ἡμῖν, ἐξ ἧς μεγάλη καὶ εὐδαίμων
καὶ πολλῶν ἄρχουσα ἀνθρώπων ἡ πόλις ἡμῶν
2 διετέλεσεν. ἃ δὲ παρακολουθεῖν εἴωθε ταῖς μον-
αρχίαις χαλεπά, ἐξ ὧν εἰς τυραννικὴν ὠμότητα
περἵστανται καὶ δι' ἃ δυσχεραίνουσιν ἅπαντες
αὐτάς, ταῦθ' ὑμῖν ἐπανορθώσασθαί τε νῦν [1] καὶ
ἵνα μηδ' ἐξ ὑστέρου γένηταί ποτε φυλάξασθαι
3 παραινῶ. τίνα δ' ἐστὶ ταῦτα; πρῶτον μὲν
ἐπειδὴ τὰ ὀνόματα τῶν πραγμάτων οἱ πολλοὶ
σκοποῦσι καὶ ἀπὸ τούτων ἢ προσίενταί τινα τῶν
βλαβερῶν ἢ φεύγουσι τῶν ὠφελίμων, ἐν οἷς καὶ
τὴν μοναρχίαν εἶναι συμβέβηκε, μεταθέσθαι τοὔ-
νομα τῆς πολιτείας ὑμῖν παραινῶ καὶ τοὺς
μέλλοντας ἕξειν τὴν ἁπάντων ἐξουσίαν μήτε
βασιλεῖς ἔτι μήτε μονάρχους καλεῖν, ἀλλὰ μετριω-

---

[1] τε νῦν Sylburg : τε καὶ νῦν O, Jacoby, τε τὰ νῦν Reiske.

494

evils attendant upon each form of government, Brutus took up the discussion as the final speaker and said: "It is my opinion, Lucretius, Collatinus, and all of you here present, good men yourselves and descended from good men, that we ought not in the present situation to establish any new form of government. For the time to which we are limited by the circumstances is short, so that it is not easy to reform the constitution of the state, and the very attempt to change it, even though we should happen to be guided by the very best counsels, is precarious and not without danger. And besides, it will be possible later, when we are rid of the tyranny, to deliberate with greater freedom and at leisure and thus choose a better form of government in place of a poorer one—if, indeed, there is any constitution better than the one which Romulus, Pompilius and all the succeeding kings instituted and handed down to us, by means of which our commonwealth has continued to be great and prosperous and to rule over many subjects. But as for the evils which generally attend monarchies and because of which they degenerate into a tyrannical cruelty and are abhorred by all mankind, I advise you to correct these now and at the same time to take precautions that they shall never again occur hereafter. And what are these evils? In the first place, since most people look at the names of things and, influenced by them, either admit some that are hurtful or shrink from others that are useful, of which monarchy happens to be one, I advise you to change the name of the government and no longer to call those who shall have the supreme power either kings or monarchs, but to give them a

τέραν τινὰ καὶ φιλανθρωποτέραν ἐπ᾿ αὐτοῖς
4 θέσθαι προσηγορίαν. ἔπειτα μὴ ποιεῖν μίαν [1]
γνώμην ἁπάντων κυρίαν, ἀλλὰ δυσὶν ἐπιτρέπειν
ἀνδράσι τὴν βασιλικὴν ἀρχήν, ὡς Λακεδαιμονίους
πυνθάνομαι ποιεῖν ἐπὶ πολλὰς ἤδη γενεὰς καὶ διὰ
τοῦτο τὸ σχῆμα τοῦ πολιτεύματος ἁπάντων
μάλιστα τῶν Ἑλλήνων εὐνομεῖσθαί τε καὶ εὐδαι-
μονεῖν· ἧττον γὰρ ὑβρισταὶ καὶ βαρεῖς ἔσονται
διαιρεθείσης τῆς ἐξουσίας διχῇ καὶ τὴν αὐτὴν
ἔχοντος ἰσχὺν ἑκατέρου· αἰδώς τ᾿ ἀλλήλων καὶ
κώλυσις τοῦ καθ᾿ ἡδονὴν ζῆν φιλοτιμία τε πρὸς
ἀρετῆς δόκησιν ἐκ ταύτης γένοιτ᾿ ἂν ἑκάστῳ [2]
τῆς ἰσοτίμου δυναστείας μάλιστα.

LXXIV. " Τῶν τε παρασήμων ἃ τοῖς βασιλεῦ-
σιν ἀποδέδοται πολλῶν ὄντων, εἴ τινα λυπηρὰς
ὄψεις καὶ ἐπιφθόνους τοῖς πολλοῖς παρέχεται, τὰ
μὲν μειῶσαι, τὰ δ᾿ ἀφελεῖν ἡμᾶς οἴομαι δεῖν—τὰ
σκῆπτρα ταυτὶ λέγω καὶ τοὺς χρυσοῦς στεφάνους
καὶ τὰς ἁλουργεῖς καὶ χρυσοσήμους ἀμπεχόνας—
πλὴν εἰ μὴ κατὰ καιρούς τινας ἑορταίους καὶ ἐν
πομπαῖς θριάμβων, ὅτε αὐτὰ τιμῆς θεῶν ἕνεκα
λήψονται· λυπήσει γὰρ οὐδένα,[3] ἐὰν γένηται [4]
σπάνια· θρόνον δὲ τοῖς ἀνδράσιν ἐλεφάντινον, ἐν
ᾧ καθεζόμενοι δικάσουσι, καὶ λευκὴν ἐσθῆτα περι-
πόρφυρον καὶ τοὺς προηγουμένους ἐν ταῖς ἐξόδοις
2 δώδεκα πελέκεις καταλιπεῖν. ἔτι πρὸς τούτοις,
ὃ πάντων οἴομαι τῶν εἰρημένων χρησιμώτατον
ἔσεσθαι καὶ τοῦ μὴ πολλὰ ἐξαμαρτάνειν τοὺς
παραληψομένους τὴν ἀρχὴν αἰτιώτατον, μὴ διὰ

---

[1] μίαν BC : om. R.   [2] ἑκατέρῳ Reudler.
[3] Reiske : οὐδὲν O.
[4] Kiessling : γένωνται O.

more modest and humane title. In the next place, I advise you not to make one man's judgment the supreme authority over all, but to entrust the royal power to two men, as I am informed the Lacedaemonians have been doing now for many generations, in consequence of which form of government they are said to be the best governed and the most prosperous people among the Greeks. For the rulers will be less arrogant and vexatious when the power is divided between two and each has the same authority; moreover, mutual respect, the ability of each to prevent the other from living as suits his pleasure, and a rivalry between them for the attainment of a reputation for virtue would be most likely to result from such equality of power and honour.

LXXIV. "And inasmuch as the insignia which have been granted to the kings are numerous, I believe that if any of these are grievous and invidious in the eyes of the multitude we ought to modify some of them and abolish others—I mean these sceptres and golden crowns, the purple and gold-embroidered robes—unless it be upon certain festal occasions and in triumphal processions, when the rulers will assume them in honour of the gods; for they will offend no one if they are seldom used. But I think we ought to leave to the men the ivory chair, in which they will sit in judgment, and also the white robe bordered with purple, together with the twelve axes to be carried before them when they appear in public. There is one thing more which in my opinion will be of greater advantage than all that I have mentioned and the most effectual means of preventing those who shall receive this magistracy from committing many errors, and that is, not to permit

497

βίου τοὺς αὐτοὺς ἐᾶν ἄρχειν [1] (χαλεπὴ γὰρ ἅπασιν
ἀόριστος ἀρχὴ καὶ μηδεμίαν ἐξέτασιν διδοῦσα
τῶν πραττομένων, ἐξ ἧς φύεται τυραννίς), ἀλλ'
εἰς ἐνιαύσιον χρόνον, ὡς παρ' Ἀθηναίοις γίνεται,
3 τὸ κράτος τῆς ἀρχῆς συνάγειν. τὸ γὰρ ἐν μέρει
τὸν αὐτὸν ἄρχειν τε καὶ ἄρχεσθαι καὶ πρὸ τοῦ δια-
φθαρῆναι τὴν διάνοιαν ἀφίστασθαι τῆς ἐξουσίας
συστέλλει τὰς αὐθάδεις φύσεις καὶ οὐκ ἐᾷ μεθύ-
σκεσθαι ταῖς ἐξουσίαις τὰ ἤθη. ταῦθ' ἡμῖν
καταστησαμένοις ὑπάρξει τὰ μὲν ἀγαθὰ καρποῦ-
σθαι τῆς βασιλικῆς πολιτείας, τῶν δὲ παρακολου-
4 θούντων αὐτῇ κακῶν ἀπηλλάχθαι. ἵνα δὲ καὶ
τοὔνομα τῆς βασιλικῆς ἐξουσίας πάτριον ὑπάρχον
ἡμῖν καὶ σὺν οἰωνοῖς αἰσίοις θεῶν ἐπικυρωσάντων
παρεληλυθὸς εἰς τὴν πόλιν αὐτῆς ἕνεκα τῆς ὁσίας
φυλάττηται, ἱερῶν ἀποδεικνύσθω τις ἀεὶ βασιλεύς,
ὁ τὴν τιμὴν ταύτην ἕξων διὰ βίου, πάσης ἀπο-
λελυμένος πολεμικῆς καὶ πολιτικῆς [2] ἀσχολίας, ἐν
τοῦτο μόνον ἔχων ἔργον, ὥσπερ ὁ Ἀθήνησι [3] βασι-
λεύς, τὴν ἡγεμονίαν τῶν θυηπολιῶν, ἄλλο δ' οὐδέν.
LXXV. " Ὃν δὲ τρόπον ἔσται τούτων ἕκαστον,
ἀκούσατέ μου· συνάξω μὲν ἐγὼ τὴν ἐκκλησίαν,
ὥσπερ ἔφην, ἐπειδὴ συγκεχώρηταί μοι κατὰ
νόμον, καὶ γνώμην εἰσηγήσομαι· φεύγειν Ταρκύνιον
ἅμα τοῖς παισὶ καὶ τῇ γυναικὶ πόλεώς τε καὶ
χώρας τῆς Ῥωμαίων εἰργομένους τὸν ἀεὶ χρόνον
καὶ γένος τὸ ἐξ αὐτῶν· ὅταν δ' ἐπιψηφίσωσι τὴν

---

[1] ἐᾶν ἄρχειν Reiske : αἰὲν ἄρχειν A, ἐνάρχειν B.
[2] καὶ πολιτικῆς added by Sintenis.
[3] Ἀθήνησι added by Reiske.

---

[1] The *rex sacrorum*, sometimes styled *rex sacrificulus*.

the same persons to hold office for life (for a magis-
tracy unlimited in time and not obliged to give any
account of its actions is grievous to all and productive
of tyranny), but to limit the power of the magistracy
to a year, as the Athenians do. For this principle, by
which the same person both rules and is ruled in
turn and surrenders his authority before his mind has
been corrupted, restrains arrogant dispositions and
does not permit men's natures to grow intoxicated
with power. If we establish these regulations we
shall be able to enjoy all the benefits that flow from
monarchy and at the same time to be rid of the evils
that attend it. But to the end that the name, too,
of the kingly power, which is traditional with us and
made its way into our commonwealth with favourable
auguries that manifested the approbation of the gods,
may be preserved for form's sake, let there always be
appointed a king of sacred rites,[1] who shall enjoy
this honour for life exempt from all military and
civil duties and, like the "king" at Athens,[2] exer-
cising this single function, the superintendence of
the sacrifices, and no other.

LXXV. " In what manner each of these measures
shall be effected I will now tell you. I will summon
the assembly, as I said, since this power is accorded
me by law, and will propose this resolution: That
Tarquinius be banished with his wife and children,
and that they and their posterity as well be forever
debarred both from the city and from the Roman
territory. After the citizens have passed this vote

[2] This, the reading of Reiske (see critical note), seems
necessary to give an intelligible meaning to the explanatory
clause. The second of the nine archons at Athens was called
βασιλεύς, but his term of office was limited to a single year.

γνώμην οἱ πολῖται, δηλώσας αὐτοῖς ἣν διανοούμεθα
καταστήσασθαι πολιτείαν μεσοβασιλέα ἑλοῦμαι
τὸν ἀποδείξοντα τοὺς παραληψομένους τὰ κοινά,
καὶ αὐτὸς ἀποθήσομαι τὴν τῶν κελερίων ἀρχήν.
2 ὁ δὲ κατασταθεὶς ὑπ᾿ ἐμοῦ μεσοβασιλεὺς συν-
αγαγὼν τὴν λοχῖτιν ἐκκλησίαν ὀνομασάτω τε
τοὺς μέλλοντας ἕξειν τὴν ἐνιαύσιον ἡγεμονίαν καὶ
ψῆφον ὑπὲρ αὐτῶν τοῖς πολίταις δότω· ἐὰν δὲ
τοῖς πλείοσι δόξῃ λόχοις κυρίαν εἶναι τὴν τῶν
ἀνδρῶν αἵρεσιν καὶ τὰ μαντεύματα γένηται περὶ
αὐτῶν καλά, τοὺς πελέκεις οὗτοι παραλαβόντες
καὶ τὰ λοιπὰ τῆς βασιλικῆς ἐξουσίας σύμβολα
πραττέτωσαν ὅπως ἐλευθέραν οἰκήσομεν τὴν
πατρίδα καὶ μηκέτι κάθοδον ἕξουσιν εἰς αὐτὴν
Ταρκύνιοι· πειράσονται γάρ, εὖ ἴστε, καὶ πειθοῖ
καὶ βίᾳ καὶ δόλῳ καὶ παντὶ ἄλλῳ τρόπῳ παρελθεῖν
πάλιν ἐπὶ τὴν δυναστείαν, ἐὰν μὴ φυλαττώμεθα
αὐτούς.

3   " Ταυτὶ μὲν οὖν ἐστι τὰ μέγιστα καὶ κυριώτατα
ὧν ὑμῖν ἐν τῷ παρόντι λέγειν ἔχω καὶ παραινεῖν·
τὰ δὲ κατὰ μέρος πολλὰ ὄντα καὶ οὐ ῥᾴδια νῦν δι᾿
ἀκριβείας ἐξετασθῆναι (συνήγμεθα γὰρ εἰς καιρὸν
ὀξύν) ἐπ᾿ αὐτοῖς οἴομαι δεῖν ποιῆσαι τοῖς παρα-
4 ληψομένοις τὴν ἀρχήν. σκοπεῖσθαι μέντοι φημὶ
χρῆναι τοὺς ἄνδρας ἅπαντα μετὰ τοῦ συνεδρίου
τῆς βουλῆς, ὥσπερ οἱ βασιλεῖς ἐποίουν, καὶ μηδὲν
πράττειν δίχα ὑμῶν, καὶ τὰ δόξαντα τῇ βουλῇ
φέρειν εἰς τὸν δῆμον, ὡς τοῖς προγόνοις ἡμῶν [1]
ποιεῖν ἔθος ἦν, μηδενὸς ἀφαιρουμένους αὐτὸν ὧν
ἐν τοῖς πρότερον καιροῖς κύριος ἦν. οὕτω γὰρ
αὐτοῖς ἀσφαλέστατα καὶ κάλλιστα ἕξει τὰ τῆς
ἀρχῆς."

I will explain to them the form of government we propose to establish; next, I will choose an *interrex* to appoint the magistrates who are to take over the administration of public affairs, and I will then resign the command of the *celeres*. Let the *interrex* appointed by me call together the centuriate assembly, and having nominated the persons who are to hold the annual magistracy, let him permit the citizens to vote upon them; and if the majority of the centuries are in favour of ratifying his choice of men and the auguries concerning them are favourable, let these men assume the axes and the other insignia of royalty and see to it that our country shall enjoy its liberty and that the Tarquinii shall nevermore return. For they will endeavour, be assured, by persuasion, violence, fraud and every other means to get back into power unless we are upon our guard against them.

"These are the most important and essential measures that I have to propose to you at present and to advise you to adopt. As for the details, which are many and not easy to examine with precision at the present time (for we are brought to an acute crisis), I think we ought to leave them to the men themselves who are to take over the magistracy. But I do say that these magistrates ought to consult with the senate in everything, as the kings formerly did, and to do nothing without your advice, and that they ought to lay before the people the decrees of the senate, according to the practice of our ancestors, depriving them of none of the privileges which they possessed in earlier times. For thus their magistracy will be most secure and most excellent."

---

[1] ἡμῶν B : ὑμῶν R.

LXXVI. Ταύτην ἀποδειξαμένου τὴν γνώμην
Ἰουνίου Βρούτου πάντες ἐπήνεσαν καὶ αὐτίκα
περὶ τῶν παραληψομένων τὰς ἡγεμονίας ἀνδρῶν
βουλευόμενοι μεσοβασιλέα μὲν ἔκριναν ἀποδειχθῆ-
ναι Σπόριον Λουκρήτιον τὸν πατέρα τῆς διαχρη-
σαμένης ἑαυτήν· ὑπ' ἐκείνου δὲ τοὺς ἕξοντας τὴν τῶν
βασιλέων ἐξουσίαν ὀνομασθῆναι Λεύκιον Ἰούνιον
Βροῦτον καὶ Λεύκιον Ταρκύνιον Κολλατῖνον.

2 τοὺς δ' ἄρχοντας τούτους ἔταξαν καλεῖσθαι κατὰ
τὴν ἑαυτῶν διάλεκτον κώνσουλας·[2] τοῦτο μεθ-
ερμηνευόμενον εἰς τὴν Ἑλλάδα γλῶτταν τοὔνομα
συμβούλους ἢ προβούλους δύναται δηλοῦν· κωνσί-
λια γὰρ οἱ Ῥωμαῖοι τὰς συμβουλὰς καλοῦσιν·
ὕπατοι δ' ὑφ' Ἑλλήνων ἀνὰ χρόνον ὠνομάσθησαν
ἐπὶ τοῦ μεγέθους τῆς ἐξουσίας, ὅτι πάντων τ'
ἄρχουσι καὶ τὴν ἀνωτάτω χώραν ἔχουσι. τὸ γὰρ
ὑπερέχον καὶ ἄκρον ὕπατον ἐκάλουν οἱ παλαιοί.

3 Ταῦτα βουλευσάμενοί τε καὶ καταστησάμενοι
καὶ τοὺς θεοὺς εὐχαῖς λιτανεύσαντες συλλαβέσθαι
σφίσιν ὁσίων καὶ δικαίων ἔργων ἐφιεμένοις
ἐξῄεσαν εἰς τὴν ἀγοράν. ἠκολούθουν δ' αὐτοῖς οἱ
θεράποντες ἐπὶ κλίνης μέλασιν ἀμφίοις ἐστρωμένης
κομίζοντες ἀθεράπευτόν τε καὶ πεφυρμένην αἵματι
τὴν νεκράν· ἣν πρὸ τοῦ βουλευτηρίου τεθῆναι
κελεύσαντες ὑψηλὴν καὶ περιφανῆ συνεκάλουν τὸν
4 δῆμον εἰς ἐκκλησίαν. ὄχλου δὲ συναχθέντος οὐ
μόνον τοῦ κατ' ἀγορὰν τότ' ὄντος, ἀλλὰ καὶ τοῦ
κατὰ τὴν πόλιν ὅλην (διεξῄεσαν γὰρ οἱ κήρυκες
διὰ τῶν στενωπῶν τὸν δῆμον εἰς τὴν ἀγορὰν
καλοῦντες), ἀναβὰς ὁ Βροῦτος ἔνθα τοῖς συνάγουσι

---

[2] κώνσουλας (or κωνσούλας) Portus, κωνσούλας B : κωνσιλίους
R.

LXXVI. After Junius Brutus had delivered this
opinion they all approved it, and straightway con-
sulting about the persons who were to take over the
magistracies, they decided that Spurius Lucretius,
the father of the woman who had killed herself,
should be appointed *interrex*, and that Lucius Junius
Brutus and Lucius Tarquinius Collatinus should be
nominated by him to exercise the power of the kings.
And they ordered that these magistrates should be
called in their language *consules*; this, translated into
the Greek language, may signify *symbouloi* ("coun-
sellors") or *probouloi* ("pre-counsellors"), for the
Romans call our *symboulai* ("counsels") *consilia*. But
in the course of time they came to be called by
the Greeks *hypatoi* ("supreme") from the greatness
of their power, because they command all the citizens
and have the highest rank; for the ancients called
that which was outstanding and superlative *hypaton*.

Having discussed and settled these matters, they
besought the gods to assist them in the pursuit of
their holy and just aims, and then went to the Forum.[1]
They were followed by their slaves, who carried upon a
bier spread with black cloth the body of Lucretia, un-
prepared for burial and stained with blood; and direct-
ing them to place it in a high and conspicuous position
before the senate-house, they called an assembly of
the people. When a crowd had gathered, not only
of those who were in the Forum at the time but also
of those who came from all parts of the city (for the
heralds had gone through all the streets to summon
the people thither), Brutus ascended the tribunal

---

[1] *Cf.* Livy (i. 59, 3–7), who describes scenes in the Forum
at Collatia as well as in the Roman Forum.

τὰς ἐκκλησίας δημηγορεῖν ἔθος ἦν, καὶ τοὺς
πατρικίους παραστησάμενος ἔλεξε τοιάδε·

LXXVII. " Ὑπὲρ ἀναγκαίων καὶ κοινῶν [1]
πραγμάτων τοὺς λόγους μέλλων πρὸς ὑμᾶς
ποιεῖσθαι, ἄνδρες πολῖται, περὶ ἐμαυτοῦ πρῶτον
ὀλίγα βούλομαι προειπεῖν· ἴσως γάρ τισιν ὑμῶν,
μᾶλλον δ' ἀκριβῶς οἶδ' ὅτι πολλοῖς, τεταράχθαι
δόξω τὴν διάνοιαν, ἀνὴρ οὐ φρενήρης περὶ τῶν
μεγίστων ἐπιχειρῶν λέγειν, ᾧ κηδεμόνων ὡς [2]
2 οὐχ ὑγιαίνοντι δεῖ. ἴστε δὴ τὴν κοινὴν ὑπόληψιν,
ἣν περὶ ἐμοῦ πάντες εἴχετε ὡς ἠλιθίου, ψευδῆ
γενομένην καὶ οὐχ ὑπ' ἄλλου τινὸς κατασκευα-
σθεῖσαν, ἀλλ' ὑπ' ἐμοῦ. ὁ δ' ἀναγκάσας με μήθ'
ὡς ἡ φύσις ἠξίου μήθ' ὡς ἥρμοττέ μοι ζῆν, ἀλλ'
ὡς Ταρκυνίῳ τ' ἦν βουλομένῳ κἀμοὶ συνοίσειν
3 ἔδοξεν, ὁ περὶ τῆς ψυχῆς φόβος ἦν. πατέρα γάρ
μου Ταρκύνιος ἀποκτείνας ἅμα τῷ παραλαβεῖν
τὴν ἀρχήν, ἵνα τὴν οὐσίαν αὐτοῦ κατάσχοι πολλὴν
σφόδρα οὖσαν, καὶ ἀδελφὸν πρεσβύτερον, ὃς
ἔμελλε τιμωρήσειν τῷ θανάτῳ τοῦ πατρός, εἰ μὴ
γένοιτο ἐκποδών, ἀφανεῖ θανάτῳ διαχρησάμενος,
οὐδ' ἐμοῦ δῆλος ἦν φεισόμενος ἐρήμου τῶν
ἀναγκαιοτάτων γεγονότος, εἰ μὴ τὴν ἐπίθετον
4 ἐσκηψάμην μωρίαν. τοῦτό με τὸ πλάσμα πιστευ-
θὲν ὑπὸ τοῦ τυράννου μὴ ταῦτα παθεῖν ἐκείνοις
ἐρρύσατο καὶ μέχρι τοῦ παρόντος διασέσωκε
χρόνου· νῦν δ' αὐτὸ πρῶτον, ἥκει γὰρ ὁ καιρὸς ὃν
εὐχόμην τε καὶ προσεδεχόμην, πέμπτον ἤδη
τοῦτο καὶ εἰκοστὸν ἔτος φυλάξας ἀποτίθεμαι.
καὶ τὰ μὲν περὶ ἐμοῦ τοσαῦτα.

---

[1] κοινῶν Sintenis : καλῶν O.
[2] ὡς added by Naber.

from which it was the custom for those who assembled the people to address them, and having placed the patricians near him, spoke as follows:

LXXVII. " Citizens,[1] as I am going to speak to you upon urgent matters of general interest, I desire first to say a few words about myself. For by some, perhaps, or more accurately, as I know, by many of you, I shall be thought to be disordered in my intellect when I, a man of unsound mind, attempt to speak upon matters of the greatest importance— a man who, as being not mentally sound, has need of guardians. Know, then, that the general opinion you all entertained of me as of a fool was false and contrived by me and by me alone. That which compelled me to live, not as my nature demanded or as beseemed me, but as was agreeable to Tarquinius and seemed likely to be to my own advantage, was the fear I felt for my life. For my father was put to death by Tarquinius upon his accession to the sovereignty, in order that he might possess himself of his property, which was very considerable, and my elder brother, who would have avenged his father's death if he had not been put out of the way, was secretly murdered by the tyrant; nor was it clear that he would spare me, either, now left destitute of my nearest relations, if I had not pretended a folly that was not genuine. This fiction, finding credit with the tyrant, saved me from the same treatment that they had experienced and has preserved me to this day; but since the time has come at last which I have prayed for and looked forward to, I am now laying it aside for the first time, after maintaining it for twenty-five years. So much concerning myself.

[1] For chaps. 77–84 *cf.* Livy i. 59, 8–11.

DIONYSIUS OF HALICARNASSUS

LXXVIII. "Τὰ δὲ κοινά, ὑπὲρ ὧν ὑμᾶς εἰς ἐκκλησίαν συνεκάλεσα, ταῦτ᾽ ἐστί. Ταρκύνιον οὔτε κατὰ τοὺς πατρίους ἡμῶν ἐθισμοὺς καὶ νόμους τὴν δυναστείαν κατασχόντα οὔτ᾽, ἐπειδὴ κατέσχεν ὅπως δήποτε λαβών, καλῶς αὐτῇ καὶ βασιλικῶς χρώμενον, ἀλλ᾽ ὑπερβεβληκότα πάντας ὕβρει τε καὶ παρανομίᾳ τοὺς ὅπου δήποτε γενομένους τυράννους, ἀφελέσθαι τὴν ἐξουσίαν βεβουλεύμεθα συνελθόντες οἱ πατρίκιοι, πάλαι μὲν δέον, ἐν καιρῷ δὲ νῦν αὐτὸ ποιοῦντες ἐπιτηδείῳ, ὑμᾶς τε, ὦ δημόται, συνεκαλέσαμεν, ἵνα τὴν προαίρεσιν ἀποδειξάμενοι τὴν ἑαυτῶν συναγωνιστὰς ἀξιώσωμεν ἡμῖν γενέσθαι, πράττοντας[1] ἐλευθερίαν τῇ πατρίδι, ἧς οὔτε πρότερον ἡμῖν ἐξεγένετο μεταλαβεῖν, ἐξ οὗ Ταρκύνιος τὴν ἀρχὴν κατέσχεν, οὔθ᾽ ὕστερον, ἐὰν νῦν μαλακισθῶμεν, 2 ἐξέσται. εἰ μὲν οὖν χρόνον εἶχον ὅσον ἐβουλόμην, ἢ πρὸς ἀγνοοῦντας ἔμελλον λέγειν, ἁπάσας διεξῆλθον ἂν τὰς τοῦ τυράννου παρανομίας, ἐφ᾽ αἷς οὐχ ἅπαξ ἀλλὰ πολλάκις ἅπασιν εἴη δίκαιος[2] ἀπολωλέναι· ἐπειδὴ δ᾽ ὅ τε καιρός, ὃν τὰ πράγματά μοι δίδωσι, βραχύς, ἐν ᾧ λέγειν μὲν ὀλίγα δεῖ, πράττειν δὲ πολλά, καὶ πρὸς εἰδότας οἱ λόγοι, τὰ μέγιστα καὶ φανερώτατα τῶν ἔργων αὐτοῦ καὶ οὐδ᾽ ἀπολογίας οὐδεμιᾶς δυνάμενα τυχεῖν, ταῦθ᾽ ὑμᾶς ὑπομνήσω.

LXXIX. "Οὗτός ἐστιν, ἄνδρες πολῖται, ὁ Ταρκύνιος ὁ πρὸ τοῦ παραλαβεῖν τὴν ἀρχὴν Ἄρροντα τὸν γνήσιον ἀδελφόν, ὅτι πονηρὸς οὐκ ἐβούλετο γενέσθαι, φαρμάκοις διαχρησάμενος,

---

[1] πράττοντας Steph. : πράττοντες AB.

506

LXXVIII. " The state of public affairs, because of
which I have called you together, is this : Inasmuch as
Tarquinius neither obtained the sovereignty in
accordance with our ancestral customs and laws, nor,
since he obtained it—in whatever manner he got it—
has he been exercising it in an honourable or kingly
manner, but has surpassed in insolence and lawless-
ness all the tyrants the world ever saw, we patri-
cians met together and resolved to deprive him of his
power, a thing we ought to have done long ago,
but are doing now when a favourable opportunity
has offered. And we have called you together,
plebeians, in order to declare our own decision and
then ask for your assistance in achieving liberty for
our country, a blessing which we neither have hitherto
been able to enjoy since Tarquinius obtained the sover-
eignty, nor shall hereafter be able to enjoy if we show
weakness now. Had I as much time as I could wish,
or were I about to speak to men unacquainted with
the facts, I should have enumerated all the lawless
deeds of the tyrant for which he deserves to die, not
once, but many times, at the hands of all. But since
the time permitted me by the circumstances is short,
and in this brief time there is little that needs to be
said but much to be done, and since I am speaking
to those who are acquainted with the facts, I shall
remind you merely of those of his deeds that are the
most heinous and the most conspicuous and do not
admit of any excuse.

LXXIX. " This is that Tarquinius, citizens, who,
before he took over the sovereignty, destroyed his
own brother Arruns by poison because he would not
consent to become wicked, in which abominable crime

---

[2] ἅπασιν εἴη δίκαιος A : ἅπασι. δίκαιος B, δίκαιος Cobet.

συνεργὸν εἰς τοῦτο τὸ μύσος λαβὼν τὴν ἐκείνου
γυναῖκα, τῆς δ᾽ αὐτῷ συνοικούσης ἀδελφήν, ἣν
2 ἐμοίχευεν ὁ θεοῖς ἐχθρὸς ἔτι καὶ πάλαι· οὗτος ὁ
τὴν γαμετὴν γυναῖκα, σώφρονα καὶ τέκνων
κοινωνὸν γεγονυῖαν, ἐν ταῖς αὐταῖς ἡμέραις καὶ
διὰ τῶν αὐτῶν φαρμάκων ἀποκτείνας οὐδ᾽ ἀφοσι-
ώσασθαι τῶν φαρμακειῶν ἀμφοτέρων τὰς διαβολάς,
ὡς οὐχ ὑφ᾽ ἑαυτοῦ γενομένων, ἠξίωσεν ἐλεεινῷ
χρησάμενος σχήματι καὶ μικρᾷ προσποιήσει
πένθους, ἀλλ᾽ εὐθὺς ἅμα τῷ αὐτὰ διαπράξασθαι
τὰ θαυμαστὰ ἔργα, πρὶν ἢ μαρανθῆναι τὰς
ὑποδεξαμένας τὰ δύστηνα σώματα πυράς, φίλους
εἱστία καὶ γάμους ἐπετέλει καὶ τὴν ἀνδροφόνον
νύμφην ἐπὶ τὸν τῆς ἀδελφῆς θάλαμον ἤγετο τὰς
ἀπορρήτους ἐμπεδῶν πρὸς αὐτὴν ὁμολογίας, ἀνόσια
καὶ ἐξάγιστα καὶ οὔθ᾽ Ἑλλάδος οὔτε βαρβάρου
γῆς οὐδαμόθι γενόμενα [1] πρῶτος εἰς τὴν Ῥωμαίων
3 πόλιν εἰσαγαγὼν [2] καὶ μόνος. οἷα δ᾽ ἐξειργάσατο,
ὦ δημόται, τὰ περιβόητα καὶ δεινὰ περὶ τοὺς
κηδεστὰς ἀμφοτέρους ἐπιχειρήματα ἐπὶ ταῖς
δυσμαῖς ὄντας ἤδη τοῦ βίου; Σερούιον μὲν
Τύλλιον τὸν ἐπιεικέστατον τῶν βασιλέων καὶ
πλεῖστα ὑμᾶς εὖ ποιήσαντα φανερῶς ἀποσφάξας
καὶ οὔτ᾽ ἐκκομιδῆς [3] οὔτε ταφῆς ἐάσας νομίμου
4 τὸ σῶμα τυχεῖν· Ταρκυνίαν δὲ τὴν ἐκείνου
γυναῖκα, ἣν προσῆκεν αὐτῷ τιμᾶν ὥσπερ μητέρα,
πατρὸς ἀδελφὴν οὖσαν καὶ σπουδαίαν περὶ αὐτὸν
γενομένην, πρὶν ἢ πενθῆσαι καὶ τὰ νομιζόμενα
τῷ [4] κατὰ γῆς ἀνδρὶ ποιῆσαι, τὴν ἀθλίαν ἀγχόνῃ

---

[1] Reudler : γινόμενα O.   [2] εἰσαγαγὼν R : εἰσάγων AB.
[3] οὔτ᾽ ἐκκομιδῆς Schnelle : οὔτε κομιδῆς O.
[4] τῷ added by Reiske.

he was assisted by his brother's wife, the sister of his own wife, whom this enemy of the gods had even long before debauched. This is the man who on the same days and with the same poisons killed his wedded wife, a virtuous woman who had also been the mother of children by him, and did not even deign to clear himself of the blame for both of these poisonings and make it appear that they were not his work, by assuming a mourning garb and some slight pretence of grief; nay, close upon the heels of his committing those monstrous deeds and before the funeral-pyre which had received those miserable bodies had died away, he gave a banquet to his friends, celebrated his nuptials, and led the murderess of her husband as a bride to the bed of her sister, thus fulfilling the abominable contract he had made with her and being the first and the only man who ever introduced into the city of Rome such impious and execrable crimes unknown to any nation in the world, either Greek or barbarian. And how infamous and dreadful, plebeians, were the crimes he committed against both his parents-in-law when they were already in the sunset of their lives! Servius Tullius, the most excellent of your kings and your greatest bene-factor, he openly murdered and would not permit his body to be honoured with either the funeral or the burial that were customary; and Tarquinia, the wife of Tullius, whom, as she was the sister of his father and had always shown great kindness to him, it was fitting that he should honour as a mother, he destroyed, unhappy woman, by the noose, without allowing her time to mourn her husband under the sod and to perform the customary sacrifices for him.

διαχρησάμενος, ὑφ' ὧν ἐσώθη καὶ παρ' οἷς ἐτράφη
καὶ οὓς διαδέξεσθαι μετὰ τὴν τελευτὴν ἔμελλεν
ὀλίγον ἀναμείνας, ἕως ὁ κατὰ φύσιν αὐτοῖς
παραγένηται θάνατος.

LXXX. " Ἀλλὰ τί τούτοις ἐπιτιμῶ τοσαύτας
ἔχων αὐτοῦ παρανομίας κατηγορεῖν ἔξω τῶν εἰς
τοὺς συγγενεῖς καὶ κηδεστὰς γενομένων, τὰς εἰς
τὴν πατρίδα καὶ πάντας ἡμᾶς ἐπιτελεσθείσας, εἰ
δὴ καὶ παρανομίας δεῖ καλεῖν αὐτάς, ἀλλ' οὐκ
ἀνατροπὰς καὶ ἀφανισμοὺς ἁπάντων τῶν τε
νομίμων καὶ τῶν ἐθῶν ;[1] αὐτίκα τὴν ἡγεμονίαν,
ἵν' ἀπὸ ταύτης ἄρξωμαι, πῶς παρέλαβεν; ἆρά γ'
ὡς οἱ πρὸ αὐτοῦ γενόμενοι βασιλεῖς; πόθεν;
2 πολλοῦ γε καὶ δεῖ. ἐκεῖνοι μέντοι πάντες [2] ὑφ'
ὑμῶν ἐπὶ τὰς δυναστείας παρήγοντο κατὰ τοὺς
πατρίους ἐθισμοὺς καὶ νόμους· πρῶτον μὲν
ψηφίσματος ὑπὸ τῆς βουλῆς γραφέντος, ᾗ περὶ
πάντων ἀποδέδοται τῶν κοινῶν προβουλεύειν·
ἔπειτα μεσοβασιλέων αἱρεθέντων, οἷς ἐπιτρέπει
τὸ συνέδριον ἐκ τῶν ἀξίων τῆς ἀρχῆς διαγνῶναι
τὸν ἐπιτηδειότατον· μετὰ ταῦτα ψῆφον ἐπενέγ-
καντος ἐν ἀρχαιρεσίαις τοῦ δήμου, μεθ' ἧς
ἅπαντα ἐπικυροῦσθαι βούλεται τὰ μέγιστα ὁ
νόμος· ἐφ' ἅπασι δὲ τούτοις οἰωνῶν καὶ σφαγίων
καὶ τῶν ἄλλων σημείων καλῶν γενομένων, ὧν
χωρὶς οὐδὲν ἂν γένοιτο τῆς ἀνθρωπίνης σπουδῆς
3 καὶ προνοίας ὄφελος. φέρε δὴ τί τούτων οἶδέ
τις ὑμῶν [3] γενόμενον ὅτε τὴν ἀρχὴν Ταρκύνιος

---

[1] τῶν τε νομίμων (νόμων Cobet) καὶ τῶν ἐθῶν Kiessling,
Cobet : τῶν γενῶν καὶ τῶν ἐθῶν A, τῶν γενομένων καὶ τῶν
ἐθῶν B, τῶν ἐθῶν καὶ τῶν νόμων Reiske.
[2] μέντοι πάντες Jacoby : μέντοι ἅπαντες A, μένγε ἅπαντες B.

Thus he treated those by whom he had been preserved, by whom he had been reared, and whom after their death he was to have succeeded if he had waited but a short time till death came to them in the course of nature.

LXXX. " But why do I censure these crimes committed against his relations and his kin by marriage when, apart from them, I have so many other unlawful acts of which to accuse him, which he has committed against his country and against us all—if, indeed, they ought to be called merely unlawful acts and not rather the subversion and extinction of all that is sanctioned by our laws and customs ? Take, for instance, the sovereignty—to begin with that. How did he obtain it ? Did he follow the example of the former kings ? Far from it ! The others were all advanced to the sovereignty by you according to our ancestral customs and laws, first, by a decree of the senate, which body has been given the right to deliberate first concerning all public affairs ; next, by the appointment of *interreges*, whom the senate entrusts with the selection of the most suitable man from among those who are worthy of the sovereignty ; after that, by a vote of the people in the comitia, by which vote the law requires that all matters of the greatest moment shall be ratified ; and, last of all, by the approbation of the auguries, sacrificial victims and other signs, without which human diligence and foresight would be of no avail. Well, then, which of these things does any one of you know to have been done when Tarquinius was

---

[3] τί τούτων οἶδέ τις ὑμῶν Jacoby : τούτων οἶδε. τις ὑμῶν B, τίς ὑμῶν τι τούτων οἶδε R.

ἐλάμβανε; ποῖον προβούλευμα συνεδρίου; τίνα
μεσοβασιλέων διάγνωσιν; ποίαν δήμου ψηφο-
φορίαν; ποίους οἰωνοὺς αἰσίους; οὐ λέγω ταῦτα
πάντα, καίτοι δέον, εἰ γοῦν ἔμελλεν ἕξειν
καλῶς, μηδὲν τῶν ἐν ἔθει κατὰ τοὺς νόμους
παραλελεῖφθαι, ἀλλ' ἐάν τις ἓν μόνον ἔχῃ τούτων
ἐπιδεῖξαι γεγονός, οὐκ ἀξιῶ τὰ παραλειφθέντα
συκοφαντεῖν. πῶς οὖν παρῆλθεν ἐπὶ τὴν δυναστεί-
αν; ὅπλοις καὶ βίᾳ καὶ πονηρῶν ἀνθρώπων
συνωμοσίαις, ὡς τυράννοις ἔθος, ἀκόντων ὑμῶν
4 καὶ δυσχεραινόντων. φέρε, ἀλλ' ἐπειδὴ κατέσχε
τὴν δυναστείαν ὅπως δήποτε [1] λαβών, ἆρα βασι-
λικῶς αὐτῇ κέχρηται ζηλῶν τοὺς προτέρους
ἡγεμόνας, οἳ λέγοντές τε καὶ πράττοντες τοιαῦτα
διετέλουν ἐξ ὧν εὐδαιμονεστέραν τε καὶ μείζω
τὴν πόλιν τοῖς ἐπιγινομένοις παρέδοσαν ἧς αὐτοὶ
παρέλαβον; καὶ τίς ἂν ὑγιαίνων ταῦτα φήσειεν,
ὁρῶν ὡς οἰκτρῶς καὶ κακῶς ἅπαντες ὑπ' αὐτοῦ
διατεθείμεθα;

LXXXI. "Τὰς μὲν οὖν ἡμετέρας τῶν πατρι-
κίων συμφοράς, ἃς καὶ τῶν πολεμίων ἄν τις
μαθὼν δακρύσειε, σιωπῶ, εἴ [2] γ' ὀλίγοι μὲν ἐκ
πολλῶν λελείμμεθα, ταπεινοὶ δ' ἐκ μεγάλων
γεγόναμεν, εἰς πενίαν δὲ καὶ δεινὴν ἀπορίαν
ἥκομεν ἐκ πολλῶν καὶ μακαρίων ἐκπεσόντες
ἀγαθῶν. οἱ λαμπροὶ δ' ἐκεῖνοι καὶ δεινοὶ καὶ
μεγάλοι, δι' οὓς ἐπιφανὴς ἡ πόλις ἡμῶν ποτε ἦν,
οἱ μὲν ἀπολώλασιν, οἱ δὲ φεύγουσι τὴν πατρίδα.
2 ἀλλὰ τὰ ὑμέτερα πράγματα, ὦ δημόται, πῶς
ἔχει; οὐκ ἀφῄρηται μὲν ὑμῶν τοὺς νόμους,
ἀφῄρηται δὲ τὰς ἐφ' ἱερὰ καὶ θυσίας συνόδους,

---

[1] Kiessling : ὅπως ποτὲ O.   [2] εἴ B: οἳ R.

obtaining the sovereignty? What preliminary decree
of the senate was there? What decision on the part
of the *interreges*? What vote of the people? What
favourable auguries? I do not ask whether all these
formalities were observed, though it was necessary, if
all was to be well, that nothing founded either in cus-
tom or in law should have been omitted ; but if it can
be shown that any one of them was observed, I am
content not to quibble about those that were omitted.
How, then, did he come to the sovereignty? By
arms, by violence, and by the conspiracies of wicked
men, according to the custom of tyrants, in spite of
your disapproval and indignation. Well, but after
he had obtained the sovereignty—in whatever
manner he got it—did he use it in a fashion becoming
a king, in imitation of his predecessors, whose words
and actions were invariably such that they handed
down the city to their successors more prosperous
and greater than they themselves had received it?
What man in his senses could say so, when he sees
to what a pitiable and wretched state we all have been
brought by him?

LXXXI. " I shall say nothing of the calamities we
who are patricians have suffered, of which no one
even of our enemies could hear without tears, since
we are left but few out of many, have been brought
low from having been exalted, and have come to
poverty and dire want after being stripped of many
enviable possessions. Of all those illustrious men,
those great and able leaders because of whom our city
was once distinguished, some have been put to death
and others banished. But what is your condition,
plebeians? Has not Tarquinius taken away your
laws? Has he not abolished your assemblages for

5¹³

DIONYSIUS OF HALICARNASSUS

πέπαυκε δὲ τοὺς ἀρχαιρεσιάζοντας καὶ ψηφο-
φοροῦντας καὶ περὶ τῶν κοινῶν ἐκκλησιάζοντας,
ἀναγκάζει δ᾽ ὅσα δούλους ἀργυρωνήτους αἰσχύνης
ἄξια[1] ταλαιπωρεῖν λατομοῦντας ὑλοτομοῦντας
ἀχθοφοροῦντας, ἐν ταρτάροις καὶ βαράθροις δαπα-
νωμένους, ἀνάπαυσιν τῶν κακῶν οὐδὲ τὴν ἐλαχί-
3 στην λαμβάνοντας; τίς οὖν ὅρος ἔσται τῶν
συμφορῶν, καὶ μέχρι τίνος χρόνου ταῦτα πάσχον-
τες ὑπομενοῦμεν, καὶ πότε τὴν πάτριον ἐλευθερίαν
ἀνακτησόμεθα; ὅταν ἀποθάνῃ Ταρκύνιος; νὴ
Δία. καὶ τί πλέον ἡμῖν ἔσται τότε· τί δ᾽ οὐ
χεῖρον; τρεῖς γὰρ ἐξ ἑνὸς Ταρκυνίους ἕξομεν
4 πολλῷ μιαρωτέρους τοῦ πατρός. ὅπου γὰρ ὁ
γενόμενος ἐξ ἰδιώτου τύραννος καὶ ὀψὲ ἀρξάμενος
πονηρὸς εἶναι πᾶσαν ἀκριβοῖ[2] τὴν τυραννικὴν
κακίαν, ποδαποὺς χρὴ νομίζειν ἔσεσθαι τοὺς ἐξ
ἐκείνου φύντας, οἷς πονηρὸν μὲν γένος, πονηραὶ
δὲ τροφαί, πολιτικὸν δὲ καὶ μέτριον οὐδὲν οὔτ᾽
ἰδεῖν ἐξεγένετο πώποτε πραττόμενον οὔτε μαθεῖν;
ἵνα δὲ μὴ μαντεύησθε τὰς καταράτους αὐτῶν
φύσεις ἀλλ᾽ ἀκριβῶς μάθητε οἵους σκύλακας ὑμῖν
ἡ Ταρκυνίου τυραννὶς ὑποτρέφει, θεάσασθε ἔργον
ἑνὸς αὐτῶν τοῦ πρεσβυτάτου.

LXXXII. "Αὕτη Σπορίου μέν ἐστι Λουκρη-
τίου θυγάτηρ, ὃν ἀπέδειξε τῆς πόλεως ἔπαρχον ὁ
τύραννος ἐξιὼν ἐπὶ τὸν πόλεμον, Ταρκυνίου δὲ
Κολλατίνου γυνὴ τοῦ συγγενοῦς τῶν τυράννων καὶ
πολλὰ ὑπὲρ αὐτῶν κακοπαθήσαντος. αὕτη μέντοι

---

[1] αἰσχύνης ἄξια B : ἄξια R; both words deleted by Jacoby.
[2] ἀκριβοῖ B : ἀκριβῶς διεξήλασε R.

---

[1] Cf. Livy i. 59, 12.

the performance of religious rites and sacrifices? Has he not put an end to your electing of magistrates, to your voting, and to your meeting in assembly to discuss public affairs? Does he not force you, like slaves purchased with money, to endure shameful hardships in quarrying stone, hewing timber, carrying burdens, and wasting your strength in deep pits and caverns, without allowing you the least respite from your miseries? What, then, will be the limit of our calamities? How long shall we submit to this treatment? And when shall we recover the liberty our fathers enjoyed? When Tarquinius dies? To be sure! And how shall we be in a better condition then? Why should it not be a worse? For we shall have three Tarquinii sprung from the one, all far more abominable than their sire. For when one who from a private station has become a tyrant and has begun late to be wicked, is an expert in all tyrannical mischief, what kind of men may we expect those to be who are sprung from him, whose parentage has been depraved, whose nurture has been depraved, and who never had an opportunity of seeing or hearing of anything done with the moderation befitting free citizens? In order, therefore, that you may not merely guess at their accursed natures, but may know with certainty what kind of whelps the tyranny of Tarquinius is secretly rearing up for your destruction, behold the deed of one of them, the eldest of the three.

LXXXII. " This woman is the daughter of Spurius Lucretius, whom the tyrant, when he went to the war, appointed prefect of the city,[1] and the wife of Tarquinius Collatinus, a kinsman of the tyrant who has undergone many hardships for their sake. Yet this

515

σωφρονεῖν βουλομένη καὶ τὸν ἄνδρα τὸν ἑαυτῆς
φιλοῦσα, ὥσπερ ἀγαθῇ προσήκει γυναικί, ξενιζο-
μένου παρ' αὐτῇ Σέξτου διὰ τὴν συγγένειαν τῇ
παρελθούσῃ νυκτί, Κολλατίνου δὲ τότ' ἀποδημοῦν-
τος ἐπὶ στρατοπέδου, τὴν ἀκόλαστον ὕβριν τῆς
τυραννίδος οὐκ ἐδυνήθη διαφυγεῖν, ἀλλ' ὥσπερ
αἰχμάλωτος ὑπ' ἀνάγκης κρατηθεῖσα ὑπέμεινεν
2 ὅσα μὴ θέμις ἐλευθέρᾳ γυναικὶ παθεῖν. ἐφ' οἷς
ἀγανακτοῦσα καὶ ἀφόρητον ἡγουμένη τὴν ὕβριν,
ἐπειδὴ πρὸς τὸν πατέρα καὶ τοὺς ἄλλους συγγενεῖς
τὰς κατασχούσας αὐτὴν ἀνάγκας διεξῆλθε,[1]
πολλὰς ποιησαμένη δεήσεις καὶ ἀράς, ἵνα τιμωροὶ
τοῖς κακοῖς αὐτῆς γένοιντο, καὶ τὸ κεκρυμμένον
ὑπὸ τοῖς κόλποις ξίφος σπασαμένη τοῦ πατρὸς
ὁρῶντος, ὦ δημόται, διὰ τῶν ἑαυτῆς σπλάγχνων
3 ἔβαψε τὸν σίδηρον. ὦ θαυμαστὴ σὺ καὶ πολλῶν
ἐπαίνων ἀξία τῆς εὐγενοῦς προαιρέσεως, οἴχῃ
καὶ ἀπόλωλας οὐχ ὑπομείνασα τυραννικὴν ὕβριν,
ἁπάσας ὑπεριδοῦσα τὰς ἐν τῷ ζῆν ἡδονάς, ἵνα σοι
μηδὲν ἔτι τοιοῦτον συμβῇ παθεῖν. ἔπειτα σὺ
μέν, ὦ Λουκρητία, γυναικείας τυχοῦσα φύσεως
ἀνδρὸς εὐγενοῦς φρόνημα ἔσχες, ἡμεῖς δ' ἄνδρες
γενόμενοι γυναικῶν χείρους ἀρετῇ γενησόμεθα;
καὶ σοὶ μέν, ὅτι μίαν ἐτυραννήθης νύκτα τὴν
ἀμίαντον ἀφαιρεθεῖσα αἰδῶ μετὰ βίας, ἡδίων καὶ
μακαριώτερος ἔδοξεν ὁ θάνατος εἶναι τοῦ βίου,
ἡμῖν δ' ἆρ' οὐ παραστήσεται τὸ αὐτὸ τοῦτο
ὑπολαβεῖν, ὧν Ταρκύνιος οὐ μίαν ἡμέραν, ἀλλὰ
πέμπτον καὶ εἰκοστὸν ἔτος ἤδη τυραννῶν, πάσας
ἀφῄρηται τὰς ἐν τῷ ζῆν ἡδονὰς [2] ἐλευθερίαν
4 ἀφελόμενος; οὐκ ἔστιν ἡμῖν, ὦ δημόται, βιωτὸν

---

[1] ἀνάγκας διεξῆλθε B : διεξῆλθε τύχας R.

woman, who desired to preserve her virtue and loved her husband as becomes a good wife, could not, when Sextus was entertained last night at her house as a kinsman and Collatinus was absent at the time in camp, escape the unbridled insolence of tyranny, but like a captive constrained by necessity, had to submit to indignities that it is not right any woman of free condition should suffer. Resenting this treatment and looking upon the outrage as intolerable, she related to her father and the rest of her kinsmen the straits to which she had been reduced, and after earnestly entreating and adjuring them to avenge the wrongs she had suffered, she drew out the dagger she had concealed under the folds of her dress and before her father's very eyes, plebeians, plunged the steel into her vitals. O admirable woman and worthy of great praise for your noble resolution! You are gone, you are dead, being unable to bear the tyrant's insolence and despising all the pleasures of life in order to avoid suffering any such indignity again. After this example, Lucretia, when you, who were given a woman's nature, have shown the resolution of a brave man, shall we, who were born men, show ourselves inferior to women in courage? To you, because you had been deprived by force of your spotless chastity by submission to a tyrant during one night, death appeared sweeter and more blessed than life; and shall not the same feelings sway us, whom Tarquinius, by a tyranny, not of one day only, but of twenty-five years, has deprived of all the pleasures of life in depriving us of our liberty? Life is intolerable to us, plebeians, while we wallow amid

---

[2] τὰς ἐν τῷ ζῆν ἡδονὰς B : om. A, τὰς ἐλπίδας CD.

ἐν τοιούτοις καλινδουμένοις κακοῖς, ἐκείνων τῶν
ἀνδρῶν οὖσιν ἀπογόνοις, οἳ τὰ δίκαια τάττειν
ἠξίουν τοῖς ἄλλοις καὶ πολλοὺς ὑπὲρ ἀρχῆς καὶ
δόξης ἤραντο κινδύνους· ἀλλὰ δυεῖν θάτερον
ἅπασιν αἱρετέον, ἢ βίον ἐλεύθερον ἢ θάνατον
5 ἔνδοξον. ἥκει δὲ καιρὸς οἷον εὐχόμεθα, μεθεστη-
κότος μὲν ἐκ τῆς πόλεως Ταρκυνίου, ἡγουμένων
δὲ τῆς ἐπιχειρήσεως τῶν πατρικίων, οὐδενὸς δ᾽
ἡμῖν ἐλλείψοντος, ἐὰν ἐκ προθυμίας χωρήσωμεν
ἐπὶ τὰ ἔργα, οὐ σωμάτων, οὐ χρημάτων, οὐχ
ὅπλων, οὐ στρατηγῶν, οὐ τῆς ἄλλης τῆς εἰς τὰ
πολέμια παρασκευῆς (μεστὴ γὰρ ἁπάντων ἡ
πόλις), αἰσχρόν τε[1] Οὐολούσκων μὲν[2] καὶ Σαβί-
νων καὶ μυρίων ἄλλων ἄρχειν ἀξιοῦν, αὐτοὺς
δὲ δουλεύοντας ἑτέροις ὑπομένειν, καὶ περὶ μὲν
τῆς Ταρκυνίου πλεονεξίας πολλοὺς ἀναιρεῖσθαι
πολέμους, περὶ δὲ τῆς ἑαυτῶν ἐλευθερίας μηδένα.
LXXXIII. "Τίσιν οὖν ἀφορμαῖς εἰς τὰ
πράγματα χρησόμεθα καὶ ποίαις συμμαχίαις;
τοῦτο γὰρ λοιπὸν εἰπεῖν. πρώταις μὲν ταῖς
παρὰ τῶν θεῶν ἐλπίσιν, ὧν ἱερὰ καὶ τεμένη καὶ
βωμοὺς μιαίνει Ταρκύνιος ταῖς αἱμοφύρτοις χερσὶ
καὶ παντὸς ἐμφυλίου γεμούσαις ἄγους θυσιῶν καὶ
σπονδῶν καταρχόμενος· ἔπειτα ταῖς ἐξ ἡμῶν
αὐτῶν οὔτ᾽ ὀλίγων ὄντων οὔτ᾽ ἀπείρων πολέμου·
πρὸς δὲ τούτοις ταῖς παρὰ τῶν συμμάχων ἐπι-
κουρίαις, οἳ μὴ καλούντων μὲν ἡμῶν οὐδὲν
ἀξιώσουσι πολυπραγμονεῖν, ἐὰν δ᾽ ἀρετῆς ὁρῶσι
μεταποιουμένους ἄσμενοι συναροῦνται τοῦ πολέμου·
τυραννὶς γὰρ ἅπασιν ἐχθρὰ τοῖς βουλομένοις

[1] τε B : γε εἰ A, γε εἴη Reiske.

such wretchedness—to us who are the descendants of those men who thought themselves worthy to give laws to others and exposed themselves to many dangers for the sake of power and fame. Nay, but we must all choose one of two things—life with liberty or death with glory. An opportunity has come such as we have been praying for. Tarquinius is absent from the city, the patricians are the leaders of the enterprise, and naught will be lacking to us if we enter upon the undertaking with zeal—neither men, money, arms, generals, nor any other equipment of warfare, for the city is full of all these; and it would be disgraceful if we, who aspire to rule the Volscians, the Sabines and countless other peoples, should ourselves submit to be slaves of others, and should undertake many wars to gratify the ambition of Tarquinius but not one to recover our own liberty.

LXXXIII. "What resources, therefore, what assistance shall we have for our undertaking? For this remains to be discussed. First there are the hopes we place in the gods, whose rites, temples and altars Tarquinius pollutes with hands stained with blood and defiled with every kind of crime against his own people every time he begins the sacrifices and libations. Next, there are the hopes that we place in ourselves, who are neither few in number nor unskilled in war. Besides these advantages there are the forces of our allies, who, so long as they are not called upon by us, will not presume to busy themselves with our affairs, but if they see us acting the part of brave men, will gladly assist us in the war; for tyranny is odious to all who desire to be free.

---

[2] μὲν Sylburg : om. O, Jacoby.

2 ἐλευθέροις εἶναι. εἰ δέ τινες ὑμῶν τοὺς ἐπὶ
στρατοπέδου συνόντας ἅμα Ταρκυνίῳ πολίτας
δεδοίκασιν, ὡς ἐκείνῳ μὲν συναγωνιουμένους,
ἡμῖν δὲ πολεμήσοντας, οὐκ ὀρθῶς δεδοίκασι.
βαρεῖα γὰρ κἀκείνοις ἡ τυραννὶς καὶ ἔμφυτος
ἅπασιν ἀνθρώποις ὁ τῆς ἐλευθερίας πόθος, καὶ
πᾶσα μεταβολῆς πρόφασις τοῖς δι' ἀνάγκην
ταλαιπωροῦσιν ἱκανή· οὕς, εἰ ψηφιεῖσθε [1] τῇ
πατρίδι βοηθεῖν, οὐ φόβος ὁ καθέξων ἔσται παρὰ
τοῖς τυράννοις, οὐ χάρις, οὐχ ἕτερόν τι τῶν
βιαζομένων ἢ πειθόντων ἀνθρώπους τὰ μὴ δίκαια
3 πράττειν. εἰ δέ τισιν αὐτῶν ἄρα διὰ κακὴν
φύσιν ἢ πονηρὰς τροφὰς τὸ φιλοτύραννον ἐμπέφυ-
κεν, οὐ πολλοῖς οὖσι μὰ Δία, μεγάλαις καὶ
τούτους ἀνάγκαις ἐνζεύξομεν,[2] ὥστ' ἐκ πονηρῶν
γενέσθαι χρηστούς· ὅμηρα γὰρ αὐτῶν ἔχομεν ἐν
τῇ πόλει τέκνα καὶ γυναῖκας καὶ γονεῖς, ἃ τιμι-
ώτερα τῆς ἰδίας ἐστὶν ἑκάστῳ ψυχῆς. ταῦτά τ'
οὖν αὐτοῖς ἀποδώσειν, ἐὰν ἀποστῶσι τῶν τυράν-
νων, ὑπισχνούμενοι καὶ ἄδειαν ὧν ἥμαρτον
4 ψηφιζόμενοι ῥᾳδίως πείσομεν. ὥστε θαρροῦντες,
ὦ δημόται, καὶ ἀγαθὰς ἔχοντες ὑπὲρ τῶν μελ-
λόντων ἐλπίδας χωρεῖτε πρὸς τὸν ἀγῶνα, κάλλιστον
ὧν πώποτε ἤρασθε πολέμων τόνδε ὑποστησόμενοι.
ἡμεῖς μὲν οὖν, ὦ θεοὶ πατρῷοι, φύλακες ἀγαθοὶ
τῆσδε τῆς γῆς, καὶ δαίμονες, οἳ τοὺς πατέρας
ἡμῶν λελόγχατε, καὶ πόλις θεοφιλεστάτη πόλεων,
ἐν ᾗ γενέσεώς τε καὶ τροφῆς ἐτύχομεν, ἀμυνοῦμεν
ὑμῖν καὶ [3] γνώμαις [4] καὶ λόγοις καὶ χερσὶ καὶ

---

[1] Cobet : ψηφίσησθε A, ψηφίσεσθε Bb, ψηφίσασθαι Ba.
[2] Reiske : ζεύξομεν O.
[3] καὶ Steph. : αι(?) Ba, οἳ Bb, οἱ A.

But if any of you are afraid that the citizens who are in the camp with Tarquinius will assist him and make war upon us, their fears are groundless. For the tyranny is grievous to them also and the desire of liberty is implanted by Nature in the minds of all men, and every excuse for a change is sufficient for those who are compelled to bear hardships; and if you by your votes order them to come to the aid of their country, neither fear nor favour, nor any of the other motives that compel or persuade men to commit injustice, will keep them with the tyrants. But if by reason of an evil nature or a bad upbringing the love of tyranny is, after all, rooted in some of them —though surely there are not many such—we will bring strong compulsion to bear upon these men too, so that they will become good citizens instead of bad. For we have, as hostages for them in the city, their children, wives and parents, who are dearer to every man than his own life. By promising to restore these to them if they will desert the tyrants, and by passing a vote of amnesty for the mistakes they have made, we shall easily prevail upon them to join us. Advance to the struggle, therefore, plebeians, with confidence and with good hopes for the future; for this war which you are about to undertake is the most glorious of all the wars you have ever waged. Ye gods of our ancestors, kindly guardians of this land, and ye other divinities, to whom the care of our fathers was allotted, and thou City, dearest to the gods of all cities, the city in which we received our birth and nurture, we shall defend you with our counsels, our words, our hands and our lives, and we

---

⁴ γνώμαις B : γνώμῃ A.

ψυχαῖς, καὶ πάσχειν ἕτοιμοι πᾶν ὅ τι ἂν ὁ δαίμων
5 καὶ τὸ χρεὼν φέρῃ. μαντεύομαι δὲ καλοῖς ἐγχειρή-
μασιν εὐτυχὲς ἀκολουθήσειν τέλος. εἴη δὲ τούτοις
ἅπασι ταὐτὸ λαβοῦσι θάρσος καὶ μιᾷ γνώμῃ χρησα-
μένοις, σώζειν θ' ἡμᾶς καὶ σώζεσθαι ὑφ' ἡμῶν."

LXXXIV. Τοιαῦτα τοῦ Βρούτου δημηγοροῦν-
τος ἀναβοήσεις τε συνεχεῖς ἐφ' ἑκάστῳ τῶν
λεγομένων ἐκ τοῦ πλήθους ἐγίνοντο διασημαί-
νουσαι τὸ βουλόμενόν τε καὶ ἐπικελευόμενον, τοῖς
δὲ πλείοσιν αὐτῶν καὶ δάκρυα ὑφ' ἡδονῆς ἔρρει
θαυμαστῶν καὶ ἀπροσδοκήτων ἀκούουσι λόγων·
πάθη τε ποικίλα τὴν ἑκάστου ψυχὴν κατελάμβανεν
οὐδὲν ἀλλήλοις ἐοικότα· λῦπαι τε γὰρ ἡδοναῖς
ἐκέκραντο, αἱ μὲν ἐπὶ τοῖς προγεγονόσι δεινοῖς,
αἱ δ' ἐπὶ τοῖς προσδοκωμένοις ἀγαθοῖς, καὶ
θυμοὶ συνεξέπιπτον φόβοις, οἱ μὲν ἐπὶ τῷ κακῶς
δρᾶσαι τὰ μισούμενα τῆς ἀσφαλείας ὑπερορᾶν
ἐπαίροντες, οἱ δὲ κατὰ λογισμὸν τοῦ μὴ ῥᾳδίαν
εἶναι τὴν καθαίρεσιν τῆς τυραννίδος ὄκνον ταῖς
2 ἐπιβολαῖς ἐπιφέροντες. ἐπεὶ δ' ἐπαύσατο λέγων,
ὥσπερ ἐξ ἑνὸς στόματος ἅπαντες τὴν αὐτὴν
φωνὴν ἀνέκραγον, ἄγειν σφᾶς ἐπὶ τὰ ὅπλα. καὶ
ὁ Βροῦτος ἡσθείς, " Ἐάν γε πρότερον," ἔφη,
" τὰ δόξαντα τῷ συνεδρίῳ μαθόντες ἐπικυρώσητε.[1]
δέδοκται γὰρ ἡμῖν φεύγειν Ταρκυνίους πόλιν τε
τὴν Ῥωμαίων καὶ χώραν ὅσης ἄρχουσι Ῥωμαῖοι,
καὶ γένος τὸ ἐξ αὐτῶν ἅπαν· καὶ μηδενὶ ἐξεῖναι
περὶ καθόδου Ταρκυνίων μήτε πράττειν μηδὲν
μήτε λέγειν, ἐὰν δέ τις παρὰ ταῦτα ποιῶν εὑρίσκη-
3 ται τεθνάναι. ταύτην εἰ βουλομένοις ὑμῖν ἐστι
τὴν γνώμην εἶναι κυρίαν, διαστάντες κατὰ τὰς

---

[1] τὸ δοχθέν (or ταχθέν) after ἐπικυρώσητε deleted by Cobet.

are ready to suffer everything that Heaven and Fate shall bring. And I predict that our glorious endeavours will be crowned with success. May all here present, emboldened by the same confidence and united in the same sentiments, both preserve us and and be preserved by us ! "

LXXXIV. While Brutus was thus addressing the people everything he said was received by them with continual acclamations signifying both their approval and their encouragement. Most of them even wept with pleasure at hearing these wonderful and unexpected words, and various emotions, in no wise resembling one another, affected the mind of each of his hearers. For pain was mingled with pleasure, the former arising from the terrible experiences that were past and the latter from the blessings that were anticipated; and anger went hand in hand with fear, the former encouraging them to despise their own safety in order to injure the objects of their hatred, while the latter, occasioned by the thought of the difficulty of overthrowing the tyranny, inspired them with reluctance toward the enterprise. But when he had done speaking, they all cried out, as from a single mouth, to lead them to arms. Then Brutus, pleased at this, said : " On this condition, that you first hear the resolution of the senate and confirm it. For we have resolved that the Tarquinii and all their posterity shall be banished both from the city of Rome and from all the territory ruled by the Romans; that no one shall be permitted to say or do anything about their restoration ; and that if anyone shall be found to be working contrary to these decisions he shall be put to death. If it is your pleasure that this resolution be confirmed, divide yourselves into

523

φράτρας ψῆφον ἐπενέγκατε, καὶ τοῦθ' ὑμῖν πρῶτον
ἀρξάτω τὸ δικαίωμα τῆς ἐλευθερίας." ἐγίνετο
ταῦτα· καὶ ἐπειδὴ πᾶσαι φυγὴν [1] τῶν τυράννων
αἱ φρᾶτραι κατεψηφίσαντο, παρελθὼν πάλιν ὁ
Βροῦτος λέγει· "᾿Επειδὴ τὰ πρῶτα ἡμῖν κεκύρω-
ται κατὰ τὸ δέον, ἀκούσατε καὶ τὰ λοιπὰ
4 ὅσα βεβουλεύμεθα περὶ τῆς πολιτείας. ἡμῖν
σκοπουμένοις τίς ἀρχὴ γενήσεται τῶν κοινῶν
κυρία, βασιλείαν μὲν οὐκέτι καταστήσασθαι ἐδόκει,[2]
ἄρχοντας δὲ δύο καθ' ἕκαστον ἐνιαυτὸν ἀπο-
δεικνύναι βασιλικὴν ἕξοντας ἐξουσίαν, οὓς ἂν ὑμεῖς
ἐν ἀρχαιρεσίαις ἀποδείξητε ψῆφον ἐπιφέροντες
κατὰ λόχους. εἰ δὴ καὶ ταῦτα βουλομένοις ἐστὶν
ὑμῖν, ἐπιψηφίσατε." ἐπῄνει καὶ ταύτην τὴν
γνώμην ὁ δῆμος, καὶ ψῆφος οὐδεμία ἐγένετο
5 ἐναντία. μετὰ τοῦτο παρελθὼν ὁ Βροῦτος ἀπο-
δείκνυσι μεσοβασιλέα τὸν ἐπιμελησόμενον τῶν
ἀρχαιρεσιῶν κατὰ τοὺς πατρίους νόμους Σπόριον
Λουκρήτιον· κἀκεῖνος ἀπολύσας τὴν ἐκκλησίαν
ἐκέλευσεν ἅπαντας ἥκειν εἰς τὸ πεδίον, ἔνθα
σύνηθες αὐτοῖς ἦν ἀρχαιρεσιάζειν, ἔχοντας τὰ
ὅπλα ἐν τάχει. ἀφικομένων δ' αὐτῶν ἄνδρας
αἱρεῖται δύο τοὺς πράξοντας ὅσα τοῖς βασιλεῦσιν
ἐξῆν, Βροῦτόν τε καὶ Κολλατῖνον· καὶ ὁ δῆμος
καλούμενος κατὰ λόχους ἐπεκύρωσε τοῖς ἀνδράσι
τὴν ἀρχήν. καὶ τὰ μὲν κατὰ πόλιν ἐν τῷ τότε
χρόνῳ πραχθέντα τοιαῦτα ἦν.

LXXXV. Βασιλεὺς δὲ Ταρκύνιος ὡς ἤκουσε
παρὰ τῶν ἀπὸ τῆς πόλεως ἀγγέλων, οἷς ἐξεγένετο
πρώτοις πρὶν ἢ κλεισθῆναι τὰς πύλας διαδρᾶναι,
τοσοῦτο μόνον ἀπαγγελλόντων, ὅτι κατέχει τὴν

---

[1] τὴν before φυγὴν deleted by Cobet.

your *curiae* and give your votes; and let the enjoyment of this right be the beginning of your liberty.''
This was done; and all the *curiae* having given their votes for the banishment of the tyrants, Brutus again came forward and said: ''Now that our first measures have been confirmed in the manner required, hear also what we have further resolved concerning the form of our government. It was our decision, upon considering what magistracy should be in control of affairs, not to establish the kingship again, but to appoint two annual magistrates to hold the royal power, these men to be whomever you yourselves shall choose in the comitia, voting by centuries. If, therefore, this also is your pleasure, give your votes to that effect.'' The people approved of this resolution likewise, not a single vote being given against it. After that, Brutus, coming forward, appointed Spurius Lucretius as *interrex* to preside over the comitia for the election of magistrates, according to ancestral custom. And he, dismissing the assembly, ordered all the people to go promptly in arms to the field [1] where it was their custom to elect their magistrates. When they were come thither, he chose two men to perform the functions which had belonged to the kings—Brutus and Collatinus; and the people, being called by centuries, confirmed their appointment.[2] Such were the measures taken in the city at that time.

LXXXV. As [3] soon as King Tarquinius heard by the first messengers who had found means to escape from the city before the gates were shut that Brutus was hold-

---

[1] The Campus Martius.
[2] *Cf.* Livy i. 60, 4.   [3] *Cf.* Livy i. 60, 1–3.

---

[2] ἐδόκει Cobet : δοκεῖ O, Jacoby.

ἐκκλησίαν Βροῦτος δημαγωγῶν καὶ τοὺς πολίτας
ἐπὶ τὴν ἐλευθερίαν παρακαλῶν, οὐδενὶ τῶν
ἄλλων φράσας ἠπείγετο τοὺς υἱοὺς ἀναλαβὼν καὶ
τῶν ἑταίρων τοὺς πιστοτάτους, ἐλαύνων τοὺς
ἵππους ἀπὸ ῥυτῆρος, ὡς φθάσων τὴν ἀπόστασιν.
εὑρὼν δὲ κεκλεισμένας τὰς πύλας καὶ μεστὰς ὅπλων
τὰς ἐπάλξεις ᾤχετο πάλιν ἐπὶ τὸ στρατόπεδον ὡς
2 εἶχε τάχους οἰμώζων καὶ δεινοπαθῶν. ἔτυχε δὲ
καὶ τἀκεῖ πράγματα ἤδη διεφθαρμένα. οἱ γὰρ
ὕπατοι ταχεῖαν αὐτοῦ τὴν παρουσίαν ἐπὶ τὴν
πόλιν προορώμενοι πέμπουσι γράμματα καθ’
ἑτέρας ὁδοὺς πρὸς τοὺς ἐπὶ τοῦ στρατοπέδου
παρακαλοῦντες αὐτοὺς ἀποστῆναι τοῦ τυράννου
καὶ τὰ δόξαντα τοῖς ἐν ἄστει ποιοῦντες φανερά.
3 ταῦτα τὰ γράμματα λαβόντες οἱ καταλειφθέντες
ὑπὸ τοῦ βασιλέως ὕπαρχοι[1] Τίτος Ἑρμίνιος καὶ
Μάρκος Ὁράτιος ἀνέγνωσαν ἐν ἐκκλησίᾳ· καὶ
γνώμας διερωτήσαντες κατὰ λόχους, ὅ τι χρὴ
ποιεῖν, ἐπειδὴ πᾶσιν ἐφάνη κύρια ἡγεῖσθαι τὰ
κριθέντα ὑπὸ τῆς πόλεως, οὐκέτι προσδέχονται
4 παραγενηθέντα τὸν Ταρκύνιον. ἀπωσθεὶς δὴ καὶ
ταύτης ὁ βασιλεὺς τῆς ἐλπίδος φεύγει σὺν ὀλίγοις
εἰς Γαβίων πόλιν, ἧς βασιλέα τὸν πρεσβύτερον
ἀπέδειξε τῶν υἱῶν Σέξτον, ὡς καὶ πρότερον
ἔφην, ἡλικίαν μὲν ἤδη πολιὸς ὤν, ἔτη δὲ πέντε
καὶ εἴκοσι τὴν βασιλείαν κατασχών. οἱ δὲ περὶ τὸν
Ἑρμίνιόν τε καὶ τὸν Ὁράτιον ἀνοχὰς τοῦ πολέμου
καταστησάμενοι πρὸς τοὺς Ἀρδεάτας πεντεκαι-
δεκαετεῖς ἀπήγαγον ἐπ’ οἴκου τὰς δυνάμεις.[2]

---

[1] ὕπαρχοι B : om. R.
[2] There follow in the MSS. the first five lines of Book V
(ἡ μὲν . . . τῶν ἀνδρῶν), which are then repeated at the
beginning of the new book. Kiessling deleted them here.

ing the assembled people enthralled, haranguing them
and summoning the citizens to liberty, which was all
the information they could give him, he took with
him his sons and the most trustworthy of his friends,
and without communicating his design to any others,
rode at full gallop in hopes of forestalling the revolt.
But finding the gates shut and the battlements full
of armed men, he returned to the camp as speedily
as possible, bewailing and complaining of his mis-
fortune. But his cause there also was now lost. For
the consuls, foreseeing that he would quickly come
to the city, had sent letters[1] by other roads to those
in the camp, in which they exhorted them to revolt
from the tyrant and acquainted them with the
resolutions passed by those in the city. Titus
Herminius and Marcus Horatius, who had been left
by the king to command in his absence, having re-
ceived these letters, read them in an assembly of the
soldiers; and asking them by their centuries what
they thought should be done, when it was their
unanimous opinion to regard the decisions reached
by those in the city as valid, they no longer would
admit Tarquinius when he returned. After the king
found himself disappointed of this hope also, he fled
with a few companions to the city of Gabii, over which,
as I said before, he had appointed Sextus, the eldest
of his sons, to be king. He was now grown grey with
age and had reigned twenty-five years. In the mean-
time Herminius and Horatius, having made a truce
with the Ardeates for fifteen years, led their forces
home.[2]

---

[1] Livy (i. 59, 12; 60, 1) says that Brutus himself went to
the camp before Ardea.
[2] See the critical note.

INDEX

529

INDEX

530

INDEX

INDEX

PRINTED IN GREAT BRITAIN BY RICHARD CLAY AND COMPANY, LTD.,
BUNGAY, SUFFOLK.

THE LOEB CLASSICAL LIBRARY

VOLUMES ALREADY PUBLISHED

Latin Authors

AMMIANUS MARCELLINUS. Translated by J. C. Rolfe. 3 Vols.

APULEIUS : THE GOLDEN ASS (METAMORPHOSES). W. Adlington (1566). Revised by S. Gaselee. (*6th Imp.*)

AULUS GELLIUS. J. C. Rolfe. 3 Vols.

AUSONIUS. H. G. Evelyn White. 2 Vols.

BEDE. J. E. King. 2 Vols.

BOETHIUS : TRACTS AND DE CONSOLATIONE PHILOSOPHIAE. Rev. H. F. Stewart and E. K. Rand. (*3rd Imp.*)

CAESAR : CIVIL WARS. A. G. Peskett. (*4th Imp.*)

CAESAR : GALLIC WAR. H. J. Edwards. (*7th Imp.*)

CATO AND VARRO : DE RE RUSTICA. H. B. Ash and W. D. Hooper. (*2nd Imp.*)

CATULLUS. F. W. Cornish; TIBULLUS. J. B. Postgate; AND PERVIGILIUM VENERIS. J. W. Mackail. (*10th Imp.*)

CELSUS : DE MEDICINA. W. G. Spencer. 3 Vols.

CICERO : BRUTUS, AND ORATOR. G. L. Hendrickson and H. M. Hubbell.

CICERO : DE FINIBUS. H. Rackham. (*3rd Imp. revised.*)

CICERO : DE NATURA DEORUM AND ACADEMICA. H. Rackham.

CICERO : DE OFFICIIS. Walter Miller. (*4th Imp.*)

CICERO : DE REPUBLICA AND DE LEGIBUS. Clinton W. Keyes.

CICERO : DE SENECTUTE, DE AMICITIA, DE DIVINATIONE. W. A. Falconer. (*4th Imp.*)

CICERO : IN CATILINAM, PRO FLACCO, PRO MURENA, PRO SULLA. Louis E. Lord.

CICERO : LETTERS TO ATTICUS. E. O. Winstedt. 3 Vols. (Vol. I. *5th Imp.*, Vol. II. *3rd Imp.* and Vol. III. *2nd Imp.*)

CICERO : LETTERS TO HIS FRIENDS. W. Glynn Williams. 3 Vols.

CICERO : PHILIPPICS. W. C. A. Ker. (*2nd Imp.*)

CICERO : PRO ARCHIA, POST REDITUM, DE DOMO, DE HARUSPICUM RESPONSIS, PRO PLANCIO. N. H. Watts. (*2nd Imp.*)

CICERO : PRO CAECINA, PRO LEGE MANILIA, PRO
  CLUENTIO, PRO RABIRIO. H. Grose Hodge.
CICERO : PRO MILONE, IN PISONEM, PRO SCAURO,
  PRO FONTEIO, PRO RABIRIO POSTUMO, PRO
  MARCELLO, PRO LIGARIO, PRO REGE DEIO-
  TARO. N. H. Watts.
CICERO : PRO QUINCTIO, PRO ROSCIO AMERINO,
  PRO ROSCIO COMOEDO, CONTRA RULLUM. J. H.
  Freese.
CICERO : TUSCULAN DISPUTATIONS. J. E. King.
CICERO : VERRINE ORATIONS. L. H. G. Greenwood.
  2 Vols.
CLAUDIAN. M. Platnauer. 2 Vols.
FLORUS. E. S. Forster, and CORNELIUS NEPOS;
  J. C. Rolfe.
FRONTINUS : STRATAGEMS AND AQUEDUCTS.
  C. E. Bennett and M. B. McElwain.
FRONTO : CORRESPONDENCE. C. R. Haines. 2 Vols.
HORACE : ODES AND EPODES. C. E. Bennett. (10*th*
  Imp. revised.)
HORACE : SATIRES, EPISTLES, ARS POETICA.
  H. R. Fairclough. (5*th Imp. revised.*)
JEROME : SELECTED LETTERS. F. A. Wright.
JUVENAL AND PERSIUS. G. G. Ramsay. (6*th Imp.*)
LIVY. B. O. Foster, Evan T. Sage and A. C. Schlesinger.
  13 Vols. Vols. I.–V., IX.–XII. (Vol. I. 3*rd Imp.*,
  Vols. II. and IX. 2*nd Imp. revised.*)
LUCAN. J. D. Duff.
LUCRETIUS. W. H. D. Rouse. (4*th Imp. revised.*)
MARTIAL. W. C. A. Ker. 2 Vols. (3*rd Imp.
  revised.*)
MINOR LATIN POETS : from PUBLILIUS SYRUS to
  RUTILIUS NAMATIANUS, including GRATTIUS, CAL-
  PURNIUS SICULUS, NEMESIANUS, AVIANUS, and others
  with " Aetna " and the " Phoenix." J. Wight Duff and
  Arnold M. Duff. (2*nd Imp.*)
OVID : THE ART OF LOVE AND OTHER POEMS.
  J. H. Mozley. (2*nd Imp.*)
OVID : FASTI. Sir James G. Frazer.
OVID : HEROIDES AND AMORES. Grant Showerman.
  (3*rd Imp.*)
OVID : METAMORPHOSES. F. J. Miller. 2 Vols. (Vol.
  I. 6*th Imp.*, Vol. II. 5*th Imp.*)
OVID : TRISTIA AND EX PONTO. A. L. Wheeler. (2*nd
  Imp.*)
PETRONIUS. M. Heseltine; SENECA : APOCOLO-
  CYNTOSIS. W. H. D. Rouse. (7*th Imp. revised.*)
PLAUTUS. Paul Nixon. 5 Vols. (Vol I. 4*th Imp.*,
  Vols. II. and III. 3*rd Imp.*)

2

PLINY : LETTERS. Melmoth's Translation revised by
W. M. L. Hutchinson. 2 Vols. (*4th Imp.*)
PLINY : NATURAL HISTORY. H. Rackham and
W. H. S. Jones. 10 Vols. Vol. I.
PROPERTIUS. H. E. Butler. (*4th Imp.*)
QUINTILIAN. H. E. Butler. 4 Vols. (Vols. I. and IV.
2nd Imp.)
REMAINS OF OLD LATIN. E. H. Warmington. 4 Vols.
Vol. I. (ENNIUS AND CAECILIUS.) Vol. II.
(LIVIUS, NAEVIUS, PACUVIUS, ACCIUS.) Vol. III.
(LUCILIUS AND LAWS OF XII TABLES.)
ST. AUGUSTINE, CONFESSIONS OF. W. Watts
(1631). 2 Vols. (Vol. I. *4th Imp.*, Vol. II. *3rd Imp.*)
ST. AUGUSTINE, SELECT LETTERS. J. H. Baxter.
SALLUST. J. Rolfe. (*2nd Imp. revised.*)
SCRIPTORES HISTORIAE AUGUSTAE. D. Magie.
3 Vols. (Vol. I. *2nd Imp. revised.*)
SENECA : APOCOLOCYNTOSIS. Cf. PETRONIUS.
SENECA : EPISTULAE MORALES. R. M. Gummere.
3 Vols. (Vol. I. *3rd Imp.*, Vol. II. *2nd Imp. revised.*)
SENECA : MORAL ESSAYS. J. W. Basore. 3 Vols.
(Vol. II. *2nd Imp. revised.*)
SENECA : TRAGEDIES. F. J. Miller. 2 Vols. (Vol. I.
3rd Imp., Vol. II. *2nd Imp. revised.*)
SIDONIUS : POEMS AND LETTERS. W. B. Anderson.
2 Vols. Vol. I.
SILIUS ITALICUS. J. D. Duff. 2 Vols. (Vol. II. *2nd
Imp.*)
STATIUS. J. H. Mozley. 2 Vols.
SUETONIUS. J. C. Rolfe. 2 Vols. (*5th Imp. revised.*)
TACITUS : DIALOGUS. Sir Wm. Peterson and AGRI-
COLA AND GERMANIA. Maurice Hutton. (*4th Imp.*)
TACITUS : HISTORIES AND ANNALS. C. H. Moore
and J. Jackson. 4 Vols. (Vol. I. *2nd Imp.*)
TERENCE. John Sargeaunt. 2 Vols. (Vol. I. *6th Imp.*,
II. *5th Imp.*)
TERTULLIAN : APOLOGIA AND DE SPECTACULIS.
T. R. Glover. MINUCIUS FELIX. G. H. Rendall.
VALERIUS FLACCUS. J. H. Mozley. (*2nd Imp. revised.*)
VARRO : DE LINGUA LATINA. R. G. Kent. 2 Vols.
VELLEIUS PATERCULUS AND RES GESTAE DIVI
AUGUSTI. F. W. Shipley.
VIRGIL. H. R. Fairclough. 2 Vols. (Vol. I. *13th Imp.*,
Vol. II. *10th Imp. revised.*)
VITRUVIUS : DE ARCHITECTURA. F. Granger.
2 Vols.

Greek Authors

ACHILLES TATIUS. S. Gaselee.

AENEAS TACTICUS: ASCLEPIODOTUS AND ONA-SANDER. The Illinois Greek Club.

AESCHINES. C. D. Adams.

AESCHYLUS. H. Weir Smyth. 2 Vols. (Vol. I. 4th Imp., Vol. II. 3rd Imp.)

APOLLODORUS. Sir James G. Frazer. 2 Vols. (Vol. I. 2nd Imp.)

APOLLONIUS RHODIUS. R. C. Seaton. (4th Imp.)

THE APOSTOLIC FATHERS. Kirsopp Lake. 2 Vols. (Vol. I. 5th Imp., Vol. II. 4th Imp.)

APPIAN'S ROMAN HISTORY. Horace White. 4 Vols. (Vol. I. 3rd Imp., Vols. II., III. and IV. 2nd Imp.)

ARATUS. Cf. CALLIMACHUS.

ARISTOPHANES. Benjamin Bickley Rogers. 3 Vols. Verse trans. (Vols. I. and II. 4th Imp., Vol. III. 3rd Imp.)

ARISTOTLE: ART OF RHETORIC. J. H. Freese. (2nd Imp.)

ARISTOTLE: ATHENIAN CONSTITUTION, EUDE-MIAN ETHICS, VICES AND VIRTUES. H. Rackham. (2nd Imp.)

ARISTOTLE: METAPHYSICS. H. Tredennick. 2 Vols. (2nd Imp.)

ARISTOTLE: MINOR WORKS. W. S. Hett. On Colours, On Things Heard, On Physiognomies, On Plants, On Marvellous Things Heard, Mechanical Problems, On Indivisible Lines, On Position and Names of Winds.

ARISTOTLE: NICOMACHEAN ETHICS. H. Rackham. (2nd Imp. revised.)

ARISTOTLE: OECONOMICA AND MAGNA MORALIA. G. C. Armstrong; with Metaphysics, Vol. II. (2nd Imp.)

ARISTOTLE: ON THE HEAVENS. W. K. C. Guthrie.

ARISTOTLE: ON THE SOUL, PARVA NATURALIA, ON BREATH. W. S. Hett. (2nd Imp. revised.)

ARISTOTLE: ORGANON. H. P. Cooke and H. Tredennick. 2 Vols. Vol. I.

ARISTOTLE: PARTS OF ANIMALS. A. L. Peck; MOTION AND PROGRESSION OF ANIMALS. E. S. Forster.

ARISTOTLE: PHYSICS. Rev. P. Wicksteed and F. M. Cornford. 2 Vols. (Vol. II. 2nd Imp.)

ARISTOTLE: POETICS AND LONGINUS. W. Hamilton Fyfe; DEMETRIUS ON STYLE. W. Rhys Roberts. (3rd Imp. revised.)

ARISTOTLE: POLITICS. H. Rackham.

ARISTOTLE: PROBLEMS. W. S. Hett. 2 Vols.

ARISTOTLE: RHETORICA AD ALEXANDRUM (with PROBLEMS, Vol. II.). H. Rackham.

ARRIAN : HISTORY OF ALEXANDER and INDICA.
Rev. E. Iliffe Robson. 2 Vols.
ATHENAEUS : DEIPNOSOPHISTAE. C. B. Gulick.
7 Vols.
CALLIMACHUS and LYCOPHRON. A. W. Mair;
ARATUS. G. R. Mair.
CLEMENT OF ALEXANDRIA. Rev. G. W. Butter-
worth. (2nd Imp.)
COLLUTHUS. Cf. OPPIAN.
DAPHNIS and CHLOE. Thornley's Translation revised
by J. M. Edmonds; and PARTHENIUS. S. Gaselee.
(3rd Imp.)
DEMOSTHENES : DE CORONA and DE FALSA
LEGATIONE. C. A. Vince and J. H. Vince.
DEMOSTHENES : MEIDIAS, ANDROTION, ARISTO-
CRATES, TIMOCRATES and ARISTOGEITON : I.
and II. Translated by J. H. Vince.
DEMOSTHENES : OLYNTHIACS, PHILIPPICS and
MINOR ORATIONS : I.–XVII. and XX. J. H. Vince.
DEMOSTHENES : PRIVATE ORATIONS. A. T. Murray.
4 Vols. Vols. I., II and III.
DIO CASSIUS : ROMAN HISTORY. E. Cary. 9 Vols.
(Vols. I and II. 2nd Imp.)
DIO CHRYSOSTOM. J. W. Cohoon. 5 Vols. Vols. I.
and II.
DIODORUS SICULUS. C. H. Oldfather. In 12 Volumes.
Vols. I.–III.
DIOGENES LAERTIUS. R. D. Hicks. 2 Vols. (Vol. I.
3rd Imp.)
DIONYSIUS OF HALICARNASSUS : ROMAN ANTI-
QUITIES. Spelman's translation revised by E. Cary.
7 Vols. Vols. I and II.
EPICTETUS. W. A. Oldfather. 2 Vols.
EURIPIDES. A. S. Way. 4 Vols. (Vol. II. 6th Imp.,
Vols. I and IV. 5th Imp., Vol. III. 3rd Imp.) Verse trans.
EUSEBIUS : ECCLESIASTICAL HISTORY. Kirsopp
Lake and J. E. L. Oulton. 2 Vols. (Vol. II. 2nd
Imp.)
GALEN : ON THE NATURAL FACULTIES. A. J.
Brock. (2nd Imp.)
THE GREEK ANTHOLOGY. W. R. Paton. 5 Vols.
(Vol. I. 3rd Imp., Vols. II. and III. 2nd Imp.)
GREEK ELEGY AND IAMBUS with the ANACRE-
ONTEA. J. M. Edmonds. 2 Vols.
THE GREEK BUCOLIC POETS (THEOCRITUS,
BION, MOSCHUS). J. M. Edmonds. (6th Imp. revised.)
GREEK MATHEMATICAL WORKS. Ivor Thomas.
2 Vols. Vol. I. (Thales to Euclid.)
HERODES. Cf. THEOPHRASTUS : CHARACTERS.

5

HERODOTUS. A. D. Godley. 4 Vols. (Vols. I.–III. *3rd Imp.*, Vol. IV. *2nd Imp.*)
HESIOD AND THE HOMERIC HYMNS. H. G. Evelyn White. (*5th Imp. revised and enlarged.*)
HIPPOCRATES AND THE FRAGMENTS OF HERA-CLEITUS. W. H. S. Jones and E. T. Withington. 4 Vols. (Vol. I. *2nd Imp.*)
HOMER : ILIAD. A. T. Murray. 2 Vols. (*4th Imp.*)
HOMER : ODYSSEY. A. T. Murray. 2 Vols. (Vol. I. *5th Imp.*, Vol. II. *4th Imp.*)
ISAEUS. E. W. Forster.
ISOCRATES. George Norlin. 3 Vols. Vols. I. and II.
JOSEPHUS. H. St. J. Thackeray and Ralph Marcus. 9 Vols. Vols. I.–VI. (Vol. V. *2nd Imp.*)
JULIAN. Wilmer Cave Wright. 3 Vols. (Vols. I. and II. *2nd Imp.*)
LUCIAN. A. M. Harmon. 8 Vols. Vols. I.–V. (Vols. I. and II. *3rd Imp.*)
LYCOPHRON. Cf. CALLIMACHUS.
LYRA GRAECA. J. M. Edmonds. 3 Vols. (Vol. I. *3rd Imp.*, Vol. II. *2nd Ed. revised and enlarged*, Vol. III. *2nd Imp. revised*).
LYSIAS. W. R. M. Lamb.
MARCUS AURELIUS. C. R. Haines. (*3rd Imp. revised.*)
MENANDER. F. G. Allinson. (*2nd Imp. revised.*)
MINOR ATTIC ORATORS (ANTIPHON, ANDOCIDES, DEMADES, DEINARCHUS, HYPEREIDES). K. J. Maidment. 2 Vols. Vol. I.
OPPIAN, COLLUTHUS, TRYPHIODORUS. A. W. Mair.
PAPYRI (SELECTIONS). A. S. Hunt and C. C. Edgar. 4 Vols. Vols. I. and II.
PARTHENIUS. Cf. DAPHNIS AND CHLOE.
PAUSANIAS : DESCRIPTION OF GREECE. W. H. S. Jones. 5 Vols. and Companion Vol. (Vols. I. and III. *2nd Imp.*)
PHILO. 10 Vols. Vols. I.–V.; F. H. Colson and Rev. G. H. Whitaker. Vols. VI.–VIII. (Vol. IV. *2nd Imp.*); F. H. Colson.
PHILOSTRATUS : THE LIFE OF APOLLONIUS OF TYANA. F. C. Conybeare. 2 Vols. (Vol. I. *3rd Imp.*, Vol. II. *2nd Imp.*)
PHILOSTRATUS : IMAGINES; CALLISTRATUS : DESCRIPTIONS. A. Fairbanks.
PHILOSTRATUS AND EUNAPIUS : LIVES OF THE SOPHISTS. Wilmer Cave Wright.
PINDAR. Sir J. E. Sandys. (*6th Imp. revised.*)
PLATO : CHARMIDES, ALCIBIADES, HIPPARCHUS, THE LOVERS, THEAGES, MINOS AND EPINOMIS. W. R. M. Lamb.

6

PLATO : CRATYLUS, PARMENIDES, GREATER HIP-
PIAS, LESSER HIPPIAS. H. N. Fowler. (2nd Imp.)
PLATO : EUTHYPHRO, APOLOGY, CRITO, PHAEDO,
PHAEDRUS. H. N. Fowler. (8th Imp.)
PLATO : LACHES, PROTAGORAS, MENO, EUTHY-
DEMUS. W. R. M. Lamb. (2nd Imp. revised.)
PLATO : LAWS. Rev. R. G. Bury. 2 Vols.
PLATO : LYSIS, SYMPOSIUM, GORGIAS. W. R. M.
Lamb. (2nd Imp. revised.)
PLATO : REPUBLIC. Paul Shorey. 2 Vols. (Vol. I.
2nd Imp. revised.)
PLATO : STATESMAN, PHILEBUS. H. N. Fowler;
ION. W. R. M. Lamb. (2nd Imp.)
PLATO : THEAETETUS AND SOPHIST. H. N. Fowler.
(2nd Imp.)
PLATO : TIMAEUS, CRITIAS, CLITOPHO, MENEXE-
NUS, EPISTULAE. Rev. R. G. Bury.
PLUTARCH : MORALIA. 14 Vols. Vols. I.–V. F. C.
Babbitt ; Vol. VI. W. C. Helmbold ; Vol. X. H. N. Fowler.
PLUTARCH : THE PARALLEL LIVES. B. Perrin.
11 Vols. (Vols. I., II., III. and VII. 2nd Imp.)
POLYBIUS. W. R. Paton. 6 Vols.
PROCOPIUS : HISTORY OF THE WARS. H. B.
Dewing. 7 Vols. (Vol. I. 2nd Imp.)
QUINTUS SMYRNAEUS. A. S. Way. Verse trans.
ST. BASIL : LETTERS. R. J. Deferrari. 4 Vols.
ST. JOHN DAMASCENE : BARLAAM AND IOASAPH.
Rev. G. R. Woodward and Harold Mattingly. (2nd
Imp. revised.)
SEXTUS EMPIRICUS. Rev. R. G. Bury. 3 Vols. (Vol. I.
2nd Imp.)
SOPHOCLES. F. Storr. 2 Vols. (Vol. I. 6th Imp., Vol.
II. 5th Imp.) Verse trans.
STRABO : GEOGRAPHY. Horace L. Jones. 8 Vols.
(Vols. I. and VIII. 2nd Imp.)
THEOPHRASTUS : CHARACTERS. J. M. Edmonds;
HERODES, etc. A. D. Knox.
THEOPHRASTUS : ENQUIRY INTO PLANTS. Sir
Arthur Hort, Bart. 2 Vols.
THUCYDIDES. C. F. Smith. 4 Vols. (Vol. I. 3rd Imp.,
Vols. II., III. and IV. 2nd Imp. revised.)
TRYPHIODORUS. Cf. OPPIAN.
XENOPHON : CYROPAEDIA. Walter Miller. 2 Vols.
(2nd Imp.)
XENOPHON : HELLENICA, ANABASIS, APOLOGY,
AND SYMPOSIUM. C. L. Brownson and O. J. Todd.
3 Vols. (2nd Imp.)
XENOPHON : MEMORABILIA AND OECONOMICUS.
E. C. Marchant. (2nd Imp.)
XENOPHON : SCRIPTA MINORA. E. C. Marchant.

IN PREPARATION

Greek Authors

ALCIPHRON. A. R. Benner.

ARISTOTLE: DE MUNDO. W. K. C. Guthrie.

ARISTOTLE: HISTORY AND GENERATION OF ANIMALS. A. L. Peck.

ARISTOTLE: METEOROLOGICA. H. P. Lee.

MANETHO. W. G. Waddell.

NONNUS. W. H. D. Rouse.

PAPYRI: LITERARY PAPYRI, Selected and Translated by C. H. Roberts.

PTOLEMY: TETRABIBLUS. F. E. Robbins.

Latin Authors

ST. AUGUSTINE: CITY OF GOD. J. H. Baxter.

[CICERO]: AD HERENNIUM. H. Caplan.

CICERO: DE ORATORE. Charles Stuttaford and W. E. Sutton.

CICERO: PRO SESTIO, IN VATINIUM, PRO CAELIO, DE PROVINCIIS CONSULARIBUS, PRO BALBO. J. H. Freese.

COLUMELLA: DE RE RUSTICA. H. B. Ash.

PRUDENTIUS. J. H. Thomson.

QUINTUS CURTIUS: HISTORY OF ALEXANDER. J. C. Rolfe.

DESCRIPTIVE PROSPECTUS ON APPLICATION

London - - - - - WILLIAM HEINEMANN LTD
Cambridge, Mass. - - - HARVARD UNIVERSITY PRESS

Wisconsin State College at Eau Claire
LIBRARY RULES

No book should be taken from the Library until it has been properly charged out by the librarian.

Books may be kept two weeks, and renewed for one additional week.

A fine of ten cents a day will be charged for books kept over time.

In case of loss or damage the person borrowing this book will be held responsible for a part or the whole of the value of a new book plus processing costs.

DUE	DUE	DUE	DUE